新中国口述史

（1949—1978）

主　编　曲青山　高永中

副主编　陈　夕　薛庆超　刘荣刚

中国人民大学出版社

·北京·

序

曲青山

党的十八大高度评价以毛泽东同志为核心的党的第一代中央领导集体对探索适合中国国情的社会主义建设道路作出的重要贡献，强调党在社会主义建设中取得的独创性理论成果和巨大成就，为新的历史时期开创中国特色社会主义提供了宝贵经验、理论准备、物质基础。这是完全符合历史事实的正确结论。

1949年10月1日，毛泽东同志在天安门城楼上庄严宣告中华人民共和国成立，揭开了中国历史的新篇章，开启了中国历史的新纪元，中华民族以崭新的姿态巍然屹立于世界的东方。以毛泽东同志为核心的党的第一代中央领导集体带领全国各族人民，在完成新民主主义革命的基础上，进行了社会主义改造，确立了社会主义基本制度，成功实现了中国历史上最深刻最伟大的社会变革，为当代中国一切发展进步奠定了根本政治前提和制度基础。一个遭受外敌入侵、饱受一个多世纪耻辱的文明古国从沉睡中觉醒，朝着伟大复兴迈出坚定步伐。一个贫穷落后的东方大国，在一穷二白的基础上朝着一个繁荣富强的社会主义新中国迈进。因为有着这样深刻的历史背景，承载着几代人的梦想和追求，面临着毫无现成经验可循的全新环境，我们党带领人民进行的社会主义建设和探索，是艰辛曲折的，是可歌可泣的，是壮丽辉煌的。有多少奋斗，有多少感动，有多少梦想，有多少光荣，凝聚在党和国家的历史画卷中，镌刻在历史的丰碑上，这是值得永远纪念、永远珍惜的。

我们党的历史，中华人民共和国的历史，是党和国家的宝贵财富，是中华民族的历史瑰宝。党的十八大以来，习近平总书记高度重视党史国史教科书、营养剂、清醒剂和最好的老师的作用，要求广大干部群众从历史中汲取智慧和力量。他着重强调，改革开放前和改革开放后两个历史时期本质上都是我们党领导人民进行社会主义建设的实践探索，既不能用改革开放后的历史时期否定改革开放前的历史时期，也不能用改革开放前的历史时期否定改革开放后的历史时期。为庆祝新中国成立 65 周年，更好地发挥党史国史为党和国家工作大局服务的作用，中共中央党史研究室组织力量编辑出版了《新中国口述史（1949—1978）》一书，与广大党员干部群众一起回顾我国社会主义建设和探索的历史进程，缅怀老一辈革命家和人民群众的丰功伟绩。

《新中国口述史（1949—1978）》这部书的作者，都是我们党重要历史决策的见证者和重大历史事件的亲历者，是新中国历史的“活字典”、“活资料”。他们的亲历亲闻、所感所悟，既对改革开放前的历史充满深情和尊重，又对社会主义建设和探索中遭遇的挫折进行实事求是、深刻透彻的反思，体现了共产党人坚定的理想信念和对社会主义事业的深厚感情，表现了共产党人的坦荡胸怀和担当精神。他们通过思往追昔，以亲身经历、生动事例，形象阐明了历史、现实和未来是相通的，历史都是由昨天走到今天、再由今天走向明天的道理，深刻阐释了为什么改革开放前后两个历史时期不能互相否定，也无法人为割裂的真理。他们以亲身经历告诉我们：党的十一届三中全会以来开创的中国特色社会主义道路得来不易，值得格外珍惜、坚定继承和不断发展；党的基本理论、基本路线、基本纲领、基本经验、基本要求，是经过血与火的考验，得到实践充分证明的，我们应该有充分的道路自信、理论自信和制度自信，以自信、开放、进取的态度，将中国特色社会主义这篇大文章继续写好，写得更精彩。

历史是纷繁芜杂的，是绚丽多姿的。历史交给历史工作者两个重任：一个是透过现象探求本质，从错综复杂的历史中寻求历史规律，以启迪后人，鉴往知来；一个是将历史的绚丽多姿多维度呈现出来，让人有穿越时空、身临其境之感。如果历史只是冰冷抽象的条文，脱离了历史环境、历史背景，失去了历史视野、历史关怀，是难以引起共鸣，是无法令人记忆深刻的。回忆录和口述史料正好可以弥补文献资料的不足，以其形象、生动、鲜活的特性，和文献资料互为补充、互动互证，展示历史的多样性和复杂性，让人在历史追思中感悟得失、升华经验。革命导师恩格斯为支持贝克尔撰写回忆录多次专门致信伯恩施坦等人，成为重视和珍惜口述史料的典范。恩格斯认为回忆录“对我们党成立前的历史（1827—1860 年的革命运动）和我们党的历史（从五十年代到现在）来说会是一部新的文献资料”，“没有一个真正的历史学家能够忽视这部文献的”，而且也将是“出色的和生动的真正人民读物”。“如果贝克尔不做这件事，这些岁月所发生的事件就将永远被人遗忘，或者是由敌视我们的人民党的人或其他的庸俗民主派来描述这些事件，而这是不会为我们服务的。现在有一个永远不会再出现的好机会，我认为错过这个机会就是一种犯罪行为。”恩格斯三言两语凝练地概括了口述史料提供历史细节、弥补文献资料之不足，增强党史知识的丰富性和生动性、真实性和现实感、感染力和吸引力，有利于掌握话语主导权、服务大局等重要作用。

中共中央党史研究室十分重视回忆录和口述史料的征集工作，始终将抢救“活资料”作为迫在眉睫、时不我待的工作来抓。经过艰辛努力和不断积累，已采访了几百位重要历史人物和重大历史事件当事人，整理了逾千万字的珍贵口述史料。《新中国口述史（1949—1978）》正是在这些工作的基础上，经过系统梳理、精心选编而成。如今，这部书的不少作者已经逝去，但他们以对历史高度负责的态度，给我们留下了宝贵的精神财富。这部书凝聚着他们的心血和智慧，是他们革命精神和崇高风范的生动体现。他们的回顾和思考真实、生动、深刻，所以读到动情处，让人潸然泪下；读到精彩处，让人拍案叫绝；读到深刻处，让人掩卷深思。在此，我们对他们表示深深的敬意和衷心的感谢，也热忱欢迎、殷切期盼有更多的老同志参与到回顾总结历史、启迪襄助后人的事业中来。

习近平总书记指出：“一切向前走，都不能忘记走过的路；走得再远、走到再光辉的未来，也不能忘记走过的过去。”我们党成立已经 90 多年了，新中国成立已经 60 多年了，改革开放已经 30 多年了。中国特色社会主义不是从天上掉下来的，是党和人民历尽千辛万苦、付出各种代价取得的根本成就。我们党领导的革命、建设、改革，是一脉相承、薪火相传、生生不息的壮丽事业。历史是最好的教科书，历史是最好的老师。我们要坚定党的历史自信，科学总结党的历史，自觉运用党的历史，帮助人们牢记过去、把握现在、开辟未来，更好地把中国特色社会主义推向前进，更好地肩负起实现中华民族伟大复兴中国梦的庄严历史责任。

目　录

新政协筹备会工作的难忘经历

王仲方

1949 年，我作为新政治协商会议筹备会秘书处副处长，亲历了中华人民共和国诞生的全过程。因此，每逢国庆佳节，我的心情都特别兴奋。

众星灿烂，群贤毕聚

1949 年 9 月 21 日召开的中国人民政治协商会议第一届全体会议，经过民主讨论，通过了《中国人民政治协商会议共同纲领》（简称《共同纲领》），通过了国旗、国歌、国徽方案。出席中国人民政治协商会议第一届全体会议的，包括中国共产党和各民主党派、各人民团体、各界民主人士、国内少数民族、海外华侨的代表。代表们共聚一堂，共商国是。这次政治协商会议的成功举行与新政协筹备会认真周密的准备是分不开的。

1949 年 6 月，新政治协商会议筹备会在北平成立。筹备会的第一件大事，是接待从国内和海外赶来参加会议的代表。国内党政军民各团体已经各自组成代表团，有自己的住处。各民主党派、民主人士、海外华侨代表，有的已先到达东北解放区，有的在各地解放后陆续抵达，有的从香港、台湾甚至国外几经周折到北平。他们多数住在北京饭店。筹备会的同事们怀着喜悦心情隆重、热情接待每一位代表。特别重要的代表，如宋庆龄、程潜是毛泽东亲自到车站迎接的，张澜、陈嘉庚等人是周恩来、聂荣臻、罗瑞卿等人到车站迎接的。

大家都想一睹这些举世闻名、景仰已久的名人风采。我在筹备会秘书处，有幸优先享有这些机会。全体会议在中南海怀仁堂召开，入口设有签到处，我作为秘书处负责人，同工作人员一起招呼代表签到，这是我经历的最激动的时刻。

毛泽东、刘少奇、周恩来、朱德、林伯渠等率领的中共代表团住在中南海，他们来得早。毛泽东第一个在签到簿上用毛笔写下自己的名字。他面带笑容，心情愉快，“毛泽东”三个字写得更加庄重和流畅。签字后他还同工作人员微笑示意才进入会场。

接着，十分吸引大家目光的是宋庆龄。她从住处乘车而来，下车后即由罗淑章、沈粹缜（邹韬奋夫人）陪同，踏上怀仁堂的台阶来到签到处。宋庆龄当年已56岁，但步履轻快，庄重和蔼，激动而不外露，令人敬重。也许是参加这样隆重的大会让她很激动，宋庆龄签字时抿着嘴唇，好像有些紧张。先来的代表和工作人员都挤在门口，争相目睹这位有“国母”之誉的孙中山夫人的风采。

受到人们关注的还有“七君子”中的沈钧儒、史良、章乃器、沙千里。沈钧儒虽然年长，胡子又长，但走路和上台阶比别人都要轻快，我想可能是他平时打太极拳练功的原因吧。

人们还关注不久前国共和谈破裂后，毅然脱离蒋介石政府的国民党和谈代表张治中、邵力子、黄绍竑等人。邵力子情绪特别好，不断含笑与朋友打招呼。

郭沫若、黄炎培、章伯钧、罗隆基、冯玉祥夫人李德全，以及不久前与中共达成和平解放北平协议的傅作义，都受到大家的特别关注。

梅兰芳也是最受瞩目的人之一，著名演员周信芳、袁雪芬、白杨、金山也受到人们的关注。

我平时爱好文学，特别注意茅盾（沈雁冰）、巴金、丁玲、冰心、曹禺等人。看到鲁迅（周树人）的弟弟周建人时，发现他的脸型特别是嘴唇上留着的胡须，同他哥哥非常像。

我也见到了梁漱溟和张申府的夫人刘清扬，我当年听过他们的讲演，多年不见，他们依然如故。

我还见到了一位奇特的代表。这位代表60岁左右，身穿深色西服，戴着礼帽和一副深色眼镜，由李克农亲自陪同。他直趋而入，也不签到，看得出是一位有特殊身份的代表。他是谁呢？后来才知道，他就是国民党原上海警备司令、赫赫有名的杨虎。在白色恐怖时期，他曾指挥杀害过多名共产党员。他怎么会出现在政协会议上呢？我好奇打听后才知道，他是安徽人，与李克农同乡。李克农在上海地下党特科工作时，利用同乡关系争取过他，并与他建立过秘密联系，他给共产党提供过情报，特别是在解放上海的战役中提供了帮助。听说，当时蒋介石对上海控制很严，认为万无一失，却不知道共产党解放军的秘密电台就设在杨虎家中，他为解放上海立了大功。在上海解放初期，国民党潜伏特务十分猖獗，杨虎也对我们打击土匪特务提供了协助。对于杨虎成为政协特邀代表，当时我颇为感慨，中国共产党真是宽大为怀，不计前嫌，做到了团结一切能够团结的人。

另外，我记得还有一位特邀代表杨杰将军，他是国民党著名军事教育家、陆军大学校长，可惜在政协开会前夕在香港被特务暗杀。

精彩开幕，揭开历史新页

政协预备会和正式会的全体会议，都是在中南海怀仁堂大厅举行。出席政协会议的新疆代表团，由当时新疆的革命武装领导人组成，在乘飞机赴北平出席会议时，飞机失事，全部遇难。重新组织代表团后，由赛福鼎率队出席会议。在会议开幕时，赛福鼎代表新疆各族人民向毛泽东献上维吾尔族的帽子和袍子，毛泽东欣然接受，并在台上当场穿上象征民族团结的美丽长袍，戴上绣花帽子，全场响起长时间热烈的掌声。

在 1949 年 6 月 15 日的新政治协商会议筹备会上，毛泽东代表中共中央阐明了中国共产党、各民主党派、各人民团体、各界民主人士、少数民族和海外华侨公认的团结奋斗的政治基础，也是全国人民团结奋斗的政治基础，就是打倒帝国主义、封建主义、官僚资本主义和国民党反动派的统治，迅速召开新的政治协商会议，宣告中华人民共和国的成立，并选举代表共和国的民主联合政府，使我们的伟大祖国走上独立、自由、和平、统一和强盛的道路。

毛泽东说："中国的事情必须由中国人民自己作主张，自己来处理，不容许任何帝国主义国家再有一丝一毫的干涉。"毛泽东最后用浓重的湖南口音满怀激情地高声讲道："中国人民将会看见，中国的命运一经操在人民自己的手里，中国就将如太阳升起在东方那样，以自己的辉煌的光焰普照大地，迅速地荡涤反动政府留下来的污泥浊水，治好战争的创伤，建设起一个崭新的强盛的名副其实的人民共和国。"讲到这里，全场起立热烈鼓掌，同毛泽东一起高呼：中华人民共和国万岁！民主联合政府万岁！全国人民大团结万岁！

宋庆龄在开幕式讲话时用的是上海方言，我们尽量把扩音器的声音放到最大。看着主席台正面悬挂着和毛泽东并列的孙中山的画像，宋庆龄深情地说，孙中山毕生奋斗的理想终于看到曙光，她的心情同大家一样，是激动的、充满希望的。这中间出现了一个小小的插曲。正当宋庆龄讲话时，突然停电，把我和会场工作人员都急坏了。那时北平解放不久，各种设备，当然也包括电力设备，陈旧不堪，虽经会前各有关部门同心协力维修以保证会议用电，但还是出了差池，幸亏停电时间不长。停电期间，全场寂静无声，电源恢复，宋庆龄接着从容讲话。她讲完后，大家报以更加热烈的掌声。我和在场工作人员深为感动。之后，经过各方的努力，停电这类事情再也没有发生。

民主讨论，求得一致

第一届政治协商会议全体会议的主要任务，是讨论、制定并通过具有临时宪法作用的《共同纲领》，民主选举中央人民政府委员，选举产生主席、副主席，正式成立中央人民政府。

讨论《共同纲领》的重点是“序言”和“总纲”。“序言”开宗明义：“中国人民政治协商会议一致同意以新民主主义即人民民主主义为中华人民共和国建国的政治基础，并制定以下的共同纲领，凡参加人民政治协商会议的各单位、各级人民政府和全国人民均应共同遵守。”“总纲”规定：“中华人民共和国人民有思想、言论、出版、集会、结社、通讯、人身、居住、迁徙、宗教信仰及示威游行的自由权”；“保护工人、农民、小资产阶级和民族资产阶级的经济利益及其私有财产”。《共同纲领》还规定：“中华人民共和国的国家政权属于人民”；“中华人民共和国的一切国家机关，必须厉行廉洁的、朴素的、为人民服务的革命工作作风，严惩贪污，禁止浪费，反对脱离人民群众的官僚主义作风”。

关于中华人民共和国国旗，会议事先征求各界人士意见，征集到各种设计方案数十种，印发代表民主议论。最后选定五星红旗作为中华人民共和国国旗。在讨论国旗说明时，原说明词说一颗大星带四颗小星，邵力子认为中国旧社会把小老婆称作小星，用在国旗的说明词中不妥，建议修改。国旗经民主讨论通过之后，会议秘书处已准备好一面红旗，由 4 位工作人员各执一角，在台上展示，全场热烈鼓掌。

在讨论国歌时，比较一致地认为应该选用全国人民熟悉的《义勇军进行曲》，理由是这支歌在革命斗争中成为动员群众奋勇抗战的号令。讨论中有代表提出，现在日本帝国主义和国民党反动派已被打倒，中华民族已经不是处在“最危险的时候”了，再唱它有些落后于时代，建议修改歌词。会议工作人员把不同意见反映给大会主席团，主席团也进行了认真讨论。最后，毛泽东说，现在革命是胜利了，已经不是过去所处的最危险的时候，但是，我们在前进路上还会遇到各种艰难险阻，保留原来的歌词，教育全国人民永远保持警惕是十分有益的。大家同意这个说明，一致通过在中华人民共和国国歌未正式制定前，以《义勇军进行曲》为国歌。

国徽也征集了许多方案并印刷成册，发给代表审查选定。会议讨论决定中华人民共和国国都定于北平，北平改名北京；纪年改为公元。关于中华人民共和国的国名，开始酝酿时，有人提出定名“中华人民民主主义共和国（简称中华民国)”。经讨论后一致认为名字太长，叫作“中华人民共和国”就很好。

选举主席和副主席

1949年9月30日，中国人民政治协商会议第一届全体会议最后一天，选举中央人民政府委员会和主席、副主席。谁来担任中央人民政府第一任主席，大家早已认定，只有毛泽东能享此最高荣誉。我们按照代表预选出的候选人名单印出选票，分别送到每个代表的面前，代表们认真地投下庄严的一票。会议选出几位代表作为监票人，严格监督选举的全过程。投票后，会议短暂休息，我们工作人员在大会会场旁边的小会场开票，数来数去，发现毛泽东少一票，这大出我们工作人员及监票人的意料。于是又重新计票，结果仍然是毛泽东少一票。大家认为这很可能是某投票人一时疏忽，忘记画票，可以作为废票，让毛泽东全票当选。但是我们不敢擅自这么做，立即找到周恩来，向他汇报了这个情况，请示怎么办。周恩来考虑后，也不敢决定，就向毛泽东请示如何处理。毛泽东听后说，代表们有权选毛泽东，也有权不选毛泽东，缺一票就缺一票，没有关系。毛泽东这么说，给我们工作人员解了围，但是我们仍然很不安，觉得太遗憾，把选举结果写成书面报告送给当天会议主持人。主持人当众宣布：毛泽东当选为中央人民政府主席。这时全场一致起立，热烈欢呼声达数分钟之久。毛泽东满面红光，在欢呼声中上台，向大家挥手致意。

会议选举朱德、刘少奇、宋庆龄、李济深、张澜、高岗为中央人民政府副主席。选高岗做副主席，在中共代表团中有不同意见，有人认为从资历、贡献来说，党内比高岗更适合的大有人在，有人说李富春就比高岗更适合。后来，毛泽东说，选高岗为副主席的候选人是他提出的。理由是，红军经过二万五千里长征到达陕北，陕北根据地为中央提供了落脚的地方，中国革命取得今天的胜利，包括延安在内的陕北根据地起了极大的作用。选高岗为副主席，正是肯定陕甘宁边区的历史贡献，正是向陕北人民表示最大的敬意，这是不能以资历来考虑的。中共代表团接受了毛泽东的提议和解释。

选举结束后，会议秘书处工作人员按规定清理票箱，封存全部选票。

中央人民政府委员、主席、副主席选举完毕后，全体代表一致通过了宣言，向人民解放军发致敬电，确定建人民英雄纪念碑的办法和碑文，并随即到天安门广场，为人民英雄纪念碑举行奠基典礼。下午6时，当代表就位后，周恩来致辞。他说，我们中国人民政治协商会议为号召人民纪念死者，鼓舞生者，特决定在中华人民共和国首都北京建立一个为国牺牲的人民英雄纪念碑。现在，1949

年9月30日，我们全体代表在天安门外举行这个纪念碑的奠基典礼。在周恩来致辞后，全体代表默哀。默哀完毕，由毛泽东宣读纪念碑碑文：“三年以来，在人民解放战争和人民革命中牺牲的人民英雄们永垂不朽！三十年以来，在人民解放战争和人民革命中牺牲的人民英雄们永垂不朽！由此上溯到一千八百四十年，从那时起，为了反对内外敌人，争取民族独立和人民自由幸福，在历次斗争中牺牲的人民英雄们永垂不朽！”毛泽东带头挥锹向奠基石填土，随后代表们庄重地为奠基石填土。

开国大典

中国人民政治协商会议第一届全体会议胜利闭幕后，全体代表到北京饭店出席盛大的庆祝晚宴。晚宴结束后，周恩来来到天安门城楼。当时，工作人员在专家指导下，正在为开国大典精心布置城楼。城楼上一排大红灯笼高高悬挂，城墙上插着几十杆红旗，灯光映着迎风招展的红旗，好不气派。我们以为一定会得到周恩来的称赞，却不料受到一顿批评。周恩来先问大家，明天是哪个国家举行开国大典？搞得大家摸不着头脑，周恩来看到大家没有理会才说，我们是中华人民共和国开国大典，城楼中央为什么挂着越南国旗？大家一看，城楼正面一面大大的红布中央是一个巨大的五角金星。可不是越南国旗嘛，我们怎么没有想到呢？这时已是半夜，大家立刻动手，重新装饰，一直忙到10月1日天明。

我从天安门城楼回到中南海，把印好的开国大典的程序单送给周恩来审阅，以为这个单子是经过秘书处仔细研究拟定的，不会有什么问题。周恩来认真地逐项看过，向我指出，明天开国大典，第一次升中华人民共和国国旗，第一次奏中华人民共和国国歌，你们“鸣礼炮”的安排影响了奏国歌的声音，不妥，要改过来。这时已经天亮，我赶紧乘车到印刷厂，请工人们重新印刷。等到印好赶到天安门城楼，开国大典即将开始，我和工作人员赶快分头把程序单送到每位代表的手上。

1949年10月1日下午，天安门广场庄严肃穆，30万群众手执红旗和鲜花等待着。长安街东头，参加阅兵和游行的队伍已列队待发。此时，天安门城楼站满代表和特邀观礼的贵宾，毛泽东、宋庆龄、刘少奇、朱德一行，正沿着台阶一步一步走上城楼。举世瞩目、激动人心的开国大典即将开始。

站在代表们的身后，我近距离地目睹了毛泽东的庄严宣告，目睹了代表们的欢欣鼓舞。我看到朱德总司令在聂荣臻的陪同下，乘敞篷车检阅军队；又看到一队队参加阅兵式的队伍通过观礼台时，迈着正步向天安门城楼上的毛泽东和开国元勋们致敬。当我看到服装整齐、威武雄壮的队伍时十分惊喜，一边拼命鼓掌，一边在心里高喊：同志们，我们终于迎来这一天了！当浩浩荡荡的群众队伍高呼口号、载歌载舞通过天安门时，我突然看到一位戴草帽的老年农民，很像我在太行山农村里朝夕相处多年的老大爷。他走到金水桥头，向天安门城楼恭恭敬敬地弯腰鞠躬。我赶快走下城楼，来到金水桥头，想看看他，而他却已被潮水般的人流卷走了。游行队伍过后，成千上万活泼可爱的儿童，一下子拥到金水桥前，手举鲜花尽情地欢呼。我记得好像毛泽东也来到孩子们面前，向他们亲切招手。

难忘筹备会的愉快时光

从 1949 年 4 月 2 日到新政协筹备处，到 1949 年 10 月 1 日开国大典，我在中南海勤政殿和怀仁堂度过了一段难忘的时光。

筹备处秘书长李维汉在筹备处开始工作不久，因骨折住进了医院，由副秘书长齐燕铭代理。其他担任副秘书长的还有阎宝航、余心清、沈体兰、连贯、宦乡、孙起孟、周新民、罗淑章等人。秘书处处长梁蔼然负责对外联络，我负责秘书处对内的会务工作。我们朝夕相处，十分融洽和愉快。

这些著名人士，年纪都比我大（当时我 28 岁），我从他们身上学到了许多。阎宝航是东北人，为人豪爽，是张学良的挚友，长期同国民党上层有交往，常给我们讲一些有趣的故事，逗得大家放声大笑。余心清是冯玉祥将军的得力助手，冯玉祥一生充满了传奇，余心清谈起他的故事总是引人入胜。余心清当时还担任解放后的北京饭店经理，每天从长安街步行到中南海，总是先在小吃店买一大包烧饼夹焦圈的早点分给我们吃。当时我们每天在勤政殿对面的瀛台吃饭，饭菜尽管丰盛，但还是喜欢吃余心清带来的烧饼、果子。

梁蔼然热情和气，十分尊重比他年轻的副处长。我虽然也是知识分子出身，但在山沟里待了 12 年，随便惯了，从他那里学到了为人处世之道。当时，在一起工作的同事还有警卫处长李广祥、总务处长周子健。每当我回忆起这一段难得的相处、愉快的友情，总是十分怀念。

1949年刘少奇视察天津

陈宝瑞

刘少奇为什么会在天津刚刚解放、共和国尚未建立、工作异常繁重的情况下，到天津逗留前后近一个月时间呢?“文化大革命”中，被大肆批判的“剥削有功论”是在什么背景下讲出来的呢?

我当时是天津工会干部，曾亲耳聆听刘少奇作报告，并随从参观。因此，对上述问题，我有着深切的感受。

亲耳聆听刘少奇讲话

1949年1月15日，天津解放。当时天津是仅次于上海的全国工商业中心，陆海交通发达，有4万多家工商企业户，其中大部分是私营企业，产业工人近20万人，居全国第二位。当时，全国尚有一半人口没有解放，解放军正准备渡江南下解放全中国。在这一形势下，根据党的七届二中全会工作重点必须由农村转移到城市，城市工作必须以生产建设为中心的指示精神，总结天津这样一个大城市的管理经验，用来指导即将全面展开的全国城市工作就具有重要的意义。

1949年4月10日，刘少奇风尘仆仆地到达天津，主要在国营和私营大企业中进行了前后近一个月的调查研究工作。刘少奇在天津的这段时间，市军管会主任黄克诚（兼市委书记）、市长黄敬、市总工会主席黄火青分别陪同刘少奇进行视察、开展调研。刘少奇每到一处除参观视察外，还分别召开由工人、技术人员、干部、资本家、小业主等参加的座谈会并听取意见。

当时天津私营企业的比例占80%，由于战争刚结束，大部分私营企业还处于停工和半停工的状态，企业主顾虑重重，还在徘徊观望。黄克诚和黄敬向刘少奇汇报这个问题时说："资方资产有的被冻结、有的被分掉，有的工人过多地要求增加工资甚至要和资方分红，干部又多站在工人一边，使工厂难以维持生产，影响复工复业和恢复生产……"刘少奇听完汇报后严肃地批评说："这不行！这是'左'的行为，是自杀行为。"

在这种背景下，为解除私营企业主的顾虑，使他们相信党的"劳资两利"政策，迅速恢复正常秩序和发展生产，刘少奇提出了"剥削有功"的说法。在与著名工商界人士宋棐卿、李烛尘、资耀华等座谈时，刘少奇直言不讳地说："有人很不愿意听'资本家'这个称号，很怕听'剥削'这个词。这些不是原则问题。如果你们谁能找出另外的词来代替也可以，在没有找出另外的适当的词之前，我只好仍旧叫你们'资本家'……今天在我国资本主义的剥削不但没有罪恶，而且有功劳……今天不是工厂开得太多，剥削的工人太多，而是太少了。你们有本事多开工厂、多剥削一些工人，对国家人民都有利，大家赞成。你们当前与工人有很多共同利益。"

1949 年 5 月 5 日，刘少奇出席正在天津举行的华北职工代表会议，并作了长达 4 个小时的讲话。我作为工会干部参加这次会议。刘少奇在讲话中，针对干部和工人中存在的"左"的倾向，强调贯彻执行党的七届二中全会制定的方针政策，在新民主主义阶段不要怕城市资本主义。他说："只利于工人或者只利于资本家，都是不对的……要求不应该太高，应该让资本家的生产能提高，工人的生活也能适当地提高，否则资本家工厂关门，国家现在又不能接收过来，因为现在我们接收的官僚资本工厂还办不好……中国今天还不能实行社会主义，否则将违背人民利益，也违背了工人利益……今天私营企业中，只顾工人利益，使生产不能继续和发展，是对工人根本不利的。这不是发展生产而是降低生产……'左'的东西常常是有一股劲的，反'左'的劲头一定要比它原来的劲头更大才行。反右的时候，他一听右倾机会主义就会改。反'左'，他往往会反过来说你右……不要怕骂投降了资本家。真正替资本家着想，投降了资本家，那是失掉了立场。如果不失立场，鼓励了资本家，而是替工人打算，那就是好的。"

刘少奇在天津的视察和讲话，在天津各界引起极大的震动和反响，有力地扭转了"左"的倾向。

陪同刘少奇视察天津造纸一厂

1949 年 4 月 15 日，刘少奇来到天津造纸一厂参观。当时该厂是全国最大的造纸厂，王文化（解放前夕任天津地下党企业党委书记，解放后曾任天津市总工会生产部部长）和我是该厂仅有的两名地下党员，对厂里职工和生产情况比较熟悉，所以党组织派我们两人，主要是王文化，向刘少奇介绍厂史、生产及职工队伍情况。

天津造纸一厂系日本人创办，第三次国内革命战争时期由国民党资源委员会接收，天津解放后厂里还有不少国民党留用人员。刘少奇十分重视做这类人员的工作。他在视察时曾说："国民党留用人员包括经理、厂长、高层职员，留下的，只要他们坚守岗位，就执行党对留用人员的'三原政策'——原职、原薪、原待遇不变，团结和发挥他们的作用。"天津造纸公司总经理聂汤谷是国民党资源委员会接收大员，其子聂壁初是南开大学的地下党员，20世纪80年代曾任天津市市长。厂长羌逢成也是资源委员会任命的要员。我于1948年3月受天津地下党委派进入天津造纸一厂隐蔽开展工作。解放前夕，天津地下党党员甄建民（原名刘增祚，解放后曾任天津市科协党组书记、中国创造学会副理事长）将印有林彪、罗荣桓署名的《告国民党党政及企业人员书》（内容是要他们坚守岗位，解放后保证他们的安全和待遇不变）交给我，要我设法送到聂汤谷和羌逢成手中，并做他们留下护厂的工作。我完成了这项任务，聂汤谷和羌逢成最后选择了留下，没有南逃。事后，羌逢成常对我说："你传递的那封信，坚定了我留下的决心。"根据刘少奇的讲话精神，解放后一段时间，仍保留了聂汤谷和羌逢成的原职位，他们为恢复和发展生产发挥了积极作用。

那天，刘少奇身着灰色粗布制服，清瘦、灰白鬓，但精神矍铄。因刚解放，治安不稳，为确保安全，保卫人员给刘少奇戴上大白口罩。后来，刘少奇要和值班工人交谈，就把口罩摘掉了。当时认识刘少奇的人不多，所以刘少奇没有被认出来。5月，毛泽东来厂视察，虽也戴上大白口罩，但在参观炒纸车间时，有一个工人突然高喊"毛主席万岁"，工人们立即拥上来争着和毛泽东握手，弄得保卫人员十分紧张。

参观前，先由王文化在休息室向刘少奇照图详细地讲解了生产流程。刘少奇认真倾听，不时提出问题了解情况。参观制浆车间时，刘少奇看到工人操作时与纸浆接触却没有戴手套，就问陪同人员："为什么工人不戴手套工作？没有吗？"随从的总公司军代表杨介人没有回应，我在他身后插了一句："有，只是没有及时发。"刘少奇说："应当按时给工人发。"

刘少奇在厂逗留大约两个多小时，时间虽不长，但在休息和座谈时，向厂干部和陪同人员阐述了党的政策。具体内容已不能全部记起，据我记忆所及，刘少奇谈的主要内容是两点：一是要狠抓恢复生产和正常秩序，学习和贯彻党的七届二中全会精神；二是要在党的领导下建立工会，取缔黄色工会，培养工会干部，开展职工生产竞赛。

刘少奇视察完毕，离厂时与陪同人员一一握手惜别。

参加刘少奇倡议建立的劳资协商会议制度试点

在天津考察期间，刘少奇与市党政领导多次商讨研究，做出两项重要决定：（1）组织以解决劳动纠纷为主要任务的劳动局，调解私营工商企业中的劳资纠纷。天津市劳动局当时实际上成了“劳资纠纷局”。刘少奇说：“工人可以到劳动局告资方的状，资方也可以到劳动局申诉和提意见。劳动局要认真听取双方意见，坚定地按党的政策办事，不能偏袒一方。”（2）倡议在大型私营企业中建立劳资协商会议制度，任务是使劳资双方代表能坐在一起，协商和协调有关工厂的生产、生活、工资、福利待遇、裁员、劳动保护等需要达成共识和协议的事宜，以促进生产的发展和维护职工权益。

1950 年下半年，当时我是天津化学工会生产部长，有幸参加了建立劳资协商会议制度的第一批试点工作，具体工作单位是塘沽永利碱厂。该厂工会属天津化学工会领导。为了便于我做试点工作，市总工会与塘沽区工会主席张阁商定，补选我为永利碱厂工会主席。

塘沽永利碱厂 1913 年由中国早期的著名企业家范旭东创办，有 2 000 多名职工，总经理是享誉国际的侯氏制碱法的发明人侯德榜。用侯氏制碱法生产的“红三角”牌纯碱制品，1926 年在美国费城万国博览会上获金质奖章。侯德榜 1955 年被选为中国科学院技术科学部委员，后任国家化学工业部副部长直到 1974 年逝世。选这样一个有代表性的大型民族工业企业作为建立劳资协商会议制度的试点单位之一，当时曾呈报给刘少奇。

劳资协商会议制度建立和筹备就绪，我和厂党总支书记何庆岐以及工会干部史振江、袁尔卓在厂长佟翕然的陪同下，先行到总经理侯德榜家中拜访，向他讲述根据刘少奇在天津视察时的指示和上级精神，在碱厂建立劳资协商会议制度的经过，并详述劳资协商会议制度的职责和内容。侯老听后欣然同意——“拥护刘少奇的指示”，并当场委派佟翕然厂长及行政业务负责人等五人作为资方代表。实际上，侯德榜是一位著名的科学家而非资本家，资方的五位代表也都是领薪受聘的高级职员。真正的大股东和资本家在幕后，他们并不上班，也不出头露面。但是，这五位领薪金的高级职员、资方代表，在涉及双方利益的问题上，毫不含糊地维护资方的利益，有时寸步不让。例如，在一次劳资协商会议上，资方代表提出一个裁员方案，裁员名单中包括一名工会干部、一名党员和几名工会积极分子。劳方代表不同意裁减这几名职工，并提出将裁减人员减少一半、其余缓裁的建议。双方经多次协商未达成协议。劳方代表提出报送天津劳动局裁决，资方同意。劳动局经调解仍无结果，于是做出裁决：劳方提出的八名不应裁减的人员不再裁减，其余资方代表提出的裁减名单有效。劳动局的裁决双方都认可并执行。

此外，启新洋灰公司总经理周叔弢（新中国成立后曾任天津市副市长、全国工商联副主席）主动提出在他领导的公司建立劳资协商会议制度，并报劳动局和市总工会备案。劳方代表负责人是何正义（公司工会主席），资方代表负责人是一位副总经理。我曾多次参加该公司的劳资协商会议。周叔弢在协商重要议题时，有时也参加并积极发言，表现十分开明，拥护政府的政策。有一次散会后他对我说："请你转告黄主席，欢迎他来指导。"我表示一定转达，并很快同黄火青的秘书蔡文龙联系，请他将周的话转达给黄火青。后来黄火青果然派市委的一位同志列席了启新洋灰公司的劳资协商会议。

实践证明，根据刘少奇提议组建的劳动局和劳资协商会议制度，为解决当时繁杂的劳资纠纷、恢复生产、稳定局势起了积极的作用。之后，有的城市也效仿天津的做法，建立起私营企业中的劳资协商会议制度。

1956 年 1 月 15 日，毛泽东在天安门城楼接受"社会主义改造完成"、"提前消灭私有制"的喜报，北京各界人士 20 万人参加了这次活动。这之后，劳资协商会议制度就完成了它的历史使命，天津市劳动局的职责和任务也同时转型。随着时光的流逝，现在已经很少有人知道这段历史细节了。所幸的是，至今我还保存着当年参加塘沽永利碱厂劳资协商会议的照片，可以作为历史的见证。

距刘少奇天津讲话近 30 年后的 1978 年，中国走上了改革开放的道路。改革开放 30 多年来，中国经济快速发展，已取得举世瞩目的巨大成就。作为一位年过八旬的老人，我倍感欢欣鼓舞。同时，我也不禁反思，如果我们仍抱住 1956 年在天安门广场前"敲锣打鼓"庆祝"消灭资本主义，提前消灭私有制"的思路不放，不发展包括私营经济在内的多种经济成分，不由计划经济转变为市场经济，我们就不可能在经济上取得今天的巨大成就。30 多年的改革开放实践已经证明了这一点。

毛泽东首次访苏的铁路安全保卫工作

滕久昕

20 世纪 80 年代以来，随着国内外档案文献的解密和许多当事人回忆录的发表，毛泽东首次访苏的幕后情况逐渐为世人所知，其中有些涉及毛泽东首次访苏的铁路安全保卫工作。但是，这些文章对当时发生的事情有多种不同描述，彼此冲突，还有的明显有误。我的父亲是新中国第一任铁道部部长滕代远，有机会护送毛泽东到国境线，胜利完成任务。我仔细翻阅父亲留下的有关材料，并采访了一些当年参与此事的老铁路工作人员，和文献资料互相对照，得到了较为完整的事实，愿与读者共享。

“这次出访苏联一定要保密”

毛泽东一生只出过两次国，都是去苏联。一次乘火车，是在 1949 年 12 月 6 日至 1950 年 3 月 4 日，去了 89 天。另一次是 1957 年乘飞机去苏联。

决定首次出访后，毛泽东向汪东兴交代：“新中国刚刚成立，社会情况很复杂。这次出访苏联一定要保密，不要做宣传。沿途的警卫工作你去找聂荣臻、滕代远、李克农、罗瑞卿等同志商量着办。”

1949 年 11 月 1 日，北京至满洲里开通了直达列车，这为毛泽东的出访奠定了基础。

1949 年初冬的一天，滕代远应召到中南海，向周恩来总理汇报工作。

周恩来一开始就说：“罗瑞卿和杨奇清（公安部副部长）昨天来和我商量了沿途的保卫工作，他们会同总参作了妥善的安排。铁路方面的安全保卫工作可要由你唱主角喽!”

滕代远说："我们研究制定了一些方案，不知是否妥当？"

周恩来说："你来说说看。"

滕代远开始汇报："第一，要纯洁内部，对沿线铁路职工进行大审查、大调整、大清理。参加专列工作的所有人员必须是政治上绝对可靠的党团员，不允许有一个可疑分子。这次行动，由铁道部直接向北京、东北两个铁路管理局具体部署，各地党委、省市委一把手统一执行、统一行动，向部里直接报告。"

周恩来点点头说："好，我再送你几句话：党委挂帅，全党动员，精心部署，分段负责，严格保密，内紧外松。"

滕代远记录下内容后，继续汇报："第二是整顿设备，动员全体干部职工对全路一切设备进行大检查、大维修、大保养，指定专人负责，严格交接班制度，使列车随时处于完好状态。第三，专列由我们负责检修，请部队派工兵用雷达扫描探测易燃易爆物品，然后实行封闭式警卫，印制特许通行证，由铁道部派人验收合格后方准使用。"

周恩来插话："代远同志，这一两天你抽个时间陪我到车库看看车。主席在车上要待几天几夜，一定要搞得舒适一些。"

听说车上给毛泽东准备了软床，周恩来说："你们不了解主席的生活习惯，他一生睡不惯软床哟！赶快换一张藤床，要平直又有弹性才行。这件事你要亲自去落实。"

"是！"滕代远以军人的口气回答，然后继续汇报，"第四，铁路沿线及桥梁、隧道内外由总参派部队负责警卫。地方驻军派出警卫部队，每一个电线杆设武装岗哨一名，实行岗哨联防；并派出机动巡逻队加强沿线的巡逻，不准任何人接近铁路。第五，专列由三列火车组成，可根据情况随时调整发车顺序和时间，各列车之间装有军用无线电话，与专列指挥台保持联络。"

"这些措施很必要，兵不厌诈嘛！"周恩来赞许道。

"第六，为预防事故发生，在运输调度上做到专列未通过之前，停开一切客、货列车，必要时就近入站待避，专列过后，重新编组开行。"

听到这里，周恩来又叮嘱道："还是要相信、依靠群众。不能一说提高警惕，眼里处处都是敌人。不然的话，我们的车刚开过去，老百姓就在后面骂娘。这是个政策性很强的问题，一定要掌握好。"

滕代远点点头说："我们一定按总理的指示办。"他接着继续汇报："第七，要严格保守秘密。铁道部规定专列代号为9002，公安部罗部长他们规定专列为李得胜专用列车，在电报电话上使用，便于上下联络。沿途各站规定旅客不准进入站台。"

周恩来补充说："为了做到高度保密，各地党政军负责人一律不许进站迎送。

从北京出发时，中央领导也要减少送行人员。”

滕代远最后汇报说：“第八，在保卫工作上由公安部统一领导，统一指挥。铁路公安部门由铁道部公安局全权负责，随时向公安部请示报告，出发后听从杨奇清副部长的指挥。”

周恩来对滕代远的汇报感到满意，强调说：“代远同志，铁道部由你亲自挂帅，直接向北京、天津、东北铁路管理局具体部署任务。地方各级党委书记向各中央局、省市委第一书记亲自报告，你是中央委员，各地要将执行落实情况统一向你报告，由你向我汇报。”

“这次道儿远，多穿点衣服”

1949 年 11 月下旬，滕代远召集铁道部公安局副局长冯纪和政治保卫处处长任远二人开会，传达了毛泽东访苏专列安全保卫工作的整体部署和周恩来的指示，要求在一周内完成全部准备工作。为了做到保密，铁道部不再召开专门会议，而是利用铁路高度集中统一的通信设备，立即开始各项准备工作的贯彻落实。

一天，北京列车段张志英突然接到一个通知，立即到西城区六部口一个大院开会，接受一项重要任务。张志英和列车段的有关同志按时赴会。会议在大院内的一间平房召开，到会的有北京铁路管理局副局长刘英才、北京铁路分局和各列车段的几位领导。分局组织科科长言兆主持会议，他说：“有个专列任务由在座的各位担当。这不是一般的任务，我们一定要完成好。”

言兆开始布置任务：“这次专列任务的运转车长和客运车长由张志英一人担任；餐车主任由北京站人事主任孔福增担任；厨师由旅行服务所王玉林担任；行李员由北京站客运主任王英贤担任……”会议室里一片寂静，只有布置任务的声音。任务宣布完毕，大家低头轻声议论起来，平常专列任务由列车段领导布置，由列车员和列车长担当。这次由路局、分局领导直接布置，工作人员都是各单位的中层干部，此事实属罕见！

“大家安静一下，我再宣布几条纪律。”言兆向大家摆摆手说，“不准单独外出活动，外出一律请假；在备勤的时间里不能回家，统一住在珠市口行车公寓待命；吃饭、睡觉和洗澡都要统一行动。”

散会后，言兆找到张志英十分关切地问道：“东北方向最远的去过哪儿?”“山海关。”听了张志英的回答，言兆拍拍他的肩膀关照说：“这次道儿远，多穿点衣服。”

这些人不愧是在铁路干了多年的老同志，他们懂得“知者不说，不知者不问”的规矩。虽然大家感到莫名其妙，一头雾水，但回去后都默默地做好了各自的准备工作，等待着出发的时刻。

这趟编号为 9002 的专列，是美国送给蒋介石的礼物。设备十分高级，蒋介石还没有坐过，就在第三次国内革命战争期间被人民解放军缴获。专列备有一节瞭望车，挂在列车尾部，镶有落地的大玻璃窗，四周挂有墨绿色的窗帘，拉开窗帘，车外的风景一览无余。还有一节会议室式的车厢。除了几节软卧车厢和高级餐车外，毛泽东乘坐的车厢里，会客室、卧室、浴室一应俱全，可以随时在行车中洗浴，可谓十分舒适。

在滕代远的监督下，为了防寒保暖，铁路技术人员加强和改造了专列的保温设备，配备了专用取暖锅炉，检修了各类暖气和管道，车厢内温度可以自由调节。地上铺了加厚纯毛红色地毯。根据毛泽东的生活习惯，取消了原来的软床，换上了一张既有弹性又平直的单人藤床。会客室放有一张既可办公又可当餐桌用的四方桌子和一套沙发。

11 月 26 日，任远带人到北京铁路管理局东郊车库，同部队派来的工兵一起用雷达探测器对车厢进行了逐个检查，然后贴上封条，派警卫部队武装看守。车辆检查完成后，又对选好的乘务人员逐个审查，审查完由北京铁路管理局公安处和北京铁路管理局党委负责人签字，报铁道部备案等待最后批准。主要工作人员均由任远进行个别谈话，告知注意事项与行车纪律，强调了此次任务的重要性和高度保密的必要性。经过谈话和开会讨论，大家斗志昂扬，个个争取立功，一致向党表示决心：坚决完成任务！在出发前两天，还进行了任务预演，铁道部、北京铁路管理局来人检查后，都感到比较满意，整个专列的准备工作已经全部完成，进入一级待命状态。

11 月底，滕代远亲自向周恩来作了详细的汇报。一天傍晚，滕代远陪同周恩来一起到车库进行视察。周恩来认真地检查了车上的各项设施，甚至连为毛泽东登车时准备的一块木板都站上去试了一下。

周恩来对铁路方面的准备工作感到很满意。

“专列于当晚 9 时由北京出发”

1949 年 12 月 21 日是斯大林 70 岁寿辰。毛泽东此次访问苏联，其中一个重要任务是为斯大林祝寿。有关部门精心准备了一些礼物，主要是具有中国特色的工艺品，还带有一些当时苏联紧缺的蔬菜、水果，以及名茶、名酒、名烟等。

由于正值冬季，这些东西很难找到，且要的量又大，还要保证质量。毛泽东身边的工作人员跑前跑后，忙得不亦乐乎。

在北京局和列车段领导向工作人员布置任务的同一天，前门火车站运转室接到“代号某某号和某某号行李车在你站停留待命，由你站负责车内保温”的命令。

新中国成立前后，前门火车站多次担当重要列车的接送任务。车站员工对此习以为常，但这次有所不同。车站各股车道中只有第二道有保温设备，调车人员每天凌晨 5 点将装有白菜、大葱的行李车从第二道拉出去，为当日运营腾出车道。晚上，一天的运营结束后，再将两车调回第二道。一天最少一出一进，遇到运输紧张时，调车机要往返数次作业。调车员平时调运的车辆，一般几个小时后就由机车牵引走了，而这两节行李车整整放了一个星期，又调出又调进。

1949 年 12 月初，北京一连几天都下着鹅毛大雪，天气很冷。6 日下午，周恩来向滕代远发出命令：专列于当晚 9 时由北京出发。各级领导和工作人员、铁路职工立即开始了紧张的准备工作。

下午 4 时许，冯纪和任远首先进入停放在“大厂”内的专列，向工作人员传达了出发命令。

晚 6 时，在西直门火车站的站台上分别静静地停放着三列火车。

第一列是前驱列车，由 5 节车厢组成，车上有 50 名警卫部队的干部、战士和一部分铁路工作人员。

第二列是本务列车，由 10 节车厢组成，上面有 1 个连的警卫部队。

第三列是后卫列车，也由 5 节车厢组成，除有 50 名警卫部队战士外，在两节行李车上装有各种礼品及蔬菜、水果。

各列车均装有大功率军用无线电台，随时保持联络。

滕代远在晚 7 时先到车站，随即上车进行检查，认为很好。

晚 8 时，周恩来在罗瑞卿陪同下上车视察，认为满意。

“我们莫斯科见”

1949 年 12 月 6 日晚饭后，毛泽东带上随行人员陈伯达、师哲、叶子龙、汪东兴以及医生、厨师、警卫人员陈秉承、沈剑心、李加吉、田树彬等人，晚 8 时由驻地中南海丰泽园分乘三辆汽车出发，8 时 30 分到达西直门火车站后，随即登上列车。陪同毛泽东访苏的还有苏联驻华大使罗申，苏联交通部部长、苏方总顾问、铁路专家柯瓦廖夫。护送毛泽东到边境线的中方同志还有李富春、李克农、毛岸英等。

到车站送行的中央领导同志有刘少奇、周恩来、朱德及北京市市长兼军管会主任、平津卫戍区司令员聂荣臻，他们送后随即乘车迅速离去。

毛泽东身穿皮大衣，头戴皮帽，走下汽车，健步走向专列，微笑着向守卫在车厢门口的同志频频致意，而后由周恩来、滕代远引导登上列车。车门两侧分别由罗瑞卿、杨奇清、冯纪和任远守卫，使别人从侧面无法看清毛泽东登上了哪节车厢。整个车站站台上异常肃静，没有一个闲人和走动的人员。毛泽东上车前后是没有一个外人看见的。

周恩来向毛泽东报告："代远、瑞卿和奇清、克农同志随您到满洲里。还有铁道部公安局副局长冯纪和政治保卫处的任远，也要一路送您到满洲里，要不要认识一下？"毛泽东笑着说："是不是刚才在车门口见到的两位，我们已经认识了嘛！"周恩来请示毛泽东还有什么指示。毛泽东高兴地说："看来万事俱备，只欠东风喽？"

毛泽东点燃一支香烟，望着周恩来说："家里的事你要多辛苦了！"

"主席，请放心。家里的事我们会及时发电报向您请示，请您一路保重。"

"我们莫斯科见！"毛泽东以这句话结束了谈话，两双手紧紧握在了一起。

周恩来走下专列，又把滕代远、罗瑞卿等人叫到一起语气严肃地说："主席可就交给你们了。一路上要小心，不能有丝毫的马虎和松懈啊！"坐上汽车后，周恩来又摇下车窗对他们说："我在北京等着你们胜利的消息！"

周恩来的汽车悄悄驶出车站。

忽然，站台另一端传来一个女人争吵的声音，任远闻讯后立即赶过去。原来是江青要进入站台送行被阻，正在十分生气地同警卫战士争辩。任远向哨兵出示了特许通行证后说："让她过去，有问题我负责。"卫兵这才放行了。

任远陪着江青来到毛泽东的车厢。她一上车就抱怨说："主席，你走也不说一声，我正在开会。"毛泽东答："今天上午规定谁也不来送行，所以就没有给你讲。"

10 分钟后，江青从车上下来，已经是雨过天晴、笑容开绽了。走到出站口时，她还不忘瞪一眼刚才站岗的那个卫兵。

"简直乱弹琴"

1949 年 12 月 6 日晚 9 时，毛泽东乘坐的代号为 9002 的专列从西直门火车站第一站台正点出发。就在半个小时以前，停在第二站台的前卫列车已经发车。专列机车司机本应由天津机务段段长边光辉担任，但从北京开车时，北京铁路管理局机务处处长郎觉民亲自担当值乘任务，他凭着熟练的技术驾驶着“毛泽东号”蒸汽机车，牵引着毛泽东乘坐的专列，稳稳当当地以 80 公里的时速行驶在北宁铁道线上。

毛泽东乘坐的本务列车由 10 节车厢组成，叶子龙、汪东兴、李加吉三人同毛泽东乘坐一节公务车。其实这辆车也是一辆瞭望车，一般都挂在列车的尾部，这次为了安全起见，加挂在倒数第三节。这节车共有 4 个房间，毛泽东用中间的一间，前面一间稍微宽敞的是会客室，叶子龙、汪东兴、李加吉三人用后面的两间。

陈伯达和师哲共用一节公务车；滕代远和罗瑞卿共用一节公务车；其他人员都分别乘坐头等卧铺车，主列还有餐车和行李车等。

按规定，为了保密，事先让列车员将毛泽东的车厢整理就绪，一切物品均安放妥当，没有按叫人铃不必进去。

冯纪和任远敲门进入车厢，请毛泽东准备休息，他们举手敬礼说：“报告主席，我是……”毛泽东一挥手，微笑着说：“你是冯纪，你是任远，我们已经认识了嘛。”稍顿，毛泽东自言自语地说：“任远，任重道远。好啊！刚才还是你给江青同志解围的呢。”任远不好意思地笑着说：“天不早了，请主席休息吧！车上备有一切用具。”

毛泽东看见列车上专门备有毛巾、香皂、牙刷、牙膏等，立即叫他们把公家的东西好好收起来。他从自己随身带的一个小布袋里取出洗漱用具，掂了掂说：“我自己有，不需要公家另准备。”毛泽东对生活琐事如此认真，公私分明，使得工作人员对他肃然起敬。

这是毛泽东第一次出国访问，也是新中国成立后的第一次最重要的专运任务。因为新中国刚刚建立，保卫部门心里没底，安全保卫工作实行的还是人海战术。许多地方都是由县委书记、县长亲自出马，站岗放哨，护路护桥。铁路沿线保卫工作做得很严密，沿线的车站、桥梁、涵洞、制高点、居民点及所有易于隐蔽的树林、土包、暗道，都布置了岗哨。铁路沿线两侧的每一根电线杆下都站有一名全副武装的解放军战士，背朝路基，警惕地守卫在专列经过的地方。毛泽东的专列出国和返回两次经过，警卫部队都是提前 6 小时到现场布控，车过去 1 小时后才撤岗。

列车前方到达天津车站，停车后警卫同志上来报告：“在专列要经过的铁轨中间发现一颗手榴弹！”

罗瑞卿听后大怒：“简直乱弹琴！你们保卫工作是怎么搞的？出了问题，我们怎么向中央和全国人民交代？”

杨奇清也说：“怎么才发现？不是早就清理过了吗？”

这时，站在一边的李克农叫人把那枚手榴弹拿来看看，原来是颗长满铁锈的旧弹，锈成一个铁疙瘩，不可能再爆炸了。

罗瑞卿当即和杨奇清商量，决定临时在天津站下车，对此事进行了认真的检查，没有发现什么可疑的情况。后来查明这是一个白俄籍职工所为。此外，在铁路内部严格的检查中，天津铁路管理局杨村大桥的桥墩上还发现了一个炸药包，被及时排除了。

“毛主席，是毛主席！”

列车在唐山站停车，进行加煤加水作业。铁路工作人员都在紧张有序地忙碌着，站台上三步一岗，五步一哨。旅客和当地老百姓头一次看见这么漂亮的车厢，还挂着墨绿色的窗帘，许多人在候车室通过玻璃窗向站台观望。

车长张志英像往日一样走下车，从列车尾部朝车头方向检查过去，走过两节车厢，他无意中抬头看见一节车厢的车窗里有个熟悉的面孔正在依窗而望，好像在哪儿见过，一时又难以想起来。再定睛一看，啊！他惊喜得差点喊出声：“毛主席，是毛主席！”此时此刻，多日不解的疑团烟消云散，周身的热血在沸腾，有一种无形的力量在推动着这位年轻的共产党员。他暗想：一定要认真仔细、一丝不苟地做好专列的工作。

车外的气温已经相当低了，由于车上设置了专用煤炉供暖，车厢内仍然温暖如春。为了检查车厢的温度，张志英轻轻拉开车门，走进毛泽东的车厢。他看到毛泽东正在看报，本想尽量不惊动，但毛泽东还是发现了车长的到来。张志英马上立正，向毛泽东敬了一个礼。毛泽东望着这位年轻英俊的车长点头示意。为了不打扰毛泽东看报，张志英查完温度后依依不舍走出车厢。

清晨，一轮红日从东方地平线升起。列车经过一夜的运行，到达山海关车站停车，加煤加水并更换机车，机车乘务人员在此换乘，从北京到山海关这段的专列任务圆满完成，下一段是由天津机务段段长边光辉担当司机。

毛泽东早已起床，打开窗帘，见窗外冰天雪地，朝霞满天，心情好极了。他听说专列要停车半个小时，就要下车看看有名的“天下第一关”是个什么样儿。警卫人员根本没有想到毛泽东会在这里下车散步，因此没作任何警卫部署。

一转眼的工夫，毛泽东头戴皮帽，披着皮大衣已经走下列车来到站台上。滕代远、李克农、杨奇清等人赶忙走上前去，问主席冷不冷。毛泽东见到天桥就说："天下第一关在什么地方？到天桥上看看去。"毛泽东边说边走，大家紧跟在他的后面。毛泽东那高大魁梧的身体一出现在天桥上，立刻引起人们的无限欢呼。"毛主席坐我们的火车出国啦！""我们给毛主席开火车呐！"列车上的同志们此时方知是毛泽东乘火车出国访问。

因为山海关是关内外铁路分界线，全部机车都要换乘，早些时候开出的前驱列车也停在前面。警卫部队战士们一个个从窗口望见毛泽东，心情真是无比幸福和激动。

毛泽东站在天桥上，迎着微微的北风随口吟出："山海关，北依燕山，南临渤海，因关在山海之间而得名。"说罢，他看见不远处的城楼上写有"天下第一关"的大字时，马上向滕代远提出：要去那里看一看。因为事先对此毫无准备，滕代远颇为犹豫，毛泽东的心情甚好，要去看一看也不好劝阻，同意去吧又怕不安全。滕代远问任远："有没有小汽车？"任远回答："没有准备汽车。"毛泽东说："那就算了。"毛泽东又问："听说孟姜女坟也在此地？"任远报告说："没有坟。在城外有段城墙塌了，传说那就是孟姜女万里寻夫哭断长城的地方。""原来如此！"毛泽东笑了笑说。遥望大海和古长城后，一行人下了天桥返回到列车上。

毛泽东回到车厢坐定，问翻译师哲："罗长子怎么不见了？"师哲把杨奇清通报的情况向他报告，毛泽东听后说："罗瑞卿还是很负责的嘛！"

过了一会儿，毛泽东有些神秘地看着师哲："我发现了一个情况。"

"什么情况？"师哲听后一愣。

见师哲一脸疑惑，毛泽东慢慢道来："怎么岸英也在车上呢？谁带来的？"

师哲知道毛岸英是李克农带来的。因为毛岸英小时候在苏联待过，俄语讲得很好。有他在身边，工作起来会方便些。师哲把毛泽东的问询直言告诉李克农，李克农用手一指说："你没看见苏联的大使和顾问跟车来了，有岸英在，工作起来方便。"

他俩一同走到毛泽东面前，毛泽东语气严厉地说："不管是谁带来的，总之，不许让他过界。"

于是，毛岸英没有到苏联，回来不久就报名参加了中国人民志愿军入朝作战。1950 年 11 月 25 日，毛岸英在朝鲜战场上英勇献出了自己的生命，年仅 28 岁。

专列重新启动，边光辉紧握操纵杆手把，驾驶着机车平稳驶出山海关站台。

笔者在采访中，从当时在铁道部工作后来曾任北京铁路管理局党委第二书记的林一同志那里了解到，毛泽东的专列从西直门车站发车前半天，她和同志们都从前门地区党委办公室到西直门车站看守道岔，每一组道岔都上了锁，并派专人看护；还把各种有问题的旧铁路留用人员集中在一间屋里进行学习。她还回忆说，当大家听到毛泽东的专列平安驶出山海关分界线后，在西直门车站站长室里值班的各级领导都十分高兴和激动，大家都松了一口气，不约而同欢呼起来，有一个叫郭恒顺的副站长还在地毯上翻了一个跟头。

“廖瞎子，你胆子真大！”

山海关开车后不久，滕代远对刚上车添乘的锦州铁路局局长廖诗权说：“这一段车开得最平稳。”廖诗权说：“别的局都不让老司机来，而让干部来开主席的专列，车开得当然就没有我们稳。”滕代远说：“为什么？”廖诗权说：“干部心里紧张，技术也不行。我让技术好的老司机开车，由我亲自做动员，老司机认为这是政治上信任他们，所以车开得很稳。如果由公安部门动员他们，他们肯定心里紧张，当然也开不好车啦。”滕代远听完哈哈大笑，说：“廖瞎子，你胆子真大！”

李克农和毛泽东在车厢里闲聊。

李克农说：“主席，您知道美国总统每天上班后做的第一件事是什么吗？”

毛泽东“哦”了一声，没有应答，好像在等李克农的下文。

“第一件事就是看《情报要点》，不然这一天就不知道该怎么办了。”李克农不紧不慢地说。

毛泽东哈哈一笑，说：“你呀，给我上起课来了。我和他不同，随来随看，不怕多，只怕少。这回去莫斯科，我还要和斯大林谈谈你们情报方面的事情呢。”

车过山海关不久，气温已下降到零下40摄氏度。毛泽东乘坐的车厢因为天气寒冷，冻裂了暖气管道，把几组暖气都冻坏了。这可急坏了滕代远，他指挥列车段段长张宇把地毯卷起来，发动餐车烧开水，想用热水从两头把冻坏的管道烫通，折腾了半天也不见效果，只好请毛泽东到另一节车厢休息。由于在行驶中不具备抢修条件，只好等到沈阳再修。

“代远同志，你要带头学习”

毛泽东换了车厢后，一面乘车还要一面工作。除了处理国内的一些电报外，他提出搞些调查研究，找几位沿途党政负责同志上车谈话。秘书叶子龙马上将毛泽东的指示通过电台传达到有关县市。

绥中县委书记上车向毛泽东汇报情况，谈话结束后，县委书记风趣地说：“我在绥中工作几年了解的情况，都让主席掏走了。”锦州市市长也深有体会地说："主席考的题目太多了，问得太细了，连统计数字包括百分比都不放过。"

滕代远见毛泽东找沿线党政负责人了解情况，就提前电令沈阳、哈尔滨铁路局的局长做好准备。

1949 年 12 月 7 日晚，列车到达沈阳车站。高岗一行人上车看望毛泽东。高岗提出要陪送毛泽东到满洲里，毛泽东没有同意，他只好又下车了。

列车到沈阳后，立即组织人员全力抢修被冻裂的暖气管道。结果因为没有配件，无法修复，只好挂车继续前行。

专列在沈阳站停留更换机车，换上了 1861 号蒸汽机车担当牵引任务。这是一台 1940 年由日本制造的火车头，在当时算是比较新的机车。现在，这台蒸汽机车保存在满洲里的火车头广场供游客参观。

沈阳铁路局机务处处长冯雅斋奉命担当值乘司机。开始他并不知道专列上是哪位首长。在检查机车时，他见几位首长陪着一个穿皮大衣的人在站台散步，听别人说这就是毛泽东。这是他第一次离这么近见到毛泽东，心里万分激动。他紧握气门手把，稳稳地开动火车。这一次车上的人都没有感觉到火车开了。

列车离开沈阳后，毛泽东召沈阳铁路局局长黄铎上车谈话。由于事先接到滕代远的电令，黄铎心里有了准备。毛泽东详细询问了沈阳铁路局运输生产、管理以及职工生活等方面的情况，特别是重点了解了中长铁路在苏联专家的帮助下，建立一套比较完整的科学管理方法的经验。毛泽东听后比较满意，指示滕代远："要很好地总结一下中长铁路的经验，可以在关内各铁路局推广。"

列车到长春时，汇报结束。黄铎向滕代远请示工作，滕代远说："你们立即根据主席指示，认真进行总结，党委先好好讨论一下，然后发动干部群众一起动手，把经验集中一下，整理出来上报铁道部。""是!"黄铎向滕代远敬礼后，转身离开。

在哈尔滨铁路局分界站陶赖昭，庄林奉命登上专列，向滕代远报到后，两人一同来到毛泽东面前。

滕代远报告说："主席，这是哈尔滨铁路局局长兼书记庄林同志。"

毛泽东与庄林亲切握手，打招呼。

滕代远说："他原来也是八路军，后来改行搞铁路。"

毛泽东说："许多同志都要搞他们过去不熟悉的东西，这是当前和今后工作的需要。代远同志，你要带头学习。"

毛泽东向庄林了解了哈尔滨局的运输生产情况和学习苏联铁路先进经验后，满意地说："我曾说过，关键在于学习嘛。"

列车驶到安达车站，在庄林下车前，滕代远叮嘱道："毛主席的话你要牢牢记住，我们都要加强学习。"

“一路上辛苦了，谢谢你们”

列车经过三天三夜的运行，于12月9日到达中苏边境的满洲里车站。这时，一列墨绿色的苏联高级专列已停在站内待命。

1900年4月，俄国西伯利亚铁路从萨拜戈尔延伸进中国国境，俄国铁路人员跨过国境，他们把踏上中国的土地称为“满洲里亚”。1901年火车站建成后，即取名为“满洲里亚”，后译成中文，遂将俄语尾音的轻音“亚”去除，即成为满洲里，属内蒙古自治区管辖，当时是中国陆地与苏联相通的唯一铁路接口处，也是中国最大的陆路口岸城市。车站南面是中国的长春铁路，北面是苏联铁路，因为两国铁路轨距不同，所以在这里要转乘苏方派来迎接的专列。

滕代远进入车厢向毛泽东报告：“主席，满洲里到了。外面太冷，请您在车上休息。我先与苏联同志见面办理交接。”

毛泽东点点头，说：“好嘛！”

滕代远、杨奇清分别与苏联铁道总局负责人和苏方保卫部门负责人通过翻译进行交接，随即登上苏方列车，认真仔细地进行查看，直到全部看完放心后，走下列车，让我方人员马上开始搬运行李等物品。

滕代远、杨奇清再次进入毛泽东乘坐的车厢，请他下车。滕代远报告说：“准备工作完毕，请主席换乘苏联列车。”“啊！终于到了。”毛泽东站起身来说。随后在叶子龙的帮助下，穿好皮大衣，戴上帽子，与秘书、翻译、警卫人员等一同走下车。此时，苏方专列的车门正好对准我方车门，毛泽东微笑着与在场送行的各位领导亲切握手，说道：“一路上辛苦了，谢谢你们。”外面的气温已经是零下50度，但大家和毛泽东握手时，还是感到一股暖流顿时传遍全身。有人提议：“我们和主席合个影吧！”毛泽东高兴地说：“好啊。”各位送行的领导怀着兴奋的心情，在毛泽东乘坐的车厢前站成一排，留下了一张珍贵的合影。

毛泽东在苏联驻华大使罗申的陪同下，登上苏方列车。毛泽东并没有急于走进车厢，他一直站在车厢门口向中方送行的同志挥手示意。李富春、滕代远、李克农、杨奇清、毛岸英、冯纪、任远等人一字排开，向毛泽东举手敬礼，请毛泽东进去。毛泽东望着大家，依然没有动。苏方列车长长鸣了一声笛，缓缓启动开出，大家把手高举过头顶，祝福毛泽东访苏顺利。毛泽东在关了车门的玻璃窗里不断向大家挥手告别。中方送行的同志站在原地未动，一直目送列车远去。

滕代远随即向铁路部门工作人员布置任务，要求有关铁路局做好充分准备，随时迎接毛泽东专列返回，确保回国时的行车安全。

“想不到毛泽东是这样的年轻与健壮！”

1950 年 2 月 14 日，中苏两国在克里姆林宫举行《中苏友好同盟互助条约》的签字仪式。这是一件震动世界的大事，随着电波传向全世界。当大家从次日广播中和报纸上得知此事后，除了激动和高兴外，同时也意识到毛泽东、周恩来即将动身回国了。滕代远指示：争取主动，不必等候命令，立刻做好准备工作。铁路员工又投入迎接专列返回的光荣任务中。

2 月 17 日，毛泽东结束对苏联的访问，于莫斯科时间晚上 10 时 30 分登上苏联列车，离开莫斯科回国。为他们服务的许多苏方工作人员知道消息后顾不得穿上大衣，站在冰天雪地里送行。后来才知道，这些服务人员都是在斯大林身边工作的人。苏联服务人员称赞中国领袖亲切、平易近人。毛泽东以他的德高望重、慈祥可亲，博得了苏方工作人员的敬重与爱戴。毛泽东访苏结束后，斯大林曾对身边的人说：“想不到毛泽东是这样的年轻与健壮！”

为欢迎毛泽东、周恩来访苏回国，中共中央决定：派中共中央副秘书长、中共东北局副书记李富春代表中央随车前往满洲里迎接；由中央人民政府副主席、中央军委副主席朱德另乘专车到沈阳迎接。

毛泽东返回时在莫斯科车站发表讲话，公布了新闻消息，比出发时更为公开了。这更增加了铁路安全保卫工作的责任。滕代远亲自布置有关工作，组织专列到满洲里车站迎接毛泽东、周恩来。

2 月 22 日，毛泽东、周恩来在回国列车上会见了越南共产党领导人胡志明。

列车经过在苏联境内 10 天的行驶，于 2 月 26 日抵达苏联边境城市奥特堡尔站，胡志明也同车抵达。苏方人员一直护送到中国境内的满洲里车站，帮助中国同志完成换车、装车等工作后才离开。

由于苏方为我们提供了认真负责的安全保卫工作，毛泽东这次出访十分顺利。毛泽东吩咐汪东兴、叶子龙代表他本人及周恩来，向苏方列车上的保卫人员和工作人员致谢并告别，还送了 20 箱橘子、香蕉等水果表示谢意。

在莫斯科，斯大林分别送给毛泽东、周恩来各一辆“吉斯”牌高级轿车，也随专列抵达满洲里。因为天气寒冷，其中一台车由于没有放水，把水箱冻裂了。

2 月 26 日下午抵达满洲里后，毛泽东与专门前来迎接的高岗、罗瑞卿、滕代远、杨奇清、汪金祥（东北人民政府公安部长）等见面时非常高兴，和他们谈笑风生，从精神上看轻松不少。

国内外的阶级敌人没有放过这次难得的机会。2 月下旬，他们在一个深夜扒开了长春市郊外的数里铁路干线，妄图制造列车颠覆，被地方公安部门及时发现，立即组织人员将线路修复。

2 月 26 日深夜，毛泽东的专列由满洲里车站出发，为了确保行车安全，迷惑敌人，做到“万无一失”，第一列车内全部是空的，任务是压道开路；第二列是担当警卫任务的前驱车；毛泽东、周恩来、胡志明和所有其他回国人员均在第三列车上，毛泽东乘坐的车厢挂在最后一节。

“这个玩意儿还不简单呢”

2 月 27 日上午 10 时，列车经过兴安岭到达海拉尔车站。当时万里无云，阳光明媚，周围望去都是皑皑白雪。列车在此要更换机车，除了胡志明没有下车外，其余同志纷纷随着毛泽东、周恩来缓步走下列车，到站台上一边呼吸新鲜空气，一边观赏祖国北部绚丽多彩的风光。大家随意围绕在毛泽东周围边走边谈。

滕代远紧跟在毛泽东身旁，边走边向毛泽东介绍车站的情况。当他们走到一组道岔前面，毛泽东把右手从皮大衣内伸出，用食指指着道岔问滕代远：“这是什么东西？干什么用的？”

滕代远立即报告说：“这是道岔。专门用它来拨开铁轨，使列车不会撞头。”

“是吗？”毛泽东仔细看了一眼。

滕代远说：“扳道岔的叫扳道员，工作时很吃力，劲小的还扳不动。”

“啊，这个玩意儿还不简单呢！”毛泽东微笑着说。

滕代远笑了笑接着说：“铁路上这一套东西名堂不少呢！”

“是啊！”毛泽东点点头。

冯纪、任远跟在毛泽东身后，认真地听着毛泽东和滕代远的谈话。东北铁路公安局严佑民局长手握照相机，怀着激动的心情把毛泽东和滕代远谈话的情形抓拍下来，留下一帧十分宝贵的照片。

在返回途中，还发生了一件过去鲜为人知的事情。当时的中共黑龙江省委负责同志没有和滕代远商量，擅自决定要专列开往齐齐哈尔，被滕代远发觉后加以制止。滕代远当着高岗、欧阳钦（中共旅大市委书记）、汪金祥等人的面，严肃批评了这位负责同志无组织无纪律的行为，致使专列在昂昂溪车站稍有延误。随后，滕代远立即向车上的周恩来汇报了此事。周恩来对此处理表示同意。

专列于 2 月 27 日晚上抵达哈尔滨，黑龙江省市负责同志到车站迎接，并邀请毛泽东、周恩来下车休息休息再走。毛泽东等人同意下车休息过夜。叶子龙为毛泽东买了一些东北特产熏肉大饼。毛泽东很久没有吃到中国饭了，边吃边说："好吃！好吃！"同志们分别下榻在哈尔滨两个最大的宾馆，痛快地洗了澡，好好睡了一觉。

2 月 28 日，毛泽东在哈尔滨接见了黑龙江省市负责同志，并题词："不要沾染官僚主义作风。"下午，由滕代远陪同，毛泽东兴致勃勃地参观了铁路工厂，与工厂的干部职工见面，亲切握手，连连说："同志们好！"工人们喜出望外，激动地眼含泪花高喊："祝毛主席身体健康！"但这次参观由于事先没有计划，安排不周，工厂由于下班有的车间空无一人，毛泽东没有尽兴。

"不要怕老百姓嘛"

3 月 1 日一大早，毛泽东起床后，叫来汪东兴说："你去通知滕代远、罗瑞卿两位部长准备专列，一小时以后上车出发。"

列车于当日到达长春，吉林省和长春市负责同志到车站迎接，毛泽东、周恩来下车后直接去省委办公楼。吃过午饭，他们乘汽车参观了市容。大家参观了长春电影制片厂和伪满洲国皇宫及日本人盖的银行。当时长春刚解放，社会治安不好，为安全起见，部分地区实行了戒严，汽车经过市区时，大街上显得非常肃静。

毛泽东向市长提问："长春市老百姓很少，人都哪去了？"

长春市长一时语塞，应付地回答："现在是吃早饭的时间，人们都在家里。"

毛泽东幽默地说："老百姓吃饭比军队纪律还严？吃饭时一个人也不出门？"

市长无言以答，满脸羞色。

毛泽东说："不要怕老百姓嘛。"看来对这种方式有所不满。

3 月 2 日专列到达沈阳，在此逗留两天。由北京专门来沈阳的朱德以及中南海警卫处处长李树槐到车站迎接。东北局、辽宁省、沈阳市的负责同志也到车站迎接。

毛泽东一行住在沈阳铁道宾馆（大和旅社）。晚上，高岗等人来向毛泽东汇报有关工作。毛泽东还抽出时间专程看望了在沈阳工作的苏联专家，并在当地召开的党的代表大会上讲了话。

为庆祝《中苏友好同盟互助条约》签订，欢迎毛泽东、周恩来安全回国，东北局于 3 月 3 日中午举行隆重的内部宴会，除了胡志明未露面外，随同毛泽东出国的人员全部参加。以李富春为首的全体迎接人员及随同朱德来沈的工作人员一起应邀出席。毛泽东的心情显然放松了许多，在大家的祝愿下，喝了不少酒，更显得满面春风、神采奕奕！

当日晚，东北局在机关礼堂又举行小型舞会。毛泽东、周恩来、朱德和李富春、罗瑞卿、滕代远等人应邀参加。

3月4日晚10时，毛泽东、周恩来一行安全抵达首都北京，在乐队高奏国歌后，他们检阅了仪仗队，并与到车站迎接的刘少奇、朱德、李济深、张澜、林伯渠、董必武、陈云、郭沫若、黄炎培、李立三、吴玉章、彭真、薄一波、罗荣桓、徐特立、蔡畅等人热烈握手。

从1949年12月6日到1950年3月4日，历时89天，毛泽东率领中共代表团完成了这次具有重要历史意义的访问。

回顾毛泽东首次访苏的全过程，可以用“一路平安”来形容。党中央高度重视，周恩来亲自挂帅，中央社会部、公安部、铁道部首长直接参与领导，各地党政军民上下一致，团结合作，群众与公安机关相互配合，军民结合，动员了千军万马，全体参战人员同心同德、夜以继日地站岗放哨，保证了毛泽东访苏的顺利！

回顾西藏和平解放的谈判经过

阿沛·阿旺晋美

一

1951年春，西藏和平谈判代表团到达重庆，受到贺龙、刘文辉等人的热烈欢迎。刘文辉是西藏比较熟悉的人物，金中悄悄对我说："共产党对这样一个大地主、大军阀，不仅没怎么着他，相反还给这样高的地位，让他讲话，致欢迎辞，共产党的政策并不像谣传的那样。"我听了点点头。后来，见到邓小平，他给我讲解放西藏的原因和必须解放西藏的道理，讲了共产党的政策，给了我一份西南局和西南军政委员会制定的十项条件，作为和平谈判及进军的基础。这些都进一步增加了我对解放军的信任程度。

在重庆停留期间，我们还参观了重庆钢铁厂。过去，西藏根本没有工业，连小型的工厂也没有。在这里参观工厂，简直是大开眼界。我们由阿乐部长陪同，平旺担任翻译，到了钢铁厂。参观结束后，工厂领导把一部分工人集合在广场上，要求我给工人讲讲话。天哪，真叫我为难！我从来没有当众作过演说，况且对工人情况又一无所知，怎么敢讲话呢？讲什么好呢？我实在讲不好，一再谢绝。可是，工厂又一再坚持，非要我讲几句不可。阿乐部长在一旁排解这个难堪的场面，煞有介事地对我说："你尽管讲，我给当翻译。"我当时发愣了。他根本不会藏语，怎么翻译呢？翻译平旺就在身旁，是怎么回事？阿乐见我不解其意，便小声通过平旺对我说："我在工厂工作多年，熟悉工人情况。你随便讲什么都行，我怎么'翻译'，就不必担心啦！"我恍然大悟，原来我们要演一场双簧啊！我只好随便说一阵。阿乐部长郑重其事地"翻译"一通。工人听了不断引起欢笑，代表团的藏人也在笑。工人以为我这位藏族上层居然把话说到他们心窝里了；藏人听了，笑我信口开河，也很开心。会场气氛活跃，充分显示出藏汉一家亲密无间的兄弟情谊。尽管是一场双簧，但场面实在扣人心弦，令人非常感动。

从重庆乘机北上。金中坐在我后面，见机组人员来来往往走动，他显出惊惶紧张的样子，恐慌地说："好危险啊！"

我立刻斥责他："出了事大家都一样，你紧张有什么用。"

当天风大，飞机只好在西安降落。这时，金中从舷窗里看见机场站着一位穿袈裟、胡须银白的老人，问才旦卓嘎："夫人，那人是谁？"才旦卓嘎一眼认出："啊，是阿沛的老师。"

飞机停下后，我第一个走下来。这时，喜饶嘉措迎上来，喊着我的名字，一个劲地问我饭吃得怎样，觉睡得如何；又夸我身体好、精神好。接着，又转过脸去问阿沛·才旦卓嘎有几个孩子啦，长得怎样。一席家常话，轻松愉快，顿觉心里暖乎乎的。我从他的谈吐、表情上，也感受到，在新制度下，他现在的生活是轻松愉快的。

我同喜饶嘉措老师分别多年，这回见了面，他很高兴，我也很高兴，由于语言相通，倍感亲切温暖。1949 年西藏还没解放时，他曾对西藏发表了不少广播讲话，号召和平解放西藏。他回忆这些说："我为什么要讲那些话？我不是站在汉人一边讲那些话的，更不是随便站在汉人立场说那些话。我是为西藏的宗教利益，这是我的真心话，不是不负责任地随便说说。"他不无伤感地说："西藏没解放前，我回去过，但只到黑河，藏政府不让我到拉萨去，我吃了很多苦头。他们这种做法太不应该了。"

西安的一些领导宴请我们代表团，喜饶嘉措也应邀参加。他很自豪地指着我，向汪锋等人介绍说："这位是我的学生。他当了很大的官，是噶厦的噶伦，现在是西藏和平谈判代表，这也是我的光荣！"

喜饶嘉措是我信任的老师。他对我讲了许多为什么要解放西藏的道理，对我帮助很大。同时，也加深了我对共产党的认识。

代表团到达北京时，受到了热烈的欢迎。出乎意料，周恩来总理亲自到车站迎接，使我非常感动。到车站欢迎的人很多，就在这时，发生了一件令人难忘的事情。

有位名叫却鲁拉的，也挤在欢迎的人群里。他是汉人，在国民党时期就在拉萨。他的藏汉文都很好，是位很有学问的人，也属于喜饶嘉措的徒弟之列。我原先在拉萨就听说过，但未见其人。后来他经印度跑到国内找国民党，在蒙藏委员会谋得一个头衔，又在班禅驻京办事处工作。解放后，筹办"民族出版社"时，他参加筹备工作。在北京车站欢迎我们时，他在人群中利用一个机会和我搭讪，自我介绍说："我叫却鲁拉。"因过去知道这个人，一说就对上号了。才旦卓嘎与我同行。这个人从人缝里挤到她身旁，往她手里塞了张纸条，弄得才旦卓嘎很吃惊，很害怕，不知如何是好。当着那么多欢迎的群众，接也不是，不接也不是，最后只好很难为情地接过来，一直捏在手里。到了下榻的北京饭店，才旦卓嘎才告诉我，有人塞给她一张条子，叫转给我。我接过这张用藏文写的纸条，内容是："你不要看共产党表面一团和气，但他们是一伙老谋深算的人。这次谈判一定要小心警惕，再就是翻译很重要，如果选用不合适的人，翻译有误，会造成很大麻烦，一定要找个好翻译。为此，我可以给你们当翻译。总之，一要警惕，二要有好翻译。"我看过这张纸条想：他的主要目的是要插足谈判。这一定不会有好的结果。所以，我没有再理他。

接着，我们代表团中的路经印度的代表凯墨和土丹旦达到达北京。凯墨早先在拉萨就认识却鲁拉。第二次世界大战时，凯墨是"国民代表大会"的西藏代表，在南京开会时就见过却鲁拉，以后他们相处亲密如家人。凯墨一到北京，却鲁拉认为好机会到了，马上就去拜访，提出给代表团当翻译，说："我一定能忠实地传达你们的意见，不会发生错误。"后来，凯墨找我，说有位很要好的朋友，要求当和平谈判的翻译，问找过我没有。我把他塞条子的事说了一遍，并说明不同意他当翻译的理由。凯墨也说："尽管我们关系很好，但让他当翻译，我也不同意。"

事情虽然过去了，但翻译确实是个很困难的问题。有个彭措扎西作翻译，尽管会汉话，但讲的却是青海西宁一带的藏话，我的话，他可以听懂一点，他的藏话，我一句也听不懂。我们代表团自己带的翻译尧西·彭措扎西，是达赖喇嘛的姐夫，他的藏、汉话都不行。所以，大部分翻译工作都是由平旺担任。

二

代表团到北京后，朱总司令为欢迎代表团举行了宴会。"五一"节在天安门城楼上，我头一次见到毛主席。毛主席对我说："你们长途跋涉来到这里，辛苦啦。好好休息，你们来了好。"他们都没提有关和谈方面的内容，对我们的到来，给予了肯定和欢迎。气氛非常融洽，问寒问暖，接待也很热情周到。我想，这实际上就是谈判的开始吧。

我们经陆路来的代表和经印度来的代表碰了一次头。他们带来了西藏地方政府关于进行和谈的五项条件和内部掌握的要点，还带有盖章的公开文件。我们在昌都时，曾拿到西南军区制定的十项条件，并且仔细地研究过，基本同意以这十条作为谈判的基础，打算在这些条件上作些改动并确定下来，变成谈判的协议。但是，和他们带来内部掌握的条件相比，两者的距离太大了。从噶厦的公开文件看，主要条件：一是表面上可以承认西藏是中国的一部分，实质上要实行独立自主；二是不要向边境派遣武装部队；三是和平谈判时，要有中立国（指印度）参加。其基本想法可能是，还按袁世凯时期的老办法。那时（1913 年 10 月 13 日）曾经在印度西姆拉举行过中国、中国西藏还有英国参加的三方会议，就是这次会议，产生了非法的“麦克马洪线”。这次，他们还想如法炮制。内部掌握的精神是，如因中立国事影响谈判的基本条款时，可以放弃。问题是要坚持不准派解放军到西藏边防这一条，另外还坚持中央派代表只许派文官，而且在不多的随员中，还必须是信教的，这就更离奇了。共产党里面到哪里去找信教的？

在昌都时，王其梅对中共西南局和西南军政委员会的十项条件作过认真解释。当时，我觉得这些条件很全面，完全符合西藏的实际，稍加修改就行了。现在西藏地方政府提出：一是不让向边境派部队，如果一定要派，应把藏军以解放军的名义派出去，实际上是让藏军守边防，不让解放军进西藏；二是派出驻藏代表，其随员只能有 15 人，不准带警卫。如果需要警卫，可从藏军里派出。这与十项条件完全背道而驰。

我们五位代表坐在一起商讨这些问题时，我发现经印度来的代表与从陆路来的代表在思想上存在很大的差异，出现了难以相处的局面。这样，我只好把准备谈判的根本任务暂时放下来，首先帮他们解除思想疑虑。我们同经印度来的两名代表和两位工作人员彭措扎西和桑多仁钦在一起，说是开会，实际是个形式，主要向他们介绍内地情况。我们从昌都来的，因与解放军有过一段时间的接触，亲自体察过党的政策，对一些情况比较了解；而经印度来的代表，满脑子灌的是谣言，对情况不了解。这就有个向他们谈情况、统一思想认识、增加代表间的互相信任的问题。因此，先做了提高认识、统一思想这一条。这是很重要的一条，也是我在谈判中遇到的最大困难。

我们内部思想的不一致，不在协议条款本身，而在于对共产党的认识。因此，我没有单独就协议条款统一认识；从他们带来的噶厦为谈判而制定的内部掌握条件来看，没有谈判基础。要否定它，就要有个统一的态度，对中央、对噶厦都要有个一致的态度，要解除他们对共产党的顾虑，肃清他们脑子里的谣言。我把在昌都见到的解放军执行三大纪律八项注意，坚持民族团结、平等的情况，向他们作了介绍，说明解放军不住寺庙，连老百姓家也不住，而是住帐篷，在条件十分艰苦的情况下，也从不损害老百姓的利益。桑颇和土登列门也介绍了在昌都亲眼看到的情况。总之，通过这些去解除他们对共产党的疑虑。

金中当时是下级官员，很有勇气，也跟他们讲了解放后的亲身感受，讲得生动具体，有声有色。我是首席代表，他们对我讲的事是真是假有些怀疑，所以在私下里询问金中。和我同路的桑颇比较年轻，思想开阔，接受新事物较快。他也做了不少解释和勉励的工作。总之，谈判前主要是统一代表内部的思想认识问题。

在五位代表中，有两位同我是亲戚关系，一位跟我合作共事多年，还有一位与我关系也好。桑颇的奶奶同我母亲是亲姊妹，我是他表叔；凯墨的父亲同我祖母是亲姐弟，他是我舅舅。凯墨的夫人和桑颇的母亲又是亲姊妹。这样，我进行工作很方便，桑颇也好做工作。我和土丹旦达的关系也比较密切，我们俩曾在一起负责给十四世达赖喇嘛的父亲在拉萨建造住宅。他当时是孜准，我是协邦，我们前后合作共事有四年时间。所以，我和他关系很近，说话也比较方便。我和土登列门关系不亲不疏，通过在昌都一段时间的相处，关系还好，也能谈得来。因此，我同他们之间商谈协议条款，认识比较容易接近。我同凯墨个别谈过必须同意往边境派驻解放军的道理，否则就无法进行谈判；而要同解放军合作，就要成立军政委员会。这样，凯墨没有什么阻力，其他代表也很顺利地取得一致意见。

代表的思想统一、认识一致以后，又一致决定：在谈判中，一般问题不请示。这是很关键的一着。因为你向噶厦请示一个问题，他就要回答一个问题，如果不同意，不仅拖延时间，还没法处理，甚至无法取得谈判成果。况且电报一来一往说不清楚，反而使问题拖延不决，无头无尾，更加复杂化。所以，整个谈判，只在班禅问题上，同亚东噶厦联系过两次，直到和平协议签字以后，才由几位代表经印度返回亚东作口头汇报。

在这种情况下，中央和西藏地方政府的双方代表开始谈判。通过交换意见，酝酿讨论，我们代表团一致认为，向边境派部队守卫，是一个国家的责任，不派不行。特别是中央确定进藏的边防部队由中央供给，不让地方负担，这样，更没有理由不同意。再就是，解放军进西藏，中央代表也到西藏，没有一个统一的机关，不好开展工作。军政委员会就是这样一个机关。既然军队都同意进去了，成立军政委员会也就是件小事了，因此必须承认。我们还认为，像这样的意见，亚东噶厦肯定不会同意。我作为全权代表可以接受，但是，中央必须给我提供一个便利条件，就是：我们代表可以接受并在协议上签字，西藏地方政府可能同意，也可能不同意。如果同意，当然就没有问题了；如果不同意，达赖喇嘛就在西藏待不下去。我们的意见，应当允许他逃到印度，在印度观察西藏的变化和发展。经过一段时间，他对西藏解放后的情况了解了、疑虑消除了，愿意回来时，应准许他返回，并维持原来的地位和权利不变。我们提出把这一条列入协议。后经中央反复讨论，不同意写进协议；但可以形成一个附件，双方各执一份，对外不宣布，同样起作用。附件有七条，主要内容是，亚东噶厦如果不同意这个协议，达赖喇嘛可以到印度住几年，研究一下西藏发展进步的情况，愿意返回西藏时可以回来，不降低他原来的地位和权利。这样，双方谈判取得了一致意见，协议也就这样定下来了。我们估计亚东噶厦肯定不会同意，所以，也就没和他们联系。

三

协议草本已经拟定好了，附件草本也定了下来，就等双方代表举行签字仪式了。就在这时，中央提出把班禅问题写进协议条款。这个问题一提出，几乎使整个谈判破裂，这是谈判中碰到的一个主要问题。

历史上，噶厦与札什伦布寺之间不和，积怨很深。后来又加上清朝留下的问题、英国留下的问题，问题越积越多，怨恨积得更深。因此，在这次谈判中提出承认班禅问题，包括我在内，所有的西藏代表根本不能接受。我们说，现在是中央和西藏地方的谈判，要讨论解决中央和西藏地方的问题，班禅的问题与此没有关系。在这个问题上，先碰到班禅到北京，中央要我们代表团去车站欢迎，当时我们不准备去，并且认为根本没有必要去。后来中央劝说我们，这是关系到搞好西藏内部团结的大事情，你们应该去，我们几个商量后，认为完全不去不行。于是便决定派代表团中名次最末的桑颇一人去车站欢迎，其他都没和班禅见面。

讨论班禅问题时，会议的气氛骤然变得炽烈起来。本来，我们与李维汉、张经武、张国华、孙志远在谈判中一同交换意见，相互访问，双方关系比较融洽，初步建立起信任，没有发生过问题。但班禅问题一经提出，矛盾就尖锐地发生了。我们代表团在这个问题上意见完全一致，认为这次到北京是为签订《中央人民政府与西藏地方政府关于和平解放西藏办法的协议》（简称《和平解放西藏协议》），与班禅问题毫无关系，希图这次解决札什伦布拉章（拉章，本意为大活佛的居室，实际生活中，绝大多数的拉章都是活佛的管理财产和处理事宜的办事机构。因经济力量的不同，其势力大小相差悬殊）与噶厦政府间的关系问题，根本不行！班禅问题，可以在协议签订以后，另找机会由中央、西藏地方政府、札什伦布拉章一起讨论解决。但是，中央坚持一定要把班禅问题包括在协议里面。我们坚持它与协议无关，不讨论这个问题。这样，双方坚持己见，使谈判僵持了好几天。

一次，双方代表团在一起开会，中央代表团说，这是西藏内部的问题，过去国民党时期没有得到解决，现在共产党的领导，不仅要解决汉藏民族间的团结，也要解决藏民族内部的团结。因此，这次一定要解决。我们根本不回答这个问题，推说地方政府只交代我们和谈问题，根本没交代我们谈札什伦布拉章问题。最后，李维汉发火了，拍着桌子说："这个问题是你们内部的问题，如不解决，所有谈判达成的协议，都不能成立。"我说："那好，已经达成的条款也可以不算！其他四个代表从哪里来，请你们把他们安全地送回哪里。我已是昌都解放委员会的副主任，你们让我回昌都也罢，不让我回，留在这里也行。"

这样，在一个星期内，谈判面临决裂，已达成的协议也面临被推倒的局面，代表团内部，也作好了回去的准备。我们铁心了。把札什伦布拉章的事掺在协议里，我们坚决不干！

一天下午，孙志远打电话来，问明天上午 9 点与我会晤行不行。我说行，我就是来谈判的，怎么不行？

第二天，孙志远准时到了北京饭店。我们两个单独进行会谈，由平旺作翻译。孙志远仍坚持中央代表团的意见，他说："中央和西藏方面的大事都已经谈通了，解决了，剩下札什伦布拉章问题是西藏内部问题，还没解决。这是件小事，为什么在这样的小事上就统一不了？"我说："是大事也罢，小事也罢，这不用你作解释，我们清楚。因为西藏地方政府根本没有交代我们谈这个问题，所以没有谈判的必要。如果因为这个问题影响协议签字，那就不要谈了。"我们不承认有这个问题，采取完全回避的态度。

我们从 9 点谈到中午，三个人吃了饭又继续谈。孙志远还是继续解释，我就从西藏地方政府和札什伦布拉章的历史渊源，一直讲到下午五六点钟，最后，孙志远说了一句："你看这样办行不行？在协议里写上这样的内容，即恢复九世班禅和十三世达赖喇嘛和好时固有的地位和职权，这样行不行？"

孙志远这一句话打破了多天的谈判僵局，我想了一会儿说："单是这样写是可以的！"为什么同意这样写呢？从五世到十二世达赖喇嘛期间，西藏地方政府和札什伦布拉章关系非常好。这是历史事实，没有理由不同意。问题是到了九世班禅和十三世达赖喇嘛时，西藏地方政府欺侮过札什伦布拉章，札什伦布拉章也欺侮过西藏地方政府，矛盾是这样产生的。我把孙志远的这个意思和我个人的想法跟其他代表一讲，他们一致说："这好说！那是好多代人形成的历史，没有什么可指责的！"

我们承认了这一条。第二天重新开会时，就把它定下来了。因为这一条关系重大，而且西藏地方政府未授权代表团谈判这个问题，所以不得不请示。我在藏历铁兔年（1951 年）四月十二日给亚东噶厦发了报，电报大意是："谈判出现了在昌都的汉官和驻新德里的袁大使均未提及的新问题，即班禅灵童问题……这里不可能通过书信把每一个重要原则的细节报告清楚，我们经过商量，为了执掌政教者未来少受损害，我们忠实、慎重地想尽一切办法，打算尽快地解决……”四月十五日，我再次给亚东噶厦发电报：“共产党政府已决定承认班禅灵童，如果我们不承认，谈判就要破裂。因事关重大，我们已经决定承认，尊重班禅灵童本人和他固有的地位及一切。”

后来，亚东噶厦复电同意承认班禅灵童问题。亚东噶厦四月十九日复电说：“……和谈进展情况，希作进一步说明，以免悬念，因为事关重大，要经常发来毫不含糊的请示电报，是为至要。班禅灵童问题，札什伦布寺四个堪布与堪厅官员联席会议，竭力要求达赖喇嘛认定，此次坚持要求认定班禅，我们驻阁驻外的也一致同意。”

至此，所有的问题都统一了。这场谈判也就顺利地结束了。双方立即在协议上签了字。

四

《和平解放西藏协议》的签订，标志着西藏回到了祖国的怀抱，标志着藏汉民族团结关系的增强，同时，西藏人民也从此走上繁荣幸福的道路，我为此感到欢欣鼓舞。

协议签字后，毛主席接见了我们西藏代表团，他讲了很多话，他说：“这次解放军进西藏，一是保卫边疆、巩固国防，再是帮助西藏人民解除痛苦。他们到西藏后，不论是军队还是地方干部，如果做了违犯你们心愿的事，或者欺侮你们，你一定要带头给我说，我们马上就改。”我听了后很受感动。我想，既然签订了协议，我一定做出最大的努力，使协议能够贯彻执行。我很乐观，协议一定会给西藏人民带来好处。协议签字后，土丹旦达对我说：“这下，达赖喇嘛肯定要出去了。”早在协议签订之前，对于达赖喇嘛可能出走，我已有所估计。现在我们已经离开拉萨一年多了，对西藏的情况不太清楚。但是，无论西藏发生了什么变化，即使达赖喇嘛真的出走了，协议既已签字，就必须贯彻执行。担负起执行协议的责任我义不容辞，这是历史赋予我的重大使命。贯彻执行协议，我是铁了心的。

代表团仍分两路，桑颇、凯墨、土丹旦达等经印度返西藏，先行向达赖喇嘛和亚东噶厦作口头汇报；我同土登列门、金中等，由张国华陪同返藏。我们从武汉乘飞机到重庆时，西南军政委员会副主席邓小平亲自在机场至市区途中举行仪式迎接。夹道欢迎的人群，手捧鲜花，载歌载舞，非常隆重，好像迎接凯旋的英雄一样，这场面使人心情十分激动。

这期间，邓小平副主席找我谈过多次话。主要讲协议签订了，部队要进藏，供给虽由中央负责，但由于交通不便，请西藏地方政府要进行帮助。今后，西藏的工作，中央交代要西南军政委员会负责。这样，我们的责任更重大了。如果我们或进藏部队有做得不对的地方，可以随时告诉我们，直接向中央讲也可以，不要放在心里，要密切我们之间的关系。

我同张国华、谭冠三、陈明义、李觉一起到昌都后，进藏部队的先遣队已经组成。于是，我便随同先遣部队向西藏进发。我们同行的有金中、平旺和王其梅、陈竞波、林亮等，在洛隆宗遇见顾草萍等。我这时心情十分焦急，总希望部队走快些，再快些，早一天赶到拉萨，因为我担心达赖喇嘛会逃出西藏去。如果出现这种情况，大量的贵族、官员会跟着逃走，那时拉萨成了个空城，如果部队不能很快赶到那里，就会发生难以想象的混乱局面，形势便会陡转直下，社会出现动荡不安，甚至还可能发生骚乱。基于这个想法，我把部队进拉萨看得特别重要。

在行军中，我看到部队缺粮等艰苦情况，就千方百计为他们创造条件，让他们早一些赶到拉萨。拉萨还有两位司曹，这样就能与噶厦接上头，一可维持社会治安，二可保证协议的执行。如果部队不能按时赶到，拉萨的贵族官员外逃不说，地面上再出点事，不仅不好执行协议，连个落脚处也没有。总之，协议是我签订的，我必须负责实现它，我有多大力量，都要全部使出来。

路上，部队的给养问题非常突出。王其梅对部队吃的问题很焦急。他担心由于交通困难，后面粮食运不到，部队携带的粮食难以为继，缺了粮怎么办。我说没有关系，我的溪卡就在工布江达，到那里粮食不成问题，部队到拉萨的粮食供应由我完全负责。

我当即打发人先走，交代到工布江达后，尽量多运些面粉到嘉黎接济部队。我知道，嘉黎距工布江达有四天路程，道路艰险，运输十分困难，但我家有牲畜可以运输。部队到了嘉黎确实断了粮，而从工布江达运到的四五十驮面粉，解决了部队的燃眉之急。后来，到了工布江达，我家里有的是粮食，只要能带动，就尽力携带。

一路上，我提前派人通知沿途地方为部队准备柴草，尤其是要进入荒凉贫穷的地区时，我很不放心，怕派去的人准备不好，影响部队行程，我便提前走一天，从边坝走到阿拉多住一夜。第二天，没翻鲁公拉山前，在一个马站，我见马草不好，便翻山到了阿拉加贡，草还是不丰富，其他条件也不行，虽然当地已经准备了，但还是不行。我考虑部队没法生活，中午便前往夏曲卡住下。等一天不见部队，等两天部队还没赶到，我心里急了。第三天，王其梅才率部队赶到。他见了我高兴得前仰后合，本来说在山那边等他们，结果往前赶了两天路，引起一场笑话和误会——他们还以为我溜跑了哩！

这时，噶厦派仁希多德赶到嘉黎，还带给我一本密码。我这才知道张经武代表和阿乐部长经印度已到达拉萨。达赖喇嘛一行与亚东噶厦也回到了拉萨，我悬着的心才放到实处。

杨尚昆谈抗美援朝战争

苏维民

抗美援朝战争是我们本不愿意打却又不能不打的一场战争。朝鲜的存亡与中国的安危密切关联。唇亡则齿寒，户破则堂危。中国支持朝鲜不仅是道义上的责任，也是出于自身安危考虑，不得不同世界上最强大的美国直接武装较量。通过这场较量，打破了美国不可战胜的神话，极大地鼓舞了中国人民的斗志，医治了当时相当一部分人的“恐美症”。全世界对中国刮目相看，中国的国际威望空前提高，为经济建设和社会改革赢得了一个相对稳定的和平环境。

20 世纪 90 年代，杨尚昆撰写回忆录时，拟将这场战争始末列为其中篇章之一。1997 年 5 月 3 日，他对中共中央办公厅和中央军委办公厅的几位老同志回忆了有关抗美援朝的往事。

三驾马车，那两匹马一定要拉，我们不拉怎么得了

1945 年 8 月 8 日，苏联对日宣战，苏军进入朝鲜。原来在我国长白山一带坚持抗日游击活动的金日成等同志也回到朝鲜。按照美苏达成的协议，9 月，美军进入朝鲜南部，双方以北纬 38 度线作为分别受降的分界线。1948 年 8 月 15 日，美国扶植李承晚集团在 38 度线以南成立大韩民国。随后，9 月 9 日，金日成领导的朝鲜民主主义人民共和国在 38 度线以北建国。朝鲜半岛从此形成分裂的局面。“三八线”由受降的分界线变成军事分界线。

按照美苏协议，苏军于 1948 年年底全部撤出朝鲜；半年后，美军虽也撤出了韩国，却留下了一个庞大的军事顾问团，并继续武装李承晚集团。李承晚在美国的支持下，不断在“三八线”附近挑起军事摩擦，扬言要以武力统一朝鲜半

岛。1950年1月，李承晚集团同美国签订《美韩联防互助协定》，战争大有一触即发之势。在朝鲜方面，金日成也曾于1948年、1949年两次要求同苏联缔结“朝苏互助友好条约”，斯大林因怕刺激美国，未予同意。1949年4月，朝鲜获悉，美军即将撤离韩国，李承晚集团将于美军撤离后向朝鲜发起进攻。为此，金日成一面要求苏联火速支援武器装备，一面派人到北京，请求我在兵员上给予帮助。毛泽东表示，如果李承晚集团敢于挑起战争，我们将给予朝鲜援助，并答应将我驻东北地区的人民解放军朝鲜族师编入朝鲜人民军。待第三次国内革命战争结束，完成全国统一大业后，中国军队里的朝鲜族官兵都可以根据自己的意愿考虑编入朝鲜人民军问题。毛泽东还明确指出，要争取实现全朝鲜统一，但从当前的国际形势看，近期内还没有必要采取行动。6月，李承晚集团公开叫嚣，准备给朝鲜一次毁灭性打击。与此同时，杜勒斯也跑到朝鲜半岛，秘密视察了“三八线”，并宣称美国将对李承晚集团反对共产主义的行动给予道义上和物质上的支持。朝鲜半岛的局势骤然紧张。

1950年初，杜鲁门发表关于韩国和台湾地区不在美国防务圈内的声明，使斯大林解除了顾虑，开始考虑从根本上解决朝鲜问题，加快了武装人民军的步伐。3月，金日成秘密访苏，表示朝鲜人民军有足够的力量统一朝鲜半岛，斯大林对此表示乐观和肯定。5月13日，金日成来华向中共中央通报他秘密访苏和斯大林已同意他统一朝鲜半岛的计划。毛泽东当即表示，这是一个重大问题，我们要向苏方核实。随后紧急约见苏联驻华大使罗申，请他报告斯大林证实金日成的说法。第二天，罗申拿着斯大林的回电求见毛泽东，证实了此事。毛泽东对金日成说，我们不是敌人的参谋长，要多设想可能发生的情况。为了准备应付万一，中国人民解放军准备在鸭绿江我方一侧部署三个军的兵力，如果美国出兵，只要他们不越过“三八线”，我们也不过鸭绿江；如果美国越过“三八线”，我们可以考虑以志愿军的名义出兵参战。金日成对此婉言谢绝，信心十足地说：中国没有出兵的必要。

1950年6月25日，朝鲜战争爆发。战争爆发的第二天，杜鲁门就宣布美远东空军海军参战支持李承晚。27日，杜鲁门发表声明宣称派第七舰队开赴台湾海峡阻止我国解放台湾。7月7日，美又操纵联合国安理会通过决议，授权以美国侵朝军队为主，纠集16个国家的军队，组成“联合国军”，进入朝鲜半岛支持李承晚集团扩大侵略战争。

战争初期，朝鲜人民军锐不可当，作战顺利，很快越过“三八线”。金日成通过广播发布命令，要求人民军在8月底前将美军全部赶出朝鲜南部，完成统一朝鲜的神圣使命。但是，在人民军长驱直入、欢呼胜利的同时，它的弱点也暴露无遗。人民军的主力部队集中到了第一线，后方空虚；战线过长，补给十分困难。9 月 15 日，美军在仁川登陆；25 日，攻陷汉城，人民军部队被拦腰截断，战场形势急剧逆转。

10 月 1 日，麦克阿瑟下令“联合国军”越过“三八线”，向北推进。同日，斯大林来电，建议我们至少派五六个师，迅速进至“三八线”附近，以掩护朝鲜人民军在后方组织后备力量。与此同时，金日成也派特使朴宪永到北京请求给予军事支援。2 日凌晨，毛泽东急电高岗立即来京开会，商讨朝鲜局势。当日下午，毛泽东主持召开中央书记处会议，旗帜鲜明地指出这件事一定要管，否则美国人将得意忘形，更加猖獗。出兵朝鲜，意味着中美交火，可能导致美国正式向我宣战，把战火直接引向我国。这样，不仅会打乱国家的经济恢复和建设计划，而且美国是西方世界霸主、头号军事强国，军队装备精良，还拥有核武器，中美一旦直接交火，能否打得赢，没有绝对把握，但毛泽东权衡利弊，认为出兵比不出兵更为有利。美国介入朝鲜内战，本在我们意料之中。战争爆发后，7 月 2 日，周总理约见苏联驻华大使罗申，对朝鲜人民军能否挫败美军的干预表示担忧，为预防万一，我准备在中朝边境集结 9 个师的兵力，美军一旦越过“三八线”，中国军队即以志愿军名义入朝抗击美国侵略军，希望能得到苏联的空中掩护。7 日、10 日，周总理两次召开军事会议，会议作出《关于保卫东北边防的决定》，立即抽调兵力组成东北边防军。随后，边防军实力很快达到 26 万人。现在，要派兵入朝，由谁挂帅？毛泽东属意林彪。林彪却借口有病，极力推辞。

10 月 4 日，毛泽东主持召开中央政治局扩大会议，会议一开始，毛泽东就宣布，今天全天开会，讨论出兵朝鲜问题。上午专门谈应当出兵的理由，下午专门谈不出兵的理由。根据当时会议讨论的情况，基本上倾向于不出兵，理由就是一条，我们刚刚打完仗，战争创伤尚未医治好，经济还未恢复，入朝参战对我不利。下午，彭德怀由西安赶到北京，参加了主张不出兵的那一段会议。会议结束时毛泽东说，你们不主张出兵，说得都有理，但别人处在生死存亡关头，我们站在旁边看，不管怎么说，心里总不是个滋味。彭德怀因为不了解情况，在会上没有表态，但是一散会，他就跑到我这里，向我详细地了解上午会议的情况。5 日上午，毛泽东把彭德怀找去单独谈话。彭说，我想了一个晚上，觉得应当出兵。他慨然表示愿意挂帅东征。下午，政治局扩大会议继续进行，彭德怀力主出兵抗美援朝。他说，有人担心打仗会影响建设，这没有什么，打烂了，以后再建设就是了，等于解放战争胜利推迟了几年。如果让美国吞并了整个朝鲜，它随时都可以寻找借口向我挑衅、发动侵略战争，所以迟打不如早打，否则会留下无穷后患。毛泽东接着把中、苏、朝三国比喻为三驾马车，说这辆车是三匹马拉的，那两匹马执意向前跑，你又有什么办法呢？正说着，师哲领着柯瓦廖夫来了，毛泽东就离开会场到丰泽园去见苏联客人。不一会儿，大约只有二十几分钟的时间，毛泽东又回到会场，说你们看，果不其然，那两匹马一定要拉，我们不拉怎么得了！会议随即作出决定，由彭德怀挂帅，率中国人民志愿军入朝。

10月8日，毛泽东签署《关于组成中国人民志愿军的命令》。同日，毛泽东电告金日成我组成志愿军，由彭德怀任司令员兼政委入朝作战的决定，并请他“即派朴一禹同志到沈阳与彭德怀、高岗二同志会商与中国人民志愿军进入朝鲜境内作战有关的诸项问题”。

同一天，周恩来、林彪前往苏联会见斯大林，商谈有关苏联的军事援助和对我志愿军提供空中掩护问题。斯大林一方面表示愿意提供16个志愿空军团给我志愿军作空中掩护，一方面又强调立即出动空军掩护有困难，至少还需要等两三个月才能准备好。因为苏联不能派空军给我志愿军空中掩护，周恩来不得不致电毛泽东再作定夺。由于出现这个波折，10月12日，毛泽东电彭德怀、高岗：志愿军各部仍就原地进行训练，不要出动，并请他们来京一谈。彭、高到京后，13日，毛泽东再次召开中央政治局紧急会议，就出兵不出兵问题展开复议。会上，毛泽东强调中朝唇齿相依，让美军进到鸭绿江边与我对峙未必有利。会议经过反复讨论，终于下了出兵的最后决心。随即发电给周恩来：与高岗、彭德怀二同志及其他政治局同志商量结果，一致认为我军还是出动到朝鲜为有利。在第一时期，可以专打伪军，我军对付伪军是有把握的，可以在元山、平壤线以北大块山区打开朝鲜的根据地，可以振奋朝鲜人民重组人民军。两个月后，苏联志愿空军就可以到达。六个月后可以收到苏联给我们的火炮及坦克装备，训练完毕即可攻击美军。在第一时期，只要能歼灭几个伪军的师团，朝鲜局势即可起一个对我们有利的变化。我们采取上述积极政策，对中国、对朝鲜、对东方、对世界都极为有利；而我们不出兵，让敌人压至鸭绿江边，国内国际反动气焰增高，则对各方都不利，首先是对东北更不利，整个东北边防军将被吸住，南满电力将被控制。总之，我们认为应当参战，必须参战。参战利益极大，不参战损害极大。

美国将军哀叹签订了历史上第一个没有取得胜利的停战协定

10月19日，中国人民志愿军的三个军和三个炮兵师分三路渡过鸭绿江。为了隐蔽，部队黄昏行动，拂晓停止。21日，“联合国军”攻占平壤，麦克阿瑟认为中国出兵的可能性极小，叫嚣要在11月23日感恩节前占领全朝鲜。他根本不知道中国人民志愿军几天前已经渡过鸭绿江，正在预定地区布下口袋等着他。25日，北进的李伪军1师、6师先头部队遭我志愿军伏击，被歼千余人，拉开了抗美援朝的帷幕。从10月25日到11月5日，历时10天的抗美援朝战争第一次战役共歼灭“联合国军”15 000余人，打破了美军不可战胜的神话，稳定了朝鲜半岛的战局。

骄横的麦克阿瑟吃了败仗，仍然主观地认为中国只是派了少量部队入朝以保卫自己的边防，因此，他重新集结兵力，在海空军的支援下加快北进速度。11月24日，麦克阿瑟向全世界宣布，“联合国军”已开始发动总攻，在圣诞节前结束朝鲜战争。随后，他又在广播中要求他的部队迅速打到鸭绿江，回家过圣诞节。我志愿军采取边打边撤、诱敌深入、分割包围、伺机歼灭的方针，从11月7日到12月24日，历时40多天的抗美援朝第二次战役，共歼敌36 000余人，收复了平壤和“三八线”以北的广大地区。

第二次战役中，11月25日，我志愿军总部遭到美机轰炸，毛泽东的儿子毛岸英和另外一位名叫高瑞欣的同志不幸牺牲。一个多月以后，1951年1月2日，周恩来才把彭德怀关于此事的电报写信告诉毛泽东。周恩来的信和彭德怀的电报都不长，毛泽东却看了很久。长叹了一声后，他说，牺牲的成千上万，无法只顾及此一人。事已过去，不必说了。毛泽东精神伟大，而实际受到打击却不小！这是没有办法的事，毛泽东一度有下乡休息之意。

第二次战役后，彭德怀建议我志愿军暂时休整一段时间。12月27日，他在给毛泽东的电报中说：“一、二次战役胜利后，已改变朝鲜战局，我已由防御转为进攻。敌虽士气低落，但装备仍占优势；我虽士气旺盛，但武器装备太差，交通运输严重困难，要改善这些条件，最快还须三至六个月才能逐步实现。战役继续向南前进时，敌人防线缩短，兵力集中；而我之供应线延长，新的困难亦随之增加。”但是，那时美国正在玩弄先停火后谈判以争取时间准备再战的阴谋。12月14日，联合国通过印度等13个国家的停火提案，打着停火的幌子，企图阻挠我军突破“三八线”。毛泽东认为美英各国正要求我军停止于“三八线”以北，以利其整军再战。因此，我军必须越过“三八线”。如到“三八线”以北即停止，将给政治上以很大的不利。因此，他没有同意彭德怀的建议。

12月31日夜，我志愿军发起抗美援朝战争第三次战役，到1951年1月8日结束，历时8天，前进80～110公里，解放了汉城，共歼敌19 000余人。

彭德怀认为，第三次战役美军是不战而退，他们的主力部队并没有受到多大损失，显然是诱我南下，造成供应线拉长，侧翼暴露，以便其利用海空优势重演仁川登陆故伎。这时，我军的弱点也逐渐暴露出来，装备差，无空中掩护，后勤保障能力弱，士兵携带的粮弹只够维持5～7天。美军嘲讽我只能发动“星期攻势”。果然，1月25日，美军集结20多万兵力向我发起进攻，这就是抗美援朝战争第四次战役，这次战役历时87天，到4月27日结束。敌虽重新占领汉城，并把战线恢复到“三八线”一带，但我军大量杀伤敌人，共歼敌78 000余人。

在第四次战役中，彭德怀对我志愿军面临的困难，心急如焚。2 月 21 日，他回京向毛泽东汇报朝鲜战局。他乘坐的专机降落西郊机场后，马上驱车中南海。不巧，毛泽东在西郊玉泉山，于是他又折返西郊。这时，毛泽东已经午睡，他不顾警卫人员的劝阻，径自闯入房间，将睡眠中的毛泽东唤醒，向他汇报朝鲜前线敌我情况和我志愿军面临的诸多困难。毛泽东听完彭德怀的陈述，经过认真思考后提出：朝鲜战争能速胜则速胜，不能速胜则缓胜，不要急于求成。这就给了彭德怀一个相机处置的余地。2 月 25 日，周恩来主持军委扩大会议，讨论各大军区部队轮番入朝作战和如何保障志愿军物资供应问题。彭德怀对当时国内同样面临很大困难考虑不够，片面强调后方支援朝鲜前线不力，甚至激动地站起来拍桌子，大声喊："你们去前线看看，看看志愿军吃的是什么，穿的是什么，他们为谁牺牲？难道国内就不能克服一点困难吗？"这次会议对加强志愿军第一线兵力和后勤供应问题作了许多重要决定，如人民解放军各部队轮番到朝鲜前线参战，这样既可替换第一线部队休整，又可锻炼部队，提高全军现代化作战能力；派高炮部队入朝以掩护志愿军后方交通线；号召各行各业增产节约、捐献飞机等。

3 月 24 日，"联合国军"总司令麦克阿瑟擅自发表要将战争扩大到中国境内的声明，被杜鲁门撤职，李奇微接任"联合国军"总司令。李奇微的如意算盘是重演仁川登陆故伎，在朝鲜半岛的蜂腰部、我志愿军背后登陆，使我军腹背受敌。为了粉碎敌人的这一阴谋，彭德怀提前发动了抗美援朝第五次战役。原计划是将敌人赶回北纬 37 度线附近，但因准备不充分，没有达到预期目的。战役从 4 月 22 日开始到 6 月 10 日结束，历时 50 天，粉碎了敌人拟将战线推进到北纬 39 度平壤、元山一线的企图，歼敌 82 000 余人，我志愿军也付出了很大代价。

第五次战役后，战争双方在"三八线"附近呈胶着状态。1951 年 5 月，美国国家安全委员会向杜鲁门建议争取谈判解决朝鲜问题。5 月 31 日，美国国务院顾问、前美驻苏大使凯南拜会苏联驻联合国代表马立克，表示美国政府准备与中国讨论结束朝鲜战争问题，愿意恢复战前状态。随后，美国国务卿艾奇逊、联合国秘书长赖伊都先后表达了美国政府的这一意向。毛泽东立即把握住这一机会，6 月 3 日，同专程来京的金日成举行会谈；10 日，又派高岗同金日成去莫斯科和斯大林会商；接着，派李克农离京赴朝主持停战谈判。谈判于 1951 年 7 月 10 日开始，到 1953 年 7 月 27 日双方才在《停战协定》上签字，前后历时两年有余。

谈判桌上是第二个战场。这期间朝鲜战场上处于谈谈打打、打打谈谈的局面，两个战场同样复杂、激烈。前几天，我找到了李克农 1952 年 7 月 12 日从开城写给我的一封信，信中描述了当时谈判代表团工作和生活情况。信中说："1951 年 7 月 3 日由北京出发总人数包括武装警卫人员不上 60 人，经过一年的战斗时间，现在扩大到640人。这个部队在毛主席和总理直接领导下，是经得起战斗的，同时经过一年来的考验多数同志也进步了，面貌也改变了，特别是对那些在美国得了学士、博士学位的同志们，实际教育意义更大。”来信还说：“敌人在中立区、会场区的特务活动，比以前更活跃，前天我们又在会场区设伏捕获敌特一名，附上敌人利用小孩在会场区做特务活动照片两张，以便你们了解此间对特务斗争的复杂情况。”

朝鲜战场上停战的时候，我志愿军的装备已得到较大改善，实力有了较大增强。对此，彭德怀曾惋惜地说，当时我方战场组织刚告就绪，没有充分利用它给敌以重大打击就宣告停战了，实在可惜。他还曾设想，把我退出的地区作为缓冲区交给中立国家监督，那样会更好些。而在敌人方面，当时的“联合国军”总司令克拉克在签字后哀叹，他是美国历史上第一个在没有取得胜利的停战协定上签字的司令官。

毛泽东和周世钊谈抗美援朝战争

周彦瑜　吴美潮

父亲周世钊和毛泽东是湖南省立第一师范学校的同学，他们情意拳拳，过从甚密，书信来往不断，诗词切磋频频，相知相交 63 年。毛泽东称周世钊是“真能爱我，又能于我有益的人”，并称赞他是“贤者与能者”；周世钊则称毛泽东是“素抱宏愿”的“吾兄”，又称他是“尊敬的主席”。毛泽东与周世钊谈话时，纵论国事，无所避嫌。现根据周世钊记述，将毛泽东和周世钊的交往及关于抗美援朝战争的几次谈话整理如下：

幸福的会见

1913 年春天到 1918 年夏天，毛泽东和周世钊在湖南省立第四师范和第一师范学校同班学习了 5 年半。毕业后，他们走上了社会，又一起共同奋斗了 9 个春秋，直到 1927 年后才分开。尤其是在 1918 年到 1921 年的 3 年中，毛泽东和周世钊同为新民学会的骨干成员，一起为了“改造中国与世界”而奋斗，并且常常写信互勉。1920 年 3 月，毛泽东从北京给周世钊写信，说：“我想你现时在家，必正绸缪将来进行的计划，我很希望我的计划和你的计划能够完全一致，因此你我的行动也能够一致。我现在觉得你是一个真能爱我，又能于我有益的人，倘然你我的计划和行动能够一致，那便是很好的了。”1920 年 6 月，周世钊写信劝毛泽东回湖南创立一番事业：“吾兄平时，素抱宏愿，此时有了机会，何不竭其口舌笔墨之劳，以求实现素志之十一？相知诸人，多盼兄回湘有所建白，弟亦主张兄回省……”

后来，毛泽东忙于建团建党的活动，他虽然曾邀请周世钊一起进行革命活动，但周世钊当时入了上大学的“迷”，拒绝了毛泽东的邀请。但两人彼此尊重对方的选择，依然联系密切。据周世钊回忆，毛泽东写《湖南农民运动考察报告》之前，曾把调查情况和想法告诉了周世钊。后来，因毛泽东南征北战，他们的联系才慢慢中断了。

直到 1949 年 8 月长沙和平解放，周世钊以第一师范学校代理校长的名义专门致电向毛泽东致敬。毛泽东不久就回电：“希望先生团结全校师生，加紧学习，参加人民革命事业。”自此，周世钊和毛泽东又恢复了密切联系。1949 年 10 月，周世钊致函毛泽东，并附诗一首，同时附去陈泽同建设湘潭工业区的一份意见书。11 月 15 日，毛泽东回信：“延安曾接大示，寄重庆的信则未收到。兄过去虽未参加革命斗争，教书就是有益于人民的……兄为一师校长，深庆得人，可见骏骨未凋，尚有生气。”周世钊对毛泽东评价他“骏骨未凋，尚有生气”，十分高兴，也很受鼓舞。

1950 年 9 月下旬，毛泽东的亲戚章森洪回湘省亲，毛泽东嘱她便道约周世钊和王季范偕往北京参加国庆观礼。9 月 30 日中午，周世钊到达北京，下午去中山公园听周恩来的报告，晚上与蒋竹如等第一师范学校的老同学前往北京饭店王季范（因为出席全国教育工作会议已先入京）处谈了一阵儿。周世钊从同学中获悉，当毛泽东会见他们时，问起他的情况，江青还在旁边插问：“这是一个什么样的同学？”毛泽东说：“这位同学相当老实憨厚，就是胆子小。”10 月 1 日，周世钊受邀到天安门观礼台参加国庆观礼。直到 10 月 5 日，中南海来电话说毛泽东要接见他，嘱咐他在饭店等候。下午 4 时，毛泽东派秘书用车到惠中饭店接周世钊。他们入新华门，到达勤政殿，江青在门口等候，引周世钊入内，并一路询问周世钊的家庭情况。

1927 年分别后，两位老朋友 23 年后终于相见。周世钊称此次见面为“幸福的会见”。握手寒暄后，毛泽东笑容满面地问了周世钊到京后的情况，也谈了他近来的健康情况。毛泽东问周世钊到京以后会见了哪些人。周世钊说见了徐特立、谢觉哉、熊瑾玎、王季范。毛泽东对周世钊说：“约他们来谈谈好吧？他们没到以前，我们到外面走走，如何？”于是，毛泽东一面嘱咐秘书电约四老，一面又嘱咐准备两辆车。毛泽东和周世钊坐一辆车，警卫人员坐一辆车，进入景山公园。毛泽东和周世钊刚下车步行不到 20 步，警卫人员走到跟前对毛泽东说：“园里游人太多，不便久留，请主席上车。”毛泽东一边上车，一边说：“今天游不成了，回去吧！”

在回途中，周世钊问毛泽东：“我记得你从前瘦些，是什么时候胖起来的？”毛泽东说：“过去在长沙时，常常东奔西跑，在江西和长征时期，常常骑马打仗，活动多，胖不起来。在延安十多年，坐窑洞，写文章，骑马打仗的机会不多，就慢慢地胖起来了。”

周世钊又问：“我看你对一些熟人的信件，都是亲自回答，为什么不让秘书代劳呢？”毛泽东说：“秘书不了解那些人的情况，不知怎样下笔，必须将经过详细告诉他，他才能写，不如我自己提笔写几句还省事得多。”

毛泽东和周世钊回到中南海已是傍晚时分，几位约请的人都已到齐。同进晚餐后，坐在客厅谈话。周世钊向毛泽东提了一个要求：“第一师范的师生，恳切希望得到您的指示，请求为他们题示几句话。”

毛泽东当即表示满足全校师生的要求，并对徐特立说：“你是一师的老教师，也写几句话，给他（周世钊）带回去吧！”话题集中到一师，又说到一师一些过去的教师。

谈话中，毛泽东嘱咐周世钊搬入北京饭店。于是，周世钊回去后就从惠中饭店搬到了北京饭店。

毛泽东谈话后，秘书向他报告，有首长请见，周世钊等便起身告辞。

我们有力量有把握打好这一仗

1950 年 10 月 27 日上午，毛泽东再次召见王季范和周世钊。毛泽东伤感地谈了任弼时逝世一事后，饶有兴趣地谈论起宗教和哲学问题。周世钊感到很奇怪，于是问道：“主席今天为什么有这种闲情来谈宗教和哲学这些问题呢？朝鲜局势不是很紧张吗？”

毛泽东从容答道：“朝鲜局势日趋紧张，这段时间，我们为了讨论这个问题，有很多天是睡不着的。但是，今天我们可以高枕而卧了。”

“这是为什么呢？”周世钊很不解。

“因为我们的志愿军已经出国了。”毛泽东透露了这个消息。

这是周世钊和王季范之前没有听到的消息。周世钊一方面感到兴奋，一方面更感到担心，因而提出一个问题：“有胜的把握吗？”

毛泽东没有立即回答这个问题，却反问王季范和周世钊：“你们对这个问题看法怎么样？”

王季范没有表示意见。周世钊稍稍考虑后陈述了他的看法：“国民党反动统治被推翻，全国得到解放，这是建设新国家的大好机会。全国人民都希望和平建设，志愿军抗美援朝，是不是会影响和平建设呢？”

毛泽东说：“不错，我们急切需要和平建设，如果要我写出和平建设的理由，可以写百条千条，但这百条千条的理由不能敌住六个大字，就是‘不能置之不理’。现在美帝的侵略矛头直指我国的东北，假如它真的把朝鲜搞垮了，纵不过鸭绿江，我们的东北也时常在它的威胁中过日子，要进行和平建设也会有困难。所以，我们对朝鲜问题，如果置之不理，美帝必然得寸进尺，走日本侵略中国的老路，甚至比日本搞得更凶。它要把三把尖刀插在中国的身上，从朝鲜一把刀插在我国的头上，以台湾一把刀插在我国的腰上，把越南一把刀插在我国的脚上。天下有变，它就从三方面向我进攻，那我们就被动了。我们抗美援朝就是不许它的如意算盘得逞。‘打得一拳开，免得百拳来。’我们抗美援朝，就是保家卫国，可是党内有很多人不同意。”

周世钊听了还是十分担心，再一次提出刚才的疑问：“是不是有胜利的把握呢?”

毛泽东喝了口茶，不慌不忙地回答这个问题：“你们都知道，我是不打无把握的仗的。这次派志愿军出国，是有人不同意的，他们认为没有必胜的把握。我和中央一些同志经过周详的考虑和研究，制定了持久战的战略，胜利是有把握的。我们估计，美帝的军队有一长三短。它的钢铁多、飞机大炮多，是它唯一的优势。但它在世界上的军事基地多，到处树敌，到处布防，兵源不足，是第一短；远隔重洋，是它的第二短；是为侵略而战，师出无名，士气十分低落，是它的致命伤。虽有一长，不能敌这三短。我们则为抗美援朝而战，为保家卫国而战，士气高，兵源又足。我们并不希望速战速决，我们要进行持久战，一步一步消灭它的有生力量，使它每天都有伤亡。它一天不撤退，我们就打它一天，一年不撤退，就打它一年，十年不撤退，就打它十年。这样一来，它就伤亡多，受不了。到那时，它就只好心甘情愿进行和平解决。只要它愿意和平解决，我们就可结束战争。”

周世钊又提出一个问题：“假如它不在朝鲜战场上打而派大军从我国海岸登陆怎么办?”

毛泽东说：“它不敢，那样做我们也不怕它。我们有《中苏友好同盟互助条约》，它如果向我国进攻，就会引起苏联的参与。苏联参与，不一定要派兵东来，它可以在几天之间用兵西向，席卷欧洲，欧洲是美国必争之地，它要照顾欧洲，自然也就无力入侵我国了。”

周世钊继续发问：“假如美帝用飞机滥炸我国的重要都市呢?”

毛泽东继续分析道：“它也不敢，因为这同派兵登陆，同样是侵略。”在毛泽东剖析了上述论点后，周世钊又提出一个问题：“为什么只有我国抗美援朝，苏联却坐视不理呢?”

毛泽东笑着说道：“这个仗，我们有力量有把握打好，不必要苏联参加。我看美帝的侵略行径，一定会彻底失败，不管它怎样挣扎，终究是黔驴技穷，在中朝人民共同抗击之下，它是一定不能得逞的。”

他们没有希望打到鸭绿江

1950 年至 1951 年初，湖南省第一师范学校的行政负责同志之间、教师与教师之间，发生了不团结的现象。周世钊不想卷入其中，也没有以积极的态度主动去解决问题，想一走了事。上级领导对周世钊进行了耐心教育，他才勉强安下心来。但他始终没有办法解决校内不团结的问题，学校工作因而受到影响。周世钊认为自己过多考虑个人面子、威信问题，作为旧知识分子不能很好地体会党对教育工作的方针政策，迫切需要学习。于是，他要求学习、改造。1951 年 3 月，湖南省教育厅将湖南省第一师范学校的人事作了适当调整，由副校长李迪光暂时代理校长，同意周世钊到北京的华北人民革命大学政治研究院学习一年。周世钊自 3 月 7 日北上，到京后住惠中饭店。此时，毛泽东已离京去石家庄附近乡间休息去了，于是周世钊写了一封信告诉毛泽东他的学习计划。

1951 年 4 月下旬，政治研究院办公室通知周世钊，中南海将派车来接他。下午 4 时，毛泽东的秘书来政治研究院接周世钊和蒋竹如去中南海。这时，毛泽东已从石家庄回来。见面后，毛泽东询问周世钊、蒋竹如的学习情况后说：“你们能够请假学习一年，好极了，有机会学习是最好不过的事。我很想学习两三年，特别想学习自然科学，可惜我不如你们这样幸运，能够请假学习，我现在是不好请假的。”

1951 年 5 月的一个星期六下午，毛泽东派秘书田家英到政治研究院接周世钊和蒋竹如去中南海聚会。见面后，毛泽东高兴地告诉他们，志愿军在朝鲜作战获得了一个又一个的胜利，并说：“我们志愿军的武器远不如美帝，但常常把美帝的军队打得狼狈逃窜。我们连大炮都少，飞机更没上前线。但常常打胜仗，把敌人打得落花流水。这是为什么呢？没有别的理由，这是因为我们的志愿军都是翻身的农民和工人，他们认识这场战争是为支援被侵略的朝鲜而战，是为保家卫国而战，都有为保卫革命胜利果实的决心，都明了这场战争是为自己而战，为自己的国家而战，因此奋勇杀敌，敢于牺牲。可以说，抗美援朝战争我们打的是品质仗，是什么武器也不易抵挡的。”

谈了这些以后，毛泽东又说：“我们在朝鲜战场上的形势是越来越好，造成这种好形势主要依靠我们志愿军的勇敢和机智。他们现在层层挖掘坑道，这些坑道都在山底下，纵横沟通，随意出入，飞机炸不垮，大炮轰不坏。敌人不好攻，我们却可出去，万一失了第一线，还有第二线、第三线。这都是志愿军指战员想出来的好办法。像我们在北京的人就不一定想得出这种办法。”

1951 年 9 月的一天，毛泽东约在政治研究院学习的周世钊、李思安、蒋竹如等 5 人到中南海共进晚餐。席间，毛泽东很高兴地告诉在座的人：“抗美援朝战争所以能够取得胜利，主要是由于我们志愿军的机智勇敢，不断提出新的对付敌人的好办法，坑道战就是新办法之一，现在挖掘了许多层的坑道，敌人想要破坏这些坑道是很不容易的。一个美国记者说：‘美国的军队再花 20 年也打不到鸭绿江！’我看再打 200 年，他们也没有希望打到鸭绿江。”

周世钊听后感到很兴奋、很激动。毛泽东又问李思安：“你还记得驱张运动时向北洋军阀政府的国务总理请愿，在新华门坐冷板凳的事吗?”李思安答道：“当然记得。那是您在领导，已是 30 年以前的事了。”

抗美援朝是了不起的事

《朝鲜停战协定》签字后，中国人民第三届赴朝慰问团在贺龙率领下，于 1953 年 10 月过鸭绿江进入朝鲜。周世钊参加了中国人民赴朝慰问团湖南分团，到铁路沿线慰问志愿军铁道兵团。周世钊通过两个月的慰问，更加认识到毛泽东的伟大，认识到毛泽东关于抗美援朝战争判断的正确性，心里更加佩服。

抗美援朝战争胜利后，周世钊和毛泽东大概在 1954 年见面时，又一次谈到了抗美援朝战争问题。

周世钊感叹：“1950 年的那场抗美援朝战争，真是够紧张的啊！那时国民党反动统治被推翻，全国人民得到解放，建设新国家是大好机会。人民希望和平建设自己的国家，那时您就决定抗美援朝，派志愿军到朝鲜作战。我当时怕影响我们的和平建设，但后来居然把美帝国主义打败了，这是了不起的事！”

毛泽东说：“关于抗美援朝战争的问题，1950 年 10 月我就跟你谈过。我们不希望速战速决，我们要进行持久战。我们要一步一步地消灭它的有生力量，使它每天都有伤亡。它一天不撤退，我们就打它一天。它一年不撤退，我们就打它一年。它十年不撤退，我们就打它十年。这样一来，它就伤亡多，受不了。到那时，它只好心甘情愿同我们进行谈判，和平解决问题。只要它愿意和平解决问题，我们就可以结束这场战争。这就是说，美帝侵略朝鲜之战，不管它怎样挣扎，它一定要彻底失败。我们那时基本上就是依靠小米加步枪的武器、依靠战士们的勇敢精神、依靠中朝人民的支持、依靠全世界爱好和平的人民的同情与支持与美帝国主义打仗。战争的结果，完全证明我们的估计是正确的。中朝人民胜利了，美帝国主义失败了，这就是历史的结论。抗美援朝这一仗，我们不仅打出了军威，而且打出了国威。抗美援朝这一场战争我们虽然付出了代价，但是经过抗美援朝这一场战争以后，我们中国在国际上的地位大大提高了。看来我们打这场战争还是值得的。”

周世钊又小心地问：“毛岸英同志也到了朝鲜，但是他刚刚出国不久就在朝鲜战场上牺牲了，是不是和彭老总没尽到责任有关？如果您不派毛岸英同志到朝鲜战场上，我看他是不会牺牲的。”

毛泽东想了想，说：“不能这样说。岸英的牺牲，责任完全在美帝国主义身上。岸英是为保卫中国人民、朝鲜人民的利益，为保卫我们祖国的安全而出国作战的，他是为反对美帝国主义的侵略行为，为保卫世界和平事业而牺牲的。彭老总是没有什么责任的，不能去责怪他。当时，我得到岸英在朝鲜战场上不幸牺牲的消息后，我的内心是很难过的，因为我很喜欢岸英这个孩子。岸英牺牲以后，当时有人提议要把他的尸体运回国来安葬，我没有同意。我说岸英是响应党中央的号召，为抗美援朝，为保家卫国而牺牲的，就把他的尸体安葬在朝鲜的国土上，让它显示中朝人民的友谊，让中朝人民的友谊万古长青，不必把他的尸体运回国来安葬。当然你说如果我不派他到朝鲜战场上，他就不会牺牲，这是可能的，也是不错的。但是，我是党中央的主席，在那种比较困难的情况下，我是极力主张发动抗美援朝、保家卫国运动的，后来得到党中央的赞成，做出了抗美援朝、保家卫国的决定。这个决定得到了中国人民、朝鲜人民、全世界一切爱好和平人民的支持和拥护，很快就在全国范围内掀起了一个抗美援朝、保家卫国的伟大运动。我作为党中央的主席，作为一个领导人，自己有儿子不派他去抗美援朝、保家卫国，又派谁的儿子去呢？人人都像我一样，自己有儿子不派他去上战场，光派别人的儿子去上前线打仗，这还算个什么领导人呢？这是一方面。另一方面，岸英是个青年人，他从苏联留学回国后，到农村进行过劳动锻炼，但他没有正式上过战场。青年人就是要到艰苦的环境中去锻炼，要在战斗中成长。基于这些原因，我才派他到朝鲜去的。”

对建国初期工会若干问题的回顾

陈用文

建国初期，我国工会工作经历了历史性的转折，并取得了很大成绩，但也出现过一些问题。其中许多细节，至今仍难以释怀，现记录如下，以供后人研究时参考。

1949 年 3 月，随着新民主主义革命即将取得全国胜利，中共中央在河北西柏坡召开了七届二中全会。会议做出了把党的工作重点从乡村转到城市的战略决策，并提出在城市工作中，要以恢复发展生产为中心，坚持全心全意依靠工人阶级的方针。

七届二中全会以后，中共中央任命李立三为中央职工运动委员会书记，并且负责中华全国总工会（简称全总）的日常工作。由于全总刚刚成立，缺少干部，李立三向刘少奇提出了配备干部的要求。我原来是中央职工运动委员会的工作人员，这时正在彭真领导的中央政策研究室工作。进城的时候，中央组织部部长安子文找我谈话，要我进城后直接到全总。所以我到北平后，就到全总上了班，先任全总政策研究室副主任，1949 年 7 月全总机关报《工人日报》创刊后，我又被派往工人日报社帮助开展了几个月工作，1950 年 1 月任工人日报社社长兼总编辑。

新中国成立后，我国工人运动和工会组织进入了一个新的发展时期。全国工会从无到有，获得了蓬勃发展。广大工人阶级通过全国各地方工会和各产业工会被迅速组织起来，成为党的依靠和新中国人民民主政权的坚强支柱。新形势也带来了新问题。工会作为党直接领导下的群众组织，在新形势下应该怎样开展工作，以及如何正确处理工会同党、政府、工人群众之间的关系，成为工会工作亟须解决的重大方针问题。

1950 年 7 月，中共中南局第三书记邓子恢在中南地区总工会筹备委员会扩大会议上作了题为《关于中南区的工会工作》的报告。他鉴于当时中南地区工会工作中已经出现严重脱离工人群众，公营工厂中有些工会组织不重视维护工人群众的正当利益等问题，指出：在公营企业中，工会工作者与企业行政管理人员、政府工作人员之间，在“基本立场是基本一致”即双方都是为国家同时也是为了工人自己的利益服务的前提下，在“具体立场”上仍有所区别。他们各自的工作岗位、任务不同。即使在公营工厂中，工会仍有“代表工人的利益”、“保护工人群众日常切身利益”的基本任务，而不能脱离这个基本任务，成为“厂方的附属品”。当厂方某些规定或措施对工人不利时，工会工作者就应该反映工人的意见，同厂方商量、修改、完善。7 月 29 日，邓子恢把中南总工会筹委扩大会情况和他的这个报告要点向毛泽东作了汇报。

7 月 30 日，中南局机关报《长江日报》全文刊登了邓子恢的报告。8 月 4 日，《工人日报》全文转载了这个报告，并在编者按语中提出：希望全国各级工会组织和全国一切工会干部，都要好好学习这个报告，改进自己的工作。

当时，全总正在开展整风运动。由于李立三不在北京，我就找到全总秘书长许之桢，向他提议把邓子恢的报告作为全国总工会的整风文件下发。许之桢接受了我的提议。全国总工会随即发出了要全国工会干部认真学习这个报告的通知。

8 月 4 日，刘少奇看到这个报告后，批转了这个报告，他在批语中说：“这个报告很好”，望“照邓子恢同志的做法，在最近三个月内认真地检讨一次工会工作并向中央作一次报告”。这个批语经毛泽东、周恩来、朱德、李立三圈阅后下发。

邓子恢的报告在领导干部和工会工作者中引起了广泛的注意和讨论。中共东北局第一书记高岗对邓子恢报告中的观点不同意。1951 年 4 月，他主持写出《论公营工厂中行政与工会立场的一致性》一文，对邓子恢报告中的观点提出了针锋相对的批评。这篇文章认为，工会同政府和工厂管理机关“基本立场”一致、“具体立场”有所不同的观点是不对的。这种说法第一模糊了工人阶级的领导思想及其在国家政权中的领导地位；第二模糊了公营企业的社会主义性质，模糊了公营企业与私营企业的本质区别。文章强调，在公营企业内没有阶级矛盾，没有剥削阶级与被剥削阶级的关系，因而在公营企业中行政的利益与工人群众的利益是完全一致的。4 月 22 日，高岗写信给毛泽东，要毛泽东审改此文，并请示“可否在报上发表”。

4 月 29 日，当时担任毛泽东秘书并负责报刊宣传工作的胡乔木看了高岗送来的文章和给毛泽东的信后，写信给毛泽东和刘少奇，认为“邓子恢同志的说法确有不完满的地方”，但“《东北日报》的文章用正面批驳的方法也不适宜”，邓子恢提出具体立场有所不同的观点“是有原因的”，“工会更应当重视工人的直接福利。许多工会不重视是不对的，但不要由此得出工会与国营企业和政府的具体立场不同的观点”，“有些工会干部由此而强调与厂方对立，是不对的”。信的最后附言：“此文是否由《东北日报》发表，或由《人民日报》发表较好？亦请斟酌。”

5 月 10 日，刘少奇在胡乔木的信上批示：“我意高岗同志文章暂不发表，待四中全会讨论此问题时当面谈清楚。高文可送邓子恢同志一阅。”并于 5 月 16 日打电报给高岗，提出：“关于工厂与工会立场问题你写的文章，我已看过，已送交主席，可能主席尚未来得及看。我的意见以为四中全会即将开会并要讨论这个问题，子恢同志亦来，可以在那时加以讨论，因此，你的文章暂时以不发表为好。”

当时，东北局正准备召开城工会议。因此，刘少奇在给高岗的电报中还告诉他：中央准备派廖鲁言、陈用文参加东北城工会议。不久，我和廖鲁言以及李富春的秘书谭立一起参加了东北城工会议。

我们去东北之前，中央曾交代我们：只带耳朵去，光听不说话。到了那里后，由于我们是中央派来的，备受优待，开会让我们坐前排，主席团会议也让我们参加。但是，就在这次会议上，高岗大骂刘少奇、李立三。刘少奇当时提倡工厂管理党委制，而高岗学苏联的，提倡一长制。为此，他会议上大骂：什么党委制？并大骂李立三，说什么李立三，你吃饱饭没事干去打弹子好了！你搞什么产业工会，乱七八糟的东西。我们感到问题很严重，廖鲁言给中央写信作了汇报，我也给李立三写了信。李立三将我的信还转给刘少奇、李富春阅。

当时担任全总副主席、党组书记的李立三和当时中央分管全总工作的刘少奇在工会工作的指导思想和基本做法上是完全一致的。1949 年 11 月公布的关于处理劳资问题的三个文件（《关于劳资关系暂行处理办法》、《关于私营工商企业劳资双方订立集体合同的暂行办法》、《劳资争议解决程序的暂行规定》）以及 1950 年 6 月公布的《中华人民共和国工会法》都是李立三负责起草的。许之祯、刘子久和我都参加了。起草这三个文件，我们都向刘少奇作了汇报，并经他最后定稿。然后又经过全总发回各地区城市总工会，提请当地军管会或人民政府予以公布施行。中央原准备在召开七届四中全会时讨论工会中的问题，但 1951 年 10 月事情出现了变化。10 月 2 日，全总副主席、党组书记李立三写了《关于在工会工作中发生争论的问题的意见向毛主席的报告》。我当时作为全总办公厅副主任，亲自处理的这个报告。我记得是找了一个小青年，抄好后报送上去的。李立三在报告中反映在工会工作问题上有两种意见：一种意见认为在国营企业中公私利益是完全一致的，没有矛盾，甚至认为“公私兼顾”的政策不适用于国营企业；另一种意见认为在国营企业中公私利益是基本一致的，但在有关工人生活和劳动条件等问题上是存有矛盾的，这种矛盾的性质是工人阶级内部的矛盾，可以用协调的方法，即公私兼顾的方法来取得解决。他明确表示："我个人是同意后一种意见的。我觉得公私关系问题，不仅在目前国营企业中，而且在将来社会主义时期各种对内政策问题上也还是一个主要问题，否认'公私兼顾'的原则可以运用到国营企业中的意见，可能是不妥当的。"

毛泽东不同意李立三的意见。他在中央一个文件上批示说，工会工作中有严重错误，并尖锐地批评了李立三和全总党组，改变了拟在中共七届四中全会上讨论工会问题的想法，决定召开全总党组扩大会议解决工会工作的问题。11 月，根据毛泽东的意见，中央解除了李立三的全总党组书记的职务，批准成立了由刘少奇、李富春、彭真、赖若愚、李立三、刘宁一六人组成的中共全总党组干事会，指导全总和全总党组扩大会议的工作。

当时，在全总党组干事会下面，还有一个"九人小组"（李立三发言中称"九人座谈会"），负责全总和这次会议的日常工作。这个九人小组，成员有李富春，李立三，刘宁一，全总秘书长许之祯，全总组织部部长、机关党委书记栗再温，全总文教部部长、政策研究室主任刘子久，全总纺织工会主席陈少敏，北京市工会副主席萧明和我。

1951 年 12 月 13 日，全总党组扩大会议（后来通称为全总党组一次扩大会议）在北京全总一楼会议室召开。会前，中央批准刘少奇外出海南岛休假，而时任中共北京市委书记、北京市工会主席彭真因故未出席会议。实际上参加这次会议的全总党组干事会成员只有李富春、赖若愚、李立三、刘宁一四人（赖若愚被临时决定从山西调来任全总秘书长，来得迟，会议未结束，又回山西去交代工作，实际上只参加了几天就走了），中央指定由李富春负责。

这次会议由李富春主持召开。我担任会议记录。李富春在开幕词中，对这次会议的主题作了说明，他说，这次会议要求对两三年来的全国工会工作和工人运动作一个总结，对全总的领导作一个检查，按照党组干事会决定的"肯定成绩，纠正错误，总结经验，统一思想，改进工作，以达到进一步开展全国工人运动，迎接国家的建设任务"。但是，会议并没有对工会工作的基本经验和存在问题进行研究讨论，而是一开始就集中对主持全总领导工作的李立三进行直接的批判。最后，李富春代表全总党组干事会作了题为《在工会工作问题上的分歧》的结论，并通过了《关于全国总工会工作的决议》。

这次会议肯定了中共七届二中全会以来全总工作取得的成绩，认为这些成绩的取得在于党的正确方针与领导，李立三只有错误，没有成绩。会议认为李立三：第一，在工会工作的根本方针问题上犯有狭隘的经济主义错误；第二，在工会和党的关系问题上犯有严重的工团主义错误；第三，在工作方法上犯有主观主义、形式主义、事务主义甚至家长制的错误等。并指出这些错误“是严重的原则错误”，“表现了社会民主党的倾向”，“是完全反马克思主义的，是对于职工运动和我们党的事业极其有害的”。

这次会议的报告和决议是我和刘子久根据李富春的意见起草的，然后由他修改、定稿。开始，我们起草的会议文件并没有给李立三扣上“经济主义”和“工团主义”两顶帽子。李富春也没有提出这两顶帽子。这两顶帽子是怎样最后戴到李立三头上的呢？

原来，随着会议对李立三的批判，刘宁一向陈伯达汇报了会议的情况。据此，陈伯达到会作了一个发言。他从理论上说李立三在工会工作上提倡的是分配中心论，即不是以生产为中心，而是以分配为中心，光讲工人的工资、福利、劳动保险等问题。李富春根据陈伯达的发言，并看了我们起草的文件，他认为我们的理论不高，就把陈伯达找来，让他修改文件。陈伯达就在我们起草的稿子上加上分配中心论的内容。后来，李富春又在陈伯达这个理论分析的基础上，在稿子上加上了“狭隘的经济主义”、“严重的工团主义”两顶帽子，并由他在会议的结论《在工会工作问题上的分歧》中说出。

当时，李立三对给他所作的结论非常有意见。他除了在会上的几次发言都反复申诉自己的不同意见外，最后还给中央写了报告。他坚持真理、实事求是的作风，值得后人学习。此后，他离开了全总的领导岗位，专任劳动部部长，仍然全身心地投入工作。后来，周总理曾夸奖他，说他受了那么大的打击，仍然在劳动部朝气蓬勃。

1951 年 12 月全总党组一次扩大会议结束后，赖若愚重回北京，主持全总工作。不久，任全国总工会主席。他主持工作后，为贯彻党组一次扩大会议精神，曾在全总创刊不久的内部刊物《中国工运》上发表了两篇文章，一篇是 1952 年 6 月发表的《克服工会工作中的工联主义倾向》，一篇是 1953 年 4 月发表的《反对经济主义思想倾向》，批判所谓的“经济主义”和“工团主义”的倾向。

但是，随着赖若愚不断地接触当时工会工作中的实际，他的思想开始转变。1954 年 12 月，他在《工人日报》上发表了一篇文章《如何对待群众?》。他在这篇文章中提出了一个很好的命题，即党执政以后，如何对待群众。他指出，工会是共产党领导下的工人阶级的群众组织，也就是说是共产党领导下的群众自己的组织。可是许多工会工作者常常忘记了这一点。当前有两个问题，应当引起我们工会干部的注意：第一，解放以后，人民执掌了政权，这是人民革命斗争的最主要的果实，同时是社会主义改造和社会主义建设最基本的胜利保证。可是我们有些同志却由于这一事实而忽视了群众的力量——只看到政权的力量，忽视了群众的力量，这是危险的。第二，解放以来，我们的胜利是辉煌的，群众的生活得到了很大改善，共产党和人民政府在群众中具有无限信仰，因而工会工作也一般是顺利的，这是事实。但是有些同志却陶醉在这些辉煌的胜利之中，看不到自己工作中的问题，不注意群众的要求，这是危险的。上述两点，是目前滋长官僚主义的思想根源。后来他曾对我说，他的这个观点曾经得到刘少奇的赞同。

1956 年 9 月，赖若愚在中共八大上作了题为《进一步发挥工会组织在社会主义建设中的作用》的发言。他的这个发言稿是经全总党组多次讨论确定的。我也参加了讨论。他发言的中心意思是说工会要保护工人的利益，不保护工人的利益，工会就没有存在的必要。他指出，工会只有联系了群众，才能发挥作用。工会怎样才能联系群众呢？简单地说，就是必须认真地关怀和保护职工群众的利益。在工会与党的关系上，他提出，党必须加强对工会的领导。但是在党的领导下，工会必须积极开展自己的独立活动。党对工会的领导，应当着重在思想政治方面。工会的一切方针、政策和重大措施，都必须根据党的指示来决定，而工会的各种具体活动，却必须根据群众自己的意见、习惯、爱好……来进行。

从以上这些论述中，可以看出，赖若愚在工会问题上的一些思想已经和全总党组一次扩大会议的精神相背离，他已经和他的前任李立三走到了一起。

中共八大以后，人民内部矛盾日益突出。1956 年秋冬，一些城市出现了学生罢课、农民闹缺粮闹退社和工人罢工请愿事件。1957 年 2 月，毛泽东发表《关于正确处理人民内部矛盾的问题》的讲话，对社会主义的基本矛盾及其特点和规律作了系统的概括。随后，广大工会工作者围绕《关于正确处理人民内部矛盾的问题》，就如何进一步密切同群众的关系，发挥工会在处理人民内部矛盾中的作用，进行了探索。

1957 年 3 月至 4 月，赖若愚赴山西、陕西、甘肃三省调查研究工会工作。我作为工人日报社社长随行。通过调查研究，赖若愚发现，工会和群众之间存在着许多矛盾，这是人民内部的矛盾。当前工会工作的主要问题，是如何正确处理人民内部矛盾。而这实际上涉及工会的作用、任务和地位问题，更直接地说，是涉及工会和党、工会和行政的关系问题。为正确处理这些矛盾，赖若愚对这些问题进行了认真思考，提出了自己的看法。

1957 年 5 月 7 日，赖若愚在《工会怎样对待人民内部矛盾——答〈工人日报〉记者问》中明确提出，工会要适应当前的形势，应该很好地解决两大问题：和行政的关系问题以及和党的关系问题。在和行政的关系问题上，过去强调了一致的一面，看不到差别的一面，因此，遇事总是和领导站在一头，不能代表群众意见。对人民内部的问题和这种简单化看法，常常使工会方法生硬、僵化，不能在群众和领导之间起到调节作用。这是应该改变的。在和党的关系方面，过去解决了工会必须接受党的领导的问题。这是正确的。但是，却没有充分注意作为一个群众组织，工会在党的政策思想领导下还必须开展它自己的独立活动。只有开展自己的独立活动才能显示它自己的作用。

1957 年 11 月，赖若愚写了题为《关于工会的作用与地位》的文章，对工会和党、工会和行政的关系作了更进一步的澄清。文章指出，工会和党虽然都是工人阶级的组织，但是两者是有区别的。党是工人阶级的先锋队，它只包括工人阶级的先进部分。而工会却是工人阶级的群众组织，它几乎包括了工人阶级的全体成员。工会必须在党的领导下，贯彻党对工会的正确路线。同时，工会也必须积极地、灵活地开展各种活动。工会和行政的奋斗目标都是为了办好企业、发展生产，因而一致性是根本的。但差别还是有的，主要表现在两方面：一方面表现在对某些问题的看法上，由于看问题的角度不同，往往会有些差异。另一方面是工作方法的差别，就是说在共同的目标下，从不同的方面采取不同方法来进行工作。

可以说，赖若愚的上述看法，是符合当时的客观实际的，实践证明也是正确的。按照这种思路继续下去，工会工作可能会取得更大的成绩。可惜的是，这时，党内“左”倾错误泛滥起来，“大跃进”运动在全国兴起。“大跃进”期间，工会在“左”倾错误的冲击下遭到了严重挫折。

1958 年 3 月，中共中央在成都召开工作会议。这次会议没有让赖若愚参加。会议通过了《中共中央关于工会组织问题的意见》，提出：“为了便利工作，精简机构，更好地发挥工会在社会主义建设中的积极作用，各级工会组织应该以同级党委领导为主，同时接受上级工会的领导。各省、市、自治区工会联合会可以考虑改为省、市、自治区总工会。产业工会的组织也应该作适当的调整：有的可以保留；有的可以适当合并；有的可以保留名义，实际上成为各级工会的一个部门；有的可以取消。建议全国总工会党组根据具体情况和工作需要加以研究，提出具体措施，报中央审批。”

4 月，为传达和落实《中共中央关于工会组织问题的意见》的精神，全总召开了八届三次主席团扩大会议，讨论工会体制问题，提出产业工会调整的初步意见。当时，我作为全总主席团成员出席了会议。但是，这个会议受中共八大二次会议关于拔白旗、插红旗、辨风向、识旗帜精神的影响，开着开着开不下去了。中央提出不行，要扩大规模，这样，就把全国总工会各部门，各产业工会，各省、市、自治区工会以及少数基层工会和专、县工会的负责人都调来，会议扩大成了全国总工会党组第三次扩大会议。

全总党组第三次扩大会议是 1958 年 5 月 26 日在中国工运学院召开的。当时，全总主席赖若愚刚刚因病去世（1957 年 3—4 月间，我随他到西北考察，并相约去西南考察。他对我说，他先去北京医院检查身体，最多一个星期。但发现已是肝癌晚期，已经扩散，于 1958 年 5 月去世。他去世时中央对他评价很高）。会议实际上是由全总副主席刘宁一和中央办公厅第四办公室副主任李颉伯主持。中央书记处候补书记刘澜涛曾到会发言。这次会议直到 8 月 5 日闭幕，共开了 71 天。

这次会议原本是根据《中共中央关于工会组织问题的意见》精神，研究解决工会体制问题，后来根据中央的指示和中共八大二次会议精神将会议内容改为开展工会工作中的敌我斗争和两条路线斗争，插红旗、拔白旗；检查总结几年来的工会工作，肯定成绩、纠正错误，彻底解决工会如何在党的领导下，在社会主义革命和社会主义建设中发挥积极作用的问题。

这次会议首先批判了全国建筑工会主席张进，他的罪名是“坏分子”，他被贴了大字报，就拔掉了。接着开始批判我。首先是批判我于 1957 年 11 月底、12 月初在《工人日报》上发表的介绍南斯拉夫工人自治制度的文章《南斯拉夫的“工人自己管理制度”》。1957 年 9 月，全总派我到南斯拉夫，参加联合国教科文组织召开的国际工人经济教育会议。去之前，赖若愚交代我考察一下南斯拉夫的企业管理和工会工作。会议期间，我向南斯拉夫工会的同志了解了他们企业管理的情况，并参观了他们的工厂。我看到他们工人自己管理制度搞得很好，就询问他们这方面的情况。他们告诉我，他们这个办法还是跟我们学的，是从我们搞的群众路线、民主管理中学得的。工人自己管理制度，实际上就是工人自治制度。在俄语中，自治即 САМОУПРАВЛЕНИЕ。当时翻译给我译为“自己管理”。所以，回国后，我写的一篇反映南斯拉夫工人自治情况的文章，题目就是《南斯拉夫的“工人自己管理制度”》，并于 11 月 29 日南斯拉夫国庆日那天开始在《工人日报》登载，连续登了两天。登报之前，赖若愚看过这篇文章。这次会议批判了我的这篇文章，说南斯拉夫现代修正主义在我们中国也有它的会员，我就是第一号修正主义分子，公开写文章宣传它的工人自治制度。

接着，会议又批判我在 1957 年五六月以《工人日报》记者的名义在《工人日报》上连续发表的介绍赖若愚在西北的调研活动及其讲话的文章《西行纪要》，说我是别有用心的，这篇文章就是我的反党纲领。当时批判我虽然是把我和赖若愚分开，说赖若愚是正确的，但这实际上也为批判赖若愚埋下了伏笔。

这次会议开始批判我时，我曾去李颉伯家里找过他，问他是怎么回事，他说是“思想问题，好好检讨”。当我正在他家的时候，刘澜涛打来电话，问他批我是怎么回事，他还说，我正在他家，说是思想问题。我也找过时任全总秘书长许之祯，他也说是“思想问题，好好检讨”，并教训我说，你就是好写文章，你是写文章闯的祸。我了解了这个情况，在会上就照此检讨。但是批着批着，情况发生了变化。有人说，我们跟你是敌我矛盾；有人说，我这么多年瞎眼了，我要跟你划清界限。他们还把我过去的好朋友都找来，开我的座谈会，做我的工作，要我好好交代问题。他们说，你手里还拿着刀子，实际上要我承认是敌我矛盾。我不承认，他们就不让我参加会议了，把我放到《工人日报》批斗。随后，宣布撤销我的工人日报社社长职务。

这次会议把我批判完以后，接着又批判了已经去世的全总主席赖若愚，全总书记处书记董昕，全总办公厅副主任李修仁，全总主席团委员兼工资部部长王榕以及全总秘书处处长秦达远等，并把他们和我一起污蔑为“以赖若愚、董昕为首的右倾机会主义路线”，说我们“反对党对工会的领导”，“向政府争夺权力，诋毁无产阶级专政”，“修正工会的任务和作用”，“歪曲党的群众路线，崇拜自发的工人运动”，“进行严重的宗派活动，破坏党的团结和统一”，犯了“严重的右倾机会主义和宗派主义的错误”，属于“反党反人民反社会主义”性质。

这次会议通过了《关于全国总工会党组第三次扩大会议向中央的报告》、《刘澜涛同志在全国总工会党组第三次扩大会议上的发言》、《全国总工会党组第三次扩大会议的决议》三个文件。《全国总工会党组第三次扩大会议的决议》叙述了赖若愚、董昕我们几个人的所谓“错误”，要求全国工会干部必须“彻底肃清右倾机会主义和宗派主义的错误影响，正确解决党和工会的关系问题，把工会完全放在党的领导之下”。要求“工会组织必须把整风运动深入下去进行到底，高举红旗、拔掉白旗”，全体工会干部必须“克服行会思想和工团主义、经济主义思想”。

这次会议结束后，接着召开了全总八届二次执委会议。这次会议传达了全总党组第三次扩大会议精神，改组了全总领导机构。会议撤销了董昕的全总主席团委员和书记处书记职务，撤销了我的全总主席团委员和执委会委员职务，撤销了王榕的全总主席团委员职务。补选刘宁一为全国总工会主席，增选李颉伯为全总副主席、全总书记处书记，补选刘宁一、李颉伯为全总主席团委员。

总之，经过全总党组三次扩大会议和全总八届二次执委会议，我被污蔑为“隐藏在工会内部的阶级异己分子、反党反社会主义的右派分子”，作为全总“白旗”被拔掉。1959 年 3 月，我戴着右派帽子，被开除党籍，下放到宁夏贺兰山畜牧实验场（原军马场）。董昕下放到吉林政策研究室。李修仁下放到山西省介休县任工业部长。王榕下放到北京重型机器厂。秦达远以反革命罪名被逮捕。全总的一些司局级干部和许多省、市、自治区工会的负责人也受到株连，被错误批判。

全总党组三次扩大会议产生了严重后果，使工会工作遭到了严重挫折。中共十一届三中全会后，全国总工会党组成立了专案组，对这次会议进行了复查。1979 年 6 月，全总党组作出了《对中华全国总工会党组第三次扩大会议的复查结论》及《对中华全国总工会党组第三次扩大会议的复查报告》，指出：全总党组三次扩大会议对赖若愚、董昕等人根据一些断章取义、歪曲原意的污蔑不实之词所作的结论，应当给予彻底平反。1979 年 9 月，中共中央 69 号文件批转全党，下发了全总党组的复查结论和复查报告，并撤销了《全国总工会党组第三次扩大会议的决议》等三个文件。至此，这一在特定历史条件下产生的全国工会的大错案经过二十多年的磨难，终于得到了彻底平反。我又重新回到全总的工作岗位上，先后任全总常委、全总中国工人运动史研究室主任、全总书记处书记及全总顾问等职。全国广大工会干部也从压在头上多年的“经济主义”、“工团主义”两顶大帽子下彻底解放出来，昂首阔步走向改革开放的新时代。

“对资改造”决策是如何出台的

黄　铸

我从 1957 年到 1964 年担任李维汉同志的秘书。在此之前，我于 1948 年到西柏坡进入中央统战部工作。1950 年我到西安调查工商联问题，回京后写了一个调查报告，提出利用工商联对私营工商业发挥列宁所说的统计和监督作用，受到李维汉同志的重视。其后我多次协助李维汉同志工作。如跟随他进行工商联问题的调查研究，并参加起草中央关于工商联问题的指示、工商联组织通则及其说明。我还多次参加李维汉同志对其他方面问题的调查研究和文件起草。其中 1953 年到上海等地进行的对资本主义工商业问题的调查，给我留下了较为深刻的印象。这次调查对中央“对资改造”决策的出台起了决定性作用。也可以说，是李维汉同志对党的历史的一大贡献。

一

1953 年 4—5 月间，李维汉同志带领调查组赴上海等地调查资本主义工商业问题。调查组的成员有中央统战部工商处副处长郑新如、李维汉的秘书李逸云、国家计划委员会私营企业处处长勇龙桂等同志，我也是调查组成员之一。

当时，国内的形势是，工人阶级和民族资产阶级的矛盾已经成为国内的主要矛盾（关于这一点，毛主席在 1952 年 6 月对中央统战部报送的《关于民主党派工作的决定》稿中批示：“在打倒地主阶级和官僚资产阶级以后，中国内部的主要矛盾即是工人阶级与民族资产阶级的矛盾，故不应再将民族资产阶级称为中间阶级”），“五反”运动已经胜利结束，党中央正在酝酿提出过渡时期总路线，对资本主义工商业的社会主义改造已经提上议事日程。但当时调查组对中央酝酿提出过渡时期总路线之事尚不了解，所以李维汉同志在出发前向我们提出调查任务时，只说，这次是去研究“三反”、“五反”后对民族资产阶级的工作如何做。

4 月中旬，调查组到达武汉，在武汉待了半个月，听取了武汉市各有关部门对武汉私营工商业问题的汇报，并同中南局和市委负责同志进行了一次座谈。在汇报和座谈中，大家对武汉私营工商业提出了一些问题、意见和建议，希望李维汉同志反映给中央。为此，李维汉同志于 4 月 28 日给毛主席写了《武汉私营工商业中的若干问题》的报告，报告是由我起草的。报告指出，武汉私营工商业的基本情况，用王任重同志的话说，是“内忧外患”，内有劳资之间和资产阶级内部的矛盾，外有公私之间和先进落后之间的矛盾。在目前淡季来临的影响下，各种矛盾汇合起来，又形成劳资之间、公私之间、工人与政府之间等各方面关系紧张的局面，并集中表现在失业增加上。报告还反映了武汉的同志对公私关系、劳资关系、劳动就业以及党对私营工商业的统一领导等问题的一些意见和建议。当时武汉登记失业和求职的约 8 万人，估计今后还会不断增加。王任重同志和李雪峰同志都认为，如何使失业工人不出问题，是一个难题。他们指出，劳动就业登记和统一调配，行之过早，范围过宽，限制太死。失业现象是客观存在，原非登记之过，但登记之后，他们就取得合法权利向政府要饭吃。登记的范围过宽，把应属社会救济范围以及一些家庭妇女也登记进来，扩大了失业队伍。再加上统一调配过死，使登记和调配成为谋生的唯一出路，原来可以自己找到出路的，都转向政府要求工作。他们还指出，武汉不适当地把季节工和临时工变成固定工人，一方面胀死小企业，另一方面使这些人在乡下失去分地的机会。应改变这种做法，允许季节工和临时工存在。不过，报告虽然涉及加工订货和公私合营的一些具体问题，但还未能从原则上提出和把握国家资本主义和对资本主义工商业的社会主义改造问题。

4 月下旬，调查组从武汉乘船到上海。上海各财经行政部门和工会的负责同志向我们汇报了有关资本主义工商业的大量材料和意见，使我们了解到，资本主义工业已经大量纳入不同形式的国家资本主义，其中公私合营工业产值占机器工业和工场手工业总产值的 5.7%（在一部分行业中占的比重更大）；加工、订货、收购、包销、统购、统销占全国机器工业和工场手工业总产值的 35%～40%，在上海、武汉等一些大中城市中占了 60%～70%。国家已经在相当大的程度上控制了原料、市场和金融命脉。上海人民银行行长谢寿天、工商局局长蔡北华等同志说，今天只要银行信用收紧一下，许多资本家就得跪倒在银行面前；上海机器制造业，只要国家加工订货停止，就要大部垮台；只要我们不配售铜料，就可以扼死 37 个行业。我们分析了国家资本主义从低级到高级的各种形式，包括最低级形式收购，中级形式加工、订货、统购、统销和包销，高级形式公私合营。

这些国家资本主义形式都使资本主义企业的生产关系发生不同程度的改变，产生不同程度的社会主义因素。随着国家资本主义由低级形式到高级形式的发展，生产关系的改变越大，社会主义因素也越多，其高级形式公私合营已是半社会主义或过半社会主义，"除了给资本家保证一个最低利润外，已经与国营企业没有多大区别"。经过讨论，我们明确了国家资本主义的地位和作用：一是我们利用和限制资本主义工业的主要形式；二是将私营工业逐步纳入国家计划的主要形式；三是资本主义工业逐步向社会主义过渡的主要形式，"这些私营工厂国家资本主义化的过程，从低级的国家资本主义形式向高级的国家资本主义形式发展的过程，也就是逐步改造其生产关系和逐步走向社会主义的过程，到了高级的公私合营，就与社会主义接近了"；四是我们利用资本主义工业来训练干部并改造资产阶级分子的主要环节，也是我们对资产阶级进行统战工作的主要环节。这些想法，是我们在调查组内部多次进行讨论，并结合着学习列宁国家资本主义的理论，逐步形成和明确起来的。李维汉同志在讨论中作了几次重要讲话，对这些思想的形成和明确起了决定性的作用。当然，在讨论中，对发展公私合营问题也曾经出现不同意见的争论，个别同志认为发展公私合营不利于发挥私营企业的积极性。上海调查之后，我们又到南京、郑州、济南作了一些补充调查。

二

我们回到北京后，5 月 27 日，李维汉同志给党中央和毛主席报送了《资本主义工业中的公私关系问题》的调查报告，这份报告也是由我起草的。报告根据上海调查的成果，以国家资本主义问题为中心，讲了国家资本主义的发展情况、国家资本主义的各种形式、国家资本主义的地位和作用，提出经过各种形式的国家资本主义特别是高级形式公私合营这一主要环节对资本主义工业进行利用、限制和改造，逐步实现由资本主义到社会主义的过渡的建议。报告还指出："我们有国家资本主义作为资本主义工业的主要部分的过渡形式，又有合作社作为个体经济的小生产者的过渡形式，这就是新民主主义社会两种主要的过渡形式，是新民主主义社会中绝大部分的私有生产的过渡形式。"

这个调查报告受到党中央和毛主席的高度重视。毛主席亲自打电话给李维汉同志，说要提到政治局会议讨论。6 月 15 日，中央政治局召开扩大会议进行讨论，参加会议的有政治局委员和中央有关同志，还有当时 10 个直辖市的书记。毛主席、刘少奇、周恩来、邓小平等同志在会上作了重要讲话，一致肯定了这个调查报告。毛主席在会上宣布了党在过渡时期的总路线，并作了详细的说明。他指出：逐步过渡到基本上完成社会主义改造，对农业、手工业都比较容易懂，对如何将资本主义逐步过渡，许多人不懂。过渡的方法，社会主义成分可以逐步增加。不要把资本主义看成一块铁板，看成不变化的，资本主义企业中的社会主义成分可以逐年增加。两种国家资本主义（指公私合营和加工订货）都带有社会主义因素，特别是公私合营是一半社会主义因素。公私合营过去“西向让三，南向让再”，今后要年年发展。几年来的经验证明，资产阶级的主要部分是可以教育的。

对报告提出要把资产阶级分子改造成社会主义公民，讨论中有同志表示怀疑。毛主席肯定了报告的意见，并说实际上是改造成为工人阶级的一部分。毛主席还提出，对资本主义工业要实行“有所不同，一视同仁”的方针。因为所有权关系，所以在政策方面有所不同，在其他方面大体上和基本上同国营一样。否则，要将工人阶级分裂为二，国营企业工人神气，私营企业工人倒霉。刘少奇同志说，文件很好，系统地解决了问题。中心问题是利用国家资本主义，改造和消灭资产阶级。周恩来同志表示，他当时也正在调查寻找对私人资本主义实行社会主义改造的方针和途径，“罗迈（李维汉）的报告解决了问题”。会议确定经过国家资本主义改造资本主义工业的方针（随后对资本主义商业也采取了国家资本主义的方针），把它作为过渡时期总路线的一个重要组成部分。毛主席还在会上宣布，将这项工作交统战部主管（后因有不同意见，中央交中央统战部主管，地方上由各省、市委决定），并责成李维汉同志为全国党的代表会议起草一个决议草案稿。

6 月 15 日中央政治局扩大会议之后，李维汉同志就主持决议草案稿的起草工作，参加的人有许涤新、郑新如和我。毛主席还派胡乔木同志来帮忙。胡乔木同志对文件的结构提出了系统的意见，指出首先要说明为什么采取这个政策，即说明：第一，它是资本主义，应加以限制和改造。第二，它是人民国家的资本主义，区别于资本主义国家和国民党统治下的资本主义，不能与帝国主义和封建主义相联系，只能与社会主义相联系，因而产生了利用的可能。它又不同于俄国的资本主义，不是反革命，不能没收，也没收不了。胡乔木同志还指出，资本主义是中国的一个基本问题，过去我们腾不出手来，没有多管，但很重要，应多做工作。要利用资本主义工业，就要把它纳入计划，而这又很复杂，必须做许多工作，解决许多问题。因此，我们的任务，就是要把这项工作拿起来。叙述如何增加社会主义成分，可分高、中、低级形式来说，由低到高，稳步地、积极地进行。对于公私合营，应实行积极的方针。胡乔木同志强调，监督是我们改造资本主义工业的中间阶段，要积极找出经验来，如劳资协商、增产节约委员会、派监督专员，都是可试验的方法。大批加工订货，不监督不行。草案稿写出一部分后，送给胡乔木同志。胡乔木同志把它送给毛主席，并附了一个条子“此件改起来还较为费事”。接着，毛主席找李维汉同志，说稿子中有些问题讲过了（如对民族资产阶级和孙中山的历史评价，批评过头了）。毛主席当即决定：决议草案不写了，你们去写给财经会议的报告吧！

其后，李维汉同志主持起草了在财经会议上所作的《关于利用、限制、改造资本主义工商业的意见》（简称《意见》），许涤新、郑新如同志和我参加了起草工作。这个《意见》系统地讲了经过国家资本主义利用、限制、改造资本主义工商业的方针，讲了在公私关系和劳资关系上要正确执行“有所不同，一视同仁”、“公私兼顾”、“劳资两利”的政策，讲了党对资本主义工商业实行统一领导等问题。关于《意见》的题目，李维汉同志起初定为“限制、改组资本主义工商业的意见”，我建议加上“利用”二字，理由是当时有些人对利用资本主义工商业的意义认识不足。李维汉同志采纳了我的建议，将题目改为“关于利用、限制、改组资本主义工商业的意见”。报送中央后，毛主席将“改组”改为“改造”。7 月间，李维汉同志在全国财经会议和全国统战工作会议上都作了这一意见的报告。

三

党中央、毛主席责成中央统战部分管对资本主义工商业的改造工作，但这项工作涉及大量财经问题，统战部是党的机关，管起来有许多困难和不便。有鉴于此，胡乔木同志向毛主席建议，委任李维汉同志兼政务院财政经济委员会副主任。毛主席采纳了这个建议。1953 年 11 月，在政务院财政经济委员会之下设立第六办公室，由许涤新同志任主任，沙千里、孙起孟、郑新如三位同志任副主任，在李维汉同志领导下专司对资改造工作。

1953 年 10 月至 11 月间，中华全国工商业联合会召开全国会员代表大会。李维汉同志在会上讲话，系统阐述了党在过渡时期的总路线和对资本主义工商业进行利用、限制、改造的政策。这个讲话也是由许涤新、郑新如和我起草的。讲话指出，国家对资本主义工商业的社会主义改造，第一步是鼓励其向国家资本主义发展，经过国家资本主义的道路，逐步完成其由资本主义转变到社会主义的改造。经过国家资本主义，总的趋势是生产关系逐渐有所改变，生产力逐渐发展，对国家、对工人、对资本家都有好处。依据几年来的经验，经过国家资本主义逐步完成对资本主义工商业的社会主义改造，是较健全的方针和办法。一切积极为实现过渡时期总路线而努力的私营工商业者，今天有合法的利润可得，将来有适当的工作可做，和全国人民一道为社会主义事业服务，并同样享受社会主义社会中的幸福生活。这是私营工商业者的现实和前途，也是他们的光明大道。由于李维汉同志的这个讲话是第一次对过渡时期总路线和经过国家资本主义对资本主义工商业进行社会主义改造政策的公开宣传，所以受到毛主席的高度重视。会前，毛主席亲自审阅了李维汉同志的讲话稿，并亲笔在讲话稿标题之下写上“政务院财政经济委员会副主任李维汉”。毛主席还对会议的开法作了重要指示：对中央的路线、方针首先明确化，然后逐步具体化；实行彻底敞开，适当分析；国家资本主义是新生事物，要大喊大叫。

李维汉同志在大会上的讲话，引起了很大的反响。过渡时期总路线宣布之后，资产阶级受到很大的震动，一些人惊呼在不知不觉间“上了贼船”。李维汉同志讲话后，采取房间小会、会外酝酿、交谈等灵活多样的形式，彻底敞开思想，畅所欲言，让资本家把各种抵触、顾虑、不满统统讲出来。

其中，他们普遍最为关心的是前途和道路问题。经过热烈的讨论、争辩和适当分析、解释，大家逐步明确了总路线是大势所趋，不走不行，经过国家资本主义逐步完成社会主义改造，是比较健全的方针和办法，对国家、民族和资本家都有利。只要遵循总路线走，就可以减少过渡的痛苦。对资本家所关心的一些业务工作中涉及具体利益的问题，有关部门负责同志也给了适当解释，并解决了一切可以解决的问题。到大会闭幕时，全场高呼毛主席万岁，情绪至为热烈。

从上海调查，经过6月中旬的中央政治局扩大会议，到全国工商联会员代表大会，在党内外完成了对资本主义工商业进行社会主义改造的思想、路线、政策准备；政务院财政经济委员会六办的成立，又为之作了组织准备。此后，对资本主义工商业的社会主义改造，就沿着总路线指引的道路稳步地、有计划地展开了。

我向毛主席汇报农业合作化

张玉美

1953年2月15日（农历正月初二）上午9时许，我突然接到上级要我和地委书记李吉平同志马上前去火车站等候的电话通知。我们到达火车站不久，见一列浅绿色专车由北往南，徐徐进站。车刚停稳，车厢内走下公安部长罗瑞卿同志和省委副书记马国瑞同志。

李吉平同志把我介绍给他们，随后罗瑞卿同志说："玉美同志请上车，吉平同志已经完成任务，可以回去了。"

我上车来到接待室，马国瑞同志告诉我："毛主席外出视察，想听听基层工作同志的汇报，省委经过研究，决定推荐你来完成这项光荣任务。"罗瑞卿同志随后说："主席大年初一夜里从北京出发，沿途要做些调查研究，第一个就由你来向主席汇报。"

听说要见毛主席，还要当面向他老人家作汇报，我顿时心潮澎湃，惊喜万分。但转而一想，我事先一点准备也没有，而且自己文化水平不高，农村工作千头万绪，我能汇报好吗？再说，由于来车站仓促，我身上也没带钱，咋能白吃白喝白坐车呢。

我把这一想法告诉给罗瑞卿同志。他笑着对我说："你是主席请来的客人，我们自然管你饭吃，车票也不用买。至于汇报嘛，主席问什么，你就讲什么好了。"

我问罗瑞卿同志："你知道主席叫我汇报什么内容吗？"

罗瑞卿同志答道："这个问题不大好说。因为这是主席进京后第一次外出搞调查，估计各方面情况都会了解，涉及面可能宽些。特别是农业生产、互助合作的情况，主席一向非常关心，让你汇报的可能性很大。"

随后，罗瑞卿同志又说："主席夜间工作，这时正在休息，很快就会醒来，咱们到前边会议室等吧。”

于是，我和罗瑞卿、马国瑞同志一块儿走进南面车厢的会议室。只见车厢四周挂着古画和书法条幅，靠近车厢右侧，摆着拼成丁字形的长桌，上面铺着白布，桌子两侧放着整齐的沙发座椅，整个会议室布置得既朴素大方，又清洁雅致。

在会议室，罗瑞卿同志首先介绍我与陪同主席视察的中共中央办公厅主任杨尚昆同志见了面。

不一会儿，车厢门外传来稳健有力的脚步声，所有的同志立刻站起来，毛主席出现在车厢会议室南边门口。

我快步迎上前去，两手紧紧握住他老人家的右手，热泪盈眶，千言万语竟不知从何说起。

这时，罗瑞卿同志说：“主席，这就是邢台县委第二书记、县长张玉美同志。”

毛主席听后，微笑着向我点了点头，并同我紧紧握了握手。随后拉着我走到会议室桌子东侧，用手指了指身边的沙发椅，示意我挨着他坐在右侧。

接着，站在会议室桌子西侧的罗瑞卿、马国瑞同志和桌子南端的杨尚昆、何载（记录员）同志也相继落座。

毛主席身材高大，双肩宽阔，面容慈祥。虽然当时已年近60岁，但看上去不过40岁左右，显得十分年轻。他着一身灰色中山服，穿一双棕色皮鞋，虽然擦得很亮，但鞋帮上已磨起皮毛。

罗瑞卿同志见我只顾望着毛主席出神，便提醒我说：“玉美，这就是主席。”

我顺口答道：“见过。”

“在什么地方见过我呀？”毛主席惊奇地问。

“见过您的相片。”一句话把毛主席和在座的同志全逗乐了。

毛主席亲切地问我是什么地方人，多大岁数，读过几年书，我均一一作了回答。当毛主席听说我只上过8个月夜校，而现在认识不少字，主要是从工作当中学来时，便递给我一支钢笔说：“你写几个字，让我看看好吗？”

我说：“行。”

于是，我随手掏出装在兜里的笔记本，在上面写了“共产党万岁”、“毛主席万岁”等20多个字，然后把笔和本一块儿递给毛主席。

毛主席看了之后，又默默地翻了一阵笔记本，笑着鼓励我说：“字写得不错嘛，相当于中学生了。你这不是‘农大’毕业了吗，已经够上农民知识化了。”

然后他抬起头，面向随行人员说：“看来劳动人民要知识化，知识分子也要劳动化。”

接着，毛主席转过身问我："家里几口人？"

"35万。"我回答道。

毛主席高兴地点点头说："好，你这个书记心里装着全县人民哩！"

毛主席平易近人，和蔼可亲，我的紧张心情也随之平静下来。

毛主席问我："建国后你们县镇压了多少反革命？这些人服管不服管呀？""你们县'三反'、'五反'搞得怎样？"

我一一作了回答。

毛主席又用商量的口气问我："把你们县互助合作的情况给我详细谈谈好吗？"

我马上说了声："好。"又觉着回答不妥，就说："原来不知道给主席汇报，手头没材料，恐怕说不好，耽误主席时间。"

毛主席宽慰我说："不要紧，你们怎么搞的，就一五一十地讲嘛。"

于是，我首先向毛主席汇报了全县的地理概况和互助合作运动的大致过程：邢台县自西向东，由山区、丘陵和平原三部分组成。抗日战争时期，山区是革命根据地，平原属敌占区，丘陵处于中间地带，敌我双方互相拉锯，属于游击区。因为三个地区解放时间的先后不同，互助合作运动搞得有早有晚，基本上呈梯形向前发展。老区搞得最早。那是在1941年春，邢西县委和抗日县政府为了领导人民进行生产自救，度过灾荒，打破敌人的经济封锁，发出了"组织起来，搞好春耕"的号召，开始在根据地部分村成立变工队，组织互助组，并重点培养了王俊生、郭爱妮等带头开展互助合作的模范个人。1943年春，县委、县政府响应毛主席"组织起来"的号召，领导群众走互助合作道路，并在水门、折户等村搞了变工队改互助组的试点。1944年春，全县对互助合作进行了整顿，肯定了常年互助和临时互助两种形式，提出了"耕三余一"的口号，推广了水门村王俊生互助组农副结合、发展生产的经验，使互助合作组织进一步得到普及。1945年10月邢台解放后，开始向丘陵区扩展，后又发展到平原新区。

这时毛主席插话说："解决群众的生产和生活问题，实际上是一个群众观点问题。只有解决了这个问题，生产运动才能开展起来。你这个地方是个老区，应当总结经验。农民一定要走互助合作的道路，不走不行。"

毛主席一边说，我一边赶忙往本子上记，有时记不下来，就先画个记号。

接着，毛主席问我："你对情况这么熟悉，都干过什么？"

我告诉毛主席，我1938年入党后，一直没离开邢台。先在村里当支部书记，后到区里担任区委书记，参加过打日本、反摩擦，搞过减租减息、锄奸反霸、支前参战，领导组织过土地改革、互助合作和恢复国民经济的工作，1952年从区里调到县里。

毛主席听后，连声说："好！好！你是本县人，又长期在基层工作，是从基层一步一步上来的。这样好，人熟地熟，情况也熟。"

然后，他转过身对杨尚昆、何载同志打了一下手势说："记下来，建国以后，干部应当稳定一段为好。"

接着他对我说："继续谈吧。"

于是，我又向毛主席汇报了近两年来全县试办农业生产合作社的情况：1951年，河北省党代会提出，各县可试办一两个农业生产合作社。1952年初，县委根据中共中央《关于农业生产互助合作的决议（草案）》（简称《决议（草案）》），结合本县互助合作时间早、基础牢的特点，决定采取梅花布点的方法，适当加快办社的步伐。我们按山区、丘陵、平原三大区域，选择水门、东川口、前炉子等7个搞得较好的村党支部书记和劳动模范，于12月中旬赴饶阳县五公村参观了耿长锁创办的农业生产合作社。回来后经过1个多月的宣传发动，7个农业生产合作社就先后全部建立起来。由于农业生产合作比互助组具有更大的优越性，所以7个社当年秋麦两季都普遍增产。这样一来，一下子吸引了全县农民的视线。群众说，说一千，道一万，不如场上粮食堆成山。

谈到这里，毛主席点点头说："是啊，农民就是经验主义者，办社就是为了多打粮食嘛。增产与否，应该成为检验农业社成败的主要标准，看来互助合作要比单干好啊。"

接着，我又汇报了到秋后种麦前，全县农业生产合作社已发展到20个，参加农户1 270户，占总农户的2.2%。同时，新建社在内容上也有一些新发展，如尹贾乡的尹化成农业社，不仅土地入股，而且牲口也折价入了社。

毛主席听后把手一扬，诙谐地说："不错呀，人组织起来走合作化，驴子也组织起来走合作化了。"在场的同志都跟着笑了。

我继续汇报说："到目前，全县各区报批的农业生产合作社有200多个，加上原先成立的6 400多个互助组，社、组农户占全县总农户的87%。"

毛主席一听，惊讶地问："互助合作的进度这么快！原因是什么？"

我答道："一个是我县互助合作有10多年的历史，组织起来搞生产互助早已深入人心。一个是我县试办农业社的实践证明，党中央在《决议（草案）》中提出的方针、原则及办法顺民心、合民意，广大农民群众打心眼里拥护欢迎。"

接着，我重点汇报了水门、东川口村建社时的情况：水门村共有120户，是全县互助合作最早的模范村，群众基础很好。这个村从1946年土改后，就提出土地入股的要求，群众办社的积极性相当高。区里考虑到该村前后十多里、居住较分散、不便进行领导，原想以王俊生互助组为基础，先建一个二三十户的小社。结果会上一发动，第一批就有80多户报了名。邓天贵互助组当时没批准，干脆采取先宣布入社后报领导审批的办法，迫使县区不批也得批，真是动员群众缓入社比发动群众入社还困难。

东川口是个70户的小村，区里原计划以王志琪互助组为主，先成立一个20来户的小社。经过宣传发动，群众几乎全部报名，党支部只好采取“关门”措施，结果两次“关门”也没有关住。后来又开展了一次“倒宣传”，还是没有动摇群众入社的决心。前后只用了1个多月时间，全村就实现了合作化。1952年，也就是建社的当年，粮食总产达到27万斤，比上年增长12%。群众高兴地说，要不是农业社，咋能增产这么多。

这时，毛主席点了点头，无比兴奋地说：“是啊，多数农民是愿意走社会主义道路的，因为这是一条由穷变富的道路，关键是我们领导采取什么态度。这两个村群众办社的热情很高，思想发动工作搞得也不错。”

接着，毛主席又问：“办社当中有什么困难和问题?”

我说：“主要是好建难管。”

毛主席夸奖说：“高度概括，接着往下讲。”

随后，我汇报了建社后遇到的最大难题是劳动管理。水门王俊生社仍实行“死分活评”，现正酝酿“包工包产”，问题不算太大。东川口王志琪社开始干活不评分，后改为“死分死记”，去年又改成“死分活评”，结果群众还是不满意。今年计划推行“按件记工”，情况估计会好些。

毛主席听后明确指出：“生产关系调整了，需要摸出一套劳动管理办法来，这个办法要能够反映多劳多得。”

我说：“通过试办农业社的实践，证明了农业社比互助组有更大的优越性，但也出现一些问题。”

毛主席关心地问：“都是什么问题，给我讲具体一些。”

我说：“开始入社时，多数村没什么阻力，但个别村群众认识不统一，思想斗争挺尖锐。有的富裕户仗着自己土地多、家底厚，老想搞独立，甚至和地主富农拉起手，与贫下中农唱对台戏，企图孤立瓦解贫下中农，阻碍互助合作运动。县委对此态度非常坚决，一方面支持贫下中农组织起来，参加农业社；一方面对思想不通的群众进行说服教育，对个别挑事或散布不满言论的严厉批评，属于地富分子的坚决打击，表现好的可吸收为候补社员，不好的不准入社。”

汇报到这里，毛主席用指头敲了敲桌子，果断地说：“这样好！以前是少数统治多数，现在是多数统治少数。经验来自基层，群众是真正的英雄。”

我接着说：“农业社的另一个问题是分配办法不统一。有的是土地参加分红，有的是土地、牲口、果木树，甚至农具也参加分红。”

毛主席插话说：“牲口、果树、农具入股，股金不能高于土地，不然贫农就要吃亏了。”

接着，毛主席又问：“你们是怎样进行分配的？”

我答道：“农业社的分配基本上体现了多劳多得、按劳分配的原则，比例多是地二劳八，也有三七和四六的。”

毛主席听后，摆了摆手说：“不要，不要。三七是个界限。三是社会主义，七是按劳分配，这个界限不要突破。破了这个界限，不是伤害劳，就是伤害地。”

我继续向毛主席汇报说：“当前农村还有一个问题，就是有的村出现了两极分化。特别是平原区个别村，有的户劳力少打不了粮食，还有的生活困难卖了孩子。而有的户却富了起来发了家，如前晋祠支书和十多名党员都是常年不下地，干活靠雇工。”

这时，毛主席问我：“对党员雇工是怎么处理的？”

我说：“撤了支部书记的职，党员进行批评教育。”

毛主席摇了摇头，似乎对单纯组织处理不大满意。

接着，毛主席又问：“还有什么问题？”

我说：“主要是刚才谈的这些。”

列车风驰电掣般地前进，不知不觉已到下午 1 点。这时，罗瑞卿同志请示说：“主席，该吃饭了，上午就到这里吧。”

毛主席站起来说：“不讲了，吃饭去。”

于是，我跟随毛主席从会议室北门穿过接待室和警卫车厢来到餐厅，只见餐桌上摆着果子酒和 4 个菜，主食是米饭、小饼和包子。毛主席先斟酒和我碰杯，接着让我吃饭，还不断往我碗里夹菜，让我每样菜都尝尝，使我感到在他老人家身边既亲切又温暖。

饭后，我随毛主席一块儿回到会议室。毛主席一边走，一边给我介绍车厢内悬挂的古画名称、作者和朝代。大约过了十几分钟，便又入座听我继续汇报。

毛主席问：“合作化搞起来了，妇女的情况怎样？参加没参加呀？”

我接着说：“参加了。不但现在参加了互助合作，早在抗日战争时期就参加了。那时，老区的妇女组织起来搞纺织，在太行全区都出名。特别是折户村的郭爱妮，曾两次参加太行区群英会，被评为全区纺织英雄，1950 年还出席了全国工农兵劳动模范代表会，受到您老人家的亲切接见。建国后，妇女由纺织转向田间生产，郭爱妮为使孩子母亲能够腾出手参加劳动，带头在全村创办了托儿互助组。随后，县委及时在全县进行了推广。到 1952 年初，全县托儿互助组已发展到 458 个，入托儿童 1 229 个，解放妇女劳动力 1 881 人。”

这时，毛主席欠了欠身子，提高嗓音强调说：“妇女要解放，必须在政治上解放，这是先决条件。但要真正解放，还必须在经济上和男人一样，必须参加生产劳动，这是基础。”

接着，毛主席又问：“《婚姻法》公布后，贯彻得怎么样？妇女地位提高了没有？”

我向毛主席汇报说：“《婚姻法》在全县已普遍贯彻。山区在抗日战争时期就开始贯彻边区制定的《婚姻法》，妇女和男人一样参加政治活动，一样参加生产劳动，真正实现了男女平等。县委对妇女工作也很重视，从 1950 年到 1952 年，3 年有 3 位女劳模进京参加了国庆观礼，并荣幸见到您老人家，一时在全县全省传为佳话。”

接着，我又列举了郭爱妮、王葆荣、韩秀娥等妇女典型，具体说明了妇女地位的变化。

毛主席一边听，一边频频点头，随后对我说：“妇女的伟大作用在经济方面，没有她们，生产就不能进行。你们县妇女工作搞得不错，要充分发动妇女参加田间生产劳动，在生产中必须实行男女同工同酬，实现真正的男女平等。”

接着，毛主席又问：“县委在互助合作运动中是怎样进行领导的？”

我便从深入基层、调查研究、抓点带面等 6 个方面向毛主席作了汇报。

毛主席听后，满意地说：“你们的做法不错，概括起来就是积极领导、全面规划、典型引路、稳步发展。”

这时，窗外的光线渐渐发暗，工作人员进来，请毛主席吃饭，我便和毛主席一块儿共进了晚餐。吃完饭后，毛主席还从餐桌上拿了一个又红又大的苹果送给我。

饭后，列车将到郑州站。毛主席在会议室对我说：“玉美，今天你谈得很好。看来，农业不先搞机械化，也能实现合作化，中国不一定仿照苏联的做法。今后有什么新情况、新经验，可写成材料报中央办公厅给我看。”

我说：“主席忙累了一天，对县里工作有啥看法，请给予指示。”

毛主席略微思考了一下，抬起头语重心长地说：“邢台是个老区，合作化可以提前。在合作化问题上，一定要本着积极、稳妥、典型引路的方法去办。你们县妇女工作也不错，要很好地总结这方面的经验。”

杨尚昆同志随后说：“主席的指示很重要。中央最近要将《决议（草案）》作为正式决议下达，具体可按这个文件办。”

接着，毛主席用商量的口气问我：“出过门没有？愿不愿跟我们到外地转转？”

我心想，自己连北京都没有去过，要是能跟毛主席到外地看看，那当然好。可又一想，这样做不合适。毛主席日理万机，连春节都顾不上休息，还要到外地视察，自己咋能给他老人家添麻烦呢。

于是我告诉毛主席：“县里已经安排召开三干会，这次我就不去了。”毛主席微笑着点点头说：“也好。”

火车徐徐进入郑州站。我告别了毛主席，下了车。临下车时，毛主席握住我的手说：“今后有什么事情就找我。”同时，让罗瑞卿同志打电话派人接我。

我在郑州住了一夜，第二天便赶回县里，在县委、县政府领导班子成员中传达了毛主席的指示和接见的情景，研究了落实的方案和具体措施。我们努力在工作中贯彻执行毛主席的指示，使全县的互助合作运动揭开了新的一页。

1955年8月15日，中共中央办公厅邀请王志琪进京汇报实现农业合作化的情况，并把他的汇报整理成文。毛主席亲自修改，命题为《只花一个多月时间就使全村合作化》，还写了分量较重的按语。同年9月，县妇联制定的《关于发展合作化运动中妇女工作的规划》报送中央，毛主席阅后同样写了按语。以上两篇均收入1956年1月出版的《中国农村的社会主义高潮》一书。不久，农业合作化运动进入高潮，全县927个初级社和33个互助组，合并升级为308个高级社，实现了社会主义农业合作化。

岁月易逝，往事难忘。距毛主席的这次接见已整整40年了，他老人家离开我们也已17年了。当年我这个35岁的基层干部如今也进入古稀之年。但是，毛主席接见我时那种虚心倾听基层干部反映和群众呼声的态度、认真进行调查研究的作风、积极探索有中国特色的社会主义道路的精神，一直鼓舞着我勤勤恳恳为民办事，兢兢业业为党工作。

农业合作化运动的片段回忆

王立诚

我是1952年由中南大区调到中共中央政研室农村组的，1953年政研室全班人马并入新成立的中共中央农村工作部。办公地点也由西城区的孟端胡同迁往当时万寿路原来的伪“华北剿匪总司令部”。那是一座两层大楼，非常陈旧。我被分配到第二处（互助合作处），处长是李友九（原中南财委副秘书长、中南土改委委员，曾任黄冈地委书记），副处长任雷远（原中南土改委秘书长，后调为中央农工部办公室主任）、霍泛（中共中央原政研室农村组组长）。当时全处只有不到十个人，只占用了一间屋子。这是我参加我国农业合作化运动的开始。

因为全处多数人都是新手，而且农业互助合作是个新任务，所以我们的工作是从学习《关于农业生产互助合作的决议（草案）》入手，大家展开无拘束的讨论，处长们也和我们一起讨论，他们之间有时也争论起来，我们就洗耳恭听，聆受教益。其间，还听到了在文件起草过程中赵树理对陈伯达说他没有发现农民互助合作积极性的有趣故事，以及山西省委和华北局关于互助合作问题的争论。总之，工作气氛是民主、团结的。

1953年2月部长邓子恢到职了，他原任中南局第三书记。我们对他是很敬仰的。副部长是陈伯达、廖鲁言，秘书长杜润生。

邓老一到，马上召开全体干部大会，宣布组织机构和各处负责人的任命，并且说明已得到中央批准。他们是：一处处长许子威，副处长赵达；二处上面已说过了，不赘；三处处长金少英；四处处长杨煜；五处处长李福祥，办公室主任丁武夫，副主任史铸英等。同时传达毛主席给中央农工部的任务是：“在三个五年计划或更长一点的时间里完成农业的合作化。”

“穷七组，赖八组，吊儿郎当十一组”

做农村工作是不能长坐办公室的，特别是像我这样的知识分子青年干部，更必须深入农村第一线。从这一年起，我年年下乡调查。1953 年 5 月初，处里派我参加赴东北的调查组，到克山县胜利村蹲点调查。当时的县委书记是陈俊生。

我们都住在农民家里，我住在一户姓王的中农家里（按后来的划分标准，大概可以算是土改后的新中农）。我看他的小日子很红火，有两匹马、一挂犁、一辆胶轮大车，养着几头肥猪，大锅里每天煮着土豆，都是用来喂猪的。大梁上挂着成包的自制豆酱。吃的是高粱米捞饭。

我问他：“你分的土地在哪里？”那时我们正站在他的房门口，他的门正对着田野。

他指一指脚下说：“就在这里。”

我又追问：“这块地有多长？”

他用旱烟袋指了指一望无际的天边：“就这么长，是一长条。”

原来当地土改时，为了远近合理搭配，每家分的地都是一长条，东北大平原的黏土地质量厚实，干活时犁杖非两匹大牲口拉不动。铲地时赶着牲口来回一垅就得花一晌时间。

后来有个老农民在和我唠家常时，无意间指着村西头的一排房子说：“那是穷七组，赖八组，吊儿郎当十一组。”

“他们为什么穷？”我问。

“懒呗！”老农不屑地说。

第二天，我决心访问一下这几个“穷组”，果然，春耕大忙的日子里，几个壮小伙子蹲在大炕上甩扑克。

我问：“你们为什么不干活？”

没有人做声，只有一个人冷冷地回了一句：“没有马！”

这一句话点醒了我，原来贫农缺少像马、骡这样的重要生产资料，就不能按时耕作，只能等到中农地里的活忙完了，才能借中农的牲口干活。看来，《中共中央关于农业生产互助合作的决议》是完全正确的，发展农业生产需要互助合作，这位贫农青年是我的好教师。

回到北京，我在办公室里谈了以上观感，大家都夸我有进步，能联系实际。不久，副处长霍泛交给我一个任务，要我为《学习》杂志编写一篇资料，概述中国农村中传统的各种变工互助的形式，于是我又查阅了大量史料，终于交了卷。

从中我也学到了不少这方面的知识。

第三次互助合作会议

正当我们在热心研究互助组的时候，毛主席已经把眼光转移到初级农业生产合作社。

原来在1953年4月13日至23日，邓老受中央委托主持召开了第一次全国农村工作会议。他在大会上传达了毛泽东提出的用10到15年或更长一点的时间完成农业合作化的指示。他明确指出当前农村土改刚刚结束，我们的任务就是领导农民组织起来，互助合作，发展生产，还不能离开“小农经济”这个出发点。互助合作全部问题的中心，是怎样对待中农的问题。要办好一批互助合作的组织，增加生产，提高收入，要超过中农收入水平，才能说服中农入社。过“左”的政策会破坏我们与中农的合作。当前重要的是办好互助组，合作社只能约束在试办的范围内。大家既要纠正急躁冒进，又要防止放任自流。由于邓老对这两方面倾向的切实纠正，这一年11月时，参加互助组的农户达到了全国农户总数的42.43%，初级社也达到1.4万个，形势比1952年好。据说，陈伯达曾向毛泽东反映：中央农工部反冒进变成了“冒退”，这是不符合实际情况的。

1953年夏收以后，毛泽东鉴于粮食供应的紧张，在中央的会议上决定实行全国的粮食统购统销，重申了党在过渡时期的总路线，把互助合作、统购统销作为总路线的一翼。当时部机关号召大家都要学习《关于党在过渡时期总路线的学习和宣传提纲》。

不久，邓老到南方调查研究粮食统购统销，10月14日毛泽东召见陈伯达、廖鲁言两位副部长，提出立即召开第三次互助合作会议，并作了重要指示。毛泽东的意图是及时部署今冬明春发展互助合作的任务。

10月26日，按照毛主席的指示，第三次互助合作会议在北京和平宾馆开幕。我也列席了这次会议，因为我是大会记录工作人员。各大区中央局，各省、市、自治区党委的农工部长都出席了。和平宾馆当年的小礼堂挤得满满的，座无隙地。

会议由陈伯达、廖鲁言两位副部长主持。会议一开始，廖鲁言副部长就站起来传达毛主席的重要讲话。讲话的重点是：

“办好农业生产合作社，即可带动互助组大发展。”

“在新区，无论大中小县，要在今冬明春，经过充分准备，办好一个到两个合作社。”

“只要合乎条件，合乎章程、决议，是自愿的，有强的领导骨干（主要是两条：公道、能干），办得好，那是韩信将兵，多多益善。”

“一般规律是经过互助组再到合作社，但是直接搞社，也可允许试一试。”

“互助组还不能阻止农民卖地，要合作社，要大合作社才行。”

“合作社不能搞大的，搞中的；不能搞中的，搞小的；但能搞中的就应当搞中的，能搞大的就应当搞大的，不要看见大的就不高兴。”

“要打破新区一定慢的观念。”

“合理摊派，控制数字，不然工作时心中无数。”

“各级农村工作部要把互助合作这件事看作极为重要的事。个体农民，增产有限，必须发展互助合作。对于农村的阵地，社会主义如果不去占领，资本主义就必然会去占领。”

会后，杜润生悄悄对我说：“赶快把毛主席讲话整理出一份来，寄给邓老。”我就照办，连夜抄清，交给了办公室主任。

毛泽东讲话传达完毕，立即进行大会汇报和讨论，其间出现了一个有趣的插曲。

头一个站起来发言的是华东局农村工作部部长张维城，他开口就检讨华东大区在互助合作方面的“冒进”问题。

这时，陈伯达用他的福建官话插话了，用手指着张部长说：“华东的问题不是‘冒进’的问题！”一时全场都肃静了，每一个人都意识到这一句话的分量。

张部长也哑了，呆站了几分钟，只有笑着看着手里的笔记本。他大约对毛泽东讲话还没有充分理解，但是原来准备的汇报提纲肯定是用不上了，只好讪讪地坐了下来。

一时间没有人敢再出头发言，静默了几分钟，廖鲁言干脆点名了：“山东说说吧！”

于是山东农委书记穆林站了起来，他巧妙地绕开敏感的话题，坦言农村的情况。

头一天的会就这么结束了，会后许多人都去逛对面的东安市场，只有我们几个会务人员还得加班整理记录。

接着又进行了几天的分组讨论。其间，华北局书记薄一波还奉毛主席指示到会讲了他考察华北各省农村的观感，因为他在主管中财委时犯了错误，刚受过批评，这是他被批后的第一次公开亮相。

11 月 5 日大会闭幕，在闭幕式上廖鲁言副部长又传达了毛泽东的第二次重要讲话，要点如下：

“发展农业生产合作社，现在是既需要，又可能，潜在力很大。如果不去发掘，那就是稳步而不前进。”

“纠正急躁冒进，总是一股风吧，吹下去了，吹倒了一些不应当吹倒的农业生产合作社。”

“‘确保私有’是资产阶级观念。群居终日，言不及义，好行小惠，难矣哉。”

“言不及义，就是言不及社会主义，不搞社会主义。”

“不靠社会主义，想从小农经济做文章，靠在个体经济基础上行小惠，而希望大增产粮食，解决粮食问题，解决国计民生的大计，那真是‘难矣哉’!”

“总路线就是逐步改变生产关系，斯大林说，生产关系的基础就是所有制。这一点同志们必须弄清楚。现在，私有制和社会主义公有制都是合法的，但私有制要逐步变为不合法。在三亩地上‘确保私有’，搞‘四大自由’，结果就是发展少数富农，走资本主义的路。”

“有些人想从小农经济做文章，因而就特别反对对农民干涉过多。”

“不能把需要做的、可能做的事，做法又不是命令主义的，也叫干涉过多。”

“‘积极领导，稳步发展’这句话很好，这大半年缩了一下，稳步而不前进，这不大妥当。”

“中央现在百分之七八十的精力，都集中在办农业社会主义改造之事上。”

“各级农村工作部的同志，到会的人，要成为农业社会主义改造的专家，要成为懂得理论、懂得路线、懂得政策、懂得方法的专家。”

12 月 16 日中共中央发出的《关于发展农业生产合作社的决议》，也是在这次会议上酝酿起草的。

我敏锐地体会到，这是毛泽东对邓子恢工作的第一次公开批评。而且很可能还不止于对邓老，因为在春天的第一次全国农村工作会议上，我亲耳听见邓老说：“昨天我去请示了中央、少奇同志。中央的方针是‘稳步前进，宁缓勿急’。”

我注意到廖鲁言副部长在大会上除了传达和安排会议分组等事务外，没有讲话，倒是陈伯达在闭幕会前讲了不少，我听不懂他的福建话，也没记下多少来。只记住有一句话是“走火了”，大约是表示开会那天对华东局农工部张部长的失礼。

陈伯达身为中央农工部副部长，但是我几乎没有见他来过中央农工部，这次会上是头一次见到他，第二次是他领着一位女士来看一场内部电影。所以当我后来听说毛泽东批评邓子恢时提道：陈伯达说，你们有事也不找他商量！（大意如此）我很为邓老抱屈。据部办公室的同志说，每次开部务会议都通知了他，但是他经常托词不来。

邓老抓农业社的经营管理

1954 年是农业生产合作社发展的一年，邓老等注意到农业社到 3 月份已发展到 7 万多个，超出预定的 3.5 万个一倍多。于是就在 3 月 20 日以中央农工部名义发出了《关于收缩农业生产合作社的发展转入生产的指示》。并且在 4 月 2 日至 18 日主持召开了第二次全国农村工作会议，强调抓好春耕生产，大力巩固现有农业社的基础，以便更好地前进。

这一年邓老投入了很大的精力研究怎样搞好农业社的经营管理，为此，我们二处还成立了经营管理科，并且开始布置起草《农业生产合作社示范章程（初级社）》（简称《章程》），这两项工作我都参加了。

邓老抓经营管理是从抓财务会计开始的，正好二处也指派我研究农业社的财务会计，因此多次直接聆听他的亲切教诲。

邓老是店员出身，有一定的账簿知识，深知会计工作对于巩固农业社的重要性。他反复地叮嘱要选好、培训好农业社的会计人才；还要求编好一套简要通俗、易于实行的会计制度和会计教材。为此，他还指示农业部宣传总局建立了农业干校和农业社账簿编写班子培训农业社会计。所有的账簿制度的设计他都要亲自审阅、修正。

他不同意农业社实行现代通用的借贷式记账法，认为那太复杂、难懂，会计人才也不好找。他曾经提出恢复旧社会通用的“四柱清册”，我们反映那已经行不通了。经过反复协商、讨论，农业部的专家提出采用“收付式记账法”。他同意了，但是严格指示会计科目不能超过 10 个，由我向农业部的编写班子传达了下去。这又引起了近三年的争论。农业部的会计专家们想不通，一次次的方案被退回去修改，又报上来，又退回去。下面有意见，邓老坚守不超过 10 个科目的原则不动摇，我夹在中间，来回奔走，十分为难。有一次农业部宣传总局万钟一局长亲自带了专家们来中央农工部找二处处长说理，也没有解决。

最终解决这个问题是在 1957 年整风时，部机关党委号召干部大鸣大放，对党提意见。有一天，邓老亲临二处，召集全体干部大会（那时大区中央局已撤销，各大区农工部的很多干部调来中央农工部，二处的干部已增多了），请大家提意见。

我本来没有什么可以鸣放的，也不想说话，但是坐在我身边的一位副处长推了推我说：“立诚！说吧！”

“好吧！”我心里想，开口就说：“我提一个小问题，邓老关心农业社账簿制度是很好的，要求通俗易懂也是十分必要的，但是严格限制会计科目不能超过 10 个，执行起来是有困难的。农业部的同志们反应很大，我想会计是一门科学，制度设计必须严密，否则就会有财务上的漏洞。如果确实需要，是不是可以放宽一点，11 个或者 12 个科目也可以准许吧？”

我这小小的“鸣放”，居然得到了邓老的首肯，他从善如流，在会上检讨了自己的主观主义和官僚主义，并且表扬了我，让我通知农业部放宽10个科目的限制。

会后，处长们夸我说："你捡了个小西瓜。"意思是当时有云"不要捡了芝麻，丢了西瓜"。

这就是在全国出版《农业社（初级）会计账簿教材》中间的一个插曲。

起草初级社《章程》草案是我们二处的任务，其中的经营管理部分我也参与了。

《章程》中的一个重要问题是社员的收入分配。

原来，为了入社的贫农能够和生产资料占有较多的中农具有同等的分配条件并壮大初级社的经济实力，以利于巩固农业社，邓老向中央提出由财政拨款发放"贫农合作基金贷款"。大约就在这一年，我遵照杜润生秘书长的指示，携邓老亲笔信去中财委见薄一波副主任，他当即批给了约几千万元的贷款额度，由中央农工部分配给各省。

这一年，处长还布置我写了一篇论农业社秋收分配的文章刊登在《人民日报》。

在起草《章程》草案过程中，邓老主张写入："社员将私有土地、耕畜、农具等生产资料交社统一经营使用，仍然可以保持所有权，并可取得合理的报酬……转为全社公有，必须经过本主同意并且给以合理补偿。"我记得我曾提出过以下具体意见：社员评工实行劳动日制度（后来在实践中成为评工记分）；农业社要有不可分割的公积金和公益金，还应该提取生产资料的折旧。这都是参照苏联集体农庄法的体会。

当年办社，大家都在学习苏联的经验。我的办公桌上堆了不少这方面的书籍、资料。记得有一天处长叫我把苏联集体化方面的重要文章找齐，送交陶恒馥大姐学习（廖鲁言夫人，时任部副秘书长，后任国务院七办副主任）。我花了一天整理，插好标签，抱了高高一叠书籍送到她的办公室里。

这一年召开了全国人民代表大会一届一次会议，选举毛泽东任国家主席。邓老仍任副总理，任命廖鲁言兼农业部长，全国一片祥和气象。

这次会议期间，邓老在九龙山农业机械总厂接见了全国人大代表中的农业劳模们，他们都是农业合作化的带头人，部里派一处孙会元和我去会场照料，其实农业部已准备得很周到了。这次会议使我有幸结识了这些中国农民中的英雄人物。他们之中包括耿长锁、李顺达、申纪兰、武侯梨、吴春安、饶兴礼、吕鸿宾等。还有机会见到了原农业部长李书城、水利部长傅作义、林业部长梁希、气象局长涂长望等这些在近现代史上知名的政治活动家和学者们。农业部刘瑞龙副部长前后奔走，热情接待，付出了很多。

1955 年，国务院发布了《章程》，在全国试行。

“春天反冒进，秋天大发展!”

“春天反冒进，秋天大发展!”这是 1955 年至 1956 年间各省农村工作干部中流行过的一句俏皮话。

1954 年 10 月 10 日至 30 日，邓老主持召开了第四次全国互助合作会议。这次会议综合了各省的发展计划，提出到 1955 年春耕前把农业社发展到 60 万个。会后，向中央报送了《关于全国第四次互助合作会议的报告》，12 月中央批转了这个报告。到 1955 年 1 月，全国农业社已发展到 38 万多个。但各地工作比较简单粗糙，又赶上 1954 年水灾严重，粮食减收，粮食统购却比原计划多了 100 多亿斤，挖了农民的口粮，农村形势比较紧张。1955 年 1 月初，邓老向中央和国务院报告了农村的紧张形势，建议发一个“关于整顿和巩固农业生产合作社的通知”，宣布当前农业合作化运动应基本上转入控制发展、着重控制的阶段，不同地区应区别对待。3 月，毛泽东听取邓子恢、陈伯达、廖鲁言、陈正人和杜润生的汇报，毛泽东说：“生产关系要适应生产力发展的要求，否则生产力会起来暴动。”“方针是三字经，叫一曰停，二曰缩，三曰发。”并当场议定浙江、河北两省收缩一些，东北、华北一般停止发展，其他地区（主要是新区）适当发展一些。3 月 22 日，中央农工部发出《关于巩固现有合作社的通知》，指出全国已发展到了 60 万社，不论何地均应停止发展新社，全力转入春耕生产和巩固工作。

但是浙江发展最快，1954 年秋，浙江入社农户只占农户总数的 1.9%，1955 年春突然增加到 30%，农业社发展到 41 880 个，另有自发社 15 000 个，征购过头，生产管理落后，已垮掉 200 多个社。农村形势紧张，各部均有反映。3 月 24 日，邓老会同中央书记处二办主任谭震林、正在北京的浙江省委第一书记江华，研究了浙江问题，决定以中央农工部的名义，于 3 月 25 日向浙江省委农工部发出电报，建议对合作社数量实行压缩。此稿经谭震林、江华、陈伯达、廖鲁言、陈正人、杜润生过目同意，并委托陈伯达送毛泽东审阅（陈回电说：“主席同意”）。为此，谭震林又召开会议，派杜润生、袁成隆（中央二办副处长）赴浙江解释电报精神，说收缩到 3 万就够了。在省委会议上，杜润生提到有一些合作社上马难下了。不下马，误了春耕生产，并影响了工农联盟，建议“能巩固的全力巩固，须收缩的坚决收缩”。省委会议一致同意，决定召开四级干部会议部署工作，会前杜润生还赶回北京向谭震林请示浙江收缩是否可行。谭震林肯定了（此时邓老已出国访问)。最后浙江收缩了约 1.5 万个社。

4 月 20 日，中央书记处开会，刘少奇、邓小平主持，邓老、廖鲁言参加，由杜润生汇报了农村情况，谭震林作了补充，会议确定当前“停止发展，全力巩固”。

当晚邓子恢又向毛泽东专门作了汇报，主要是召开第三次农村工作会议的准备情况及农村形势紧张的原因，根本是农业合作化出的毛病，粮食统购中发生了问题。

4 月 21 日，第三次全国农村工作会议开幕，邓老讲话，他讲了农村的紧张形势，传达了中央书记处关于“停止发展，全力巩固”的决定。

4 月 23 日，刘少奇又约见各省与会同志谈话，强调农业社的巩固是当前的中心工作。

5 月 6 日，毛泽东约见邓老谈话：“不要重犯 1953 年大批解散合作社的错误，否则又要作检讨。”

同日，邓老在第三次全国农村工作会议闭幕会上作总结，他又讲了农村工作的成绩是主要的，冒进现象不是全国性的，只是少数省份。但是干部中冒进情绪是带普遍性的，他提出：(1) 秋前一般停止发展，全力巩固；(2) 发展较快、问题较多的省份适当收缩；(3) 新区秋后适当发展；(4) 办好互助组，照顾单干户。会后，他向中央写了会议报告，6 月 14 日刘少奇主持中央政治局会议，批准到 1956 年春发展到 100 万个社。

“上马”与“下马”是两条路线的问题

1955 年 3 月 25 日，中央农工部给浙江关于收缩的电报在当年引发了一场轩然大波。

6 月下旬，毛泽东回到北京，向邓子恢提出 1956 年发展到 130 万个合作社。邓老主张仍维持原定的 100 万个，两人又一次争论起来了。7 月 11 日，毛泽东召集中央农工部各负责人和谭震林，重新谈这个问题，毛泽东对邓子恢说：“你的思想要用大炮轰。”

7 月 31 日，毛泽东在各省、市、自治区党委书记会议上作了《关于农业合作化问题》的报告。主要是批判邓子恢等人的“右倾”，其中提到“像一个小脚女人”；批评在浙江的“坚决收缩”，提到“一个要下马，一个要上马，却是表现了两条路线的分歧”。很快，这份报告就公开发表了。

10 月 4 日，中共七届六中全会（扩大）开幕。会议一致拥护毛主席《关于农业合作化问题》的报告，批评了合作化运动中的“右倾保守思想”、“小脚女人”等。会议通过了《关于农业合作化的决议》，把邓子恢等对农业合作化问题的指导方针称为“右倾机会主义的方针”。邓子恢、杜润生在大会上做了检讨。会后，杜润生被降调为中国科学院副秘书长。我们机关工作人员对于这次“炮轰”大都想不通。邓老亲自出面，向大家做了细致的说服教育工作。

1956 年 1 月，我陪同二处经管科副科长王涵之（他那时已是行政 13 级干部，相当于省厅级）赴浙江调查研究农业社的劳动管理。当时浙江省委农工部的一位负责人很傲慢地推辞，不接见我们，这是历来到各省去少有的现象。他们只派一位副处长陪同调查，却追着要看我们的调查报告。我们去的是临安县东天目山的一个老农业社，县委农工部长李荣昌和驻社干部小谢都陪同我们调查。后来我们公开发表了这份调查报告。

我在杭州感觉到省委有意地用一种形式上的产品富足来应付外来客人。省委招待所的大食堂分成许多不同风味的小餐厅，都用席棚隔开，屋里挤不下就在大院里架天棚，有米饭、各色炒菜、汤面、小笼蒸包，甚至锅贴也单设一间，几乎是应有尽有。但是在市面上却并非如此，许多农副产品还买不到，例如著名的茶叶，就没有货。

1955 年 11 月，我参加了《中国农村社会主义高潮》一书所用典型资料的初选，这是陈伯达交代下来的，说要挑一批好的办社典型报告。我记得那是一个冷天，暖气还没有来，我和几个同志冻着在一间大会议室里，翻阅了上千份材料，终于挑出了几百份送陈办。1956 年初，《中国农村社会主义高潮》大字草本就印出来了，上面有毛泽东的许多批语。我们二处开会，处长叫我把批语读给大家听，大家都十分震动。

农民的退社风潮

1955 年下半年在全国批“小脚女人”的政治声浪中，各地纷纷修改了原定计划，基本上都提出了超过毛泽东在《关于农业合作化问题》中提出的发展计划。如辽宁省计划今冬明春再新建 1.5 万个社，使 1956 年春以前总社数达45 000 个，参加农户达总户数的 55%；1957 年春耕前通过扩社、建社再发展农户 30% 左右，使合作化比重达到 80%～85%。山西、河南、浙江、甘肃、福建、云南、安徽等省也提出类似的计划。

1955 年 10 月中共七届六中全会（扩大）召开之后，各地农业合作化运动先后掀起热潮。在你追我赶的形势下，到 1955 年年底，全国已建农业社 194 万多个（其中 1.7 万个高级社），入社农户达 7 500 多万户，占全国农户总数的 63.3%，已接近《关于农业合作化的决议》中先进地区 1957 年春达到 70%的要求了。进入 1956 年以后，农业社的发展更加快速。截至 4 月 30 日，全国的合作社已达 100.8 万个，入社农户达 10 668 万户，占全国农户总数的 90%，这表明中国农业生产的初级合作化已基本完成了。

随后，在初级社刚刚完成之后，受《中国农村社会主义高潮》和《1956 年到 1967 年全国农业发展纲要》（草案）的大力推动，在规划时间不断提前，办社条件又一再降低的情况下，1956 年 1 月以后全国各地便抓起了大办高级社的热潮，几乎月月都有新进展。1956 年 1 月，全国高级社发展到 13.8 万个，入社农户占总农户的比重由上年的 4%猛增到 30.7%；初级社则由上年底的 59.3%降为 49.6%。2 月底，高级社增加到 23.5 万个，入社农户达到 51%，初级社降为 36%。6 月底，高级社增加到 31.2 万个，入社农户超过 62.3%，初级社降为 28.7%。9 月底，全国已有高级社 38 万个，参加农户比重达 72.7%，已经达到了原来基本实现高级化的指标。12 月底，高级社增加到 54 万个，入社农户的比重达到 87.8%。在这个过程中，各地处在一种争先恐后的赶超状态中，许多社、乡、县纷纷要求整社、整乡、整县地转入高级社。如在上海市的社会主义改造完成庆祝大会上，有 1 100 多个初级社都送上了申请，会议当场批准了所有的申请，顿时欢声雷动。北京市也在上级鼓动宣传、群众纷纷要求的情况下，从 1 月 9 日起普遍开始转社，一两天便全部转完了。天津、河北、山西在 1956 年 1 月，吉林、黑龙江、内蒙古在 2 月，河南在 5 月，湖南、浙江、江西于 10 月，湖北、广东于 11 月，甘肃于 12 月底先后使高级社的入社农户达到 74.7%～97%。在不到半年的时间内，全国基本上实现了高级合作化（集体化）。

1956 年 4 月 3 日，针对合作社贪大、贪多、贪快等问题给生产带来的困难，中共中央和国务院联合发出了《关于勤俭办社的指示》，指出在高速发展中的合作社有些出现了铺张浪费、滥用民力现象；强调要勤俭办社，并提出了 5 条具体措施：一是宣传勤俭办社方针，生活和生产投资量力而行；二是《1956 年至 1957 年全国农业发展纲要》（草案）提出的任务要分期、分批、分项逐步实现，各地绝不能一下子全面铺开；三是改进农业贷款的发放工作，为发展副业发放一定贷款，不要把贷款集中在基本建设上；四是广开生产门路，发展副业，经营多种经济；五是努力增产，并把增产指标和各项相应的措施定在积极而又可靠的基础之上。

邓子恢的整社主张，毛泽东兼顾国家、集体和个人三者利益的思想以及勤俭办社的方针基本是正确的、切中时弊的。但在全国范围内势不可当的高级化热潮中，这些并没有得到普遍贯彻。结果高级社的问题不但没有解决，反而随着

1956 年农民收入减少，导致全国范围内出现了“退社风潮”。

1956 年 12 月 4 日广东省委报告：“近数月来，特别是全省大部分农业社转入高级社，并进入秋收和准备年终分配以来，各地不断发生社员闹退社的现象。据不完全统计，退社户已达 7 000 余户，占入社总农户的 1%左右。已经垮掉的社共 102 个，正在闹退社而尚未退的共 127 000 余户，占入社农户的 2%多。个别地方曾发展成为群众性的退社风潮，特别是在经济作物区和生产搞得不好的地方，退社问题更为严重和突出。合浦专区灵山县有 7 个区 20 多个乡不断发生抢割、抢分、拉牛回去耕自家田、搞自己的冬种等混乱现象，全县因闹退社而包围、殴打区、乡干部和社主任的事件已发生多起。”广东省从 1956 年夏季的一年多时间里，退社的高潮先后发生过 5 次……永宁还因退社问题发生了抬菩萨游行、殴打干部的“永宁、曹址事件”。

河南省委农村工作部报告说：“去冬以来该省 12 个县部分地区发生了闹退社的现象，涉及 278 个高、初级社，700 多个生产队的范围。据不完全统计，共殴打干部 66 人，拉走牲畜 4 946 头，私分社粮食 125 000 余斤、种子 24 000 多斤、饲料 25 000 余斤、饲草 25 000 余斤、油料 390 多斤、农具 200 多件、柴火 5 200 余斤。”

江苏省委也报告说，今春以来，全省各地农村发生了不少的农民闹事，最近泰县闹退社事件竟在几个乡范围成片发生，有 2 000 多人到县里请愿，现在还没有平息。闹事具体表现为闹退社、闹分社、闹粮食、闹救济、闹干部作风，乡间、社间因水利、积肥、捕鱼纠纷等闹事，干部因为用粗暴办法抓赌、拆庙、打菩萨等引起闹事，有些则闹过去没有解决的问题。在群众闹事中，有的态度很坚决，有的则不坚决，牵回耕牛、分掉社里的种子、种自己的田地是常见的事。参加闹事的群众一般是中农、贫农，比较坚决的是富裕中农，地主、富农见风行事，复员军人、撤职干部和其他有胆量的人主持，许多党员和干部参加领导。此外，新疆、辽宁、浙江、湖南、安徽、山东等省、自治区也相继发生了程度不同的群众闹退社问题。

据中央农工部估计，全国闹退社的农户，“一般占社员户数的 1%，多的达 5%；思想动荡想退社的户，所占的比例更大一点”。如浙江省宁波专区，已退社的约占社员户数 5%，想退社的约占 20%。

据霍泛回忆，当年浙江发生农民闹退社的风潮，报到中央，毛泽东立即亲自召见中央农工部副部长陈正人，指示他率工作组乘专机飞往浙江调查，霍泛陪同。到达杭州后，“第二天，我们到萧山县和上虞县的公路上，就遇到数百人的农民队伍迎面而来。省里同志说，这就是去闹退社的。我们的车躲开点，免生麻烦，可见农村确实不够稳定。到了上虞县委，得知不久前县领导机关受农民队伍的冲击，要求退社……全县农业社的生产多数暂时处于涣散状态。仙居县情况更为严重，农民围攻领导，将县政府和公安局的门窗都打烂了，呼喊着退社，退回耕畜、农具和土地……”“原因主要是：首先，全面合作化太快，有些是不愿参加的，特别是富裕中农和一部分中农。其次，有的就没有作价，有的作价很低，引起中农不满。最后，村干部一下领导几十户、上百户的，管理不了，派工、出工混乱，生产不好，社员担心到秋后‘喝西北风’、‘没饭吃’。”据当年浙江省委的报告称：“仙居县在群众闹事中合作社一哄而散，入社农户由占总农户的91%退到19%。”

浙江“仙居事件”只是当时全国农民闹退社的一个缩影，许多省、市都有程度和规模不同的事件发生。农民闹退社的主要原因是入社的农民中有相当部分的人粮食和收入都比入社前有很大的减少。收入和粮食减少的主要原因是自然灾害、经营不当、管理不好、一平二调等。

各地对农民退社的原因的分析则认为这是由于高级社的生产经营管理中存在严重的问题，导致农民收入减少而引起的。广东省委反映，闹退社的主要有三种人：一是富裕中农和一部分有特殊收入的户；二是严重缺乏劳动力的困难户；三是入社前从事其他职业，入社后收入严重减少的户。此外，生产没有搞好而减产减收的贫农、下中农也有要求退社的。

当年，我也亲身经历了这一场退社风潮。1956年夏收至秋收之间，河北、河南、辽宁、吉林、内蒙古和北京郊区农民大批涌入北京上访，要求退社或正确解决有关个人利益的某些政策问题。他们逢大机关便进，进去了就要求解决问题。中央农工部也门庭若市，办公室信访组忙不过来，就向二处临时借调人手，我也在被借之列，于是临时做了几个月的接待来访工作。恰好这时中央各部和北京市委也向中央和国务院紧急反映外地农民上访扰乱了机关工作秩序。于是中央决定外地农民上访一律归口中央农工部。为此，中办杨尚昆主任、国务院秘书长习仲勋还专门在怀仁堂召开了全体信访干部大会，布置这一工作。这样中央农工部的接待上访任务更繁重了，不单接谈，还要做好上访农民的临时生活安置。当时，我们接待人员遵照邓老的指示，耐心听取他们的要求，记录下来并转告当地党委农工部处理。我们听到的各种农民的反映是惊人的，主要是政策不落实。例如有的农民春天入社，地里已种好了小麦，现在麦子由社里收了，却没有给他们应有的种肥补偿；又如有的耕牛入了社，喂养不好，没有专人负责，使用起来又不爱惜牛力，以致牛一天天衰弱下去，老主人看了心疼，要牵回家自己喂。因为我回答不能牵牛回家，一个白须老农民还挥动手中的拐杖要打我，幸亏被旁边值班的警卫拦住了。对于合理的要求，我们都把问题写在公函上，叫他们自己带回县委农工部处理。还有的一次不得解决，二次再来的，有一次十几个延边自治州朝鲜族农民围住了我。但他们都很有礼貌，讲道理。

不久，我终于摸出了一条规律，就是大部上访农民都来自河北省大兴县（那时大兴还不属北京）。经领导同意，我写了一则简报，指出河北大兴县委执行政策不力造成大批农民来京上访。这一简报送到中央，中央批交河北省委，省委撤换了大兴县委书记，改由省委农工部副部长萧峰继任。

当年，二处有一位农工部领导同志的夫人，也是个老干部，和我一起临时借调到办公室信访组接待上访农民。她倾听了农民的倾诉，十分同情，回到办公室不禁哭了起来，因此还受到党支部的严厉批评，说她立场动摇，让她作了检讨。她一直耿耿于怀，一直到 25 年以后，她在太原见到了我，还委托我捎信给当年的二处支部负责人，请求给她平反呢。

关于资本主义工商业改造的回忆

许涤新

加工订货的斗争

在1949年5月下旬上海解放之后，党分配我去协助曾山同志搞接管工作；同时，处理在接管中与资本家有争议的问题。大约在那一年夏末，陈毅、曾山同志要我兼管市场和私营工商业的工作，因为那时负责工商行政管理的石瑛同志跟着部队到福建去了。

对市场的管理，主要是打击、取缔投机活动。经过几次较量，投机家的活动被压下去了；而收购和加工订货的工作，则越来越重要、复杂。上海轻工业的名牌货相当多，西北、西南各地都来上海购货。国营百货公司更要控制货源，而资本家不干。限制和反限制的斗争就在收购和加工订货中尖锐地表现出来了。

1950年国家实行财经统一之后，通过抓紧税收与发行公债，国民党反动派制造、遗留的恶性通货膨胀，一下子解决了。但是，由于恶性通货膨胀所形成的虚假繁荣，也忽然破灭了。商品的销路突然不畅，许多资本家由于商品卖不出去，无钱发工人的工资，都在大声叫苦。陈云同志负责的中央财政经济委员会，向中央建议召开八大城市工商局长会议。我以上海工商局长的资格，参加了这个会议。陈云同志在党组会议上，指示我要把上海工商业的困难情况如实说出，以免在政治上陷于被动。那次参加会议的不仅有八大城市的工商局长，而且有代表资产阶级的高级民主人士——黄炎培、陈叔通、盛丕华、周叔弢等人。大家畅所欲言，滔滔不绝。但总括起来，不外是“商品卖不出去，怎么办?”这么一句话。会议开了半个月，陈云同志焦心忧虑，在向中央汇报之后，在总结会议上科学地分析了当时情况，并宣布：调整工商业，扩大加工订货。消息一经传到上海，资本家喜出望外，奔走相告。这样，上海的加工订货工作，就顺利地在扩大了。

但是到下半年，情况就发生了变化。由于抗美援朝需要许多军需物资，同时还由于土地改革后广大农民对工业日用品需求量的增加，国内市场顿然活跃起来。资本家就改变了态度，不愿再接受加工订货，或者不按合同完成任务，而宁愿按合同的规定承担罚款，把商品拿到市场上去卖高价。在上半年，资本家感谢国家给他们的加工订货，到下半年，资本家却认为加工订货是一根捆住他们手足的绳子了，因而千方百计要摆脱这根绳子。斗争怎能不日趋尖锐呢？直到“五反”运动之后，资本家才低头接受加工订货。1952 年，全国各大城市接受加工订货、收购、包销等国家资本主义形式，私营工业企业（包括机器工业和工场手工业）的产值占当地私营工业产品总值的比重，上海为 58%，武汉为 65.5%，西安为 70.3%，杭州为 63.7%。其他城市的情况，也大致如此。上海的加工订货的百分比虽然不大，但是在绝对数上，上海的加工订货总额居全国之冠。

加工订货是国家资本主义的低级形式，但是当我在上海工作的时候，并没有明确地把它提高到国家资本主义的地位去认识；当时，我的认识只是支持国营商业，掌握货源，保证军需和民用的需要。

党在过渡时期总路线的公布和对资本主义工商业的利用、限制、改造政策的提出

1952 年冬，我调到中央统战部和中央工商行政管理局（当时称私营企业局，次年初才改为此名称）工作。统战部是不搞具体经济业务的；而工商行政管理局的业务相当多，其中处理加工订货的问题，在整个工商局的业务中，占着相当大的比重。

1953 年春，李维汉同志带领一个调查组到武汉、上海、南京和济南等地，对私营工商业进行调查。回来后向中央提出两个报告：一个是如何处理公私关系问题的报告，另一个是如何处理劳资关系问题的报告。刘少奇同志首先听取调查组的汇报。中央统战部李维汉部长和其他副部长都参加了。记得那天下午的汇报，突出了加工订货的问题。调查组的同志指出，各个部门需要时就向资本家加工订货，不需要时就拉倒；有的资本家形容说，“来时急如星火，去时无影无踪”。另外，还谈到工缴费、税收等标准也不统一的问题。李维汉同志提出，这些问题有必要提到党的统一领导上来解决。

这次调查的结果，不仅发现了加工订货中存在的问题，而且对资本主义工商

业改造的问题，在理论和政策上也有所突破。李维汉同志提出，收购是国家资本主义的低级形式；加工订货、统购包销是国家资本主义的中级形式；公私合营是国家资本主义的高级形式，是向社会主义过渡的重要形式。

同年夏天，中央政治局开了好几次会议，讨论对资本主义工商业进行改造的问题。出席会议的领导同志，都同意采用国家资本主义的形式，逐步把资本主义工商企业改造为社会主义企业，并认为收购在当时已经日益缩小，不必再列为一种形式。这样，国家资本主义就只包括中级形式的加工订货、统购包销和高级形式的公私合营两种形式了。周恩来同志和陈云同志在讨论中提出，国家对资本主义工商业的改造，不应限于加工订货，而应逐步扩大为公私合营。毛泽东同志在讨论过程中提出了党在过渡时期的总路线，指出这个总路线和总任务，“是要在一个相当长的时期内，基本上实现国家工业化和对农业、手工业、资本主义工商业的社会主义改造”。

毛泽东同志和周恩来同志都认为，要进行对资本主义工商业的社会主义改造，必须有一个机关来统一负责。陈云同志认为，国家计划委员会业务太多，如要负担对资改造的工作，恐怕搞不好。讨论结果，决定由中央统战部来管理此事，由李维汉同志兼任中财委副主任。中财委下面设立第六办公室，由许涤新任办公室主任，沙千里、孙起孟、郑新如三同志任副主任。次年第一届全国人民代表大会之后，中财委第六办公室改为国务院第八办公室，由李维汉任主任；许涤新和孙起孟任副主任；大约一年之后，张执一也参加了“八办”，任副主任。

中央决定通过国家资本主义的形式和平改造资本主义工商业时，大家都同意，只有高岗反对。在几次政治局会议上他一言不发。毛主席要李维汉找高岗谈谈。散会后，李维汉问高岗有何意见。高岗说：“你读过斯大林的《论反对派》没有？”李维汉说：“读过。”高岗立即用尖刻的语调说：“布哈林不也是主张和平进入社会主义吗？”

会上的另一个分歧点，是要把资本家改造成为什么人。李维汉同志提出，把资本家改造成为社会主义公民；林伯渠同志不同意。毛泽东同志明确指出：要把资本家改造成为工人，否则，改造成为什么人呢？难道改造成为地主吗？不能。难道改造成为农民吗？也不能。只能改造为自食其力的工人。

毛泽东同志在政治局会议上，指定由李维汉给中央起草一个对资本主义工商业具有政策性的报告。这个报告的提法，原是“关于利用、限制、改组资本主义工商业的报告”（“改组”的提法是根据毛主席在七届三中全会上提出的“经济改组”而来的）。在政治局讨论时，胡乔木同志提出，把“改组”改为“改造”更为确切、更为科学些。毛泽东、周恩来、刘少奇等同志，都同意胡乔木的意见，于是对资本主义工商业的利用、限制、改造的政策的提法，就这样定下来了。

在提出改造资本主义工商企业的同时，李维汉同志提出“双重改造”：不仅要把资本主义工商企业改造成为社会主义的工商企业，而且要把资本家改造成为自食其力的劳动者。在政策上，对资产阶级分子的政策是团结、教育、改造。

从“吃苹果”到统筹兼顾、全面安排

中财委“六办”的主要任务，就是有计划地扩大公私合营企业。在解放初期，我们没收了属于官僚资本的全部企业。但是还有一部分企业，既有民族资本也有官僚资本，对于这种企业，由于没收了官僚资本而保存民族资本的私股，就自然而然地成了公私合营企业（据全国当时695户公私合营的企业材料统计，其中没收官僚资本的公股占53%，没收反革命分子财产的公股占9.18%，公股共占62.18%）。但是其他纯民族资本企业，则不存在可以没收的官僚资本，因而，要扩展公私合营企业，要把民族资本企业变成公私合营企业，国家必须对民族资本的企业投入适当的资金。为了这件事，李维汉同志同我一道去找过邓小平同志。那时，小平同志兼任政务院的财政部长。小平同志很干脆，他说：“‘六办’要完成这项任务，需要多少钱？”李维汉同志说：“要使民族资本企业变成公私合营企业的投资，并不需要大量资金，因而‘六办’也不需要财政部拨出巨款。但到底需要几个亿，现在也算不出来。”小平同志笑着说道：“就拨五个亿吧，不够，再拨；用不完，归还财政部，反正‘六办’的钱是存在人民银行的。”这样，中财委“六办”就掌握了一笔进行合营的必要的资金了。

中财委“六办”成立之初，在李维汉同志的领导下，起草了一个《关于有步骤地将有十个工人以上的资本主义工业基本上改造为公私合营企业的意见》。这个文件是经陈云同志研究之后送中共中央，中央1954年3月4日批准的。在这个文件中，提出了一个很重要的原则，这就是：“稳步前进，依据国家的需要、企业改造的条件、供产销平衡的可能、干部和资金的准备以及资本家的自愿，合营一批较重要的较大的企业，并把它们办好。”这也就是当时简称的“需要、可能与自愿”原则。

有计划地扩展公私合营，对我们来说，是一项缺乏经验的工作。因此必须进行调查研究，摸清私营工业企业的底子。经陈云同志同意，1954年春，由中财委“六办”牵头，轻工业部、重工业部、交通部和商业部各派干部参加，组成一个约200人的调查小组，由许涤新任组长，沙千里任副组长，到上海去调查。调查组在上海住了大约半年，把几个重要行业的情况，基本上摸清楚了。在调查过程中，已经发现一个行业的大企业实现公私合营后，小企业在加工订货上很难得到任务的矛盾。但是，我那时只忙于整理调查所得的材料，没有及时把这个矛盾向陈云和李维汉两位同志报告。直到现在，我还在责备自己在政治上的不敏感、不负责！

当时把大企业实现公私合营称为“吃苹果”，而把余下的小企业的合营称为“吃葡萄”。各地党委对于“吃苹果”是做了不少准备工作的，主要是开办干部训练班，把企业中的秘密党员和工会干部都找来训练。合营一个厂要好几个月，工作做得相当细，把准备合营的工厂的机器设备、资金、原材料，甚至桌子、板凳，都调查得清清楚楚。1954 年搞了一年，全国私营企业实现公私合营的，只有 2 000 多家，加上解放初期由于没收官僚资本而变成公私合营的 1 000 家，全国公私合营企业共有 3 000 多家。

进行“吃苹果”的工作，不是没有矛盾的。首先是大资本家不干。上海有一个大资本家说：“我的十几家工厂都是我的伯父和父亲挣来的。我欠国家的钱，可以拿出一个厂来抵偿国家的债务，但若要我把所有纱厂和面粉厂都拿出来公私合营，死后怎样去见伯父和父亲?”但是，后来在资本主义工商业全行业实现公私合营的高潮冲击之下，他也就没法再坚持他原来的主张了。其次，我们有一些同志认为，对资本主义工业实行加工订货，对社会主义的国营经济是有利的；留少数几个大厂继续搞加工订货，在国际上有较好的作用。潘汉年同志就持这种主张。1954 年秋，有一天下午他从上海给我打长途电话，详细地说了上述意见。我告诉他，按既定计划扩展公私合营，需要一个相当长的时间才能把“苹果”和“葡萄”都吃完。他说：“事实上，公私合营的计划是先要把苹果吃光的，矛盾不少。”他希望我把他的意见反映给中央。最后，就是先“吃苹果”后“吃葡萄”在加工订货上的矛盾。这一点，上面已经提到了。

1954 年冬，国务院第八办公室召开了扩展公私合营会议，讨论 1955 年全国合营计划。那时，李维汉同志因耳癌到莫斯科治疗，周总理指定陈毅同志兼管“八办”工作，遇到大问题仍向陈云同志请示。各地参加会议的同志，一到北京，就不约而同地提出了“吃苹果”和“吃葡萄”的问题。他们说：“现在光‘吃苹果’不‘吃葡萄’，把一大堆‘小葡萄’、‘烂葡萄’甩给地方。地方没有财力给它们加工订货的任务，资本家发不出工资，推动工人到党委请愿怎么办?”吵得一塌糊涂。我同起孟两人首当其冲。我们去找陈毅老总，陈老总说：“‘葡萄’也是可以吃的嘛！何必吵得那么厉害。你们找各有关负责人来听听地方意见。”费了好大力量，总算把有关的部长或副部长请来了。他们了解了问题之后，也没有说什么话；只有黎玉同志说得相当尖锐，他说：“‘葡萄’是酸的，俺不吃。”现在回忆起来，当时有不少同志认为办国营企业才是搞社会主义经济；什么加工订货，什么公私合营，都是邪门歪道，都是在搞资本主义。甚至把我称为“资方代理人”。实在使人啼笑皆非。那一段时间，陈毅同志兼任外交部长，外事活动很忙，我们只好直接去找陈云同志。他听了汇报之后大笑起来说：“你们的这个扩展公私合营会议，实质就是国家计委要召开的计划会议。应该在计划会议开过后再开这个会议，就会瓜熟蒂落，水到渠成。你们不弄清楚就来抢先，却抢出麻烦来了，是不是？现在，只好把计划会议的这一部分内容，放在你们这个会议上解决了。”陈云同志在国务院会议上，向周总理汇报了这个问题。我也出席了国务院的这次会议（当时各办的主任或副主任都要出席国务院会议）。周总理笑着对我说：“你们现在真是骑虎难下了，只好请陈云同志给你们解围。”隔了几天，总理又召开国务院常委会，由陈云同志提出处理“吃苹果”和“吃葡萄”问题的意见。陈云同志在分析了工业生产中的矛盾之后，提出“通过逐行逐业分配原料、分配任务、计算设备能力、安排生产计划等办法，来进行逐行逐业的社会主义改造”和“中央工业部门必须把如何利用资本主义工业的问题提到议事日程上来，在搞五年计划时将资本主义工业的生产潜力充分估计进去”。这就是当时著名的统筹兼顾、全面安排的方针。陈云同志还指出，“要反对两种倾向。一种是只顾国营，不管私营的倾向；另一种是私营工业自己不想办法，坐待国家给办法的倾向”。周总理同意陈云同志提出的统筹兼顾、全面安排的方针，并且指出：中国的工人阶级只有一个。国营企业中的工人、公私合营企业中的工人以及私营企业中的工人，他们都是中国工人阶级的不可分割的构成部分，绝不能把工人阶级分成几个待遇不同的部分。国营工厂的工人有生产任务，公私合营工厂的工人有生产任务，为什么私营工厂的工人得不到任务呢？会后向中央政治局汇报，毛泽东同志听后笑着说：“对，不看僧面要看佛面啊！”几天之后，陈云同志在“八办”召开的扩展公私合营计划会上，作了《解决私营工业生产中的困难》的报告。拖了两个月的扩展公私合营会议，到此时才宣告结束。经过这次会议，扩展公私合营的工作，在全国范围内顺利地展开了。

资本主义工商业改造高潮的到来

1955 年下半年，全国各地出现了农业合作化的高潮。7 月间，全国工商业联合会召开了扩大的中执委会议。有一天，毛主席的秘书通知我到中南海去。主席问我：“资本家在开会吗？”我说：“是，他们正在开会。”主席又问：“资本家头头都出席吗？”我说：“差不多都来了。”主席告诉我：“明天下午约他们的头头到中南海来见面。”

第二天在中南海颐年堂召开了座谈会。参加座谈会的有陈叔通（全国工商业联合会主任委员）、黄炎培、盛丕华、李烛尘、周叔弢、胡厥文、荣毅仁、胡子昂和郭棣活几个人。在陈叔通简单汇报了全国工商联的会议情况之后，毛主席就和风细语地对他们说：现在农业合作化的浪头正在席卷全国。工商界面对这种情况，一定是心中十五个吊桶，七上八下的。为什么，因为你们现在自己掌握不了自己的命运。要掌握自己的命运，只有接受社会主义改造，走社会主义道路。当时在座的除资本家代表人物外，还有周恩来、刘少奇、陈云、陆定一几位领导同志和统战部的徐冰、平杰三与我。散会后周总理向主席建议再谈一次，参加的资本家人数要增加，这样可以扩大影响。毛主席同意周总理的意见。

两天之后，把各地来京参加全国工商联扩大会议的一百多名资本家，都邀到怀仁堂来座谈。毛主席又把上次的内容，更生动地讲了一次。那时，李维汉同志早已回到北京，住北京医院继续治疗。颐年堂那次座谈会，我们没有通知他，事后我们即向他作了汇报。怀仁堂的会，我们为了他的健康也没通知他，但他却偷偷从医院出来，不声不响地坐在后排听了毛主席的讲话。

在毛主席同资本家代表谈了两次之后，陈云和陈毅两位同志也先后在全国工商联扩大会议上作了报告。陈毅同志的报告，主要是推动资本家接受改造；陈云同志的报告，除了分析经济形势的发展之外，还提出两点：（1）为了解决“吃苹果”与“吃葡萄”的矛盾，今后公私合营将有计划地按全行业进行；（2）在利润的分配上，从“四马分肥”改为按资本每年给予定息。

全国工商业联合会扩大的中执委会议结束后，各地资本家一回去，便把毛主席、陈云同志和陈毅同志的讲话传达了。在党内，在工会系统也同时传达了毛主席和陈云同志的讲话。这样，全国的职工和资本家都轰动起来了。

在毛泽东同志同工商界代表谈话之后几天，陈叔通到我的宿舍来看我，提出要以全国工商联的名义，在全国范围内发表告工商界宣言，号召工商界听毛主席的话，走社会主义道路。并且说，现在全国总工会已经发表告全国工人同志的宣言了，如果工商界也在全国范围内发表宣言，对工作的进展不是很有利吗？我把此事向陈云同志作了汇报，并送上全国工商业联合会告全国工商界宣言的文稿。陈云同志认为这是一件大事，必须提交政治局讨论。当夜，即在中南海西楼召开政治局会议。因毛主席已离京休息，会议由刘少奇同志主持。中央统战部列席会议的，除李维汉和徐冰两位同志外，还有我。刘少奇同志先要我把事情经过和文稿内容作一扼要的汇报。我汇报后，即展开讨论，讨论的中心问题是可不可以让全国工商业联合会在全国范围内发表宣言。有几位同志坚持反对，理由是：我国是以工人阶级为领导的人民民主专政的国家，怎能容许资本家在全国范围内发表宣言呢？持反对意见的人越来越多，空气也就越来越紧张。就在这个时候，周总理问我：“问题是你提出来的，你的主张是什么？”我那时被反对的意见所动摇，于是说："既然问题关系到人民民主专政的问题，关系到工人阶级同资产阶级之间的阶级关系问题，那么，就让我明天去说服陈叔老吧！"周恩来同志听到我这么说，就很严肃而亲切地对我说："你是一个老党员，在中央统战部中，你又是分工主管对民族资产阶级进行统一战线工作的副部长。像这样大的事情，难道你没有反复考虑？没有考虑工商联发表宣言对我国社会主义事业的利害？一听到反对的意见，不作进一步反复思考，就动摇起来，收回自己的意见，难道这是对党对国家负责的态度吗？工商联告全国工商界的稿件，我已经看过，内容是要求全国资本家听毛主席的话，跟共产党走，走社会主义道路。在全国范围内发表这样一篇对工商界的宣言，对我国的社会主义事业有什么害处呢？对我国的人民民主专政的国家政权有什么害处呢？为了社会主义改造，我认为可以同意陈叔老的要求，让全国工商联在全国范围内发表这个宣言。"陈云和陈毅两位同志也同意总理的意见。刘少奇同志深思之后，决定同意全国工商业联合会在全国范围内发表推动工商界接受改造的宣言。

在全国工商业联合会扩大的中执委会议结束的时候，不但发表了《告全国工商界书》，而且发了向毛主席的致敬电。隔了两三天，毛主席回到北京，叫我去汇报资本家开会的情况，周总理、刘少奇、陈云等领导同志都在座。毛主席问我："致敬电和《告全国工商界书》是谁写的？是不是共产党员写的？如果出自党员的手，就不好。不要自己吹捧自己。"我作了回答之后，周总理说："这两篇都写得不错，致敬电写得颇有感情。"毛主席指示，把由胡乔木同志执笔，在1955年11月22日《人民日报》上发表社论《统一认识，全面规划，认真地做好改造资本主义工商业的工作》和全国工商联的《告全国工商界书》及致敬电，印成小册子，作为基层干部和资本家学习的教材。

1955年11月间，中央政治局召开了一次各省、市、自治区党委代表参加的会议。会前周总理抓了对资本主义工商业改造的问题，并准备了一个党内文件。会上周总理作了《关于资本主义工商业社会主义改造的几个问题》的讲话。这次会议，为党内对实行全行业公私合营，在思想上作了准备。

1956年1月，工商界要求全行业公私合营。这首先是在首都北京发动起来的，接着上海、天津等城市也纷纷行动起来。资本家在敲锣打鼓、放鞭炮声中，实现了全行业的公私合营。为什么会进行得这么顺利？首先是党中央、毛泽东同志对资本家做了大量教育工作，使许多资本家认识到，资本主义必定被社会主义所取代，资本家要掌握自己的命运，只有走社会主义的道路。在党中央的带动之下，各省、市委和地委都大力地在做这项工作。其次，各地工人群众在党的教育和全国总工会的推动下，纷纷起来推动资本家实现公私合营。资本家接受全行业公私合营，从多数人来说，是迫于形势的。这就是当时所流传的"大势所趋，不得不走”。最后，资本家中的进步分子，在这次运动中也起了作用。他们认为，与其后合营，不如早合营。当时天津有这么一句话：“先买船票，可以先坐好船位。”刘少奇同志很重视资本主义工商业实现公私合营，他从历史唯物主义的观点对这一工作作了评价。他说：“资本家之接受公私合营，是从被迫到自觉的表现。”

1956年随朱德参加苏共二十大

赵仲元

1955年12月至1956年3月，中央书记处书记、国家副主席朱德率中国代表团先后访问了罗马尼亚、德意志民主共和国、匈牙利、捷克斯洛伐克和波兰，然后赴苏联出席苏共二十大，在回国的途中还访问了蒙古人民共和国，于1956年3月底回到北京。当时我作为代表团的一名翻译，有幸随朱老总访问了东欧五国，并出席了苏共二十大。现根据有关材料和我的记忆，将这段经历追忆如下：

一

1955年12月，朱德率中国代表团出访东欧五国。朱德为团长，团员有聂荣臻、刘澜涛等人，师哲任秘书长，工作人员有于桑、王雨田、廖盖隆、陈友群、郭仁等。我随代表团担任俄文翻译，代表团的重大活动，由师哲担任翻译。中国代表团在访问罗马尼亚和苏联时称中国共产党代表团，在访问东欧其他国家的时候称中国政府代表团。出发前，保健局建议，朱老总年事已高，不宜乘坐飞机。因此，中国代表团在访问中，尽量乘坐火车，很少坐飞机。

1955年12月11日，中国代表团乘火车从北京出发，途经莫斯科和基辅前往罗马尼亚，在经过基辅时曾作短暂停留。苏联元帅崔可夫前往车站迎接。朱老总与崔可夫是老相识，在中国的抗日战争初期，崔可夫是斯大林派到中国国民政府的军事总顾问，那时他对敌后抗日根据地的八路军、新四军非常关心，同朱德结下了深厚的友谊。两位老友相见分外亲切，他把中国代表团请到他在基辅的司令部共进午餐。

中国代表团于12月21日到达罗马尼亚首都布加勒斯特，受到罗马尼亚工人党中央第一书记乔治乌-德治为首的党政领导人的热烈欢迎。12月23日，代表团应邀参加了罗马尼亚工人党第二次代表大会，代表团全体成员在主席台就座，所有随行人员也列席了大会。除了苏共代表团外，这是外国党代表团不曾有过的殊荣。在外宾中，中国代表团在苏联代表团后第二个致贺辞。

1956年1月1日，中国代表团乘民主德国国际列车前往柏林。国际列车运行速度特别快，刘澜涛有些晕车，聂帅更担心朱老总经不起颠簸，便派人同列车长交涉，希望将车速放慢一些，以确保安全。列车长不同意，说国际列车的速度是有严格规定的，不能随意改变。代表团于当天下午到达柏林，民主德国统一社会党第一书记乌布利希等到车站迎接。1月3日，统一社会党中央和民主德国政府在柏林歌剧院为皮克总统80寿辰举行隆重的庆祝大会。苏联代表团团长伏罗希洛夫和中国代表团团长朱德先后致贺辞。皮克总统精通俄文，俄语讲得非常流利，但在此正式场合，未讲过一句俄语，而是由他的女儿为他担任俄语翻译。

皮克总统80寿辰庆祝大会结束后，中国代表团便到民主德国各地访问。代表团首先访问了莱比锡，参观了那里的露天煤矿和人造汽油联合企业。然后访问了文化古城魏玛和耶纳。耶纳有个世界闻名的蔡斯光学仪器厂，朱老总对这个厂很感兴趣，请民主德国帮助中国建设一个光学仪器方面的工厂。

在民主德国，中国代表团还参观了布辛瓦尔德集中营旧址，据说德共领导人台尔曼就是在这里被害的。仅在这个集中营就关押过几十万人，被沉重劳动和饥饿折磨致死者达20万人，从所谓的犯人身上剥下、收集的衣服、鞋子、头发、眼镜甚至拔下来的牙齿都一堆一堆地摆在那里，惨不忍睹。

最后，朱老总还单独去看了看当年因受德国政府迫害而关押他的监狱。

1956年1月14日，中国代表团到达匈牙利首都布达佩斯。拉科西等匈牙利党政领导人到车站欢迎。欢迎的群众不断高呼“朱德——拉科西”，场面十分热烈。当时匈牙利的科学技术已相当发达，特别是医疗器械和医疗水平堪称世界一流。但由于匈牙利领导人片面强调重工业，忽视轻工业和农业，从而影响了人民生活水平的提高。代表团在同匈牙利群众接触的过程中觉察到，群众对匈牙利领导人以及苏联都有不满情绪。

1956年1月17日下午，中国代表团的专列到达捷克斯洛伐克首都布拉格，捷克斯洛伐克党中央第一书记诺沃提尼和政府总理西罗基亲自迎接。朱老总在他们的陪同下乘敞篷车驶向别墅，沿途群众夹道欢迎。

在捷克斯洛伐克，中国代表团参观了玻璃厂、瓷器厂等企业。瓷器厂陈列了他们的各种产品，也陈列了中国古代的一些瓷器。他们的产品在齐、光、薄、细等质量指标方面，都明显地胜过了中国的老产品。工厂负责人介绍说：捷克斯洛伐克的陶瓷技术是从中国学来的，但在原来的基础上进行了认真的研究、探索和改进，并使生产工艺机械化，因此提高了产品质量和劳动生产率。

在访问捷克斯洛伐克期间，正赶上华沙条约政治协商委员会在布拉格举行会议，苏联元帅朱可夫出席了会议。根据中共中央指示，聂帅以观察员身份出席了这次会议。聂帅在会上发了言，他的发言稿由我和苏联的贾丕才一起译成俄文。

在捷克斯洛伐克结束访问时，萨波托茨基总统送给朱老总一个国营农场所需的全套机械设备和一辆轿车。

1956 年 1 月 30 日，中国代表团抵达波兰首都华沙，并在波兰参观了几个大城市——波兹南、什切青等。代表团发现，在同波兰干部和群众接触中，当谈及苏联时，他们反应很冷淡；当谈及中国和南斯拉夫时，他们反应比较热烈。代表团还发现，波兰的广大干部和群众有不满情绪，对待自己的工作也不够认真，在接待我代表团方面也屡屡出现差错。如一位司机在送代表团返回宾馆时，把聂帅和师哲拉到了国防部长罗科索夫斯基的官邸，闹得宾主双方都很尴尬。当罗科索夫斯基的副官出来问明情况后，才知道司机只顾跟着前面的汽车走，误入了罗科索夫斯基的官邸。

二

1956 年 2 月 14 日至 25 日，苏联共产党举行第二十次代表大会。在此以前，中共中央接到苏共中央的邀请后，于 1 月 16 日决定派朱德、邓小平、谭震林、王稼祥和刘晓五人组成代表团，出席苏共二十大，朱德为团长（当时朱德正在东欧访问）。

朱老总作为出席苏共二十大的中共代表团团长，于 2 月 4 日从波兰提前到达莫斯科。随同朱老总一起来到莫斯科的聂帅、刘澜涛便回国了。师哲留下来继续担任中共代表团的秘书长，代表团的工作人员仍然是原来的班子。苏方对朱德的到来非常重视，赫鲁晓夫于 2 月 6 日接见了朱德和刘晓，接着安排朱德先后同布尔加宁、米高扬、伏罗希洛夫等苏共领导人会见。此外，苏方还专门安排朱德在苏联国防部大楼同苏军元帅们会见，出席会见的有朱可夫、马林诺夫斯基、科涅夫、华西列夫斯基等，宾主双方共叙两党、两军的友谊，气氛十分热烈。

值得注意的是 2 月 6 日赫鲁晓夫在接见朱德和刘晓时的谈话。赫鲁晓夫详细介绍了苏联农业的落后状况。他说，苏联农业集体化虽然在组织上、技术上解决了问题，但粮食产量长期低于十月革命前（1913 年）的水平。主要原因是党的农民政策不对，斯大林认为国家给了农民土地就算是对农民的最大照顾，可以无穷无尽地从农民身上挤出东西来，而没有给农民必要的和可能的物质利益。农民送到收购站的粮食得到的报酬，甚至弥补不了运输费用。其所以如此，是由于党的领导人既不了解农民，也不熟悉农业。斯大林除 1928 年到过西伯利亚农村外，再未去过农村。他只是从电影中了解农村，苏共中央政治局的其他领导人大体上也是如此。

2 月 11 日，中共代表团的其他 3 名成员邓小平、谭震林、王稼祥由北京抵达莫斯科，与朱德、刘晓会合。

2 月 13 日，苏共中央联络部部长波诺马廖夫来到中共代表团驻地，向中共代表团介绍了苏共二十大的议程和各国代表团的情况，请中共代表团在大会上发言，朱德表示要致贺辞。

2 月 14 日上午 10 时，苏共二十大在克里姆林宫开幕，朱德率中共代表团与其他 55 个外国党代表团应邀出席了代表大会。第一天，赫鲁晓夫作了《苏共中央委员会总结报告》。他在这个报告中不仅没有提到斯大林的功绩，反而不止一次地影射斯大林破坏社会主义民主与法制，在执政期间犯了严重的错误。他在报告中强调指出，“必须坚决反对和马克思列宁主义精神不相容的个人迷信，因为个人迷信把这个或那个活动家变成创造奇迹的英雄；而同时缩小党和群众的作用，降低他们的创造积极性，个人迷信的后果是降低了党的集体领导作用，有时给我们的工作带来了严重的损失”。另外，赫鲁晓夫在报告中提到许多新问题。他指出，在火箭—核武器时代，世界战争不是注定不可避免的。他认为，向社会主义过渡的形式将越来越多样化，有可能通过议会的道路向社会主义过渡。

朱德、邓小平对上述问题，特别是苏共二十大有可能否定斯大林的问题提高了警惕。为此，中共代表团立即致电中央和毛主席，请示对策。中共中央在回电中明确指出：会议照参加。

2 月 15 日，朱德代表中共中央在苏共二十大上发言并宣读中共中央的贺辞。朱德在发言中首先对苏联给予中国的全面援助表示感谢。接着全面肯定了苏联的对内对外政策。在国内政策方面，高度评价了苏共优先发展重工业，从而促进国民经济全面增长的做法；在外交方面，赞扬了苏共采取一系列措施加强同各社会主义国家的团结和改善同南斯拉夫的关系，肯定了苏联同西方国家签订《奥地利国家条约》（《对奥和约》），推动四国首脑会议的召开，增进同芬兰、挪威的关系，等等。朱德在发言中指出，上述成绩的取得，“是和久经考验的、以赫鲁晓夫同志为首的苏联共产党中央委员会的正确领导和苏联共产党坚如磐石的团结分不开的”。“苏共中央遵循共产主义学说，坚持集体领导原则，紧密联系千百万苏联人民，不断开展批评与自我批评，坚决粉碎了贝利亚阴谋叛徒集团。苏共过去、现在、将来都是世界各国共产党的卓越模范，是世界革命运动和工人运动的第一个‘突击队’。”朱德在发言中最后说：“苏联共产党、苏联人民同中国共产党、中国人民之间有着最亲密的关系，这种兄弟般的牢不可破的友好关系与日俱增，它已成为巩固社会主义阵营、维护世界和平的强大因素。中国共产党将永远同以苏联为首的社会主义阵营国家的共产党和其他各国的共产党一道，为巩固世界和平，为实现全人类的进步而进行不懈的斗争。”

2 月 16 日，苏共中央书记苏斯洛夫在苏共二十大上发言。他没有指名地批评了斯大林的个人迷信。他说，违背马克思列宁主义精神的个人迷信的理论和实践，在党的十九大以前得到了传播，这给党的组织工作和思想工作带来了很大的损失。这种理论和实践缩小了人民群众和党的作用，减弱了集体领导，破坏了党内民主，压制了党员的积极性、首创性和主动性。

同一天，苏共领导核心人物之一的米高扬的发言最引人注目。他第一个指名道姓地批评了斯大林。他不仅批评斯大林的个人迷信，而且还批评斯大林的理论观点。他说：“斯大林在《苏联社会主义经济问题》中谈到美国、英国和法国的时候说，在世界市场瓦解之后，‘这些国家的生产量将要缩减’这一大家知道的论点，在分析当前的资本主义经济情况的时候，对我们未必有所帮助，也未必是正确的。这些论点并不能解释当前的资本主义的复杂的和矛盾的现象，以及战后许多国家资本主义生产增长的事实。”米高扬还列举了斯大林在外交和国内建设中所犯的一系列错误，特别提到 20 世纪 30 年代后期在全国范围内开展的“大清洗”运动。

苏共二十大期间的 2 月 21 日，朱德、邓小平、谭震林、王稼祥等到我驻苏联大使馆看望全体工作人员，在那里同使馆人员共进晚餐，并合影留念。

在随后几天的苏共二十大上，布尔加宁作了关于第六个五年计划（1956—1960 年）的报告，卡冈诺维奇作了苏共中央纪律检查委员会的报告。像以前的代表大会一样，代表们热烈地讨论并一一通过了这些报告。2 月 24 日，苏共二十大在选出新一届中央委员会后宣布闭幕。

外国代表团没有料想到，就在大会闭幕的 2 月 24 日晚间，大会秘书处又把所有参加会议的苏共代表重新召集到克里姆林宫，举行秘密会议。在这次秘密会议上，赫鲁晓夫作了题为《关于个人迷信及其后果》的报告。这次会议没有邀请外国代表团参加，所以称它为秘密会议，称赫鲁晓夫的报告为秘密报告。会前，苏共中央联络部部长波诺马廖夫向中共代表团解释说：你们本来是可以参加的，我们对中共代表团没有什么可以保密的，但是如果你们参加了，其他党不参加，不好办。我们不希望其他党的代表团参加，因此你们也就不要参加了。后来听说，作为例外，波兰统一工人党中央第一书记贝鲁特和匈牙利劳动人民党中央第一书记拉克西被邀请参加了这次会议，大概是因为他们同 30 年代“大清洗”有牵连吧。

2月26日，苏共中央联络部中国处处长谢尔巴科夫把赫鲁晓夫秘密报告的俄文本交给中共代表团。我驻苏使馆一秘阎明智、我和周彦连夜译成中文，供中共代表团研究。

中共代表团看完赫鲁晓夫的秘密报告后，大家议论纷纷，意见很多。谭震林认为，我们不能随便同意他们的意见，应该有自己的态度。朱老总说，报告讲的都是他们自己的事，我们是来这里做客的，不便于讲什么。邓小平说，斯大林是国际人物，这样对待他简直是胡来！至于表态的问题，待向中央汇报后再说。

2月28日，赫鲁晓夫接见了朱德、邓小平、谭震林、王稼祥、刘晓等中共代表团全体成员，会见气氛友好而热烈。赫鲁晓夫在谈话中反复强调苏共二十大批评斯大林个人迷信的重要意义。他说，不批评斯大林的个人迷信，党的生活准则和社会主义法制就不能恢复，社会主义事业就不能发展。中共代表团根据事先商定的对策，对赫鲁晓夫所谈的关于对斯大林的批判没有表态，采取了回避态度。

在同赫鲁晓夫会见后，邓小平、谭震林立即回国向中共中央汇报苏共二十大的情况，特别是赫鲁晓夫所作的秘密报告。朱老总留下继续参观访问，王稼祥留在莫斯科另有任务。

三

朱老总在我驻苏使馆参赞温宁、一秘阎明智陪同下于3月2日到古比雪夫参观。那里有苏联建造的第一个大型水电站，还有坚固的大型地下掩体工事。苏德战争期间，德军逼近莫斯科郊区时，苏联党政军领导机关都迁到了古比雪夫。朱德到达古比雪夫时，朱可夫元帅出面迎接，随后朱德到古比雪夫州委会办公室，听取了州委第一书记所作的关于该州各方面情况的介绍。

接着朱德一行到阿塞拜疆首府巴库、亚美尼亚首府埃里温访问。3月7日，朱德一行抵达格鲁吉亚首府第比利斯，住在一个宾馆里。

赫鲁晓夫的秘密报告在苏联内部引起极大震动：一部分人感到冰河开始解冻，可以为受迫害的人平反冤假错案了；另一部分人感到忧虑和愤怒，要为斯大林伸张正义。第比利斯是斯大林的故乡，持后一种情绪的人居多，而且反应特别强烈。当第比利斯的群众得知朱德住在这里时，就聚集在宾馆周围喊叫，他们高呼："东方的兄弟们，你们说句公道话！你们要支持真理啊！"他们要求朱德同他们见面并讲话，朱德无奈，便走到阳台上与他们见面，并委托温宁代表他讲话。温宁主要讲了一些中苏友好的客套话，也讲了几句对他们表示同情的话，并呼吁大家安心工作，遵守秩序。在整个讲话中没有提及斯大林的名字，也没有提赫鲁晓夫的名字。宾馆周围群众越聚越多，苏方特别是格鲁吉亚党政领导人，加上我代表团工作人员，都站在宾馆大门里面，以防群众冲进院子里来。天黑后，我代表团被安排立即离开第比利斯，乘火车前往巴库，在巴库乘火车去哈尔科夫参观访问。事后苏方告诉我们，在我代表团离开第比利斯的第二天，那里的军警同参加集会的群众发生冲突，死伤数十人。

波兰统一工人党中央第一书记、波兰总统贝鲁特，在参加苏共二十大后，于3月12日在莫斯科病逝。中共中央来电通知朱德，要他率中国党政代表团去华沙参加贝鲁特的葬礼，代表团成员是驻苏大使刘晓和驻波兰大使王炳南。朱德在苏联各地访问了12天后，于3月14日回到莫斯科。当天他率领刘晓到莫斯科苏联工会圆柱大厅吊唁贝鲁特，并在其灵柩前敬献花圈。第二天，朱德、刘晓乘飞机抵达华沙同王炳南会合，参加了贝鲁特的葬礼。3天后朱德返回莫斯科。

在回国途中，朱德又在蒙古人民共和国访问了3天，于1956年3月底回到北京。

1957年形势与伏罗希洛夫访华

阎明复

1957年4月至5月，苏联最高苏维埃主席团主席伏罗希洛夫率团访问中国，受到高规格的热情接待。我当时作为中央办公厅翻译组的一员，除负责分工照顾伏罗希洛夫的儿子和儿媳的在华生活外，还在苏联代表团赴北京之外的地方参观时，为伏罗希洛夫做了一些翻译工作。

伏罗希洛夫率团访华受到高规格接待

1956年2月苏共二十大后，特别是1956年10月波匈事件发生后，西方敌对势力在全世界掀起了一个反苏反共的浪潮，东欧形势不稳，意大利和英国的共产党员纷纷要求退党，其他国家的共产党员日子也很不好过。

在此期间，一些国家的共产党中央向苏共中央建议召开各国共产党和工人党国际会议，就当时形势和国际共产主义运动中出现的各种迫切问题交换意见，统一认识，促进国际共产主义运动的团结和发展。苏共中央向中共中央转达了这些建议。中共中央、毛泽东主席认为，通过召开国际会议，讨论当前世界局势和国际共产主义运动中出现的重大问题，取得共识，加强团结，共同对敌，十分必要，因而明确表示支持。此后，苏共中央和中共中央就如何召开这次国际会议多次交换意见。

就是在这样的形势下，为了向全世界表明中苏两党两国团结一致和捍卫社会主义阵地的决心，双方商定苏联最高苏维埃主席团主席伏罗希洛夫访问中国。同时，伏罗希洛夫率团访华也是对毛泽东1949年底1950年初访问苏联的回访，以显示中苏两国的平等地位，“不是中国国家元首总往苏联跑，而苏联国家元首不到中国来”。1957 年 1 月 6 日，毛泽东以中华人民共和国主席的名义致信苏联最高苏维埃主席团主席伏罗希洛夫，邀请他在他认为合适的时候访问中国。1 月 18 日，伏罗希洛夫复信毛泽东，感谢对他的邀请，并表示准备在 4 月 15 日至 5 月 5 日期间访华。

1957 年 4 月 15 日，伏罗希洛夫率苏联最高苏维埃代表团抵达北京。代表团成员有苏联最高苏维埃主席团副主席、乌兹别克最高苏维埃主席团主席拉希多夫，苏联高等教育部部长叶留金、外交部副部长费德林、苏联驻华大使馆大使尤金。伏罗希洛夫的儿子和儿媳也一同来华。

伏罗希洛夫是苏联的国家元首，他的这次访问，受到中方高规格的热情接待。毛泽东、刘少奇、周恩来、朱德、彭真、贺龙等中国党政领导人和首都各界代表、数千群众到南苑机场迎接。在机场上举行了隆重的欢迎仪式。毛泽东陪同伏罗希洛夫检阅了陆海空三军仪仗队。毛泽东在致欢迎辞中，称伏罗希洛夫是中国人民最亲密的朋友。

欢迎仪式结束后，毛泽东陪同伏罗希洛夫乘坐敞篷汽车缓缓驶向中南海，几十辆汽车组成的迎宾车队跟随其后，从南苑机场到中南海新华门受到几十万群众的夹道欢迎。当毛泽东和伏罗希洛夫乘坐的敞篷汽车行至天安门广场时，数不清的欢迎群众自发地冲破警戒线，拥向车队，挥舞着鲜艳的花束，高呼“毛主席万岁！”“伏罗希洛夫主席万岁！”欢呼声响彻云霄，一时间车队只好停下来。伏罗希洛夫看到有这么多的群众近距离地、几乎面对面地向他热烈欢呼，他又高兴又有些紧张，不安地望着毛泽东。毛泽东谈笑自如地说：“‘既来之，则安之。’他们看够了，也就散了。”过了好一段时间，车队才从人群包围中驶出来。随后，伏罗希洛夫及其警卫人员、儿子、儿媳住进了中南海勤政殿，代表团其他人员则被安排在东交民巷宾馆。

为了准备迎接伏罗希洛夫访华，中办翻译组经请示中办主任杨尚昆同意，请了国务院外事办公室的李越然来担任主要翻译。李越然精通俄语，新中国成立伊始就给苏联派驻中国的经济总顾问当翻译，多次为周恩来、陈云、李富春当翻译，陪同他们去苏联访问，是新中国首批俄语翻译中的佼佼者。他原来在国务院外国专家局工作，后调到国务院外事办公室。伏罗希洛夫在华的各项活动，都由李越然担任翻译。我分工照顾伏罗希洛夫的儿子和儿媳，并在苏联代表团赴北京之外的地方参观时给伏罗希洛夫做了一些翻译工作。中办翻译组的朱瑞真跟随罗瑞卿和苏方保卫人员，负责安排伏罗希洛夫的安全保卫工作；赵仲元则给其他苏方人员当翻译。

伏罗希洛夫访华期间，一直由中国党政主要领导人陪同：在北京，毛泽东、刘少奇、周恩来、朱德出席了为他举行的所有活动；在东北，朱德、贺龙、罗瑞卿专程陪同他参观访问；刘少奇陪同他访问了上海，拜访了全国人大常委会副委员长宋庆龄；周恩来专程到杭州陪同他访问参观；贺龙陪同他飞往广州、武汉访问；彭真专程到广州迎接他，然后陪同他访问武汉后回到北京。伏罗希洛夫每到一地都出现了“万人空巷”的动人场面，数十万群众夹道欢迎，展现了当年中苏友好的深入人心的画卷。对中方高规格的、热情周到细致的接待，伏罗希洛夫多次表示非常满意。然而，这也引起了赫鲁晓夫的不满，中苏关系恶化后，他不止一次地抱怨，他访问中国时从来没有受到过如此热情的接待。他甚至武断地说，中国对伏罗希洛夫的高规格接待，是故意要贬低他赫鲁晓夫的。当然，这都是后话了。

陪同伏罗希洛夫访华的苏联外交部副部长费德林对中方人员说，这次伏罗希洛夫访华只是礼节性的访问，苏共领导人没有授权他同中国领导人商谈什么实质问题。据我们回忆，在伏罗希洛夫同毛泽东和其他中国领导人交谈或接触中，确实没有涉及什么官方的、正式的话题。但伏罗希洛夫作为一位老布尔什维克，他在同毛泽东等人的交谈中仍然流露出对当时中国局势的关切和隐忧。

4月15日晚上，毛泽东请伏罗希洛夫共进晚餐，刘少奇、周恩来、朱德等作陪。伏罗希洛夫坦率地提出，苏联从上到下都不理解中国提出的“百花齐放、百家争鸣”的方针；不理解中国作为社会主义国家，为什么允许在报纸上发表大量的反共反社会主义的言论，甚至反苏的言论。苏联人民怀疑“双百”方针正在为资产阶级思想提供讲坛，它必将导致资产阶级思想的自由泛滥，必将削弱社会主义思想的阵地。毛泽东回答说，“百花齐放、百家争鸣”本来是中国两千多年前提出的一个口号，古为今用，我们利用了它。在学术问题上提倡“百家争鸣”，可以防止一些学阀压制观点不同的学派。“不能做温室里的花草，如果没有见过风雨，没有取得免疫力，遇到错误意见就不能打胜仗。”

伏罗希洛夫没等毛泽东把话说完，就反驳说，在社会主义国家不应该允许这些反对共产党和否定社会主义的言论。敌人会抓住一点缺点，大造舆论，煽动群众的不满情绪。“匈牙利事件”就是这样闹出乱子来的。毛泽东满怀信心地说，请苏联同志放心。中国不是匈牙利，中国共产党也和匈牙利社会主义工人党的情况不完全一样。他们放出来的东西我们登出来了，其中有“香花”，也有“毒草”，把“毒草”作为反面教材，也有好处。让他们放到一定时候，我们将反击。

但是，毛泽东的这个解释并没有完全说服苏联客人。在伏罗希洛夫从中国去印尼、越南访问期间，毛泽东请周恩来向苏联驻华大使尤金介绍了中国开展整风运动的情况。周恩来于5月21日和23日两次接见尤金大使，通报了有关情况。在伏罗希洛夫返回北京后，毛泽东又于5月24日和25日两次亲自向伏罗希洛夫介绍中国整风运动、大鸣大放的目的和进展情况。

伏罗希洛夫在华主要活动

1957年4月16日，伏罗希洛夫在毛泽东等中国领导人的陪同下，出席了全国人大常务委员会扩大会议，并在会上发表了演讲。他在演讲中热情洋溢地称赞了中国社会主义革命和社会主义建设的成就。

4月17日，毛泽东在中南海怀仁堂举行盛大国宴，欢迎伏罗希洛夫一行。席间，毛泽东热情称颂伏罗希洛夫，说“伏罗希洛夫同志是苏维埃国家和苏联共产党的杰出的领导人之一，几十年来为十月社会主义革命的胜利、为苏联国防力量的增强和共产主义事业的发展，进行了坚持不懈的努力，并且作出了卓越的贡献”。当毛泽东讲话结束后同伏罗希洛夫干杯时，伏罗希洛夫说：“你这样颂扬我，是不是在搞个人崇拜啊?!”毛泽东幽默地回答说：“个人崇拜不能没有，也不可多有。”“有时不能不崇拜，如对马克思、列宁，就不能不崇拜。”伏罗希洛夫同意毛泽东的看法，说：“对，不能不崇拜。”

4月18日，首都十万群众在北京先农坛体育场举行集会，欢迎伏罗希洛夫等苏联客人。毛泽东等从中南海陪同伏罗希洛夫前往先农坛体育场，北京市市长彭真在体育场门前迎接。在欢迎大会上，伏罗希洛夫看到群众热烈欢迎的场面，不时放下准备好的发言稿，即席讲了许多热情友好的话，引起了一阵阵经久不息的掌声。

4月18日，伏罗希洛夫一行离开北京到外地参观访问。前面提到，伏罗希洛夫到北京后，他和身边警卫人员、儿子、儿媳一直住在中南海勤政殿。空闲时间，伏罗希洛夫很喜欢在中南海沿着岸边散步。在他要离京到外地参观访问的当天，他走进了中央警卫团宿舍区，与战士们攀谈，问他们每天都吃些什么饭菜，每天几个小时操练，每人每天几个小时站岗，等等。随后他又走进家属居住区，一个妇女抱着两个不满周岁的婴儿引起了他的兴趣。当得知这是一对孪生兄弟时，他把两个孩子抱过来亲了又亲。在回国前，他还送给这对孪生兄弟一些纪念品。

伏罗希洛夫一行离京到外地参观访问的首站是东北。他在朱德、贺龙、罗瑞卿等陪同下，先后访问了沈阳、鞍山、大连等地。在鞍山参观了大型轧钢厂、无缝钢管厂和七号炼铁炉。

4月22日，伏罗希洛夫一行在天津作短暂停留后抵达上海。前来迎接的有专程赶到上海的刘少奇以及宋庆龄和上海市副市长曹荻秋等。第二天，上海市举行有25万人参加的群众大会，欢迎伏罗希洛夫到上海访问。曹荻秋副市长为伏罗希洛夫举行了隆重的欢迎宴会。24 日，伏罗希洛夫一行到宋庆龄寓所拜访了宋庆龄，双方回顾和畅谈了苏联对孙中山领导的民族民主革命的援助和中苏两国人民的友谊。

4 月 25 日上午，伏罗希洛夫一行到达杭州。提前两天抵达杭州的周恩来和浙江省省长沙文汉到机场迎接。下午，周恩来陪同伏罗希洛夫游览了西湖，参观了都锦生丝织厂。

4 月 26 日，伏罗希洛夫参观了杭州梅家坞十月茶叶生产合作社和屏风山工人疗养院。这里湖光山色，风景秀丽。伏罗希洛夫坚持要到农民家里走一走，看看他们的生活情况。不论在农民家里，还是在田间地头，伏罗希洛夫都像老朋友一样同农民交谈，询问他们的收入、饮食和生产劳动情况等。晚上，在周恩来和浙江省、杭州市领导的陪同下，伏罗希洛夫观看了上海越剧团演出的神话剧《追鱼》。由于中苏两国文化的差异，任凭翻译怎样介绍剧情，苏联客人仍然不能理解，在演出当中不少人总打瞌睡。第二天，又请苏联客人观看了著名京剧演员盖叫天主演的京剧《恶虎村》。剧中武打场面较多，客人们十分欣赏盖叫天的表演艺术。

4 月 28 日，伏罗希洛夫一行到达广州。中共中央政治局委员彭真等到机场迎接。苏联客人在广州游览了名胜古迹，好客的主人还用“龙虎斗”等名菜来招待客人。76 岁高龄的伏罗希洛夫因多吃了几口，拉了两天肚子。到北京后，他对毛泽东说，“龙”和“虎”在他肚子里斗了两天了。

4 月 30 日，彭真陪同伏罗希洛夫一行在武汉作短暂访问后回到北京。

5 月 1 日，伏罗希洛夫及其主要随员登上天安门城楼，同毛泽东等中国领导人一起参加了“五一”国际劳动节庆祝活动。

5 月 4 日，周恩来陪同伏罗希洛夫到中山公园参加青年联欢晚会，受到青年们夹道欢迎，热烈的欢呼声震耳欲聋。周恩来知道伏罗希洛夫年岁大，怕吵，一吵就头晕，为此他举出双手向下摆动，大声说：“同志们，同学们，伏老怕吵，不要高声喊！”大家顿时停止了欢呼，用双手轻轻地鼓掌，表达对伏罗希洛夫发自内心的欢迎。伏罗希洛夫见状赞叹说：“中国青年、中国人民的严明纪律举世无双！你们给予我这样的真诚欢迎，我非常激动、兴奋。你们的纪律、高度的秩序和热情，不仅是对我，而且是对苏联人民的友谊、对苏中两国牢不可破的友谊最好的证明。”

5 月 5 日，中共中央总书记邓小平、高教部部长杨秀峰陪同伏罗希洛夫和苏联高等教育部部长叶留金参观了北京大学。

5 月 6 日晨 4 时，伏罗希洛夫及其随行人员前往印度尼西亚和越南访问。动身前，毛泽东到勤政殿为伏罗希洛夫送行。两人一见面，双手就紧紧握在了一起。伏罗希洛夫劝毛泽东少吸烟，少熬夜，多在白天工作。他说："希望你这样生活：太阳一出来你就向它问好，太阳一落你就向它告别，去休息。"毛泽东笑着说："是的，是要按太阳的规律办事。"又说："不过，我已经习惯夜间工作了……"

在谈到斯大林时，伏罗希洛夫说："不管怎么说，斯大林是个好人。"毛泽东说："是呀，是个好人，我们的看法也是这样。"伏罗希洛夫说："斯大林原则性非常强。他有一个特点，就是他相信谁，就百分之百相信。可是这也好也不好，容易被人利用。贝利亚就利用了这一点。在斯大林的晚年，贝利亚经常跑到他面前吹风，一会儿说这里好像有一股敌人，一会儿又说那里有一股敌人，把斯大林弄得糊里糊涂，使他感到好像处在敌人包围之中。结果就错误地处罚了一些无辜的人。但不管怎么说，斯大林是个好人，是个伟大的马克思主义者。"毛泽东说："我们也这样认为，虽然斯大林有些缺点，但本质上是个好人。"伏罗希洛夫说："你们的看法我知道。你们在《人民日报》发表的文章太好了，我真感谢你们，我的好朋友，这是咱们自己人在一起讲。"

在伏罗希洛夫乘车前往机场时，毛泽东对伏罗希洛夫说，我不同你告别，我只暂时对你说再见，祝你一路平安！

毛泽东向伏罗希洛夫介绍中国整风运动

1957 年 5 月 24 日，伏罗希洛夫从越南、印尼结束访问后，又回到北京，并作了短暂停留。他自 4 月 15 日来华的 20 多天时间里，不只一次地向中国领导人谈到苏联方面对中国报刊公开发表反共、反社会主义言论的不安和忧虑。毛泽东对此十分重视。在伏罗希洛夫从印度尼西亚结束访问回到北京后的当天，毛泽东又在中南海会见了他，朱德和尤金大使参加了会见。

在伏罗希洛夫访问越南、印度尼西亚期间，毛泽东对中国国内政治形势的估计发生了变化。5 月 15 日，毛泽东写了《事情正在起变化》一文，发给党内高级干部阅读。文章指出，在党外知识分子中，右派约占百分之一到百分之十，党内也有一部分知识分子新党员，跟社会上的右翼知识分子互相呼应。现在应该开始注意批判修正主义。在民主党派和高等学校中，右派表现得最坚决最猖狂，"什么拥护人民民主专政，拥护人民政府，拥护社会主义，拥护共产党的领导，对于右派说来都是假的，切记不要相信，不论是民主党派内的右派，教育界的右派，文学艺术界的右派，新闻界的右派，科技界的右派，工商界的右派，都是如此"。5 月 16 日，毛泽东为中央起草了《中共中央关于对待当前党外人士批评的指示》（简称《指示》）。《指示》指出，党外人士对我们的批评，不管如何尖锐，包括北京大学傅鹰化学教授在内，基本上是诚恳的，正确的。这类批评占百分之九十以上，对于我党整风，改正缺点，大有利益。《指示》强调，最近一些天以来，社会上有少数带有反共情绪的人跃跃欲试，发表一些带有煽动性的言论，企图将正确解决人民内部矛盾、巩固人民民主专政、以利社会主义建设的正确方向，引导到错误方向去。《指示》要求暂时不要批驳，使右翼分子暴露其反动面目，而各级党组织要“好好掌握形势，设法团结多数中间力量，逐步孤立右派，争取胜利”。

正因为如此，在 5 月 24 日的会见一开始，在伏罗希洛夫向毛泽东、朱德简单介绍了他访问印度尼西亚和越南的印象后，毛泽东便向伏罗希洛夫介绍了中国国内政治形势的一些情况。毛泽东说，他请周恩来向尤金大使通报了一些问题（周恩来会见尤金大使的时间是 5 月 21 日和 23 日）。他说，现在全国广泛开展了整风和处理人民内部矛盾运动。在运动中，中共号召党外知识分子、民族资产阶级代表和民主党派的代表对自己展开广泛批评。他请伏罗希洛夫把这一情况转告苏共中央。毛泽东说，看起来这一情况也应该告诉苏联驻华使馆的工作人员。

毛泽东继续说，不出所料，在开始阶段右派分子对中共和政府进行了尖锐的攻击。他说，在大学生中大约百分之八十出身于资产阶级，他们中间不少人怀有敌对情绪。毛泽东说，在大学里目前学生可以写大字报或者小字报批评共产党员和党组织。比如说，在北京大学，在这些大字报当中就发现不少有反共和敌对的内容。毛泽东说，整个来说，在这所大学里，超过百分之一的学生对现行的制度是敌视的。在不久以前结束的青年团第三次代表大会上大约有百分之二十的代表有右倾情绪。他说，代表大会结束后这部分代表还可以大鸣大放。

在运动开展过程中，民主党派领导人当中的右派分子也有所表现。他们当中有一些人，如章乃器，在报纸上发表对中共的敌对攻击。毛泽东指出，他们的所有言论都全文在报纸上公布。

毛泽东指出，遗憾的是在目前的运动当中发现，有些地方的共产党员在执行这个政策过程中太粗暴、太笨拙了，完全代替了党外的部长们，遭到了严厉的指责。

伏罗希洛夫问毛泽东，目前反对共产党的那些人有什么口号或纲领？毛泽东回答说，这些人并不是有组织的力量，他们没有提出任何推翻现有制度的纲领和口号。

毛泽东接着说，中国共产党不得不开展这样一个运动，这是为了争取广泛的知识分子为社会主义事业服务。他指出，中国是一个人口众多、绝大部分是文盲的大国。全国只有 500 万掌握着各种知识的脑力劳动者。没有他们不可能进行社会主义建设，因为这里有科学家，有教员，有工程师，有文化工作者，等等。现在中国工农知识分子完全不够，要培养工农知识分子至少需要十年以上。毛泽东说，所以我们用这么多力量和精力来改造和争取现有的知识分子。

谈话结束时，毛泽东请伏罗希洛夫和随行人员于 5 月 25 日到他家共进晚餐。毛泽东说，吃饭的时候还可以继续谈话，伏罗希洛夫表示同意。

5 月 25 日晚，毛泽东邀请伏罗希洛夫以及拉希多夫、叶留金、费德林和尤金到他家里共进晚餐。中国方面参加的有刘少奇、周恩来、朱德、陈云、邓小平和彭真。

在晚饭开始前，伏罗希洛夫、费德林和其他苏联代表详细向毛泽东和其他中国领导人介绍了访问印度尼西亚和越南的情况。毛泽东说，他也接到访问印度尼西亚的邀请，但是中共中央没有决定是不是去访问，因为有些中央同志有不同的意见。毛泽东问伏罗希洛夫访问印尼是否适宜。伏罗希洛夫说，他认为访问印尼是有益的。

接着伏罗希洛夫代表苏联最高苏维埃主席团、苏共中央和苏联政府正式邀请毛泽东及其陪同人员在方便的时候访问苏联。伏罗希洛夫表示，希望毛泽东最好能在十月革命 40 周年庆典的时候访问苏联。对于伏罗希洛夫的建议毛泽东表示赞同。5 月 26 日晨，在伏罗希洛夫结束访华离开中国前，毛泽东说，他很高兴地接受伏罗希洛夫的邀请；至于具体的时间，希望晚些时候再商定。

晚餐是在亲切的同志般的气氛中进行的，其间在谈话中除了一般的话题外，还涉及了某些对外政策问题。

毛泽东十分高兴地谈到最近一段时期社会主义阵营国家对外政策取得的显著成绩。他几次强调了如下看法：如果帝国主义者发动第三次世界大战，那么这场战争将以资本主义制度的彻底崩溃而告终，虽然“对此要付出不小的牺牲”。

毛泽东接着谈到中国对外政策的某些问题。他指出，中国作为一个亚洲大国，首先感兴趣的是亚洲事务。毛泽东提到 1949 年他同斯大林的一次谈话，当时取得了一定共识，那就是中国主要要把自己的注意力集中在亚洲问题上。

在谈到中国和英国的关系时，毛泽东指出，实际上目前在中英之间是“半正式”的关系。毛泽东强调说，英国在联合国对中国采取了不老实的政策。

毛泽东尖锐地批评了美国的侵略政策。他表示确信“美国不可能永远统治资本主义世界，形势将从根本上发生有利于社会主义事业的变化”。他强调说，美国不承认中华人民共和国，对于中国人民来讲是有利的。他指出，如果美国今后十年也不承认我们，我们也完全能够等待。他继续说，实际上美国承认中华人民共和国对于中国来讲是不利的，我们担心它“承认”，当然对这种变化也做好了准备。他接着指出，美国现在采取一切手段来破坏中苏友谊，而“中苏友谊是整个国际政治发展的基石”。

接着毛泽东谈到了台湾问题。他就 1957 年 5 月 24 日台湾发生的捣毁美国大使馆的事件说，现在美国已经在考虑怎么搞掉蒋介石，不惜采取阴谋恐怖手段来对付他。在谈到美国最近向台湾运送导弹的事情时，毛泽东指出，其主要目的是为了加强美国在台湾的控制能力。周恩来补充说，这几天我们同法国前总理富尔谈话的时候提到这件事也是这样讲的。他想了解中国对美在台湾组建导弹部队有什么看法。我们对富尔说，这个措施的目的是使蒋介石政权更加服从美国的控制。周恩来笑着说，这次谈话还没过一两天，实践就证实了我们的判断。

毛泽东继续说，我们对台湾的立场是清楚的，“我们将促进蒋介石和美国之间的矛盾进一步深化和发展”。毛泽东指出，事实表明，他们之间的矛盾要比蒋介石和中共之间的矛盾还要尖锐。

晚饭结束后，双方又谈了一会儿话。在谈话中，毛泽东又谈到在中国广泛开展的整风运动的实质和意义。他说，这次运动的目的首先在于对广大的共产党员、青年团员和国家干部进行马列主义的教育。运动的目的是克服党和国家机构中的官僚主义、主观主义和宗派主义。

毛泽东接着说，大家都知道，主观主义有两个方面，一是教条主义，一是修正主义。中国革命的经验证明，在我们党内教条主义倾向常常是主要的。教条主义者片面地分析事物，他们通常犯“左”倾错误。毛泽东说，在我们党内“左”倾倾向还根深蒂固。许多党员缺乏做群众工作特别是做知识分子工作的经验，常常导致宗派主义的错误，脱离知识分子，脱离群众。正是因为这些错误，党组织和一些共产党员现在受到尖锐的批评。

由此可见，开展整风运动的目的就在于克服党内的不正确的和不健康的现象。这一工作大约需要进行两三个月。然后，在知识分子和民主党派成员当中也要开展类似的运动，“当然如果他们同意这样做的话”。“这样，我们先把自己家里打扫干净，然后我们再帮助他们整顿秩序。”毛泽东指出，同现在这个阶段不同，那时候民主人士和知识分子“将处于被动，而我们却将处于主动”。

除了上面讲到的目的外，毛泽东继续说，这次运动的任务是积极地争取中国知识界站到社会主义方面来，分化知识界的力量，孤立他们中间的极右派和怀有敌对情绪的人。他指出，中国的知识界有 500 万人，在政治方面并不是单一的。它分为右派、左派和中间派。在过去，中国的知识分子在政治上是比较单一的，因为在反对帝国主义和封建主义斗争中他们和中共站在一起，但是在革命的社会主义阶段发生了分化。

毛泽东说，在“百花齐放、百家争鸣”方针提出以前以及开展整风运动之前，我们的印象是，知识界的状况用不着担心，以为他们中间的绝大多数都掌握了马列主义思想，站在唯物主义和社会主义的立场上。但是实际情况并不像我们想象的那样平安无事。资产阶级知识分子的右派代表和同情他们的人装出一副忠实于社会主义的模样，但实际上还是坚持资产阶级立场和幻想复辟资本主义。还应该考虑下面的这种情况，如果说帝国主义分子、封建主义分子和买办资产阶级在人民的眼里已经彻底破产了，那么资产阶级右派知识分子的代表现在在群众面前还没有足够名誉扫地，还没有暴露自己的思想本质。

毛泽东说，目前中共中央号召所有的知识分子和资产阶级民主人士，对改进党组织和国家机关的工作积极地提出批评意见和建议，并且帮助中共的各级组织更加深入地开展整风运动。知识界、民主党派和民族资产阶级的代表响应党的号召，现在开展了批评中共和中国政府的广泛的运动，而且在初期右派分子表现得最积极和怀有敌意。中共不限制也不禁止他们发表类似的言论，相反这些言论都在中国的报刊上予以公布并且在电台广播。

毛泽东再次重复说，中共中央制定了实施这些措施的明确计划。他说，对资产阶级民主人士和右派知识分子批评共产党“不予答复”，可能将继续两三个星期。此后将开始“总结”阶段，共产党员将“不再沉默”，并将对目前大鸣大放中暴露出来的不健康的和敌对的言论展开广泛的批评和揭发运动。在这个阶段将认真集中精力来克服大鸣大放过程中揭露出的我们的错误和缺点，以澄清和揭发对我们所说的一切造谣诬蔑和敌对言论。这里将遵循“团结、批评、团结”、依靠左派和中间派的方针。

伏罗希洛夫在谈话中问到在这场运动中共产党员的情绪怎么样。毛泽东回答说，大部分党员现在对资产阶级右派分子十分气愤。他强调说，这些党员没有理解这场运动的意义。由于不了解中共中央的策略，有些地方不让“百花齐放”，他们认为如果在党外人士和民主人士当中过分地开展这场运动，可能会引起混乱和其他不健康的现象。毛泽东指出，现在的问题在于，在北京已经全面展开了批评运动，而且中共中央已经准备开始反击，而在地方上有些领导人还采取观望的态度，并且实际上在压制批评的应有的开展。有一部分党员坚持要立即反击，要坚决打击，这都是不对的。在这个问题上必须很有策略地开展工作。毛泽东说，当然，如果有什么力量起来公开反对我们，那么我们会迅速采取坚决的行动。

毛泽东说，由于党内存在这些情绪，我们决定这几天召集省市委书记会议，同他们就这些问题详细地交换意见，把中共中央的策略计划告诉他们，让各地能够更大胆地开展这个运动，使得地方的干部解除顾虑，放手让党外人士和民主人士对自己开展广泛的批评。“我们会向地方的同志解释，在没有弄清楚反对我们的人的真实面貌的情况下，不得采取镇压和禁止的政策。”毛泽东指出，应该利用这个运动，完全弄清楚知识界和资产阶级民主人士中间各种力量的分布情况，这样可以知道对我们的攻击可能来自何方。毛泽东说，很显然，现在开展的运动是一个改造广大知识分子的长期过程中的一个阶段，这个改造过程至少需要十年。

毛泽东接着说，现在我们已决定把全国人大第四次会议从 5 月推迟到 6 月，这样“大会可以避开这场运动的最激烈的阶段”。他继续说，在大会开始以前将向我们的敌人“发起猛烈的炮击”。毛泽东说，现在他们向我们进攻，我们沉默，而很快我们将开始反击，那时有些人应该沉默了。

毛泽东指出，这场运动现在已经具有尖锐的阶级性质。这也是一场战争，不过它是一场思想战争。它和我们同蒋介石和美国人的战争不同，因为这里的敌人常常是看不见的，而我们的任务是暴露他们。在这场斗争中我们的干部将得到锻炼，我们的人民将更加团结。

伏罗希洛夫这时指出，由于采取了现在这些措施，预期可以达到以下的目的：(1) 通过在运动中对干部进行思想锻炼，进一步凝聚自己的队伍；(2) 孤立知识分子中的右派分子；(3) 支持和团结中间派。伏罗希洛夫说，这些任务的每一项本身都是重大的和复杂的。毛泽东表示同意伏罗希洛夫的看法，并说这些任务会同时解决，因为这些任务是密切联系在一起的。

毛泽东继续说，过去中共党员“欺负了知识界中的中间派和右派”。现在要纠正这个错误，我们要给他们充分的机会来表达自己的不满。经过认真的分析，所有正确意见都将被采纳，我们也就能克服自己的错误。在这场运动的过程中，官僚主义、宗派主义和主观主义将在很大的程度上得到纠正。

毛泽东对这些措施从总体上评价说，这些措施对党和全体人民的进一步团结，对于巩固人民民主专政和民主集中制将有着重要的意义，并且也将促进社会主义国家和一切爱好和平力量的团结。

毛泽东和在座的中国领导人是怀着充分的信心来评价当时在中国所发生的事情的，认为中共在那场运动中一定会取得成功。伏罗希洛夫问，中国朋友对目前在国内广泛开展的针对共产党和人民政府的批评运动有没有任何的担心和怀疑？毛泽东听后同在座的刘少奇、周恩来、朱德、陈云、邓小平、彭真商量以后，坚定地说没有任何担心和怀疑。毛泽东说，在中国完全没有可能重演“匈牙利事件”。我们这里不会出纳吉。当然中央考虑到在党内是有机会主义分子的，而且没有忘记要提高应有的警惕和采取审慎的态度。

毛泽东请伏罗希洛夫转告苏共中央，在中国开展的思想运动是有可靠的基础的，并且完全有能力顺利地实现这场运动。他补充说，胜利的保证就是我们中央委员会的坚如磐石的团结和中央同人民的密切联系。

毛泽东说，应该指出，今天所谈的中国的经验对于所有的兄弟党并不是一个普遍真理，采取类似的措施必须和每一个国家的具体情况相结合。他举例说，在与越南和匈牙利的朋友们谈话当中，中共中央没有建议他们实行“双百”方针。“我们认为在越南的条件下只应该开一朵胡志明的花。”

伏罗希洛夫对中共中央采取的措施表示赞赏，说这些措施把马克思列宁主义的原则和中国的特殊条件巧妙地结合在一起。他预祝中国共产党在这个重大的事业上取得进一步的成绩。

伏罗希洛夫还向在座的中国领导人讲述了俄国革命发展的特殊情况，讲述了苏共在革命头几年采取的措施。在交谈中毛泽东指出，在革命胜利后俄国和中国情况的根本区别，在于中国保存了民族资产阶级。他说，这一点对中国现在进行的运动和采取的措施都产生了特殊的影响。

谈话结束时，伏罗希洛夫对毛泽东和其他领导人亲切热情的款待和有意思的谈话表示感谢。

毛泽东请伏罗希洛夫向苏共中央主席团所有的成员转达中国共产党兄弟般的敬意，并祝他们健康。

根据李越然的回忆，在 5 月 25 日毛泽东等中国领导人和伏罗希洛夫的谈话中，伏罗希洛夫对中国的干部下放劳动政策也提出疑问。毛泽东解释说：“老是浮在上面不好，我们的干部和知识分子应该放到下面去熟悉工农兵，了解社会，了解群众。”伏罗希洛夫问道：“干部和知识分子放下去做体力劳动，是不是必要?”毛泽东说：“不是去搞什么单纯的体力劳动，而是到群众中去接受锻炼。”毛泽东在同伏罗希洛夫的交谈中还曾表示：“当主席，太复杂。我是想退下来，当个大学教授。”伏罗希洛夫焦急地问道：“那怎么行，谁能代替你呢?”毛泽东说：“在我们党内很有人才，他们已经成熟，无论资历、声望和能力，都不比我差。他们是可以胜任的。”伏罗希洛夫听后没有再谈这个问题。

5 月 26 日，伏罗希洛夫离开北京回国，毛泽东、刘少奇、周恩来、朱德、彭真等中共中央领导人、各界代表和数千名群众到机场送行。在机场举行了隆重的欢送仪式。毛泽东致欢送辞。他说：“伏罗希洛夫同志在中国的访问给中苏友好关系的光荣历史写下了新的、灿烂的一页。”“我们虽然暂时分别了，但是中苏两国人民的心将永远紧密地联结在一起。”

5 月 27 日，伏罗希洛夫率团回到莫斯科后，莫斯科举行了万人参加的欢迎大会。伏罗希洛夫发表讲话说，他在中国看到人民政权取得的实际成果。中国共产党结合本国的具体条件创造性地运用马克思列宁主义，在中国人民各阶层中获得了崇高的威望。

7 月，就在伏罗希洛夫率团访华后的不久，中共中央在青岛召开了省市委书记会议。会议期间，毛泽东写了《一九五七年夏季的形势》一文。8 月，根据毛泽东的指示，杨尚昆要我们中办翻译组把毛泽东 5 月 15 日写的《事情正在起变化》和 7 月写的《一九五七年夏季的形势》两篇文章翻译成俄文。后来，杨尚昆会见了苏联驻华大使尤金，把这两篇文章的中文稿和俄文译文一起交给他，并请他转交苏共中央。

随毛泽东赴苏参加十月革命庆典

阎明复　朱瑞真

1957 年 11 月 2 日，毛泽东应苏共中央和苏联部长会议的邀请，率中国党政代表团访问苏联，参加十月革命 40 周年庆祝活动，并出席 64 国共产党和工人党代表会议。这是毛泽东第二次访问苏联，也是他一生中最后一次出国访问。我们和赵仲元当时都在中共中央办公厅翻译组，参加了前期的准备工作，并随团赴莫斯科参与了翻译工作。

毛泽东率团访苏

1957 年 11 月 2 日早晨 8 点半，毛泽东率中国党政代表团乘坐由苏共中央派来的图 104 专机从南苑机场起飞，赴莫斯科参加十月革命 40 周年庆祝活动，并出席各国共产党和工人党代表会议。中国党政代表团团长是毛泽东，副团长是宋庆龄，团员有邓小平、彭德怀、李先念、乌兰夫、郭沫若、沈雁冰、陆定一、陈伯达、杨尚昆、胡乔木、刘晓、赛福鼎，杨尚昆兼任秘书长。同时，彭德怀又是中国军事代表团团长，郭沫若又是中苏友好代表团团长。在中国党政代表团的名单上，本来还有王稼祥的名字，但在代表团出发的前两天，邓小平在一次筹备会上宣布：今天稼祥给主席打电话，说他有病请假，不能参加代表团的工作了。我看，代表团的对外联络工作，由尚昆来兼管吧！这样，代表团就由 15 人减为 14 人。对于代表团团员的排列顺序，外交部曾提出，按惯例刘晓大使应排在最后。杨尚昆说，我们的代表团是党政代表团，刘晓曾任上海市委书记，按党内职务应排在赛福鼎的前面。也是在这次筹备会议上，杨尚昆说，这次代表团除了毛主席、宋庆龄、邓小平几位主要领导以外，其他团员一般都不带警卫、秘书，尽量多带一些“会讲话的”（指各种语种的翻译）。杨尚昆同王稼祥商议，选派张香山任代表团副秘书长，协助他工作，负责联络、文电，分管代表团的工作班子。礼宾工作由外交部礼宾司司长王雨田、专员韩叙负责。警卫工作由中央警卫局副局长王敬先负责。保健工作由中央保健局局长黄树则负责。财务、礼品工作由中办特别会计室主任赖祖烈负责。此外，毛泽东的秘书叶子龙和林克、卫士长李银桥、护士长吴旭君，宋庆龄的警卫秘书隋学芳，邓小平的卫士长吕增科等也陪同首长出访。

为了保证高质量地完成翻译任务，中国代表团配备了力量雄厚的翻译班子：俄文方面有李越然、阎明复、赵仲元、朱瑞真、陈道生，英文方面有浦寿昌、俞志英，法文方面有齐宗华。代表团还从中国驻波兰大使馆借调了一位波兰文翻译高佩玉，在莫斯科留学生中选调了一位上海籍的女大学生，专门给宋庆龄做翻译。

据杨尚昆说，1949 年毛泽东第一次访苏，送给斯大林一车皮山东大葱和一车皮江西蜜橘。斯大林对蜜橘赞不绝口，称之为“橘中之王”。这次毛泽东访苏，中央办公厅、外交部精心准备了反映中国在苏联帮助下推进现代化进程的鞍钢全景的立体模型等，以及中国传统手工艺国宝级的“北海全景”牙雕等礼品。这些礼品在中南海居仁堂展示时，邓小平问“北海全景”牙雕是国宝级的艺术品，作为礼品送出是否妥当，并请杨尚昆研究处理。后来了解到，创作这一牙雕的工艺大师当年 50 多岁，仍有精力再创作同一主题的作品，这样就决定不更换礼品了。

苏方的盛情接待

11 月 2 日上午 11 时，中国党政代表团乘坐的专机到达苏联边境城市伊尔库茨克，苏共中央主席团候补委员波斯别洛夫和外交部副部长费德林以及中国驻苏大使刘晓夫妇专程来此迎接中国代表团，前来迎接的还有苏联地方党政领导人。波斯别洛夫是苏联著名理论家、哲学家，曾和苏斯洛夫一起主管意识形态工作。他文质彬彬，讲起话来慢条斯理。

在伊尔库茨克，发生过一个小插曲。伊尔库茨克这年冬天来得早，已经下了一场雪。毛泽东惊奇地发现，机场附近有一片庄稼长得绿油油的。他便问地方领导人：这是什么庄稼，现在还在开花？地方领导人回答说，这是“ROSH（罗什）”，我们几个翻译都不知道这个词，有的说是“大麦”，有的说是“荞麦”，毛泽东都一一否定了，说这个季节不可能长大麦、荞麦。著名汉学家费德林急忙走上前来说，这是做黑面包的一种麦子。毛泽东听了点点头。回到飞机上，阎明复查了俄汉字典，原来“ROSH”就是“黑麦”。于是他拿着字典走到前舱，对毛泽东说，字典里写的是黑麦，刚才我们都翻译错了。毛泽东听了笑着点点头。

11 月 2 日莫斯科时间下午 3 点，中国代表团乘坐的图 104 飞机在伏努科夫机场降落，舷梯下是红地毯铺路，赫鲁晓夫、布尔加宁、伏罗希洛夫、库西宁、米高扬、苏斯洛夫、福尔采娃、柯西金等苏联党政领导人前来迎接。在一阵拥抱、亲颊之后，毛泽东检阅了三军仪仗队，并发表简短讲话，对苏联的盛情邀请表示感谢，赞扬 40 年前十月革命的胜利“创始了人类历史的新纪元”，40 年来苏联获得了辉煌的成就，“为追求进步和幸福的人民树立了卓越的榜样”，明确指出“以伟大苏联为首的社会主义阵营是保障世界和平的坚强堡垒，是一切不愿意受帝国主义压迫和奴役的人民的忠实朋友”。

欢迎仪式结束后，赫鲁晓夫陪同毛泽东同乘一辆装甲“吉斯”汽车，来到克里姆林宫内的捷列姆诺伊宫。在一间宽大的休息室里，赫鲁晓夫向毛泽东简要介绍了会议的筹备情况后，看了一眼正在同毛泽东谈笑风生的伏罗希洛夫，提醒说，该让毛泽东休息了，我们告辞吧？在握手告别时，赫鲁晓夫对毛泽东说，你住的捷列姆诺伊宫，曾是沙皇的寝宫。这里离会场即乔治大厅只有几十米远，有一条走廊通往乔治大厅。

中国代表团其他成员以及工作人员也都被安排住在克里姆林宫。这里又有一个小插曲。我们刚安顿下来，忽然听到有人说，毛主席来看我们啦！于是大家都涌到走廊里，等候毛泽东。原来，毛泽东从楼上走下来看望大家。当时每个卧室的门上都贴有名单，毛泽东走到我们几个翻译的卧室门口，看到名单上的“朱瑞真”，就说：“这是个女孩子的名字呀。”朱瑞真回答说：“这是家里老人们起的名，可以改。”毛泽东说：“不用改，就这样叫也很好嘛。”

苏方为接待中国代表团做了很多工作。10 月 30 日，即中国代表团离开北京的前两天，杨尚昆派中央警卫局负责毛泽东警卫的副局长王敬先、外交部礼宾司专员韩叙和我们翻译组的朱瑞真前往莫斯科“打前站”，任务是在代表团到达莫斯科之前，和苏联同志一起把代表团的住地安排好，特别是根据毛泽东的生活习惯把他的住房安排好。王敬先等到达莫斯科后，苏方人员对他们非常热情，两个谢尔巴科夫（一个是苏共中央联络部中国处处长谢尔巴科夫，另一个是克里姆林宫警卫局副局长谢尔巴科夫少将）和他们一起指挥苏方服务人员根据毛泽东的生活习惯重新布置了他的卧室：把原来笨重的钢丝床撤掉，换上一张宽大的木板床，把毛毯、鸭绒枕头之类的东西拿走，换上从北京带来的又长又宽的棉被和枕头，把卫生间的坐式马桶改成蹲式马桶，调整了床头上的灯光，等等。另外，克里姆林宫警卫局长扎哈洛夫少将和王敬先等一起察看了为毛泽东在郊区安排的两幢别墅，供他需要休息时备用。一幢是斯大林当年住过的孔策沃别墅，周围都是森林，离克里姆林宫较远，约 40 公里；另一幢在列宁山，离克里姆林宫较近，是马林科夫下台前住过的地方。这两处的卧室和卫生间也做了相应的调整。中国代表团抵达莫斯科后，邓小平、杨尚昆于 11 月 3 日中午去视察了苏方给毛泽东准备的这两幢别墅。

事后我们获悉，赫鲁晓夫曾亲自到克里姆林宫检查为毛泽东准备的起居室，看到那张硕大的木板床、薄薄的被褥，他作出评价："丛林里来的战士。"在卫生间，赫鲁晓夫看到，原来的坐式马桶的四周用瓷砖垒起，与坐桶一样高，从旁边砌起了一个台阶，装修了护栏。赫鲁晓夫不解地摇摇头："难道蹲着大便更舒服?"

参加十月革命系列庆祝活动

1957 年 11 月 3 日，即中国代表团抵达莫斯科的第二天，苏联发射了第二颗人造地球卫星，重 508.3 公斤，高度为 1 500 公里，每绕地球一周需 1 小时 40 分，上面装有一只叫莱卡的小狗和仪器，并有两部电台。代表团的同志获悉后都很高兴，说这是喜从天降。

11 月 3 日晚 7 时，赫鲁晓夫邀请毛泽东共进晚餐，两人进行了长达四个小时的会谈。中方参加的有邓小平，苏方参加的有布尔加宁、米高扬、波斯别洛夫、尤金等。午夜 12 时，毛泽东、邓小平返回住地后召开代表团会议，介绍了同赫鲁晓夫会谈的情况，到凌晨 1 时半结束。

11 月 4 日上午，毛泽东和中国代表团到苏共中央办公大楼，又礼节性地拜会了赫鲁晓夫。会晤持续了 40 分钟。然后，毛泽东率中国代表团到苏联最高苏维埃主席团礼节性拜会伏罗希洛夫主席。下午 6 时，毛泽东和中国代表团到苏联部长会议大楼礼节性拜会布尔加宁主席。

11 月 5 日下午，毛泽东率中国代表团到红场拜谒列宁、斯大林墓，并献了花圈。

11 月 6 日上午，苏联最高苏维埃在卢日尼基体育馆召开十月革命 40 周年庆祝大会，毛泽东率中国代表团全体成员参加。

庆祝大会由卡班诺夫主持，赫鲁晓夫在会上作了长达四个小时的报告。然后，卡班诺夫宣布休会，下午 4 时继续开会。休会后，大会秘书长谢洛夫走到中国代表团秘书长杨尚昆面前通知说，赫鲁晓夫恳请毛泽东和各国代表团团长留在体育馆共进午餐。杨尚昆问了问毛泽东，然后回答说，毛泽东有点疲劳，需要回去休息。谢洛夫仍再三恳求，杨尚昆回答说，如果一定需要中国代表团留人的话，我们可以留下邓小平。本来苏方打算第二天在各大报纸上发表有关赫鲁晓夫同毛泽东等各国代表团团长共进午餐的报道，但因毛泽东没有参加，苏方的这个计划落空了。

11 月 6 日下午 4 时，十月革命 40 周年庆祝大会继续举行，各社会主义国家代表团团长致辞。第一个致辞的是毛泽东。毛泽东一出场，全体与会者起立致敬，讲话中掌声不断，讲完后全场再次起立，长时间地鼓掌致敬。

毛泽东在讲话中热情地赞扬了苏联 40 年来所取得的成就，对赫鲁晓夫奉行的方针政策表示了充分的支持。他说，苏共中央在克服个人崇拜，在发展农业，在改组工业和建设的管理，在扩大加盟共和国和地方机构的权限，在反对反党集团、巩固党的团结，在改善苏联陆海空军中党的政治工作等问题上所采取的措施，将毫无疑问地促成苏联各种事业的进一步巩固和进一步发展。在如何对待苏联经验的问题上，毛泽东作了全面分析。他说："在十月革命以后，各国无产阶级的革命家如果忽视或者不认真研究俄国革命的经验，不认真研究苏联无产阶级专政和社会主义建设的经验，并且按照本国的具体条件，有分析地、创造性地利用这些经验，那么，他就不能通晓作为马克思主义发展新阶段的列宁主义，就不能正确地解决本国的革命和建设问题；那么，他就会或者陷入教条主义的错误，或者陷入修正主义的错误。我们需要同时反对这两种错误倾向，而在目前，反对修正主义的倾向尤其是迫切的任务。"

毛泽东的祝词稿是我们在离开北京前翻译成俄文的。经杨尚昆批准，我们特地请了尤金大使的翻译、苏联驻华使馆二秘罗满宁到我们在中南海居仁堂后楼的办公室，帮助定稿，一起工作了两天两夜。毛泽东在大会上致辞时，也是由罗满宁担任翻译。在讲台上，他站在毛泽东右后侧，毛泽东讲一段，他读一段译文。因为他熟悉祝词的译文，读起来铿锵有力，很好地表达了祝词的原意。

毛泽东致辞后，依次致辞的为波兰、捷克、民主德国、罗马尼亚、保加利亚、南斯拉夫、匈牙利、越南、朝鲜、阿尔巴尼亚、蒙古的代表团团长。他们的讲话都受到与会者的热烈鼓掌欢迎，但没有起立。接着，苏联最高苏维埃代表致谢辞，然后大会通过了《告苏联人民和世界人民书》，于晚上 8 点半结束。

11 月 7 日上午，为庆祝十月革命胜利 40 周年，苏联在红场举行了盛大的阅兵和群众游行。毛泽东和中国代表团步行到红场观看了阅兵和群众游行。群众通过列宁墓时，总是高呼"毛主席！毛主席！"游行结束时，当毛泽东和赫鲁晓夫等苏联领导人从列宁墓上走下来，群众围上前来，热烈欢呼。据苏联朋友讲，这种场面是前所未有的。

这里还有一个小插曲。当时，苏方为防止毛泽东在观礼台上站的时间长而脚受冻，曾想为他做一双厚的毛皮鞋，但被毛泽东拒绝。11 月 4 日上午，苏方警卫人员陪同莫斯科一家著名鞋厂的一位师傅来到毛泽东的住所。警卫人员对在场的王敬先说，11 月 7 日那天，毛主席要在红场观礼台上站几个钟头，我们首长担心毛主席的脚会冻伤，要我们给他定做一双厚的毛皮鞋。师傅接着说，他是奉命而来，要量一量毛主席穿的皮鞋尺寸，他还带来各种颜色的面料和毛皮样品，请挑选。王敬先报告后，毛泽东非常生气，责怪他说，我们这次来，人家对我们招待得这么好，不要再向人家提这样那样的要求！王敬先解释说，我们根本没有提过任何要求，这是苏方主动安排的，他们还要为您缝制一顶皮帽子。毛泽东说，一概谢绝。总之，为这些事，不要麻烦人家。

11 月 7 日晚上 8 时，苏联最高苏维埃主席团主席伏罗希洛夫在克里姆林宫举行庆祝十月革命 40 周年招待会，毛泽东和中国代表团出席。出席酒会的有 1 800 多人，席间伏罗希洛夫致辞，11 时结束。

11 月 8 日上午，莫斯科市在卢日尼基体育馆举行庆祝十月革命 40 周年群众纪念大会。毛泽东和中国代表团出席。莫斯科市委书记福尔采娃致开幕辞，接着陶里亚蒂、多列士和宋庆龄相继致辞。宋庆龄在致辞中说，30 年前的十月革命节，我也曾经同你们在一起。30 年来在你们的国家和我的国家里发生了巨大的变化，两国人民为和平和人类的进步赢得了光辉的胜利。她说，30 年前，当我到你们这里来的时候，我的心情是沉重的。我为了抗议对孙中山先生的遗嘱和对中国革命的背叛，被迫离开了我的国家。但是，当我一踏上苏维埃的土地，我就知道我们的事业并没有完全失败。苏联人民的鼓励使我确信，人民是会胜利的。中国人民在久经锻炼的共产党和毛泽东的领导下，获得了胜利。根据历史，我们可以看到中苏友谊的深厚，在我们所进行的改造世界的历史性事业中，中国将永远同伟大朋友苏联站在一起。最后，宋庆龄说，我深信，在不远的将来，社会主义将成为全人类的选择，剥削和民族压迫将会永远消灭。国与国之间，人民与人民之间，将会出现普遍的和睦。人类的充分的和广阔的发展将会开始。宋庆龄热情洋溢的讲话，获得多次长时间的热烈掌声。

毛泽东率中国党政代表团参加苏联十月革命 40 周年庆祝活动后，还出席了 64 国共产党和工人党代表会议。对毛泽东率团出席这次会议的情况，在这里就不记述了。

反右派亲历记

李　新

1957年的反右派，在我的一生中留下了深刻的记忆。若没有吴老（玉章）的帮助和保护，我必定被打成了右派，那么后半生的我将不是现在这个样子。但在吴老的鼓励下，我也积极地参加了反右派的斗争，特别是参加了反对社会学领域中的右派。在把费孝通等著名社会学家打成右派的错误中，我也有一份责任。对此，我在1979年当面向他承认了错误。所有这些，在我的脑际刻下了很深的痕迹，它不时会涌现出来，使我的心情无法平静。因此，我必须如实地把它写出来，让后人知道这一段痛史，以便根据真实情况来评判各人的是非功过。林则徐被贬到新疆后，曾哀叹“白头到此同休戚，青史凭谁定是非?”我认为，只要能把历史的真实情况保留下来，青史的是非尽可由后人去评定，当事人又何必去管它呢?

1956年“胡风事件”中，中国人民大学马列主义教研室的一位老师被捕了。在解放初期，这位老师和胡华是北京宣讲马列主义毛泽东思想的著名人物。他因为替胡风上中共中央的“万言书”提出意见并参加了修改而被捕。他的被捕引起的震动不小。经过吴玉章的追查，罗瑞卿（公安部长）很快就说是抓错了。但又不能释放（因必须经过最高领导同意才行），于是决定让他到被关押的战犯中去做工作。在清查“胡风分子”时，何干之也名列其中，就在要逮捕何干之那天晚上，恰好我因公去杭州后赶回了学校。中国人民大学副校长邹鲁风把我找去征求意见，因为我坚决反对，公安部的同志才没有把何干之抓走。

紧接着“胡风事件”之后，机关内部又展开“肃反”运动。我是中国人民大学“肃反”运动五人领导小组成员之一。当要把一个1946年就已将历史问题交代清楚的教师定为历史反革命时，我提出了反对意见。大家也同意了我的意见。但后来又偷偷地仍把他定成了“历史反革命”。因此我对1956年的这些政治运动是心存不同意见的。

但 1956 年提出的“百花齐放、百家争鸣”的方针，又引起了我很大的幻想。因为从 1956 年起，我开始被高教部调去编写《中国新民主主义时期通史》的教材，觉得在“百家争鸣”的方针下从事历史研究大有可为。同时，全国政协建立了社会主义学院，请吴玉章任校长，杨明轩、千家驹、聂真任副校长，要我去任教务长并讲授革命史。统战部在社会主义学院提出“三不”方针（不抓辫子、不打棍子、不戴帽子），这样就使得社会主义学院的教学和讨论都非常活跃，全校充满了欢乐气氛。

1956 年，中国共产党召开了第八次代表大会，认为暴风疾雨的阶级斗争已经过去了，今后应该专注于社会主义建设事业，从而使全国的政治气氛趋向缓和，人们对前途都充满希望。

1957 年之初，毛泽东提出中国共产党要整风，希望各民主党派帮助。各民主党派及各界人士纷纷发表意见。开始意见较缓和，大家都高兴。后来意见提得尖锐了，人们的心情也开始紧张。等到有人提出国家的领导要“轮流坐庄”时，毛泽东生气了。接着发动全党实行反击，把 55 万人打成了右派分子。其中大多数人是劳动改造，直到“文化大革命”后才恢复名誉；有不少人从此耽误终身，甚至丢掉了性命。

1957 年反右派初期，我没有积极参加。因为 1956 年我被调去编写教材，连党的组织关系（临时的）都转到高教部去了。为了逃避承担一定的领导责任，我星期日都不回家，以免碰见中国人民大学的领导（那时我和他们同住在东四六条 38 号）。我平时在近代史研究所编书组工作，假日则回西郊中国人民大学革命史教研室，与何干之为邻。我们两人对当时的形势都很关注。我最担心的是怕他要挨整，因为“胡风事件”牵连着他。我主张他要对反右派表现积极，但又不可多说话，而且说话要特别谨慎，以免被人抓住辫子。我们当时哪能想到，中国人民大学的领导竟要把右派帽子往我的头上戴呢？

当时，中国人民大学的反右派斗争，正搞得热火朝天。因为我事前知道党的策略，我想什么话都不说，等一阵热潮退去也就完了。谁知就在把吴景超、李景汉等人打成右派后不久，中国人民大学的领导人（党组书记）竟然想趁机通过北京市委把一顶右派帽子安在我的头上。现在想起来，也觉得实在可怕极了！

就在我从编书组回到西郊的一个晚上，党委办公室的一个好同志匆匆忙忙地把刚出版的《党内参考资料》（北京市委的内部刊物）送给我，要我立刻打开来看。我打开一看，呀，不好！那上面在显著地方，登着一则中国人民大学反右派的报道说：人民大学党委常委李新居然擅自召集校务委员会，让“大右派分子”吴景超、李景汉参加，引起广大群众不满，连党外教授赵锡禹等人都提出了批评意见。这个报道让读者看了，一定认为李新是吴景超、李景汉的后台，是隐藏在党内很深的“右派分子”。我看了这个报道，怒不可遏，来不及和何干之打招呼，就立刻赶回家中，连忙写了一封要求更正的信，准备送交《党内参考资料》编辑部，希望他们于下期登出来，以正视听。

在要发信的时候，一想这么大的事情，还是该先请教吴老才好。我于是拿着信和刊物，忙到吴老家去。吴老住在六条39号，就在我们38号的旁边。我见到吴老的时候，虽然很恭敬地喊了他一声，但余怒未息，心里还是气鼓鼓的，吴老一定看得出来。我把刊物翻到登报道的那一页，和我要求更正的信，都放到吴老的茶案上，希望吴老看一看，并指示我是否可立即发出或需要如何修改。吴老客气地笑了一笑，便用镇纸石把两样东西压住，然后，对我说：“你先到书房休息一下，看看书吧。”吴老的书房，就在他办公室旁边，我平常见他的时候，常到里面去看书。但今天进到书房，什么书也看不下去。稍等一会，我又走出来，走到他坐的沙发旁边。还没等我开口再问，吴老就说：“别急嘛，先看看书，冷静冷静再说。”我这时的心情，也确实冷静下来了。我想吴老见我这么急，他却一点也不急，这其中必定有道理。我于是从报架上拿下一些外地报纸来看。我估计吴老已经看完了我的东西以后，才慢慢地回到客厅。这时，吴老手中拿着我的东西，见我走到他面前，便又把它们压在镇纸石下面。过了许久，吴老也不说话。我实在沉不住气了，便开口问道：“吴老，您看我的信可以发吗？”吴老沉吟了一会，才回答说：“他们就是要你跳嘛！”只说这么一句，就不再说了。坐了一阵，我只得回家。回到家中，我仔细揣摩吴老那句话，“他们就是要你跳嘛！”看来，这封信是发不得的。《党内参考资料》是市委的党刊，你若有不同意见，就可能说你反对市委。我于是感到去请问吴老，这一步是走得太对了。

当天晚上，吴老又派警卫员叫我去。他亲切地对我说：“反右派是毛主席决定的嘛，你怎能不参加呢？我已经跟胡锡奎校长说了，他会找你谈的。”

第二天，胡锡奎找我谈话，说已经告诉高教部，要我回校参加反右派斗争，并且分配给我就近指导城内两个系的运动的任务，这两个系就是新闻系和档案系。档案系运动的情况我现在已记不清楚了，但新闻系一次会议的情景至今记忆犹新，而且始终感到内疚。

那天是由新闻系召开北京新闻界的座谈会。系主任安岗要我主持会议。我于是请大家对党的新闻工作发表意见。大概到会的新闻系统的人员都不知道我党的策略，他们的发言非常激烈，对我党的新闻工作提出了尖刻的批评。在会场热烈情绪的鼓舞下，安岗也忍不住起而发言了。他说：“毛主席就不断说，他最不爱看《人民日报》，死板板的……”我连忙暗地里扯了他两次衣服，希望他及时停止发言。但他的兴头很大，一直讲个不停。不得已，我只好宣布休会一刻钟，随后再继续开会。在休会时，我把安岗拉到一旁，严厉地批评了他一顿。等续会时，我故意问安岗是否继续他的发言，他说他的意见已经讲完了。我于是请别人发言，特别请校外的人发言。这时，彭子冈起来发言了。她说话时激昂慷慨，首先批评《人民日报》，说它拥有那么多的人，花了那么多的钱，结果却完全脱离群众。她问道："现在，谁还喜欢《人民日报》呢？连毛主席也不爱看了。"说到这里，会场上为她鼓起了掌声。她随即又说，《大公报》人手不多，经费又少，但就是效率高，不但消息快，而且文章好，有许多文章，很快就流传全国……她越说越有劲，还是她的丈夫徐盈劝阻了她，她才结束了发言。

这次座谈会的记录，根据校部要求，很快就整理出来上报了。彭子岗就是因为这次发言被划成了右派，因为安岗是新闻系主任，记录员对他的发言记得很少，上报时可能又有删节。彭子岗是校外来参加会议的，又是名记者，而且那天她讲得最多、最激烈，所以记录员对她的话记得最详细，后来根据记录来划右派，她自然就无法逃脱了。彭子岗是彭华的姐姐，而彭华在抗战时期，一直和我在青委系统共事。1946 年，我在北平军调执行部工作的时候，彭子岗和徐盈都成了我的好朋友。我在 4 月 3 日"滕公馆事件"后招待记者，还是由子岗用电话新闻的方式把消息刊登在《大公报》上。从此，直到全国解放后，我们一直保持着良好的友谊。而这次座谈会竟使她被划成了右派。这次，我客观上保护了安岗，为什么不能保护她呢？倘若能事前给她打个招呼，不是也可以使她免遭大难吗？我为什么没有那样做呢？真是太不够朋友了！对此，我一生引以为憾，始终感到内疚。

这时，中国人民大学的反右派斗争正进入高潮，全校大约已有 400 人被打成了右派。划右派要经过党的常委会讨论。李培之和我在常委会上，尽量把各系总支上报来要划右派的人减少，故意挑剔某某人的条件还不够，或情况还不够具体，希望拿回去搞清楚了再说。这样推、拖的结果，就少划了些右派。但有的系总支，由于领导人借机整人，就是抓住一些人不放，非把他们打成右派不可。例如经济系有个青年教师孟氧，注释《资本论》出了名，但系领导嫉恨他，要把他打成右派，几次送到常委会讨论。常委多数同志爱才，说小青年说几句怪话不能算反党，应好好地教育他、教训他。但系里最后硬是找到了他恶毒攻击党的"罪证"，终于给他扣上了右派的帽子。

在高潮中斗争得最激烈的是林希翎。她本名不叫林希翎，因为在批判《红楼梦》研究中，她羡慕毛主席表扬了李希凡和兰翎两位青年，才改成了这个名字。她本是法律系的学生，但随后研究红楼梦并写出了颇有见地的文章。吴老认为她是个人才，在颐和园里为她专门找了一个地方供她写作。后来中国人民大学还专门开了一次红楼梦研究的学术会议，把李希凡（曾在中国人民大学学习过）和他在山东大学的老师吴大琨请来参加了会议。吴大琨就是参加了这次学术会议后才调到中国人民大学的。林希翎因研究红楼梦出了名，反右派恰好轮到了她头上。她不但会写文章，而且会说话，因此，开她的斗争会很不容易。党委从全校找到了一些能说会道的积极分子，事前作了很充分的准备并经过预演之后才召开斗争会。但在斗争会上，积极分子的发言却不断被林希翎驳倒。主持斗争会的人无法，只得领着群众高呼口号，才能将她压倒。像这种斗争的准备和召开过程，我是从不参加的，但听到情况后也觉得十分滑稽可笑。据说当时北京大学斗争谭天荣的情况也是如此。因此，林希翎和谭天荣一时成了北京学生界的著名人物。他们被打成右派后，当然是弄去劳动改造，甚至有异常痛苦的遭遇。直到“四人帮”倒台后，右派才得到平反。人民大学党委把给林希翎的平反决定派人送给她时，派去的人以为她会感谢涕零，谁知她却不甚理会，于是，这人便把平反决定带回去了。这样，林希翎便成了很少几个没有平反的右派之一。20 世纪 80 年代，林希翎被允许出国。台湾把她请了去，希望她能骂中国共产党，给台湾说几句好话。但她并不骂中国共产党，也不给台湾说好话。人们以为她一定会到美国去，但她却去了法国，显然，她到美国谋生会比在法国容易。但她有头脑，认为这样做要高尚一些。现在不知她怎样了？写到这里，实在令人叹惋。

过了多少年后，我才深深体会到，当年要不是吴老的帮助，右派帽子肯定戴到了我的头上。我后来的经历，绝不会是现在这个样子。如果没有吴老的指点，我不是也会像葛佩琦那样去要求更正吗？而要求更正的结果是迎来全国的大批判！我有幸在他身边工作，所以才能得救。但是，他虽然救了我，却救不了许多他爱惜的人才。甚至连他的一个外孙女婿，因为不在身边（在河北工作），被打成了右派，他也救不了。对此，他虽没有任何表示，但每当他的二外孙女（吴蜀平）来看他的时候，我从旁也能看出他内心的痛苦。吴老啊！您是多么好的人啊！像吴老这样的人，中国几千年优秀文化传统和日本、法国、俄罗斯等世界各国一切先进文化所培养出来的真正的人类先进分子，是永远值得人们敬爱和学习的。

在吴老指导下，也在李培之等好同志的影响下，我在反右派斗争中，绝没有存心去害过人，而且是尽可能地缩小打击面，特别是对一些青年，凡力所能及的都为他们说了话。但是，像林希翎那样的“名人”，我就实在是爱莫能助。就是像孟氧那样的人，我虽然说了话，开始也起了点作用，最后还是挽救不了。

1957 年的反右派斗争，高潮是在夏季，但一直延续到秋后，在某些领域和某些地区，仍在进行。例如，社会学领域的全国性反右派斗争，就是秋后进行的。中国人民大学党组织认为我对马克思主义关于社会学问题有“研究”（或了解），就派我去参加了领导这场斗争的党组。其实，我不仅对社会学毫无研究，就是对马克思如何批判社会学也毫无研究。我只是在马克思的著作中，看到他批判社会学鼻祖孔德的一些观点。至于孔德的书，我一本也没有读过。据我现在的记忆，批判社会学的那个党组好像是直属中央（或中宣部）的，组长是谁已记不清了，经常召集开会的是副组长赵守攻，他当时是国务院的副秘书长兼专家局局长。赵和我在中共北方局共过事，他一见我非常高兴。范老（文澜）也参加了这个党组，他是由科学院社会科学部派来的。我见范老后，就向他谈了我在中国人民大学的情况，并表示希望离开中国人民大学到近代史研究所去。他听后对我极表欢迎，并说："我那里是和书打交道的，不像和人打交道那样复杂。"此后，我就想办法调动，最后，还是同吴老商量，先把我调到文改会过渡，直到 1962 年才正式调到近代史研究所。范老和我虽然都参加了社会学反右派斗争的党组，但我们两人都不积极，不过，对所有那些人被划成右派，我们也都是同意了的。例如，对专家局副局长费孝通，赵守攻把他说得很坏，说费孝通是个大野心家，因此，把费孝通划为"右派"，我也毫不犹豫地表示同意。1979 年，中美刚建交，社科院就组织了一个代表团访美，费孝通和我都是其中的成员。这时，我当众向他表示道歉。他忙说，那不能怪你。我说，把你打成右派，主要的责任当然不是我，但我当时也确实把你看成右派了，所以道歉是应该的，而且也是真诚的。从这以后，他又发达起来了。不过，我们似乎也未再见过面。

“大跃进”在安徽亳县

梁志远

原亳县（今安徽省亳州市谯城区）位于安徽西北边陲，西部、北部、东北部与河南省接壤。全县总面积 2 200 平方公里，1957 年耕地为 273 万亩。亳县农业以麦、豆为主，同时是以亳芍、亳菊为主的药材之乡，为全国四大药都之一，是国家历史文化名城。

从 1958 年 5 月“大跃进”开始到 1961 年 6 月《农村人民公社工作条例（修正草案）》下达，亳县大刮了浮夸风、“共产风”、生产瞎指挥风、强迫命令风、干部特殊化风，加之受 1959 年旱灾的影响，广大农村普遍发生了荒、逃、饿、病、死等现象，生产力遭到严重破坏。

在三年“大跃进”期间，我先后任县人委（政府）办公室副主任、县委农村工作部生活福利科科长，在机关上报下达，到农村蹲点跑面，对当时亳县发生的许多重大问题至今记忆犹新。作为见证人之一，为使后人了解这段历史，汲取历史教训，我根据保留下来的近百万字的《农村工作笔记》，就“大跃进”在亳县的一些情况作一回顾。

浮夸风与“高产卫星”

1958 年 5 月，中共中央在北京召开八大二次会议，通过了“鼓足干劲，力争上游，多快好省地建设社会主义”的总路线，此后“大跃进”运动在全国范围内从各个方面开展起来。就是这时，亳县在继续反右派斗争中拉开了“大跃进”的序幕。上半年在农业上批判“条件论”、“增产到顶论”等右倾保守思想，接着到处“拔白旗”、“插红旗”，大抓“秋后算账派”。

1958年6月14日，谭震林副总理来亳县视察，见亳县谷子、秫秫（高粱）面积大，提出搞谷子、秫秫“挂帅”（高产）。县委随即当作政治任务向全县发出号召，并放任纵容，全县拔掉谷子、秫秫三类苗几万亩，留一类苗作为“挂帅田”，二类苗作为“丰产田”。

7月28日，县委发出了为《迅速培养大豆丰产田的指示》，要求“丰产田”亩产1 000斤，“挂帅田”亩产3 000斤，“卫星田”亩产10 000斤。而1957年全县亩产平均是101斤。

9月27日，亳县召开党代会，县委负责同志宋××在工作报告中宣布：1958年预计粮食总产24.9亿斤，比1957年实产提高4.92倍。皮棉亩产100斤，总产1 300万斤，比1957年提高近4倍。油料总产可达8 900万斤，比1957年增产8 300万斤。9月30日，党代会作出决议，保证全县当年要成为粮食亩产“千斤县”，第二年成为粮食亩产“万斤县”。

10月，县委为适应“大跃进”形势的需要，成立了“跃进”办公室，抽调干部十余人，由县委直接管理，专门掌握各类“大跃进”数字和情况。县人委统计科和有关部门的计划统计资料，均以“跃办”材料为标准，上报下达统一口径，助长了一浪高过一浪的浮夸风。

11月7日，县委发出《关于培养小麦大面积丰产与卫星田的指示》，要全县培养小麦亩产3万～5万斤“丰产田”70万亩，5万～10万斤“卫星田”7.8万亩。

1958年秋收期间，各类农作物掀起了竞放“卫星”的高潮。县委提出全县13万亩水稻预产每亩1 500斤，并在《阜阳报》上公布。当时高估近5倍的产量，并不能满足浮夸的需要。县委积极学习外地的“经验”，决心放出惊人的“卫星”，在五马公社泥店大队搞亩产超4万的并田计划。县委除有一位负责同志坐镇指挥外，分管农业的负责人多次前往具体安排。社队也建立了专业班子，日夜突击，把一百零几亩黄熟前期的水稻，移并到1.3亩多的水田里。

并田移栽的方法是：先在地里打梗、深耕、施肥、灌水、活田，打上横竖成行、距离相等、出地面不足一米、高度一致的硬杂木桩，约10平方米为一方。后在边行木桩上紧紧牢固地缠系铁丝，再拉一行行竖铁丝，形成胡同式的铁丝行。接着顺着胡同挤栽移来的水稻，栽够一方时，用木板挤、铁棍撬，以挤实为标准，拉上一条横铁丝，这样反复进行，栽出了一个用铁丝、木桩网成的水稻“卫星田”。最后田边上再栽上青草，以表其实。

这块“卫星田”造好后，县委决定组织县直机关和社队干部参观。参观人群连续多日不断。参观者有不少人“站”在稻穗上合影留念。泥店大队也搭棚设灶，杀猪备酒，招待参观客人。

为使自己的“卫星”放在其他地方的前面，稻还没有收完，县委负责同志就提出了向省、地委报喜的提纲，交农业局干部起草，并要求“卫星田”亩数要到毫，产量要到斤。收获脱粒结束，县长亲自到场，县委负责同志亲自过磅，最终这块 1.389 亩的水稻“卫星田”，总产 56 683 斤，亩产 40 808 斤。县委在稻谷场上召开了庆祝大会，奏乐鸣炮，领导讲话，大吹一通。

县委主要负责同志亲自为《亳县报》写了社论，报社记者连夜赶写了题为《稀罕稀罕五马水稻亩产超过四万大关》的长篇通讯，以号外专版发表了这颗特大“卫星”的消息。《阜阳报》和《安徽日报》都及时刊登了这一消息。

之后，全县水稻、红薯、棉花、油料等作物并田成风，万斤薯、千斤棉等不断涌现。各种向县委、县人委报喜的队伍络绎不绝，其中贴在竹木架子上的喜报，堆满了县档案馆西厢库房，在确实涨库无法时，县委才决定焚烧。

为了显示“大跃进”的成绩，县委要农业局将农作物“丰产”、“卫星”情况汇集成册，印发社队，广为人知。

由于浮夸成风，大幅度虚报农业产量，亳县在省地的知名度大为提高，1958 年加入了阜阳地区“农业高产县”的行列，五马公社以“农业高产”夺得了全县的“帅旗”，泥店大队为放“卫星”立了大功。1959 年 10 月，县委负责人和泥店大队负责人均出席了全国群英大会，国务院向亳县和泥店大队颁发了奖状。

一哄而起的人民公社

1958 年 8 月 17 日至 30 日，中共中央在北戴河召开政治局扩大会议，通过了《中共中央关于在农村建立人民公社问题的决议》。9 月 7 日到 17 日，原有 71 万农村人口、9 个区、40 个乡、241 个高级社的亳县建成了 13 个工、农、兵、学、商五位一体的人民公社（团），其下划分 153 个大队（营）、1 345 个生产队（连）和若干生产组（排）、生产专业组（班）。同时以自然村或以生产队、生产组为单位建立了农村公共食堂，多以大队为单位建立了敬老院、幼儿园、妇产院、小农场、火箭连、饲养场、铁木厂、缝纫厂等单位。各种活动室如党员之家、团员之家、妇女之家、民兵之家等也相继建立。

人民公社成立的同时，亳县在全县范围内开展了声势浩大、形式多样的宣传活动，全县城乡红旗招展、诗画满墙，大力宣传人民公社“一大二公”的无比优越性。社员的衣食住行、生老病死、男婚女嫁，由公社统包下来。公社实行供给制，社员吃饭不要钱，按月发工资，过“共产主义”生活。

由于供给制需要大量的物资和钱财，“一平二调”的“共产风”也刮了起来。原高级社和社员的一切财产，如高级社的土地、耕畜、农具、粮、款，社员的房屋、树木、自留地及锅、碗、瓢、盆都归了公社所有。原高级社不管经济条件和贫富差别，一律拉平，多不退，少不补，由公社统一核算、统一分配。对社员的家畜家禽，多数公社限期集中办饲养场，最短的是十九里公社，规定一天一夜集中起来。集中起来的畜禽普遍饲养差，不少害传染疾病死了。十九里公社薛菜园大队养鸡场集中 2 000 多只鸡，不到一个月就全部死光了。

在大刮“共产风”中，各部门乱箭齐发。银行实行存实贷实，连地里的庄稼也算上了存款，强迫储蓄，强收贷款。税务部门拉平调税，乱抵税款。收购部门所收农副产品一律实行非现金结算。张集公社财贸部竟印制了“张钞”，在社内流通，抵发社员的工资或用于在公社供销社购买物品。该公社党委一位负责人说：“我一个公社照样到共产主义。”

9 月 27 日，县党代会在决定大放“高产卫星”的同时，作出了全县实现农业生产机械化、水利河网化、深耕园田化、植树园林化、城乡沼气化、工具改良轴承化、公路砂石化、学校工厂化、工厂学校化、人人学文化、语言普通化、诗歌漫画满墙化、积肥经常化、体育运动全面化、干部劳动经常化、组织军事化、行动战斗化、生活集体化的决议。之后，县委又提出大办钢铁、水利、民兵、福利、文教、机床、档案等，但唯独没有大办粮食。

为全面贯彻执行党代会的决议，县委宣布了“全民皆兵”，县为民兵师，县委、县人委分别为师党委和师司令部，县委、县人委办公室合署办公，公社以下均为军事组织名称。各项战斗任务均在全县范围内展开。“月亮当太阳”、“黑天当白天”、“雨天当晴天”等战斗口号响彻全县。

与此同时，全县实行全民搬家、村庄合并、男女分开、集体住宿、按时上操，进行军事训练，生产一律实行大兵团作战。一般不大的农活也要班、排、连行动，动不动就是苦战几昼夜。大活大轰隆，小活小轰隆，时而人海战，时而无人管，生产受到严重损害。大杨公社郭万大队 21 个村并为 4 个，居住拥挤，场地、田间住了不少人。刮风下雨齐哭乱叫，有的骂干部害人，有的说没打仗像跑大反一样。这个大队，秋收时许多红薯根本没收，秋种任务到“立冬”还未完成，抛下了许多白地，不久即出现全面饥荒，大部分社员陷入了极度贫困的境地，人民公社由“一大二公”变成了“一大二空”。

得不偿失的大炼钢铁

1958 年 8 月，中共中央政治局在北戴河召开扩大会议，号召全党全民为生产 1 070 万吨钢而奋斗。8 月下旬，亳县开始大力宣传大炼钢铁，让钢铁元帅升帐。9月30日，县党代会作出决议，提出要完成1 380吨的大炼钢铁的任务。

10月27日，县委下达了《关于分配炼钢任务的指示》，指出："为早日赶上和超过英国，实现国家工业化，加强国防建设，党中央、毛主席指示要大炼钢铁，我们必须全党全民动手，马上掀起一个炼钢运动和土法炼钢高潮，让百吨'卫星'早日上天。"同时规定：（1）土炼炉在3天内按分配任务完成。（2）每炉16个劳力，日夜生产。（3）一切工作以钢为纲，全力支援钢铁生产。（4）全县分配土炼炉700个，参加人员4 600人，炼钢任务1 900吨，日进度147.5吨。

指示下达后，县委要求每天汇报一次任务完成进度，并几乎每天召开一次电话会议进行评比。大杨公社要求每小时汇报一次炼钢情况。全县几天内建土炼炉2 000多个，参加人员20 000余人，砍伐了大量树木，开炉生火炼钢。县委、县人委机关的土炼炉，由县委第一书记亲自点火，县长亲自鼓风，搞了几天几夜，炼出的尽是废料。

正当县委急需先进典型总结推广经验的时候，11月9日大杨公社放出了建立土炼炉201个、炼钢42万斤的大"卫星"。县委及时发贺信通报表扬，并向地委报喜。地、县准备召开现场会，派人前去检查总结经验，经查实际建土炼炉50个，炼钢4.2万斤，大部分大队数字都是空白。原报喜数字中，公社明知有假，又多加报12万斤，并让供销社给开了收购新炼钢的假发票。虚报最多的第三营（大队）负责汇报人员说："这叫以虚代实的跃进数吧！"公社党委第一书记随声附和并叫以后再补。地委严肃追查，县委无法交代，被迫给大杨公社党委书记崔××和供销社主任纪××以党内警告处分。

全县大炼钢铁的原料，主要有三个来源，一是群众献的废铁，二是公社食堂收的农民的饭锅，三是供销社收购的废铁。燃料多是砍伐了的硬杂木树。结果炼出的钢铁全是次品和废品。到11月底，难以为继，在无奈中全县大炼钢铁运动草草收了场。

阜阳地委继10月由各县出人出资在凤台县建起了炼钢厂后，于11月又一次向各县紧急集资，再次分配给亳县集资款130万元，人均近2元，限期11月底完成。11月7日，县委发出集资的通知，对农村规定："资金来源：公社集资和发动群众集资，开展全民投资运动，要第一书记挂帅，做到全党动手，全民动员，发动群众自报现金及金、银、铜、铁、锡等金属及其他各种易售的实物，售后由银行办理手续。"通知下达后，全县农村集资炼钢运动又掀高潮。由于公社化初期"共产风"乱刮，各种形式的集资搞过多次，致使在这次集资中许多农民已没有多少现金和金属之类的东西可以拿出，他们被迫变卖了各种易售的物品。市场上家具用品的价格大跌。如一对半新的大门只能卖2元左右，一张半新的老式雕花双人床仅3～4元，一张坚固的棕床仅卖5～8元。

亳县的大炼钢铁运动，正如一首打油诗所云：砸锅献资千万家，大炼钢铁见火花，月夜苦守土炼炉，产品多是废炉渣。

罕见的秋收秋种

人民公社、大炼钢铁一哄而起之时，正是秋收的黄金季节，而这年是秋收最粗放也是最浪费的一年。不少成熟的黄豆炸在地里，晴天中午可不断听到响声；成熟的玉米棒颈枯干，垂吊在秸秆上；盛开的棉花，挂满枝梢，无人采摘，被在棉田里大便的人用作手纸；春红薯收得不净，夏红薯收得迟，由于天气冷，就地入窖，不少冻烂在地里。所以，农民有顺口溜说：“豆子乱放炮，棉花像穿孝，棒子（玉米）上了吊，红薯就地窖，小红薯都不要。”

秋收损失如此严重，主要原因是：(1) 领导的精力主要集中在反右倾、争上游、放“卫星”、大轰大嗡和秋种上，放松了秋收；(2) 劳力大量被省、地上调，主要劳力用于大炼钢铁、大搞小麦亩产千斤运动、水利运动提前上工等；(3)“一平二调”损害了社员的利益，挫伤了他们的积极性，他们只知道实行供给制，吃饭不要钱，不爱惜粮食。

1958 年的秋种，在“人有多大胆，地有多大产”的口号下，全县掀起了小麦亩产千斤运动的热潮。在整地上越深越好，施肥上越多越好，下种上越密越好。其中心点是“一深”、“二高”。

“一深”就是深翻土地。要打破耕作层，深耕一尺二寸。对“丰产田”、“挂帅田”、“卫星田”分别深翻 2～5 尺。

“二高”就是高指标和高密度。小麦计划产量指标，由 1957 年的亩产 101 斤提高到亩产 1 000 斤。对“三田”（即“丰产田”、“挂帅田”、“卫星田”）要求亩产 2 000 斤、3 000 斤、5 000 斤、10 000 斤、100 000 斤，层层加码。每亩下种量：大田 40 斤，“三田”分别为 100 斤、200 斤、300 斤、500 斤、600 斤……当时有人按越密越好的“理论”计算，下种千斤以 1 收 10，就可亩产 10 000 斤。这年小麦的下种量超过了平常年份的亩产，一时难以筹集到如此多的种子。

为了达到上述要求，县委对社队做了部署：

(1) 用大鸣、大放、大字报大挖麦种。县委指出，“秋种是一场恶战，每个公社要写十万张大字报大挖麦种，对典型人物可用漫画，要同时开展大辩论”。公社、大队都办了有小麦种嫌疑户集训班，用大字报、漫画、批斗、吊打等多种手段逼迫交出麦种。十九里公社有一个大队竟把人放在缸底下用硫黄熏，以致把人眼搞瞎。魏岗公社为挖麦种扣押 100 余人。张集、古城、十九里等公社都出现了为挖麦种导致农民自杀事件。

（2）实行大兵团作战，秋种“十到田”。也就是说，在田野里建灶、搭棚，干部、食堂、住宿、托儿所、医务室、铁木工、物资供应、学习、宣传、文艺活动全部在田间，工、农、兵、学、商，男、女、老、少、壮一齐上战场，到田间参加秋种。田野里到处是红旗招展，锣鼓喧天，战斗口号此起彼伏。劳动时虽按编制进行了分工，但仍是一片混乱，时而麻雀战，时而无人干，耕作粗放，马虎了事。

这种形式主义，劳民伤财，无助于提高和调动群众的积极性。由于大轰隆，许多社队耽误了农时，早茬变成了晚茬，“霜降”过后，不少社队抛下大片白地，只好提前虚报完成了秋种任务，导致1959年全县夏收作物的实收面积只有122万亩，比1958年实收作物面积减少63万亩，总产减少5 000万斤。

（3）要大种“三田”。各级党委第一书记要亲自挂帅，夜以继日，大干特干。在县委第一书记的带领下，县直机关干部在城南七里板桥口大种“三田”，深翻土地最深的5尺，将生地都翻上来，分层施肥后高出了原来的地面，下种量最多的每亩400斤，出苗后又密又黄。各社队的“三田”大致也是如此。不少社队不得不采取疏苗、搭架等措施，虽代价昂贵，但收获寥寥。全县的实产没有向干部、社员公布。

大办水利

早在1957年9月24日，为贯彻《全国农业发展纲要（修正草案）》，中共中央、国务院发出了《关于在今冬明春大规模开展兴修农田水利和积肥运动的决定》。根据这个决定，从1957年冬到1958年春，亳县以高级社为单位、以开挖水塘为重点掀起了兴修水利的高潮。

1958年9月27日，县党代会提出了十个“大办”，其中就包括大办水利，提出“两年实现河网化，誓把淮北变江南”的战斗口号，并把河网化工程提高到共产主义建设的高度来看待。

1958年10月20日，全县的河网工程全面展开，20多万的劳力被抽调去挖河、打塘、筑路。当时较大的工程是亳涡（涡阳县）公路，抽调劳力几万人，采取“河成路就”的方法，先开挖亳县到城父的引水干渠（亳城河），10月28日起在渠岸上修筑长37公里、宽28米的亳涡（涡阳县）公路，仅月余便完成。与此同时，开挖龙凤、油洛一、油洛二、亳宋、亳永、大观、安芦等数条大河，20余条大沟和部分小沟。

1959年2月，全县水利枢纽工程大寺闸破土动工，由于人力、财力困难，“大跃进”期间仅完成土方87万立方米，混凝土7 000多立方米，1961年被迫停建。该闸经过三上三下，到1978年才完成主体工程。

1959年10月8日，全国批判右倾机会主义，全县的河网化运动再次全面展开，接着上年度未完的工程继续大干。

亳县的水利建设，其任务之重、要求之急是前所未有的，其失误也是严重的。

（1）工期时间长，任务要求高，对人力、物力损害巨大。当时的水利建设，工期一般从当年10月中上旬到第二年的3月中旬，时间长达近半年，而且是日夜苦战。这段时间大多数月份又处于冬季，在地冻天寒中，民工劳动付出是巨大的。而每当春节时，民工不仅得不到休息，还要搞“突击”，当时喊出的口号是：“挖河挖到二十九，吃了饺子再动手”、“打塘打到年初一，吃了饺子不休息”等。

不仅如此，民工的日工作量也被定得太高。在正常情况下，一个民工日均只能完成土方1立方米左右，但由于上边的压力，工程开工之初，一般要求每个民工每天完成土方20立方米，5天之后要求完成25立方米。全县一个年度的总土方量要达到1.2亿～1.6亿立方米。这样就不得不浮夸虚报，往往一条河开工几天，就把应完成的土方报完。由于工期长、要求高，加之口粮不足，一些民工身体消耗大，全身浮肿，体力不支，大病一场，甚至死亡。后来不得不提出“水利工地牛群化”，在工地上使用了大批耕牛运土，但由于饲养差、使役重，死牛现象也不断发生。

（2）上工早，上工人数多，影响了农业生产。水利建设，一般是利用农闲季节，在冬春进行。但在亳县，一般是在10月中上旬开工，而这时正是秋收秋种的关键时期。上工的人数虽是先少后多，但到11月20日左右，一般达到20万人，11月下旬最多达到25万人，占全县总人口的35%以上。不少生产队除饲养员、犁地手和较弱的劳力以外，其余全都上了工地。这不能不使秋收秋种、冬季生产和积肥受到严重影响。

（3）盲目大干，影响了水系。当时大办水利，只注意了满足大面积改种水稻用水，开沟引水，打塘灌溉，忽视了河道疏浚和排水。由于贪多求大，引水工程出现了许多半截工程，有的严重阻水，在一定程度上加重了涝灾。如1963年8月，由于降水量大，在县河网化重点双沟公社任小庙网区，南北向的油洺一、二两条大河，阻水倒灌，造成了加重内涝的严重后果。此外，花费了沉重代价开挖的水塘，由于降水冲刷，大部分报废，有的不得不再退塘还田。

严重的旱灾

1959年夏秋，在“大跃进”和“五风”使农村生产力遭到严重破坏的同时，亳县又出现了严重的干旱，可以说是祸不单行、雪上加霜。

1958年前，全县年平均降水量820毫米左右，1959年降水量为634.1毫米，属于偏少，但旱情出现在7—10月的关键时期，就形成了严重的旱灾。据气象部门记载：

7月：上旬降水23.5毫米，中旬降水0.2毫米，下旬降水9.5毫米，月降水33.2毫米。

8月：上旬降水16.7毫米，中旬降水1.5毫米，下旬降水33.3毫米，月降水51.5毫米。

9月：上旬降水0毫米，中旬降水4.7毫米，下旬降水56.8毫米，月降水61.5毫米。

10月：上旬降水0毫米，中旬降水2.3毫米，下旬降水33.7毫米，月降水36毫米。

从4个月的降水情况来看，虽然不是百日无雨，然而7—10月的严重干旱，直接影响了秋季作物的生长和抢种晚秋作物及菜类。这不仅使当年秋季作物减产，还使1960年小麦减产成为定局。

面对关键时刻的严重干旱，各级党委发动全县农民开展了声势浩大的抗旱运动，挽回了很大的损失。但由于“大跃进”形势所迫，没能摆正保水稻与大田抗旱保苗、抗旱抢种的关系。省委强制推行的旱地改种水稻，必须集中一切人力、物力、财力死保。全县45万亩水稻任务，花费了很大的代价，仅插秧15万亩左右。当时的形势是大田禾苗旱死没事，稻田缺水就整人。为了死保水稻，塘边田头到处可见批斗整人的场面。大田抗旱保苗和抗旱抢种无形中被放在次要地位。保1亩水稻，要抵10亩以上旱粮作物的用工用水。1959年只保住水稻13万亩，亩产仅有193斤，比1958年每亩减产108斤。秋季粮食亩产由1958年的150斤下降为107斤，较上年减产28.7%。秋季总产由上年27 500万斤下降到19 700万斤，较上年减产28.4%。全年粮食总产由上年45 500万斤下降到32 700万斤，减少12 800万斤。

在大田抗旱中，全县实行大兵团作战，全用军事组织指挥行动，没有到人的责任制约束。抗旱中有一个大队，在几个生产队搞了包工到人，有的夫妻包打一眼井，包浇一亩胡萝卜，给多少工分，这样既进度快又质量好。县委发现后，当作了倒退的典型，在全县批判了“夫妻井”。这一批判，谁也不敢再搞包工到人或到组，因此抗旱始终是大轰隆，形式上虽然轰轰烈烈，实际上达不到应有的效果。

抗旱中的浮夸风也相当严重，在浇水的亩数和遍数上，普遍虚报，从而为秋收以后大吹抗旱夺得了大丰收、为粮食高征购提供了依据，引起了随后的饥荒。

通过 1959 年的旱灾，充分暴露了全县大办水利中的失误。1958 年河网化运动虽全面展开，但大部分是半截子工程，群众反映“挖河没见人，引水更不来，旱天不能浇，涝了不能排”，对抗旱没有发挥应有的作用，使粮食大幅度减产，总产量由上年的 45 500 万斤减为 32 700 万斤，是 1951 年以来最低的一年。

反右倾运动和“更大跃进”

“大跃进”以来，全国到处都在大刮浮夸风。1959 年 4 月 29 日，毛泽东给六级干部发出指示信，浮夸风有所收敛。但时隔不久，中共安徽省委办公厅通知将指示信全部收回，浮夸风又有所抬头。

1959 年 7—8 月中共中央在庐山召开政治局扩大会议，通过了《关于以彭德怀同志为首的反党集团的错误的决议》和《为保卫党的总路线、反对右倾机会主义而斗争》等文件。8 月 29 日，县委传达了庐山会议精神，随后，全县城乡开展了“反右倾机会主义”运动，“左”倾错误更是变本加厉，浮夸风越刮越大。

1960 年 1 月 5 日，县委召开了全县群英大会，会议通过了题为《欢庆伟大成就，再鼓冲天干劲，为实现 1960 年“更大跃进”而奋斗》的报告。报告不顾 1959 年粮食减产的事实，大肆鼓吹 1959 年在天大旱中粮食产量超过“大跃进”的 1958 年，生猪、山绵羊、家禽等项生产增长一倍或几倍。报告提出了 1960 年的各项指标：农、林、牧、副、渔等要比 1959 年翻番加倍，粮食总产量保证 15 亿斤，争取 17 亿斤（亩产千斤以上）。棉、油、烟生产要比 1959 年增长 4 倍以上。生猪饲养量达到人均 3.41 头，大牲畜发展保证 9 万头，争取 10 万头。水利要实现河网化，要完成每人植树 610 棵的任务。

就植树任务来说，1960 年初全县农村有 70 万人，若每人植树 610 棵，就要植树 4.2 亿棵，当时全县总面积 2 200 平方公里，每平方公里要栽 19 万棵。如按林业育苗方式株距 1 米，每华里植树 500 棵，可以绕地球赤道 10 周以上。

“更大跃进”所放的各种卫星更是“稀奇”。如魏岗公社王岗生产队放出了 40 亩高产优质烟叶，实际上一棵也没种；县委向省、地委报喜的宽几十行、长达 160 余华里的“皖西北防护林带”，不久就销声匿迹。更令人啼笑皆非的是，

1960年4月17日双沟公社杨庙大队以“妇产院里产妇多”为名向上报喜，经逐人检查十多个“临产妇女”全是用衣服填怀假装的产妇。

“左”倾中的粮食统购统销

“大跃进”期间的粮食统购统销，是在高估产下的征购，是在低标准并有脱销情况下的统销。1958—1960年全县粮食统购统销的情况是：

> 1958年农业人口71万，粮食实产45 500万斤，征购15 119万斤，商品率33.2%，人均负担量213斤，留量加回销人均占有粮食526斤。
>
> 1959年农业人口70.8万，粮食实产32 700万斤，征购12 924万斤，商品率39.5%，人均负担量183斤，留量加回销人均占有粮食357斤。
>
> 1960年农业人口56万，粮食实产27 885万斤，征购7 336万斤，商品率24.5%，人均负担量122斤，留量加回销人均占有粮食464斤。

从以上粮食统购统销来看，每年的粮食征购占到了实产的1/3左右。而留给和返销给农民的粮食，除去种子、饲料、社办工业等项用粮外，口粮的标准很低。1960年全县口粮人日均仅有半斤左右，而且大部分是红薯片。1960年春天最困难时期，全县日人均口粮仅有2两左右，不少地方日人均口粮只有一两几钱。

浮夸风带来高估产，高估产又引起高征购。为了完成这些征购，许多地方不顾农民的生产和生活，不仅把农民的口粮作了征购，而且一到播种季节，向社员逼交种子。1960年春，在许多人挨饿的情况下，竟把干菜等代食品也纳入粮食征购，同时又顶粮返销。有的地方连农民的“回销粮”也不放过。如1960年2月，五马公社竟把县委安排全社每人每天不足4两的“回销粮”，于3月初“结余”上交4 500斤。

为了完成征购任务，一些地方不得不大搞批斗和搜家，甚至将私藏粮食的农民关进监狱。一些农民反映说，党的粮食政策没有了，也不要农民了。

在粮食统购统销中，不少干部或因没有完成任务而被“拔白旗”，或挨批斗、受处分。1958年不少干部群众因如实反映粮食统购统销的问题而被打成右派分子。1959年春，因1958年粮食征购未完成，要回销，被视为“西北风”，整了一批干部和群众。1959年秋，在全县城乡开展“反右倾机会主义”运动中，不顾土地抛荒和旱灾减产的实际，以粮食征购任务完成情况为标准，把大批干部视为右倾机会主义分子，给予无情的打击。例如十河公社党委第一书记邢占秀，因向县委汇报了“粮食征购中有些地方卖了豆种，明春会出问题”，被阜阳地委点名批评为右倾，并停职反省。

1959 年 11 月中旬，县委召开了分支（大队党支部派出的分支部简称分支）书记以上干部会议。会上除批斗了邢占秀等人以外，用大搞人人过关、解决一批走一批的办法，进行逼粮追粮。会后，在全县掀起了大反右倾、大放粮食入库“卫星”的新高潮。十河公社孙大庄大队为过关，无奈向邻近的河南省某大队借粮几千斤，放出了粮食入库的“卫星”，免除了一次批斗。全县农村全面进行复收复打，普遍翻箱倒柜，许多干部群众迫于政治压力，卖种子、卖饲料、卖口粮，但最终全县也没有完成 1959 年 22 000 万斤粮食的征购任务。

农村公共食堂存在的问题

随着人民公社的成立，作为共产主义因素的农村公共食堂，在亳县全面迅速兴起。公共食堂多以自然村或生产队、生产组为单位建立，全县 13 个人民公社的 1 345 个生产队共建立 4 700 多个食堂。其房子绝大部分是社员的住房。食堂一般由生产队长或会计负责。炊事员由生产队抽劳力或干部家属担任。所需的粮食由公社、大队统一调配，蔬菜由生产队自产。当时县委的口号是：“柴米油盐酱醋茶，样样都从社里来”。吃、喝都由公社统包。

食堂建立后，传统的家庭小伙被严令禁止，社员的锅、碗、瓢、盆都集中起来。全村（队）的老老少少在一起吃“不要钱”的“大锅饭”。食堂多的几百人，少的几十人吃饭。一到开饭的时候，老老少少排着长队领饭。有的食堂占用社员房屋作了饭厅，也有的社员领饭回家吃。食堂初建时，一般随便吃，吃饱为止。由于是“大锅饭”，社员对粮食不是那么爱惜，丢馍丢饭、红薯吃中间丢两头的现象普遍存在。一些过路人也被允许到公共食堂吃饭，并且不收粮（票）钱。

这样吃“大锅饭”的“好日子”并不太长，一些生产队少则一个月，多则两三个月，粮食便被吃光了，公共食堂被迫停伙。许多社员不得不冒着风雪严寒，到地里扒剩下的坏红薯吃。全县农村的饥饿从此开始。

事情发生后，县委并没有认清事实的真相，而是认为 1958 年粮食获得大丰收，公共食堂停伙是“假象”。于是在全县范围内批判斗争了一些干部和群众，到处翻箱倒柜，搜粮食交征购，但对公共食堂没有粮食、社员没有吃的问题仍不能解决。

1959 年 3 月，在阜阳地委工作队的帮助下，县委终于搞清了事情的真相，停止了粮食征购，安排了少量的粮食回销，大部分公共食堂恢复起伙。但由于粮食不多，直到 1959 年秋，公共食堂一直处于时起时停状态。

1959年8月在传达庐山会议精神时，安徽省委负责同志说："人民公社的食堂为什么被一风吹？主要是对敌人打击得不狠。有人认为食堂是一片黑暗，有的在动摇军心……"据此，全县城乡在开展反右倾机会主义的运动中对不少对食堂有意见的干部进行了无情打击。如十九里公社薛菜园大队程庄生产队队长程中德因说"食堂食堂，经常没粮，小孩没吃，饿得叫娘"，被批斗多次，并受到撤职和党内警告处分。

从这以后，公共食堂不仅不允许停伙，而且越办越大。十九里公社张宽庙大队刘庄分支6个食堂合并为一个食堂。大杨公社中修大队板桥修等8个小庄共用一个食堂。观堂公社刘集大队刘集450人一个食堂，开饭时常要治安干部去维持吃饭秩序。沙土集850人一个食堂，常常不能按时开饭，晚饭往往要等到9点钟以后。有打油诗云："早饭等到日正南，午饭红日偏西山，晚饭等到更鸡叫，不知明日再多晚。"

全县在实行公共食堂的过程中，除开始几个月外，一直存在以下问题：

（1）口粮标准低，社员普遍吃不饱。当时农村流传着"食堂的馍，洋火（火柴）盒，打的稀饭不粘勺，排队晚了摸不着"的歌谣。1960年春天，在一段时间内全县人日均口粮只有2两左右。同时绝大部分食堂常年不供应开水，整年不吃油、肉，还有的食堂几个月不吃盐。

（2）干部多吃多占，经常吃掉社员的口粮。干部多吃多占是食堂生活中普遍存在的现象。1959年夏，当全县城乡副食品供应出现紧张的时候，县委为副部长以上干部开办了小食堂，透支的粮食由县委财贸部如数解决。上行下效，公社、大队一般也有自己的小伙，多吃的粮食由社办小农场等有粮食收入的单位解决或直接扣社员的口粮。不仅如此，有的干部也带自己的家属、亲戚到小食堂和小伙吃饭，甚至有的还安排家属、亲戚到小农场或敬老院等单位吃饭。1960年春节，由于大批社员挨饿，国家和社队给食堂调剂了一些细粮，但大部分仍没有吃到社员肚里。在口粮标准低、社员普遍吃不饱的情况下，干部多吃多占害的是老百姓。1960年全县农村流传着"刮大风，起大雾，饿死社员留干部"的歌谣。

（3）干部经常通过扣饭来惩罚社员。各地扣饭的名目繁多，主要有：不能干活扣饭、少干活扣饭、上工迟到扣饭、不服从领导扣饭、对检查人员反映情况扣饭、私起小伙吃青苗扣饭、偷庄稼扣饭等等。古城公社洛北大队河北张庄生产队长公开向社员说："我就靠食堂里一把勺子一杆秤，想叫谁活谁就活，想叫谁死谁就得死。"他任意扣饭，多吃多占，致使全村人饿死40%以上。

（4）跑路吃饭，给老弱病残带来严重困难。不论烈日当头，还是刮风下雨，老老少少都要一天几趟往食堂跑，特别是路远在大食堂吃饭的老弱病残困难更大。有的晕倒或死在领饭的队里及途中。有的因吃了凉饭而腹泻，加重了原有的病情而死亡。

(5) 砍树扒房烧锅。公共食堂建起，柴火紧张起来。全县 80%以上的食堂不得不砍树，树砍光了就扒房子。有不少地方因扒烧了房子，搞得社员无家可归。如十河公社王桥食堂，1960 年 1—3 月，共扒烧社员的房子 50 间，其中小张庄 40 间房子被扒烧了 19 间。有的食堂还烧了一些农具。

1960 年 11 月 3 日，中央发出了《关于农村人民公社当前政策问题的紧急指示信》(简称“十二条”)，指出“经县委批准可采取食堂统一管理、各户分散做饭的临时办法”。12 月 15 日，县委在全县范围内征求意见，结果除小农场、敬老院等食堂和一些鳏、寡、孤、独不愿分散起伙外，绝大部分社员同意分户做饭。县委打算全县分两批停伙，报地委批准，但实际上未等报批即一哄而散。

广大农民对解散食堂奔走相告，说这下家里的小锅保险了，口粮低标准可以全部吃到肚里了。

大饥大病和食物中毒

从 1959 年到 1961 年，亳县农民口粮标准低、吃不饱，因饥饿引发了多种疾病，波及面之大、危害之重，实属罕见。

早在 1958 年底，全县缺粮的地方，就有农民出现脸黄、消瘦、浮肿。1959 年春，全县浮肿曾几度普遍发生，严重不能起床者达万人以上。1959 年冬到 1960 年麦收前是浮肿的高发期，最多时有 10 万人以上。1960 年下半年虽有所减少，但持续不断。浮肿者的惨状，目不忍睹。轻者，下肢或者眼睛肿胀；重者，全身肿胀，面部膨大，眼睛睁不开，呼吸急促，行走困难，甚至卧床不起，天热时，皮肤开裂流水，招蝇生蛆。

由于口粮少，为了能活下去，农民极力寻找一切可以食用的东西充饥。三年中，全县农民食用的代食品主要有以下几类：

(1) 树叶、树皮。这是农民缺粮后最早的代食品。到 1960 年春，全县杨、柳、槐、榆、桑等树，其可食部分，均早已吃光。其中不少村庄榆树因剥皮食用而绝迹。

(2) 烂红薯、红薯秧。1958 年秋收时许多红薯没收或没收净，烂在地里。冬天到后，许多吃不饱的农民不得不到田间地头，把这些红薯，统统挖回吃掉。第二年春天，他们在吃完育过苗有毒的薯块后，又接着吃田间的鲜秧、鲜叶，至秋季又吃干秧、干叶。

(3) 大麦、小麦、豌豆、扁豆的幼苗。特别是 1959 年冬到 1960 年春，有不少过旺苗被吃光。如1960年2月14日张集公社黄营大队就把100多亩大麦和大部分小麦过旺苗吃光。据魏岗公社几个大队的统计，700多亩大麦被吃净，需改种其他作物。

（4）糠、皮、壳与烧柴。谷糠、高粱壳、稻壳、花生壳、棉子壳、牛草穗、麻梭子等原来喂牲畜的东西被人们当作代食品。高粱秆、葵花秆穰子、玉米芯等原用作烧柴的东西也被加工食用。1960年没有高粱秆的生产队，就把地铺（床）、房薄（用高粱秆做的，在房内作隔间用）上的高粱秆拆下，剥去外壳，加工食用。十河公社1960年3月上旬，用2天时间大动员，就收集原料20多万斤，先后加工成品4万多斤。

（5）茅草根、刺刺芽、苲草等野草。茅草根能加工淀粉，是较好的代食品，甚至以它作粮食统购、粮食回销。1959年冬和1960年春，全县在农村全党全民发动，第一书记挂帅，抽调大批劳力，大兵团作战，掀起一个又一个扒茅草的高潮。由于茅草分布面广，含糖量高，又有药用价值，在救灾中发挥了重要作用。

刺刺芽又叫七七芽，是田间和荒野到处可见而一般牲畜不吃的野草。在茅草根扒完以后，由于其味道尚可，也成为主要的代食品。1960年春，在一段时间里，全县大采大食刺刺芽，一般食堂每天要食用数百斤。

苲草是一种水生植物。1960年春，凡是靠河有苲草的地方，都进行大动员大采食。不少社队党委书记挂帅，造筏下水捞苲草。

从1959年到1961年，农民因为大量吃野草、野菜，腹泻、痢疾等疾病也在全县流行开来。1960年全县发病人数达25万以上。1960年4月，十九里公社余集、崔寨等6个大队，农民因吃刺刺芽过多，普遍引起腹泻，仅崔寨大队就有腹泻、痢疾595人，致几十人死亡。

农民因为大量吃槐叶、椿叶、榆娃娃（林学名称虫瘿）、苍耳子、芘麻子、育过秧的红薯母子、蝌蚪、蛇出溜子（蜥蜴）导致的食物中毒，也是不计其数，导致不少人死亡。五马公社丁双庙生产队高思曾因吃臭大麻子一家五口死亡。

在大饥大病过程中，某些领导不顾农民的死活，不实事求是，仍然大搞浮夸。如1960年春天，全县日人均口粮只有2两左右，但大部分食堂仍向上汇报是三干（馍）三稀（稀饭）吃粮10两以上。1960年2月17日，县委向省、地委检查团汇报：全县已扒茅草根2亿斤以上，人均300斤之多，可以抵御1960年春季灾荒。为大吹代食品的数量，为应付检查，全县不少生产队把茅草根等堆在柴草垛上。

不仅如此，有些领导还以种种手段隐瞒实际情况，千方百计封锁消息。1959年春，全县严重浮肿病人在万人以上的时候，国家内务部农福司杨善存来亳县检查工作，县委事先定好检查地点，一个浮肿、外流人口都没上报。杨善存无奈而走。1960 年冬，中央某部司长朱农来亳县检查，县委紧急通知社队，做好“迎接”检查的准备，同时召开县直有关部门会议，统一数字口径。隐瞒灾情、封锁消息已成为全县上下的通病。1960 年 4 月中旬，双沟公社有各种病人约 5 000 名，而他们以正式文字向县委报告，全社仅有浮肿病人 59 名。该社洪深大队有各种病人 500 多名，为怕上级检查，竟把他们集中多处锁在屋里。1960 年初春，五马公社在罗庄大队召开扒茅根现场会，大队害怕发现病人，竟把一部分病人提前集中送到边远的荒野里，到会议结束，因冻饿而死数人。

更有甚者，有些领导还对如实反映情况者给予无情打击。从 1959 年初到 1960 年底，全县因反映生活困难、疾病等问题的干部群众，受到打击者数以千计。1959 年 1 月，张集公社干部孙彩良向国务院写信反映农民生活问题，被当作右派势力反攻的“西北风”批斗。1959 年夏，双沟公社农民随毛因反映饿死人问题，县委主要负责人亲自前往处理，指使大队书记张××将随毛批斗后交大队火箭连关押，以致饥饿迫害而死。1959 年冬，魏岗公社党委委员董××，因反映群众无粮、批评某些领导不实事求是而被逮捕法办。十九里公社小学教师任怀林因向中央写信反映饿死人问题被定性为撰写反革命信件而被逮捕判刑。

查禁不止的农村人口外流

随着农民生活的困难加剧和疾病的不断发生，一些农民为了活命，不得不外出逃荒。全县农村人口大量盲目外流，始于 1958 年底粮食被搞光、农民无饭吃以后。最初的形式是部分农民抛弃集体生产，先内地后外地到田间扒未收净的坏红薯，后来则发展成带着炊具、行李，出外以乞讨为生。

当时人口外流的主要去向，是河南省的郸城、鹿邑、虞城、永城等县。1959 年 2 月下旬至 3 月上旬是人口外流的高峰期。全县外流人口在 2 万人以上。特别是靠近河南省的双沟、十河、十八里、魏岗、张集、五马、观堂 7 个公社，外流的人口接连不断。观堂公社刘集大队去永城的人数达 2 000 之多。

河南省向中央反映后，县委一方面派人去接回外流农民，另一方面拒不承认外流是生活困难所致。县委在大批右派势力反攻的同时，层层设卡阻拦。但不论如何“批”、“拦”，也难以控制农民盲目外流的发生。直到地委工作组到亳县帮助搞清无粮的事实，并安排了粮食回销后，农民盲目外流才得以缓和。

1959 年麦收时，外流人员大多数回归。但麦收后不久，由于浮夸，粮食统购又过了头，人口外流又有发生。7 月以后，由于连续几个月大旱，夏荒接着秋荒，外流人口急剧增加，查禁不止。

1959 年冬，面对严峻形势，县委并没有安排农民的生活，却一方面大抓粮食征购，另一方面指定严管措施，部署各公社大队建立劝阻站或劝阻所。到 12 月 14 日全县共建立劝阻站、所 212 个，抽调人员 747 人。其中生活困难比较严重的五马公社就建站、所 50 个，抽调专人 150 人。城关公社设 17 个站、所，分布在出入城的主要街道和汽车站，并在村头、街道设有许多流动岗哨巡逻。这些站、所，大部分有专门的房子，用于扣留、关押外流人员。不少地方连正常走亲串友的农民也予以查扣。除此之外，县委还加强了外线封锁，增派了大批干部到商丘、郸城、鹿邑、永城等地，查扣外流农民。

外流农民在被查扣送回的过程中，受到了各种折磨。在被任意拦截检查时，不仅通常被没收钱物，特别是食物之类的东西，他们还常常被搜身，受到人身侵害；在关押收容中，经常一关押就是许多天，夏天热晕、冬天冻坏的情况时有发生；在转送途中管理更严，大小便都要经过批准，稍有违抗，便遭到训斥、打骂或绑铐。不仅如此，还遭受饥饿之苦，虽然每天都有少量的饭吃，但都吃不饱，吃不够规定的口粮标准，而且有病也得不到及时治疗。许多农民从外流长途跋涉，到扣留、收容、转送，经过多日折腾，饿病交加，中途死亡者，屡见不鲜。

尽管如此，由于生活日趋困难，一些不甘心在家挨饿的农民，还是冒着风险，拖着瘦弱的身体，穿着脏烂的寒衣，挎条筐，背破被，顶风冒雪，扶老携幼或者独自背井离乡。他们用走小道、沿河崖、装探亲、白天藏、夜间走等方法外出，但大多数被查扣送回。

1960 年春天，生活更加困难，但由于农民体质越来越差，许多人想走而无力外出。不少人认为，既已如此，死在外边不如死在家里，全家走散死不如死在一起，因而农村外流人口比 1959 年有所减少。从 1959 年秋到 1960 年冬，全县农村人口外流有 4 万人以上。

1960 年 11 月，“十二条”发出后，中央开始纠“左”，随着一系列政策的深入贯彻，到 1961 年春节，外流农民大多数回乡，全县范围的农村人口外流基本结束。

粗浅的认识

“大跃进”在安徽亳县农村引发了一系列问题。但在阜阳地区各县，都是执行上级下达的任务，1959 年旱灾也大体相同，为什么有的县问题不太严重？涡阳、临泉两个县 1961 年初还支援了亳县大量粮食。这与干部执行政策的水平、素质很有关系。邓小平讲得很对：“‘左’的思想发展导致了一九五八年的‘大跃进’和人民公社化运动，这是比较大的错误，使我们受到惩罚。一九五九年到一九六一年三年困难时期，工农业减产，市场上的商品很少，人民群众吃不饱饭，积极性受到严重挫伤。那时，我们党和毛泽东主席由于长期斗争历史形成的威望很高，我们把困难的情况如实地告诉了人民，‘大跃进’的口号不再喊了，并且采取了比较切合实际的政策、步骤和方法，一九六二年就开始从困难的境况中恢复，一九六三年、一九六四年情况比较好。”

四季青人民公社“向共产主义过渡”前后

于吉楠

最近，我翻阅旧笔记本，发现里面夹着一张发黄的纸，打开一看，原来是北京四季青人民公社制定的“向共产主义过渡”的规划。这个规划使我回想起50年前的一段往事。

公社规划的由来

1958年8月，我在中国人民大学中共党史系学习期间，和本班同学一起下放到北京市海淀区西山乡西平庄劳动锻炼。西平庄是不久前成立的西山农业生产合作社的一个生产队，我兼任生产队的政治指导员。

那时，中国正处在一个特殊的年代。5月，中共八大二次会议正式通过“鼓足干劲，力争上游，多快好省地建设社会主义”的总路线。毛泽东发出“苦战三年，争取大部分地区的面貌基本改观”的号召，全国掀起“大跃进”的高潮。在农村出现了小社并大社转成人民公社的新情况，毛泽东肯定“还是办人民公社好”，于是掀起大办人民公社的热潮。

8月27日，我去夹道沟参加西山、香山、玉泉、四季青、田村、万丰、红旗、新建8个农业生产合作社的干部党员大会。会上，公社筹备组领导人宣布将成立四季青人民公社，包括这8个农业社，共7个半乡、129个自然村，面积约900平方公里，25 621户，农业人口39 434人，居民76 500人，合计115 934人。接着，公社党委任书记报告公社成立后的三年规划。行动口号是：“穷干、苦干、大干三年，根本改变现有落后面貌，三年以后使每一社员丰衣足食，力争成为全国的先进公社。”他还提出“在三年内达到菜田 3 万亩，产量 10 万万（斤），果树 18 000 棵，养猪超过 30 万（头），大小工厂 100 个，学校、医院、澡堂、食堂样样全，全社收入超过 3 000 万，美好生活一定要实现”的“跃进”指标。8 月 29 日，四季青人民公社正式成立。公社实行三级管理，公社设管委会，地区设工作站，站下有生产大队和生产队。西山乡和西山农业社合并成为西山站。我担任的生产队政治指导员改称政治助理员，主要任务是执行公社党委和大队党支部的决定，当队长的助手，做好思想政治工作。

就在四季青人民公社正式成立的那一天，在北戴河召开的中央政治局扩大会议通过了《中共中央关于在农村建立人民公社问题的决议》，指出“人民公社将是建成社会主义和逐步向共产主义过渡的最好的组织形式，它将发展成为未来共产主义社会的基层单位”，并说，“看来，共产主义在我国的实现，已经不是什么遥远将来的事情了，我们应该积极地运用人民公社的形式，摸索出一条过渡到共产主义的具体途径”。9 月 10 日，《中共中央关于在农村建立人民公社问题的决议》公开发表后，有些地方出现了急急忙忙向共产主义过渡的浪潮。河南省遂平县嵖岈山卫星人民公社强调要积极地创造条件，准备逐步过渡到共产主义。河北省徐水县宣布 1959 年建成社会主义，1963 年建成共产主义。山东省寿张县和范县制定了两年过渡到共产主义的规划，莒南县更提出“大战 200 天，向共产主义过渡”的口号。

四季青人民公社党委组织党员、干部学习讨论中央文件，派人到徐水等地参观、“取经”，也产生了急于向共产主义过渡的思想。有人说，苦战三年，人人过上丰衣足食的幸福生活，这就是共产主义。有人认为，现在的公社是由社会主义逐步向共产主义过渡，社会主义实行按劳取酬是因为生产不发展，经过“大跃进”达到丰衣足食就可以实行各取所需，消灭“三大差别”，三年到五年把乡村变成城市，那时就是共产主义了。在这种思想指导下，公社党委把“苦干三年”的号召同“向共产主义过渡”的目标结合起来，制定了新的《三年规划要点（草案）》，印发给全社的干部、党员，这就是保存在我手中的那个“向共产主义过渡”的规划。

“苦战三年”，“向共产主义过渡”

四季青人民公社《三年规划要点（草案）》的主题是“苦干三年”、“向共产主义过渡”，它反映了当时公社党委和一些党员干部对人民公社和共产主义的认识，全文如下：

北京市海淀区四季青人民公社 1959—1961 三年规划要点（草案）

一、总的战斗口号

苦战三年，生产翻五番，61 年产值达到六千万，丰衣足食，普及教育，向共产主义过渡。

二、丰衣足食的具体指标

每人每年棉布四十尺、粮食二千斤、猪肉二百斤，每人每天两个鸡蛋，每周一只鸡。

三、生产规划

大力发展蔬菜、果树、养猪业，充分供应首都人民需要；大办工厂，实现工业化。

1. 蔬菜生产大跃进。59 年亩产超过三万斤，61 年超过五万斤，大力增加蔬菜品种，做到全年均衡供应。

2. 果树生产大发展。59 年果树达到六千亩，总产量一百二十万斤；61 年达到一万七千亩，总产量六百万斤。苹果面积一万亩，桃和葡萄六千亩。

3. 大力发展养猪业。59 年生猪达到十二万头，61 年生猪超过二十万头。

4. 粮食单位面积产量大大提高。59 年粮食平均亩产三千斤，小麦亩产六千至一万斤，61 年粮食亩产过万斤。

5. 大办工业，大中小结合，社、站、队一齐动手。三年后工业产值超过农业产值。主要工厂有机械制造厂、化肥厂、农产品加工厂、建筑材料厂、化学工厂、生物制品厂、木器厂、文具制造厂、木材干馏厂。

6. 今冬彻底实现水利化。实现耕地深翻化，耕深在 1.5 尺以上；实现施肥合理化，每亩施粗肥十万斤，化肥五百斤。

7. 59 年实现抽水机械化，60 年耕地全部机械化。三年后全社完全电气化。59 年彻底实现运输工作车子化，61 年运输工作基本汽车化，60 年全部道路公路化。

四、文教卫生规划

1. 大搞文化革命。今年彻底扫除文盲，59 年普及小学教育，60 年普及中学教育，61 年普及大学教育。

2. 立即举办技术学校，培养工农业技术人才。

3. 建立科学研究机构，总结本社生产经验与吸取外地经验，推动生产。

4. 改善公共卫生和医疗条件。公社建立中心综合医院、站建立分院。

58 年实现四无化。三年内做到消灭主要流行病，61 年做到小病不出站，一般大病不出社。

五、生活福利规划

58年实现食堂化，59年实现缝纫机器化，托儿所、幼儿园、理发室、浴室、幸福院普遍化。59年托儿养老实行免费。60年吃饭、入小学、理发、洗澡、医疗、看电影全部实行免费。59年部分住房楼房化，61年全部楼房化，饮水自来水化。三年内做到全社园林化。

六、实现规划的基本保证

为了实现规划，必须做到以下几点：

1. 加强党的领导，政治挂帅。提高社员的共产主义觉悟；大破右倾保守思想，反对个人主义和本位主义思想；树立敢想、敢说、敢干的共产主义风格；破除依赖思想；发扬苦干、穷干、大干、快干的革命精神。

2. 贯彻阶级路线。依靠贫农、下中农，团结大部分坚决拥护转社的上中农，批判一部分中农的动摇。揭露和粉碎地、富、反、坏分子的破坏行为。通过鸣放辩论、打通社员思想，进一步划清阶级界限，提高阶级觉悟。

3. 充分发掘资金潜力，大搞基本建设。尽量扩大公共积累，贯彻勤俭办社方针。教育全体社员艰苦朴素、勤俭持家、勤劳生产。

4. 全党全民动手，大搞工具改革，大搞丰产试验，行行创造奇迹，样样放射“卫星”。

5. 发掘劳力潜力。劳动组织军事化，行动战斗化，生活集体化。开展共产主义劳动大协作，提高劳动出勤率和劳动效率。

七、抓紧当前生产

按量按质完成种麦任务，加强田间管理，做好三秋（秋收、秋种、秋耕）工作。力争超额完成今年增产任务，保证明年蔬菜、小麦大丰收。

四季青人民公社《三年规划要点（草案）》是一个生产规划、文教卫生规划和生活福利规划，没有专门讲改变所有制和分配制等问题。当时，许多人误认为农业生产合作社是集体所有制，人民公社就是全民所有制了，现在主要是解决分配问题，从按劳取酬过渡到各取所需，彻底消灭私有制残余。这些问题是在随后进行的“共产主义教育大辩论”中提出并要求解决的。

“共产主义教育大辩论”

为实行《三年规划要点（草案）》作准备，四季青人民公社党委决定在全社开展“共产主义教育大辩论”。10月初，公社党委从全社干部（包括下放干部和下放学生）中，抽调400人组成工作团，集中培训，我参加了这次培训。

10月11日，在工作团的大会上，公社党委任书记作报告，明确指出：这次“共产主义教育大辩论”要解决三个问题。第一，分配问题，全部实行供给制外加津贴费，多少分等级，乡干部的工薪取消，国家干部的工薪暂时保留，外地做工的工薪要上缴公社，公社包其家属的生活。第二，彻底消灭私有制问题，房子、自留地及菜、树木、农具、耕畜一律归公，小家畜、家禽作价留公社。第三，生产问题，一定要掀起生产高潮，保证出勤，解放劳动力，做好秋收秋种工作。他还宣布今年的收入，一律不再往下发放了。

10月14日，工作团的各工作组分别在各生产队同群众见面。会上，工作组宣布公社党委的两项重要决定：一是从10月16日开始实行吃饭不要钱，社员都到食堂就餐，伙食标准每人每月平均6元至6.5元，老人8元，专业单劳动力8.5元，小孩4岁至6岁3.5元，3岁以下1元；二是免费发放棉衣，每人发1斤棉花，按12尺布票算每尺发0.35元。这个消息，在当时是震动人心的。

接着，“共产主义教育大辩论”开始了。10月16日，我在西平庄社员大会上宣讲了公社的《三年规划要点（草案）》，说明当前要着重解决的三个问题，即生产问题、分配问题和彻底消灭私有制残余问题。在讲分配问题时，根据站领导的意见，为便于展开讨论，提出了三种办法即按劳取酬、半供给制半工资制、完全供给制，征求社员意见。会后，连续几个晚上组织队干部和社员分组讨论。在讨论中，社员普遍对公社的《三年规划要点（草案）》表示赞同。他们说：“苦战三年就能过上这样丰衣足食的幸福生活，真是太好了！”但是，一谈到当前的三大问题就想不通了。

分配问题是社员最关心的问题。许多家里人口多、劳力少、生活比较困难的社员都赞成实行完全供给制。他们说：“公社把社员的生活全包下来，就能保证每个社员都过上同样的好生活。”而那些家里人口少、劳力强、生活比较富裕的社员则认为还是按劳取酬好。他们说：“按劳取酬，多劳多得、少劳少得，是最合理的。”有的社员还说：“按劳取酬要改，也要从明年起改，如果现在就改，我这一年的工分就稀里糊涂全完了。”这时，公社党委算了一笔账，1958年全社收入只有660万元，30%留做公积金，70%用于分配，实行完全供给制是做不到的。于是，公社党委决定提出实行“供给制加工资”的分配方案，具体内容是供给制实行“五包”即包吃饭、小学学费、生育、托儿、看电影，约占67%；工资占33%，分为7等，3元至12元，每月评定一次。这个方案下来后，社员的意见还是很多的。一部分社员嫌包的少，要求把“吃、穿、烧、医”都包下来，而看电影包不包没意见。一部分社员嫌工资太少，要求增加工资的比重和钱数。社员普遍要求不管实行哪种分配方案，都要赶紧把钱发下来解决实际困难。他们说：“一年不开支，真够呛！各家都等钱用，小孩要上学，老人要看病，年轻人要结婚，没有钱办不成事。”

在讨论彻底消灭私有制残余问题时，队干部比较关注的是原社队公共财产的处理问题。他们说：“因为各社队情况不同，以前小社并大社时，公共财产都要折价计算，现在成立公社也应该这样办。可是没想到一下子就全归公社所有了，这样马大哈处理不行，我们要吃亏啊!”社员关注的主要是住房归公问题，特别是房多、房好和新房户抵触情绪更大。有的社员说：“我去年盖新房，欠下100元钱的债，谁替我还?”有的社员说：“我儿子要结婚，谁给他盖新房?”还有的社员说：“我家的房子不入公社，将来公社盖楼我也不去住。”对自留地收归公有，没有人提出不同意见。但对自留地上种的菜都要求归社员个人所有，还要求社员可以自养鸡、猪。

讨论生产问题，社员自然联系到公社规划的指标，认为1959年要达到“小麦亩产6 000斤至10 000斤”等高指标，是不可能的，但都不愿公开说出自己的意见，怕被辩论成右倾保守。有一位老社员讲了实话，他说：“今年小麦丰产，每亩300多斤。这次种麦时，深翻地、选良种、密植、多施肥、浇足水，明年能达到五六百斤就是大跃进，再怎么解放思想，小麦亩产也过不了千斤啊!”（1959年小麦实际亩产为400多斤）社员们也不相信报上刊登的那些所谓高产“卫星”。有的社员说：“徐水一棵白菜重几百斤还不像水缸一样粗吗，这怎么可能呢!”有的社员当笑话说：“谁也不能去瞧瞧，他们那一亩地到底有多大啊!”

这几天，队干部思想不通，没心思抓生产了，社员的积极性也大受影响，劳动出勤率明显下降。为扭转这种局面，站领导撤了老队长，换了一个积极拥护“大跃进”和人民公社的年轻人当队长。站长亲自到西平庄召开队委会进行“批评教育”，他还在社员大会上肯定要实行供给制，批评了所谓“留恋按劳取酬”、“留恋私有制”和“不积极参加大跃进”等右倾思想，强调必须完成秋收秋种任务。接着，站领导抓紧实行劳动组织军事化，撤销生产大队，把生产队编为10个连，西平庄是第三连。经过这一番整顿，队干部重新打起精神，组织社员连续进行“苦战”、“夜战”、“突击”，掀起生产高潮，到11月中旬基本完成了秋收秋种的任务。

但是，“共产主义教育大辩论”却冷场了。从队干部到社员都不愿意开这样的会。有一天，我找队干部商量开会的事，他们说：“得了，别辩论了，没有不通的。上级说怎么办就怎么办吧！社员大多数同意，少数服从多数，不通的也得干，以后慢慢通了再说。”到开会的时候，社员来得晚，人也不多，发言的总是那几个人，讨论不起来。

那时，北京市委对郊区公社“向共产主义过渡问题”，允许搞试验，但不在报刊上公开宣传。据我从下面了解，各公社情况大体相似，有些公社比四季青公社搞得还要急进。

公社规划的终结

11月18日，我到站里开宣传会议。站领导说："大辩论的事要不要暂停，还没有决定，这不是我们一个社的问题。最近，中央在郑州开会讨论了关于人民公社的若干问题，文件要等中央政治局批准后才能执行。彭真市长到北京郊区公社检查工作，也对分配问题作了指示，主要是积累要适当，多照顾一下社员生活，供给要适当，工资多发一些。"站领导还说："社里已决定先给社员借发一部分工资，一等劳力10元，二等劳力8元，三等劳力6元，等外劳力5元以下，以后再算账。当前工作还是以共产主义教育为主，重点辩论搞好公共食堂和托儿所问题，也要注意社员休息，保证睡眠，执行大礼拜制度。"会后，队里向社员发放了暂借款，停止搞大兵团"夜战"，保证了社员的休息，食堂也允许社员把饭菜打回家里吃。社员的紧张心情有所缓解。

12月10日，在武昌召开的中共八届六中全会通过《关于人民公社若干问题的决议》，对人民公社的兴起给予极高评价，同时要求纠正人民公社化运动中已经觉察到的"左"的错误，着重批评了急于向全民所有制、向共产主义过渡和企图过早地取消商品生产、商品交换的错误思想倾向。《决议》指出：不能混淆集体所有制和全民所有制的界限，更不能混淆社会主义和共产主义的界限。人民公社目前基本上仍然是集体所有制的经济组织，农业生产合作社变为人民公社，并不是由集体所有制变为全民所有制，更不等于由社会主义变为共产主义。"企图过早地否定按劳分配的原则而代之以按需分配的原则，也就是说，企图在条件不成熟的时候勉强进入共产主义，无疑是一个不可能成功的空想。"《决议》肯定公社实行的工资制和供给制相结合的分配制度，但强调"它的基本性质仍然是社会主义的，各尽所能，按劳分配"，"按劳分配的工资部分，在长时期内，必须占有重要地位，在一段时间内并将占有主要地位"。《决议》还宣布："社员个人所有的生活资料（包括房屋、衣被、家具等）和在银行、信用社的存款，在公社化后，仍然归社员所有，而且永远归社员所有。""社员可以保留宅旁零星树木、小家具、小工具、小家畜和家禽等，也可以在不妨碍参加集体劳动的条件下，继续经营一些家庭小副业。"这个《决议》的出台，有力地遏制了急于向全民所有制和共产主义过渡的势头。

1959年1月，四季青人民公社党委组织全社干部党员认真学习《决议》，澄清了一些对人民公社的误解和关于共产主义的混乱思想，开始反思这一段工作中急于“向共产主义过渡”的问题，并准备在即将进行的整社中，按照《决议》的要求改正。以后，没有人再提向共产主义过渡了，公社的《三年规划要点（草案）》还没有“转正”就终止了。

学习《决议》，联系实际，我同公社的干部党员一样，受到了一次真正的共产主义教育。《决议》指出：“我们既然热心于共产主义事业，就必须首先热心于发展我们的生产力，首先用大力实现我们的社会主义工业化计划，而不应当无根据地宣布农村的人民公社，‘立即实行全民所有制’，甚至‘立即进入共产主义’，等等。那样做，不仅是一种轻率的表现，而且将大大降低共产主义在人民心目中的标准，使共产主义伟大的理想受到歪曲和庸俗化，助长小资产阶级的平均主义倾向，不利于社会主义建设的发展。”这段话，深深地印在我的脑海中。

1959 年 1 月 19 日，我们结束下放劳动锻炼，告别西平庄返校。

1958年炮击金门与葛罗米柯秘密访华

阎明复

炮击金门

1958年8月18日，毛泽东在北戴河主持召开中央政治局扩大会议期间，下了立即发起炮击金门的决心，以给国民党反动派一个惩罚性的打击。根据毛泽东的命令，中国人民解放军于8月23日开始炮击金门。大规模的炮击持续了两个多小时，发射炮弹近3万发。台湾国民党当局立即向美国求援。美国急忙把驻在太平洋地区的第七舰队大部分军舰派往台湾地区集中，把支援在黎巴嫩登陆的美军的一部分军舰，从地中海经苏伊士运河调到印度洋。台湾海峡出现一触即发的紧张局势。

炮击金门前两个多星期，即7月31日至8月3日，赫鲁晓夫秘密访华，同毛泽东会晤。双方主要就苏方提出的"共同舰队"、"长波电台"等建议进行澄清，同时还就中东局势、国际热点问题交换了意见。当时西方有人估计，炮击金门是中苏双方在赫鲁晓夫访问北京期间共同商定的。其实，在中苏两党领导人会谈中根本没有涉及这个问题。毛泽东与赫鲁晓夫的会谈一共进行了四次，我都参与了翻译工作。这四次会谈，除了第一次会谈是针对"共同舰队"问题外，其余三次会谈大都是毛泽东主动地阐述他对国际局势的看法，并同赫鲁晓夫进行探讨，看来是想借此机会听听赫鲁晓夫的意见，看看自己在决策炮击金门过程中对局势动向的分析是否符合实际。

炮击金门，是中共中央经过长时间的酝酿和准备的，是1958年7月中旬，在毛泽东主持下，在认真分析中东事件和国际动向的基础上，正式作出的决定。

为什么这样重大的政治军事行动没有事前通报苏联呢？

1959年9月30日赫鲁晓夫访华，毛泽东在与他谈话时谈到了这个问题。他说："美国人没有多大本领。他们以为我们（指中苏双方——笔者注）在炮打金门的问题上达成了协议。其实，那时我们双方并没有谈这个问题。当时所以没有跟你们谈，是因为我们有这种想法，但是还没有最后决定。我们没有想到打炮后会引起这么大的风波，只是想打一下，没曾想他们调动这么多的军舰……美国人在黎巴嫩总是受到全世界人民的反对，生怕别人打他。美国人没有立刻弄清楚我们的目的，以为我们要打台湾，就把他们的军队从地中海、太平洋、西太平洋、日本、菲律宾调来。等到地中海舰队开到新加坡的时候，一看没有什么事情了，就在新加坡停了下来，引起了印尼的恐慌。我们一骂，他们就退回到菲律宾去了。住了两个礼拜。可以看得出来，美国人这次部署很慌很乱。"

对此，有中国学者援引国外的文献写道："据苏联驻华代办报告称：朋友们只是在8月23日发动了炮击之后才告诉我们，之前丝毫没有透露这一本已在计划中的重大军事政治行动的意图。得到通报后，赫鲁晓夫立即要求苏联大使转告中国方面：中国全面建设社会主义才刚刚开始，经济上和军事上都还比较落后，目前不具备打现代化战争，也不具备对台湾实施登陆作战的条件。包括苏联在内的整个社会主义阵营，也没有必要在现在卷入这场战争当中来。但毛泽东并不在意。他说他不过是想摸摸美国人的底，最多也就是准备把金门、马祖拿下来，并没有立即夺取台湾的打算，不会弄出大乱子。因此，毛泽东通过外交部通知苏联方面说，这些岛屿是中华人民共和国领土，我们如何解放它们，是我们内部事务。言外之意，莫斯科管得太宽了。对此，苏联大使馆难以接受，它在报告中明确认为：中国人现在表现出来的倾向是要自己解决亚洲问题，他们并不认为有必要与我们商量他们计划中的行动，尽管当局势失控时他们会指望我们的支持。"这段话，特别是毛泽东的答复，应视为一家之言。当年赫鲁晓夫和毛泽东之间的信息传递都是通过我们中办翻译组，即使是通过外交渠道交换的绝密信件我们也能看到，上述内容，我们一无所知。至于文中提到的苏联驻华使馆向莫斯科的报告，对其真实性我们无法判断。

赫鲁晓夫派外长访华摸底

为了搞清楚当时中国炮击金门的意图，1958年9月5日，赫鲁晓夫通过苏联驻中国大使馆参赞（当时苏联使馆代办不在北京）苏达利柯夫向中国政府表示，苏联政府要派外交部长葛罗米柯到中国来了解情况。

9月5日晚上，周总理接见苏达利柯夫，表示欢迎葛罗米柯来华访问。周总理向苏达利柯夫介绍了中国对台湾海峡形势的分析、美蒋矛盾以及中国的立场、策略和所采取的行动。周总理说：第一，我们不是要解放台湾，而是惩罚国民党在我们沿海骚扰；第二，我们这样做的目的是阻止美国搞“两个中国”，因为美国企图独霸台湾，使国民党统治集团在台湾单独成为一个政治实体，搞“两个中国”；第三，如果美国要发动战争，中国全部承担起来，决不连累苏联，不会拖苏联下水。周总理要求苏达利柯夫把这三点马上报告莫斯科。

9月6日中午，葛罗米柯抵达北京，下榻西郊万寿路的十八所。中午1时左右，周总理办公室的秘书马列打电话给我，叫我到西花厅（周总理住所）去，说有任务。我赶到西花厅后才知道，周总理要去会见秘密来华访问的苏联外长葛罗米柯，要我一同乘车去万寿路十八所。于是，我跟着总理坐上了苏联生产的“吉斯”轿车。总理从右侧上车，坐在后座的右边，我从左侧上车，坐在左边。总理的卫士长成元功坐在右前座，驾驶员坐在左前座。

我们在去万寿路十八所的路上，还出现了一个险情，差点出了车祸。当时，复兴门外还是郊区，公路相当窄，两旁建筑物也不多，田地里长着庄稼。当我们的车正路过万寿路前面的一个路口（可能是现在的翠微路北口）时，突然从这个路口里飞速地驶出一辆大卡车，直向我们这辆车的右侧冲来，而周总理正坐在右面的座位上。说时迟那时快，成元功当即发现险情，沉着地低声对驾驶员说“右边有情况”，只见驾驶员一踏油门，“吉斯”车瞬间提速，躲开了冲来的卡车，迅速朝着万寿路口驶去。周总理镇静地坐在位子上，看见后面随车的警卫拦住了开这辆卡车的鲁莽司机，对成元功说，教育教育就行了，不要为难他。卫士长和驾驶员的机警避免了一场严重的车祸。

周恩来同葛罗米柯的谈话

1958年9月6日，周恩来总理在万寿路十八所会见了苏联外长葛罗米柯。在座的有中国外交部副部长张闻天、苏联大使馆参赞苏达利柯夫。我作为翻译参加了会见。会见开始时，周总理对葛罗米柯说，我们可以先交换意见，等下午的最高国务会议结束后毛主席和刘少奇同志等会另行接见，以进行交谈。

周总理和葛罗米柯的谈话主要涉及台湾局势问题，双方还就美国是否会立即采取军事行动问题交换了意见。

周总理说，关于台湾局势问题，我已在昨晚向苏达利柯夫参赞谈到了我们的立场、策略和行动。我们没有别的意思，我们既不是要解放台湾，也不是马上要在金门、马祖登陆，我们就是要打击国民党的气焰，打击美国的气焰，支持阿拉伯人民的斗争。葛罗米柯说，苏共中央完全赞同中国同志们的立场和措施。周总理说，我们看到《真理报》等苏联报刊上发表的三篇文章。感谢你们的热烈支持。

周总理问葛罗米柯，你对美国的看法如何？不是看表面，而是看实际行动。它是否会采取行动？葛罗米柯说，我认为，苏中两国采取强硬立场会使美国不敢采取军事行动。但是帝国主义终究是帝国主义，不论是在中东或远东仍得考虑到美国会进行一定程度的冒险。根据目前情况来看，美国还未准备好进行一场认真的战争。昨晚您向苏达利柯夫参赞所谈到的那种坚定不移和合情合理的政策会使美国的阴谋无法得逞。美国采取极端手段的计划定会失败，我们的事业会取得胜利。

周总理同意葛罗米柯的意见。周总理说，我们政府没有说什么话，而美国却露了底。我们只放了几个"炮"，而且不是通过新华社，只是通过地方上的海岸广播来放的"炮"。后来我们转播了一下对蒋军的广播，表示准备在金门、马祖登陆，要蒋军投降等。

周总理说，国民党尽量想把美国拖下水。至于美国，它如果不理睬，那么它的那些亚洲傀儡国家会产生离心倾向。如参加战争，那这很难说会是局部战争。如果大战开始，中国背后还有苏联、各兄弟国家的支持。这样，美国就被迫打出底牌。美国打出底牌，我们就易于表示态度了。

周总理说，美国杜勒斯发表的声明威胁要进行干涉，但还没有作出最后决定。杜勒斯在备忘录中主要表示：（1）美国将保护运输，认为国民党分子自己可以支持得了；（2）希望中国共产党不会认真地打起来；（3）美国不放弃谈判的希望。我国驻波兰王炳南大使告称，他曾接到美国方面的来信，但我们未加理睬。王炳南大使并未接见美国驻波兰大使。现在，美国的态度和目的已经很清楚地暴露出来，我们更加主动了。

葛罗米柯说，英法两国也表示了态度。周总理说，英国表示，打仗不好，但沿海岛屿应该归还中国。这意思是不要使用武力，而可以进行谈判。我国政府就领海宽度发表声明以后，英国人认为这个声明对香港不会起什么作用。我们在上述领海宽度声明中列举内海岛屿时没有提到香港，英国人注意到了这一点。葛罗米柯说，在台湾紧张局势方面，英国抓住美国的衣襟，唯恐美国参与军事行动。周总理表示赞同，并说英国在中东和远东问题上采取的态度是有区别的。在中东，英国是一味想推美国下水，而在远东，它是唯恐美国下水。在台湾局势问题上，亚非各国的态度也是好的。

葛罗米柯说，最近联大紧急会议讨论中东问题时，通过了阿拉伯各国的提案，这是一个很大的胜利。只是由于我们社会主义国家坚决要求美英军队立即撤出黎巴嫩的强硬立场，才有可能通过这个阿拉伯各国的提案。在我们采取强硬立场的背景下，阿拉伯各国的提案显得像是一个折中提案，虽然说实话它也是一个很好的提案。

周总理说，这是一次很大的胜利，抓住了中心问题，要求撤军，而抛开了其他一些枝节的问题。在这个中心问题上，亚非国家同社会主义国家结成了统一战线，因此取得了这种胜利。

葛罗米柯说，阿拉伯国家出席联大紧急会议的代表曾向我表示，感谢苏联的支持。北大西洋公约组织中的绝大多数国家，在不同程度上，有的较强硬，有的较软弱，但是毕竟谴责了美国在中东的侵略行为。

周总理说，我记得毛主席在莫斯科的时候就曾经说过，北大西洋公约组织、东南亚条约组织和巴格达条约组织，它们内部是有分歧的，不一致。葛罗米柯说，这些国家好像一个玻璃瓶子中的蜘蛛，虽然处在一个瓶中，还要互相啃咬。我们要很好地利用它们之间的内讧，不仅在亚洲，在欧洲和世界各地都是如此。

周总理说，今天晚上我们准备针对杜勒斯的声明发表一项声明，现在已经拟好草稿，正在进行翻译，翻成后送给你参考。我们还准备把这个声明提交最高国务会议审议通过。葛罗米柯表示感谢，并说，我相信，你们的声明和我们赫鲁晓夫同志给艾森豪威尔的信将是互相紧密配合、互相补充的两个重要的外交行动。

在周总理和葛罗米柯谈话过程中，周总理的秘书马列两次向总理报告了美国军舰在台湾海峡地区的动向。

毛泽东接见葛罗米柯

1958 年 9 月 6 日晚 6 时半至 10 时，毛主席在中南海颐年堂接见了葛罗米柯。中方参加谈话的有刘少奇、周恩来、邓小平、王稼祥、张闻天、彭德怀，苏方有外交部美洲司司长索尔达托夫、远东司副司长贾巫才。这次接见，也是由我担任翻译，外交部苏欧司的方祖安和中办翻译组的赵仲元做了记录，周总理的秘书马列参加并做了记录。

谈话开始，毛主席对葛罗米柯来访表示欢迎。毛主席说，你很少来东方？葛罗米柯说，这还是第一次。这次我感到加倍高兴，第一，是受苏共中央委托就一项重要问题同中国的领导同志交换意见。第二，是能够有机会前来中国。

葛罗米柯说，首先我受委托代表赫鲁晓夫同志和苏共中央主席团其他同志向您——主席同志，和中共中央政治局其他同志表示最热烈的问候。毛主席表示感谢。

接着，葛罗米柯简单介绍了苏联国内的情况。他说，我们国内的情况非常好。在国民经济的各个方面，每天都取得新的成就。工业发展的情况令人满意。自从实行改组以来，我们发现还有许多未加发掘的潜力，今后将继续加强这方面的工作。农业发展的情况也良好，今年粮食方面将得到丰收。现在我们全国都紧密地团结在党中央周围。当然过去也是团结的，现在的团结是空前未有的。

葛罗米柯说，这次我来中国是受苏共中央委托就台湾地区紧张局势和赫鲁晓夫同志准备给艾森豪威尔总统的信交换意见。苏共中央完全赞同周总理在昨晚向苏达利柯夫参赞谈到的中国方面的立场、策略和做法。同时，赫鲁晓夫同志也准备给艾森豪威尔去信，对美国和英国政府所执行的政策提出警告。赫鲁晓夫同志对远东局势作了一个估计，并且用严厉的措辞向美国提出严重的警告。我们认为，这封信对美国会起清醒剂的作用，像洗一盆冷水澡那样。

毛主席说，美国早该洗澡了，天气太热了。葛罗米柯表示赞同，并说把这封信带来了。我们希望，这封信能符合我们预期的目的，同时也觉得，它似乎是符合这些预期的目的的。接着，葛罗米柯转述了信的内容。

葛罗米柯转述完信的内容后，还受委托向中方通报了以下几个问题：一是联大特别紧急会议讨论英美从黎巴嫩撤兵问题的情况；二是昨天举行的苏共中央全会的情况；三是与即将召开的联大第十三届会议有关的一些问题。

葛罗米柯谈完上述问题后说，我刚才看到了周恩来总理准备就台湾局势发表的声明。我认为，这是一个十分及时和很好的声明。我相信，周恩来总理的声明和赫鲁晓夫同志致艾森豪威尔的信，都会起到十分重要和应有的效果。

葛罗米柯谈完后，宾主共进晚餐。在晚饭时和饭后继续进行的谈话中，毛主席把中方在台湾海峡的斗争方针和策略全部告诉了葛罗米柯，请他回去向赫鲁晓夫报告。

毛主席说，我们炮打金门，不是要打台湾，也不是要登陆金门、马祖，而是要调动美国人。希望你们放心，我们的目的是要调动美国人，这是一。

第二，美国人同国民党订有“共同防御条约”，但是不久前艾森豪威尔发表谈话的时候，并没有说现在就承担“共同防御”金门、马祖的义务，而是说，美国是不是要像“共同防御”台湾本土那样来“共同防御”金门、马祖，还要看情况。毛主席说，艾森豪威尔这个讲话表明，他还是怕跟中国打仗。即使是杜勒斯 9 月 4 日的声明，也没有肯定说要保护金门、马祖，也是比较含糊的，只是摆出一副恫吓的姿态。

第三，我们宣布 12 海里领海权的目的有两个。一个是警告美国海军和空军不得入内。它如果进入我们 12 海里的领海界线，就是侵犯中国领土主权。另一个目的也是告诉美国人，它只要不越过这个界线，我们就不打它。当然我们也没有说，如果它越过了，我们就一定马上打它，我们可以警告它。

第四，从现在各方面的情况来看，美国人可能要逼迫国民党从金门、马祖撤退。他要国民党撤退，主要不是对我们有什么好感，而是金门、马祖离中国海岸太近，美国怕我们打金门、马祖。如果国民党要防守金门、马祖，跟中国大陆开战的话，美国就有被拖下水的危险。因为在国民党不撤退的情况下，金门、马祖前线不断炮战，这个地区处于一种不稳定的状态，这就使美国处于进退两难的境地。美国害怕被拖下水，因为美国还没有决心要打世界大战。

第五，尽管这样，我们对美国要打仗还得有准备。我们的方针要放在它可能要打，不是放在它不会打，要在精神上、物质上准备跟美国打仗。但是，我们的方针不是跟它硬碰硬。如果它要登陆，我们就采取诱敌深入的办法，放它进来。我们准备把沿海地区让出来，放它进来后就关起门来打狗，让他们陷在我们人民战争的汪洋大海之中，然后再一步步消灭它。

葛罗米柯说，对你们这种战略我不能评论，但是要考虑到现在是原子弹时代。

毛主席说，原子弹有什么可怕？我们现在没有，将来会有；我们没有，你们还有嘛。

毛主席对葛罗米柯说，我们的方针是我们自己来承担这个战争的全部责任。我们对美国周旋，我们不要你们参加这个战争。我们不同于国民党，我们不会拖苏联下水。

毛主席说，当然这个问题不是当前的问题。当前我们不会打台湾，也不会打美国，不至于引起世界大战。这点请告诉赫鲁晓夫。毛主席说，将来有机会，我可以同赫鲁晓夫就美国人发动战争时我们怎么办的问题交换意见。这是将来的事情，不是现在的事情，现在不发生这个问题。

葛罗米柯说，我个人认为，你们这样做是对的，我个人是赞成的。我回去后一定把中国的想法、中国的打算，原原本本地报告苏共中央主席团，报告赫鲁晓夫同志。从我个人来讲，是赞成你们想法的。

赫鲁晓夫致美国总统的信函

1958年9月7日，葛罗米柯结束访华，返回莫斯科。在他回国前，即当天上午，毛泽东给周恩来写信，要周恩来："本日上午约五六人对赫致艾文件草件认真研究一次，如可能的话，写出一个意见书交葛罗米柯外长带去，肯定正确部分占百分之九十，可商量部分只占少数，你看如何？赫文中应对中美新声明有所评论。”由此可见，毛泽东对赫鲁晓夫致艾森豪威尔的信还是满意的。当天，根据毛泽东提出的建议，周恩来约邓小平、张闻天等研究了赫鲁晓夫致艾森豪威尔信的草稿。

也就是这天，赫鲁晓夫接到葛罗米柯的报告后，了解了中国的对策，发出了给艾森豪威尔的信。赫鲁晓夫信的内容主要是谴责美国政府目前在中国的台湾和台湾海峡地区所采取的行动，在远东造成的危险局势，使人类又一次面临着燃起战火的直接威胁；呼吁美国政府采取明智态度，不要采取可能招致不可挽回的后果的步骤。他在信中宣布，对中华人民共和国的侵略也就是对苏联的侵略，苏联一定要援助中华人民共和国保卫领土主权的完整。赫鲁晓夫在信中指出：“中国不是孤立的，它有着忠实的朋友，这些忠实的朋友在中国一旦遭到侵略时，准备随时给予援助，因为人民中国的安全利益是同苏联的安全利益不可分割的。”“对我国伟大的朋友、盟邦和邻国中华人民共和国的侵犯也就是对苏联的侵犯。忠于自己义务的我国，将尽一切可能同人民中国一道来维护两国的安全，维护远东和平的利益和世界和平的利益。”

赫鲁晓夫的信谴责了美国国务卿杜勒斯 9 月 4 日的声明：“这个声明不能不引起最坚决的谴责。这个声明就是公然企图粗暴而无礼地践踏其他国家的主权。尽管美国政府没有任何权利这样做，但它竟敢擅自确定它的利益的界线和它的武装部队在中国境内活动的范围。这些活动不能认为是别的，只能是侵略活动，无疑，这些活动将受到各国人民的谴责。”同时，这封信还表示坚决支持周恩来总理 9 月 6 日的声明：“可以完全肯定地说：威胁和恫吓是吓不倒中国人民的。这一点从中华人民共和国国务院周恩来总理 9 月 6 日声明中就可以很清楚地看出来。中国人民希望和平，并且正在捍卫着和平，但是他们并不怕战争。中国人民满怀决心捍卫自己的正义事业，如果有人想把战争强加在中国身上，那么我们丝毫也不怀疑，中国人民必将给予侵略者以应有的回击。”这两段话显然回应了毛泽东在给周恩来信中所提出的关于“赫文中应对中美新声明有所评论”的意见。

葛罗米柯的回忆与事实不符

最后还应该提到一件事。中国外交部的方祖安同志精通俄文，是我国早期的俄文翻译家，我们曾多次合作为中央领导同志服务，他是我的挚友。1958 年 9 月葛罗米柯秘密访华时，他参加了接待工作，并在周总理、毛主席先后会见葛罗米柯时担任记录工作。1988 年 2 月 28 日，当时我已在中央统战部工作，收到了他通过机要交通送来的注有“特急”标志的信。他在信中写道：

> 最近，苏出版葛罗米柯回忆录，提及1958年秘密访华时同毛主席谈话内容，其中说：“如美进攻中国，待美军进入中国腹地后，苏再对美军进行袭击。此事已引起外界注意。”现吴部长（外交部长吴学谦——笔者注）将在3月3日启程访美，可能会谈及葛回忆录中有关毛主席同他谈话的上述内容，最重要的是涉及毛主席是否说过要请苏联使用原子弹袭击美国入侵军队的话。吴部长要我们查核清楚。经初步查核，现已找到当年毛主席和周总理同葛两次谈话记录，但无葛在回忆录中所述的上述内容。据我回忆，毛主席没有说过这些话，不知您有否留下其他更多印象或能否提供进一步查找的线索。

1988年2月29日，我复信给方祖安同志。我在信中说：

> 1958年8月下旬，我国炮击金门后，苏共中央派葛罗米柯秘密来华，其意在了解我国采取此行动的真实意图。葛罗米柯此行的目的，正是1959年我国庆十周年时，赫鲁晓夫在和毛主席的会谈中讲的。大意是：你们去年在沿海地区开炮，事先也不通知我们，我们派人来了解，也没弄清楚。既然打了炮，就应该拿下这些岛屿，打了炮又不拿下，令人无法理解。我方参加会谈领导同志当即告诉赫鲁晓夫，我们打炮前，已将对金门打炮的意图告诉了苏联军事顾问组组长。
>
> 在同葛罗米柯谈话中，毛主席说，我们是做了美国入侵中国大陆的准备的，我们准备把沿海地区让出来，让他们陷在我们人民战争汪洋大海之中，然后再一步一步地消灭它。对此，葛表示，对你们这种战略我不能评论。但是要考虑到现在是原子弹的时代。毛主席说，原子弹有什么可怕？我们现在没有，将来会有；我们没有，你们还有嘛。
>
> 毛主席和葛罗米柯会谈时，我当时担任翻译，此事时间已久，上述回忆不一定准确。但我肯定记得毛主席讲了我们对付美帝国主义的战略方针，而毛主席没有说用苏联原子弹来打入侵中国的美军的话。这和毛主席一贯的人民战争思想是不一致的。
>
> 另外，在中苏论战最尖锐的时候，苏报刊披露了大量中苏两党会谈内幕的材料，攻击毛主席。苏攻击最多的是毛主席在1957年莫斯科会议时讲的原子弹不可怕，极而言之，中国死三亿人，还有一半，打完仗再建设。即使在那时，也没有提过葛罗米柯回忆录中所说的毛主席要请苏联使用原子弹袭击美国入侵军队的话。

葛罗米柯的回忆同事实不符，显然同当年中苏关系恶化有关联。在1958年夏秋之交，紧跟着“联合舰队”事件之后发生的“炮击金门”，同样明显地给中苏关系投上了阴影。“炮击金门”这样重大的政治军事行动，事前没有向苏联通报（尽管我方事后声称炮击前一个月已通报给在华的苏联军事顾问组组长，对此赫鲁晓夫说，“你们向我们通报的不是你们在这一问题上的政策，只是一些措施而已”），而直到美国舰队云集台湾海峡，形成了一触即发的紧张局势后，赫鲁晓夫不得不派人来华摸底，才获悉中方的意图。赫鲁晓夫认为这一行动同他推行的缓和紧张局势的外交方针是背道而驰的，而且“炮击这些岛屿惹恼他们（美国人——笔者注）是不值得的”，虽然他（苏联——笔者注）“不会因台湾问题而打仗”，但是作为中国的盟国对外不得不声明，“苏联要起来保卫中国”，从而冒着一旦局势恶化而被迫“卷入事态”（战争——笔者注）的风险。对于中方因形势变化而调整对策、作战方案和目的（由先夺取金、马，再解放台湾的“两步走”，调整到暂不收复金、马沿海岛屿，今后争取一下子收回这些沿海岛屿、澎湖列岛和台湾的“一揽子”方案——笔者注），赫鲁晓夫表示无法理解。他说：“说到炮击沿海岛屿，既然你们进行炮击，那就应该攻下来，假如你们认为没有必要攻下这些岛屿，那也就没有必要进行炮击。我不能理解你们这种政策。”

1958 年夏秋之交发生的“联合舰队”事件、“炮击金门”事件，开始破坏 1957 年冬莫斯科会议前后在毛泽东与赫鲁晓夫之间好不容易建立起来的并不牢固的互相信任的关系。随之而来的是赫鲁晓夫对中国的“大跃进”、“大炼钢铁”、“人民公社化”的批评、冷嘲热讽，进而对毛泽东的攻击、谩骂……这些无法挽回地恶化了中苏关系。不过这已经是后话了。

中缅边界谈判亲历记

程瑞声

1960年10月1日，周恩来总理和缅甸总理吴努分别代表本国政府，在北京签订《中缅边界条约》。这是新中国与亚洲邻国签订的第一个边界条约，为以后解决类似问题创立了一个良好的先例。

1952年8月，我从北京外国语学校（现北京外国语大学）英文系调到外交部，被派往中国驻缅甸使馆担任学习员，学习缅甸语。从那时起，一直到1960年被调回到外交部亚洲司工作，我在驻缅甸使馆工作了8年，有幸作为翻译和工作人员参与中缅边界谈判。这里仅就我所经历的中缅谈判过程作一简要回顾，并谈谈我个人的一点看法。

一

缅甸是中国山水相依的近邻，中缅两国的交界地方多为深山老林。历史上，当地的很多土司既接受中国皇帝的册封，又接受缅甸王朝的册封。中缅两国间的疆界划分比较模糊，过去并不存在边界问题。

直到近代，英国不断入侵缅甸，并最后将其吞并，这才产生了中缅边界问题。1894年和1897年，中英两国政府两次签订关于中缅边界问题的条约。

新中国成立前后，中国和缅甸有共同边界2 000多公里，大部分已经划定，但是有3段还存在悬而未决的问题。

第一，阿佤山区一段。中英两国政府在1894年和1897年签订的两个中缅边界条约中对这一段边界曾有明文规定，但由于有关条文自相矛盾，这一段边界长期没有划定。为造成既成事实，英国在1934年初派遣军队进攻班洪部落和班老部落所辖地区，遭到当地佤族人民英勇抵抗，这就是有名的“班洪事件”。1941年，英国乘当时中国在抗日战争中面临危急情况之机，以封闭滇缅公路相要挟，同当时的中国政府于6月18日以换文方式在阿佤山区划定了一条对其片面有利的边界。这就是所谓的“1941年线”。由于不久就发生了太平洋战争，在这条线上并没有树立界桩。1952年中国人民解放军追剿国民党军队李弥残部的时候，越过“1941年线”，在“1941年线”以西大约占了1 000多平方公里的土地。缅甸政府当时并不清楚，没有马上提出交涉。

第二，在南畹河和瑞丽江汇合处的勐卯三角地区，又名南畹三角地区，面积约250平方公里。这个地区是中国的领土，过去英国在条约中也已明文承认。但在1894年中英两国签订有关中缅边界条约前，英国未经中国同意，强行通过该地区兴修了由八莫到南坎的公路。1897年，中英两国再次签订有关中缅边界条约时，英国又以“永租”的名义取得了对该领土的管辖权。缅甸在独立以后承继了这一“永租”关系。

第三，尖高山以北的一段。这一段边界过去从未划定。其中，片马、岗房、古浪是由中国皇帝册封的土司统治的，有确凿的证据表明其属于中国。清朝末年，片马的一个土司因为收税问题，跟其他土司发生纠纷，被地方政府抓了起来，但很快又被释放，这引起片马土司们的普遍不满，认为中国政府解决不了他们的问题。这本来属于中国的内部矛盾，但英国人心怀叵测，1911年初趁势武装占领了片马地区，激起了全中国人民的义愤，全国各地掀起了风起云涌的抗议运动。在这种情况下，英国政府不得不于同年4月10日照会当时的中国政府，正式承认片马、岗房、古浪3处各寨属于中国领土，但是却毫无道理地继续侵占这个地区。

二

缅甸是非社会主义国家中第一个承认新中国的国家。它对中国的态度比较微妙。缅甸1948年1月4日获得独立，首任总理吴努是作家出身，他曾生动而坦率地表示：“中国好比大象，缅甸好比羔羊，大象会不会发怒，无疑会使羔羊常常提心吊胆。”一则是对中国的惧怕，一则是国家的图存，于是在对刚刚成立的新中国的态度上，缅甸表现出了一种奇特的想象力。在缅甸看来，愈是害怕，愈是要友好，所以想第一个承认新中国。在得知其友邦印度要第一个承认新中国后，缅方专门给尼赫鲁打电报，希望尼赫鲁照顾一下，让其先行一步承认新中国。尼赫鲁答应了。于是缅甸成为非社会主义国家中第一个承认新中国的国家。

当时，缅甸国内有缅甸共产党领导的武装斗争，又有国民党军队李弥残部数千人盘踞在缅甸东北部掸邦一带。中缅两国之间还有历史上遗留下来的边界问题。吴努十分担心，新中国会以追剿蒋军为“借口”，“先发制人”，进入缅甸，并输出革命，支持缅共推翻缅甸政府。因此，新中国成立后不久，缅方即几次向中国提出边界问题，希望能早日获得解决。

1952年，当我到达中国驻缅甸使馆的时候，中缅关系的前景还不明朗。新中国成立不久，中国政府当时需要把主要精力用来处理国内外一系列重大而迫切的问题，不可能为中缅边界问题的解决进行全面和系统的准备。同时，在中国革命胜利的鼓舞下，我们的一些同志囿于阶级斗争的观念，一度寄希望于缅甸共产党，希望缅甸革命能速胜。

在这种复杂的背景下，1954年6月28日，周总理在参加日内瓦会议、访问印度后，开始访问缅甸。这是新中国领导人第一次访问缅甸，两位总理的初次接触使中缅关系发生了重大变化，为解决边界问题奠定了基础。

在出访之前，对于缅甸存在的“中国威胁论”，周总理进行了实事求是的分析，充分认识到缅甸作为中国一个较小的邻国，其疑虑有其历史和现实的原因，必须把缅甸这样一个民族主义国家同宣传“共产主义威胁”的西方国家相区别，多做增信释疑的工作，逐步建立起相互理解、相互信任的友好关系。周总理对缅甸的首次访问充分体现了新中国的这种睦邻友好政策。

在会谈中，吴努表示，缅甸人口只及中国的云南省，缅甸政府一直怀疑中国对缅甸有领土野心，为此甚感恐惧。他还提出：缅甸共产党一些领导人和克钦族军人越境到中国云南接受军训，这使缅甸政府感到忧虑，希望中国采取步骤避免上述不愉快事件的发生。

周总理向吴努介绍了中国和印度两国总理联合声明中倡导的和平共处五项原则，表示新中国的政策是和平政策，并按照这五项原则与世界上一切国家友好相处，何况缅甸和中国还是有亲戚关系的国家；中国的立国政策就是把自己国家搞好，没有领土野心，并强调革命不能输出，输出必败。周总理提出：中缅之间应当有一个带政治性的协定，如果缅方同意，中方可提出这样一种性质的协定，以有助于两国之间友好关系和和平共处，但签订协定需要时间，因此，在这之前可先发表一个联合声明作为开端。吴努同意发表联合声明。

1954年6月29日，中缅两国总理发表联合声明，宣布和平共处五项原则“也应该是指导中国和缅甸之间关系的原则”，重申“各国人民都应该有选择他们的国家制度和生活方式的权利，不应受到其他国家的干涉”，“革命是不能输出的，同时，一个国家内所表现的共同意志也不应允许外来干涉”。

从当时的历史背景看，和印度共同倡导和平共处五项原则主要是为了解决印度在西藏的特权问题，与缅甸共同倡导和平共处五项原则主要是为了解除缅甸对中国的疑虑。从周总理首次访问缅甸看，和平共处五项原则从一开始就显示了强大的生命力，在很大程度上消除了缅甸对中国的疑虑。周总理的外交风格和个人魅力对吴努也产生了很大的影响，他对周总理十分钦佩。

1954 年 12 月，吴努访华，毛泽东主席向他明确表示中国不会利用追剿国民党军残部之机打缅甸，还承认历史上中国元朝、清朝进攻缅甸是侵略，说那是中国人的不对。吴努对中国领导人的疑虑进一步消除。他对毛主席表示："很坦率地说，我们对于大国是恐惧的。但是周恩来总理访问了缅甸以后，大大地消除了缅甸人的这种恐惧。""曾经有过一个时候，我不知道在中国会遇到怎样的人，害怕会遇到像希特勒那样的人，讲话的时候拍桌高喊。但是我现在发现，我的恐惧都是毫无根据的。"和毛主席会谈后，吴努非常轻松。有一个插曲，当时缅甸驻华大使开了一个招待会，毛泽东、刘少奇、周恩来、朱德等中国主要领导人都去了。这天晚上，吴努穿了一身中国的中山服，后来这引出了周总理三穿缅甸服的动人佳话。

吴努这次访华，再次谈到了边界问题。两国总理在会谈公报中表示："鉴于中缅两国边界尚未完全划定，两国总理认为，有必要根据友好精神，在适当时机内，通过正常的外交途径，解决此项问题。"

1955 年 11 月，正当中缅两国为解决边界问题进行准备的时候，双方边防部队在黄果园发生了一次武装冲突。黄果园位于"1941 年线"以西，1952 年我们越过"1941 年线"的时候控制了这个地方，缅甸认为黄果园是它的领土。因为没有协调沟通好，中缅双方边防部队发生了武装冲突。这在当时是一件震动性很大的事件，中缅边境局势很紧张，缅甸舆论把问题说得很严重。我当时在缅甸看英文的《民族报》(*Nation*)，这家报纸说中国"抢占"了缅甸领土，可能还要继续南进。黄果园事件是一个转折点，促使两国政府把解决边界问题提上了日程。从 1956 年初起，两国就边界问题进行了频繁的接触和磋商。

三

从 1956 年开始，周总理决定亲自抓中缅边界问题，但他并没有局限于中缅边界问题，因为中国与周边很多国家都有这个问题。周总理考虑要把解决中缅边界问题作为一个突破口，为解决一系列边界问题开一个好头。周总理进行了大量的调查研究工作。他查阅了汉朝以来的有关历史记载，弄清了中国历代政府对边境地区的管辖情况，搜集了各种地图，并请教了龚自知、王季范、尹明德、于树德等专家，弄清各个时期地图画法的不同和原因。他还调查了19世纪以来有关中缅边界的历次纠纷和交涉经过，弄清了边界未决问题的由来，研究了中缅边境地区双方居民的民族分布、居住和耕作情况，以及国际法有关边界问题的论述和国际惯例。在中缅边界问题解决之后，周总理叫人给外交部亚洲司送来一大皮箱材料，让我们归档。我们打开后发现，尽是有关中缅边界问题的专家报告、历史资料、复印材料等。这些资料周总理都亲自圈阅过。

在充分调查研究的基础上，周总理就如何解决中缅边界问题提出了正确的指导思想和方针。

在指导思想方面，周总理强调中缅边界问题是英帝国主义侵略造成的，由于中国和缅甸已摆脱帝国主义的压迫，成为独立的相互友好的国家，中缅边界问题的性质便发生了根本变化，必须从两国友好的全局出发，服务于外交大局，而当时外交大局就是要建立反美统一战线。美国已经在中国周边建立了一个包围圈，而当时印度、缅甸和平中立，所以印度、缅甸是中国重点争取的对象。为此，对边界问题必须有一个政治解决，不能过于拘泥于领土的得失。1957年7月9日，周总理在一届全国人大四次会议上作的《关于中缅边界问题的报告》，对此作了精辟的论述。他说：我们要解决边界问题，其目的是安定四邻，争取国际形势的和缓，便于进行建设，而不是使我们同邻国的关系紧张起来。我们的国策是和平外交政策。我们是个大的社会主义国家，我们必须设想到这些民族主义国家和我们社会制度不同，对我们是有疑虑有畏惧的。我们一方面应该坚持和维护我们民族的正当利益，但另一方面也必须而且的确应该在反对大国沙文主义方面做出一些榜样。就边界问题说，重要的在于我们应该做到使双方真正在平等、互利、友好的基础上加以解决，而不在于我们必须多占一些地方。

在具体方针方面，因为边界问题涉及民族感情，任何单方面的让步都是不可行的，所以周总理提出了互谅互让、友好协商的方针。这是他的一大创举。

解决边界问题的方针原则确定以后，中缅边界的谈判就开始进入实质性的解决问题的阶段。

四

1956年11月，吴努访问中国。我作为翻译陪同，从此开始了我为中缅两国领导人担任缅甸语翻译的生涯。由于缅甸内部的矛盾，吴努这时已经辞去总理职务，专任反法西斯人民自由同盟（简称自由同盟）主席，但实权却未削弱，仍然是缅甸一号人物。吴努这个人是作家，比较灵活，富有想象力，也能够适时作出一些决断。在这次会谈中，吴努表现得比较灵活、比较友好。

中国政府依据自己的调查研究结果，根据平等互利的原则，就中缅之间三段悬而未决的边界问题作了说明，并提出了解决问题的原则性建议。

第一，阿佤山区一段。1956 年，在中缅两国政府就中缅边界问题进行商谈过程中，缅甸领导人曾经表示能够理解中国人民对于“1941 年线”的不满情绪，但是鉴于这段边界已经通过当时的中英政府以换文划定，因此要求中国政府承认，并且要求中国政府把在 1952 年追剿国民党残部而进入“1941 年线”以西的中国军队撤回。中方表示：中国人民对“1941 年线”是不高兴的，因为这是英国人乘人之危造成的。中方认为，在边界问题上，根据正式条约而提出来的要求，应该按照一般国际惯例予以尊重，但是这并不排除两个友好国家的政府通过和平商谈求得对双方都是公平合理的解决。为了促进这种公平合理的解决，中方表示准备把军队撤出“1941 年线”以西的地区。同时，要求在中缅两国政府没有对“1941 年线”问题取得最后协议并且树立界桩以前，缅甸军队不进驻中国军队自“1941 年线”以西所撤出的地区，但是缅甸工作人员可以进入这一地区。

第二，勐卯三角地区。中方在原则性建议中指出，由缅甸继续对中国的一块领土保持“永租”关系，是同中缅两国目前的平等友好关系不相称的。中国政府愿意同缅甸政府商定如何废除对勐卯三角地区“永租”关系的具体部署。

第三，尖高山以北的一段。根据对历史事实和实际情况进行调查研究的结果，中国政府对于这一段边界划定提出了以下建议：从伊索拉希山口以北到底富山口的部分，可以按照习惯边界线划界；从伊索拉希山口到尖高山的一段，除片马、岗房、古浪地区应归还中国以外，原则上可以按怒江、瑞丽江（又名龙川江）、太平江为一方和恩梅开江为另一方的分水岭划定边界。中国政府同时要求，在中国军队撤出“1941 年线”以西地区的同一时期内，缅甸政府也把军队从片马、岗房、古浪撤出。在这一段最后划界以前，缅甸政府可以保留在片马、岗房、古浪地区的行政管理，而中国政府保证，在这一段边界最后划定以前，中国军队将不进驻这个地区。

吴努主席对中国政府的原则性建议非常满意，认为这是照顾双方利益的公平合理的建议。中缅双方在联合新闻公报中宣布：两国政府取得了谅解。从 1956 年 11 月底到 1956 年 12 月底，中国军队撤出“1941 年线”以西地区，缅甸军队撤出片马、岗房、古浪。随后，中缅两国都在规定时间内完成了各自的撤军工作，为保证两国边境的安宁和边界问题的最终解决创造了良好条件。这样，中缅达成的第一步互谅互让，使两国边界的紧张局势开始缓和下来。关于勐卯三角地区的问题，周总理说，考虑到八莫是缅北重要城市，勐卯三角地是缅北交通枢纽，如果收回，将使缅甸北部交通产生难以克服的困难，这个问题要努力抓紧解决。吴努此行收获很大，非常高兴地回国了。

1956年底，周总理出访亚欧11国，12月10日到20日正式访问缅甸。这是我第一次全程陪同周总理访问缅甸。这次访问有一个特点，除了仰光、曼德勒等大城市外，绝大部分时间，都是访问缅北少数民族地区。周总理考虑到，边界问题的解决大量牵涉两国边境的少数民族，关乎他们的利益得失，必须对他们做大量、细致的说服、解释工作。这次访问中有一个外交史上的罕见之举，即12月15日，周总理和缅甸总理吴巴瑞一起，从陆路坐汽车，开到边界桥，下车步行进入中国境内，共同参加了在云南芒市举行的中缅边境人民联欢大会、中缅边境少数民族公众领袖座谈会。周总理在联欢大会上讲话说：只要中缅两国政府和人民坚决信守和平共处五项原则，彼此以诚相见，我们的相互了解和信任就会日益增进，我们之间的一切问题就都可以逐步求得公平合理的解决。1956年2月，在中缅边界的缅甸一侧也举行过一次两国边境人民联欢大会，云南派了省政府秘书长去，当时中国驻缅甸大使姚仲明和我也都参加了。

在这之后，中缅达成了第二步的“互谅互让”，就是关于勐卯三角地区的问题。1957年3月底，重又当上缅甸总理的吴努到云南休假，周总理亲自到昆明和他会谈，主要讲了两层意思：第一，尽管勐卯三角地区在面积上比按“1941年线”划归缅甸的班洪和班老两个部落的管辖区要大一些，但考虑到缅甸在这里所修建的公路是连接缅甸掸邦和克钦邦的交通命脉，对缅甸很重要，因此中国政府愿意把这个地区移交给缅甸，成为缅甸领土的一部分，但是我们不能无条件地给缅甸。作为交换，缅甸政府应把“1941年线”以西的班洪和班老部落管辖区划归中国，成为中国领土的一部分，从而纠正两个部落被“1941年线”分割为中缅两部分的不合理状态。第二，为了体现两国都是新的主权国家，两国所有旧的条约一概不要，要签订立足于两国新的关系与和平共处五项原则基础上的新约。吴努建议签订一个友好和互不侵犯条约，周总理同意了。1957年7月26日，一届全国人大四次会议后，周总理又给吴努写了一封信，表达的基本意见是：除重申中方的各项建议外，并表示，为尊重缅甸的独立和主权起见，中国政府愿意在新的条约中声明，放弃1941年6月18日中英两国政府换文中规定的中国有权参加炉房银矿经营的权利。

针对中国的建议，1957年9月，吴努派他的亲信缅甸最高法院首席法官吴敏登作为特使到中国来访问，参加中国国庆，同周总理进一步商谈中缅边界问题。由于缅方不同意以“1941年线”以西的班洪、班老部落辖区同勐卯三角地区交换，会谈未能取得新的突破。

到 1958 年，尽管中方作出了很多积极努力，但是中缅边界问题仍然没有最终解决。这主要和当时缅甸的国内背景有关。当时缅甸的执政党自由同盟存在三派，即以吴努总理为首的一派，以国防部长吴巴瑞为首的一派和以工业部长吴觉迎为首的一派。此外以缅军总参谋长奈温为首的缅军领导人也自成一派。执政党内部三派之间闹得一塌糊涂。吴努虽然当总理，但是摇摇欲坠，没有可能集中精力继续研究边界问题。吴巴瑞和吴觉迎在加入自由同盟以前是缅甸社会党的领导人，由于受历史上共产国际和社会党国际之间分歧的影响，他们对中国的疑虑比吴努还多。而奈温很果断，也有一定的政治头脑。1958 年，他看到执政党分裂，议会民主搞得一塌糊涂，就发动政变，迫使吴努辞职，组成一个以自己为首的看守政府。后来，由于国内的压力，他被迫以退为进，进行大选，吴努又当选为总理。但在即将举行大选之际，奈温突然提出到中国来，要解决边界问题。这体现了奈温的政治头脑，他知道中国是缅甸最大的邻国，缅甸和中国友好已经有一定的基础，要抓住机会，进一步发展同中国的关系，为他将来重新执政创造条件。周总理对我不止一次讲过，中缅边界问题的解决是吴努打下的基础，他有很大的功劳，但他始终没有解决勐卯三角地区的问题，是奈温解决了这个问题。

1960 年 1 月 24 日至 29 日，奈温来华商谈边界问题。在会谈中，奈温主动提出将原来双方拟签署的关于边界问题的“换文”改为“协定”，并同意按两国总理在 1957 年换文的基本内容起草并签订《中缅友好和互不侵犯条约》。会谈在非常友好的气氛中进行，双方很快达成了协议。两国总理于 1 月 28 日分别代表本国政府在《中华人民共和国政府和缅甸联邦政府关于两国边界问题的协定》和《中华人民共和国和缅甸联邦之间的友好和互不侵犯条约》上签了字。《关于两国边界问题的协定》就中缅边界的几个重要问题作了原则规定：（1）自尖高山起，到中缅边界西段终点的全部未定界，除片马、古浪、岗房以外，遵照传统习惯线定界。（2）缅甸把片马、岗房、古浪归还中国。（3）中方以勐卯三角地区换回班洪、班老两部落在“1941 年线”以西的辖区。（4）中国接受“1941 年线”。（5）新的边界条约经两国政府签订和生效后，将代替一切旧的有关两国的边界的条约和换文。

根据《关于两国边界问题的协定》，中缅双方应成立边界联合委员会，进行勘界和定界，然后签订中缅边界条约。1960 年 2 月，吴努领导的廉洁派在缅甸大选中获得压倒性的胜利。吴努重新担任总理后，提出希望能在 1960 年 10 月前完成新边界条约的起草工作，以便他在 10 月访华时签字。由于边界问题协定对如何解决双方存在分歧的问题只作了原则规定，具体落实还有很多问题需要双方通过友好协商解决，而在长达 2 000 多公里的中缅边界上进行勘测也需要大量的人力、物力，边界联合委员会的任务是十分繁重的，双方首席代表的人选具有特殊重要的意义。正是在这种形势下，中方任命当时担任外交部条约法律司司长的姚仲明担任首席代表。缅方则任命缅军副总参谋长昂季准将为首席代表。这时我刚从驻缅甸使馆调回外交部亚洲司工作，姚仲明当即通过干部司将我调去，担任中方代表团的翻译。

从 1960 年 6 月到 9 月，边界联合委员会双方代表团投入了紧张的工作，先后在仰光、北京、昆明、畹町等地多次开会，飞行里程有几万公里。边界问题涉及双方领土主权，姚仲明认真负责，一丝不苟。由于中缅双方在不少具体问题上还存在分歧，姚仲明遵照中央确定的互谅互让的方针，采取了一揽子解决的办法，你让一点，我让一点，使这些具体分歧获得了圆满解决。但谈判毕竟是很艰苦的。记得有一次在缅甸开会，由于谈判未能按预定时间结束，我们所乘的中国民航班机不得不推迟一天起飞。由于边界联合委员会的工作直接关系到中缅能否如期签署边界条约，两国总理十分关心边界联合委员会的工作，亲自进行了指导，并给予很高礼遇。中方代表团每次到仰光开会，吴努总理都要亲自会见并宴请。缅方代表团每次到北京开会，周总理也亲自会见并宴请。

随着中缅边界勘测工作的展开，歼灭盘踞在中缅边境一带的国民党军残部问题被提上了日程。1960 年 4 月，周总理在访缅期间同吴努会谈中，建议缅甸消灭在缅甸边境建筑飞机场的国民党残余军队。同年 6 月，在中缅边界联合委员会第一次会议上，中方代表又遵照周总理的指示，提出为保护勘界人员，必须给国民党残部必要的打击，缅方同意。由于缅方军力不足，缅方起初同意中方军队可在“1941 年线”以西 10 公里范围内执行警卫任务。其后缅方又主动要求中方军队进入缅甸境内协助缅军拔除国民党残部的大本营，周总理指示可同意。1960 年 11 月至 1961 年 2 月，中方出动部队两次出境与缅军共同对国民党军残部作战，取得了重大胜利。国民党军残部除部分被歼外，大多逃离缅甸，使中缅联合勘界工作得以顺利进行。缅方从过去担心中国以肃清逃缅国民党军为借口入侵缅甸，到现在主动要求中方军队入境联合作战，这是一个飞跃，是双方关系发展的一个重要见证。中缅双方派出大批人员组成联合勘察队，不怕疲劳，跋山涉水，在很短的时间内完成了勘察工作。

由于边界联合委员会富有成效的工作，中缅边界条约得以如期签订。1960 年 10 月，吴努总理和奈温将军率领 360 余人的各界代表团访华。10 月 1 日上午，代表团参加了中国国庆，下午两国总理签署了《中华人民共和国和缅甸联邦政府边界条约》，历史遗留下来的复杂的中缅边界问题终于获得了全面彻底的解决。1961 年 1 月 2 日，周总理和陈毅副总理一起率领由 9 个代表团共 437 人组成的中国友好代表团访缅。1 月 4 日上午，周总理一行参加了缅甸独立节庆祝典礼，下午举行了交换中缅边界条约批准书仪式。

中缅边界条约签订后，姚仲明率领边界联合委员会中方代表团继续努力，同缅方代表团一起完成了在中缅边界全线树立界桩等工作。1961 年 10 月，吴努总理和奈温将军再次访华，中缅两国总理在中缅边界议定书上签字。10 月 13 日，周总理在签字仪式上说：随着中缅边界议定书的签订，历史上遗留下来的两国边界问题就获得了最后彻底的解决，一条和平和友谊的边界从此就巩固地确定下来了。当晚，周总理在出席吴努举行的告别宴会时指出：两国边界议定书的签订，为不同社会制度国家和平共处、友好协商解决有关问题树立了又一个良好的范例。从此中缅边界的划界工作全部完成。

五

中缅边界问题的圆满解决，使两国关系在 20 世纪 60 年代初期出现了高潮，为亚洲国家解决历史遗留问题树立了光辉的榜样，在新中国外交史上具有重要的地位。概括起来主要有以下三点：

第一，从中缅两国关系来看，中缅边界问题的解决推动两国关系达到高潮，并对两国关系的长远发展产生重要影响。当时我们的对外关系比较紧张，和美国对抗，和苏联的关系开始破裂，和印度关系紧张，在这种背景下，中缅关系达到如此友好的高潮，是难能可贵的。1960 年 10 月吴努总理和奈温将军率领 360 余人的缅甸各界代表团访华，是新中国成立以来接待的最大的非社会主义国家的代表团。1961 年 1 月周总理和陈毅副总理率领由 9 个代表团共 437 人组成的中国友好代表团访问缅甸，是新中国成立以来向国外派出的最大规模的对外友好代表团。就在这前后，周总理三穿缅甸服已成为中缅友好史上的动人佳话。1960 年 4 月，周总理访缅参加泼水节活动时，欣然穿上了缅方准备的民族服装；1961 年 1 月周总理访缅时又于 1 月 6 日晚身穿缅甸民族服装参加缅甸总统吴温貌的独立节招待会；1961 年 1 月 7 日在吴努陪同下访问古都曼德勒时又接受吴努希望周总理在缅甸古都再穿一次缅甸民族服装的建议，在坐船游伊洛瓦底江时再次穿上缅甸民族服装。因为中缅友好的基础牢靠，“文化大革命”时中缅关系虽然受到一定冲击，但并没有对两国关系持续发展产生太大影响。

第二，按周总理所说，中缅边界问题的解决，为亚洲国家解决历史遗留问题树立了光辉的榜样，为解决中国和亚洲邻国的边界问题打开了一个突破口。

第三，打破了以美国为首的帝国主义国家对中国的包围圈。当时美国组织了东南亚条约组织，同日本、韩国等签订了军事条约，在中国周边形成了一个包围圈。中缅友好，就在这个包围圈上打开了一个大缺口。《中缅友好和互不侵犯条约》中专门有一条明确指出，双方不参加针对对方的军事同盟。中缅边界问题解决后不久，奈温成为缅甸的最高领导人，他是一位民族主义者，对中国友好，不屈服于美国，美国虽十分不满，但多次对他施加压力都没有成功，这对中国的安全形势是十分有利的。

随彭德怀访问东欧和蒙古八国纪实

章金树

中国军事友好代表团于 1959 年 4 月 24 日至 6 月 11 日应邀访问东欧及蒙古八国，历时近一个半月。代表团由彭德怀亲任团长，他当时是中央军委副主席、中央政治局委员、国务院副总理兼国防部长。团员有国防部副部长王树声大将、总政治部副主任肖华上将、济南军区司令员杨得志上将、高等军事学院副院长陈伯钧上将，还有空军和海军的将领。团员中还有国防部办公厅副主任、外事处处长等人。随员中我是外事参谋，主要给彭总当翻译并兼管礼宾工作，另外还有彭总的副官、俄文翻译和医生。

访问波、德、捷的经历

中国军事友好代表团于 4 月 24 日由北京起飞，经莫斯科直飞波兰华沙。飞机在莫斯科机场加油时，到机场迎接的有马利诺夫斯基元帅、莫斯卡连科元帅等苏军高级将领。代表团抵达华沙后，受到波方的热烈欢迎。因天色已晚，就直接赴宾馆休息。

在波兰，波方安排代表团主要参观海军和空军。4 月 25 日下午，代表团离开华沙，前往波罗的海的海滨城市索波特。由于长途飞行较劳累，用过晚餐后，彭总和代表团的将军们就早早休息了。此时波兰驻华武官莫纳特上校邀请外事处处长、我和其他几位团员前往参观波兰海军军官俱乐部，在北京我们都是熟人，盛情难却，就同意了。我们想象，俱乐部肯定有图书馆、文娱室和咖啡厅等设施。出乎意料的是，走进大厅后看到的情景，简直让我们目瞪口呆，海军军官们搂着半裸的女人在跳舞，有的抱着女人在喝酒、亲吻。这哪里是俱乐部？完全是个藏污纳垢的地方！我们二话不说，掉头就走。莫纳特上校在后边说什么，我们都没有听清楚。回到宾馆后，大家心照不宣，对参观俱乐部一事守口如瓶，否则让彭总知道了，肯定会受到严厉的批评。

4 月 26 日上午，代表团分乘三艘快艇前往海军基地格丁尼亚和格但斯克参观。彭总在航行中有时拿着望远镜瞭望，了解地形和沿海情况，就像抗日战争时期发动百团大战那样，深入前沿阵地，了解地形和观察敌情。到达格丁尼亚上岸后，彭总在休息厅内与波兰海军司令交谈，探讨如何打好防御战。彭总问，现在北大西洋公约组织的兵力部署和在波罗的海的海军实力有何变化？海军司令一时语塞，回答不出来。彭总于是介绍了北约组织的兵力分布情况，并说在波罗的海共有水面舰艇若干艘和潜艇若干艘。中国国防部长居然对北约情况了如指掌，这让波兰海军司令感到十分钦佩。当时我想，如果当司令的不知敌情，军官们又整天过着纸醉金迷的生活，一旦打起仗来，如何反抗入侵之敌并保卫这个国家的领海，那只有老天爷知道了。

4 月 29 日，代表团从华沙飞往柏林，因机场距市区较远，德方安排到市内举行欢迎仪式。在欢迎会上，民主德国国防部长维利·斯多夫上将发表了热情洋溢的讲话，对彭德怀元帅亲自率代表团回访感到特别荣幸。斯多夫将军曾于 1957 年率团访华。他对中国经济的飞快发展惊叹不已，但也看到一些负面的东西。如在南京军区参观时，看到解放军战士们行军中把裤子脱下来，围在脖子上，他没有想到解放军还有这样重的游击习气。又看到公路上很多载重汽车的司机开空车，这在民主德国是绝对不允许的。在会见南京军区司令员许世友上将时，他毫不客气地提了这两点意见。许司令豁达大度，感谢维利·斯多夫部长提出的宝贵意见，并表示一定要大力整顿军容风纪。

4 月 30 日上午，民主德国总理格罗提渥会见代表团。互相寒暄后，格罗提渥指出，德方向中方提出购买一种稀有金属，中方至今未作答复。德文翻译不知这种稀有金属为何物，大家把目光投向我，我说可能是钨矿，但没有把握。由于无法准确翻译，格罗提渥说，这没有关系，因德方提供的购货单中对品名、数量都有文字说明，只是希望元帅回国后能关心一下此事。彭总掏出笔记本记了下来。格罗提渥见彭总办事如此认真，感到十分满意。

5 月 4 日上午，代表团乘车前往苏军演习场，观看步兵连的进攻演习。代表团准时到达后，演习开始。苏军先进行炮火准备，在第二次炮火准备后，步兵投入战斗，士兵们以密集的队形，挺胸凸肚地端着冲锋枪前进。彭总认真观察，表情严肃。代表团的一位将军私下说，炮火准备后，敌有生力量并未全部被消灭，如果利用地形，匍匐前进，就可减少伤亡。几位将军会意地一笑，表示赞同。但苏军有自己的战斗条令，我们不便妄加评论。观看完演习后，我们参观了军官食堂，只见食堂窗明几净，摆了 30 多张小圆桌，每张桌子都铺有雪白的桌布，并放着鲜花。彭总走进餐厅驻足观看时，发现墙角边有一只老鼠在觅食。苏军驻军司令问彭总：您看见了什么？彭总说：墙角边有一只耗子。那位司令顿时脸红到脖子，十分尴尬。彭总迅速走进炊事房，厨师们正在炒菜，香气扑鼻，彭总赞扬他们厨艺高超，一定会使军官们满意。听到中国元帅的赞扬，厨师们立即放下手中的瓢勺，热烈鼓掌。临别时，我们将从国内带去的精制金星钢笔和一些小纪念品，分送给驻军司令和陪同参观的高级军官，大家笑逐颜开，握手告别。

5 月 6 日，代表团由柏林飞往捷克首都布拉格。在捷克斯洛伐克，捷方只安排参观一个军事项目，即与边防部队官兵会见，其余时间均是参观工厂和风景名胜。我们参观了比尔森啤酒厂，留下很深的印象，特别是到卡罗维发利，大家得到适当的休息，精神为之一振，彭总也很开心。

婉拒驻匈苏军司令邀请

5 月 13 日，代表团飞往匈牙利首都布达佩斯。次日，驻匈苏军司令卡扎柯夫大将来访，要求见彭总。他说，他唯一的心愿就是请彭德怀元帅到他们部队参观，因为在民主德国，元帅已参观了驻德苏军。这位大将矮矮胖胖的，嘴上留了两撇向上翘着的大胡子，酷似哥萨克骑兵。彭总接见了他，向他解释说，两国情况不一样，驻民主德国苏军和驻联邦德国的英、美、法部队，是根据国际协议进驻的，而匈牙利是一个独立的主权国家，所以不能一概而论。卡扎柯夫急了，说我不问政治，只希望对我们一视同仁。彭总说我们研究一下，再和你联系。大胡子怏怏而别。彭总与代表团的几位主要成员商量，说他本人不能去，决定由肖华上将带海、空军少将等人前往。这样决定后，通知了卡扎柯夫，他还算知趣，觉得有了面子，不再纠缠了。这件事引起匈牙利社会主义工人党总书记卡达尔的关注。他在会见彭总时说："彭德怀元帅不但是著名的军事家，而且还是一位高瞻远瞩的政治家，果断地以一个政治家的智慧妥善地处理了这件事，是在政治上对匈牙利的支持。"他代表匈牙利党、政府和人民向彭总表示深切的谢意。彭总谦逊地说："您过奖了，我们都是社会主义国家，互相有着共同的目标，这是我们能够做到的事，请不要客气。"

驻匈苏军是 1956 年波匈事件时派去的，事件平息后，苏军不走了，长期驻扎下来，令匈方颇感头痛。代表团一到匈牙利，就明确地表明了中方的态度，大家都很高兴。平时我们在旅馆里用餐，匈方不派人陪餐，这让我们感到轻松。有一次，王树声大将在用餐时迟到了两分钟，当时只有彭总身边的位置空着。他走到我身边，轻轻地说："咱俩换个位子，你坐到彭总身边去，我坐在你这里，因为我在彭总身边吃不饱饭。"我只好遵命。后来我明白了，在心理学上这种拘谨是无限崇敬的表露，而不是畏惧。

代表团在巴拉顿湖边的别墅内休息了一晚，这里风景如画，如临仙境。次日，代表团返回布达佩斯。匈方安排游览市容，我们从布达乘车经过多瑙河桥去佩斯参观，这天风和日丽，彭总的心情很好。我们登上一处高台俯瞰全市，确实感到它是多瑙河上的一颗明珠，名不虚传。在下台阶时，由于高台太陡，为安全起见，我便从彭总身后走到他前面。此时彭总问我："你干什么？"语调甚为平和。我回答说："这台阶太陡，我怕老总不小心摔下来。"彭总接着说："你怕我摔下来，我还怕你摔下来呢。"我知道他是在和我开玩笑，但我不敢笑。这时走在身旁的王树声大将情不自禁地笑了起来，他似乎觉得，彭总一生征战，指挥过百万大军作战，从不知道一个怕字，今天忽然说起一个"怕"字来，难免感到好笑。1959 年庐山会议后彭总被罢官，我随后被调离国防部，我们两人真的都"摔倒"了。

在阿宴会上同赫鲁晓夫的相遇

代表团从 5 月 18 日起访问罗马尼亚，5 月 23 日起访问保加利亚。在这两个国家都没有安排参观军事项目。在罗马尼亚首都布加勒斯特和工业城市普洛耶什蒂，主要参观工厂；因保加利亚是农业国，没有重工业，所以在保加利亚主要参观农业。

1957 年保加利亚人民军总参谋长曾率军事代表团访华，受到破格的接待，毛主席、周总理曾在中南海接见他们。这次我们代表团来访，无论是在索非亚，还是在黑海滨海城市瓦尔纳，都受到保加利亚军方热情周到的接待。一天，在索非亚宾馆休息时，陪同的军官与我聊天，一名上校问我："你说说共产主义的分配原则是什么？"我不假思索地用俄文回答："各尽所能，按劳分配。"上校又问："你需分配什么？"我说："共产主义是人类崇高的理想，何时能实现，谁也说不清楚。"

快到起程去卡赞勒克参观的时间了，我们便立即分头去招呼彭总和代表团成员乘车。保加利亚的乡间很美，一片田园风光。在到达著名的玫瑰谷时，徐风送着幽香，令人陶醉。彭总走在花丛中，看着那万紫千红的玫瑰，十分惬意。据说，保加利亚的玫瑰油比黄金还贵，在保加利亚国民经济的总收入中占有不小的比重。我利用保方发给的零用费，给妻子买了两小管玫瑰油，约两克重，装在一个小巧玲珑的圆木盒内。妻子一直舍不得用，现在这两小管玫瑰油已成了我随彭总出访留下的最珍贵的纪念品了。

中国军事友好代表团于5月28日飞往地拉那，对阿尔巴尼亚进行回访。碰巧，此时以赫鲁晓夫为首的苏联党政代表团也抵阿访问。地拉那的大街小巷到处张贴着欢迎苏联党政代表团的标语，有的标语还写着："苏联共产党是我们的母亲党。"母亲党者，老子党也，是同一个意思。他们把阿劳动党自贬为"儿子党"。

5月29日，阿方安排代表团去发罗拉海军基地参观，考虑到阿水兵不懂俄语，我们就请中国驻阿使馆的阿文翻译随行，并事先将讲话稿译成阿文。中国军事友好代表团抵达后，海军基地举行了隆重的欢迎仪式。在欢迎大会上，出席的除阿海军官兵外，还有苏联的海军官兵，这是我们事先不知道的。在阿文翻译即将译完时，彭总将中文讲稿递给我，轻轻说了一句："加口号。"当然我明白，除了加口号外，还要加称呼。我接过中文讲稿，不慌不忙，边看边译，声音较为洪亮。当我最后念到"中阿两国人民和军队之间的友谊万岁"和"中苏两国人民和军队之间的友谊万岁"时，全场欢声雷动，掌声经久不息，彭总对我笑笑，表示满意。

5月30日晚，霍查举行酒会和正式宴会，招待苏联党政代表团。中国军事友好代表团应邀参加了酒会。当赫鲁晓夫走进大厅时，与彭总只握了握手，态度冷淡，显得十分傲慢，然后就快步走进了贵宾室。阿国防部长巴卢库上将与彭总交谈时，说他1958年率军事代表团访华时，看到中国人民热火朝天的干劲，使他十分感动。此时苏联国防部长马利诺夫斯基元帅从贵宾室走来，与彭总见面。巴卢库上将提议，为苏联国防部长马利诺夫斯基元帅的健康干杯。彭总举杯不饮，说："我愿为阿尔巴尼亚妇女的健康干杯。"马利诺夫斯基一听急了，说："元帅同志，您不愿为我的健康干杯，却为女人干杯，这事让您夫人知道了，可不是说着玩的。"彭总笑笑，未予理睬，马利诺夫斯基随即气呼呼地转身返回了贵宾室。

中国军事友好代表团是阿国防部的客人，不是"儿子党"邀请的，所以酒会一结束，我们就和彭总一起立刻返回宾馆。

与莫洛托夫互致问候

6月2日，中国军事友好代表团离开地拉那飞往莫斯科，准备在这里休息三天。因为不是正式访问，所以我们没有主动与苏联军方联系。我们利用这一机会，和彭总一起到红场瞻仰了列宁、斯大林遗容，到克里姆林宫参观了列宁生前的办公室。彭总还应留学生的邀请，作了国内形势的报告，他鼓励学生们好好学习，以便报效祖国。彭总在报告中除讲了大好形势外，也讲了一些存在的问题。彭总讲话一直实事求是，从不歌功颂德，也不粉饰太平，他无私无畏，坚持真理，敢讲真话，因为他心中只有人民，只有人民的革命事业和国家的建设事业。这就是彭总的性格和他的人生哲学。因为快回国了，大家有点归心似箭，陈伯钧上将想到快要见到年轻貌美的妻子，多喝了点酒，显得红光满面，兴奋异常，这也是人之常情吧。

6月5日，代表团离开莫斯科，次日飞抵乌兰巴托。11日，代表团准备乘飞机返国（后因天气原因，改乘火车），时任苏联驻蒙古大使的莫洛托夫前来机场送行。彭总与莫洛托夫热烈握手，互致问候。

彭总："您身体好吗？"

莫洛托夫："谢天谢地，自我感觉不错，您怎么样？"

彭总："还好，只是访问的时间过长，礼节性的东西太多，太烦琐。"

莫洛托夫："对，太烦琐的礼节不好，但必要的礼节还是要的。"

彭总："您多多保重。"

莫洛托夫："谢谢，您也多保重，多保重。"

莫洛托夫是和列宁一起发动十月革命的老布尔什维克。他长期受到斯大林的无情打击和迫害，被定为反党集团的头子，晚年还被放逐到蒙古坐冷板凳。莫洛托夫是否是根据他自身的经历，意识到一场暴风雨即将来临，所以再三提醒彭总要"多保重"？对"多保重"含义的推测，只能是仁者见仁、智者见智了。

风云突变的庐山会议

万　毅

1959 年 7 月，中央政治局扩大会议在庐山召开时，开始我没有参加。我留在北京，在国防科委处理日常工作。当时我的职务是国防科委副主任兼总参装备计划部部长。7 月中旬的一天，宋任穷同志到国防科委来找我。当时他是主管核工业的二机部部长。他告诉我，苏联以与美、英等国进行部分禁止核武器试验谈判为由，突然停止向我国提供核工业图纸资料，从而打乱了原来的工作部署，宋任穷同志很着急。我感到这是一件大事，建议他直接去庐山，向参加庐山会议的国防科委主任聂荣臻、国防部长彭德怀等首长汇报。因为国防科委还有日常战备值班等许多事要做，我不想去庐山，但宋任穷同志执意要我一同去，我只好与他同乘一架飞机飞抵九江，然后换乘汽车上了庐山。我们到庐山的那天是 7 月 15 日，我们先向聂帅作了汇报，聂帅又和我们一起到了彭总那里。因为 7 月 14 日，彭总刚刚给毛主席写过那封后来引起轩然大波的信，所以在我们谈完工作以后，他很自然地说起给主席写信的事，讲到“大跃进”中出现的一些问题。我听了后，认为彭总的看法符合当时的实际，并且补充说：“‘人有多大胆，地有多大产’这样的口号，是唯心主义的嘛!”就因为这件事使我后来被迫在庐山会议上作了检讨，检讨文字还被印进会议文件里了。

7 月 16 日，毛主席在彭总的信上加了“彭德怀同志的意见书”的题名，并批示：“印发各同志参考。”同时决定会议讨论的时间延长，原来没有参加会议的林彪、彭真、黄克诚、薄一波、安子文等也都被召到了庐山上，宋任穷同志和我也被留下来参加会议。原来按大区编配的六个组，组长没有变动，组员改为各地区穿插编配。宋任穷同志分在第一组，担任副组长；我分在第六组，组长是欧阳钦同志，副组长是江渭清和张国华同志。

庐山会议的前一段，就是我们没有参加的 7 月上半月的会议，各小组集中讨论学习、形势、任务等十几个问题，听说气氛比较轻松，被人们称为“神仙会”。毛主席批示后，小组重新划分，参加会议的人员也增加了，预示着会议的气氛开始发生变化，但是我当时没有觉察到这一点。我参加小组讨论的第一天（7月17日上午），毛主席的批示和彭总的信正好发下来要大家讨论。当时多数同志还不理解毛主席要大家讨论的用意，更没有想到这会演变成一场阶级斗争的风暴。所以在17日至22日的6天讨论中，大多数人赞同彭总的一些看法，许多人还说了不少相似的事例。在我们第六组中，张国华同志讲了他爱人回江西探亲时，看到农村中出现的问题；手工业管理局局长邓洁同志讲了手工业中的一些问题。董必武和聂荣臻同志在第六组参加讨论，对彭总的信也没有提出批评。我记得，只有一位青海省委书记，不同意彭总的观点，说他们那里的小麦亩产7 000多斤。

7月22日上午，小组讨论已进入第六天，我在小组会上作了第一次发言。我讲到，在“大跃进”中“虚报浮夸的作风在滋长”，“夸大主观能动作用。如‘人有多大胆，地有多大产’的增产无限论等”，我认为这“是搞精神第一性”。我说：“对于重点与一般、多快与好省贯彻不全面，没有真正实行两条腿走路；注意重点忽视一般，注意多快忽视好省。”我还讲道：“没有认真掌握主席久已强调的‘一切经过试验’、‘由点到面’逐步发展的工作方法。有的有抢先思想，比如‘吃饭不要钱’的口号，在北戴河会议上有人提出是作为今后考虑的，但是有的就抢先实行，加上报纸一宣传，就变成较普遍的行动。放‘卫星’你比我高，我想比你更高。有的口号的提出慎重考虑不够，如有的说‘粮食基本过关’，‘放开肚皮吃饭’等等。”

这些话都整理到会议简报中了。在我发言中，最关键的，也是后来成为我的最主要罪状的，是这样一段话：“彭德怀同志把自己考虑到的问题提出来，对于此次会议深入讨论有推动作用；提出意见，精神是好的，是赤胆忠心的。从肯定成绩、提出问题到纠正缺点来看，基本精神都是对的。但是有的问题说得简单一些，如果再多说几句，多加分析就清楚了。”

当时，我还表示基本同意彭总的信。我没有料到，就是这个表态惹了大祸。不过，我的发言开始并没有引起人们特别的注意，因为当时大多数人都和我的看法相似，只是没有表示基本同意彭总的信。在其他小组，讨论的情况和我们第六组差不多。不少同志都讲了一些与彭总的观点相同的看法。但是在我发言后的第二天，庐山风云突变。7月23日早晨，我们得到通知，听主席讲话。当大家来到小礼堂时，气氛还和往常一样。但是毛主席只讲了几句，就使人感到气氛变了。他的讲话是这样开头的：“你们讲了那么多，允许我讲个把钟头，可不可以？吃了三次安眠药，睡不着。我看了同志们的发言记录、文件，和一部分同志谈了话，感到有两种倾向……”他虽然讲道：“一种是触不得，大有一触即跳之势……只愿人家讲好话，不愿听坏话。”但是，很快便把话锋转向另一种倾向。他说：“现在党内外都在刮风……所有右派言论都出来了。江西党校是党内的代表，有些人就是右派、动摇分子……这一回是会内会外结合，可惜庐山地方太小，不能把他们都请来。像江西党校的人，罗隆基、陈铭枢，都请来，房子太小嘛！”对于“大跃进”以来出现的种种问题，毛主席说：“无非是一个时期猪肉少了，头发卡子少了，没有肥皂，比例失调，工业农业商业交通都紧张，搞得人心也紧张。我看没有什么可紧张的。我也紧张，说紧张是假的。上半夜你紧张紧张，下半夜安眠药一吃，就不紧张了……说我们脱离了群众，我看是暂时的，就是两三个月。……小资产阶级狂热性有一点，不那么多……想早点搞共产主义。对这种热情如何看法？总不能全说是小资产阶级狂热性吧。我看不能那样说。有一点，无非是想多一点、快一点。”毛主席的这段话，显然是针对彭总的信。因为彭总信中提到了“小资产阶级狂热性”。毛主席越说越严厉：“人不犯我，我不犯人，人若犯我，我必犯人，人先犯我，我后犯人。这个原则，现在也不放弃。”他严厉警告说：“他们重复了 1956 年下半年、1957 年上半年犯错误的同志的道路，自己把自己抛到右派边缘，只差 30 公里了。”

听到这里，我很自然地联想起两年前（1957 年）毛主席发动的反右派斗争，感到十分震惊。散会以后，我走出小礼堂时，看到彭总站在门外，当毛主席走出小礼堂后，彭总立刻迎上去，贴近毛主席，恳切地说：“主席，我是你的学生，我说的不对，你可以当面批评教育嘛！为什么要这样做呢！”毛主席没有停下脚步，把脸一沉，甩手走开了。此时，我就站在旁边，彭总的话我听得很清楚。而林彪这时恰好站在我身旁，他手里拉着一棵小树的树枝，脸上没有什么表情，看不出他是什么态度。

毛主席 7 月 23 日的讲话，完全改变了会议的内容和气氛，使本来要纠正“左”的错误的庐山会议，变为一场批判以彭总为代表的右倾机会主义的斗争。彭总一下子成为众矢之的。我因为表示过同意彭总的信，很快也成为被批判的对象。23 日以后，以批彭为主要内容的小组讨论又持续了一周。

8 月 1 日中央政治局扩大会议结束。8 月 2 日接着召开中共八届八中全会。出席会议的中央委员、中央候补委员和列席人员，人数几乎相当于前一个会议的两倍。毛主席在会议开始时作了长篇讲话。他说明会议议题有两个：一是修改 1959 年生产指标，这个问题比较简单；二是路线问题，这是此次中央全会的主题。他说：上庐山后，有部分人要求民主，要求自由，说不敢讲话，有压力。当时摸不着头脑，不知所说的不民主是什么事，前半个月是“神仙会”，没有紧张局势。后来才了解，有些人所以觉得没有自由，是认为松松垮垮不过瘾。他们要求一种紧张局势，要求有批评总路线的自由，就是要攻击总路线，破坏总路线，以批评去年为主，也批评今年的工作。说去年的工作都做坏了。1957 年不是有人要求大民主、大鸣、大放、大辩论吗？现在有一种分裂的倾向。去年八大二次会议我说过，危险无非是：(1) 世界大战；(2) 党内分裂。当时还没有明显的迹象。现在有这种迹象了。毛主席讲的这些话，把彭总的问题上升到分裂党的路线斗争高度。按照这个调子，各小组分别对彭德怀、黄克诚、张闻天、周小舟等进行了严厉批判。批判的内容已经不只是彭德怀的那封信，而是任意引发延伸开去。一方面是清算彭德怀、张闻天等人几十年来在党内历次斗争中所犯的“路线错误”，另一方面是追查所谓“军事俱乐部”的成员和对那些在前段会议期间发表过“错误”言论的人进行揭发、批判。我就是被批判对象中的一个。

在 8 月 7 日的小组会上，我被迫作了违心的检查。但是在回答关于与彭德怀的关系问题时，我还是实事求是地作了说明。我说：“我与彭德怀同志的来往，除工作外，没有单独在年节到他家去过。因谈工作，在他家吃过一次饭。1955 年出国代表团我是顾问，朱可夫送他的和平牌收音机，我向他要，他给了我。如果说有物质上的拉拢，也只有这个，但是是我主动要的。”

在八届八中全会大会上，我作为中共中央的一名候补委员，争取到一个发言的机会，想解释一下我在小组会上的那个发言。可是我刚一开口，那天主持会议的某西南大区领导就打断我的话说：“不能叫万毅发言，他不老实，也不交代他的问题。”我只好坐下了。坐在旁边的薄一波同志，可能觉得该领导的话过于生硬，便说：“万毅同志，回去到军委会上讲吧！”

当时，党内民主生活遭到了严重破坏的迹象已十分明显。8 月 16 日，八中全会闭幕的那天，当通过关于彭德怀“反党集团”的决议时，会场上的气氛异常紧张，真是万马齐喑、鸦雀无声，毛主席念完决议后，问有没有不同意见，没有人讲话，也没有让大家举手，就宣布决议通过了。

八届八中全会 8 月 16 日在庐山结束，我与彭总乘一架飞机离开庐山，先在济南停了一下，19 日回到北京时，以贯彻庐山会议精神为主旨的军委扩大会议已在前一天开始。参加这次会议的有 1 000 余人，规模是空前的。各大军区的全部领导（只留一人值班），各野战军、各省军区的军政主官都来了；全军师以上单位也各派 2 名正职干部参加。会议用 10 天时间，传达学习庐山会议文件以后，把原来的 15 个小组编成两个规模很大的综合小组。第一综合小组，有 170 多人（还不包括一些列席人员），光组长、副组长就有十几位，负责揭发批判彭德怀。第二综合小组负责揭发批判黄克诚。在举行军委扩大会议的同时，在北京还召开了揭发批判张闻天的外事工作会议。湖南省委则开会批判周小舟。

军委扩大会议由接替彭总国防部长职务的林彪主持。会议对彭德怀、黄克诚的批判，从庐山会议一直延伸到炮击金门、高饶事件、抗美援朝、保卫延安、百团大战、长征途中……按照8月11日毛主席在八中全会讲话中定的调子，彭总被批成30几年阶级立场没有改变，根本不是马克思主义者，一开始就是以资产阶级民主主义资格投机革命的，而且还耸人听闻、无中生有地给彭总扣上“里通外国”的罪名。

军委扩大会开到9月5日，又分成几个小组，分别对邓华、洪学智、钟伟和我4人进行揭发批判。邓华曾接替彭德怀担任志愿军司令员，当时担任副总参谋长兼沈阳军区司令员，有人说邓华与彭德怀关系密切，从而成了被批判对象。洪学智是接替黄克诚任总后勤部部长的，因为他与彭、黄关系密切，对彭、黄的揭发又很少，也成了批判对象。当时担任北京军区参谋长的钟伟，则被扣上包庇黄克诚的罪名。

对我的揭发批判，也向纵深发展了。最可笑的是，有人揭发我在西安事变时，把东北军内共产党员的名单，交给了东北军120师师长赵毅。西安事变时我还没有入党，怎么会有共产党员的名单！当时赵毅还活着，也完全可以证明此事。

9月11日下午，军委扩大会议召开全体会议，林彪在会上宣布撤销我的党内外一切职务的决定。但是，批判并未结束，军委扩大会后，又召开了有国防科委和装备计划部全体干部以及总参、总后等有关单位代表共220人参加的批判斗争我的大会，持续了25天。最后给我作的结论是：“犯了反对社会主义总路线的右倾机会主义的反党、反中央、反毛主席的错误”，“是以彭德怀为首的反党集团的相当重要的成员之一”，“是彭、黄反党集团篡夺国防新技术的主要工具”，是“十足的伪君子、阴谋家、两面派”，“严重的教条主义者”。

1960年4月13日，我被迫离开部队，到陕西省担任省建委副主任，半年后又改任林业厅副厅长。一去8年。邓华、洪学智和钟伟同志也都被撤了职。邓华被贬到四川省任副省长，洪学智被贬到吉林省任机械工业局局长。我因彭、黄而受株连，国防科委和装备计划部的一些同志又因我而受株连，有的被撤职，有的被迫转业。

在“文化大革命”中，我再次遭到迫害。从1967年11月被监护，我在1959年患上的青光眼，在被监禁的头4年一直不给任何治疗，因而迅速恶化，1969年左眼失去视力，1973年被放出时，右眼的视力也只剩下0.08。1977年党的十一大之后，我给党中央写了一封信，邓小平同志看到我的信后，写了“既无政治历史问题，就应作恰当安置，他过去有贡献”的指示。从此，我才得到适当安置，同年10月，我被任命为总后勤部顾问。但是我的冤案直到1979年10月才得到彻底平反。

1959年那场斗争，使党内从中央到基层的民主生活遭到严重破坏，致使

“左”的错误继续蔓延，并造成了“文化大革命”极其严重的后果。前事不忘，后事之师。今后，如果我们切实记取这一历史教训，不断加强党和国家政治生活中的民主制度建设，我相信，我们的党、我们的国家一定会长治久安、日益兴旺发达。

杨尚昆谈庐山会议

苏维民

1959年夏的庐山会议，在党的历史上产生了深远的影响，中央办公厅一些老同志建议把它列为《杨尚昆回忆录》的一章，得到杨尚昆的同意。1996年12月，1997年3月、5月，杨尚昆三次同我们谈庐山会议前后情况。他说，我作为庐山会议的正式成员，又是会务工作的总负责人，是应当对这次会议说几句话的。

一次被推迟了的中央工作会议

众所周知，庐山会议本来是要纠"左"，后来因为毛泽东严厉批判彭德怀的《意见书》，急剧转向了反右倾。杨尚昆当时对此也没有思想准备，但是在和我们谈庐山会议的第一阶段——中央工作会议（政治局扩大会议）的时候，他分析认为，即使没有彭德怀的《意见书》，庐山会议纠"左"的初衷也很难实现。

> 1958年11月第一次郑州会议后，毛泽东召开了一系列会议，研究解决"大跃进"、人民公社化运动中存在的问题。1959年6月4日、5日，中央书记处连续两天召开会议，讨论当年工业生产指标。会后，我去毛泽东处汇报，毛泽东对我谈了他对当时形势的一些看法后说，中央对农村和市场方面都有了指示，下面贯彻落实需要一定的时间。原定6月召开的中央工作会议，可以推迟到7月。他说想利用这段时间出去摸摸情况，做到心中有数。6月13日，毛泽东在颐年堂召开中央政治局会议，他强调计划必须落到实处，要注意综合平衡。他说，1958年搞"大跃进"，成绩很大，现在出现了

一些问题不要紧，不碰钉子不会转弯。1957 年调低指标是必要的，1956 年的错误是不应该公开反冒进，明年的指标也可以低一些，搞一个马鞍形。现在要解决的问题是怎样办好农村食堂。他宣布，6 月的中央工作会议不开了。20 日，毛泽东离京南下，次日，到达郑州。当晚，毛泽东的秘书高智打来电话，说主席提议在庐山召开省、市、自治区党委书记座谈会，要我征询中央常委各同志的意见。我当即报告刘少奇，刘少奇连夜召开会议，中央常委一致同意毛泽东的意见。因对庐山承办会议的条件一无所知，决定让我先去庐山，进行安排。这已经是 22 日凌晨了。上午，我即召集有关人员开会，对庐山会议的会务工作作了简单部署。23 日，我直飞南昌，同江西省委的同志见面后即赶赴庐山，到庐山已是晚 9 时多了。这时我又得悉毛泽东准备回韶山，会议推迟到 7 月 1 日。

7 月 1 日，毛泽东、刘少奇、周恩来、朱德陆续到达庐山。2 日，会议开始。毛泽东提出了准备讨论的从读书到形势和任务，从国内到国际共 19 个问题。会议的开法是先用几天时间座谈以上一大堆问题，有的问题争取形成文件，然后再开两三天的中央政治局扩大会议，讨论通过文件。

会议一开始，毛泽东就借用湖南省委提出的“成绩伟大、问题不少、前途光明”三句话作为会议的指导思想。当时，与会者对于如何评价总路线、“大跃进”、人民公社“三面红旗”，有很大分歧。毛泽东说，“大跃进”、人民公社化运动中发生的问题，从郑州会议到现在已经初步解决了。从全局来说，是九个指头和一个指头的问题。刘少奇提出，成绩要讲够，缺点要讲透。有一些同志认为“大跃进”的成绩应该肯定，但是存在的缺点、错误和带来的后果，比想象的要严重得多，应该认真总结经验教训，承认指导思想有失误，采取措施切实纠正。也有一些同志不愿多讲缺点和教训，还有意无意地压制别人揭露问题、提意见。随着讨论的不断深入，批评“三面红旗”的意见越来越多。特别是 7 月 16 日毛泽东以《彭德怀同志的意见书》为题，批印了彭德怀的那封信以后，坚持还是否定“三面红旗”的分歧更加鲜明突出，基本赞成彭德怀《意见书》观点的占多数。这期间，李锐也曾问周恩来对彭德怀的《意见书》的看法，周恩来说“那没有什么吧”。

7 月 8 日，周恩来召集小会，商谈会议讨论的哪些问题需要形成文件。到会同志一致认为会议讨论的问题，许多尚不成熟，可以形成文件的不多，并建议会议尽早结束。10 日，毛泽东指定我、胡乔木、陈伯达、吴冷西、田家英 5 人组成小组，负责为这次会议讨论的问题起草一个《记录》。13 日。毛泽东提出 5 人小组增加陆定一、谭震林、陶鲁笳、李锐、曾希圣、周小舟 6 人，扩大为 11 人小组，限 2 日内写出初稿，14 日夜印好送给他。遵照这一指示，起草小组立即开会，给“秀才”们分题目，分头起草，由胡乔木抓总，我负责组织联系。当天午夜，各位“秀才”交卷，随即付印。14日凌晨印出清样，各小组全天逐条逐句边讨论、边修改，14 日夜如期印出一稿分送毛泽东、中央常委和各组同志人手一份。15 日各小组全天都在开会讨论《记录》。那几天，时间抓得很紧，真是分秒必争，大有会议即将结束之势。

7 月 15 日，就在各组讨论《记录》的同时，毛泽东提出要北京再来一些人，参加最后几天的会议。16 日，毛泽东批印彭德怀《意见书》的同时，又提出改变庐山会议分组办法。具体地说，就是北京来的同志要调一下组。比如你原来分在华东组，那么从明天起就不再参加华东组的会议了，换到别的组去。毛泽东说：“这样做，见闻将广博多了，可能大有益处。”

各组对《记录》的意见，大多集中在“关于形势和任务”部分。实际上就是如何评价“三面红旗”问题。尽管前一段对“三面红旗”的批评意见很多，后来对彭德怀的《意见书》也是多数表示赞成，但是在最后形成正式文件时，就要字斟句酌了。有人说《记录》对“大跃进”所取得的伟大成绩和丰富经验表述得不够充分，而对存在的问题写得过于具体，会给群众泼冷水；有人说《记录》对缺点看得过重，是一个泄气文件。7 月 23 日以后，有人干脆指责《记录》和《意见书》“唱的是一个调”。这表明，当时虽然许多同志看到了急于求成的指导思想给社会主义建设事业带来的危害，要纠“左”；另一方面，自己头脑里求速成的急躁情绪并未得到克服。在这种情况下，庐山会议纠“左”的初衷，注定无法实现。

7 月 17 日，彭真到达庐山。22 日，由彭真主持中央书记处会议，讨论修改《记录（第二稿）》，意见还是集中在“关于形势和任务”部分。不料，23 日，毛泽东突然在大会上讲话，严厉批评彭德怀的《意见书》，风云突变。但这时刘少奇仍然要求起草小组尽快改出《记录（第三稿）》，争取提交会议通过，形成正式文件发下去。24 日，毛泽东也在大区负责人会议上说，《记录》已改到第三稿，合乎实际，有利团结工作。起草是个过程，一稿被推倒，二稿作者本人不满意，现在三稿准备发表。但是随着会议反右倾的不断升级，《记录》的事也就不再提了。

7 月 29 日，毛泽东主持召开中央政治局扩大会议，宣布中央关于召开八届八中全会的决定，议题是：（1）经济建设指标问题；（2）总路线问题。8 月 2 日，中共八届八中全会开幕。但是人们习惯上把这次会议同前一段的中央工作会议（政治局扩大会议）统称为庐山会议。

从纠“左”转向反右

杨尚昆一生做了两件违心的事，一件是1978年11月28日，为了尽快出来工作，违心地在留有尾巴的审查结论上签了字；另一件就是在庐山会议上违心地批判彭德怀。对后者，他一直是心怀内疚的。他和我们详细讲述了庐山会议从纠“左”转向反右，特别是批判彭德怀的情况。

7月23日，毛泽东在大会上讲话，对彭德怀的《意见书》中的观点逐条批判。他声色俱厉地说，假如做了10件事，9件都是坏的，都登在报上，一定灭亡，应当灭亡。那我就走。到农村去，率领农民打游击，造反。你解放军跟不跟我走？我看解放军会跟我走的。毛泽东把问题看得如此严重，会议气氛骤然紧张。

7月26日，毛泽东又以《对于一封信的评论》为题批印了东北协作区办公厅干部李云仲反映当时经济生活中一些问题给他的信。这封万余言的长信，既反映了一些重大问题，指出在反对右倾保守思想的同时，忽视“左”倾冒险主义的侵蚀，关于农民和工农关系问题以及计划工作中存在主观主义等，也反映了一些具体问题，如指出铺张浪费之风严重等。毛泽东对此信作了长达2 500字的评论，指责信的作者专门收集缺点方面的材料，而对成绩方面的材料，可以说根本不产生兴趣。他认为“现在党内党外出现了一种新的事物，就是右倾情绪、右倾思想、右倾活动已经增长，大有猖狂进攻之势”。这一天，各小组又传达了毛泽东讲的几句话：“事是人做的，对事，也要对人。要划清界限，问题要讲清楚，不能含糊。”话不多，但分量很重。一个文字评论，一个口头谈话，意思是明白的，同彭德怀划清界限，反右！

7月30日，迫于当时形势，我在小组会上也不得不违心地批判彭德怀。我说《意见书》的政治方向，是反对建设时期总路线和1958年以来的“大跃进”、人民公社化运动的。

7月31日、8月1日，中央政治局常委两次开会，在小范围内清算彭德怀的历史总账和思想根源。但是会议情况都及时地向各小组传达，推动了大范围对彭德怀的斗争。

8月2日，中共八届八中全会开幕。毛泽东在讲话中把对彭德怀的批判提到路线斗争的高度，要求大家讨论路线是非问题。同日，毛泽东写信给张闻天，信中说“你陷入那个军事俱乐部里去了”，说彭德怀同张闻天是“文武合璧，相得益彰”。军事俱乐部是怎么回事呢？就是在会议期间，有人看见黄克诚、张闻天、周小舟曾经到彭德怀那里去串门，这本来是同志间的正常交往，可就是有人把它当作问题煞有介事地反映给毛泽东，大概是表白自己同彭德怀划清界限吧。毛泽东就说他们是军事俱乐部。其实，张闻天、周小舟根本与军事无关，彭德怀主持军委工作，黄克诚是总参谋长，他们交往密切是很正常的。

当时给彭德怀戴了几顶帽子，说彭德怀的《意见书》是“争取群众”、“组织队伍”，是“有组织、有计划、有准备的反总路线、反党中央、反毛主席的活动”，“代表右倾机会主义向党进攻的纲领”。彭德怀是“漏网的高饶反党集团的重要成员”，是“里通外国”、“与苏修反华相呼应”。彭德怀从维护大局出发，不得不违心地反复检讨，承认“客观上起了反对‘三面红旗’的作用”，“造成严重后果”，但始终不承认“高饶反党集团成员”和“里通外国”。

黄克诚是7月17日才到庐山的。19日，黄在小组会上发言，对“三面红旗”的看法和彭德怀的观点差不多。于是有人批评他，他蒙了。当晚，他跑来找我，问我怎么回事。我把前一段会议情况向他作了简要介绍。他说不管怎么样，有些话还是要说。23日，毛泽东讲话后，黄克诚同许多人一样，思想不通。当晚，周小舟、周惠、李锐一起到黄的住处，议论毛泽东的讲话。周小舟说了一些过激的话，还说：“主席有没有斯大林晚年的危险?”黄克诚劝他们，有意见应直接找主席当面谈，不要随便议论。这件事后来传出去了，就成了他们背后进行反党活动的证据。

7月21日，张闻天在小组会上作了长达3小时的系统发言。在这以前，胡乔木听说张闻天准备发言，特意给张打电话，要他“注意形势，少讲缺点”。但是张闻天还是按照他准备的发言提纲讲了。他在基本肯定了“大跃进”的成绩以后，着重讲了缺点、缺点的后果以及产生缺点的原因。他肯定彭德怀的《意见书》，说：“这份《意见书》提出了一些问题，中心内容是希望总结经验，本意是很好的。但是从各方面的反映看，不少同志似乎对彭德怀同志这个出发点研究不多，只注意了他信中的一些具体说法，其实是肯定了成绩的。他说，成绩是基本的，这同大家说的一样。至于个别说法，说得多一点少一点，关系就不大。”他强调：“现在的问题是防止骄傲自满、麻痹大意的情绪。要更多地看到存在的问题的一面。”他指出：“总结经验时，就不能满足于说缺乏经验，而应该从思想观点、方法、作风上去探讨。”张闻天的发言材料翔实、观点鲜明，论述有理有据，讲后反应很大。后来把张闻天的这篇讲话说成是对彭德怀的《意见书》“全面系统地发挥”。

还有一个小插曲。按照惯例，与会同志在小组会上发言，都摘要刊登会议《简报》。那天，刊登张闻天发言要点的《简报》刚刚准备付印，他就打电话来要求撤回。我就去请示刘少奇。刘少奇说："人家自己的东西，要求退回去，就退给他吧。"这说明张闻天在思想上也有顾虑。他在会上评说"大跃进"的缺点是冒了很大风险的。他要求退还他的发言稿，对我来说也很为难，如果我不请示刘少奇就退给他，就会有人说我同"教条主义者"又弄到一块去了。

周小舟那时有些年轻气盛，加上他过去曾经当过毛泽东的秘书，在毛泽东面前说话不大拘谨。在庐山，开始他比较活跃。7月11日夜，毛泽东找周小舟、周惠、李锐谈话，周小舟反映"大跃进"中下面干部讲假话的情况，还说"上有好者，下必甚焉"。毛泽东听了不但没有表现反感，反而谈笑风生，气氛轻松。这次谈话后，周小舟就向人散布空气，说毛泽东要反"左"，引起下面议论纷纷。周恩来听到议论，问我这是从哪里传出的话。我告诉周恩来，听说是周小舟讲的。周恩来就让我转告周小舟，不要再传这个话了。周小舟也把毛泽东找他们谈话的情况告诉了彭德怀，并怂恿彭也去找毛泽东谈谈。彭怕当面谈不好，就写了7月14日给毛泽东的那封信。16日，彭的信印发以后，周小舟在小组会上表示赞同。23日毛泽东讲了话，周小舟就成了重点批判对象。

8月10日，小组会上有人揭发周小舟在7月23日毛泽东讲话的当天晚上，在黄克诚处讲过"主席像斯大林晚年"的话。全场大哗。后来又有人揭发李锐曾向周小舟转述田家英说过，将来有一天他调离中南海时，准备向毛泽东提三条意见：(1) 能治天下，不能治左右；(2) 不要百年之后有人来议论；(3) 听不得批评，别人很难进言。这又引起巨大震动。李锐当场咬定这话不是田家英说的，是他自己的想法。会议转向批判李锐，被刘少奇制止，说李锐不是中央委员，他的问题另外解决。

庐山会议从纠"左"转向反右，彭德怀的《意见书》是"导火索"，表面看来事情带有偶然性，其实不然。会议前期，大家思想并没有敞开，对形势的估计一直存在分歧，一些不同意见遭到压制。毛泽东原来估计，彭德怀的《意见书》印发后，会引起一些人的批评和反对，而实际情况却是得到了不少人的同情和支持。毛泽东怀疑党内有人在刮风；一些"左"派人物感到批评"三面红旗"的人越来越多，会使人泄气，担心"左"派队伍守不住阵地，有人就到毛泽东那里去告状，要求毛泽东出来讲话。与此同时，从中央到地方都不断传来对"三面红旗"的尖锐批评；在国外，赫鲁晓夫和东欧国家的一些领导人，也连续发表批评中国"大跃进"和人民公社的讲话与文章。这一切都使毛泽东感到形势严峻，必须进行反击。

会议从纠“左”转向反右，事先并没有经过中央政治局常委讨论。刘少奇对反右是有保留的。他曾找胡乔木谈话，表示对彭德怀的《意见书》，可以在小范围内批判，总的部署还应继续纠“左”，《记录》要争取发出去，让下面继续纠“左”。他要胡乔木向毛泽东反映这个意见，胡乔木说这已经不可能了。

周恩来担心彭德怀对突如其来的严厉批判，身心承受不了，就要我安排彭的夫人浦安修上山，从生活上照顾彭德怀。

8月1日，朱德在中央政治局常委会议上，就彭德怀的《意见书》谈自己的看法，言词比较缓和，还没有讲完，就被毛泽东打断，指责他“隔靴搔痒”，弄得朱德下不来台。林彪调子最高，说彭德怀“这回是来招兵买马的”，“想当大英雄”，“是野心家、阴谋家、伪君子”，又说这次解决彭德怀的问题，消除了党内可能出现分裂的隐患和避免了经济上出现大马鞍形。林彪的话得到了毛泽东的赏识。

邓小平、陈云因病留守北京，没有参加庐山会议。

8月16日，中共八届八中全会闭幕。全会通过了《为保卫党的总路线、反对右倾机会主义而斗争》的决议和《关于以彭德怀同志为首的反党集团的错误的决议》。会后，从中央到基层全面开展反右倾斗争，错误地批判与处分了大批党员和干部。

保护“秀才”过关

庐山会议期间，陈伯达、胡乔木、田家英和吴冷西、李锐等一批“秀才”，由于基本赞成彭德怀的《意见书》，并私下对“三面红旗”有所质疑，被卷入批判当中。最初由彭真提议，几位中央常委也同意，最终保护了陈伯达、胡乔木、田家英和吴冷西过关。杨尚昆在这期间为此做了一些具体工作，他给我们简略讲了讲这个情况。

在去庐山的路上，陈伯达、胡乔木、田家英和吴冷西、李锐等一批“秀才”，对1958年以来的形势就有一番议论。“秀才”们说话百无禁忌，尽管他们在思想上也不可能不受“左”的影响，但他们面对“大跃进”带来的严重后果，却不能不对“三面红旗”提出质疑。会议开始不久，“秀才”们开始接受起草庐山会议记录任务，心思都集中在如何总结“大跃进”的教训、继续纠“左”问题上。当时，田家英曾把他在四川调查中反映浮夸问题的材料送给毛泽东参阅，引起四川省委负责人的不满。田家英在小组会上发言时，还同四川省委的那位负责人发生了争吵。彭德怀的《意见书》印发以后，“秀才”们都反映写得不错，同他们起草的《记录》基本观点相同。有的组对彭德怀的《意见书》提出批评，田家英、吴冷西还作了解释。

7月23日，毛泽东讲话后，风云突变，这对“秀才”们如晴天霹雳。有人批评田家英反映四川问题是攻击“大跃进”和人民公社；有人批评吴冷西和彭德怀一个鼻孔出气，“犯了路线错误”。使“秀才”们最担心的是他们在会下议论过的一些“私房话”，如果泄露出去，会引起不必要的麻烦。但是，没有不透风的墙。“秀才”们会下议论过的“私房话”还是传出去了。

当时，会议除集中对彭德怀、张闻天等人开火外，那些曾经表示赞成或基本赞成彭德怀的《意见书》观点的人，也无不遭到严厉指责，批斗范围有进一步扩大之势。彭真就来找我商量，提出要保护“秀才”。为此，彭真、薄一波和我专门找李锐谈话，要他到此为止，不要再扯宽了。我把这个意思向刘少奇、周恩来和毛泽东汇报，他们也表示同意。随后毛泽东分别找陈伯达、胡乔木、田家英谈话，批评“秀才”们前一段表现不好，方向有些不对头，同时又要他们不要过分紧张，要夹着尾巴做人，还说过两天向会上打个招呼，下“停战令”，对“秀才”们挂“免战牌”。我到“秀才”们的住地，告诉他们：主席已经要我向各组组长打了招呼，要他们集中精力开好八中全会，不要再提“秀才”们的事情，你们可以放心了。

8月11日，毛泽东在八中全会上作长篇讲话，对彭德怀等同志作了系统的批判，同时也讲了要“保护秀才”。他说军事俱乐部那些人想把“秀才”们挖去，我看挖不去。“秀才”是我们的人，不是你们的人。他还说“李锐不是秀才，是俱乐部的人”。这就正式把陈伯达、胡乔木、田家英和吴冷西保护过了关。

但是，庐山会议后，中央根据庐山会议对“秀才”们的揭发材料，仍决定对他们立案审查。10月，彭真两次找“秀才”们谈话，核对材料。几位“秀才”也向中央作了书面检讨和申辩。10月17日，毛泽东找四位“秀才”谈话，说你们在庐山的表现不好，但不属于敌对分子和右倾机会主义分子，而是属于基本拥护总路线，但有错误观点或右倾思想的人。至此，事情宣告结束。

庐山会议后的彭德怀

庐山会议后，撤销了彭德怀在军队内的职务，但仍保留中央委员、中央政治局委员的职务。党内文件照发，中央政治局会议也照常通知他参加，不过彭德怀照例请假就是了。根据毛泽东的意见，彭德怀有什么事都是通过杨尚昆这个办公厅主任向中央反映。

> 1959 年国庆节前夕，彭德怀搬出中南海，移居吴家花园。10 月 21 日，毛泽东找彭德怀谈话，刘少奇、周恩来、朱德、邓小平、彭真、贺龙、陈毅等同志都到了，我也在座。毛泽东肯定了彭德怀 9 月 9 日写信要求学习和参加生产劳动的意见。说读几年书好，要学点马克思主义的哲学、政治经济学。谈话时气氛很好，谈话以后又共进午餐。彭德怀离去以后，毛泽东嘱我以后要经常去看望彭德怀。每月至少两次，主要是了解他的思想动态，帮助他联系和解决学习与生活上的一些问题。11 月 9 日，我和彭真一起去彭德怀处，在彭那里召集高级党校党委常委会，杨献珍、艾思奇、范若愚等同志都到了。当场安排了彭德怀到党校学习的问题，并当面交代，彭德怀是毛主席批准到党校学习的，要派专人辅导他的学习，有什么问题由杨献珍同彭德怀直接联系。
>
> 后来，毛泽东多次提出，要彭德怀出来做点事。有一次，他对我说，可以让彭德怀当农垦部部长，要我去征求彭德怀的意见。当然，如果彭德怀同意，下一步还要做王震的工作，让王震把农垦部部长的位置让出来。我考虑，那时彭德怀的情绪很不好，不可能出来工作，因而一直没有同彭德怀谈。还有一次，毛泽东指定我和陈毅、聂荣臻三个人去做彭德怀的工作，主要是说服彭德怀承认错误，有所表示。可是彭德怀心里不服，一直顶着不表态，我们三个人都认为不好开口。以后我见到毛泽东，就说你要我们三个人去做彭德怀的工作，你讲个方针才好。毛泽东看到我们有难处，笑了笑说，那就算了吧！
>
> 1961 年 9 月 19 日，彭德怀给毛泽东写信，要求到农村去做调查研究，请求中央允许他先去湖南故乡搞三个月，了解农村情况，明年春天再去山西太行山。他提出，如果允许他外出调查，行前希望见主席一面。我立即把彭德怀的信送给毛泽东，过了些日子，毛泽东批回来："彭德怀到哪里去都可以。半年也行。"10 月 23 日，我去彭德怀处，把毛泽东同意他下去调查的情况告诉他。25 日晚，彭德怀到我的办公室，交来一份去湖南的调查提纲，并要求中央办公厅给他派一个临时秘书，随他去湖南，帮助整理调查材料。第二天，我把金石同志找来，对他说："彭德怀最近提出要回湖南家乡看看，作些农村调查。因为庐山会议后彭原来的秘书都回军委去了，这次他下去要求中办给他派一位同志帮他整理材料，我们考虑你去比较合适。"金石有些紧张，我对他说："彭德怀现在仍然是政治局委员，你还是要尊重他。

你帮他整理材料，他要你怎么写，你就怎么写，有错误由他负责，与你无关。”

10 月 30 日，彭德怀离京去湖南。他到长沙后，湖南省委书记胡继宗向他介绍了有关情况；在湘潭，由湘潭地委书记华国锋接待。11 月 3 日，彭德怀就到了他的家乡湘潭县乌石大队为民生产队彭家围子村。

一个多月以后，彭德怀从华国锋那里得知中央准备召开一次由中央局、省、地、县委和大的厂矿企业一级负责人参加的扩大的中央工作会议，他认为这个会议主要是总结 1958 年“大跃进”以来的经验教训，十分重要，决定立即结束湖南调查返回北京。

彭德怀这次去湖南，历时 50 多天，最后整理了 5 份调查报告，他要金石交给我，并附信说：“这些材料都已经和省、地、县委同志交换过意见，没有大的不同意见。如有错误，完全由我负责。”我把彭德怀的几份调查材料，连同金石写的随彭德怀去湖南情况的报告，一并报送毛泽东。这件事，事前经过毛泽东批准，事后又向毛泽东作了报告，从工作程序和组织原则上讲都是无可指责的。

彭德怀回京以后，看到 1962 年 1 月扩大的中央工作会议（即七千人大会）的文件，认为刘少奇的书面报告是比较实事求是地总结了 1958 年以来的经验教训，还是满意的；对报告中再次肯定庐山会议的反右倾斗争，也不想要求平反。但是，1 月 27 日，刘少奇在大会上讲话，说：“彭德怀的错误不只是写了那封信，一个政治局委员向中央主席写信，即使信中有些意见是不对的，也并不算犯错误。”“庐山会议之所以要展开反对彭德怀同志的反党集团的斗争，是由于长期以来彭德怀同志在党内有一个小集团。他参加了高岗、饶漱石反党集团。”“更主要的不是高岗利用彭德怀，而是彭德怀利用高岗，他们两个人都有国际背景，他们的反党活动，同某些外国人在中国搞颠覆活动有关。”因而，“所有的人都可以平反，唯彭德怀同志不能平反”。彭德怀对此非常气愤，立即打电话给我说：“请转报主席和刘少奇，郑重声明没有此事。”事后，彭德怀还向人表示，看了刘少奇的讲话，很不舒服。书读不下去，觉也睡不好。彭德怀本来打算春节以后再到太行山老解放区去看看，搞些调查研究，现在这个样子不能去了，去了人家不好办。

七千人大会结束以后，彭德怀立即动手把自己的一生经历、是非曲直，详细地写了一个书面材料，要求中央予以审查。这就是后来所谓彭德怀翻案的《八万言书》。6 月 16 日，彭德怀到中南海把这份材料亲手交给我，我按照他的要求，印发给毛泽东和中央政治局、书记处各同志。为了郑重，《八万言书》印出清样后，派人先送给彭德怀，请他校阅后再正式印发。他却说："相信中央办公厅，不看了，印发吧。"当年7月，毛泽东在北戴河召开的中央工作会议上，指责彭德怀翻案，提出要批判"翻案风、黑暗风、单干风"。9月，在北京召开中共八届十中全会和随后的国庆13周年活动，就不再通知彭德怀参加了。在全会上，毛泽东明确表示：我对彭德怀这个人比较清楚，不能给以平反。全会还决定成立"彭德怀专案审查委员会"，对他进行全面审查。

后来，彭德怀专案审查委员会派人去湖南，对1961年彭德怀回乡作农村调查情况作"追踪调查"。原来，彭德怀在湖南调查结束后，湖南省委曾正式书面报告中央，反映彭德怀在湖南期间表现是好的，但这时却又出尔反尔，向中央报告说彭德怀当时有"反党言行"。这次专案调查人员也专门收集一些反面材料，断章取义，肆意歪曲，编造了一个《关于彭德怀同志1961年回湘潭情况的调查报告》，说彭德怀那次回乡调查是"别有用心"、"满腹牢骚"，散布了一系列"反党言论"。这个《报告》送我印发时，我发现《报告》上把那些随彭德怀去湖南的工作人员名字也写上了。我当即打电话给彭德怀专案审查委员会负责人，说那几个随行人员都是组织上派去做具体工作的，不要把他们的名字写上。这样，避免了一次可能发生的新的株连。

1965年9月11日，毛泽东要彭真代表中央找彭德怀谈话，说中央决定你去西南工作，任西南三线建设委员会副总指挥。彭德怀表示，我是共产党员，应该服从党的分配，但我犯了错误，说话没有人听，对工业也是外行，还是希望去农村作调查。23日，毛泽东亲自找彭德怀谈话，刘少奇、邓小平、彭真也在座。毛泽东说："彭德怀去西南，这是党的政策，如有人不同意时，要他同我来谈。我过去反对彭德怀是积极的，现在要支持他也是真心诚意的。""对老彭的看法应当是一分为二，我自己也是这样。"毛泽东还对彭德怀说："也许真理在你那边。"

10月19日，彭德怀来找我，要我帮助他解决去西南赴任的一些具体问题，我当即应允。次日，我派中办警卫局副局长田畴、中办机要室副主任赖奎到彭德怀那里，问他有什么要办的事，要一一帮他办好。11月28日，彭德怀乘火车离京去成都，我的中央办公厅主任一职已被免去，不便以私交关系送他，实属憾事。又岂知，更为遗憾的是，10月19日一面，竟成永别！

杨尚昆和彭德怀友谊深厚，情同手足。1998年初，在撰写纪念周恩来、刘少奇两篇文章的同时，他不顾疲劳，又开始撰写纪念彭德怀百年诞辰的文章。他强调一定要把彭德怀最突出的特点写出来，主要写他时刻以党的利益为重，无私无畏，为党为人民奋斗终生，立下丰功伟绩，最后在蒙冤的逆境之中，革命意志弥坚，是一个真正高尚的人。那年 5 月，杨尚昆去上海，我随行去上海档案馆查档。这期间，他还召集我们随行人员反复讨论这篇文稿。不料，杨尚昆这次归来后就病倒了，《追念彭大将军》一文是他最后的日子里在病榻上定稿的。

我随田家英在浙江农村搞调研

薛　驹

20 世纪 60 年代初期的农村调查，是在毛泽东直接提倡和领导下开展起来的，它不仅使各级领导干部了解了实情，发现和纠正了“大跃进”和人民公社化运动中存在的“左”倾错误，而且促进了全党干部在思想作风上的转变，使广大党员干部认识到了调查研究、实事求是的重要性，对克服当时的经济困难，恢复和发展国民经济起了重要作用。我当时作为中共浙江省委副秘书长，按照省委的安排，参加了田家英率领的中央工作组在浙江农村的调查研究工作。

一

1958 年开始的“大跃进”和人民公社化运动，是在“一五”计划提前超额完成、全国人民建设热情高涨的情况下开展起来的。当时许多领导干部，包括毛泽东在内，对社会主义建设还缺乏经验，存在急于求成的思想，不切实际地提出“大跃进”的高指标；不经调查研究和典型试验，在全国范围开展起人民公社化运动。在推行中又采取大搞群众运动、反右倾、“拔白旗”等错误做法，使高指标、瞎指挥、浮夸风、“共产风”和干部特殊风等“左”倾错误迅速泛滥开来。这严重地挫伤了群众的积极性，造成了农业生产的大减产。有些地方还提出一些脱离实际的错误口号，如：人民公社化、吃饭不要钱，大兵团作战，全民大炼钢铁，粮食高产放卫星、亩产几万斤，人有多大胆、地有多大产等等，表面上搞得轰轰烈烈、干劲冲天，实际上破坏了农村生产力。从 1959 年起，出现了饿、病、逃、荒、死的三年经济困难局面。

1959 年，这些严重情况开始暴露，毛泽东发现后，在 1959 年两次郑州会议上，对“一平二调”的“共产风”进行了批评，并着手纠正“左”倾错误。1960年11月，毛泽东在为中共中央起草的《关于彻底纠正“五风”问题的指示》中指出：“必须在几个月内下决心彻底纠正十分错误的‘共产风’、浮夸风、命令风、干部特殊风和对生产瞎指挥风，而以纠正‘共产风’为重点，带动其余四项歪风的纠正。”为了从根本上扭转“大跃进”以来国民经济的困难局面，党中央还发出了《关于农村人民公社当前政策问题的紧急指示信》（简称“十二条”），提出彻底纠正“一平二调”的错误，开展整风整社；并于1960年12月至1961年1月先后召开了中央工作会议和中共八届九中全会，毛泽东在这两次会议上，着重强调纠正错误必须要搞好调查研究，坚持实事求是。他特别提出：搞社会主义建设不能急于求成，要大兴调查研究之风，使1961年成为实事求是年、调查研究年。通过调查研究，统一全党的思想，制定比较切合实际的政策，扭转困难局面。

正在这时，从福建龙岩地区收集到一篇毛泽东在1930年写的文章——《关于调查工作》。这是一篇重要历史文献，是1929年红军第四军党的第九次代表大会关于反对本本主义斗争的总结，内容是红军如何通过调查研究，同教条主义作斗争，对实事求是、群众路线、独立自主等思想都作了阐述。毛泽东很喜欢这篇文章，认为这篇文章针对性强，对现实工作用处还不少，正是推进全党开展调查研究、转变思想作风的有力武器。后来在1961年3月广州中央工作会议中，将这篇文章印发给到会同志展开讨论，他亲自对这篇文章作了解释，强调调查研究是一个基本方法，“民主革命时期要进行调查研究，社会主义建设时期仍要进行调查研究，一万年还要进行调查研究”。他还要求省委领导同志全面彻底调查一个问题严重的公社，使自己心中有数，省委不明了情况是很危险的。“省、地、县、社的第一书记大都也是如此，总之是不甚了了，一知半解。其原因是忙于事务工作，不作亲自的典型调查，满足于在会议上听地、县两级的报告，满足于看地、县两级的书面报告，或者满足于走马观花的调查。这些毛病，中央同志一般也是同样犯了的，我希望同志们从此改正。我自己的毛病当然也要坚决改正。”“违反客观事物的规律，要受惩罚，要检讨。”毛泽东亲自抓三个省的农村调查，同时要求各中央局，各省、市、区领导同志都下去调查。1961年1月20日，毛泽东致信没有参加中央工作会议和中共八届九中全会的田家英，要他带一个工作组去浙江。

田家英：

（一）《调查工作》这篇文章，请你分送陈伯达、胡乔木各一份，注上我请他们修改的话（文字上，内容上）。

（二）已告陈胡，和你一样，各带一个调查组，共三个组，每组组员六人，连组长共七人，组长为陈、胡、田。在今、明、后三天组成。每个人都要是高级水平的，低级的不要。每人发《调查工作》（1930 年春季的）一份，讨论一下。

（三）你去浙江，胡去湖南，陈去广东。去搞农村。六个组员分成两个小组，一人为组长，二人为组员。陈、胡、田为大组长。一个小组（三人）调查一个最坏的生产队，另一个小组调查一个最好的生产队。中间队不要搞。时间十天至十五天。然后去广东，三组同去，与我会合，向我作报告。然后，转入广州市作调查，调查工作又要有一个月，连前共两个月。都到广东过春节。

一月二十日下午四时

此信给三组二十一人看并加讨论，至要至要!!!

毛泽东又及

一向热心农村调查、对国家困难深为忧虑的田家英，深感责任重大。在毛泽东给他写信的第二天，即率中央调查组离开北京飞往上海，22 日到达浙江省会杭州。

二

田家英到杭州后，与浙江省委领导江华、林乎加等同志商量，按照毛泽东抓两头的指示和调查方法，决定调查组分成两个小组，一个小组在嘉善县选一个最差的生产队（魏塘公社和合生产队），一个小组在富阳选一个最好的生产队（富阳县东洲公社五星生产队）。当时浙江省委要我参加田家英中央调查组工作。两个小组在田家英统一领导下工作。调查的重点是三个方面：（1）公社化以后几年来的情况和问题；（2）整社以后干部问题的具体调查分析；（3）“十二条”贯彻后群众的反映。

随后，在田家英率领下，我们到嘉善县魏塘公社和合生产队作农村调查。我们对和合生产队从土改后到人民公社化以来的全部历史作了详细调查。

我们一到和合生产队，就同贫苦农民同吃同住，吃饭上公共食堂，一日三餐稀饭，白天访贫问苦，上门串户，晚上打稻草地铺，集体睡觉。我们采取串门个别访问、分阶层召开各种座谈会的方法，选择了两户贫农、两户下中农、两户上中农，对 6 户家庭新中国成立以来的劳动、经济、生活状况的变化，进行了算账对比，还请来老贫农、老雇农、老中农和生产队长各一人，进行促膝长谈，有问必答，连续谈了五六天。对这个生产队从历史到现状，从党的方针政策的贯彻执行到农民的吃、穿、住、行各个方面都作了详细了解。当时作调查，发现问题并不难，问题成堆，到处都能见到，难的是调查组能不能取得群众的信任，群众和基层干部敢不敢实话实说。和合生产队地处杭嘉湖平原，土地肥沃，灌溉便利，历来是个鱼米之乡，新中国成立后农业经济迅速恢复发展，前 5 年每年都为国家提供不少的商品粮。到 1958 年、1959 年，说是生产“大跃进”，实际上是年年减产。我们问过几户社员，都不知道有多少产量，但都说是减产，到底减产多少让我们去问干部。我们找到生产队干部，他们也是支支吾吾讲不清楚，经过反复耐心地找老农民和干部谈话、查账，谈家史、社史，才基本上搞清楚情况。

粮食问题。我们通过调查了解，在“大跃进”中，和合生产队从 1958 年粮食大丰收时上报的每亩粮食包产指标 400 斤，不断加码到 600 斤、800 斤、1 000 斤，实收只有 439 斤。1959 年反右倾以后，包产指标定到 979 斤，但实收只有 436 斤。1960 年，在公社党员大会上宣誓定的粮食亩产指标是 1 800 斤，最后是大减产，算来算去得出的数字是 291 斤，比新中国成立前正常年景的 350 斤还要低。我们去的时候，这个生产队每人每天只有半斤米，三餐稀粥，有的小队甚至断粮，出现了饿、病、逃、荒和非正常死亡。社员们说“上面吹牛皮，社员饿肚皮”。社员一年收入只有 21.27 元，辛苦一年最后落了个倒挂户。魏塘公社有个生产队的集体收入平均每人一年只有 17 元，一年劳动还不如社员养两只鸡。

食堂问题。我们调查组每天到公共食堂吃稀饭，但社员都是打回家去吃，问他们能吃饱吗，他们就反问我们吃饱了没有。一天黄昏，我们从食堂出来，闻到一股烟味，抬头见几户人家的烟囱正在冒烟，我们走进去，看到的是用砖头临时搭起的“灶头”（办食堂时社员家的灶头都拆掉了），锅子放在上面烧。他们揭开锅让我们看，锅里是胡萝卜、羊头草等野菜加上从食堂打回来的稀粥。有一个胆子大的女社员给我们讲了公共食堂的一大堆问题：一是办食堂“一平二调”，各家的炊具、桌凳都被搬去无偿使用；二是把部分自留地收归食堂当菜地；三是浪费大、漏洞多，把生米煮成熟饭要经过五道滴漏（米桶—淘箩—加水—下锅—社员的饭钵头，一斤米变成八两粥）；四是有的干部开小灶、多吃多占。社员的意见是食堂应该解散，但是在会上他们不敢说。因为在人民公社化运动中，公共食堂是作为“共产主义萌芽”而建立起来的。有位省级领导干部就因提过不同意见，结果受到批判和撤职处分。

生产队的规模和核算单位问题。在调查中许多老农民异口同声地说，办初级合作社时最好，十几户、二十几户人家，自愿结合在一起，既是生产单位，又是分配单位，看得见，摸得着，算得清，分得到，大家的生产积极性很高。并社升级以后，一个和合生产队，要管 11 个小队，南北十多里路，望不到边，一年分配只有几十元，吃大锅饭，哪里有劲搞好集体生产。我们在研究这个问题时，有的同志主张，应该调整生产队的规模，把核算单位放到当时的小队，也有的同志则怀疑这样做就会倒退到初级社了。后来，我们在和合生产队进行《农村人民公社条例（草案）》的试点工作时，根据群众的要求，把和合生产队划分为南宇、西桥、新农三个生产队，把生产指挥权交还给了生产队。

田家英和我摸清了和合生产队的情况后，又到了富阳县的五星生产队。这个生产队是个比较好的生产队，几年中生产没有大的下降，人民生活水平也没有大的下降，究其原因，是这个生产队在“五风”流行的情况下，以老农和生产队干部为核心，有组织地抵制“五风”。他们对来自上面的生产瞎指挥，采取了应付官僚主义的政策。如粮食亩产、产量分两本账，一本是对付上级检查的，一本是自己掌握的。为了强调实行密植，上面规定一亩下种子 120 斤，他们将部分煮熟的谷子，当做种子下地入土；上面派人检查时，为了使干部不受批判，路边种得密一些，里面仍然照常规，检查团查过了，干部就过关了。他们由于采取这套对策，没有遭受严重损害。我们在五星生产队调查了一个星期，粮食产量依然摸不清底细。我们调查组的同志分别找会计、仓库保管员、生产队员和支部书记谈心，大家才交了底、说出了实情，会计拿出了第二本账。田家英听了他们的生动汇报之后，肯定了他们这套“防风林”的做法。

在田家英的领导下，我们整个调查工作做得有声有色，如对食堂问题、生产队规模问题等都作了细致的调查，对调查材料进行了集体分析讨论，实事求是地找出问题的症结所在。

在调查中，许多情况使我深深体会到，上面的高指标压出了浮夸风，反右倾逼出了假报告。浮夸风是自上而下层层下达指标逼着虚报而造成的，“五风”的盛行，确实直接破坏了生产，影响了人民的生活，严重挫伤了人民群众的积极性。那些貌似革命的口号，也会造成饿、病、逃、荒的严重灾难。

三

1961 年 2 月 6 日，田家英和我接到电话通知要向毛主席汇报调查情况。我们经过 10 天调查，内容是大量的，但是如何综合分析，向毛主席提出建议，很不容易。田家英在和我商量时说了交心话。他说，如果如实反映公共食堂的情况，提出解散食堂的建议，他是感到有压力、有风险的。1959 年庐山会议反右倾斗争，他也曾经受到批评，记忆犹新。但我们是共产党员，必须对党对人民负责，坚持人民利益高于一切的原则，如果汇报后要打屁股，就打我的屁股。凡是违反群众利益的事情，一定要敢于向上面提出意见，办不办食堂并不改变社会主义，不怕戴右倾机会主义帽子，不怕受打击。我当时听了以后，很受感动。

果然，2 月 6 日，田家英在杭州刘庄如实地向毛主席和在场的浙江省委的江华、霍士廉、林乎加、李丰平等同志详细地汇报了两个生产队的调查情况。我当时也在场。田家英着重谈了和合生产队的情况，从历史到现状作了详细的汇报，并阐述了“五风”带来的危害，尤其是和合生产队属富庶的鱼米之乡，水稻亩产由通常的 600 多斤，到 1960 年减至 291 斤，而上报亩产达 2 400 多斤，这些数字深深地触动了毛泽东的心，他静静地听着，深深地吸着烟，边听边思索。田家英还在汇报中提出了自己的建议：中央搞一个人民公社工作条例。田家英这种敢于实事求是、敢于坚持真理的精神，对我是一次极为深刻的教育，给我留下非常深刻的印象。

毛泽东听取了田家英的汇报后，在许多问题上都采纳了田家英的建议，并且讲了一些重要意见。（1）对克服“五风”问题，要彻底制止“一平二调”，停止瞎指挥，该退赔的要决心赔，剥夺农民是不行的，这是破坏社会主义，而不是建设社会主义。（2）要给生产小队一点机动地，除自留地、蔬菜地外，再给小队 3%的土地机动使用，可以多种多样。对自留地问题，几放几收，都有道理。归根到底还是一个道理，要给农民自留地。基层干部要从反复中取得经验，再反复搞下去，就是饿、病、逃、荒、死。（3）起草一个人民公社工作条例，规定公社三级怎么做工作，很有必要。（4）生产队的规模问题，和合生产队太大了，是否分成三个，或者把小队当作基本核算单位。（5）食堂问题，按群众要求办事；可以多种多样。单身汉、有劳力而没人做饭的，要求办常年食堂；部分人要求办农忙食堂；少数人要求自己做饭。这个问题要调查研究一下，使食堂符合群众的需要。（6）干部手脚不干净问题，处理要按群众意见办，群众允许过关的就放过；不允许过关的就撤职。这些意见，有些后来写入《农村人民公社工作条例（草案）》（简称“六十条”），有些作进一步研究讨论，如食堂问题，生产队作为基本核算单位问题，到 1961 年下半年和 1962 年上半年经过反复比较才作出决定。

1961 年 3 月，在毛泽东主持下，举行了有中南、西南、华南三个地区的中央局和各省、自治区党委负责人参加的广州中央工作会议，这是人民公社化以后第一次经过调查研究，讨论和制定农村人民公社条例的会议。会前，组织了农村人民公社条例起草委员会，起草出农村人民公社工作条例的初稿，提交会议讨论。我当时也被吸收参加讨论修改工作。由于大家都经过调查研究，对多数问题认识比较一致，“六十条”在修改后顺利通过。在会上，毛泽东根据浙江、湖南、广东三个调查组的材料，以犀利的洞察力，抓住了问题的本质，进一步提出了一个要害问题——反对两个平均主义：反对人与人、队与队之间分配上的平均主义。这一重要思想，成为人民公社工作条例的核心和基石。会后，毛泽东在写给中央同志的信中指出："大队内部，生产队与生产队之间的平均主义问题，是两个极端严重的问题。不亲身调查是不会懂得的，是不能解决这两个重大问题的（别的问题也是一样），是不能真正地、全部地调动群众的积极性的。"用毛泽东的话来评价：这次会议是公社化以来中央同志第一次坐下来一起讨论和解决农业问题。

在广州会议最后一天，还通过了胡乔木起草的《中共中央关于认真进行调查工作问题给各中央局，各省、市、区党委的一封信》，信中指出："中央要求从现在起，县级以上党委的领导人员，首先是第一书记，认真学习毛泽东同志的思想方法和工作方法，把深入基层（包括农村和城市），蹲下来，亲身进行有系统的典型调查，每年一定要有几次，当作领导工作的首要任务，并且定出制度，造成风气。""在调查的时候，不要怕听言之有物的不同意见，更不要怕实际检验推翻了已经作出的判断和决定。中央相信，只要在全党坚持这种调查研究、实事求是的作风，我们目前遇到的问题就一定能够比较顺利地得到解决，我们的各方面工作就一定能够得到迅速的进步。"在大会讨论这封信时，田家英边念信稿，毛主席边作解释，他说："最近几年吃情况不明的亏很大，付出的代价也很大。""医生看病叫诊病，中医叫望、闻、问、切，就是调查研究，先搞清病情，然后开处方。过去几年我们犯错误，首先是因为情况不明。情况不明，政策就不对，决心就不大，方法也不对头。因此，第一书记调查很重要，足以影响全局。"同时他又指出，经过调查，集中了广大群众和干部的要求，起草了"六十条"，但这个"六十条"是不是正确，是不是符合实际，是否行得通，还有些什么问题需要解决，需要再到群众中去征求意见，放到实践中去检验一番。这就是从群众中来，到群众中去，实践，认识，再实践，再认识。只有经过再实践、再认识的过程，我们的认识才能切合实际，逐步深化。"六十条"发给全国农村讨论试行。

四

3 月 26 日，广州会议结束之后，田家英和我马上返回了杭州，布置调查组开展"六十条"的宣传讨论和试点工作。田家英要求把"六十条"从头到尾一字不漏地读给公社党员和社员听，解释和回答大家提出的问题，进一步征求修改意见。我们在嘉兴县，嘉兴地委集中了地委、县委、公社党委三级干部 800 多人，讨论"六十条"，大鸣大放，提了很多意见。我觉得从群众关心的问题出发，同群众一起学习、讨论政策，是个很好的办法。

时值春耕，调查组在富阳县东洲公社五星生产队分成两组，一组指导群众春耕备种，一组总结试行经验。白天，忙试行，忙农事，在实践中掌握材料，积累经验；晚上，组织干部社员开座谈会，逐条逐款讨论“六十条”，弄清群众的真正意见。如食堂问题，“六十条”提出办常年食堂或农忙食堂，大家讨论结果还是停办了食堂，将粮食按定量分到户。再如，小队规模问题，经大家反复讨论，五星将原 7 个生产小队分为 11 个生产小队，这样易于管理，解决了队与队、人与人之间的平均主义问题和无偿调拨生产小队财产问题（即“一平二调”）。并实行以生产小队为经营核算单位，推行三包（包产、包工、包成本）一奖（超产奖励）和按劳分配、多劳多得、超额奖励的分配制度，同时确定社会最低口粮标准，重新给社员划了自留地等等，实行了一系列符合实际的、行之有效的做法。

在试点期间，我们调查组通过一个偶然的机会，发现富阳县有一个生产队，在一些严重违法乱纪分子的把持下，生产遭到严重破坏，人民生活极端困难，出现了非正常死亡现象。田家英知道后，立即赶到那里。详细了解情况后，召开大会，作长篇讲话。他揭露了这里一些惨不忍睹的事情，当他说到“共产党员看到这种情况，是很痛心的”时，哽住了，长时间说不出话来，难过得流下了眼泪。最后，他宣讲了“六十条”，并对这里如何讨论和试行“六十条”提出具体意见。在县委的领导下，加上调查组的协助，这个生产队很快恢复了生机。

浙江农村的调查试点工作于 5 月 3 日结束。田家英回到北京，参加了 5 月 21 日至 6 月 12 日在北京召开的中央工作会议，会议对“六十条”又作了进一步修改和补充，解决了食堂、供给制山林分级管理、干部作风等问题。食堂问题，原来是“应该积极办好食堂”，广州会议草案是“可采取多种形式，有条件的仍应积极办好”，经过周恩来、朱德、胡乔木调查提出意见，最后改为“办不办食堂完全由社员讨论决定”，“实行自愿参加、自由结合、自己管理、自负开销和自由退出的原则”。供给制问题，原来的办法是“三七开”，即供给制部分占 30%，按劳分配占 70%。经过调查，认为对五保户的社会保险部分是合理的，应予保留，而每个社员都享有 30%供给制，是“大锅饭”的平均主义因素，应该改正。新补充的内容有山林问题，主要是制止大破坏，明确责任制，允许把国有和公社所有的山林划给生产大队所有，大队可以把小片的、零星的山林分给生产队和社员所有。有些专业林不宜于生产队经营的可组织专业队经营。还有对公社各级干部应具有的工作作风和方法，综合为“党政干部三大纪律、八项注意”。此外，对基本核算单位问题，直到 1961 年 9 月，毛泽东自己去邯郸作了调查以后，才明确人民公社的基本核算单位应是生产队，而不是生产大队，明确指出，生产权在生产队，而分配权在大队，这是严重的平均主义。到 1962 年 2 月，中央正式发出《关于改变农村人民公社基本核算单位问题的指示》，才明确决定把基本核算单位下放到生产队（小队）。这些农村政策的重要改变，较好地解决了当时农村的基本核算单位问题，纠正了平均主义，促进了农村生产力的发展。

从包括浙江调查在内的许多调查组的农村调查，到5月中央工作会议结束，经过广泛深入的调查和反复讨论修改而形成的“六十条（修正草案）”，对扭转农村严重困难的局面，起了十分重要的作用。当然，“六十条”仍然有不足之处。在20世纪60年代，它也不可能突破人民公社“一大二公”的体制，而且后来还被陈伯达等人贴上“阶级斗争”的标签。但是它的历史作用是巨大的。它不仅在当时扭转了严重困难的农村形势，而且直到“文化大革命”时期，许多农村仍然能够保持相对稳定，农业生产仍能正常进行，这同“六十条”的作用是分不开的。“六十条”既集中了全党的智慧，也体现了毛泽东的农业政策思想，其中，田家英领导的浙江农村调查起了重要的作用。毛泽东在广州会议上提到“六十条”的由来时，介绍说：“制定农村工作条例，我是听了谁的话呢？就是听了田家英的话，他说搞个条例比较好，我在杭州的时候，就找了江华同志、林乎加同志、田家英同志，我们商量一下，搞个条例有必要，搞条例不是我倡议的，是别人倡议的，我抓住这个东西来搞。”

1961年的农村调查，是我党历史上一次大的调研活动。田家英领导的浙江调查组的调研活动，是我党重视农村工作、重视调查研究的一个缩影。

我所了解的“畅观楼事件”

宋汝棼

北京市委在畅观楼召开的一次会议已过去多年了，今天谈起这件事可以说是鲜为人知，但在“文化大革命”初期，大字报、红卫兵小报、《北京日报》连篇累牍地对这次会议进行“革命大批判”，这次会议一下子变成了“畅观楼反革命事件”，成了以彭真为首的原北京市委的又一大罪状，闹得沸沸扬扬、满城风雨。“文化大革命”结束后，“畅观楼事件”不见于正史，海外某些出版物大多是根据“革命大批判”材料写的。“畅观楼事件”究竟是一次“反革命事件”，还是一项正常工作，成了遗留的历史谜团。

当年参与“畅观楼事件”的同志多数已经去世，我作为亲身参与这一事件的人，愿意将所了解的情况写下来，免得若干年以后，以讹传讹的记述反而以假乱真。

一

畅观楼原本是清王朝的一个王府，现在位于北京动物园内，“畅观楼事件”发生的时候，那个地方还很幽静，并无畅观可言。1955 年 3 月，毛泽东曾亲自到此看望十世班禅额尔德尼·确吉坚赞大师，并同他作了长时间的亲切交谈。“文化大革命”期间，因为对“畅观楼事件”进行“革命大批判”，畅观楼一时间出了名。

“畅观楼事件”就发生在畅观楼，时间是 1961 年 12 月。这一年，中共中央和毛泽东反思“大跃进”和人民公社化运动，号召大兴调查研究之风、大搞实事求是，“畅观楼事件”就是在此背景下发生的。

由于“大跃进”、人民公社化运动，国家建设和人民生活都出现了严重困难。中央领导同志头脑逐渐清醒下来，开始在一系列会议上总结教训。1960 年 12 月 24 日至 1961 年 1 月 13 日，党中央在北京召开工作会议，主要讨论 1961 年国民经济计划，同时总结各地整风整社试点的经验。毛泽东在会上号召全党大兴调查研究之风，他说：“实行方针、政策，要有一种方法。你们有很好的方针、政策，而情况不明、决心不大、方法不对，就等于没有。”1961 年 1 月中旬党的八届九中全会在北京召开，通过了“调整、巩固、充实、提高”的国民经济八字方针，毛泽东在会上再次提出要调查研究、实事求是。这标志着党在经济建设领域的指导思想再次转向纠正“左”的错误，从主观主义转向实事求是。

1961 年五六月间，中央工作会议在北京召开。毛泽东在会上指出，社会主义谁也没有干过，未有先学会社会主义的具体政策而后搞社会主义的。我们搞了 11 年，先要总结经验。

1961 年 8 月 23 日至 9 月 16 日，中央工作会议（即第二次庐山会议）在庐山召开，讨论工业、粮食、财贸、教育等问题。会议第一天，毛泽东在会上讲“对社会主义，我们有些了解，但不甚了了”，“搞社会主义，我们没有一套，没有把握”。会议期间，毛泽东在与有关人员谈话时，多次谈到要大搞调查研究，总结党的指导思想和方针政策，以吸取过去的经验教训，纠正“左”的错误。他感慨地说，他有三大志愿：一是下去搞一年工业，搞一年农业，搞半年商业，以便多做调查研究，了解实情，不做官僚主义者；二是骑马到长江、黄河两岸进行实地考察；三是写一本书，把自己的一生写进去，把缺点、错误通通写进去，让人民去评论。邓小平作为主持中央书记处工作的总书记，在会上也表示中央书记处要负主要的责任。

1961 年 11 月 16 日，中共中央发出通知，准备召开扩大的中央工作会议，即七千人大会。通知指出：1958 年以来在中央和地方的工作中间“发生了一些缺点和错误”，并且产生了一些不正确的观点和作风，妨碍着克服困难，必须召开一次规模较大的会议来统一思想认识。

根据中央通知的精神，为了准备七千人大会，总结 1958 年以来中央方针政策的经验教训，中央书记处决定委托时任中央政治局委员、中央书记处书记兼北京市委书记的彭真同志，在北京组织一个班子，查阅 1958 年以来中央书记处批发的中央有关部委上报的文件。于是在 1961 年 12 月，北京市委组织、召集了一些有关部门的负责同志，借畅观楼这个幽静之处，执行中央交办的任务。这就是“畅观楼事件”的由来。

二

1961 年 12 月，北京市委副秘书长、办公厅主任项子明，在畅观楼召集市委一些部门的负责人开会，要大家查阅 1958 年以来中央书记处批发给北京市的由中央有关部委上报的文件，以及少量的北京市委转发给下面区、县的文件。根据会议的通知，北京市领导机关各口都要派人参加。我当时是北京市委工业基建委员会主任，作为基建口的代表参加了这次会议。据我的记忆，当时来参加会议的主要是各口的副职领导，个别人还带了一个助手。现在能记起名字的，除项子明以外，还有市农办主任常浦、市委文化部副部长韦明、市委大学部副部长宋硕、市委工业部副部长陆禹、市计委副主任万一。

项子明在会上说，这件事是由中央书记处交办的，具体做法是把文件中认为有问题的段落摘录下来，待汇总以后上交中央书记处。事情就这么定下来了，参加会议的同志就开始工作。不过，当时大家并不是每天都在这里工作，毕竟，每个人都有自己的一大摊子事要做。具体的做法当时称之为“流水席”，各口参加这项工作的人“随叫随到”，看完指定的文件，做一个正式的发言以后，就可以回去了。我当时大部分时间还在抓基本建设工作，只是被叫到时才到畅观楼去，查阅摘录文件。

项子明对参加会议的人传达中央指示，说的是让大家把中央报告中各自认为有问题的段落摘录下来，并对相关的问题发表自己的看法，要求大家畅所欲言。但是，无论是在非正式发言的时候，还是在正式发言和做摘录的时候，大家都还是很谨慎，主要是根据当时中央坚决纠正“五风”的精神，对中央报告中一些浮夸和高指标的问题发表一些看法，将其中的一些段落摘录下来。参加查阅文件的同志虽然也提出过一些批评，比如，对谭震林，说他压指标，说北京是锅底；对新华社，说乱放卫星。但这些批评都还是在中央纠正“五风”的范围之内，并不尖锐，对党中央、毛主席更没有讲任何看法。毕竟我们这些人的党龄都比较长，经历过多次政治运动，而且又刚刚经历了 1957 年反右派斗争和 1959 年反右倾机会主义斗争，个个都是战战兢兢工作，夹着尾巴做人，即使有一些比较尖锐的意见，也不肯、不敢在会议上表露，而且当时我们对党中央和毛主席都很崇拜，认为毛主席过去是正确的，今后也必然是正确的，现在出现的一些困难，是下面执行中出了偏差，党中央、毛主席关于“三面红旗”的决策还是正确的。

畅观楼会议的正式会期是 9 天。9 天的时间里，大家是“你方歌罢我登场”，轮流到畅观楼查阅文件，发表看法。北京市政策研究室的同志对大家的发言，无论是非正式的讨论，还是正式的发言，都做了记录。正式会议结束以后，有关工作人员对摘录的文件进行了整理汇总，时间稍微长一点，大概是十几天。这样，经过 20 多天的努力，完成了中央交托的任务。

北京市委把查阅文件摘录下来的段落汇总以后，写了一个报告，上交中央书记处，同时也给北京市委的有关部门发了一份。我当时所在的市委工业基建委员会就得到一份，我看了以后，由基建委员会办公室存档。该报告分农业、工业、基建、财税、城市人民公社、教育 6 个方面，共有 29 项 110 多条，近 2 万字，较为全面地概括了大家摘要的文件和发言，为七千人大会的准备工作起了一定的积极作用。

“畅观楼事件”的经过大体上就是这样，在当时是很平静、普通的一件事。我当时根本没有想到，这普普通通的一次会议，居然会成为以彭真为首的北京市委的一大罪状。

三

“文化大革命”爆发后，以彭真为首的原北京市委虽然已经“顷刻瓦解”、“一朝覆亡”，但这个“反党集团”到底有哪些反党罪行，老百姓并不清楚。不少人认为，《二月提纲》毕竟是出在中央的问题，《海瑞罢官》、《燕山夜话》，也只能说是写文章的人的问题。因此，制造出一个为作反对毛主席的赫鲁晓夫式的秘密报告做准备，背着毛主席，攻击毛主席的事件，就变得十分必要了。就是在这种背景下，“畅观楼事件”遭到“革命大批判”，成了以彭真为首的原北京市委的十大罪状之一。

1967 年春，我已沦为“黑帮”，被专政将近一年了。白天在单位挨斗、接待外调、写交代材料、扫厕所，晚上还可以回家。一天晚上，小儿子慌慌张张回家说：“爸爸，坏啦，动物园畅观楼办了一个展览，里面的会议桌上摆着‘黑帮’的名牌，还画了漫画像，也有爸爸的名牌和漫画像。”原来，小儿子到畅观楼参观过了。

其实，《北京日报》、红卫兵小报和许许多多的大字报，已经连篇累牍对“畅观楼事件”进行“革命大批判”了。我已经多次为此被批斗，专案组严令我彻底交代参加这个反革命阴谋活动的罪行。

对“畅观楼事件”进行“革命大批判”期间，各种揭发材料很多，姑且举出一例。1967 年 4 月，当时受到“中央文革小组”支持的首都红卫兵组织散发了一份《畅观楼反革命事件》的揭发材料。该材料宣称：1967 年 11 月，在刘少奇、邓小平的庇护下，由彭真亲自授意，刘仁等指挥，带领市委内部各部委一帮“反革命修正主义分子”，在西郊公园畅观楼密室“审查”中央发至县级以上的文件和毛主席的党内讲话、批示，其直接目的是收集反党材料，企图在1962年1月召开的七千人大会上配合“刘、邓黑司令部”，向毛主席猖狂进攻，妄图一举把毛主席推下台来，实行其反革命政变阴谋。这就是耸人听闻的“畅观楼反革命事件”。

根据各种揭发材料，以及对我的“逼供”，可以清楚地知道策划者为了制造“畅观楼反革命事件”，确实费尽了心机，他们主要是从以下三个方面进行歪曲的：

第一，捏造查阅文件的范围。根据项子明布置的要求，查阅的是中央书记处批发的中央有关部委上报的文件，以及少量北京市转发给所属区、县的文件。这个查阅范围可以由参加会议的同志证明，也可以由当时在会上分发文件的同志证明，查阅以后汇总上报的文件更可以证明。中央书记处存有这份汇总上报文件，从北京市委的档案里也可以找到，北京市委有关部委的办公室也有存档。但策划者却一口咬定，这次会议查阅的是“中央发至县级以上的文件和毛主席的党内讲话、批示”。对查阅范围的这种篡改，真是用心险恶。本来是一件很正常的事情。但这样一篡改，讲成是查阅了毛主席的党内谈话和毛主席批发的中央文件，这个问题就严重了。在当时，背着毛主席，审查毛主席的讲话，从中找出问题，加以攻击，显然是居心叵测，足以证明以彭真为首的北京市委干这件事，是阴谋反对毛主席，为以后“作秘密报告做准备”。

第二，捏造攻击毛主席、攻击“三面红旗”的言论。“革命大批判”文章里专门有一章，叫作“群魔乱舞”，说什么畅观楼会议上攻击“毛主席和党中央犯了路线错误”，“历史上凡是犯了路线错误，都不能自己纠正”，说什么会上攻击“总路线”是违反了经济规律，攻击“大跃进”是万马折腾，攻击人民公社办早了。其实，到底有没有这样的言论，查阅一下上报给中央书记处的汇总文件和北京市委政策研究室所做的会议发言记录，就可以一目了然，但是策划者偏偏要对已经被隔离审查的“黑帮”进行逼供。谁坚持实事求是，谁就是“顽固不化”，就是抗拒，就得从严。1974年夏天，在我获得解放之前，专案组给我看我的审查结论草稿，仍然说我在畅观楼会议上“散布了一些错误言论”。我坚决不同意，同专案组争执得很激烈。但是专案组不予理睬，硬是在审查结论中保留了这句话。

第三，捏造“畅观楼事件”是在秘密状态下进行的。这一点同样用心险恶。畅观楼当年是个幽静之地，挑选这个地方不过是为了工作不受干扰罢了。但是，“革命大批判”却绘声绘色地将这次会议讲成是“行动诡秘”、“策划于密室”，极力把这次会议诬陷成阴谋行动。其实，这件事并不难查清。会议的内容因为当时不允许随便向外传，知道的人确实不多，但畅观楼会议本身，知道的人很多，比如我在畅观楼查阅文件，工业基建委员会的许多同志都知道，一问就清楚了。

1979 年 2 月 17 日，中共中央发出为彭真同志平反的通知。通知明确指出："畅观楼反革命事件"等强加给彭真的不实之词，均予以彻底推翻。至此，我们这些亲身参与“畅观楼事件”的人，总算是摆脱了身上的一道枷锁。

总之，我所了解的“畅观楼事件”，是在 1961 年号召大兴调查研究之风、大搞实事求是的背景下，受中央书记处委托，以彭真为首的北京市委所做的一项正常工作，目的是为了总结社会主义建设的经验，根本不是什么“策划于密室”的“政变阴谋”。

关于西楼会议的回忆

邓力群

西楼会议的召开

七千人大会之后，1962 年 2 月中旬，为制定 1962 年年度计划，刘少奇同志听了财政部的汇报，从中了解到：七千人大会期间财贸办公室所作的关于 1961 年财政信贷执行情况和 1962 年如何实现中央“当年平衡，略有回笼”方针的报告，并没有揭露矛盾、解决问题。实际上，1961 年有 50 亿赤字，财政收支不能平衡；1962 年的财政预算和信贷计划也存在很大的赤字，商品供应同社会购买力之间有很大的逆差。这引起少奇同志的高度重视，决定召开中央政治局常委扩大会议，讨论经济工作：分析经济形势，讨论 1962 年国家预算。

会议于 1962 年 2 月 21 日至 23 日举行，由少奇同志主持。会议地点在中南海西楼，所以后来称为西楼会议。我列席了这次会议。

少奇同志在会上讲话。他说：中央工作会议（即七千人大会）对困难情况透底不够，有问题不愿揭，怕说漆黑一团！还它个本来面目，怕什么？说漆黑一团，可以让人悲观，也可以激发人们向困难作斗争的勇气！对当前形势的估计，少奇同志说：现在我们的困难还没有过去，困难还大，还没有到谷底。他用了一个触目惊心的字眼：非常时期。他说：“现在处于恢复时期，但和 1949 年后的三年情况不一样，是个不正常的时期，带有非常时期的性质，不能用平常的办法，要用非常的办法，把调整经济的措施贯彻下去。”

在讨论中，陈云同志对当时的经济形势和克服困难的办法作了一个重要讲话。他对经济形势的看法、对困难的估计，同少奇同志是一致的。陈云同志的讲话得到少奇同志的肯定和支持，其他同志也都赞成。少奇同志确定，要陈云同志把他的意见在国务院全体会议上讲一讲。

会后，我回到钓鱼台住地，向马洪、梅行、王力、何均、房维中等“秀才”们讲了刚刚听过的陈云同志西楼讲话，以及要专门召开国务院全体会议，请陈云同志讲一讲的信息。我们还商量这个会大家都去，不要坐在一起，坐到会场的各个方位，听到讲得好的地方，就带头鼓掌，形成一种对陈云同志讲话热烈拥护的气氛。

陈云在国务院各部委党组成员会议上的报告

1962 年 2 月 26 日，国务院各部委党组成员会议在国务院小礼堂召开。先由李富春、李先念同志作报告，富春同志讲工业情况、建设速度问题，先念同志讲财政、信贷、市场问题。接着是陈云同志的报告，题目是《目前财政经济的情况和克服困难的若干办法》。

陈云同志指出，“目前的处境是困难的”，“目前的困难是相当严重的”。财政经济方面的困难表现在五个方面：（1）农业在近几年有很大的减产；（2）已经摆开的基本建设规模，超过了国家财力物力的可能性，同现在的农业生产水平不相适应；（3）钞票发得太多，通货膨胀；（4）城市的钞票大量向乡村转移，一部分农民手里的钞票很多，投机倒把在发展；（5）城市人民的生活水平下降，吃的、穿的、用的都不够，物价上涨，实际工资下降很多。陈云同志讲了困难，也讲了克服困难的有利条件。对采取哪些办法来克服困难，陈云同志提出了六点意见：（1）把十年经济规划分为两个阶段。前一阶段是恢复阶段，后一阶段是发展阶段；（2）减少城市人口，“精兵简政”；（3）采取一切办法制止通货膨胀；（4）尽力保证城市人民的最低生活需要；（5）把一切可能的力量用于农业增产；（6）计划机关的主要注意力应该转移到农业增产和制止通货膨胀方面来。

陈云同志的讲话受到大家热烈欢迎。陈云同志讲到了那种谁都了解，但谁都不敢讲的看法。还有那些大家都觉得是问题，但谁也没有本事讲清楚，谁也拿不出解决办法的情况，陈云同志这次也讲得清清楚楚，拿出了具体切实的办法。用不着“秀才”们带什么头，全场报以热烈的掌声。我们的掌声早已被大家的掌声淹没了。会场上的那种气氛真是感人啊！

陈云同志真是有高招。比如，用卖高价商品的办法，来回笼钞票，制止通货膨胀，就是在这个报告中提出来的。再如，关于保证城市人民最低生活需要，他提出，分几步做到城市每人每月供应 3 斤大豆。他算了两笔细账：1 亿城市人口，实行这个办法，每年需要30亿斤大豆。我国这两年的大豆产量是120亿斤，拿出30亿斤来供应城市是可能的；据计算，每人每天最低需要70克蛋白质，1斤粮食含蛋白质45克，1斤蔬菜含5克，1两大豆含20克。在缺少肉类和蛋品的情况下，用大豆来补充营养，是一个比较可靠的办法。

听了陈云同志的报告，我和大家的感受是一样的，都觉得这下困难总算估计够了，这才真是唯物主义啊！困难讲清楚了，跟着解决的办法也会有的，就有希望了。

关于传达办法的讨论和中央批转陈云等报告的指示

国务院报告会后，中央书记处开会研究怎么传达。当时好像有一种意见，只传达陈云同志的讲话。彭真同志说：三个人讲话，只传达陈云同志一个人的，不好吧？邓小平同志立即作出决断：这个事简单，三个人的讲话，一起都传达。

中央书记处的意见报到少奇同志那里。少奇同志提出：陈云同志的讲话，大家很欢迎，恐怕要转发全国。这样就要起草一个《中共中央关于批发陈云等同志讲话的指示》（以下简称《指示》）。于是，少奇同志又在西楼召集会议，讨论《指示》涉及的有关问题。我列席了这次会议。

会上就几个重要问题展开了讨论，达成了共识。

第一个问题，是关于形势问题。彭真同志提出：这同七千人大会上对形势的估计不同。毛主席在七千人大会上讲：最困难的时期已经过去。现在把陈云同志的意见转发出去，就成了一种新的情况、新的分析，这样好不好？少奇同志回答：一次会议做一种估计，后来认识发展了，情况变化了，又做一种估计，在党的历史上不乏其例，有的是啊！问题是这个意见、这个判断符合不符合实际。对当前形势总的判断的提法问题，会议肯定少奇同志的判断，并采用“非常时期”的提法。《指示》开头就指出：“在扩大的中央工作会议以后，中央政治局常委扩大会议于二十一日至二十三日开会讨论了财政、金融、市场以及目前整个经济形势的问题，认为目前财政经济的困难是很严重的。”《指示》指出：“这次常委扩大会议，检查了财贸办公室在一九六二年一月中央工作会议期间向中央所作的关于一九六一年财政信贷执行情况和一九六二年如何实现中央‘当年平衡，略有回笼’方针的报告，认为这个报告并没有揭露矛盾，没有解决问题。实际上，一九六二年的财政预算和信贷计划有很大的赤字，商品供应同社会购买力之间有很大的逆差。”如果不正视这种情况，立即采取有力措施，坚决扭转这种局面，财政经济的困难还会更加严重。《指示》指出：“应当说，我们现在在经济上是处在一种很不平常的时期，即非常时期。”

第二个问题，是关于十年规划两个阶段的提法问题。关于非常时期的主要任务，没有不同意见。陈云同志把十年规划分为两个阶段，大家也都赞成。但这两个阶段的目标、任务的提法，有不同意见。

陈云同志讲话中说：“前一阶段是恢复经济的阶段，后一阶段是发展阶段。”他还讲，我们现在进入了一个恢复时期，恢复时期要准备长，争取快。准备四五年，争取快一点，少一两年更好。

是用恢复时期，还是用调整时期？彭真同志不赞成用恢复时期。小平同志做了一个折中，说：对外讲调整时期，对内讲我们进入一个恢复时期。《指示》作了这样的表述：“为了语言上的一致，中央认为，今后十年，应当分为两个阶段：前一个阶段，是调整阶段，主要是恢复，部分有发展；后一阶段，是发展阶段，主要是发展，也还有部分的恢复。有了前一个阶段的调整，才能有后一阶段的发展。只有这样划分两个阶段，才能使任务明确，步调一致。”特别说明：“前一阶段主要是恢复这一点，一律不要向外讲，在党内和党外，仍然一律称为调整阶段。”

第三个问题，是指标问题。计划指标、基建指标等各项指标制定的原则，陈云同志讲平衡。少奇同志讲，多年来我们都是讲高指标，以为这样可以激发群众的积极性，结果不能实现，反而挫伤了群众的积极性。我们如果定一个低的指标，多少年后超额完成，不但不会伤害群众的积极性，反而会激发群众的积极性。他赞成订一个低指标。大家都同意。因此，《指示》强调要缩小基建规模，降低生产指标，指出，只有划分两个阶段，才能使任务明确，步调一致，“否则，大家就还只想着发展，而且只想着重工业的发展，硬撑着架子，不愿意缩小基本建设的规模，不愿意降低某些重工业的生产指标。这就不能真正体现农轻重的方针，不能真正体现从六亿多人口出发的方针，不能完成首先解决吃穿用的任务；这对于克服目前的严重困难，争取财政经济状况的基本好转，是极为不利的。”

会上确定，这个指示由我执笔起草。我起草好后交给少奇同志，他做了一点修改。3 月 12 日，少奇同志又在西楼主持召开了中央政治局常委扩大会议，讨论和通过了《中共中央关于批发陈云等同志讲话的指示》。

向毛主席请示

中央政治局常委扩大会议一致通过以后，少奇同志很慎重，说：我们这个会对形势的估计、解决问题的办法，确实与七千人大会有所不同。主席在外地，这个会没有参加，我们大家同意的这些新的意见，需要送给他看，征得他的同意。他同意了，我们就发；他不同意，我们再议，再讨论。大家都赞成少奇同志的意见。

那时，毛主席在武汉。3 月 16 日，少奇同志、周总理、小平同志就从北京飞到武汉，带去了文件。17 日，向毛主席作了汇报。汇报以后，少奇同志他们就回来了。回来的当天晚上，少奇同志给我打电话，说：文件送给主席看了，口头上也向他汇报了，主席同意我们的意见，主席同意了。电话里听得出来，少奇同志非常高兴。他要我第二天到他那里去，对这个批语再斟酌一下。

原来《指示》里有这样的话：对陈云同志等三人的报告进行讨论时，有些部门、有些同志有不同意见，这是一种正常现象。少奇同志说：对于提出不同意见的人，是不是要把彭真同志的名字写上？我说：这样恐怕不好吧，不加为好。少奇同志说：好，不加。这样，3 月 18 日，这个《指示》就发出去了。

成立中央财经小组

就在讨论、确定要转发国务院会上陈云等三人报告的时候，中央常委提出：现在看来有必要重新成立中央财经小组。3 月 13 日的中央政治局常委扩大会议决定，财经小组组长由富春同志担任，成员有陈云同志、周总理和其他一些人。

我们这些集中在钓鱼台的“秀才”平时议论，形成了一种看法：经济工作需要组织一个司令部，司令员最好是陈云同志，政委最好是小平同志。听说现在要成立财经小组，由富春同志当组长，大家认为还是陈云同志当组长好。我当然也非常赞成这种意见。大家就鼓动：你去提意见啊，你代表我们去提啊。他们要我去向少奇同志反映这个意见。

为慎重起见，我先去找康生商量，看可以不可以去提。那天怎么也找不到康生。于是只好找陈伯达。电话打过去，陈伯达要我立即到他那里去。我把“秀才”们的意见说了。他表示完全赞成，说：你现在就去找少奇同志，我给你打电话联系。说着，陈伯达就拿起电话来，那时已经快晚上 10 点钟了。王光美同志接的电话。陈伯达说：邓力群同志找少奇同志，有点意见要反映，是否现在能够就去？王光美同志问少奇同志，少奇同志说：可以来，现在就来。

当天晚上，我到少奇同志那里把意见讲了。我说这些话是代表大家的意见。当时，我很激动，说：搞不好，我们可能还要陷入更大的困难。说着说着，我掉了泪。我说：对富春同志，我一向很尊敬，但根据以往的观察，还是由陈云同志来当组长好。少奇同志赞成我的建议，对我表示鼓励。

第二天，少奇同志即找陈云同志谈话。开始陈云同志不愿意，理由是：富春同志当组长合适，自己作为一个成员，也不妨碍把意见讲出来，这样与富春同志的关系好处。后来，周总理告诉我，少奇同志当时跟陈云同志说：我支持你，一直支持你到底。周总理说：没想到少奇同志下这么大的决心。

4 月 19 日，经刘少奇提议，中央决定，由陈云担任中央财经小组组长，李富春、李先念为副组长，周恩来、谭震林、薄一波、罗瑞卿、程子华、谷牧、姚依林、薛暮桥为成员。

选编《陈云同志几年来有关经济建设的一些意见》

决定由陈云同志担任中央财经小组组长以后，少奇同志出了一个主意：你们去把陈云同志关于经济工作的意见选编一下，印发给大家学习参考。政治局会议同意少奇同志的意见。

会后，少奇同志让我负责这件事。“秀才”们都很积极，选编了十几篇陈云同志解放后至 1961 年以前的文章和讲话，都是同当前工作关系比较密切的。先起了一个总题目，叫“陈云论经济工作”。何均表示异议，他说：七千人大会已经发了一个《毛泽东同志论社会主义建设的总路线和在两条战线上的斗争》，现在又来一个“陈云同志论经济建设”，把陈、毛并列，两论并提，不好。这样，就改成《陈云同志几年来有关经济建设的一些意见》。

在选编的过程中，我们找了周太和同志。他当时是陈云同志的秘书。周太和同志回话说，把中央选编陈云同志关于经济工作文章、讲话的决定报告了陈云同志，他不赞成。我把陈云同志的意见又向少奇同志报告。少奇同志说：印发的份数少一点，只印发政治局常委、书记处各同志和财经小组成员。这样，总算编成了。文章和讲话一共 15 篇，大概十来万字。另外搞了一个提要，大约 1 万字。共印了 30 份，于 1962 年 4 月 17 日发出。

4 月 16 日，少奇同志专门给毛主席写了一封信，信中说：

> 最近，我要邓力群找陈云同志几年来有关经济工作的一些意见来看，他找来了，并搞了一个摘要。我只看了这个摘要。现特送上，请主席看看。此外，陈云同志在今年三月七日财经小组会上的讲话，也提出了一些很重要的意见，很值得一看。以上几个文件，已要办公厅发给中央常委、书记处和中央财经小组各同志。是否还要发给其他同志？请主席阅后酌定。再征求陈云同志意见。

这个材料，毛主席看了没有，搞不清楚。一直到这年的七八月间，在北戴河，田家英到毛主席办公室去，看到还摆在桌子上。其时，陈云同志已提出分田到户的意见。田家英对毛主席的机要秘书说，把那份东西撤下来吧。

陈云在第一次中央财经小组会上的讲话

1962年3月7日，召开第一次中央财经小组会议，陈云同志在会上讲话，我记录、整理。这篇讲话已经收在《陈云文选》里面。

陈云同志讲了七个问题，着重讲的是计划（长远计划、年度计划）和平衡问题。他讲：自己多年负责管计划工作，在计划工作方面主要抓两个要点，第一个是基本建设规模的大小，第二个是职工人数和工资总额。他还说：基本建设投资和劳动力这两条管住了，计划大体上也就管住了，就不至于出乱子。

关于基本建设，他强调综合平衡，认为综合平衡必须从现在开始，今年的年度计划就要搞综合平衡，开步走就要搞综合平衡。他说，建设规模的大小，不取决于我们的主观愿望，而决定于我们现有的物资、材料。他说，在财经委员会的时候，采取的办法就是“砍”，“砍”到国家财力、物力特别是农业生产所能承担的程度才定下来。

至于按什么“线”搞平衡，陈云同志主张短线平衡。他说，过去几年，基本上是按长线搞平衡。这样做，最大的教训就是不能平衡。结果，建设项目长期拖延，工厂半成品大量积压，造成严重浪费。在这方面，这几年的教训已经够多了。按短线搞综合平衡，才能有真正的综合平衡。所谓按短线平衡，就是当年能够生产的东西，加上动用必要的库存，再加上切实可靠的进口，使供求相适应。一定要从短线出发搞综合平衡，这样做，生产就能协调，生产出来的东西就能够配套。配了套才能做大事情，不配套就只是一堆半成品，浪费资金。针对有些人说他的综合平衡是消极的平衡，陈云同志说，我与那些人的不同之处在于：他们搞长线平衡，我是搞短线平衡。这个短线也不是只考虑现有材料和物资，而是考虑了各种可能的因素：能增产多少，能动用库存多少，能从外国进口多少，等等。这已经考虑到各种可能性了，因此它才是一种可估的平衡，也就是一种可能实现的平衡，所以不能叫作消极的平衡，而是积极的平衡。

关于掌握职工人数和工资总额，陈云同志说：每年大家都要求增加人，我卡得很紧。人进来容易，出去很困难。进来了，就得发工资，供应吃、穿、日用品。因此就要考虑多发钞票，而后又要考虑能否买到等量的物品，购买力同我们库存商品的供应能否平衡。职工总数不仅是生产单位增加的职工，还包括基建规模扩大增加的职工，他们的工资、待遇很多都可转化为购买力。所以，职工总数和工资总额所形成的购买力，同我们商品供应的实际情况能否平衡十分重要。能够平衡，物价才能稳定，不能平衡，物价一定会发生波动。

陈云同志的这次讲话不长，但抓住了要领，即所谓抓住了“牛鼻子”。过去的、后来的经验，都证明他这篇讲话的观点是完全正确的，他的办法是切实有效的。他的这篇讲话是经得起实践检验的。

周总理出席了这次会议。在陈云同志讲到今年的年度计划要做相当的调整，准备对重工业、基本建设“伤筋动骨”时，周总理插话说：“可以写一副对联，上联是‘先抓吃穿用’，下联是‘实现农轻重’，横批是‘综合平衡’。”

关于以农、轻、重为序的指导思想

说到这里，要讲一讲关于制定国民经济计划、发展国民经济应该以农、轻、重为序的指导思想问题。这是毛主席领导中国社会主义建设的一个创造。

（一）毛主席关于正确处理重工业和轻工业、农业关系的思想

早在1956年春天，毛主席在《论十大关系》中就提出：“重工业和轻工业、农业的关系，必须处理好。”他指出，苏联和一些东欧国家“片面地注重重工业，忽视农业和轻工业，因而市场上的货物不够，货币不稳定。我们对于农业、轻工业是比较注重的”。“我们现在的问题，就是还要适当地调整重工业和农业、轻工业的投资比例，更多地发展农业、轻工业。”还说：注重农业、轻工业，多发展一些农业、轻工业，采取这一种办法，“会使重工业发展得多些和快些，而且由于保障了人民生活的需要，会使它发展的基础更加稳固”。

（二）毛主席提出“以农业为基础”

大约是在中共八大二次会议（1958年5月5日至23日）前的一次书记处会议上，我记得很清楚，讲到工业和农业的关系时，传达毛主席的话说，我们的工农关系要以农业为基础。参加这次书记处会议的有周总理，他当时说：恐怕还要加一句，以工业为主导。后来，对工业和农业的关系就形成了比较规范的两句话：“以农业为基础、以工业为主导”。

（三）毛主席提出以农、轻、重为序

从1958年11月第一次郑州会议到1959年7月上旬庐山会议前期，毛主席着意纠“左”。他总结社会主义建设正反两方面的经验，在指出经济工作还是要搞综合平衡的同时，提出计划安排要以农、轻、重为序。他说：过去计划安排以重、轻、农为序，证明是不正确的。现在要改为以农、轻、重为序，重工业要为农业、轻工业服务。

毛主席讲了这一重要指导思想以后，叫陈伯达通过《红旗》杂志编选了一个《马克思论农业为基础》的材料。

（四）陈云探索怎样以农、轻、重为序

毛主席关于以农、轻、重为序的指导思想传达以后，很多经济部门及其领导干部都照本宣科传达、宣讲了一遍。但究竟如何实现以农、轻、重为序，没有什么具体的路数。只有陈云同志与众不同。

在毛主席讲了要以农、轻、重为序安排工作以后，陈云同志用了几年时间在中南几个省进行经济调查，解决怎样以农、轻、重为序的问题。

关于调查的情况，我听说是这样的：

陈云同志主要到湖南、河南两省调查，着重调查一个问题，即城市与农村人口的粮食分配问题。

陈云同志首先问：以农业为基础，就是以一半为基础。全年全省粮食生产总量是多少？农民口粮、牲口用粮以及种子粮一共需要多少？扣除这些以后，农村中真正剩余的粮食，即可供城市人口吃用的粮食究竟有多少？然后他再问：河南全省人口，包括城市人口，究竟有多少？包括副食品在内，需要多少粮食？这样一算账，河南城市人口所需要的粮食远远超过农村所能供应的水平。怎么办呢？一个办法是降低城市人口的粮食供应水平。那几年城里人也出现浮肿病，就是这种做法的结果。另一个办法是加重农民的负担，即从农民口粮、饲料粮、种子粮中挤出一部分去供应城市人口，那样势必造成农村人瘦、地瘦、牲口瘦。这两个办法都不是办法。陈云同志提出，唯一可靠的办法就是减少城市人口，让他们下乡。就当时中国的生产力而言，这些人起码可以种几亩地，自己管住自己这张嘴巴，不会增加别人的负担。这样，陈云同志 1961 年 5 月 31 日在中央工作会议上提出一个建议：精减职工和动员城市人口下乡。第一次提出是减少 700 万人。实际上最后减少了 2 000 万人。

陈云同志从这样一个角度来搞清楚怎样以农、轻、重为序，寻找到了出路和办法，把实际工作与理论结合起来了。后来，周总理作关于 1962 年计划调整的讲话，就是陈云同志这个思路的发展。一旦找到了解决问题的办法，说起来也并不复杂，就是用缩短工业和基本建设战线，精减职工和减少城市人口，来加强农业建设和发展农业生产。当然，做起来很不容易，要克服许多困难。

三线建设回顾

高扬文

从1964年到20世纪70年代中期，在中国大地上掀起一个三线建设的高潮，即使是在“文化大革命”那样动乱的情况下，三线建设也没有完全停下来，可见这个建设是十分重要和迫切的。

把中国分为一线、二线、三线是毛主席亲自划分的。从黑龙江到广西沿海各省、市、区是一线，一线就是前线。西南三省，西北除新疆、内蒙部分地区外大部分地区，湘西、鄂西、豫西、山西等地区是三线，中间地带是二线。三线又称大三线，这是因为沿海各省在自己的省区内，也划一片地区为小三线。

三线建设是完全根据毛主席的一系列指示开始的。1964年，我国国民经济调整已取得很大成绩，“大跃进”所造成的困难已基本克服，而国际形势却异常紧张，这时毛主席提出了三线建设问题。本来“大跃进”期间，已经在西南和西北开始建设钢铁企业、军工企业，修建铁路，但在调整期间由于资金困难，全部下马了。毛主席首先从恢复这些企业的建设入手，提出了建设三线问题。他在1964年5月就明确指出：攀枝花钢铁厂还要搞，不搞我总是不放心，打起仗来怎么办？又说：我们的工业建设，要有纵深配置，把攀枝花钢铁厂建起来。建不起来，我睡不好觉。9月，又提出批评，说把川黔、滇黔两条铁路停下来是没有道理的。11月，在听取西南地区钢铁产量增长情况的汇报时又指出：三线建设我们把钢铁、国防、机械、化工、石油、铁路都搞起来；那时打起来就不怕了。毛主席还说，你们再不安排，我要骑着毛驴下西昌。还说，没有钱，可以用我的稿费。毛主席关于建设大小三线的讲话是很多的，但我手头没有资料，只能根据记忆写了这几条，这虽不能够全面反映出毛主席的战略思想，但也可以看出毛主席非常重视三线建设。

冶金部行动起来

当听到毛主席说“你们再不安排，我要骑着毛驴下西昌”时，中央各部委、各有关地区立即行动起来，三线建设的热潮从此开始。钢铁工业是重点之一（军工、煤炭、铁路都是重点），冶金部迅速调集人马，开到西南、西北，研究方案，布置建设工作。建设大军随后兼程前进，在三线摆开战场。

因地理关系，三线建设重点在西南，兼顾西北。冶金部在西南、西北各设了一个领导小组。西南小组由徐驰、李非平、李钟、韩清泉等负责。我当时在白银厂蹲点，就兼任西北小组组长，副组长是刘学新。两个小组都紧张地运转。虽然“文化大革命”打乱了三线建设的规划，但建设没有完全停下来。不到 10 年时间，西南、西北都建成数以百计的工厂、矿山。三线建设对冶金工业来讲，可以说是继第一个五年计划之后的又一个建设高潮。粉碎“四人帮”后，特别是中共十一届三中全会以后，经过整顿、改革、技术改造，三线的冶金企业都成了冶金工业的骨干企业。

我在这里介绍几个有代表性的项目。

攀枝花钢铁厂

冶金工业三线建设最大的项目，首推四川攀枝花钢铁公司，这也是整个三线建设有代表的项目。说起攀钢建设，应当追溯到“文化大革命”以前。地质部的勘探队在 20 世纪 50 年代中期，根据 40 年代地质专家调查的资料，在北自四川省西昌，南至川滇边界的金沙江，长约 200 公里的安宁河谷和金沙江河谷地带发现了几处大铁矿，主要有西昌的太和、德昌的白马、盐边的攀枝花（这是地质队所在村，因有木棉树，俗称攀枝花，因而得名），储量很大。还在金沙江河谷发现了炼焦煤。因此，产生了在这一带建设钢铁厂的设想。

1958 年春天成都会议时，毛主席批准了建设攀枝花的设想。随后西南协作区四川省委第一书记李井泉、书记廖志高、杨超（四川省委工业书记）和我坐飞机飞抵西昌，并从西昌到会理一带考察了一番。当时这一带经济十分落后，西昌连一个小机械厂也没有，老百姓生活也很艰苦。李井泉很感慨地说，没有想到解放这么多年，老百姓依然衣不遮体。我们下决心开发这里的铁矿，建立钢铁厂和其他工业项目，以发展这里的经济，并当即决定成立西昌建设委员会和西昌钢铁厂筹备处，由杨超兼任建委主任。我听取了地质队的汇报，了解到这里有那么多的大矿，心中非常高兴，但是这里的铁矿是含钒、钛的磁铁矿，是否能冶炼出铁来，尚是未知数，必须进行试验。因此我建议先在西昌建一个小钢铁厂进行试验。同时还选择了离太和铁矿很近的西昌飞机场作为将来西昌钢铁公司的厂址。可是到了1962年，因为调整，国家无力进行准备工作，西昌钢铁厂下马，人员疏散。

随着攀枝花地区铁矿、煤矿的逐渐探明，就把从西昌到攀枝花一带要建设的钢铁厂称为攀枝花钢铁厂。但究竟建在哪里，当时没有仔细研究。1964年4月至5月，毛主席两次谈到要建攀枝花钢铁厂，说不搞总是不放心，打起仗来怎么办？遵照毛主席的指示，由国家计委副主任程子华负责，率领中央各有关部门到西南规划三线建设，冶金部派徐驰率领工作组前去选择攀枝花钢铁厂厂址。经过对西昌、德昌、米易、攀枝花几个地区的比较，认为攀枝花地区兰尖铁矿最容易开发，应当先开采。而宝鼎煤矿就在铁矿附近，可以就地供应，加上又有滚滚而来、取之不尽、用之不竭的金沙江水可资利用，实在是一个建厂的好地方。而西昌地震烈度系数大，太和矿储量虽丰富，但开采难度比较大，水源也比较紧张，所以工作组决定舍西昌而选攀枝花。但攀枝花地区没有平坦的地方，建一个150万吨的钢铁厂，起码要5平方公里的厂址，但这里连1平方公里的平地也没有，这就成为一个大难题。我国的技术人员是具有创造性的，他们在金沙江边上一个叫弄弄坪的山坡上，左测量右比较，提出一个大胆的建议，要在2.5平方公里的山坡上，依山势设厂，采用台阶式布置，安排一个大型钢铁厂。把一个大型钢铁厂建在狭窄的山坡上，这在世界钢铁工业建设史上也是无先例的。

邓小平、李富春、薄一波等亲临现场考察、研究，批准了在弄弄坪建厂的方案，于是一场集科研、设计、建设于一体的大战迅速展开。

攀枝花钢铁厂能不能建设成功，首先取决于能不能在普通高炉中用含二氧化钛高达20%以上的钒钛磁铁矿炼出铁来。按常规冶炼方法，二氧化钛在高炉里是不熔化的，钛粉粒和铁水粘在一起，渣和铁不分，流不出铁水来。不突破这个难关，就谈不到建设钢铁厂。于是，一个以周传典为首的攻克钒钛磁铁矿冶炼关的技术专家组成立起来，要在一年之内解决这个世界上还没有人能解决的冶炼技术难题。专家组先在承德100立方米高炉进行模拟试验，后到首钢610立方米的高炉上试验，再在西昌两座28立方米小高炉上用攀枝花矿石进行了长期试验，一次又一次摸索规律，最后得出一套完整的工艺流程来对付在炉内捣乱的二氧化钛，终于从高炉内流出了铁水。奔腾而出的铁水，宣告攀枝花钢铁厂可以开建了。不但冶金战线广大同志激动异常，党中央、国务院领导同志也非常高兴。1973年我和周传典等人在攀钢蹲点，在周传典的主持下，曾经把当时的研究成果汇集成册，不仅永远保存了这些资料，表彰了参加攻关的同志们的功绩，同时还为生产现场的技术人员、工人提供了技术教材。

有了新工艺和设计蓝图后，重担就落在建设大军身上。1964 年腊月，成千上万的建设大军不分昼夜，奔赴到几乎没有人烟的崇山峻岭之中，在江边、山沟中支上一个个帐篷，三块石头架饭锅，开始了艰苦的战斗。攀枝花钢铁厂的建设，是在非常困难的外界条件下进行的，不但要克服地理条件上的种种困难，还要克服气候上的困难。这里没有春夏秋冬四季，只有雨季和旱季，从每年的 9 月到第二年 5 月为旱季，气候炎热，滴雨不见，人们就像在蒸笼里劳动；雨季则经常大雨瓢泼，山洪咆哮，工地随时有塌坡的危险。但是这些困难没能吓倒中国工人阶级。然而由于“文化大革命”带来的思想混乱，导致建设队伍内部分裂，造成两派斗争不息，影响了工程建设的进度。幸好在那里“支左”的解放军代表遵照周总理的指示，防止了两派斗争发展成武斗，始终以建设为重，没有长期停工。

当时攀枝花没通铁路，一切生活、建设物资都要经成都或昆明运到现场，运量很大，运输路程很远，道路崎岖，山高沟深，困难之大是可以想象到的。但这一艰巨任务得到北京、辽宁、山东、河南、安徽五个省市共 1 500 辆卡车的支援，在 1970 年成昆铁路通车之前，运进 3 150 万吨物资（不止是攀钢一家的，而是钢铁、煤、电、交通等所有项目需要的物资和几万人的生活用品）。几十吨、上百吨的数以百计的大件，硬是用汽车拖进来了。世人常常夸耀第二次世界大战中英美盟军在法国登陆后，后勤支援是运输史上的奇迹，我看攀枝花建设的运输组织工作和它相比，毫不逊色。有人会说，怎么能和盟军在法国登陆相比呢，那是战争，希特勒拼命抵抗。可攀枝花建设又何尝不是在类似战争的环境中进行的呢？那时正是“文化大革命”的高峰期，北京“五大领袖”一直想冲攀枝花，由于周总理亲自阻挡，没有闯进去。可是成都、西昌、昆明等地却烽火连天，造反派的头头们沿途设关布卡，抢货劫车，不让通行，弄得攀枝花地区几乎没有隔夜之粮，不得不派军队押送，才勉强把交通命脉保住。

在攀枝花钢铁公司规划区域内，和攀枝花钢铁厂同时建设的还有煤矿、电站、交通、林业、建材等一系列项目。最重要的还是从成都通过西昌、攀枝花到昆明的全长 1 000 公里的铁路。这是我国最难建的铁路，其隧道、桥梁之多，超过以往任何一条铁路。为早日建成这一交通大命脉，数万筑路大军战险山、斗恶水，日夜奋战。人们常说“战天斗地”，然而只有参加过攀枝花钢铁厂和成昆铁路建设的人，才能真正领会“战天斗地”的艰难和意义。

俗话说“苍天不负有心人”，艰苦的劳动终于结出丰硕的果实。1970 年 7 月 1 日，在成昆铁路全线通车的同时，攀枝花钢铁厂第一座高炉流出了铁水。1974

年从矿山到轧材，钢铁厂基本建成了第一期年产 150 万吨钢的大型钢铁基地和煤、电、铁路、建材的全部配套设施，在地处深山的攀枝花形成了一个新型的工业城市——渡口市（后改为攀枝花市）。

攀枝花钢铁厂所采用的大型设备，除了几台大型吊车外，全部由国内制造，这与鞍、武、包三个钢铁厂不同。攀钢所采用的工艺流程，如高炉冶炼含钒、钛的磁铁矿，120 吨氧气顶吹转炉炼钢，雾化提钒等，都是中国第一次采用。这是我国在美国、苏联封锁的情况下，自力更生的伟大胜利，是值得冶金战线广大职工骄傲的。但是，这些国产大型设备，毕竟大部分都是国内第一次制造，又碰上“文化大革命”，质量不过关，投产后不能正常生产，后来又进行了一年多的攻关才解决。

攀枝花建设所以取得成功，还有一条重要的经验，就是中央有关部门在大规划的大框框范围内放权，在基地内部组织统一的指挥机构和总党委，把各部门的资金捆在一起，统一规划、统一建设。建设初期，以徐驰、李非平为首的特区党委、总指挥部实施了有效的领导，真正把各行各业捏在一起，同心协力，各自负责完成自己所担负的任务，避免了条条块块分割、你拉我扯白费工的弊端。

前几年冶金部思想政治研究会在攀钢开会，我曾讲过一次话，我说，北有大庆，南有攀枝花，都是在国家最困难的时期（大庆在三年经济困难时期，攀枝花在“文化大革命”时期）、最艰苦的地方，以最快的速度建设起来的，比较起来，攀枝花在地理条件、气候条件、交通条件等方面比大庆更困难一些。两个大项目的建成体现了中华民族不怕任何困难的最伟大、最宝贵的精神。有了这种精神，任何艰难险阻都阻挡不住我们。

中国最大的铝加工厂

冶金战线三线建设第二个有重大意义的项目是位于重庆市市郊的西南铝加工厂。既然要准备打仗，就要有军工生产所需要的金属材料，以制造武器。建设三线，冶金工业的任务，就是一旦战争被强加在我国人民头上，在大三线能够生产军工所需要的各种品种、规格的金属材料。为了这一目标，冶金部在三线建立了配套的冶炼、加工企业。除攀枝花钢铁厂外，第二大的，要算为国防工业提供铝材的西南铝加工厂。

冶金部本来有一个哈尔滨轻金属加工厂，但到了 20 世纪 60 年代，哈尔滨变成前线地带，再加上苏联当年留了一手，没有给我们配上生产先进飞机材料的大型设备。因此我们还需要建设一个比哈尔滨轻金属加工厂更大的铝加工厂。这个厂的厂址选择，最初选在甘肃省与青海省交界处的红古，准备在那里建一个从铝氧、电解、碳素制品到铝材加工的完整的铝基地。单从地理条件讲，那里确实是一个好地方，有铁路、有水源、有平坦的场地，又处在兰州与西宁之间，可以得到两省的支援。但从大的地理位置来看，又有些太靠北了，所以考虑再三，冶金部党组认为还是把加工厂建在西南为好。在西南地区，曾选择遵义作为建厂的厂址。遵义是真正的大后方，离贵阳铝厂不远，又是历史上遵义会议的旧址，是具有优越条件的，但考虑到当地的工业基础薄弱，国家最后决定把这个厂放到重庆市郊区。

这个厂安装了我国最大的 3 万吨模锻水压机、1.25 万吨卧式挤压机、2 200 毫米的热轧和冷轧板机，产品比哈尔滨加工厂提高一个等级。这样的大型设备不仅在亚洲是第一流的，就是在世界范围内，也只有少数几个工业大国才有这样的工厂。它可以生产世界上最大的飞机用的铝材。

西南铝加工厂虽然重要，但比攀枝花钢铁基地的规模小一些，在建设过程中解决困难问题也不如攀枝花那样及时，再加上当时四川省受“文化大革命”中动乱的影响，直到 1973 年加工厂的一期工程才完成。这个厂的布置，也受到林彪“山、散、洞”理论的影响，车间分散几处，最重要的轧板车间竟被从高岗上移到一个低洼地，不但受到洪水的威胁，运料也不方便。好在没有进洞，没有造成大的危害。即使有这些缺陷，这个厂的建设投产依然标志着中国铝加工工业开始了一个新时代。这个厂和攀枝花钢铁厂一样，证明中国人民有雄心壮志，不管有多大困难，看准了、下决心要办的事情，就一定能够办成。

在西南地区，还扩建了成都无缝钢管厂、重庆钢铁公司、重庆特殊钢厂、昆明钢铁厂、遵义铁合金厂，完善了贵阳钢铁厂，新建了长城特殊钢厂、遵义金属材料厂、峨眉铁合金厂、乐山冶金轧辊厂等一系列工厂。这些工厂细写起来要费很多篇幅，我只想把水城钢铁厂简要介绍一下。

反复折腾的水城钢铁厂

六枝、盘县、水城是贵州的三个县，煤炭储量 200 多亿吨，而且煤种齐全，也比较容易开采，是西南三线建设的最大的煤炭基地（另外两个基地是重庆和攀枝花）。建设六盘水的主要目的，是为攀枝花钢铁基地提供炼焦煤和动力煤，和攀枝花钢铁厂是一个整体项目。原来规划把煤运到攀枝花，回来的列车把矿石带来，所以在水城布置了一个 100 万吨规模的钢铁厂。煤铁交流，各得其益，是一个很好的规划。水城钢铁厂的建设是与攀枝花同时开始的。从鞍钢调去一个以陶惕成为首的班子，包括领导干部和工人，由鞍钢包建，一些设备也由鞍山支援，先建一个 60 万吨铁厂。建设进行得很快，一座中型高炉和与之配套的设施很快建了起来。但是“文化大革命”对该厂建设冲击很大，陶惕成被整死，工程陷于停顿，再也没有能够把炼钢、轧钢配套设施建设起来，所以有了“水钢、水钢，有铁无钢”的说法，水城钢铁厂成了有名的亏损大户。20 世纪 70 年代后期，水城钢铁厂的经理张子熊很着急，贵州省委更着急，都想把炼钢厂、轧钢厂建起来，使水城钢铁厂发挥作用。1977 年我和周传典曾两次前去帮助规划，又增建了一座高炉，炼钢厂也开了工，水城钢铁厂的建设又恢复了。后来遇到调整，又耽误了一些时间，直到 1984 年，水城钢铁厂才有钢、有材。前后折腾来折腾去，经过 20 年水城钢铁厂才建成一个中型钢铁厂，浪费很大。

遵义钛厂和峨眉单晶硅厂

在西南三线建设的有色金属新建项目，除了铝加工厂外，重要的还有遵义钛厂、峨眉单晶硅厂（半导体材料厂）、自贡硬质合金厂。钛是 20 世纪 50 年代新兴金属，也是军工产品的重要材料，我们曾在抚顺铝厂搞过试验，取得了成功。三线建设时，就把已取得的工艺技术移植到遵义，建设大型的钛冶炼厂。那时攀枝花铁矿中的钛还不能回收，冶炼所需要的钛精矿，取之于广西、广东和海南岛海滨的砂矿，这些地方的海滩沙子里含有二氧化钛较高，采用重选方法，可以取得质量很高的钛精矿。我们建的钛厂，虽然比世界上当时采用的工艺落后一些，但也能生产高质量的海绵钛。同时又在辽宁省锦州铁合金厂建了一个钛车间，使钛金属和钛材立足于国内。

单晶硅是电子工业必不可少的材料。“大跃进”期间，北京有色金属研究院研究出生产单晶硅的工艺，并建设了小型生产装置。为了在三线建立基地，就把有色金属研究院的人员调到三线，建设正式的生产厂，同时继续开展研究工作。这个厂子是很成功的，是我国第一个单晶硅厂，可惜也因受了“山、散、洞”的影响，厂址太靠山了，没有扩展的余地。以后又在河南省洛阳、陕西省华阴建立了两个厂。洛阳和华阴相距不远，建设两个同样的厂，显然有些重复，这是“文化大革命”期间建的，有点欠考虑。

西北三线地区的冶金工业建设

在西北地区，冶金工业的三线建设规模没有西南那样宏伟，部分原因是地理位置靠北，部分原因是受投资的限制。但是也建了一些工厂，甘肃境内的白银钢铁厂的铜加工厂、小铁山的铅锌冶炼厂、陇西铝加工厂、红古的碳素厂；陕西境内的宝鸡稀有金属加工厂、西安精密合金厂以及青海西宁的特殊钢厂和宁夏的铍、钽、铌厂等。同时恢复了甘肃酒泉钢铁厂。在宁夏石嘴山钢铁厂原址建设了金属制品厂。下面我也简单介绍几个项目。

甘肃酒泉钢铁厂之前仓促下马。当毛主席提出三线建设时，冶金部就决定恢复酒泉钢铁厂的建设。酒泉钢铁厂离中蒙边界较近，离我国腹地很远，算做三线边缘地带。1964 年我去酒泉钢铁厂帮助制定恢复规划，决定首先恢复矿山建设，然后恢复高炉、焦炉，建设炼钢、轧钢成套设备。镜铁山铁矿在海拔 3 000 米以上，气候寒冷，条件艰苦，没有过硬的队伍是拿不下这座矿山的。为此我把已调到白银厂的全国闻名的马万水工程队调去开山建矿。马万水工程队是一支思想、技术都过硬的好队伍，在白银厂我和他们相处了一个时期，确实很佩服。当我把这个任务交给他们后，全体职工二话没说，全部服从命令。那时马万水已因癌病去世了，但他带领过的队伍，依然保持他生前的那种天不怕、地不怕的作风。这支队伍由马万水的继任者马明带上山去，干得很好。可惜“文化大革命”开始后，把酒泉钢铁厂建设又冲掉了，马明挨了批斗，马万水工程队也调离镜铁山，转到邯邢矿山去了。酒泉钢铁厂拖了许多年，直到 20 世纪 80 年代才建成投产。酒泉钢铁厂的上马、下马反复多次，也延续了 20 多年，钱浪费了，人也熬老了，这样的教训是不应当再重复了。

青海省西宁市西郊，“大跃进”时建有一个小钢铁厂，调整时下马了，厂址荒芜，省里准备改建其他工厂。我考察了这个地区，认为在这里建一个特殊钢厂比较合适，西北没有特殊钢厂的空白也可以补上。省委和部党组同意我的意见，决定把本溪特钢厂搬到西宁。本溪特钢厂规模虽不大，但基础好，搬迁比较容易。之所以搬本溪特钢厂，是因为东北地处一线，已有大连、抚顺、齐齐哈尔、本溪四个特钢厂，可以搬走一个。

本溪钢铁厂党委拥护党组的决定，特钢厂广大职工响应党的号召，连人带设备迅速搬到海拔 2 000 米以上的青海高原。建厂非常顺利，不到两年时间就建成投产，而且生产很正常，成为一个先进企业。20 多年来，西宁特钢厂为国家作了很大贡献，我认为这是一个最成功的搬迁项目。

本溪钢铁厂同志很有创造精神，设备和大部分职工搬走后，留下的同志利用原有的厂房，又建了一个特钢厂，结果一个厂变成两个，贡献更大。我很佩服本溪钢铁厂同志的全局观念和开创精神。

宁夏的石嘴山钢铁厂也是“大跃进”期间建设的，由于没有矿石，调整时期下马了。三线建设时，我到那里在原地规划建设一个钢丝绳厂，也建成了。陕西略阳、甘肃兰州“大跃进”时也都建有钢铁厂，由于三线建设的需要，也都恢复了。再加上新疆八一钢铁厂，国家终于在经济落后的大西北，打下了钢铁工业的基础。

在西北最有战略意义的有色金属工业项目，是陕西宝鸡稀有金属加工厂。稀有金属加工材料是我国极缺的品种，过去虽然采取了一些临时性的措施和几个厂协作的方法，也能生产一些，但没有形成正式生产能力，质量也得不到保证。因此，建设正规的稀有金属加工厂势在必行。有色金属研究院在试验厂里已积累了生产经验，所以就以它们为基础筹备建厂。经过多次厂址考察，选定了在宝鸡市建厂。之所以把厂址选在宝鸡，是因为宝鸡是陇海、宝成铁路的交汇点，交通方便，又处在号称“粮仓”的八百里秦川，工业基础虽不如西安，但已有几家大工厂在那里安家落户，在西北是一个比较理想的地区。稀有金属加工厂引进了一部分国外设备，工艺和技术装备在当时是比较先进的，它的建成改变了我国稀有金属材料加工，特别是钛材加工的面貌。

西北的三线建设，也多少受“山、散、洞”的影响，如白银公司铜加工厂、宝鸡稀有金属加工厂布置比较分散。特别是稀有金属加工厂，在“文化大革命”中批斗我以后，从原来我选定的山前平地搬到山沟里，造成生产流程和管理上的很大困难。

冶金工业三线建设的得失

有人提出，冶金工业的三线建设究竟是成功还是失败？或者是得多还是失多？按照实践是检验真理的唯一标准的观点来衡量，我认为，冶金工业三线建设无论是在西南还是在西北，都是成功的。那时建起来的工厂，在粉碎“四人帮”后，特别是在中共十一届三中全会以后，都以崭新的面貌出现在中国大后方，在各个不同方面作出了自己的贡献。有些企业，如攀枝花钢铁厂，已经完成第二期扩建，说明它有生命力，如果不成功，就会像“大跃进”时期建设的那些“小土群”、“小洋群”那样自生自灭。但是，毕竟三线建设高潮到来之时，“文化大革命”高潮也到来了。“文化大革命”冲击了一切，自然也冲击了三线建设。在动乱期间，一些工厂有的暂时停下来，有的半停，影响了建设速度。从1964年到1974年，以攀钢基本建成为标志，整个三线建设耽误了两年到三年时间。这是时势造成的损失，不是三线建设本身的失误。再加上林彪插手，大力提倡“山、散、洞”，也给几个工厂造成了不良后果，这也不是当时战略决策时的失误。从多数工厂厂址安排上看，还是合理的。我当时的思想，是抵制“山、散、洞”这个不科学、不经济的政策的，我选的厂址，没有一个太分散，更没有进洞的。

冶金工业三线建设所以取得成功，首先是由于广大职工发扬了爱国主义精神。为了保卫祖国，大家把三线建设看作神圣的事业，不管有多大困难，都全力以赴。只要一声令下，家可以撇下，背上背包，立即奔向党所指定的地方。行动之快，不亚于军队接受战斗命令。在任何艰苦的条件下，都不退缩、不逃避，迎着困难上，饥、渴、寒、热都不在话下，充分表现出一种大无畏的献身精神。这就是三线建设的动力所在。现在人们经常谈论精神支柱的问题，当时的精神支柱就是祖国利益高于一切。

一线支援三线，是冶金工业三线建设得以成功的一条重要措施。三线冶金工业没有基础，平地起家，没有领导和技术力量，没有生产建设经验，一时也制作不出那么多的设备。所以冶金部党组在布置时，将许多新建企业都交给一些一线企业，由它们全力支援，直到建成为止。像长城钢厂、西南铝加工厂、西安精密合金厂等一大批企业，都有自己的母厂。从领导干部到工人，从技术到设备，都做到无条件地支援，有的干脆就是包建。这一决策很成功，许多工厂建设上的困难都迎刃而解了。我认为，这一经验即使到今天，仍然是有用的。

从上到下领导重视，措施得力，是冶金工业三线建设成功的一项重要保证。国务院领导同志亲自拍板定案，省却了许多扯皮。部里派遣了大批有经验的干部在现场亲自指挥战斗，随时解决问题。部里司、局职能机构全力以赴，保证三线建设的需要。各省、区的党委和政府大力支持，亲自参加决策和建设的领导、各协作单位互相支援，这就争取了时间。如果没有“文化大革命”的破坏，一直搞下去，成绩会大得多。

当然各工业部门三线建设情况不完全相同，有些建成的工厂后来不能很好发挥作用，最后不得不搬出来。但从战略指导思想上看，三线建设的决策不能说是错误的。中国是一个有 960 万平方公里土地的大国，有前方、有后方，当前方受到威胁的时候，自然要考虑后方的建设问题。苏联反击希特勒的侵略战争，就是因为在乌拉尔地区建设了巩固的后方，才有支持战争、最后举行大反攻的物质基础。这条经验对中国的三线建设是起了作用的。还有，三线是大后方，是中国矿产资源丰富的地区，又是经济很落后、生活很贫困的地区。从工业布局、开发资源、发展经济、改善人民生活方面考虑，建设三线也是有理由的、必要的。至于在部署上有些错误造成一些浪费，当然是缺点，是值得总结经验教训的。

我参与指挥了中国第一次核试验

张蕴钰

我于1958年被调到原子武器试验基地，担任司令员，亲历了中国第一次核试验。此事虽已久远，但那激动人心的一刻仍不时在我眼前萦绕。

核试验定于10月16日进行

1964年10月14日下午，中国首次核试验委员会和核试验委员会的领导人，在试验场区一座一明两暗的小石头房子里开全体会议，十多名主要领导成员出席。会议最后，中国人民解放军副总参谋长张爱萍宣布决定：原子弹1964年10月16日爆炸。

试验工作的组织领导是极其严密和富有成效的，各项准备工作早在9月25日就已完成。从原子弹的运输、装配到侦察、取样、安全防护、洗消等各个环节都进行过预演，主控站、分控站经过数十次检验，已确信原子弹技术状态是可靠的。几天前，中国著名气象专家顾震潮向气象保障部门提供的一份气象报告称，10月13日以后的一周内，是核爆炸试验理想时段。核试验党委决定10月16日进行核爆炸试验。14日19时20分，原子弹已经放到了102.438米高的铁塔上。

会议结束后，我和李觉首先走出石头房子，分手后他直奔核试验的心脏部位铁塔。作为试验场区的司令员，我有许多工作要做，首先就是要把爆炸的决定告诉司令部。距开会的房子五六十步就是我住的帐篷，司令部就设在那里。帐篷里有几张行军床，我和秘书长朱卿云、副政委邓易非、基地副司令员兼参谋长张英就住在那里。此时，帐篷内只有张英和几个参谋人员。

一进帐篷我就兴奋地对他们说："已经定了。10月16日爆炸。"挤在一起的参谋们心里都明白决定什么了。

试验场区的工作计划原分为“5.1”、“7.1”和“8.1”三个工作目标线，计划中的各项工作都已按时完成。原计划中整个试验场进入待命状态是9月25日24时前。按我早些时候的想法，能在国庆节之前爆炸原子弹，可以大大宣传一下中国社会主义建设的成就。我几次这样讲，张爱萍都一言不发。然而，等到的第一个信息是国庆前不试验。周恩来总理指示，等国庆邀来的国宾送走后再试验。

从9月25日到10月16日，这是一段漫长的日子，无论是对运筹帷幄的将军和科学家，还是对枕戈待旦的士兵和普通科技人员，这段日子实在是太难熬了，每个人都像一只充满了氢气的探空气球，被一根无形的线紧扯着。从1958年12月，我第一次踏上这片土地时起，每时每刻都在渴望这一天的到来。这些天我什么都想过，甚至想到失败，但从没有想过在万事俱备的情况下推迟试验。

对于推迟试验的原因，仅限于少数领导人知道，但对于因此而造成的时间空当，需要有一个好的措施来填补。张爱萍和刘西尧拿出了很好的办法，号召所有参试人员进行预防预想查漏补缺，增加演练，继续任务动员教育。一着看似平常的棋，却下到了它最理想的位置上，既确保了试验准备工作的万无一失，又很好地稳定了参试人员的情绪。在这期间，张爱萍还邀请其他领导同志和科学家们到孔雀河和古楼兰王国废墟进行了一次短途旅行，捡到许多鱼螺化石和泥陶碎片，在干涸多年的古河床上野餐，追赶惊恐的黄羊群，在轻松愉快的气氛中度过了一天。

那20多天对每一个人都是一种考验，尤其是在试验中要担负各种操作任务的许多科技人员，增加演练工作时一个简单的操作程序往往要练上几十遍，甚至几百遍。人们都被一种崇高的目标所鼓舞着，一遍又一遍机械枯燥地重复演练，不时听到有人叹息：“今天天气真好，又放过了。”

我从石头房子回到自己住的帐篷时已是晚上11时，爆炸的具体时间除了有关操作人员外，对部队仍然需要保密。这样，先由张英通过保密电话把时间通知给在某基地的张志善副司令：现在已经是“零”前40小时了，请按此时间布置工作（当时，在时间的安排上，我们确定原子弹起爆时作为“零时”，爆炸当日为“零日”，以便安排“零时”前后几日、几时的工作。自第一次核试验以后一直被沿用下来）。

从气象部门的详细报告中得知：10月16日试验场区的日出时间是8时32分，日落时间是19时41分。北京与场区时差约2小时零5分。15时爆炸是正午后1小时，光学测量可以达到比较理想的效果。爆炸后尚有4小时以上的作业时间，侦察回收工作可以完成。

安排完已是凌晨2点，我躺在行军床上，回想在场区长达18个月的工作，虽说一切工作都围绕着这次试验进行，很多工作带有突击性，但就试验场区的整体而言，工程设施、工程质量诸多方面都是从长远打算来考虑的，一个永久性的大气层核试验场已初具规模。在相距不到三年时间，这里又成功进行了氢弹试验。

一夜平安无事。

10月15日那一天

10月15日早晨，我起床后的第一件事，就是仰观天象，然后和平常一样到张副总长和刘西尧副部长那里，看看有什么新的安排。张爱萍根据我的建议，让李觉、朱卿云和我到铁塔，张震寰副主任到主控站。

从铁塔回来后，我又随张爱萍副总长去防化部队检查最后的准备情况。这支部队直属军委总参谋部防化兵部，由副部长毕庆堂率领到基地担任首次核试验的防化事宜，并同时为基地组建防化部队。我们多次到这支部队，今天再次去看望他们。我们到部队驻地时，部队已全副武装准备训练。张副总长站在队前对部队训话。他的讲话慷慨激昂而风趣，很有鼓动性，而我只说了三言两语，对这样一支部队，我已不需要再叮嘱什么了。自1964年5月从北京来到试验场区前，这支部队已经过一年多的准备和训练。到戈壁滩后，为了练适应能力、耐久力，他们穿着胶质防护衣，带着仪器跑步爬山，在各种复杂的地形上锻炼，夏天的正午进行高强度训练，有时除吃饭外都穿着防护衣。侦察分队的同志们还要承受侦察车的颠簸，有的晕车呕吐了，却不能摘下面具，只好吐在面具里。因为“零”后要进沾染区作业，在进入联试阶段后，他们进行了大量的模拟训练。进入10月之后，罗布泊地区的气温下降，天气逐渐变冷，但他们每次训练下来都会从防护衣里倒出不少汗水。现在他们穿着胶质的防护衣已能坚持工作4个小时以上，有的可长达8小时。他们都知道试验成功之后，当兄弟部队凯旋的时候，他们还必须在有沾染的爆区工作一段时间。

10月15日这一天，我们乘车跑遍了所有我们负责的参试单位。之后，当我又赶到气象部门时，已经很晚了，工作人员分别在几顶帐篷内抄写来自阿拉山口、和田、敦煌和国际台的气象预报资料。气象始终是一个非常重要而复杂的问题，试验委员会曾多次进行过专题讨论。因为不仅在“零日”需要一个理想的天气，而且在核爆炸之后还要考虑到高空风向对烟云尘埃的影响。我和负责这里的韩云升处长进行了简单的讨论，在综合分析各种情况后，韩处长告诉我：“中长期预报都和今天的实况相吻合。”

10 月 15 日晚上，我不知道在整个试验场区有多少人没有睡觉，至少在那个晚上没有人能像以往那样睡得踏实。多少年后，我还记得那天晚上的月相：上弦月，月亮呈半圆形，从顺时针方向看，右边发亮，试验场上几处强烈的灯火在朦胧的月色下有些暗淡昏黄。

我们成功进行了核试验

10 月 16 日，根据张爱萍的指示，李觉、朱卿云和我于上午 10 时分别乘两辆吉普车向铁塔驰去。对铁塔上操作的技术专家，我们没有丝毫的担心。过去我们总是怕它不“响”，现在却又担心万一在不受控的情况下“响”了怎么办？

车在路上疾驰，路旁突现在地面的工号一闪而过，李觉的车尾随在我的车后。车到铁塔前，我们在警戒线外下车，简单地问候值勤的哨兵。李觉对上塔的同志说，张司令和朱主任在下面，等一会儿再上去。我向操作吊车的卷扬机手举手致意，然后围着铁塔小步来回走。不一会儿李觉钻进了铁塔旁的一间小砖房，那里安装着引爆电缆的电闸和一部与铁塔通话的电话机。

我在离小屋不远的地方席地而坐。太阳很好，碧空洁净，地面上有轻微的风，真是一个好天气。塔上缓慢地放下吊篮，几个操作手走下来。李觉从小砖房出来到铁塔下迎接我们。接着，我和他登上吊篮，朱卿云留在铁塔下。吊篮徐徐往上升，把我们送入塔上的工具间内。在那里，我们清除了身上的静电，又登上几级阶梯才进入爆室。某院试验部副主任方正知和他的助手正在做最后的检查。他简单地对我们说：“就完了。”然后又继续埋头检查。

这个核装置在试装时我已看到过，现在再看忽然觉得它已经具有了活的灵魂。检查完后，方正知在塔上的最后一项工作是合上起爆电缆的电闸。我把墙上贴着的那张操作规程顺手取下来，在上面签了字：“1964 年 10 月 16 日，张蕴钰。”

在塔上向四周眺望，极目所见的效应物都静静地展开在地面上，整个情景就像大战前的战场。

我下意识地摸了摸装在口袋中的那把能够起爆这个装置的钥匙。

当李觉、方正知和我坐吊篮下来之后，李觉又特地嘱咐卷扬机手：“请把毛主席像降下来，忘记了就是政治事故。”

方正知双手合上小砖房内的电闸，这样，从铁塔上的核装置到主控站的起爆电缆已经接通。此时，我又一次摸了摸紧贴在衬衣口袋里的钥匙。

我们一起离开了铁塔。走出几百米，我又停下来，向铁塔看了最后一眼。这座铁塔在核爆炸后已经面目全非，它的上部在那个惊天动地的瞬间化成了气体，塔身残骸扭曲倒在地上，像一具巨大的恐龙骨架，更像一座奇特的纪念碑。22年后，这里竖起了核爆炸纪念碑。

在返回途中，我先到主控站。在主控站的领导还有基地的邓易非和基地研究所所长程开甲教授。程开甲是1950年从英国归来的学者，1948年在爱丁堡大学获得博士学位，是基地最高级的专家和技术负责人。在试验各项准备工作就绪后，他曾不止一次地对我说："它不能不响。"

在主控站，我将启动控制台的钥匙交给了在现场指挥的张震寰。

我来到白云岗指挥部的时候，张爱萍说，"K1"指令已经发出。这时炊事人员送来了饺子，老远就闻到了香味，但吃到嘴里却一点感觉也没有。

"K2"指令发出，我回到自己的位置。

"K3"指令发出后，仪器设备进入自动化程序。9、8、7、6……读秒声音让我感到一种无法形容的激动和紧张。当读秒结束后，一道强烈的闪光划破天空，之后是腾空而起的巨大火球。

顿时，人们激动欢呼起来，跳跃起来，流着眼泪拥抱在一起，把帽子抛向天空……

刘西尧和朱光亚都非常激动，我走过去向他们表示祝贺。张爱萍立即拿起电话，兴奋地向周总理报告："我们成功啦！原子弹爆炸成功啦！"不过周总理反问了一句："怎么证明是核爆炸？"周总理的反问使张爱萍这位试验总指挥有点不知所措。当时我们和所有专家都认为是核爆炸，却无法正面回答。正在这时，某所技术员工克定报告："蘑菇云顶高7 500～8 000米。"他是用一种极其简单的方法测定的。事先他先定了一个立脚点，用一根刻了标记的木棍瞄准爆心，算出地球的曲率和与爆心的距离，从而速报了"零"后的第一个核数据。

经过专家综合分析后，张爱萍很快再次向周总理报告："根据多方面证实，确实是原子弹爆炸，很理想，很成功。"

"零"后10分钟，由防化兵组成的侦察第一梯队20余人进入沾染区进行辐射侦察作业；防护工作部回收取样队在规定时间内，取回了全部综合剂量仪和大部分接收放射性沉降物的取样盘及取样伞；安放在7个操纵台上的50多个探头中，幸存的39个均在"零"后半小时开始工作，测得4 000余个数据。于是，一份详细的文字报告经多方专家之手送到我手里，由张爱萍和我签发。这份正式文字报告于17时50分报给了设在北京二机部的核试验办公室，然后由刘杰部长报告给周总理。

罗布泊试验场的核爆炸很快传遍了世界。当天晚上，周总理在人民大会堂接见大型音乐舞蹈史诗《东方红》全体演出人员时，庄严宣布：我国在西部地区爆炸了一颗原子弹，成功地进行了一次核试验！《人民日报》的号外同时正式发布新闻公报和《中华人民共和国政府声明》，向世界宣告这一重大突破。

当时间指向 10 月 16 日 24 时，我还在重复收听着新闻公报："……中国在任何时候，任何情况下都不会首先使用核武器……"激动的心情久久难以平静下来。

听阿尔希波夫谈中苏关系

阎明复

阿尔希波夫是新中国成立初期斯大林任命的在华总顾问，从 1950 年到 1958 年在中国工作了 8 年。我同阿尔希波夫第一次接触是在 1955 年夏。当时李富春副总理率中国政府代表团去苏联商谈中国第二个五年计划草案，阿尔希波夫负责安排李富春和中国代表团的活动。我当时为李富春当翻译，同阿尔希波夫接触较多。特别是有一段时间李富春身体不适，搬到莫斯科郊区原斯大林的别墅休息，阿尔希波夫更是经常去看望，关怀备至。

1957 年我调到中央办公厅翻译组工作以后，在中央领导同志会见苏联同志的场合下时常见到阿尔希波夫。1958 年，阿尔希波夫奉调回国，此后直到“文化大革命”我一直没有听到他的消息。

1984 年冬，我已在全国人大常委会工作。正陪同 20 多位人大常委到四川、湖北视察。刚到重庆，当地人大的同志告诉我，全国人大常委会办公厅打来电话叫我立即返京，陈云有事找我。我当天就回到北京，第二天到陈云住所。陈云对我说，阿尔希波夫将要访华，他希望会会老朋友。陈云要见他，所以要我谈谈他的情况。我说，中苏关系恶化以来，阿尔希波夫从未发表过反华言论，最近又主动来华访问，显然是为了改善中苏关系，了解中共领导人的看法。陈云问了有关苏联的情况，我就谈了自己了解的一些情况。第二天我又赶回重庆。但人大常委已结束在重庆的视察活动，乘船沿长江而下，途经宜昌赴武汉去了。于是我搭乘客轮赶到宜昌，同人大常委一同乘车去武汉。刚到武汉，当地的同志说彭真请我立即返京。于是我又连夜乘火车回到北京。彭真也是为了会见阿尔希波夫做准备，找我了解情况，并叫我出席了他和阿尔希波夫的会见。

1984 年以后，阿尔希波夫多次访华，有些活动我参加了，但没有同他深谈。阿尔希波夫在中苏关系正常化和进一步改善方面做了大量工作。苏联解体后，阿尔希波夫当选为俄中友好协会名誉主席，多次访问中国。他每次访华我都参加一些活动。1996年5月阿尔希波夫应邀再次访华，中国人民对外友好协会授予他“人民友好使者”的称号，并庆祝他89岁华诞。我出席了这个隆重的仪式。随后又陪他到大连，接受大连市长授予他的“大连市荣誉市民”的称号。

1995年夏，我受邓小平的女儿毛毛的委托，到莫斯科有关档案馆查找20世纪20年代邓小平在苏联学习期间的档案材料。苏联解体后各档案馆的档案都公开了，在俄罗斯驻华大使罗高寿和俄外交部的协助下，我们找到了不少材料。

在莫斯科逗留期间，我多次去看望阿尔希波夫。我请他回顾了中苏关系发展中的一些问题，特别是他如何看待中苏关系恶化的原因。在他的同意下，我作了记录，有几次谈话还录了音。以下是阿尔希波夫的谈话记录：

> 20世纪50年代末、60年代，苏联同中国的关系恶化后，我的处境相当险恶。赫鲁晓夫不信任我。我是苏共中央主席团委员，但是有些会议却不让我参加。当时我主管同亚洲国家的经济合作，同这些国家的关系密切，他们又不能不用我。勃列日涅夫时期我的处境好一些，因为在30年代，我同他在第聂伯罗彼得罗夫斯克一起工作，我向他建议采取积极态度改善苏中关系，他既不赞同，也不否定。后来发生了珍宝岛事件，苏中关系正常化当时已无可能。1982年11月勃列日涅夫逝世后，安德罗波夫继任，我向他建议改善苏中关系，他肯定了我的意见，但可惜不久他也逝世了。1984年2月契尔年科当选为苏共中央总书记，他接受了我的建议，决定派我访华，以了解中国对苏中关系正常化的看法并推动双方关系的改善。苏联外交部照会中国外交部说，阿尔希波夫希望作为苏联大使的客人访华。中国外交部回答说，阿尔希波夫是中国的老朋友，欢迎他以苏联部长会议第一副主席的身份率领苏联政府代表团访华。听到这个消息我喜出望外，中国的同志没有忘记我这个老朋友。同年12月，我终于再次来到阔别已久的北京，会见了我的老朋友陈云、彭真、万里、薄一波，同姚依林副总理进行了正式会谈，签订了一系列经济合作协议，为苏中关系正常化迈出了一大步，特别是同老朋友的会见，更加坚定了我对改善两国关系的信心。戈尔巴乔夫当政后，两国关系有了进一步的改善。1989年他为了准备访华并同邓小平主席会谈，委托我牵头组织当年同中国事务有关的专家，包括外交部、苏共中央联络部、远东所的学者等，专门研究苏中关系恶化的原因、后果和改善关系的建议。在讨论中，我谈了一些情况和看法。
>
> 第一，根据两国的协议，苏联帮助中国建立了飞机、坦克、火炮和无线电工厂，提供了当时最现代化的仪器和设备、先进的军械样品，如飞机、坦克等。我们还帮助中国建立了生产潜艇的工厂和相应的基地。对苏联提供的

设备，中国是用易货方式支付的，军工技术是用优惠贷款支付的。中国向苏联提供了某些战略物资，如锡、锡精矿和钨精矿等。中国还向苏联提供了大量的日用消费品。

苏中双方对于执行各自承担的义务都非常严肃认真。例如，1951 年苏联企业向中国供货严重拖欠。我报告了斯大林。之后采取了严厉措施，撤了十来名部长和副部长的职。此后，严格执行对中国的供货协议便成了不可违反的法律。中国对于履行自己的义务也是持这种态度。这可以举一例说明。50 年代，苏联缺少可兑换的外币，我们请求中国用外币支付一部分我们供应的货物。中国每年向我们提供 1 亿～1.2 亿美元，这笔钱主要来自国外的侨汇。1959 年至 1960 年，中国侨汇情况严重复杂化，便向我们提供黄金，由我们拿到国际市场出售，从而弥补了苏联外汇的不足。这些事实都证明双方合作是如何密切，它对双方又是何等重要。

第二，谈谈共同舰队问题。我们并未提出共同舰队这一特殊任务，然而，1958 年赫鲁晓夫不得不为此问题专程前往北京。尤金大使报告说，毛泽东表示：由于发生一些极为重要的问题需要讨论，他本人愿意同中共中央政治局委员去莫斯科，但是，现在他因健康状况无法成行。收到这份情况报告后，赫鲁晓夫决定最好由他本人访华，时间定为 1958 年 7 月底到 8 月初。代表团成员有苏联海军参谋长、我及其他同志。

应当指出，在此之前，中国领导就已决定在华南地区建立一座大型无线电台。我们对该电台有兴趣，因为它不仅可以使我们能够向亚洲一些邻国进行广播，而且能够同我们的太平洋舰队保持无线电联系。

当时尤金大使在莫斯科，他见了赫鲁晓夫。在谈话中他得到指示：同毛泽东和周恩来接触时，可以问问能否共同建设和使用上述无线电台。同时，指示他询问一下苏联潜艇能否进入中国港口并在其中停泊。

根据各种情况来看，尤金未能完全正确领会给予他的指示，而向毛泽东转达成：我们对于利用中国的军港感兴趣。毛泽东把这种提法理解成是带有侮辱性的，是对中国独立、主权的侵犯。正因为如此，毛泽东才像上面所说的他本人要去莫斯科亲自澄清已经积累起的严重问题；正因为如此，赫鲁晓夫也才不得不前往北京。

赫鲁晓夫在同毛泽东会谈中，很快就澄清了关于苏联潜艇进入中国港湾的问题。赫鲁晓夫说，苏联大使把领导上请他转达的指示理解错了。尤金本来身体就欠佳，不时患病，听到赫鲁晓夫讲这番话时，心脏病发作，好不容易才将他活着送回苏联。此后，他再也未能回到中国，他的大使职务实际上也就到此结束了。

至于说无线电台问题，苏方在会谈中的立场是：因为我们想利用该电台，所以愿意支付电台设备费用的50%，以换取在10年中使用该电台的权利。曾经设想，苏联专家应当同中国专家在电台里一起工作。中国拒绝了这个方案。声称：中苏关系是极其密切的兄弟般的关系，既然如此，中国人不想小里小气，如果苏方想使用，中方准备无偿地提供给你们使用的权利。稍后，中国人的确建成了这座无线电台，而苏联确实也使用过一些时候。后来，苏中关系恶化了，我们自然也就停止使用了。

第三，关于和平共处问题的严重分歧。在1958年夏天的会谈中，和平共处成为主要问题。赫鲁晓夫提出和平共处问题是苏联对外政策的基础，请求毛泽东对此立场予以赞同和支持。毛泽东十分明确地对这一方针作出了否定的反应。他说，把和平共处作为社会主义国家对帝国主义政策的总路线是没有根据的。帝国主义将继续推行其颠覆社会主义国家的路线。赫鲁晓夫指出，鉴于当前已经出现了核武器，如果发生冲突就会导致巨大灾难，所以和平共处是一个原则性的立场。他几次重复这个论点，说话时显得急切而冲动，令人感到毛泽东的态度已经使他按捺不住了。

与此相反，毛泽东则显得冷静，不动声色。毛泽东重复了他在1957年莫斯科会议上论述的关于核武器是纸老虎，如果帝国主义发动反对社会主义国家的新的世界大战，帝国主义将被彻底打倒。对此，赫鲁晓夫反应非常激烈。他说：你怎么能这么轻松地作这样的假定呢！我们在战争中牺牲了2000万人，我们懂得这意味着什么。你不了解什么是核武器，而我了解，我看到了核武器的实际应用。毛泽东回答说：核武器是个纸老虎。总之，双方围绕和平共处问题的谈话进行得非常尖锐、紧张，双方没有达成共识。

第四，关于中国制造原子弹问题。从原则上说，这个问题成了造成苏中分歧的重要原因之一。1955年，双方签订了关于苏联协助中国制造原子反应堆以用于和平目的（发电）的协议。这项协议在很短时期内就实现了。中国建起了一座试验性工业核反应堆和相应的研究所，该研究所安装了当时最现代化的苏联设备，有最优秀的苏联专家在那里工作，并将有关的科技资料与技术文献交给了中方。中国付清了建设研究所的一切款项。1957年，中国提出要求苏联提供生产原子弹所需物质的技术。经过多次会谈，苏方终于让步了，在中国开始建设加工铀矿石的工厂。1958年，正当此项工程业已铺开的关头，建厂工作被停止了，设备供应也停止下来。参加项目的苏联专家无事可做。甚至连中方已付清货款的设备也不供应了。问题在于，恰恰在这个时候，苏联政府提出了禁止生产和试验核武器的倡议。苏方请中国支持这个倡议，然而中国一直未予答复。1959年，用于核项目的设备供货完全中断了。

在此以后，中国专家利用苏方的图纸与设备继续自己研制原子弹。中国人很快就建立起以钱学森为首的科研所，从各高等院校最有才华的青年中挑选出成千名各行业的专家到该所工作。钱学森访问过苏联，讲过学，听过他讲座的苏联专家反映，他的专业水平非常高。苏联专家从他那里学到不少知识。在钱学森和其他中国专家的努力下，中国的核工业有了长足的发展，到60年代中期就生产出核武器。总之，原子弹事件对于双边关系产生了极其令人痛心的消极影响。可以说，正是从此开始，中国人失去了对苏联的信任。

第五，撤退苏联专家是另一个对双方关系产生消极影响的事件。苏联专家对于新中国的建设发挥了巨大作用。中国的每个部委都有苏联顾问组，由总顾问领导。总顾问通常是由在苏联最有权威的人担任，往往是副部长或部务会议成员。在中国工厂里，仿照苏联的做法，都建立了工程师室和科研所，其中也有苏联专家工作。在中国工作的苏联专家人数逐渐增加。苏联专家受到中国同志的充分信任。苏联专家手中的小红本（身份证）实际上成为去任何单位的通行证。有一次发生了一件类似笑话的事就可以说明这一点。几个年轻的苏联专家（记得他们是从鞍钢来的）到了北京，在城市中心游逛。他们出示小红本后就进了中共中央和中央人民政府所在地——中南海。他们问清毛泽东的住处后，向警卫人员出示了小红本，说他们想同毛泽东聊一聊。毛泽东最后接见了他们。后来我是从中国人那里知道此事的。当我找到这些专家谈话时，他们回答说，“怎么也未料到毛亲自见了我们”，“在谈话中，我们只是想知道他生活如何”。还可以举出一个例子来说明当时彼此间的信任程度。1950年，根据中国同志的提议，我有时出席中国政府的会议。1951年我奉召回国，向斯大林汇报苏中合作协议执行的情况。在谈话中，斯大林对我说：看来，你不必参加中国政府的会议，因为“这会使中国人难堪，一个受过压迫的民族对这类事是非常敏感的”。回到北京以后，我未再出席中国政府的会议，但中国同志还是继续发给我政府会议的文件。

在工作中，苏联顾问总是强调，我们当顾问，就是做助手、提建议，没有任何权利把自己的意志强加于中国同志。一些苏联作者写文章说，1960年苏联政府从中国撤退专家，是由于中国给专家创造的工作条件令人不能容忍，又根本不听取他们意见引起的。这种看法有一点对，但并不是全对。

苏联专家工作中的困难是从1958年中国采取“三面红旗”的方针开始的。在这一方针的影响下，中国建设现代化企业的速度大大放慢，决定使用以手工劳动为基础的传统工艺。这方面的例子就是“小土群”炼钢法。违反经济规律和技术规程，无疑给苏联专家造成了困难的处境。在“大跃进”时期抛开了一切经济规律，认为生产发展的主要动力不是物质利益原则，而是人民群众的热情。苏联专家在这种情况下工作，当然十分困难。此外，中国还取消了一长制原则，实行党委第一书记领导制。在这种情况下，苏联专家的唯一出路就是寻找对中国人施加影响的新途径。说中国人是尽量有意识地为苏联专家制造令人无法忍受的困难，未必是妥当的。撤退苏联专家是我们方面施加的压力，是对中国人不听话的一种惩罚。撤退专家是苏共中央首先提出的，也是它下令撤退专家的。赫鲁晓夫要求一个月内撤完专家。为此，成立了特别委员会，由下述人员组成：外交部副部长普希金、铁道部长、航空部长和我等。当时，在华专家大约 1 300 人，加上他们的家属，将近 5 000 人，他们分散在中国各地。撤退专家用了一个月时间。

这种“火速”撤专家的做法，遭到世界社会舆论的消极评论，当然，尤其受到中国方面的非常不好的反应。苏联撤退专家的主要理由是说当时苏联国内自己迫切需要这些专家。中国人说，他们理解我们的问题，但请求推迟撤退。例如，周恩来就曾要求推迟一年、一年半或两三年撤退专家。然而，我们未予同意。

第六，中断经济合作，把意识形态的分歧扩大到国家关系。撤退专家还只是局部问题，苏联还采取了其他的更为严重的措施。1959 年，我们提议中国重新审定同苏联签订的全部经济合同。1958 年双方贸易总额为 1.8 亿卢布。重新审定协议的结果，1959 年双方贸易额降低了 35%。苏联停止了向那些在建工厂提供设备。

1960 年，由我和外贸部副部长库梅金组成的苏联代表团赴华。我们访华的目的是撤销同中国已经签订的合同。这样，我们就采取了国际惯例上没有先例的行动，因为只有遇到特殊情况，如爆发战争，才能中止国家间签署的协议。1961 年，苏方主动撤销了先前商定了的合作项目。此后，我们只是向一些尚未建成的项目补足了设备，其总量不超过原定水平的 10%～20%。

原则上讲，在这种情况下，中国完全可以向我们提出巨额索赔，向国际仲裁法庭提起诉讼。但是，中国并没有这样做。1960 年，周恩来在谈话中讲：“过去的事就让它过去吧！让我们大家都不要打官司，不要索赔，不要向仲裁法庭告状。”在中国实际上同外部世界完全没有接触的情况下，中国同苏联间的联系大大缩小，当然给中国的经济带来沉重的打击。

在上述谈话中，周恩来建议我参观中国的任何一家工厂，由我自己挑选，但有一个条件，就是不要使馆人员陪同。我表示愿意看一些国防工业企业。我参观了成都飞机制造厂，这是一个用苏联现代化设备装备的企业。工厂维护得很好，但是车间里人很少，实际上连一点削刨花都没有。工厂领导人回答说：因为缺少原材料（过去是由苏联供应的），工厂只开工一班。其实，工厂连一班也没开，找些工人来上班是为了我来参观而安排的。这只是举一个例子，说明苏联缩小合作之后中国承受了何种困难。

总的来说，可以同意中国人的说法：是我们苏联人最先把意识形态的分歧扩大到国家间的关系上。在中断同中国的联系上，赫鲁晓夫的逻辑是与他中断同阿尔巴尼亚联系的逻辑一模一样。

所有这一切事件都为双方关系增加了强烈的不信任因素。人所共知，1959 年至 1960 年中国的粮食状况恶化了，这也是由于“大跃进”造成的。我了解这方面的情况，1960 年赴华前夕，我在苏共中央主席团会议上提出，鉴于中国的粮食情况严重，建议向中国出售一两百万吨谷物。赫鲁晓夫回答说：“唉！那些人何等傲慢！他们宁愿饿扁肚子在地上爬，也不会好好向人求援。”但是，最终主席团就这个问题作出了肯定的决定，委托我试探一下中国人的态度。

在谈话中，周恩来对我说，中国国内情况非常严重，不少地区出现饿死人的现象。我表示，如果中国向苏联提出相应的请求，苏联是不会对中国的严重情况无动于衷的。周恩来立即理解了所作的暗示，对我讲的话表示感谢，说领导上将集体讨论上述主意。不久，周恩来答复我说：领导上已经讨论过了，决定对苏联同志表示感谢，但对援助表示拒绝，说自行去解决。

1960 年我访问成都时，听说陈云也在那里，于是提出希望会见他。双方谈话很坦率、真诚。陈云说，苏联应当采取一切可能的步骤来防止决裂，要修补好两国关系上已经出现的裂痕尚为时不晚。我指出，问题不只在苏方，必须双方作出努力。

关于同陈云的谈话，我当时毫不拖延地用密码报给了莫斯科。回国后，我要求向苏共中央主席团和赫鲁晓夫本人报告中国之行的结果。过了几天，在科兹洛夫主持下，主席团听取了我的汇报。我讲完后，大家一言不发，过了一会儿，科兹洛夫说，你建议召开主席团会议，我们召开了，听了你的汇报，就到此结束吧。我再次要求单独同赫鲁晓夫谈话，想向他转达周恩来、陈云谈话时的真情实意，以及他们不想使事情发展到决裂的地步。为此，我曾请赫鲁晓夫的助手安排这个会见。几天后，赫鲁晓夫的助手转告我说：赫鲁晓夫得知你的请求后，调阅了由中国发来的所有的密码电报。他问到，你还想要作哪些补充汇报。我说想汇报我认为很重要的一些个人感受。过了几天后，赫鲁晓夫的助手给我打电话说：赫鲁晓夫又重新看了从中国发来的密码电报，一切他都清楚了，他已无任何问题需要补充了解，他认为没有必要谈了。

第七，主观因素对苏中关系的恶化起了极其重要的作用。这特别表现在中国领导人对赫鲁晓夫采取的否定态度上，同样也表现在赫鲁晓夫对中国领导人（尤其是对毛泽东）采取的否定态度上。

这一点在1954年赫鲁晓夫第一次访华时已开始表露出一些迹象。当时，苏联已通过决议要实行“集体领导制”，因而去北京访问的是起主导作用的五位——赫鲁晓夫、布尔加宁、马林科夫、米高扬、福尔采娃。中国人那时对此局面不大理解，例如周恩来就曾几次问过我：谁是代表团团长？我也向米高扬提出了这个问题，他笑着回答说：也有人常问我这个问题，我说我们现在实行的是集体领导。

在这种情况下，中国人不得不自己去澄清究竟谁是代表团团长。结果在历次谈话中中国人最注意的却是布尔加宁，他仪表堂堂，貌似知识分子的模样，待人和气。当时我已觉察到，赫鲁晓夫也注意到了这一事实，所以他离开中国时带着不满意的情绪和被轻视的感觉怏怏而去。

此外，1954年还发生了其他一些令人不快的事情。当时签署了苏中关系重要文件，签字仪式以后，中国领导人设便宴招待苏联代表团。在宴会中，苏联代表相互间的打诨玩笑都翻译给了中国领导人。

赫鲁晓夫向米高扬开玩笑说（米高扬代表苏方签的字）：“喂，我们回家以后，我们要在主席团会议上好好地问问你：你在那里都签了些什么东西?”苏联代表团成员都哈哈大笑起来，然而中国人的反应却迥然不同。一向面孔严肃的毛泽东不笑并不奇怪，但更严重的是刘少奇、周恩来也没有笑。从一切情况来判断，中国人认为上述笑话表明苏方对于签署的文件有疑虑。

当赫鲁晓夫接着又说了一个笑话时，情况更加糟了。他说：“一个村警来找伊万，问他：‘伊万，你交税了吗?’伊万回答说：‘交了。’村警说：‘那好，你签个字吧！’伊万就在纸上摁了个手印。第二年，又照样办了。第三年，村警同县上的警官一起来了，问伊万：‘你怎么搞的，三年都没有交税?!’伊万回答说：‘怎么，我交了！’‘那好，那你再签个字吧！’伊万又摁了一次手印。他向窗外看了一眼，啊！村警和县警官已经把牛拉出了院子。伊万老婆对他说：‘哎嗬！伊万，你摁了三次手印，就把三头牛给拉走了。”’这个笑话更使中国人觉得，苏联对于签署的协议并不太满意，有疑虑，可能是认为苏联吃亏了。

在那次访问中，还发生了一件令人不快的插曲。根据赫鲁晓夫的提议，由于苏联缺少劳动力，又签订了一个苏联从中国吸收一批劳动力的协议。会谈时，讲过中方可提供150万名劳动力的问题。中方领导起草有关文件的是邓小平。一次，我问他：这方面的文件准备得怎么样了？他回答说："一切都很顺利，很快就准备好。"然后，他很感伤地补充说："又是中国苦力。上个世纪就有中国苦力，而现在又有中国苦力，不同的只是他们去的是苏联。"中国的其他领导人谁也没有这样说过。

上述引进劳工协议执行得也不顺利。第一批中国派出3.5万名工人。他们都是些刚刚退伍的年轻战士。把他们派到吉定有色金属联合企业去了。过去那里是劳改营，把中国人都安排在木栅里去住，当然重新装修了一番，加上了保温层，放上了双层床。与此同时，我们在该厂的工人则仍然住在地窖里，实际上同从前的犯人住的一样。中国人吃的是他们习惯吃的大米、蔬菜，而我们的人吃的是烂土豆。这也引起了我们工人的严重不满。其结果，中国人干了两三年，然后回去了，就再也未引进中国工人。

大家都知道，赫鲁晓夫在向苏共二十大作的公开报告中并没有批判斯大林的内容。唯一公开批评斯大林的是米高扬的发言。中国人密切地注视着二十大的进程，立即译出会议材料发表在《人民日报》上。此后，中共中央搜集了中共地方党组织对于大会的意见并加以综合。关于大会的反应，一般都立即通知给了我。米高扬发言以后，中共中央通知说：从几个地方中央分局发来了反面意见，对于影射批评斯大林表示不理解，并建议中共中央政治局将上述意见转达给苏共中央。

中国人对于赫鲁晓夫在秘密报告中批判斯大林的反应更不好。首先，他们强调指出，他们不理解，苏共未同各兄弟党，首先未同中共中央事先商量，就采取了这种步骤。中国人着重指出："斯大林不仅是你们的领袖，而且也是我们的领袖。他是我们意识形态的四个创建人之一。你们怎么能这样做呢？"

当时流行过一个提法（最先是莫洛托夫提的）："以苏联和中国为首的社会主义阵营。"中国人说，事先未同他们商量就开展对斯大林的批评，值得怀疑你们事实上是否真的坚持上述提法。

苏共二十大一开完，米高扬就对中国进行了工作访问。毛泽东当时在杭州。米高扬从杭州回来后向我说："我们同毛泽东谈了一整夜，没有睡觉，只有喝茶时才停顿一下。我怎么也说服不了他。我可以说，一生中这是第一次未能完成中央和政治局的委托。"

苏共中央主席团被迫作出一定的让步。例如，由于中国人的坚持，我们在《真理报》上发表了著名文章《关于无产阶级专政的历史经验》和《再论无产阶级专政的历史经验》。

1957年4月至5月，伏罗希洛夫率领苏联最高苏维埃代表团访问中国，受到盛大欢迎，这引起赫鲁晓夫强烈不满。

1959年9月至10月，苏联党政代表团为庆祝新中国成立10周年访华，具有极为重大的意义。当时，赫鲁晓夫正在美国。苏斯洛夫率领代表团于赫鲁晓夫尚未离美之前，在9月底抵达北京。10月1日前，中国方面安排了盛大的庆祝活动，持续了两天。第一天周恩来作了报告，第二天外国代表包括苏斯洛夫讲了话。

次日，中国在人民大会堂设盛大国宴，有数千人参加。举行宴会当天，赫鲁晓夫乘专机由莫斯科到北京。他受到中国领导人的迎接，被安排在钓鱼台国宾馆下榻。赫鲁晓夫刚一住下就声称他一定要讲话，并命令葛罗米柯通知给中方。因为所有外宾均已讲过话，中国人只好建议他在宴会上讲话。

按宴会的安排，开头先由毛泽东致简短祝词，结果是赫鲁晓夫一到宴会大厅，立即就上台讲话。同往常一样，他离开准备好的讲稿，开始即席发言。在讲话中他大谈在联合国如何战胜了帝国主义，讲他同美国人的会谈捍卫了和平共处的方针，讲在美国如何维护了“我们共同的利益”，宣扬了“戴维营精神”。在讲话中，他只讲了一两句同中国有关的话。赫鲁晓夫一共讲了40分钟，加上翻译共用了1个多小时。

中国人显然没有料到这个讲话，完全不知所措了。赫鲁晓夫讲话后，周恩来（而不是毛泽东）致词。宴会结束回到住地（国宴后毛泽东和中共中央其他领导同志同赫鲁晓夫等在中南海勤政殿进行了激烈会谈。所谓“宴会结束回到住地”，应为“会谈结束后回到住地”——作者注），赫鲁晓夫大发雷霆。他提议代表团成员们到院子里散散步，开始用最刻薄的语言讽刺中国领导人的立场。他说：“我在美国花了多大力气来捍卫他们的利益，没有想到连句好听的话都没有得到！”赫鲁晓夫派葛罗米柯去见陈毅，转达说：赫鲁晓夫有急事要处理，不能照事先安排那样去中国各地访问了，因为苏联国内有急事。次日早8时，中共中央政治局成员来为赫鲁晓夫送行，但无任何群众代表。毛泽东也到场了。苏斯洛夫率团留在中国。赫鲁晓夫没有从北京飞回莫斯科，而是去了海参崴，然后又去了新西伯利亚。中国人明白了赫鲁晓夫原来并没有任何“急事”。实际上，他“摔门”离开了中国，对中国人给予了极大的侮辱。此次访问之后，两国在各个领域的关系开始急剧恶化。赫鲁晓夫回到莫斯科后，召开了苏共中央扩大全会，出席会议的有1000多人。他在讲话中称毛泽东为“老套鞋”，中国人获悉了此事。

苏联对华关系中出现了许多复杂情况，是因为我们不了解中国人，不了解他们的心理。例如，我们曾经决定在旅顺口为俄国海军大将马卡洛夫建立纪念碑，也曾向中国人试探过他们对此的态度。中国人受到了极大侮辱，他们说绝不容许在中国土地上给一个侵略中国的人立纪念碑。

总的来讲，主观因素对于当时苏中关系起了巨大作用。莫洛托夫对我讲过，整个人类历史都证明一个事实，即只有个人间的关系决定着社会关系，决定着人与人之间的关系，决定着国家与国家之间的关系。他的这个提法，也许在苏中关系的领域中充分证实了其正确性。如果试图探究50年代哪些因素影响了苏中之间的关系，那么，可以指出下述几点：

曾经存在过一些重要的客观因素决定了两国关系的密切程度。这就是：意识形态、社会制度相同。中国是个工业欠发达的国家，需要苏联的帮助。同时，我们之间还有一个共同的敌人——美国、日本、帝国主义势力。

上面讲过，我们已经为中国产品提供了一个广阔的大市场。同时，对于我们来说，中国人也是一个最有利的伙伴，因为中国当时也是我们能够向其大量推销苏联高加工产品（机床、设备等等）的唯一的一个国家。我们同任何一个社会主义国家的贸易，都不如同中国的贸易这样有利。

中国人实际上接受了我们的国家管理体制和经济管理体制。对于当时来说，这个体制是发挥了作用的。

我们为中国的工业化创造了条件，协助他们发展了国防工业。

1958年，中国开始走向世界市场，例如在战略物资贸易方面，中国已经有了很大的自主性。

但是，有必要强调指出，所有这一切客观因素都被许多主观因素罩上了阴影，而经济联系终于成了政治关系的牺牲品。

听杨尚昆谈“四清”运动

苏维民

20 世纪 90 年代中期，杨尚昆为撰写回忆录，先后三次同中央办公厅的几位老同志一起系统地回忆 60 年代的农村“四清”运动。他的回忆，既谈了带领中办 30 多位同志去陕西长安县蹲点的经历，也谈了对“四清”运动中若干重要问题的看法，具有重要的史料价值。新中国成立以后，我曾长期担任杨尚昆的秘书，也曾跟随他到长安县蹲点。我把他的这几次谈话整理出来，供研究者参考。

“钻进了牛角”

杨尚昆时任中央办公厅主任，工作是一年忙到头，为什么“四清”运动中还要到长安县牛角大队蹲点长达半年时间呢？杨尚昆在谈话中讲：形势使然，不过就他个人来说，也的确是想沉下去，认真地蹲一期点。他说：

1964 年 3 月 22 日，中央发出毛泽东起草的《关于在全党组织干部宣讲队伍，把全党全民的社会主义教育运动进行到底的指示》，要求从中央到地方除年老体弱有病者外，一律要下去宣讲中央关于农村社会主义教育运动的两个文件，至少一次到两次。躲避不去的，叫作消极怠工分子。不久，7 月 15 日，刘少奇在南京，要求省、地、县三级领导干部分批分期下去蹲点，取得社会主义教育的经验。他严厉地批评江渭清，说没有经过蹲点调查的人，没有资格当地委书记、省委书记。在这种情况下，我对毛泽东说，我也要下去。毛泽东笑了一下说：“可以。下去蹲蹲点好嘛！”

9 月 1 日，我正式写报告给小平、彭真。报告说：我想在今冬明春的半年内，下到农村去蹲一期点，参加“四清”工作。我离开后，办公厅工作由龚子荣同志代管，有重大事情请示彭真同志；工、青、妇的日常联系，由群众工作组负责，重大问题由他们请示彭真同志；中监委的联系，由彭真同志直接管；调查部的工作（孔原同志已定下去蹲点），由该部直接请示小平或恩来同志；精简小组还有一些善后工作，可由富春同志照顾（具体工作由周荣鑫同志办）；编制委员会的工作也可以由富春同志兼顾；人口普查工作已进行完毕，汇总统计工作正在进行，主要是由公安部在做，将来如何向全国公布，请彭真同志负责；还有一些具体行政、事务工作，等你们同意我下去之后再作安排。在下去之前，把工作安排得这么具体，表明我当时确实想沉到下面去，认真地蹲一期点。

西北局第一书记刘澜涛知道我要下去蹲点后，表示希望我到他那里去，他也决定在长安县细柳公社蹲点。当时，陕西省委拟在陕北、陕南和关中地区各选一个县（延安、西乡和长安）开展“四清”。出于交通方便的考虑，西北局安排我去长安。

1964年10月20日，我离开北京。在这以前，中办的30多个同志已经先期到达西安。我到西安后，商定中办的同志分成4个组，其中农村3个组，分别去斗门公社牛角大队、中丰大队和沣西公社的沣桥大队；城市1个组，定在西安开关厂。根据刘少奇提出并经毛泽东同意的，中央机关干部到地方参加“四清”，应同地方干部混合编队并受地方领导的意见，我作为一名普通的工作队员，化名杨清，到牛角大队蹲点，不担任任何领导职务。长安县的“四清”是由咸阳地区干部组成的省“四清”工作团咸阳分团领导的。牛角、中丰、沣桥3个大队，分别由淳化、三原、礼泉县干部为主组成的工作队负责。

长安县地处“八百里秦川”，是全国著名的富庶地区，气候温和，地势平坦，灌溉便利，土地肥沃，但那时粮棉连年减产，工副业萧条，农民非常贫困。西北局和陕西省委向我们介绍情况时说，陕西农村阶级斗争形势复杂，特点一是民主革命不彻底；二是资本主义势力顽强；三是高岗等人长期窃据西北地区的领导岗位，一贯执行右倾机会主义路线，影响不可低估。

我同中办到长安农村蹲点的3个组，于10月30日同时进村，翌年5月16日结束工作同时离村。除回京参加中央工作会议和春节期间回京休息了几天外，实际坚持了半年左右时间。和我一同到长安蹲点的中办同志风趣地说，我们“钻进了牛角”。

执行了一条“中间路线”

长安县是西北局的“四清”试点县，集中了上万人的工作队，完全撇开当地农村社队干部，整个运动由工作队领导，严重地夸大了阶级斗争形势。据说斗门公社有50%的生产队领导权不在我们手里，开展“四清”，首先要夺权。可以说，杨尚昆带着我们蹲点，工作是很棘手的，但这并没有难倒他。他以普通社员身份和当地农民同吃同住同劳动，非常巧妙地执行了一条“中间路线”，既达到了“四清”的目的，又没有搞“左”的一套做法伤害基层干部，这在当时是十分难能可贵的。这是如何做到的呢？在和我们一起系统回忆这段经历时，杨尚昆既讲了他当年的主要考虑，同时又实事求是地对他当年的做法做了评价。他说：

> 离京前，我召集去长安的同志开了一个会。根据中央的精神，主要是强调防右，但同时也指出要从实际出发，实事求是，不要带任何框框。进村后，我们广泛接触贫下中农和中农群众，听取各种意见，很快发现那里的实际情况和我们在西安听到的有很大出入。几天以后，我们就分别召开干部大会和社员大会，说明来意，宣传党的政策，发动群众搞好“四清”；同时说服了地方同志没有按照当时高举“阶级斗争”、“依靠贫下中农”和“四清”三面旗帜，先“搬石头”夺权，让干部靠边站的做法，而是责成大队党支部和队干部照常抓生产，安排好群众生活，同时组织他们学习“前十条”、“后十条”两个文件，同他们谈心，解除他们的顾虑，鼓励他们放下包袱积极参加劳动，主动交代自己的问题。我们不搞神秘的“扎根串连”，对干部也不实行“逼供信”，整个运动进行得比较平稳。
>
> 运动大体分为四个阶段。第一阶段，用40天左右时间访贫问苦，说明来意，发动群众，建立贫下中农协会，把积极分子组织起来；第二阶段，用90天左右时间，帮助干部“洗手洗澡”，进行“四清”；第三阶段，用20天左右时间，进行阶级教育；第四阶段，也是20天左右时间，进行组织建设，改选党、团支部和贫协领导班子，制定当年的生产计划和分配计划。
>
> 我在牛角大队，虽不参加工作组的领导，但是经常和牛角、中丰和沣桥3个大队的中办同志交流情况，分析形势，研究问题，统一认识，提出建议，供3个队的工作组领导参考。经过反复讨论，中办的同志一致认为，3个队的共同特点是干部虽有这样那样的四不清问题，但主要是思想不纯、作风不正，是人民内部矛盾；群众对干部的意见很多，但生产积极性并没有受到太大的挫伤，参加集体劳动的热情还是比较高的；社员生活普遍困难，原

因之一是过度强调以粮为纲，因地制宜发展多种经营受到限制，生产门路窄。中办的同志下去以后，普遍反映关中地区解放十几年了，生产还这样落后，农民生活还这样艰苦，心情十分不安。

总的来说，在整个运动过程中，3个队都没有发生乱斗乱打和非正常死亡的情况，干部没有躺倒不干，维持了正常的生产、生活秩序。运动结束时，也没有搞干部大换班，干群之间经过一定的斗争达到了新的团结。

当然，问题也是有的。比如牛角大队运动初期建立的贫下中农监督小组，在一定的范围内限制了干部的工作，实际上是夺了一点权的。有的队对犯错误的干部处理重了一些。有的队补划的地主，明显地划错了。牛角大队补划了一个地主，把他家的浮财拿出来展览，以后又开批斗会。对这件事，当时我虽有些犹豫，但却没有制止。今天回过头来看，在当时的大环境下，总体上不可能不执行“左”的做法，只是在政策允许的范围内，尽可能地作一些局部变通。大体上讲，是执行了一条“中间路线”。

通过半年的蹲点，使3个队的干部、社员看到我们工作队确实是诚心诚意去帮助他们解决问题的，并非有意去整人。中办的同志和地方的同志一起，坚持同社员群众同吃、同住、同劳动。我进村后，住在贫农潘景连家，和赵宇田、刘吉顺住一个屋，被潘老汉引以为荣，逢人便说“我家住了一个老汉两个娃”。我们刚刚进村时吃派饭，吃饭也是扶贫。那时工作队员的伙食标准是每人每天4角钱，我们就集中使用，选那些确有困难需要帮助的困难户，去吃一个月的饭，预付12元的伙食费，他就可以用这点钱买些棉布、棉花缝制冬衣，解决过冬问题。春节后第二次进村时，工作队自己起伙，主要是从卫生考虑，并未提高伙食标准。半年间硬是没有吃过一次肉。这种同群众同甘共苦，真正实行“三同”，而不是哗众取宠、摆花架子的过硬做法，赢得了群众的好评。运动后期，直到选出了新的贫协和大队管委会，我才向群众公开身份，群众反映，早就看出了他是个大官。还说中办的这些同志有来头，不愧是毛主席身边的人。运动结束我们撤离时，几乎是全村人出来送行，依依不舍，感情真挚。我们乘坐的大卡车开走很远了，人们还不散去。3个村的情景都是这样。

通过这次蹲点，杨尚昆初步摸到了农村的一些实际情况，深感对农村阶级斗争形势的看法以及“四清”运动中的一些做法，都有不少问题值得研究，于是向中央反映。对此，我们当年是知其事，不知其详。杨尚昆在谈话中回忆，他当年还不可能在总体上对“四清”运动提出重大意见，提出的都是一些具体的问题，有这么几件事：

一是运动后期，我打电话给龚子荣，说有几个问题请他请示中央：

(1) 关于划阶级问题，中农划不划？如何掌握重新划地主、富农的标准，对那些一贯表现好，可划可不划的是否可以不划。还有，要不要搞“阶级档案”？陕西有的地方已经印发了“阶级档案表”，这种表非常烦琐，很难填，也很难填准确，日后无法作为依据。(2) 地、富财产动不动的问题。(3) 干部贪污的退赔问题。可否采取检查从严、退赔从宽的原则处理。(4) 关于干部打击面问题。有的同志说，对干部只要不开除公职，给予行政撤职、开除党籍、留党察看都不算打击，这是否妥当？龚子荣写了一个电话记录送给彭真，彭真也很为难，只好批示：“还是综合各方面问题，汇集起来看看，可以等西北局讨论后，先听听他们的意见。”

二是回京后，我向中央作的蹲点报告中提出了几个问题，主要是：(1) 关于在运动中如何对待干部的问题。经过调查，我们认为现任和卸职的干部中，好的和比较好的占 90%，问题多的占 9%。从这一基本情况出发，我们把好的干部作为依靠对象，鼓励他们积极工作，改进作风，密切同群众的联系；对所有犯错误的干部，坚持“惩前毖后、治病救人”的方针。既放手发动群众，揭发批判他们的错误，又耐心教育，热情帮助，启发他们自觉革命。对于有错误、有问题，又不检查、不交代的，决不姑息迁就，但只要认识错误，决心改正，就引导他们查危害、挖根源，提高阶级觉悟，给以将功补过的机会。经过改选，大队的几个主要干部都连选连任或改任其他职务，生产队的干部连选连任或改任其他职务的占 60%以上。(2) 关于建设好党的领导核心的问题。在整个运动过程中，我们始终明确必须把整党建党工作抓好，给大队留下一个坚强的党支部。在牛角大队，先后召开十余次党支部委员会或支委扩大会，严肃认真地解决了支委会内的团结问题，在此基础上改选支委会。改选前，在党内外再次进行树立党的核心领导、认真推举支委候选人的教育，号召大家挑选最好的党员担任新的支委。选举结果，原来的 7 个支委有 3 人连选连任，1 人改任生产队长，3 名在运动中表现好的党员和 1 名在运动中入党的新党员被选进了新的支委会。新的党支部产生以后，工作组逐步退到第二线，一般问题由党支部负责处理，重大问题由工作组和支委会共同研究作出决定。在工作组离村一个月前，新的支委会已经完全担当起领导大队全面工作的职责了。

三是我回京以后，邀请中央机关一些参加“四清”蹲点的同志座谈。我提出一批问题请他们考虑，主要有：(1)“四清”运动究竟要解决哪些问题？按照《农村社会主义教育运动中目前提出的一些问题》（简称“二十三条”）规定，整个运动的时间缩短了，那么搞一期“四清”主要做哪些事？比如建立各种组织就要力所能及。牛角大队就没有按规定建立民兵组织。长安县委书记顶不住，说造个花名册吧。我说要造你们去造，我不管。我们只抓三大组织：党支部、贫协、生产管理委员会。还有，长远生产规划搞不搞？有的地方搞了，面面俱到，一两万字，谁去落实？问题是突击搞出来的东西，缺乏科学论证，到底有没有用？(2) 关于划阶级。最大的问题是地主、富农的子女和他们的第三代、第四代如何划成分？比如在延安老解放区，原来的地主、富农早已不在了，他们的下一代定为地富子弟，第三代定为地富家庭出身的子弟，再往下第四代怎么划？这部分人占农村总人口的 8%～10%，这个问题不解决就无法做到团结 95%以上的群众。还有，什么都强调贫下中农成分，好像贫协比共产党还纯洁。中农有点灰溜溜的，中农的子弟申请加入共青团都很难。我曾对康生说，你不是搞理论的吗？过渡时期的阶级、阶级斗争、阶级关系的变化究竟有什么说法？他支支吾吾。(3) 关于贫协组织，能否长期存在发挥作用？运动中强调贫协作用，运动后还是要坚持党的领导。贫协要揽权，就会同生产队，同党支部发生冲突。(4) 关于运动要不要从夺权入手？根据我的了解，真正属于两面政权的是极个别的，总不能说建国 15 年，反革命政权反而多了。

根据以上这些想法，我在给中办第二批下去参加“四清”的同志讲话中提出：(1) 搞运动主要抓大是大非。要有意识地把小是小非放过去，让他们自己去解决。在农村，最重要的是有一个好的党支部。一些地方，贫协的地位比党组织还高，运动中许多问题由贫协作决定，其实背后是工作组在领导，运动后期，党支部恢复正常工作，贫协就不满意了。因此改组大队党支部，不要拖到运动后期。(2) 要自始至终抓生产。抓生产，既要抓粮食，也要抓副业、抓多种经营。至于长远规划，不要搞得太烦琐。我在牛角大队，只提一个奋斗目标：亩产千斤粮，百斤皮棉，每户一头猪，几只鸡。简单明了，家喻户晓，老人小孩都记得住。

调解胡耀邦和西北局间的矛盾

我们去长安蹲点的时候，正值陕西省委第一书记张德生病重，中央派胡耀邦去接替他的工作，并任西北局第三书记（后任第二书记）。不料没过多久，他就和西北局发生了很大矛盾，双方都向杨尚昆反映情况，杨尚昆不得已做了一个“和事佬”。因为双方的看法差距很大，杨尚昆夹在中间很是为难，但又不得不尽力去做。这是杨尚昆下乡蹲点碰到的一件大事，现在知道内情的人已经不多了，他详细地给我们讲了缓冲双方关系的经过。

胡耀邦离开团中央，很想在新的岗位上有所作为。在去陕西前，他已经跑了不少地方，了解了许多情况。到陕西后，他又立即下去巡视工作，先后走了十几个县和一些厂矿、学校，多次讲话、作报告，对当时一些“左”的做法有意见。他讲话有思想、有见地，深入浅出、语言生动，很受广大干部群众的欢迎。但是，他讲话不严谨，容易被人抓辫子。

胡耀邦到陕西不久，就向西北局和中央作了题为《走马到职报陕情》的书面报告。报告中提出的几个问题，明显和西北局的看法有分歧。主要是：(1) 用数据说明对干部队伍中存在的问题估计过于严重。他说中央五月工作会议后，省委在西北局的督促和帮助下，揭开了省、地、县三级领导核心的盖子。据初步排队，省一级65个厅局，整个烂掉了和问题严重的占70.7%。9个地市委，问题严重的占77.8%。103个县市委，整个烂掉了和问题严重的占60.1%。全省有660多个干部受到开除党籍、开除公职的处分。(2) 关于怎样对待干部，他说不管我们党混进了多少阶级异己分子，农民和小资产阶级出身的干部还是大多数，他们虽然犯了这样那样的错误，但不能否认他们的大多数人可以改正错误，应当思想批判从严、处理从宽，采取大批处分和清洗的办法，同样是一种右的消极的错误政策。(3) 关于农村的阶级斗争，他说我国现时农村出现了不少剥削压迫人民的特权分子，还有这样的一些集团，但还没有形成一个完整的特权阶层。不能说我国农村中已经出现了一个特权富裕阶层。(4) 关于陕西的农业生产，他说这几年陕西的农业生产严重落后了。抓生产小手小脚，慢慢腾腾；抓阶级斗争患得患失，忧心忡忡。

1965年2月，胡耀邦到安康地区巡视工作，8天走了7个县，他在讲话中鲜明地提出，春耕大忙在即，干部可以暂时“不洗手洗澡”，先集中力量抓生产。后来他又把处理干部的政策概括为四条：(1) 凡属从社教以来处分过重的干部，一律实事求是地减轻下来；(2) 凡属停职但尚未处理的干部，一律先放到岗位上去，待问题查清或经过一个时期考验再做结论；(3) 凡属以前犯有错误，但已做过交代的干部，不再“洗手洗澡”，只要做好工作，搞好生产，将功补过，就一律既往不咎；(4) 从现在起继续干坏事的人，一律从严处理。这四条用《电话通讯》形式，发到各地，县委立即执行。他还明确指出，社会主义革命的根本目的就是发展生产力，只有生产不断发展，才能谈得上大好形势；只有领导群众增了产，才能称得起是忠诚地为人民服务。他宣布，一切领导群众增了产的干部就是好干部。西北局主要领导看到了这个《电话通讯》，立即给胡耀邦打电话，批评他提出的四条不妥。

2月18日，我参加中央工作会议后从北京回到西安。当天，西北局主要领导就向我谈了他对胡耀邦的意见。后来胡耀邦也来找我谈陕西工作情况和他的一些想法。双方不同的意见都向我这里集中，又都希望得到我的支持，由我出面调解。我听了两方面的意见，感到双方思想距离很大，情况也很复杂，不好马上表态。

3月4日，张德生病逝。6日，在西安人民大厦举行公祭，公祭后送遗体去公墓时，我搭乘西北局主要领导的车，在车上同他谈了5日胡耀邦找我谈话的情况，告诉他胡耀邦的态度比较好，承认发《电话通讯》不妥。从公墓返回时，我改乘胡耀邦的车，又同他交换意见，并告诉他西北局将召开会议讨论《电话通讯》有关问题，并要我届时参加会议。当时，胡耀邦表现得有些紧张。

3月11日，西北局开会，先听取胡耀邦关于陕西工作的汇报。胡耀邦说，省委对面上工作的指导思想，主要是考虑到陕西生产落后了，而春耕大忙在即，必须以“二十三条”为武器，调动一切积极因素，迅速投入组织农业生产的高潮中去。因此，有必要把面上的夺权斗争暂时放一下，集中力量抓生产。他承认对处理干部的“四条”事先没有经过省委讨论，也没有请示西北局，从组织原则上讲有错误。会上对胡耀邦进行了批评，指责他只抓生产，不抓阶级斗争；提出几个暂停是惊慌失措，给运动吹了冷风，是指导思想上的倾向性错误等等。会后，胡耀邦立即给我打电话，表示对会上的许多发言不满，提出要到中央去说明情况。我劝他要冷静，听下去再说。会议一直开到3月17日，胡耀邦已心力俱乏，卧病不起了。

3月下旬，胡耀邦的秘书戴云来到牛角大队，带来胡耀邦病中写给西北局的信稿，表示认识到处理干部“四条”是有错误的，但对西北局会议上对他的批评解释得多了一些。我同戴云对信稿逐段进行了讨论，提出了一些修改意见。3月28日至31日，西北局继续开会。会前，我去医院看望了胡耀邦，尽量稳定他的情绪。会议最后一天，我发言指出，“二十三条”下达后，耀邦同志思想有片面性，原因是他看到陕西生产落后，很着急，想用缓和革命形势的办法来促生产，心意是好的。同时他对前一段面上的社教也有些不同的看法，在中央工作会议以后，他错误地认为自己原来的想法是正确的，是符合“二十三条”精神的。是不是说耀邦同志的错误已经成为路线上与中央和西北局对抗呢？我看不能这样说。他有片面性，有摇摆，但不能说他有与中央平行的路线。在革命与生产问题的关系上，他的认识是正确的。今后怎么办？耀邦同志应该在省委会议上作个检查。耀邦同志的信，写得是好的，态度是诚恳的，就根据这封信的认识水平作检查，既不夸大，也不缩小。从现在起，到省委开会之前，大家都不要再议论这个问题了。省委的同志要抖擞精神，挺起腰杆工作。最后，会议宣布胡耀邦已对他的错误作了检查，省委决定停止执行对干部的“四条”，问题初步解决，就结束了。

4月29日，我去陕南看了面上的“四清”情况后回到西安。这时，胡耀邦的身体尚未恢复，陕西省委的会议也还未召开。我请西北局主要领导考虑，胡耀邦仍在病中，目前农事正忙，召开大规模的省委扩大会议是否合适？可否推迟到夏收后再召开？西北局主要领导表示可以考虑。随后我又去看望胡耀邦，胡耀邦的情绪仍然很激动。他们二人不直接交谈，我夹在他们中间也很为难。我只好对胡耀邦说，要慢慢进入角色，要保持高姿态，又对另一方说，要注意班子的团结，不要影响工作。

关于双方之间的争论，我在电话中报告了彭真。彭真的意见是西北局的会议不要再开了，互相有意见让他们直接见面解决。我从陕西回到北京后，又分别向邓小平、彭真汇报了陕西的情况。对双方的争论，小平同志主张等一下，看看再说，不必急。小平同志知道，当时毛泽东对下面的“四清”运动并不满意，有关争论的是非也很难说清楚。

事过境迁，30余年后，杨尚昆怎么看待这场争论呢？他说：

现在看来，胡耀邦大体是正确的。胡耀邦对1964年下半年全国各地“四清”运动中“左”的做法本来就有看法。到陕西后，对面上“四清”搞夺权斗争，乱批乱斗，处理过重，致使干部情绪消极，严重影响生产，他心情十分着急。他提出四条纠偏措施用心是好的，只是做法急了些，组织程序也不周全，自然会遭到西北局领导的反对。当然，胡耀邦上台伊始，说话不够谨慎，轻率表态，也容易引起别人对他不满。在这个问题上，我能够做的，只能是尽量缓冲当时他们的紧张关系，稳住大局，别无良策。

“二十三条”矛头指向刘少奇

刘少奇对毛泽东历来是十分尊重的。但是，在指导“四清”运动中，通过一些具体问题，毛、刘之间逐渐产生了裂痕。这是“四清”运动中的一件大事，对“文化大革命”的爆发有直接的影响。杨尚昆对这件事有比较深入的了解，他和我们简要地谈了谈这方面的情况。

1964年8月5日，根据毛泽东的提议，中共中央书记处决定由刘少奇主持修改“后十条”。同日，刘少奇带着田家英离开北京先后去湖北、湖南、广东、广西和云南考察“四清”运动情况，准备在广州由田家英执笔修改“后十条”。出发前，田家英对我说，他是毛泽东的秘书，随刘少奇出去思想有顾虑。但是党中央副主席要他去，他不好不去。田家英还认为，他在1959年庐山会议时的一些言论和1962年提出“包产到户”的建议受到批评以后，在政治上毛泽东已经不那么信任他了。果然，这次田家英随刘少奇出去，毛泽东认为刘少奇把田家英拉过去了，从此对田家英明显地疏远了。

原来，毛泽东几次提出领导干部要下去蹲点、亲自向群众宣讲两个“十条”。但是省、市一级领导干部下去的并不多。1964年10月，中央发出《关于认真讨论刘少奇同志答江渭清同志一封信的指示》，再次强调要下去蹲点，省、市委书记们就纷纷下去了。有一次，毛泽东见到我说：“还是少奇厉害！我说了多次叫省委书记们下去，他们就是不动。少奇一骂，他们就下去了。”

1963年冬，王光美在刘少奇的支持下去河北省抚宁县卢王庄公社桃园大队蹲点。王光美在桃园大队总结的一套“左”的经验，为刘少奇指导全国“四清”运动提供了依据，认为它是在农村进行社会主义教育的一个比较完整的典型经验。有一次王光美在北戴河宣讲她的“桃园经验”，一口气讲了5个钟头。毛泽东就说：“这个学问就那么大？什么问题讲5个钟头还讲不完！”下面的同志对此也有些反映。这个情况我对刘少奇讲了，我说你从来对你的夫人要求严格，为什么这次让她到处去讲话呢？刘少奇说：“这也没有办法，谁让人家手里掌握第一手材料呢。”

这几件事都引起了毛泽东对刘少奇的不满。

1964年冬，“四清”运动“左”的倾向进一步发展。为了解决运动中产生的问题，中央利用三届全国人大一次会议期间各地大多数负责同志都在京的机会，召开一次工作会议，准备再制定一个指导“四清”运动的新文件。我是人大代表，按照中央的通知回京参加会议，同时，参加中央召开的工作会议。

这次工作会议由刘少奇主持。在会议进行过程中，毛泽东、刘少奇之间在“四清”运动的性质，以及开展运动的方法等各方面都有分歧，刘受到了毛的批评。会议开始用了5天时间交流情况，提出问题，准备起草文件。关于当时农村的主要矛盾，刘少奇说是“四清与四不清的矛盾”、“人民内部矛盾和敌我矛盾交织在一起”。毛泽东说运动的性质就是解决“社会主义与资本主义的矛盾”，运动的重点是“整党内那些走资本主义道路的当权派”。刘少奇只好接受毛泽东的意见。

根据毛泽东的意见，由陈伯达起草会议《纪要》，题为《农村社会主义教育运动中目前提出的一些问题》，全文共17条，送毛泽东审阅，毛泽东批“照发”。12月28日，中央办公厅印发了这个《纪要》。

《纪要》印发后，会议继续进行。12 月 28 日，毛泽东在会上讲话，他从 1962 年北戴河会议和八届十中全会讲起，说那个时候单干风刮得很厉害，邓子恢就是一个。我讲了形势、阶级、阶级斗争以后，情况就变了。他举着《中华人民共和国宪法》和《中国共产党党章》两本小册子，严肃地说：《宪法》、《党章》都是我们自己通过的，为什么自己又不遵守？我们这些人算不算中华人民共和国的公民？如果算的话，有没有言论自由？准不准许我们和你们讲几句话？我这个党员能不能参加你们的会议？毛泽东的这些话是有所指的。因为在一次会议上毛在刘讲话时插话，曾被刘无意中打断；在这次工作会议之前，邓小平考虑到这是一次例行的工作会议，曾对毛泽东说，你也可以不参加这次会议。

根据毛泽东讲话精神，12 月 31 日，中央办公厅发出通知，说《纪要》“中央尚在修改中，请停止下发，并自行销毁”。1965 年 1 月 3 日晚，毛泽东在中央政治局常委扩大会议上又不指名地批评刘少奇，说“四清”工作队 1 万多人集中在一个县“搞人海战术”，工作队学习文件 40 天不进村，是“烦琐哲学”，反人家右倾实际自己右倾。不依靠群众，搞神秘化扎根串联，结果运动冷冷清清。1 月 8 日，毛泽东在《纪要》中加写了一段话：“所谓四清四不清，过去历史上什么社会也能用；所谓党内外矛盾交叉，什么党派也能用；都没有说明今天矛盾的性质，因此不是马克思列宁主义的。”最后《纪要》形成 23 条，1 月 14 日正式发出，这就是那个在当时家喻户晓的“二十三条”。

毛、刘关系出现裂痕，还可以追溯到 1959 年庐山会议。庐山会议原本是反“左”，彭德怀的信印发以后，突然变成反右，对此刘并不赞成。1962 年七千人大会，刘说，产生困难的原因是三分天灾、七分人祸。发生的缺点和错误，首先要负责的是中央。显然，刘的这番话毛是难以接受的。1962 年北戴河会议上，毛泽东指责邓子恢主张包产到户，同时不指名地批评刘少奇没有顶住“单干风”，思想右倾。1964 年底毛、刘终于在“四清”运动性质问题上爆发了正面冲突。1965 年 10 月，中央工作会议期间，毛泽东同各中央局第一书记谈话时说，中央出了修正主义你们怎么办？如果中央出了修正主义，你们就造反。各省有了小三线，就可以造反嘛！过去有些人就是迷信国际，迷信中央。现在你们要注意，不管谁讲的，中央也好，中央局也好，省委也好，不正确的，你们可以不执行。毛泽东讲的中央出修正主义，指的就是刘少奇。可以说，从那时起，毛泽东已经公开号召全党向刘少奇造反了。

“四清”是 60 年代我们党发动和领导的一场大规模的群众运动。多年过去了，对这场运动应该怎么看？杨尚昆在和我们谈话的最后，谈了自己的看法：

> 我认为，不能脱离历史孤立地评说“四清”。50 年代，在当时“左”的思想指导下，农业合作社本来已经发展过快，1958 年又匆忙大办人民公社。试想，在绝大多数农民还没有摘掉文盲帽子的情况下，如何能在短期内培养出以百万计的能把每一个生产队的账目、仓库、财物、工分搞得清清楚楚的会计人才？特别是“大跃进”以后“共产风”、浮夸风猖獗，农民的生产积极性受到挫伤，群众生活普遍困难，在这种情况下，出现干部多吃多占现象也就不足为奇了。在大多数社员还没有吃饱的情况下，干部们多吃一个馍，多拿一棵葱，在今天看来根本不成为问题的事，在那时就是大事了。从“四清”入手，教育干部，调动农民的生产积极性，达到密切干群关系，克服困难，发展生产的目的，这条路并没有什么错误，问题在于在“以阶级斗争为纲”“左”的思想的指导下，运动越搞越“左”。“二十三条”纠正了“烦琐哲学”的一套做法是好的，但是把矛头指向了“党内走资派”，实际上打击面更宽了，最终发展成为打倒一切、全面内战的“文化大革命”。搞过“四清”的地方同没有搞过“四清”的地方比，生产也没有明显地上去，这就说明“四清”至少是一次不成功的政治运动。1981 年中共十一届六中全会通过的《关于建国以来党的若干历史问题的决议》指出：“一九六三年至一九六五年间，在部分农村和少数城市基层开展的社会主义教育运动，虽然对于解决干部作风和经济管理等方面的问题起了一定作用，但由于把这些不同性质的问题都认为是阶级斗争或者是阶级斗争在党内的反映，在一九六四年下半年使不少基层干部受到不应有的打击，在一九六五年初又错误地提出了运动的重点是整所谓‘党内走资本主义道路的当权派’。……不过，这些错误当时还没有达到支配全局的程度。”我认为这个评价是恰如其分的。

杨尚昆蹲点半年，突出地体现了他优良的工作作风和工作方法，既忠实地执行中央的指示，又实事求是，独立思考，善于创造性地完成任务。1988 年夏，我因公出差去西安，抽了一点时间去我蹲点的原沣桥大队所在地马王村看了看。马王村面貌依旧，只是觉得人比过去少了些，据说年轻人都出去打工了。我找到时已 78 岁但身体健壮的董化宇老人，他一眼就认出我来了，不等我问候他，他却把当时到这里参加“四清”的中办同志问了个遍。他仍住在原来的那幢“厦子房”，居住条件似乎没有什么改善，但屋里彩电、冰箱、洗衣机一应俱全，真是今非昔比。他说现在党的政策好，大家都过上好日子了，那时你们来只能给你们吃“搅团”，现在吃啥有啥。他希望中办的同志都能回去看看。多年过去了，村里人对我们这些“四清”工作队员，仍然这样亲切！我想，如果不是“四清”中我们执行了杨尚昆的一条“中间路线”，恐怕就不会有今天这样的气氛了。

把历史的真相告诉人民

——采访王光美及其子女的回忆

孙兴盛

寻找机会

1978 年 9 月，共青团中央机关刊物《中国青年》复刊。在圆满解决因报道“天安门事件”而引起的复刊风波后，深受鼓舞的我们还有一个特别强烈的愿望，就是要宣传报道在“文化大革命”中遭受林彪、“四人帮”残酷迫害的老一辈无产阶级革命家，特别是被打成“中国头号走资派”、被扣上一大堆“莫须有”罪名的共和国主席刘少奇同志的悲惨遭遇，把历史的真相告诉全国人民和广大青年。

1979 年 1 月，在人民大会堂召开的春节联欢会上，当少奇同志的夫人王光美同志再一次出现在公众面前时，人们怀着对少奇同志无比深切的怀念和崇敬，纷纷涌上前去和她紧紧握手和热烈拥抱，许多人失声痛哭。但要公开报道少奇同志，还很困难。不久，中国革命博物馆举办重新修正过的“中国共产党党史陈列（民主革命时期）”。我们抓住这个机会，采用“参观巡礼”的报道形式，全面系统又简明扼要地报道了各个时期老一辈无产阶级革命家和民主党派领袖人物的丰功伟绩，列出他们的名字、刊登他们的照片，将林彪和“四人帮”颠倒的历史再颠倒回来，祭奠那些遭受过诬陷和迫害的不朽英灵。我用的题目是周总理的一句名言——“只有忠实于事实，才能忠实于真理”，特意突出党的七大上少奇同志作的《关于修改党章的报告》的照片。这是“文化大革命”少奇同志被打倒以来在报刊上第一次公开刊登少奇同志的照片。没想到，这篇报道在《中国青年》1979 年第 11 期发表后，《新华文摘》全文转载，引起了强烈反响。

这时，我们终于打听到王光美的住址和电话。文艺部宋文郁主任非常高兴，要我马上打电话联系，争取尽快登门拜访。我拨通电话，正好是王光美接的，我便自报家门，代表杂志社同人表示深切问候。我说，少奇同志生前一直非常关怀和支持我们《中国青年》，1959 年我们还连续刊登过少奇同志秘书的长篇回忆录《跟随少奇同志回延安》。王光美说："我还有这个印象，你们找我有事吗?"我说："我们一直很想拜访您，约请您为我们写写少奇同志……"我的话还没说完，王光美就明白了，立即说："实在对不起，我现在确实很忙，工人日报社、人民日报社还有新华社都找我，有的要写少奇同志在安源，有的要写少奇同志在延安和新四军的情况……"我知道这是在婉拒我们，便立即说："这些我们都不写，只想专门写少奇同志在'文革'中遭受的迫害，让全国人民知道历史真相。"王光美"啊"了一声，我又重复了一遍。她停了会儿问："你们敢吗?"我说："当然敢！这是我们编辑部的共同愿望和决心，我们领导想亲自登门拜访您，当面听取您的意见，希望您在百忙中见我们一面。"王光美停了停爽快地答应："那好，你们来吧。"

1979 年底的一个上午，宋文郁、陈汉涛和我从三里屯杂志社骑车，直奔木樨地王光美家，王光美热情接待了我们。我们过去虽然没有亲眼见过王光美，也无法想象这十多年噩梦般岁月她是怎么熬过来的，但从她慈祥的笑容和两鬓飘逸的一缕白发，可以看出她坚韧不屈的乐观主义精神，令我们特别感动。

宋文郁首先说明来意，从回忆 1959 年由少奇同志的秘书吕振羽和江明口述、他参加记录整理（笔名闻君）的长篇回忆录《跟随少奇同志回延安》，在《中国青年》上连载，引起强烈反响谈起，表明这次登门拜访，就是想请光美同志写写回忆少奇同志的文章。王光美表示，她的身份不宜写回忆文章，目前也没有这种心境。我们表示理解，提出请她的子女写回忆父亲的文章，或者接受我们的采访也行。王光美还是有些犹豫："孩子们都还年轻……"我们马上解释，《中国青年》本来就是青年人的刊物，由子女们来回忆最好。王光美又问："你们想请他们谈什么呢?"宋文郁明确表示，专门谈"文化大革命"这一段，把历史的真相告诉人民和青年。王光美看着我们，很慎重地问："你们敢写，刊物能登吗?!"我们表示既敢写也能登。我拿出准备好的《中国青年》复刊第一期刊物送给她看，宋文郁则特意介绍了我们三人写的"天安门事件"英雄和刊登"天安门诗抄"引起的风波，以表明我们旗帜鲜明的态度和坚定的决心。王光美一边听，一边翻看刊物，沉吟了一会儿说："这样吧，我愿意把你们的意见转达给孩子们，赞同你们和他们当面谈，至于孩子们愿不愿写回忆文章，愿不愿意接受你们的采访，那要由他们来决定。好不好?"我们听了非常欣喜，恳请王光美务必把孩子们都约齐，尽快会面。

坦诚与信任

1980年元旦刚过，王光美打电话来，约我们和她的子女会面。我和宋文郁赶到王光美家，几位年轻人已在客厅等候，见我们进来，都很有礼貌地站起来。王光美向我们介绍她的大女儿刘平平、二儿子刘源、三女儿刘亭亭，还有一个小女儿潇潇，“文化大革命”时太小，只有五六岁，就不参加我们的采访了。茶几上放着几本《中国青年》复刊第一期，看来他们反复研究过了。

我打量着这三位共和国主席的子女，虽然都不曾见过，也不知道源源和亭亭，但平平的名字早在当年清华大学红卫兵小报上刊登的《智擒王光美》上就知道了。他们跟想象中的“高干子女”不同，看上去非常朴素平易，气质不凡，谈吐不俗，既流露出残酷岁月的深深伤痕，又颇为乐观大度。我相信我们会合作得很好。

刘氏姐弟没有任何客套话，开门见山地说，听母亲转达了你们的意见，也看了你们的复刊号，今天想当面听听你们的想法和打算：第一，你们为什么要我们写回忆父亲“文化大革命”受迫害的这段历史？第二，你们敢不敢揭示和写出全部事实真相，有没有驾驭这些材料的能力？第三，文章写成后贵刊敢不敢、能不能全文发表？

刘氏姐弟很坦率，我们完全理解，能否做出满意的回答，是成败的关键。于是，我们也坦诚地回答：第一，党中央即将为少奇同志平反，这是大前提。少奇同志惨遭迫害是“文化大革命”最大冤案，是历史的悲剧。我们之所以要专门写这一段，就是要把这段历史真相告诉人民，特别是广大青年，从中展现少奇同志的崇高品格，让人们永远记住这血的教训，绝不能再让这样的悲剧重演。由少奇同志的子女来写回忆父亲的文章，比记者采访的文章更为亲切、真实和感人。第二，至于敢不敢写出全部历史事实真相，十一届三中全会已开过，实事求是是党的思想路线，已深入人心。三中全会前，我们敢写出“四五天安门事件”真相，引起那么大的风波也没退缩，那么今天，我们更有直面坦陈少奇同志遭受迫害的全部真相的勇气。第三，文章写成后，本刊一定能全文发表。这不是我们文艺部几个人的事，今天到这里来，是经过本刊总编辑和编委会共同研究同意的，这些意见是我们大家共同的决心。

整整一个下午，我们和刘氏三姐弟交谈十分融洽，我们的坦诚和决心终于赢得他们的信任，取得了共识。王光美时不时也插几句话，给予热情支持。双方商定采访从元月10号开始连续作战。最后，王光美留我们在她家一起吃便饭，我们也不客气地答应了，边吃边聊，如同在家的感觉。

震撼心灵的采访

采访从1980年1月10日开始，每天上午、下午都谈，连续长谈了四天。这是王光美及其子女刘平平、刘源和刘亭亭姐弟三人坐在一起，第一次全面系统地回忆和讲述那段真实的历史，憋了十多年的心里话，讲得那么坦诚、悲愤、热烈、奔放，就像江水冲开闸门汹涌澎湃。他们忍着深深的悲痛，讲述“文化大革命”如何突然掀起，在北京主持中央一线工作的少奇同志浑然不知；讲述《炮打司令部》大字报前后少奇同志的不理解和困惑；讲述少奇同志如何据理驳斥林彪、康生和江青一伙的诬陷，用生命捍卫宪法和保护干部；讲述少奇同志和王光美无私无畏地面对残酷批斗，肉体和精神的双重摧残和折磨……

回忆是非常痛苦的，尤其是王光美一直承受着最大的心痛：听着孩子们哭述她伤心，自己讲起悲惨遭遇也伤心。尽管残酷的批斗和十多年监狱早已磨炼出钢铁般的意志，她也强忍不住老泪横流，讲到伤心处摆摆手：“不说了！不说了！”捂着鼻子背过身去，或者到客厅和餐厅一角擦泪，由孩子们讲；一会儿又转过身，忍不住插话讲述起来。有一次潇潇回来，姐姐哥哥拥着小妹，讲起最后生死离别，向赵阿姨“托孤”，潇潇忍不住当着记者的面失声痛哭。当讲到少奇同志生命垂危时被押往开封一个秘密的“特别监狱”，含冤惨死时白发一尺多长，运往火葬场时双脚还在吉普车外面拖着时，这撕心裂肺的悲痛，使王光美再也忍不住，跑到房间里呜咽好一阵，稍微喘过气又出来一起回忆述说。

我和宋文郁听着他们的讲述，残酷的历史真相使我们异常震惊；看着他们悲痛欲绝而又刚毅无比的情形，我们也忍不住热泪盈眶。宋文郁是位老记者，他激动地对我说：“在我25年的记者生涯中，进行过无数次采访，而如此震撼心灵的采访，这还是第一次。”是的，这是我们毕生最难忘的采访。那时我们没有录音机和摄像机这些设备，全靠我们紧紧握住笔，用极大的毅力克制着颤抖，还要不时揩着模糊眼睛的泪水，不停地记录着。我们的采访是“残忍”的，因为这是在王光美和刘氏姐弟心头撕开最悲痛的伤口。但是，为了向祖国和人民报告历史真相，为了子孙后代不再发生这类惨剧，我们又必须继续采访下去。

平平、源源和亭亭也讲述了他们被撵出中南海之后的悲惨遭遇，讲述他们和邓小平、彭真、杨尚昆等同志的孩子们都成了无家可归的孤儿，到处东躲西藏，卖血为生；为了躲避搜捕，14岁的亭亭居然敢从5层楼的窗户钻出去，紧贴着墙翻上楼顶逃命；为了寻找爸爸妈妈，源源深夜逃出监督劳动的农村，靠一把炒黄豆，走了三天三夜赶上火车；而平平从流放的农场跑了几百里，赶到火车站，火车刚刚启动，她一把揪住车门拼命呼喊挣扎，被火车甩下来晕倒，装进吉普车往回拉，刚苏醒又拼命往外跳。他们无路可走，只有写信找毛主席，毛主席批示“父亲已死，可以见妈妈”。母子们这才得以在秦城监狱重逢。接着，孩子们又开始寻找父亲的骨灰，由于“四人帮”和“专案组”的严密封锁和阻挠，那又是非常艰难、充满悲愤和痛苦的历程。直到粉碎“四人帮”之后，才找到最后一年多一直跟在少奇同志身边的原卫士长、警卫和护理人员了解情况。王光美出狱后，首先是要查找少奇同志“专案组”的有关材料，查阅到当时的原始医疗记录档案。从医疗记录里看到，少奇同志病重发高烧时，医护人员被迫一边高呼口号一边骂，一边打针，少奇同志两只胳膊和腿已经被针扎烂，“全身没有一条好血管”。少奇同志长时间疼痛难忍，双手乱抓。“专案组”不给止痛，却给他两个硬塑料瓶子捏在手里，瓶子最后已完全变成“葫芦”形了。这些真实而具体的记录，成了康生、谢富治一伙“迫害狂”的罪行铁证。

王光美也讲述了她12年的监狱生活。她说，她最想念的是孩子们，尚未成年就经历了那么多苦难；最担心的是怕他们年轻冲动，干出傻事来。所以，孩子们每次来监狱看望，她总是要叮嘱他们一定要牢牢记住爸爸的嘱咐，一定要做人民的好儿女，无论在什么时候、什么情况下，都不能做对不起党、对不起人民、对不起国家的事，绝对不能做对不起爸爸的事。王光美很欣慰地告诉我们，她生的4个孩子都很争气，没有做出任何对不起祖国和人民的事。在最艰难的日子里，在最困苦的条件下，他们都没有放弃自学，而且非常刻苦。当国家恢复高考时，他们全凭自己的实力取得了优异成绩。平平当上了翻译，后又留学美国，在以后4年里共取得一个学士、两个硕士学位，并获得博士学位，创下该校历史奇迹。亭亭考入人民大学，后又成为新中国第二个考入美国哈佛商学院并获得硕士学位的人。潇潇以当年总分第二考入北京大学，后又保送德国攻读生物学硕士。我们采访时，源源刚从北京师范学院毕业，同我聊起毕业分配的事。作为少奇和光美同志唯一的儿子，他不打算出国留学，而是要遵从父亲的遗愿到最艰苦的基层工作，立志做人民的好儿子、多为人民办好事。他不肯去条件较好的东南沿海地区，而是选择父亲生前工作过、视察过、最后在那里去世的河南省，在父亲生前视察过的公社担任副主任，要替父母和家人报答河南人民的恩情。

连续4天采访初步告一段落后，宋文郁和我向杂志社编委会详尽汇报。尽管大家都是亲身经历过“文化大革命”全过程的，但许多事实都是第一次听说，都非常震惊和感动，认为这是非常珍贵、非常难得、具有重要历史价值的回忆，是对“文化大革命”的有力控诉，一定要“下决心搞好，下决心在第3期发，下决心给足篇幅！”

送审风波

采访全部完成后，宋文郁和我动手写初稿，连续奋战了一个多星期，共四万来字，排出大样送王光美和刘氏姐弟审阅修改。他们花了很大心血，非常认真仔细，字斟句酌，核对事实，补充修改，最后由源源定名为《胜利的鲜花献给您》。

大家都很清楚，这篇文章分量太重，必须送审。问题是怎样送审、找谁拍板，我们想走条捷径、打个“擦边球”。考虑到源源他们上面的“叔叔们”多，能不能由源源他们几个孩子出面，直接找时任中共中央书记处书记、中宣部部长王任重同志，恳请他尽快审阅，能有文字批件最好，口头默许也行，再送团中央审就好说了。源源他们都赞成这个办法。

我们正准备送审，1980 年 3 月 1 日下午 2 时半，团中央书记处书记胡启立同志打电话来说：“听说你们又抓了一篇大稿子，是专门写刘少奇在‘文革’中的事，送来我们看看。”总编辑关志豪和宋文郁立即赶去汇报有关情况。启立同志是团中央老领导，干校时和中国青年杂志社人员在一起，大家都很熟。他和蔼而又认真地说：“要发表这样重大的文章我们要过问，立即送文章清样给我和（李）瑞环同志看看。”我们立即照办。当晚 8 时，电话又通知关、宋到团中央第一书记韩英处谈“刘稿”事，启立、瑞环同志在座。听取了我们情况汇报之后，韩英肯定地说：“书记处同志认为，青年社抓这样的稿子是好的，因为事关重大，一定要按规定送中央主管部门审稿。”并决定，由关、宋陪启立和瑞环同志一起亲自拜访王光美。

当时，毛主席纪念堂刚建好，少奇同志也还没有正式公开昭雪平反，特别担心这篇文章发表后，会引起青年人和群众对毛主席不满，怕出事、顾虑多是可以理解的。当晚 9 点半到王光美家，由启立和瑞环同志向王光美说明，团中央领导支持发表这篇回忆文章，因为事关重大，应按规定送中央主管部门审稿。王光美表示理解和赞同，同时也讲道：“我本人和孩子们至今都是非常崇敬毛主席的，写这篇文章是非常慎重、非常认真的，实事求是地告诉人民历史真相，不会影响对主席的敬仰，请大家放心。”最后商定由平平和源源出面送审。

我们急切地等待着送审结果。3 月 6 日，源源打电话告知，任重叔叔已看过文章，基本通过。我们怀着满心喜悦赶到刘家，看到任重同志退回的送审清样，还有一封短信，全文是：

平平、源源：

看了《胜利的鲜花献给您》，总的来说是好的，可以发表。

一、文字找个秀才再压缩一些，重复的地方要删去。

二、有个地方把事实再查清楚，我注上了。

三、我边看边改了几字，供参考。

最后请光美同志过目定稿即可。

祝你们化悲痛为欢乐。

任重

三月二日

我们把批文抄件带回社里，大家都很高兴。编委会立即调整刊物版面，让摄影记者刘全聚去刘家拍摄照片，还专门设计了刊物封面，青年印刷厂的师傅们加班加点改样排版，确保这期刊物按时出版发行。同时，我们把任重同志的信和准备情况，及时报告给启立和瑞环同志，请他们放心。

就在我们连夜加班，正要签字付印时，情况突然有变！源源来电话说，刚刚接完任重叔叔的电话。任重叔叔说他看完文章后睡不着觉，反复考虑，这篇文章分量太重了，里边涉及的一些重要事件他都不知道，尚需仔细斟酌。为了慎重起见，他请示了华国锋主席。华主席认为这样的文章还是缓发为宜，要考虑到广大人民群众的心理承受能力；要是把文章中少奇同志挨斗的残酷场面和去世时白发一尺多长的情景删去，还是可以发表的。

我们一听，全傻眼了。可是，既然是送审，已有明确指示，就必须严格执行。幸好我事先早准备好一篇文稿，是郭晨、裘之倬根据安源老工人回忆和有关资料编写的《少奇同志在安源》，我重新改写过，并请王光美为本刊写信，讲"文化大革命"初期，少奇同志驳斥一些大字报和文章歪曲安源罢工，表达对安源人民的深厚感情。因为《工人日报》也提出这个要求，当时工人日报社的社长、总编都是从中国青年杂志社调过去的老领导，两家关系一直都很好，便写给两家同时发表。

另辟蹊径

第 3 期付印安排妥当之后，我们又赶到刘家商量怎么办。大家一起分析华主席的意思，"缓发"缓到什么时候为宜？删改又删到什么程度方可？这篇回忆文章本来就是要写少奇同志在"文化大革命"中悲惨遭遇的历史真相，如果删去挨斗场面和被迫害致死的情况，这篇文章就失去价值和意义了。我们不干，刘氏姐弟更是非常激动地表示：宁可不发表，也决不同意删改！要是删改了，以后还怎么用?！态度十分坚决。

可是，大家摧心剖肝，辛辛苦苦忙了整整三个月，难道就这样算了？不！不能前功尽弃。党中央准备在5月隆重举行少奇同志追悼大会，我们提出再次力争全文发表，如果实在不行，就另辟蹊径，以记者采访少奇同志子女的名义，用访问记的形式重新改写一篇，既不影响以后全文发表，又能赶在追悼会前表达儿女们对父亲的缅怀和爱戴。源源想了想，觉得也只有这个办法较好，大家都赞成先试试。

此举成功的关键，就是必须弄清楚任重同志请示华主席的指示精神和他认为怎么做才行，而这只有亲自向任重同志请示才好。经我们理论部主任李禹兴帮助联系，同宋文郁一起到中央宣传部拜见任重同志，说明情况和我们的想法。任重同志是我们的老作者，从50年代起就经常给我们写文章，既是行家又平易近人。他和蔼而又无奈地表示，主要是这篇文章事关重大，尤为敏感，华主席也是从大局考虑，还是慎重一点缓缓为好。我们表示理解，提出改写“访问记”的方案，请任重同志指教。任重同志说，你们的建议不失为一种办法，可以考虑。他指着文章清样说，像回忆《炮打司令部》大字报后，有关少奇同志批斗挨打的段落，林彪一号通令后，少奇同志秘密关押开封监狱，最后惨死的段落，的确是太悲惨了，怕读者一时承受不了，最好是回避为宜。

得到任重同志的支持和明示，宋文郁和我连续奋战好几天，顺利完成，标题采用少奇同志对孩子们最后的沉重嘱托“一定要做人民的好儿女”，副题为“刘平平、刘源、刘亭亭回忆爸爸刘少奇”，全文1.5万字。28日，宋文郁和我带着刚排好的访问记，向王光美和源源他们讲述了拜访任重同志的情况。源源还是明确表示，不赞成对文章大块删节，好争取以后有机会全文发表，同意我们记者写访问记。于是，我们拿出访问记小样，源源大致翻阅了一遍表示基本同意，还要请母亲过目才能最后敲定。宋文郁反复解释，这篇访问记只是涉及你们回忆文章的部分内容，不影响今后全文发表。源源笑了。

3月29日上午，源源来电话说，母亲看了小样后表示同意。当天下午，我们又赶紧交任重同志审阅。任重同志翻着小样笑道：“你们行动很快哟，我基本同意，还得仔细看看，还要给书记处同志看，你们再补送5份小样来。”我们立即照办。31日下午，任重同志批了下来。最后，按时付印。

1980年4月11日，新出版的《中国青年》第4期，封面是一棵傲然挺立的青松，内文刊登了“本刊记者宋文郁、孙兴盛”写的这篇访问记。4月15日，《工人日报》用一个半的版面全文转载。我们到王光美家送刊物，他们正忙着少奇同志追悼会的事，这正好作为我们和全国青年敬献给少奇同志英灵的一朵鲜花！得知全国和海外300多万读者正在争相阅读，他们都会心地笑了。我们也不无感慨地说，在目前情况下，这次没有争取到全文发表，实在遗憾。过些时日，当你们争取到全文发表时，可别忘了我们，一定要交本刊发表。

1980 年 12 月初，正是中华人民共和国最高人民法院特别法庭公审林彪、江青反革命犯罪集团的时候，源源来电话告诉我们，为了配合公审，中央决定全文发表《胜利的鲜花献给您》。我们正要欢呼，他又说，中央没有说要你们刊物发表，指定给《工人日报》发。我们一听，又傻眼了！大家都很不理解、很焦急。我们赶到刘家了解情况，想再力争一下。源源说，是总书记耀邦同志批准全文发表，考虑到少奇同志是我党工人运动的杰出领袖，由《工人日报》发为好。我们无话可说了！

源源表示："为了尊重贵刊和你们编辑记者付出的劳动，我已告诉《工人日报》，在全文发表时，一定要注明本文是应《中国青年》杂志之约而作。"我们也表示，只要能全文发表，至于是由《中国青年》发，还是由《工人日报》发，都是一样的。少奇同志讲得好，"历史是人民写的"，我们共同的责任和心愿，就是要把历史的真相告诉人民，如今终于实现了！

不可回避的问题

前面回顾了我们采访、整理、送审等全过程，还有一些没有写进文章的问题，是不可回避的。宋文郁太忙，就由我去补充采访，继续请教。那天正碰见少奇同志的子女们在房间里商量父亲追悼会的事，王光美对我说："小孙，我们没有把你当外人，家里的事都不回避你，你有什么不清楚的尽管提出来。"

于是我就说我还没弄明白，少奇同志原本是毛主席的接班人、亲密战友，后来两人怎么出现那么大的矛盾、分歧呢？有人说从 1956 年党的八大他们就有分歧和权力之争，而毛主席在《炮打司令部——我的一张大字报》中说的是"联系到 1962 年的右倾和 1964 年的形'左'而实右的错误倾向"。到底是怎么回事呢？王光美坦诚相告来龙去脉，使我深受教益，时隔多年，仍然记忆犹新。

少奇同志 1922 年和毛主席相识，后来长期从事工人运动和白区工作，有很长一段时间和毛主席不在一起。但少奇同志的睿智卓识、杰出才干和卓越功绩，赢得了毛主席和全党信任。1943 年 3 月，中共中央调整领导机构，毛主席、少奇同志和任弼时同志三人组成书记处，毛主席第一次正式当选为政治局和书记处主席，少奇同志第一次担任书记处书记、军委副主席，成为毛主席的亲密助手，两位伟人同时成为全党全军的第一和第二把手，从此更加亲密地合作。

从 20 世纪 50 年代开始，党中央分一线、二线，少奇同志主持一线工作。国家这么大、事情那么多，情况非常复杂又都没有经验，少奇同志看问题的角度、深度和工作风格与毛主席不尽相同，难免有些不同看法，而且毛主席经常有些新思考、新想法，少奇同志总觉得有点跟不上。如在农业合作化运动中，在资本主义工商业社会主义改造中，在探索社会主义经济建设中，有些问题就曾有过不同角度的不同看法和想法，都是属于工作中正常的意见差异，从无权力之争，也没有影响两人感情。少奇同志非常尊重毛主席、紧跟毛主席，忠心耿耿地维护着党的团结统一和步调一致。

在1956年党的八大上，少奇同志作的《政治报告》是按照毛主席讲的《论十大关系》为基准起草的，各项报告和决议都是毛主席和党中央经过充分的调查研究、深入讨论通过的，充分体现了党中央领导集体是紧密团结、相互尊重、相互学习的。八大闭幕不久，毛主席认为决议中有关社会主义社会主要矛盾的提法还不够完善，对决议中的一句话的提法表示怀疑。这句话是："这一矛盾的实质，在我国社会主义制度已经建立的情况下，也就是先进的社会主义制度同落后的社会生产力之间的矛盾。"这是陈伯达在八大闭幕式前提出，经毛主席同意临时加上的。毛主席此时并没有否定决议中关于主要矛盾和主要任务的基本论断。后来他还作过这样的表示："先进的社会制度与落后的生产力的矛盾，虽然这句话说的不够完善，但是得到了好处，并未发生毛病。"（毛主席改变八大关于社会主义社会主要矛盾的正确论断，是在1957年反右派运动以后的事。）

党的八大前后，国内外发生了一些重大事件，的确令人深思。首先是波匈事件和苏联领导集团内部的激烈斗争，影响极大；接着，国内也出现了不少群众游行示威、罢工、罢课，农民闹退社、闹缺粮的严重风潮，甚至出现殴打闹事等事件。这对于刚刚建国七年，还沉浸在欢悦、自豪和自信中的中国共产党人来说，无疑是极大的震撼。

为了巩固新中国和执政地位，党中央决定，从政治思想和经济建设两个方面来解决问题：一方面是要正确处理人民内部矛盾，整党整风，巩固执政地位；另一方面是想通过一系列大的改革，把全国人民的积极性都发动起来，以推动社会主义经济建设快速发展。于是在1958年，毛主席提出社会主义建设总路线、"大跃进"和人民公社"三面红旗"，大家都是一致赞成和拥护的。在刚开始的一段时间，"三面红旗"也的确调动起广大人民群众极大热情，创造出不少令人兴奋的成果。大家都以为找到了高速度发展社会主义的正确道路，没想到结果犯了严重的"左"倾错误，高指标、强迫命令、瞎指挥、大办钢铁、大办食堂和浮夸风、"共产风"等，造成很大损失。大家也有些不同看法和意见，但大都认为主要是下面执行的问题。1959年庐山会议本来是要纠"左"，却又错误地批判了彭老总，在全国掀起反右倾运动，促使"左"的错误更加严重，在很大程度上造成了三年经济困难，新中国遭受巨大灾难，这才感到问题的极端严重性。在总结三年困难原因、寻找克服困难的办法问题上，两位伟人之间才开始发生真正意义上的意见分歧。

两位伟人的分歧

1962年初，中央扩大工作会议（通称七千人大会）在北京召开，总结建国以来特别是1958年以来的成绩和经验教训，共克时艰。少奇同志在大会口头报告中，提出“三分天灾、七分人祸”这种在当时听起来颇有些刺激性的话，对毛主席来说不会是愉快的。他们对形势的分析判断，有明显的不同意见，可以说，这是两人分歧的开端。

七千人大会之后，少奇同志仍然主持中央工作，又在解决困难的措施上同毛主席产生了分歧，这就是农业生产中的包产到户问题。包产到户是一种统称，实际上包括20世纪60年代初在我国农村形成的各种形式的以家庭为主要单位的生产责任制。毛主席曾在1961年同意安徽省委第一书记曾希圣试验包产到户。少奇同志内心是赞成在农村搞包产到户的，但为慎重起见，没有在公开场合明确表明态度。1962年初，田家英从湖南农村调查回京向少奇同志汇报工作，提出农村实行包产到户的意见。少奇同志表示赞同，并同意田家英向毛主席汇报。在此期间，陈云、邓小平等也在不同场合表示了赞同包产到户的意见。但出乎少奇同志意料，毛主席不仅没有同意包产到户的主张，而且严厉批评了田家英等人。尽管田家英汇报说是个人意见，但毛主席在同少奇同志谈话时，仍对少奇同志前一阶段在京主持工作表示不满，指责他在包产到户问题上为什么没有顶住。此后，少奇同志收回了自己的意见，并在接见中央下放干部的谈话中，专门讲了巩固集体经济的问题。

毛主席从反修防修战略出发，决定在全国城乡发动一场普遍的社会主义教育运动，即“四清”运动。少奇同志对此是赞同的，他认为“大跃进”以来党内和社会上确实存在着相当严重的投机倒把、贪污盗窃等腐败现象，党内确实存在走资本主义道路的人，对这些必须花大力气整顿，必须对广大党员和干部进行社会主义教育。

社会主义教育运动有一个发展过程。这个教育运动应当怎么搞，并不是一开始就有了一套具体的方针、政策和方法。毛主席在探索，少奇同志在探索，党的各级领导也在探索。在探索中，总会有不同的意见发生。随着运动的深入进行，毛主席和少奇同志主要在运动的性质和工作方法上出现了分歧。1964年12月15日至1965年1月14日，中共中央政治局在北京召开中央工作会议。会议期间，毛主席多次对少奇同志进行不点名的严厉批评。

首先是在运动的性质问题上，少奇同志的着眼点主要放在整顿基层组织的基层干部上，主要是投机倒把、贪污盗窃等经济领域问题，并且把出现的问题主要作为人民内部矛盾来处理。他虽然提出过“追上面的根子”，但仍认为问题主要在下面。因此，他多次提出，现在的主要矛盾是“四清”与“四不清”的矛盾、党内外矛盾交叉在一起，敌我矛盾和人民内部矛盾交叉在一起。毛主席显然不同意这种看法。他更多考虑的是党内当权派会不会出修正主义的问题，反复强调阶级矛盾、阶级斗争和反修防修的严重形势。71 岁生日那天，毛主席特意用自己的稿费请许多人吃饭。他在给大家递烟时举例说，现在用几盒香烟就可以把一个党支部书记给贿赂了；如果把女儿嫁给一个干部，那就要什么有什么，他们与工人阶级和贫下中农是两个尖锐对立的阶级了。他坚定地认为，党内有产生修正主义的危险，特别是那些“当权”的腐败干部最危险。正是基于这种估计和看法，他决定把农村“四清”（清账目、清仓库、清财物、清工分）和城市“五反”（反对贪污盗窃、反对投机倒把、反对铺张浪费、反对分散主义、反对官僚主义）合在一起，统称“四清”运动，改为“清政治、清经济、清组织、清思想”。他反复强调，“四清”运动的性质是社会主义和资本主义的矛盾，是两条道路的斗争，重点是整党内走资本主义道路的当权派。

在运动的具体做法上，毛主席对少奇同志也是不满意的。王光美问我搞过“四清”没有，我说在大学的最后两年参加过两次“四清”，落实“前十条”和“二十三条”都参加过。王光美又问我，你对“桃园经验”怎么看？当着王光美的面，我不知道如何回答是好。毛主席虽然一开始没有对“桃园经验”表示不同意见，但后来还是不点名地进行了严厉批评，主要是批评工作队搞“人海战术”、“烦琐哲学”、“扎根串联，搞神秘化”。毛主席强调要相信群众、依靠群众，放手发动群众起来斗争。

这次会议起草和通过了《农村社会主义教育运动中目前提出的一些问题》（简称“二十三条”）。会后，少奇同志主动找毛主席，做了自我批评。此后，他又在自己家里连续举行有部分中央领导人参加的党内生活会，听取对自己的批评和帮助，并委托陈伯达把每天生活会的情况向毛主席汇报。尽管少奇同志做了这些努力，但毛主席和少奇同志之间的裂痕并没有消除。毛主席写的那张《炮打司令部——我的一张大字报》中，就把 1964 年形“左”实右的错误倾向作为少奇同志的一条罪状。1970 年 12 月，当斯诺问毛主席从什么时候明显感到必须把少奇同志从政治上搞掉时，毛主席也回答说是制定“二十三条”那个时候。

我不禁问：毛主席发动“文化大革命”，是不是就是为了打倒少奇同志？王光美明确表示：“不是!”发动“文化大革命”是同“四清”运动紧密联系在一起的，不是个人恩怨问题。“二十三条”下发全党后，并没有产生“立竿见影”、“轰轰烈烈”的效果，反倒更加冷冷清清，搞不下去。这是因为“四清”运动的许多提法都改变了，从中央到各地“四清”工作队和广大干部群众都不理解，都不知道“党内走资派”是什么意思、指哪些人，“清政治”、“清思想”该如何搞。大家无所适从、顾虑重重，生怕搞错了犯“反党”错误。农村、工厂发动不起来，连江青直接插手的文艺界也搞不起来，《海瑞罢官》也批不起来。毛主席从来没有感到如此失落，很不甘、很气愤，斥责北京市委是“针插不进、水泼不进”、文化部是“才子佳人部”、中宣部是“阎王殿”等，直接怪罪中央一线同志领导不力、右倾保守，甚至是在有意袒护和抵制。

一贯爱窥视和揣摩毛主席心事和想法的林彪、康生和陈伯达一伙早已看在眼里，极力拉拢江青达成交易，林彪帮江青从部队打开文艺界缺口，树江青为全国“文艺旗手”；康生则敏感地发现北京大学“四清”运动中聂元梓等人对学校党委的不满大有文章可做，制定了“从北大点火，往上搞”的策略，完全避开在一线主持中央工作的少奇同志、周总理和小平同志，派康生老婆曹轶欧到北大直接策动他们造学校和北京市委的反，贴出火药味极浓的大字报，震动了中央高层领导。少奇同志、周总理和小平同志都支持北京新市委的严肃批评，强调“党有党纪，国有国法”、“内外有别”。以康生为首的“中央文革小组”，对少奇同志的表态极为不满，暗地里写信向毛主席告状，并以“绝密”件寄去大字报底稿。1966年6月1日，毛主席批示同意，向全国全世界播发了聂元梓他们的大字报。林彪、江青、康生和陈伯达他们一伙特意抬出“毛主席亲自发动”的名义点火造势，终于以学校为突破口，以学生运动为“好形式”，在“横扫一切牛鬼蛇神”等极具煽动力的口号鼓动下，使“文化大革命”哄然而起，轰轰烈烈。少奇同志请示毛主席后，主持政治局常委扩大会议商量对策，并经毛主席同意，决定派工作组控制混乱局面，维护社会稳定。而以康生为首的“中央文革小组”却鼓动造反学生抵制，掀起反工作组浪潮，少奇和小平同志与康生、陈伯达的直接矛盾迅速激化。1966年7月18日晚毛主席回到北京，陈伯达他们“恶人先告状”，少奇同志赶到丰泽园时却吃了“闭门羹”。

围绕工作组问题，少奇同志和毛主席发生了严重矛盾和激烈冲突。1966年8月4日，在党的八届十一中全会的小会上，毛主席大发脾气，严厉批评少奇他们害怕群众，少奇同志忍不住当面顶撞：“革命几十年，死都不怕，还怕群众?!”毛主席批评派工作组是镇压群众运动搞专政，少奇同志又当堂抗辩：“怎么能叫专政呢?! 派工作组是中央决定的。”而且决心抗到底：“无非是下台，不怕下台!”这是少奇同志生平第一次，也是唯一一次与毛主席正面冲突。毛主席也不曾想到少奇同志会当众这么坚决地对抗自己和群众运动，回想起以前的分歧更为生气，第二天就写了《炮打司令部——我的一张大字报》，表明他决心搬掉少奇同志和小平同志这两个“文化大革命”运动的最大障碍。

我问，少奇同志为什么非要在工作组和群众运动问题上“顽抗到底”呢？王光美的分析给我很大启发。毛主席在领导革命和建设、纠正党风反对腐败时，历来都是热衷于大搞群众运动，喜欢轰轰烈烈，而且是“放手发动”。可这是一把“双刃剑”，轰轰烈烈中涌动着无政府主义极左思潮，可以使热情变成狂热冲动，甚至失去理智；如果不能及时加强领导、正确引导，就很容易失控，产生极大的破坏力。“文化大革命”哄然而起，无政府状态相当严重，少奇同志敏锐地感到极左的危险，认为必须派工作组控制局面，抵制极左思潮。只可惜，毛主席始终没有理解少奇同志，最后连他自己也被林彪、康生、江青一伙及其极左运动害得很惨。

关于毛主席与少奇同志的分歧及其恶化的来龙去脉，王光美不赞成在孩子们的回忆文章中写很多。我们很理解、很尊重这个意见。

平心而论

不过，我还是特别注意，也很想知道，王光美和孩子们是不是特别恨毛主席。人们都以为，少奇同志的悲剧，是毛主席一手造成的，要不是他重用林彪、康生、陈伯达、江青一伙，“文化大革命”不会搞成那样，造成那么大的灾难。他们能不恨毛主席吗?！但在整个采访过程中，我感到他们每次讲到毛主席与少奇同志的分歧，都是相当平和、实事求是的。说他们一点不怨恨也不是，先是有怨有恨，后来有怨无恨，早已跳出个人及家庭悲剧的拘囿，更为客观、公正、理智、豁达。

王光美告诉我，“文化大革命”有它的历史必然性和复杂性，毛主席用那些人也是有历史缘由和认识过程的，发动那样大规模的群众运动，不可能不用那些人，即使不用他们，也必然会有和他们类似的一帮人跳出来兴风作浪，毛主席根本不可能管得住。平心而论，毛主席虽然对少奇同志很不满，写了大字报，但还是当人民内部矛盾，当作自己同志犯错误，并没有立案审查，更没有要把少奇同志整死。在1966年10月中央工作会议上，毛主席还说：“不能完全怪刘少奇同志、邓小平同志。他们两个同志犯错误也有原因。”“对少奇同志不能一笔抹杀。”他还有针对地说：“对刘、邓要准许革命，准许改。说我和稀泥，我就是和稀泥。”毛主席对少奇同志也是很关心照顾的，少奇同志提出要到群众中去锻炼，毛主席劝他：“你年纪大了，就不要下去了。”建工学院造反派“勒令”少奇同志去“检查”，毛主席立即批示周总理“我看还是不宜去讲。请你向学生方面做些工作”，从而保护了少奇同志。

1967 年 1 月 13 日夜里，毛主席在人民大会堂单独召见少奇同志，询问王光美和孩子们的近况，很客气，也没有批评少奇同志。当少奇同志当面请求辞去全部职务、回老家种地，恳请解放广大干部，尽早结束“文化大革命”，使党和国家少受损失的时候，毛主席没有生气，也没有表态，一直沉吟不语，只是不停地吸烟。过了好一会儿，毛主席才建议少奇同志读几本书，却把书名说错了。毕竟是几十年的亲密战友，毛主席最后把少奇同志一直送到门口，亲切地嘱咐他：“好好学习，保重身体。”毛主席藏在内心深处的苦衷，就连少奇同志都看出来了，回家以后他对王光美说：“主席对我是有限度的，但是，群众发动起来了，主席自己也控制不住。”这次相见，竟成永诀。

不堪回首

王光美和子女们都很清楚，真正要把少奇同志和家人置于死地的，正是林彪、康生、江青和谢富治他们一伙。他们将中央文革小组凌驾于政治局和常委之上，江青又有着特殊身份，牢牢地操纵着“群众运动”，熟练地运用着“阶级斗争”，又善用“笔杆子”大造舆论，轰轰烈烈地将极左推向极端，既极力左右毛主席，迫使毛主席违心地不同意他们也不行，又迅速地大规模地“清君侧”，孤立毛主席，不仅是要打倒老帅、老将、老干部，还要暗地里往死里整。毛主席越想保谁，他们就越是把谁往死里整，少奇同志就是被他们阴谋残害而死的。

1966 年 8 月 12 日，在八届十一中全会闭幕会上，少奇同志在常委中从第二位降到第八位，林彪升到了第二位。选举后，少奇同志表态，愿承担所有责任，并请求辞去常委、国家主席等所有职务。这时，唯有林彪情不自禁地叫“好”，当即站起来主动要和少奇同志握手，其野心昭然若揭。

1967 年 2 月中旬，毛主席在会上讲，九大时要选少奇同志为中央委员。这便使林彪、康生、江青、谢富治这伙人非常紧张。他们大都是靠打倒少奇同志起家的，特别害怕少奇同志“东山再起”。一旦如此，他们不仅难以猎取“国家主席”位置，现在的地位也恐怕不保。他们感到少奇同志活着就是最大威胁，“后患无穷”，必欲置之死地而后快。于是，他们便立即在毛主席面前造谣诬蔑，借所谓“二月逆流”事件，说“刘少奇代理人”还在抵抗运动，“从上至下各级都有这种反革命复辟现象”，极力动摇和改变毛主席的态度。他们非常懂得，要彻底打倒少奇同志就必须“立案审查”，单用毛主席清楚的现实问题是不行的，必须用毛主席不清楚的历史问题，而少奇同志从来没有“历史旧账”，和毛主席之间更没有“历史积怨”的空子可钻，于是他们就利用毛主席最赏识的“革命小将”“红卫兵”搜寻“历史罪证”，将诬蔑少奇同志策划和批准所谓“六十一人叛徒集团”的材料、证明少奇同志有“叛徒”、“内奸”和“工贼”问题的所谓“历史材料”，都摆到毛主席面前，使得毛主席真的觉得自己“不知道刘的历史情况”，不得不在 3 月 21 日同意“调查”少奇同志的“历史问题”。于是，他们把这当作“尚方宝剑”，暗地里把少奇同志往死里整。一是立即成立庞大的“专案组”，由康生、江青、谢富治直接掌握，一手操纵和控制处理少奇同志的大权，用卑鄙残暴的逼供手段造假证据，甚至将毛主席明令保护的著名历史学家翦伯赞夫妇逼得自杀身亡。毛主席和周总理得知大发雷霆，责令“严肃处理”，而他们只让专案组长作个“检查”了事，仍旧迅速编造《关于叛徒、内奸、工贼刘少奇罪行的审查报告》，欺骗毛主席、党中央和全党、全国人民。二是切断电话线，断绝少奇同志同毛主席、周总理及政治局的一切联系，严密封锁全部消息，让少奇同志没有任何机会和办法申诉。三是掌握舆论，先罗织罪名，掀起一轮轮大批判高潮，造成“彻底打倒”的既成事实。四是紧紧控制和不断策动“红卫兵”和造反派多次举行大规模批斗大会，借群众的手，用惨无人道的暴力手段把少奇同志往死里整。他们趁毛主席不在北京，策动几十万“红卫兵”和造反派成立“揪刘火线”，围困中南海。特别是 8 月 5 日中南海“批斗刘邓陶大会”，康生老婆曹轶欧以“中央文革特派员”身份，亲临现场指挥，觉得“火药味不浓”，命令打手们“要杀气腾腾”，将 70 岁高龄的少奇同志打得鼻青脸肿腿瘸，再也直不起来。他们按照林彪“一号命令”，把病危的少奇同志秘密押往开封“特别监狱”，最后少奇同志死在那里。他们还制造王光美“特务”案，林彪亲自判决死刑“立即执行”。毛主席看到“判决书”，立即写下“刀下留人，要留活证据”几个大字，王光美才保住性命。在这场浩劫中，少奇同志一家有 4 位亲人被迫害致死，6 位骨肉关进监狱，连只有六七岁的潇潇也挨过围攻和批斗。

难怪，有一天我刚到王光美家门口，听见上面楼道里传来人们的叫骂和捶门声。王光美把我拉进屋里说，那是曹轶欧的家。康生的骨灰盒放在八宝山一号大厅，被人们揭去覆盖的党旗，盒上满是咬牙切齿吐的一层层痰和口水，以及用香烟头烧烫的累累痕迹，曹轶欧不得不把骨灰盒抱回家。这座公寓大楼里，大都是刚落实政策搬进来的老同志，谁没有挨过他们的整？于是这些老同志轮番在曹轶欧家门口抗议，有的还在门口贴上抗议大字报。

永远的怀念

我们生平最难忘的采访顺利完成，平平、源源、亭亭的《胜利的鲜花献给您》已全文发表，在全国引起强烈反响，我们感到特别欣慰。使我没有想到的是，我做了一点分内的事，却让王光美始终记在心里。

此后的岁月，王光美一家都很忙，我不便打扰，很少见面，但一直保持联系和深厚友情。王光美特意签名送我一套《刘少奇选集》，近 20 年来几乎年年春节都给我寄她亲笔签名的贺年卡，少奇同志百年诞辰时还寄我一套少奇纪念邮票，我都珍藏着。1986 年我因病住 305 医院，王光美带着源源爱人去看望住院的老厨师郝苗同志，看见我便亲切问候我的病情，还让源源爱人叫我“叔叔”，我真是不敢当。

1998 年冬，在首都机场大厅，我正办登机手续，王光美匆匆赶飞机，老远看见我就打招呼。我忙上前握手问候，她说是去河南参加纪念少奇同志的活动，为“幸福工程”看望那里的贫困母亲。我看见她老多了、瘦多了。这位和自己人民紧紧相依为命的伟大母亲，用她那瘦弱身躯仅有的一点余热，温暖着天下母亲，让人心痛又无限敬佩。

2004 年 6 月，我从报上看到王光美亲自召集，由源源亲自联络，毛主席和刘主席两家后人相聚一堂，共话友情，使经历过那个年代的人格外惊喜和感动。这使我想起在中央书记处研究室工作时，听老中办的同志讲，自从毛主席仙逝之后，毛主席和江青生的女儿李讷身体和精神都很不好，常住医院，不能上班，独自带着儿子生活非常艰难。王光美刚从监狱出来得知此情，就带着家里的赵阿姨找到李讷，亲自购买厨房用具帮她安家，料理家务，打扫卫生，谈心聊天，关心她的身体和生活。可我们采访时，王光美和孩子们从来没有提过这些事。后来，李讷新婚，爱人王景清在延安时曾是少奇同志警卫员，结婚时王光美带着孩子们热烈祝贺，两家来往更为亲密。再后来，李讷儿子王效芝结婚，是源源做的媒，在新婚典礼上，源源一席讲话，感动了婚礼上的所有人。在王光美家里，至今挂着毛主席和王光美及孩子们亲切谈话的巨幅照片。不仅如此，林彪女儿豆豆当年在河南病了，谁也不敢在报告上签字，也是源源签的字，安排她回北京治病。

源源跟我讲，这不是“相逢一笑泯恩仇”，我们“相逢一笑”时还是很讲原则是非的，从来不回避那段历史悲剧。虽然结局各不相同，每个人的亲身经历和感受也不同，但这场悲剧是共有的，是刻骨铭心的，常常成为我们共有的话题。但是，作为后来人，包括我的母亲，都不愿意总是生活在历史的噩梦中，去记恨历史、记恨已逝的人，更不会将仇恨传到后辈人身上，而是应该用科学历史观实事求是地去重新审视那段历史，真正了解和理解发生那场悲剧的历史背景、历史条件和历史原因，多多理解伟人们的真实心迹，多多宽容伟人们的历史局限和过失，多想想老一辈们亲密团结、同心同德、共同创建我们党和国家胜利辉煌的美好一面，多吸取那些有益于向前看朝前走的历史经验。这场历史悲剧给我们最大的精神遗产，就是使我们懂得，只有团结和谐，才有幸福美满、繁荣富强；如果分裂内斗“穷折腾”，必然是灾难重重、悲剧无穷。现在，党中央团结和谐、亲密合作，健全民主与法制，既坚决惩治腐败绝不手软，又提高执政兴国的党性修养，证明我们党更加成熟了。这是爸爸生前的愿望，也是母亲最感欣慰的。所以，在她晚年感到自己力不从心、时日无多的时候，让我把两家后人邀在一起聚聚、吃个饭，共叙情谊。其实，这不是第一次，却是母亲生前最后一次，表达了她的心意，实现了她的愿望。

是啊，正是在王光美的倡导和带领下，两位伟人的后代拂去历史的尘埃，友情长存，这既是告慰两位伟人在天之灵，也是给人民和历史一个交代、一个示范，体现出王光美的高风亮节、博大胸怀和无疆大爱。2006 年 10 月 17 日，我从新闻中得知 85 岁高龄的王光美在 13 日凌晨仙逝，急忙赶往刘家，又到 305 医院悼念，多年不见的源源迎着我，万般悲切。灵堂四周，胜利的鲜花簇拥着王光美笑容灿烂的遗像。我眼前浮现出当年采访时的美好情景，心头涌起阵阵悲痛，噙着热泪，向中华民族这位杰出女性深深鞠躬致敬！

《部队文艺工作座谈会纪要》产生前后

刘志坚

1966 年 2 月，江青在上海召开的部队文艺工作座谈会（以下简称“座谈会”），以及会后产生的《林彪同志委托江青同志召开的部队文艺工作座谈会纪要》（以下简称“纪要”），是“文化大革命”前夕的一个重大事件。特别是“纪要”曾被认为是“以毛主席为代表的无产阶级司令部发出的革命号令”，“是粉碎资本主义复辟的重要文件”。在后来的“文化大革命”中产生了恶劣的影响和作用。

党的十一届三中全会后，党史界和文艺界对江青召开这个“座谈会”的阴险目的，以及“纪要”的错误和流毒作了揭露和批判。1979 年 5 月，经党中央批准，撤销了“纪要”。但是，这次“座谈会”召开和“纪要”炮制的经过情况，人们并不知晓。由此出现了各种不切实际的分析和揣测。为了准确地分析研究“文化大革命”的历史，深刻揭露林彪、江青的反革命政治阴谋，我有责任将有关资料提供出来，因为我是当时参加并了解这次“座谈会”的知情者之一。根据我的工作日记、回忆和有关同志的回忆，有关档案资料，对这次“座谈会”的召开和“纪要”的产生，作如实的介绍，是必要的。

当时的政治历史背景

“座谈会”的召开和“纪要”的产生是有深刻的政治历史背景的。

首先是党内在关于社会主义社会阶级斗争的理论和实践上“左”的错误，发展得越来越严重。从 1962 年 9 月党的八届十中全会上毛泽东“重提阶级斗争”起，经过 1963 年至 1965 年间，在部分农村和少数城市基层开展的社会主义教育运动，加上当时中苏论战和国内反修防修运动的影响，党内关于社会主义社会的阶级斗争问题的“左”的错误发展得越来越严重。在1963年5月制定的《关于目前农村工作中若干问题的决定（草案）》（即“前十条”）中，认为“当前中国社会中出现了严重的尖锐的阶级斗争情况”。9月制定的“后十条”，又提出要“以阶级斗争为纲”。1964年五六月间的中央工作会议进一步认为中国已经出了修正主义，“有三分之一的权力不在我们手里”。11月，有人向中央报告，“领导权不在我们手里的不是三分之一的问题，而是不止三分之一的问题”。1965年1月，在制定关于农村“四清”运动的“二十三”条时，提出这次运动的重点“是整党内那些走资本主义道路的当权派”。这样，把阶级斗争的矛头越来越指向党内和党的领导机关。在九十月间的一次政治局常委会上，毛泽东提出：“如果中央出了修正主义，你们怎么办？很可能出，这是最危险的。”12月，由于林彪等人制造了罗瑞卿冤案（诬陷罗瑞卿同志要夺权），加深了毛泽东对中央出修正主义的忧虑，并考虑防“政变”问题。

其次是在意识形态领域发生了愈来愈严重的“左”的偏差。在“以阶级斗争为纲”的错误思想指导下，1963年至1965年间，在意识形态领域开展了一系列政治批判，“左”的偏差越来越严重。问题的发端是在1962年9月召开的八届十中全会上，康生诬陷小说《刘志丹》“是为高岗翻案”。他写条子向毛泽东诬告说：“利用小说进行反党活动，是一大发明。”毛泽东在会上念了这张条子，从此开始了对小说《刘志丹》的批判。接着江青发难，她于1963年5月在上海组织人写文章，点名批判孟超改编的昆剧《李慧娘》和廖沫沙的“有鬼无害论”，掀起了文艺界的公开点名批判运动。9月到11月间，根据江青提供的情况，毛泽东多次对文艺工作提出严厉批评，说：“舞台上都是帝王将相，家院丫鬟。”“推陈出新，出什么？出封建主义，资本主义？”并且批评文化部是“帝王将相部、才子佳人部，或者外国死人部”。12月12日，毛泽东在中宣部编印的《文艺情况汇报》上对彭真、刘仁写了一个批示，说：“各种文艺形式——戏剧、曲艺、音乐、美术、舞蹈、电影、诗和文学等等，问题不少，人数很多，社会主义改造在许多部门中，至今收效甚微。”“许多共产党人热心提倡封建主义和资本主义的艺术，却不热心提倡社会主义的艺术，岂非咄咄怪事”（这就是《关于文学艺术的两个批示》之一）。根据这个批示，1964年4月，文艺界进行整风，检查问题。5月，中宣部起草了一个关于整风情况的报告草稿，正在修改的时候，江青得知，硬把这个报告草稿要去送给毛泽东，6月27日，毛泽东在这个报告草稿上批示：“这些协会和他们所掌握的刊物的大多数（据说有少数几个好的），15年来，基本上（不是一切人）不执行党的政策，做官当老爷，不去接近工农兵，不去反映社会主义的革命和建设。最近几年，竟然跌到了修正主义的边缘，如不认真改造，势必在将来的某一天，要变成像匈牙利裴多菲俱乐部那样的团体”（这就是《关于文学艺术的两个批示》之二）。这个批示引起了更大震动，文艺界不得不再次整风，学习“社会主义教育运动”的有关文件，进一步检查问题，点名批判了田汉、夏衍等一批著名作家和文艺理论家。8 月，康生指令中宣部向中央书记处写批判电影《北国江南》、《早春二月》的请示报告，毛泽东批准了这个报告，认为：“可能不只这两部影片，还有别的，都需要批判。”江青、康生、陈伯达借此机会，大施淫威，任意捏造罪名，点名批判了一大批电影、小说、戏剧等文艺作品。一些尚在讨论中的文艺理论观点，如“写中间人物”、“现实主义深化”等，被当作资产阶级或修正主义的文艺思想加以批判，认为是“修正主义文学主张”，“资产阶级的反动文艺理论”。对文艺界错误的、过火的批判，很快扩大到整个意识形态领域，并同政治上的“左”倾错误相互影响，“左”的偏差越来越严重。党内有人认为如果说全国有三分之一单位的领导权不在无产阶级手里，那么，文艺界还要超过三分之一，有的单位已经发生了“夺印”的问题。一些文艺作品被无中生有地同政治问题联系起来，制造了党内上层的纠葛。从 1962 年起，江青多次向毛泽东进谗言，说吴晗的《海瑞罢官》有问题，要批判。1964 年，康生又向毛泽东说吴晗的《海瑞罢官》与庐山会议有关，是替彭德怀翻案。毛泽东开始不同意，末了还是被“说服”了。1965 年 2 月，在上海，江青伙同张春桥、姚文元秘密炮制批判《海瑞罢官》的文章，11 月 10 日上海《文汇报》未同中宣部打招呼即发表了姚文元的《评新编历史剧〈海瑞罢官〉》，把文艺学术领域里的批判运动推向了高潮。由于彭真等人不同意姚文元的观点，对批判进行了抵制，中央内部分歧加深。12 月 21 日，毛泽东在杭州同陈伯达谈话时说：“《海瑞罢官》的要害问题是罢官。嘉靖皇帝罢了海瑞的官，1959 年我们罢了彭德怀的官。彭德怀也是海瑞。”这样，文艺领域的批判，成了完全政治性的问题。

尽管如此，党中央政治局的多数同志还是对批判吴晗不积极。彭真、陆定一等还设法对批判运动加以约束，多方保护吴晗。知识界对批判运动也采取消极态度，进行抵制。

最后是江青与林彪互相勾结、互相利用。江青早有政治野心，要“露峥嵘”，只是没机会。她曾抱怨“刘少奇他们专了我十多年的政，不让我参加党的活动”。1962 年后，党内在思想文化方面，“左”的错误的发展，使她有了可乘之机。她从文艺战线打开走向政治舞台的通道。她极力插手党的文艺工作，尽管她打着毛主席的旗号，以特殊的身份出现，但还是遭到了党内不少同志的抵制。1962 年江青找中宣部、文化部四位正副部长谈话，她说：“在舞台上、银幕上表现出来的东西，大量是资产阶级、封建主义的东西。”要他们批《海瑞罢官》，遭到部长们的拒绝和反对。1962 年底，江青以蹲点为名，到北京京剧一团搞所谓京剧革命，遭到北京市委抵制。1964 年上半年。江青插手京剧现代戏会演，抢“文艺革命旗帜”，公然污蔑文艺舞台“一大、二洋、三古”，鼓吹“京剧革命是意识形态领域中的第一仗”。在会演总结时，周扬针锋相对地指出：“挖掘传统，抢救遗产，提倡流派、拜师等等，本身也是对的。”下半年，江青在北京找李希凡写批判《海瑞罢官》的文章，被拒绝。于是江青只好到上海找张春桥策划，由姚文元执笔。文章出笼后，受到了从中央到地方各方面的抵制和批驳。全国报纸，除上海外，没有一家及时转载。发小册子也不顺利。1965 年 11 月下旬，罗瑞卿路过上海，江青问他说，批《海瑞罢官》的文章北京没有转载，《解放军报》为什么也不转载？罗瑞卿即给我打电话说：批《海瑞罢官》的文章很重要，《解放军报》应当尽快转载。《解放军报》这才于 11 月 29 日全文转载了姚文元文章。后来全国报纸虽然都奉命转载了文章，但共鸣者寥寥，反对姚文，为吴晗辩护者倒不少，当时文汇报社收到的来信来稿中，反对姚文的就有 3 000 多件，许多大学教授据史驳斥，为吴晗争辩。江青对此十分“气愤”，她说，“我的话更没人听”。要请“无产阶级专政的‘尊神’来攻他们”。

江青先找罗瑞卿，要到部队开文艺座谈会，被拒绝了。在林彪捏造罪名打倒罗瑞卿之后，江青就转而去找林彪。1966 年 1 月 21 日，江青从上海去苏州找林彪，以“文艺革命”为题，进行政治交易。江青想借助林彪的地位和权力，达到自己的政治目的；林彪也想利用江青的特殊身份，也明白江青的来头，因此，二人一拍即合。林彪即通过叶群为江青开座谈会进行安排。这是林彪、江青互相勾结、互相利用的开始。

部队文艺工作座谈会就是在这种党内面临严重政治危机的复杂情况下，由江青提出召开的。

“一人谈”的所谓座谈会

座谈会是在十分秘密的状况下，采取不正常的方式进行的，实际上是江青系统抛售“左”的一套文艺观点的讲坛。名为座谈，实际上是她一人谈。整个座谈会的准备和开会都是由江青一人决定，从不征求总政的意见，也不同参加座谈的同志商量。

会前，总政治部领导和包括我在内参加会议的人都毫无思想准备，不知道要谈什么问题、怎么个谈法。

1966 年 1 月下旬，林彪让叶群打电话给当时总政治部主管宣传、文化工作的我说：江青要找几个部队搞文艺工作的、管文艺工作的同志谈谈部队文艺工作问题。参加的人不要太多，只要四五个人，去几个什么人，你同肖华商量，把名单报“林办”，最好肖华去。叶群还说：可能要研究三大战役的创作，你们准备一下。我把这个情况向肖华作了汇报。我们二人研究，决定由当时的文化部长谢镗忠、副部长陈亚丁、宣传部长李曼村参加。谁带队呢？我执意请肖华去，因叶群说最好肖华去。肖华一再推辞。要我去，说：“我事情很多，身体又不好，文艺方面的情况又了解不多，你是主管宣传文化的，了解情况，还是你去。”我只好同意。名单经总政党委会通过后由我电话告诉了叶群。叶群说：名单可否，她要向江青报告。让我等电话。此时，总政新调任为文化部长的谢镗忠还正以他原来担任的总政群众工作部部长的身份在东北某部农场处理问题。我即让人催他赶快回京上任。同时，李曼村还要《星火燎原》编辑部黎明准备三大战役的资料，以备研究三大战役创作之用。过了几天（这时我因重感冒住进了301医院），叶群回电话说：江青同意这几个人去座谈，但开会的时间、地点，要由江青确定，你们等候江青秘书的电话通知。到这个时候，江青开这个会怎么个开法，座谈些什么，我们总政的同志仍不知道。我向肖华提出，是否先商量一下，对部队文艺工作要有个统一的看法。肖华同意，亲自带李曼村、谢镗忠和陈亚丁到医院我的病房，研究去上海后谈些什么、怎么谈的问题。关于部队文艺工作，大家一致认为：全军刚举行过第三届文艺会演，出了像“丰收舞”、“民兵舞”、“洗衣歌”等一些好的作品，有的经毛主席和周总理看过，并肯定了，部队文艺工作的方向是对的，成绩是主要的，毛主席《关于文学艺术的两个批示》上指出的那些问题，部队没有搞，搞的是现代题材、部队题材。关于会议的开法，大家也搞不清江青想怎么开。研究结果，几个人共同的意见是：江青如果对部队文艺工作有什么批评，不要当面争辩，就是“带耳朵听”，少发表意见。江青这个人疑心大、脾气也大，对她的话，要多听少说，有什么问题带回来研究再说。对地方文艺工作情况不了解，不要随便表态；关于部队文艺工作的情况，可以如实汇报。

1月底，江青秘书电话通知我说，江青确定会议在上海开，你们2月2日就来上海。在出发去上海的前一天（2月1日），叶群又给我家里打电话，说林彪有几句话，要转达给江青，接着一字一句念了林彪的话。林彪说：“江青同志昨天到苏州来，和我谈了话。她对文艺工作方面在政治上很强，在艺术上也是内行，她有很多宝贵的意见，你们要很好重视，并且要把江青同志的意见在思想上、组织上认真落实。今后部队关于文艺方面的文件，要送给她看，有什么消息，随时可以同她联系，使她了解部队文艺工作情况，征求她的意见，使部队文艺工作能够有所改进。部队文艺工作，无论是思想性和艺术性方面都不能满足现状，都要更加提高。”我一字一句记录后，叶群又叫我复述了一遍，她逐字逐句作了核对。之后，叶群又交代，我们同江青见面后，首先要当面把林彪的话传达给江青。

2 月 2 日上午，我们一行 6 人（包括秘书刘景涛、编辑黎明）乘飞机去上海，为行动方便，6 人都着便服，到上海后住延安饭店。

当天下午，江青先派人送来《毛主席于 1944 年在延安看了〈逼上梁山〉后写给平剧院的信》等 3 份文件，要我们先看看。接着又派张春桥把我接到“丁香花园”江青住处谈话。我向她报到后，原原本本转达了叶群让转达的林彪的那几句话。江青听后微微笑了笑，说：“请你们来，不是开什么会，主要是看电影，在看电影中讲一点意见。”这次见面是报到性的，江青没多说什么就结束了。下午 5 点，江青又叫我、李曼村、谢镗忠、陈亚丁等人到锦江饭店小礼堂见面并谈话（张春桥在座）。一开始，江青就宣布了几个不准：“不准记录，不准外传”，特别是“不准让北京知道”。还查问我们带窃听器没有。接着，她就谈了一通文艺方面的问题，说“我们的文艺界不像样，让帝王将相、才子佳人、洋人死人统治舞台”，“有一条与毛主席思想相对立的反党反社会主义的黑线专了我们的政”。“现在该是我们专他们的政的时候了。”“现在的论战，还只是前哨战，决战时机尚未到来。”江青这个讲话实际上为座谈会和后来的“纪要”定了调子。江青讲话后，上海市委书记陈丕显请参加座谈会的同志一起吃晚饭。晚上同江青一起看电影《逆风千里》。这样，“座谈会”就算开场了。

从 2 月 2 日下午开始，到 20 日结束，“座谈会”分两段：2 日下午至 10 日为一段；16 日至 20 日为一段。其中 10 日至 15 日没有开会，因为 2 月 9 日下午江青说她有事，“座谈会”得停几天。我当即给林彪办公室打电话，汇报了江青同我们四次谈话的精神，并请指示。2 月 10 日，我和李曼村乘飞机回京处理工作，16 日返回上海继续开会。

“座谈会”没有个日程安排，也没有个议题，每天的活动都听江青安排。她说谈就谈，说不谈就散。11 天里，主要活动是四项：

（1）看电影、戏剧。这是“座谈会”的主要活动，先后看了 30 多部电影和三场戏。每天放什么电影，什么时间放，都由江青安排。她到场看电影 13 次，指定放映影片 21 部。在看电影、看戏过程中，她想起什么就谈什么，不让别人插话。我们 4 人只是听她谈，有时她问什么，回答一下，一般不插话。张春桥、陈伯达有时也来看电影，随着江青的话插几句。

（2）个别交谈和集体座谈。个别交谈 8 次，每次半小时至 1 小时。大多是吃过中午饭后，江青秘书来电话叫我去。每次谈话，江青都没有什么提纲，而是想到哪儿讲到哪儿，经常内容重复，有时一个问题没谈完又谈另外一个问题。每次我一去她就讲，不问什么，也不让插话，她讲累了就散。因为江青规定谈话内容不许记录，我只好每次听江青谈话回来，就凭记忆给李曼村、谢镗忠和陈亚丁说一说，并让陈亚丁作些追记，以备回去作汇报用。

据我当时的日记和回忆，江青找我的8次谈话的内容是：第一次，就是刚到上海报到的那一次，主要是我转达林彪的那几句话；第二次是2月3日下午，主要是江青谈她怎样给毛主席当秘书，当“文艺哨兵”，如何亲自买票下剧场，发现京剧存在很多问题，内容、表现方法、唱腔等方面都不行，毛主席的批示没有得到贯彻，所以她要搞京剧革命；第三次是2月5日下午，讲京剧改革要改唱腔，舞蹈动作，难度很大；第四次是2月8日晚上，讲外国电影问题；第五次是2月9日下午，讲她搞京剧改革遇到的困难，北京市委不支持；第六次是2月16日下午，谈文艺工作，也谈到对一些影片，如《抓壮丁》等的看法；第七次是2月17日下午，谈要修改电影《南海长城》问题；第八次是2月17日晚，谈要趁参加过三大战役的人还在，军队要负责把三大战役写出来。有几次谈话中，还谈到30年代的文艺问题。

集体座谈一共4次：2月2日晚见面谈一次；2月9日晚接见《南海长城》剧组谈话一次；2月18日、19日下午集体听江青谈话两次。集体座谈也是江青一人讲，大家听，讲完就散。

（3）阅读有关文件和材料。江青神秘地给我们4人阅读了毛主席的两篇著作。一篇是《毛主席于1944年在延安看了〈逼上梁山〉后写给平剧院的信》（这封信1951年在《戏剧报》上发表过，当时题为《看了〈逼上梁山〉以后给作者的信》。其中还有一段话：“郭沫若在历史话剧方面做了很好的工作，你们则在旧剧方面做了此种工作。”）此次，这一段没有了，题也改了。另一篇是《毛主席同音乐工作者的谈话》。还阅读了上海文艺界整风的情况等九个有关文艺工作的材料。江青非常神秘地交代，这些材料，只供你们几个人阅读，不准传出去。

（4）江青接见《南海长城》的导演、摄影师和部分演员，同他们谈话三次。主要谈她看了《南海长城》样片后的看法和修改的意见。她认为既然叫《南海长城》，就不能只有民兵，还要有陆军、海军和空军，现在这个样子不行，人物表演、艺术，都不行，要进行修改，等等。

在“座谈会”期间，杨成武路过上海，去看了江青，同时也看过我们，说：江青抓部队文艺工作，机会难得，要很好地重视。

整个“座谈会”实际是江青一人谈，我们4人始终贯彻了临行前一起商定的“多听少说”、“不争论”的原则，很少发表意见。江青也不让我们多插话。

江青讲话由于不准记录，除我事后让陈亚丁作了简要追记外，并没有文字记载。根据我和李曼村的回忆和陈亚丁的“追记”，以及会后整理的“江青谈话纪要”，江青谈话的主要内容有以下几个方面：

（1）自我吹嘘，抬高自己。

说她是“山东诸城人，十几岁从济南到青岛，以后到上海，和主席结婚后在主席身边。在延安时当协理员。进了北京给主席当秘书，管‘外参’。这几年主席让我当‘文艺哨兵’”。吹她如何亲自作调查研究，“戴着大口罩到戏院看戏”，“发现牛鬼蛇神、帝王将相、才子佳人统治我们的舞台”，“文艺界有很多问题，到处是牛鬼蛇神、一塌糊涂”。于是她把这些情况报告了主席，“主席才有了两个批示”。还说《武训传》的错误也是她发现的。评《海瑞罢官》的文章是她在上海搞的。还吹嘘她如何搞京剧改革，搞芭蕾，没有好剧团、好演员，她“像叫花子要饭似的去要演员”。说经她改革的京剧，过去的基本功都不够用了。还吹她如何和主席平起平坐。

（2）吹捧林彪。

江青在谈到她搞京剧改革、抓文艺批评没人支持时说：“我没有办法呀，困难呀，春节期间去苏州向林总谈了我的意见，我要请‘尊神’，请解放军这个‘尊神’支持我。林总完全同意我的意见，同意我找你们几位谈一谈。我不敢随便找呀，我是得到林总批准才找你们的。”在谈到部队文艺工作时，她说：“在林彪同志的领导下，部队文艺工作毕竟比地方好些。”

（3）诬称在文艺方面“有一条反党反社会主义的黑线”。

江青多次说毛主席“在24年前的讲话”“一直贯彻不下去”。文艺界是“帝王将相、才子佳人、洋人死人统治着舞台，毛主席多次批评，他们就是不听”，“为什么会这样呢？我想了很久，想通了，这是在文艺方面，有一条与毛主席思想相对立的反党反社会主义的黑线专了我们的政，建国17年来。他们一直在专我们的政。”“再也不能这样下去了。”

（4）攻击、诬陷周总理等中央领导同志和文艺界的领导同志。

在一次谈话中，江青说：“前年根据主席的指示，我开了一次音乐座谈会。在会上，我提出了……乐队要中西合璧，有人说这是非驴非马。是个骡子也好嘛！这次会是毛主席赞成的，中央文化部都把它封锁起来，不向下传达。周总理另外又开了民族音乐座谈会，又讲了要先分后合，要洋的就是洋的，中的就是中的，搞纯粹的民族乐队，不许混杂。这是错误的，不符合毛主席思想的，他是应该作检讨的。”她还攻击北京市委不支持文艺改革，不给她好剧团、好演员，专了她的政。主席的话都不听。她还攻击罗瑞卿。有一次谈到部队文艺工作时，我说：“部队文艺方向是对的，成绩是主要的。”江青马上打断我的话，说：“在主席批示文艺界基本上不执行党的文艺路线后，罗瑞卿说部队文艺方向已经解决了，是错误的。”还说：军队也不是在真空里，八一电影制片厂出了像《抓壮丁》这样的坏片子，“我看了以后哭了”，八一厂那个陈播没有阶级感情，不能当厂长。她还攻击八一厂“人员严重不纯”，“创作干部艺术思想上问题很大”，要整顿。江青还攻击、诬陷周扬、夏衍等同志，说：“文艺界基本上不听主席的，听周扬、林默涵、夏衍这些人的。”还诬陷这些人“有的原来就是特务，有的叛变了，有的烂掉了，有的掉队了”。还说，周扬、彭真专了她的政。说：“夏衍这帮家伙主张‘离经叛道’，我认为他们就是离马克思列宁主义、毛泽东思想之经，叛人民战争之道，完全是反对毛主席的。”“《聂耳》是给夏衍树碑立传的。”她攻击文化部不像共产党领导的文化部，让他们批《海瑞罢官》就是不批，她只好到上海找人。

（5）指责和否定大量的电影和文学作品。

江青看一部电影就否定一部，无端指责建国以来的电影和文艺作品，说：有的是不写正确路线，专写错误路线的；有的是美化敌人，歌颂叛徒的；有的是丑化劳动人民和军队的；有的是颂扬战争苦难；有的是宣传和平主义；有的是写谈情说爱，低级趣味；有的不写英雄人物专写中间人物；有的写英雄人物，写一个死一个；有的是为活着的人树碑立传……看了几十部电影，江青认为“没有一部满意的”。周恩来亲自抓的大型音乐舞蹈史诗《东方红》，她也认为问题不少。《南征北战》她说也有问题，修改一下也可以。只有《平原游击队》她认为勉强可以。对八一厂的《海鹰》，她只肯定了上半部是“我们的”。她说：“《兵临城下》演了很久没人批评，《解放军报》是否写篇文章批判一下。”她还全盘否定30年代文艺，说“国防文学”的口号是资产阶级的；“大众文学”好一点，是鲁迅的；“左”翼文艺运动是王明路线；等等。她还说：“塑造工农兵的新英雄人物，是社会主义（文艺）的根本任务。我就是这么去做的。”对一些外国电影，江青也横加指责，说《静静的顿河》这个片子非常糟糕，主人翁是个土匪、叛徒。她还说，文艺问题上有资本主义的东西，也有修正主义的东西。批文艺上的修正主义不能只捉丘赫拉依，要捉大的，要批判肖洛霍夫。

此外，江青还谈了创作方法、电影技巧和创作三大战役、修改《南海长城》等问题。

对江青上述谈话，我们4人当时并没有认识到她的恶毒用意，认为主要精神主席在“两个批示”中都讲过。我只是感到江青对建国以来的文艺工作“否定过多”。我们4人在吃饭时议论过这个问题。我们对江青说八一厂“组织不纯”、“部队文艺方向上也有问题”等也有意见。我还感到“江青对周总理，对中央文化部太不尊重，批评得过多”。对江青反对写中间人物也有看法。我在2月10日休会回北京后，11日上午即向肖华（当时萧劲光也在坐）汇报了“座谈会”的情况，并谈了我的看法：一是“否定过多”。我说：我们看了的电影，许多群众认为是好的，江青都说不行，京剧不行，这么多电影不行，那群众看什么？那电影院、戏院不就关门了。二是中间人物应该写，我说：写英雄的不行，写中间人物不行，那写什么？中间人物是客观存在，还是应该写的，还是可以演的，不然没法写了。肖华、萧劲光都表示赞同这个看法。肖华说：这些问题怎么办，开完会后再研究。

总之，整个“座谈会”，主要是看电影和江青“一言堂”的谈话。

“纪要”的炮制

“座谈会”结束后，产生了一个“纪要”。这个“纪要”原来是我们4人，为准备回京后向总政党委汇报，而起草的一个记录江青谈话精神的汇报提纲。后来经过江青、陈伯达、张春桥亲手炮制，大量增删，反复改写，增加了许多原来没有的东西，内容和面貌大变，变成了一个以“座谈会”为名，实为江青、陈伯达、张春桥一伙推行“左”的文艺思想和意见的所谓“座谈会纪要”。从我们4人起草的第一个汇报提纲稿子算起，先后写了8个样稿，反复修改达30次之多，字数由3 000来字增加到10 000多字。毛泽东曾三次亲自对“纪要”稿作了重要修改。

2月19日，江青说没有什么可说的了，她有事，暂告一段落，你们可以回去了。我当时想，看了10多天电影，江青谈了这么些没有条理的、零零碎碎的话，总得理出个头绪来，回去才好向总政党委汇报。于是我同李曼村、谢镗忠、陈亚丁一起，根据江青多次谈话的精神和陈亚丁的“追记”，逐段逐句进行了讨论，并由黎明记录，陈亚丁修改，写成了《江青同志召集的部队文艺工作座谈会纪要》（以下简称“汇报提纲”）。

这个“汇报提纲”约3 000字，写了三个部分：

第一部分写座谈经过。写了四层意思：一是叶群要我向江青转达的林彪吹捧江青的那段话。二是肖华、杨成武重视这次“座谈会”的话。三是会议过程中看了些什么文件，看了多少电影和戏，江青分别谈了几次话。四是对江青谈话的一般性评价，说她“对主席思想领会深”，“亲自种试验田”等。

第二部分写江青在座谈中谈的“许多极为重要的意见”。根据“追记”，把江青的多次谈话内容综合了八条，主要观点是：

（1）“在文化战线上存在着两条道路的尖锐斗争，”江青说，“主席在延安文艺座谈会上的讲话到现在已24年了。就是推不下去，原因就是在文艺工作中有一条与主席思想相对立的反党反社会主义的黑线。文艺界有人所讲的‘离经叛道’，就是离马克思列宁主义、毛泽东思想之经，叛人民战争之道。在这个问题上，十几年来，实际上是他们在专我们的政。我们一定要进行文化战线上的社会主义革命，搞掉这条黑线”。

（2）“文艺战线两条道路的斗争，必然要反映到军队内部来，军队也不能例外。”“例如八一电影制片厂也出现了《抓壮丁》的坏作品。”

（3）“文化革命也要依靠解放军。”

（4）“文化革命要有破有立，领导人要亲自抓。搞出好的样板。”

（5）“文艺工作要搞民主，走群众路线。”“文艺创作要实行三结合。”

（6）“开展文艺评论”。江青说：“文艺上的反修斗争，不能只捉丘赫拉依之类小人物，要捉大的，捉肖洛霍夫，要敢于碰他，他是修正主义文艺的鼻祖。”

（7）“在创作方法上，要采取革命的现实主义和革命的浪漫主义，不要搞资产阶级的现实主义浪漫主义。”江青说，过去有些作品，“不表现正确路线，专写错误路线”，“不写英雄人物，专写中间人物”，“专搞谈情说爱”，“这些都是资产阶级的、修正主义的东西，必须坚决反对”。

（8）“从思想上、组织上整顿文艺队伍。”

第三部分写落实措施。为了使江青的意见“在思想上、组织上、工作上落实”，准备采取八条措施：

（1）“预定在 4 月召开创作会议。”

（2）“成立三大战役创作办公室，组织三大战役创作队伍。”

（3）“在 1967 年 10 月 1 日前，拍好《南海长城》电影。”

（4）认真清理部队的电影、戏剧和作品。

（5）“整顿总政八一电影制片厂。”

（6）“开展文艺民主，对戏剧、电影、文艺作品的审查走群众路线，实行三结合，大家把关。”

（7）“组织一个写文艺评论文章的班子。”

（8）“总政党委加强对文艺工作的领导。”

20 日晚，“汇报提纲”写好后，即送上海警备区打印了 30 份。当时我们 4 人还研究了这个稿子给不给江青的问题。如果“不给她呢，她知道后，肯定会发脾气，为什么背着她，不告诉她！要是给她一份呢，她可能会不满意”。考虑的结果，还是送她一份。2 月 21 日，我把“汇报提纲”送一份给江青。22 日下午，我们一行 6 人乘飞机到济南后，我给住在南山宾馆的林彪送了一份“汇报提纲”，并简要汇报了座谈情况。林彪听了汇报后说：“这个材料搞得不错，是个重要成果。这次座谈在江青主持下，方向对头，路线正确，回去后要迅速传达，好好学习，认真贯彻。”第二天（23 日）上午，我们一行由济南回北京。

我们乘飞机刚到北京，在机场上即接到了江青秘书从上海打来的电话，说这个材料“根本不行，歪曲了她的本意”。“没有能够反映她的意思”，“给她闯了大祸”，还说“现在不要传达，不要下发”。并要我派人去上海，她帮助修改。她还说，她已告诉了毛主席，毛主席要陈伯达、张春桥、姚文元来参加修改。当天下午，我立即将上海座谈会的情况和林彪意见，向肖华作了汇报，商定陈亚丁带原稿去上海参加修改。并向陈亚丁交代：江青要怎么改，就怎么改，有什么问题回来再说。2 月 25 日，陈亚丁返回上海。

2 月 26 日，张春桥把陈亚丁接到锦江饭店，商量修改稿子的事。江青见到陈亚丁就说：“你来了，很好。”“你们要搞‘纪要’，事先也不同我商量一下，搞好了，临走丢下来，逼我签字，有什么办法，逼上梁山嘛，搞就搞吧！要搞就要搞准确，搞完整。”“我把你们搞的那个东西，请陈伯达、张春桥推敲了一下，伯达有些意见很好，我要他写出来，他一会儿就来，一起商量一下。”陈伯达到后，江青就主持讨论修改问题，并问陈伯达：“老夫子，叫你写一下，你写出来没有？”陈伯达拿出他写好的几张纸，谈了修改意见：第一，“17 年文艺黑线专政的问题，这很重要，但只是这样提，没头没尾”。“要讲清楚这条文艺黑线的来源。它是 30 年代上海地下党执行王明右倾机会主义路线的继续”，“把这个问题讲清楚，才能更好地认清解放后 17 年的文艺黑线，这条黑线是从那个时候就开始了”。第二，“要讲一段文艺方面的成绩”，“江青亲自领导的戏剧革命……搞出了像《沙家浜》、《红灯记》、《智取威虎山》、《红色娘子军》芭蕾舞、交响音乐《沙家浜》等，这些，真正是我们无产阶级的东西”，“这些都要写一下。这样，破什么立什么就清楚了”。江青听后高兴地说：“伯达的意思很好，帮我们提高了，击中了要害，很厉害。”“这一来有些人的日子就不好过了！”张春桥也说：“经老夫子这一点，我对问题更清楚了。”江青要陈亚丁把陈伯达写的和张春桥已经改过的稿子，全改写在一份上。

陈亚丁根据江青的意见，连夜把陈伯达写的和张春桥改的，改写在一份稿上。他把音乐舞蹈史诗《东方红》也列入文艺革命的成绩上。

27 日上午，张春桥把陈亚丁接到康平路张春桥办公室，两人又作了些改动。当天晚上，江青、张春桥、陈亚丁又对修改稿作了讨论。江青的主要修改意见有两点：第一，不同意把《东方红》列入优秀剧目中，说“主席不会同意的”。第二，“关于要表现革命的英雄主义和革命的乐观主义，不要宣扬苦难的文字没有表达清楚”。她要求“再改一改，明天再议一下”。讨论后，陈亚丁又连夜改了一遍。28 日上午又和张春桥作了些文字上的改动。当晚又读给江青听。江青说，就这样，可以“传达了”。并要陈亚丁带几份给我、李曼村、谢镗忠看一下，有什么意见打电话告诉她。第二天，陈亚丁即带着修改稿回北京。

这次修改，题目仍叫《江青同志召集的部队文艺工作座谈会议纪要》，结构仍分三个部分，但内容作了很大增删、改写，加进了许多座谈时没有谈过的东西。第二、第三部分的“双八条”，增加为“双九条”。全文由 3 000 字增加到 5 500字左右。内容上的修改、增删，重要的有以下几方面：

（1）增加了美化江青的话。“汇报提纲”在第一部分末尾写了一段：“江青同志对主席思想领会深，又作了长时间的、充分的调查研究，亲自种试验田，有丰富的实践经验。这次带病工作，热情、诚恳地帮助我们，给了我们很大启发、教育和鼓舞。”这次修改时，又增加了一段美化江青把江青说得似乎很谦虚的话，说“在座谈开始和交谈中，江青同志再三表示：对主席的著作学习不够，对主席思想领会不深，只是学懂哪一点，就坚决去做……”

（2）把有“江青同志的意见”的地方，改为参加“座谈会”的同志的“认识”或“座谈的成果”。如把“汇报提纲”中“在这次座谈中，江青同志对当前文化革命和部队文艺工作，谈了许多极为重要的意见，据我们领会，主要有以下几点……”改为：由于阅读了主席的著作和有关材料，听了江青的许多极为重要的意见，看了电影和革命现代京剧，“从而加深了我们对毛主席文艺思想的理解，提高了对社会主义文化革命的认识。其中感受最深的，有以下几点”。又如：把“汇报提纲”中“我们认为江青同志这些意见都是非常正确的，符合军队情况”，改为“通过座谈，我们对上述问题有了明确的认识”。把“汇报提纲”中“为了使江青同志的这些意见在思想上，组织上落实”，改为“为了使这次座谈的成果在思想上、组织上落实”。我当时就感到，江青既想通过“纪要”把她的思想观点反映出来，又不想写成是她说的，要以解放军的口来说她想说的话。当然，当时我们没有看出这是江青的阴谋。

（3）为“文艺黑线专政论”进行理论上的论证。“汇报提纲”第二部分第一条是按江青的说法，写了“文艺工作中有一条与主席思想相对立的反党反社会主义的黑线”，未作论证。这次修改，加上了这一反动论点的理论根据，引了马恩列斯和毛主席关于文艺的一些论述。把这一段增改为：主席的这篇讲话从发表到现在已经 24 年了，“而文艺界在建国后的 15 年来，都基本上没有执行，被一条与主席思想相对立的反党反社会主义的黑线专了我们的政，这条黑线就是资产阶级的文艺思想，现代修正主义的文艺思想，和三十年代文艺思想的结合。‘写真实’论、‘现实主义广阔的道路’论、‘现实主义的深化’论、反‘题材决定’论、‘中间人物’论，等等，就是他们的代表，而这些论点都是毛主席在《在延安文艺座谈会上的讲话》中，早已批判过的”。还加了一句“十几年来，真正歌颂工农兵的英雄人物，为工农兵服务的好的或者基本上好的作品也有，但是不多；不少是中间状态的作品；还有一批是反党反社会主义的毒草”。

（4）增加了攻击罗瑞卿的内容。在讲军队文艺工作一条中，说罗瑞卿关于

“部队文艺方向已经解决了”的话，是“在毛主席指出文艺界 15 年来基本上没有执行党的方针以后”讲的。还说：“罗瑞卿同志错误的文艺思想对军队的文艺工作是有影响的，要彻底肃清。”

（5）篡改无产阶级文艺的根本任务，全盘否定 30 年代文艺。说什么“要努力塑造工农兵的英雄人物，这是社会主义文艺的根本任务”。“要破除对所谓 30 年代文艺的迷信，那时，左翼文艺运动政治上是王明的‘左’倾机会主义路线，组织上是关门主义和宗派主义，文艺思想实际上是俄国资产阶级文艺评论家别林斯基、车尔尼雪夫斯基的思想，即资产阶级思想。当时左翼的某些领导提出的‘国防文学’这个口号，就是资产阶级的口号”，等等。全盘否定了 30 年代的左翼文艺。

（6）对一些文艺作品进行无端指责。说：有的作品“塑造起一个英雄形象，却让他死掉，人为地制造一种悲剧的结局”；写中间人物“实际上是落后人物，丑化工农兵形象”；“而对敌人的描写，却不是暴露敌人的阶级本质，甚至加以美化”；写了一些爱情的作品，就是“‘爱’和‘死’是永恒的主题”。

陈亚丁带着修改后的稿子回北京后，便把修改情况向我和谢镗忠作了汇报。3 月 1 日，我批：“打印，除文化部自己所需外，送总政党委、宣传部、报社各一份，送我五份，拟批送林副主席、江青同志、肖主任、杨代总长等”。陈亚丁按批示，将修改稿打印了 100 份。

本来稿子修改结束时，江青说稿子经张春桥、陈亚丁修改后，她就“不管了”，可以“传达了”。但事后，她又在不征求我们意见的情况下，把稿子铅印了送毛泽东审阅。毛泽东“很重视，对‘纪要’亲自作了修改”。毛泽东第一次审阅时，修改共 11 处，其中重要的有：

（1）在标题上加了“林彪同志委托”6 个字。标题成了“林彪同志委托江青同志召集的部队文艺工作座谈会纪要”。

（2）把稿子第一部分中“江青同志在上海召集刘志坚……”改成“江青同志根据林彪同志的委托在上海召集……”

（3）在“彻底搞掉这条黑线”之后，加了“搞掉这条黑线之后，还会有将来的黑线，还得再斗争”。并在这一条之后，单独加了一段：“过去十几年的教训是，我们抓迟了。毛主席说，他只抓过一些个别问题，没有全盘地系统地抓起来，而只要我们不抓，很多阵地就只好听任黑线去占领，这是一条严重的教训。1962 年十中全会作出要在全国进行阶级斗争这个决定后，文化方面的兴无灭资的斗争也就一步一步地开展起来了。”

（4）在“要破除对所谓三十年代文艺的迷信”后面，加了“三十年代也有好的，那就是以鲁迅为首的战斗的左翼文艺运动。到了三十年代的后期”一句。在

“要破除对中外古典文学的迷信”后面，加了“古人、外国人的东西也要研究，但要用批判的眼光研究，做到古为今用，外为中用”。

（5）在第四条“毛泽东思想的指导下”前面及第九条“读一辈子毛主席的书”之间，都加了“马克思列宁主义和”几个字。

毛泽东在作了上述修改后，又指示“请陈伯达同志参加，再作充实和修改”。

根据毛泽东的指示，江青在上海找陈伯达、张春桥再次对稿子进行充实和修改。3月8日，江青电话通知我和陈亚丁去看毛泽东改动的地方。3月10日上午，我同陈亚丁乘飞机到上海，下午，江青给我们看了毛泽东修改的稿子，并要我们考虑意见，一起讨论修改，还说主席指示请陈伯达参加修改。3月11日下午，江青派人把陈伯达修改的稿子送给我和陈亚丁看。以后三天，在陈伯达参加下，江青、张春桥、陈亚丁又对稿子逐条进行了修改补充。我参加看了一些电影和两次讨论。除了对几处提法提了点意见外，因我认为“稿子既然主席改过了，也就可以了，要补充些什么，也只是听陈伯达、江青说，而且30年代文艺上的争论我也不知道”。所以具体修改的事，由陈亚丁参加。14日修改完毕，15日我返回北京。

这次修改补充的内容比较多。把二、三部分的“双九条”增加为“双十条”。全文由5 500字增加到10 000字左右。重要的修改、补充内容有：

（1）在第一部分恢复了原稿本来提到的肖华、杨成武的名字。增写了一段话：“肖华同志和杨成武同志，对这次座谈都表示热情赞助和支持，指示我们一定要按照江青同志的意见办，并对江青同志这样关心部队的文艺工作表示感谢。”

（2）在第二部分第一条中删去了马恩列斯的论述，增加了毛泽东的《关于正确处理人民内部矛盾的问题》等三篇著作。并增加了反“火药味”论、“时代精神汇合”论两个所谓文艺黑线的代表论点。

（3）增写了吹捧江青和样板戏的内容作为第二条。全文近900字，即从“近三年来，社会主义的‘文化大革命’已经出现了新的形势，革命现代京剧的兴起，就是最突出的代表”。一直到“把社会主义文艺革命进行到底，还需要我们作长期的艰苦的努力”。

（4）把“文化革命也要依靠解放军”的提法，改为“文化革命解放军要带头”。

（5）加了一段评价斯大林的话，说：斯大林“对资产阶级的现代派文艺的批评是尖锐的，但是他对俄国和欧洲的所谓经典著作却无批判地继承，后果很坏”。“我们应当接受斯大林的教训。”

（6）在讲文艺批评一条中增加了一段：“对于文艺理论方面一些有代表性的错误论点，和某些人在一些什么《中国电影发展史》、《中国话剧运动五十年史料集》、《京剧传统剧目初探》之类的书中企图伪造历史，抬高自己，以及所散布的许多错误论点，就要有计划地进行彻底的批判，不要怕有人骂我们是棍子。”

（7）把第九条（现第十条）中“从思想上组织上整顿文艺队伍”，改为“重新教育文艺干部，重新组织文艺队伍”。并接着写了一大段理由，即“由于历史的原因，在全国解放前，我们无产阶级在敌人统治下培养自己的文艺工作者要困难一些……不论是创作思想方面，组织路线方面，工作作风方面，都要坚持党性原则，反对资产阶级思想的侵袭，同资产阶级必须划清界限，决不能和平共处”。

（8）在第三部分加了第一条，“根据林彪同志建议，总政治部已经把《毛泽东论文艺》一书，印发全军文艺工作者人手一册”。据我回忆，林彪根本没有这个建议，这样写，是江青对林的吹捧。

这次修改稿印出后，江青“又送主席审阅”。3 月 14 日晚，江青给毛泽东写了一封信，信的全文如下：

> 因为伯达同志乘的是下午四点多的火车，我托他带给你的那份座谈纪要，没有来得及看，他走后我才发现没有加红杠。他那份大概也没有来得及加。现送上加红杠的一份，请批示。双红杠是你改的，单红杠是伯达、志坚、春桥、亚丁四位同志和我一块商量着改的。好处是有些问题说的比前次的充分一些，缺点是长了一些。此外，也恐有不妥之处或不够策略的地方，请指出并修改。我只是不安，怕又影响你的睡眠。志坚同志明日回京，亚丁同志尚在这里等。你不要赶，他们的创作会议四月初才开。

毛泽东收到江青的信和稿子后，“再次作了修改”。根据陈亚丁当时的传达，毛泽东第二次修改，重点是第二部分，在十几个地方作了内容的增删和文字的修改，重要的有：

（1）把第二部分第一段“其中感受最深的，有以下几点”改为“下面是在这次座谈中大家商议和同意的几点意见”。

（2）把第三条中“罗瑞卿同志却在毛主席指出”一句中的“毛主席”改为“党中央”。

（3）把“文化革命解放军要带头”改为“文化革命解放军要起重要作用”，并删去了末尾“高举毛泽东思想伟大红旗”一句。

（4）在第五条中，把“左翼文艺工作者并没有解决同工农兵相结合这个问题”，改为“有些左翼文艺工作者，特别是鲁迅，也提出了要为工农兵服务和工农自己创作文艺的口号，但是并没有系统地解决文艺同工农兵相结合这个根本问题”。又在第一次修改的“古人、外国人的东西也要研究”后面，加了“拒绝研究是错误的”。

（5）在第九条，把“采取毛主席提出的革命的现实主义和革命的浪漫主义相结合的方法”中的“毛主席提出的”6个字删去了。

（6）在第十条“党性原则是我们区别于其他阶级的显著标志”后面，加了“须知其他阶级的代表人物也是有他们的党性原则的，并且很顽强”一句。

（7）在稿子的最后加了一句：“以上整个座谈记录所说内容，仅供领导同志们参考。”

毛泽东在作了上述修改后，于17日对江青的信和报送的“纪要”稿作了批示：“此件看了两遍，觉得可以了。我又改了一点。请你们斟酌。此件建议用军委名义，分送中央一些负责同志征求意见，请他们指出错误，以便修改。当然首先要征求军委各同志的意见。”

3月18日，江青又通知我和谢镗忠、李曼村去上海讨论“纪要”定稿问题。3月19日上午，我和谢镗忠、李曼村到达上海，下午江青就召集我们（还有陈亚丁、张春桥），看毛泽东修改过的稿子，并征求意见。一见面江青就说：你们给我闯了大祸。张春桥接着说：因祸得福嘛！（李曼村回忆说，张春桥的“意思是说：我们搞那个东西不行，才有他的这个”。）江青问我们对“纪要”还有什么意见。我们对“重新组织文艺队伍”的提法提了意见，认为这样写涉及对整个文艺队伍的估价，起码部队文艺工作方向是对的，队伍也是好的，建议把“组织”二字，改成“整顿”。江青不同意改，说毛主席已经同意，不能改了。要大家通过这个稿子，并把毛泽东3月17日的批示拿给大家看。张春桥也帮腔说：“不要再犹豫了，改了这么长的时间了，行了，行了！”江青说：“如果你们没有意见，就算定下来了。”并交代说：“斗争很复杂，周扬在苏州养病，听说我在同你们座谈文艺问题，好紧张，跑到上海来看春桥，打听消息，春桥没有告诉他。你们回去后，没有正式传达前，不许外传，要保密，这是一条纪律，定下来，一定要守纪律。”还说：“这个稿子要给林总一份。”她要亲自给林彪写一封信。当时，修改稿由张春桥拿去印成大字铅印稿。陈亚丁则为江青起草了给林彪的信。经江青修改后的信全文如下：

林彪同志：

根据你的委托，我于2月2日至20日，邀请刘志坚等四位同志就部队文艺工作问题进行了座谈。座谈后他们整理了个座谈纪要送给你和军委其他领导同志，也送给我一份。我看了，觉得座谈纪要整理得不够完整，不够确切。因此，请春桥、亚丁两位同志一起座谈修改，然后，送主席审阅。主席很重视，对纪要亲自作了修改，并指示请伯达同志参加，再作充实和修改。我于3月10日至15日，请伯达、志坚、春桥、亚丁四位同志一起讨论修改后，又送主席审阅，主席再次作了修改，并于17日批示：“此件看了两遍，觉得可以了。我又改了一点，请你们斟酌。此件建议用军委名义，分送中央一些负责同志征求意见，请他们指出错误，以便修改。当然首先要征求军委各同志的意见。”19 日，我又请志坚、春桥、镗忠、曼村、亚丁五位同志一起座谈，大家一致同意这一纪要。现将座谈纪要送上，请审批。

此致

敬礼！

江青

1966 年 3 月 19 日

当时林彪就住在上海，他收到江青的信和“纪要”后，就把我找去，要我代为起草一封给军委常委的信。我让陈亚丁执笔起草了一个稿子送去，林彪认为调子太低，陈亚丁又改了一遍，加上一些对“纪要”评价的话，又送林彪审定。林彪给军委常委的信全文如下：

贺龙、荣臻、陈毅、伯承、向前、剑英诸同志：

送去江青同志 3 月 19 日的信和她召开的部队文艺工作座谈会纪要，请阅。这个纪要，经过参加座谈会的同志们反复研究，又经过主席三次亲自审阅修改，是一个很好的文件，用毛泽东思想回答了社会主义时期文化革命的许多重大问题，不仅有极大的现实意义，而且有深远的历史意义。

16 年来，文艺战线上存在着尖锐的阶级斗争，谁战胜谁的问题还没有解决。文艺这个阵地，无产阶级不去占领，资产阶级就必然去占领，斗争是不可避免的。这是在意识形态领域里极为广泛、深刻的社会主义革命，搞不好就会出修正主义。我们必须高举毛泽东思想伟大红旗，坚定不移地把这一场革命进行到底。

纪要中提出的问题和意见，完全符合部队文艺工作的实际情况，必须坚决贯彻执行，使部队文艺工作在突出政治、促进人的革命化方面起重要作用。

对纪要有何意见望告，以便报中央审批。

此致

敬礼

林彪

1966 年 3 月 22 日

3 月 22 日晚，林彪修改审定后，交代我把他的信和“纪要”，“分别送给军委各位常委，看常委有什么意见，如果没有意见就送给中央，由中央来批发”。3

月 23 日上午我们带着定稿的“纪要”和林彪的信（即《林彪同志给贺龙等同志的信》）返回北京后，即按林彪的交代，分送给军委各常委。同时交代陈亚丁起草一个给中央的报告。

在此期间，毛泽东对“纪要”作了第三次修改。据陈亚丁当时传达，主要有四个地方改动：一是把第二部分第二条中的“歌颂我们伟大的党和伟大的领袖毛主席英明领导的文艺作品”，改为“歌颂我们伟大的党，党的领袖和其他同志们英明领导的文艺作品”。二是把第五条中，“从根本上消除一切剥削阶级的意识形态的革命”，改为“从根本上消除一切剥削阶级毒害人民群众的意识形态的革命”。三是在第七条中“在文艺批评”一句之前，加上“使专门批评家和群众批评家结合起来”。四是把第三部分中的“学习江青”，改为“仿照江青”。经过毛泽东这次修改，“纪要”就最后定稿了。

中央对“纪要”的批发

3 月 30 日，我看军委常委们没有提出什么修改意见，都画了圈，就找陈亚丁修改以军委名义向中央和毛主席写的请示即《军委的请示》。全文如下：

中央、主席：

军委常委同志一致同意《林彪同志委托江青同志召开的部队文艺工作座谈会纪要》，认为这是一个在文艺工作方面高举毛泽东思想伟大红旗的很系统很完善的文件，部队必须坚决贯彻执行。现送上这一纪要和林彪、江青同志的两封信，请审批。

军委

1966 年 3 月 30 日

当日，即将“请示”、“纪要”和江青给林彪的信、林彪给军委的信，一起上报中央。因当时中央总书记邓小平到外地视察工作，不在北京，报中央的一份就送给了常务书记彭真。彭真看后，说一份不够，要 20 份。我又让人送去 19 份。3 月 31 日，彭真办公室通知，要总政替中央起草一个转发“纪要”的批语。当日我找李曼村、谢镗忠、陈亚丁一起商量起草了一个批语，立即送彭真。批语全文如下：

中央同意《林彪同志委托江青同志召开的部队文艺工作座谈会纪要》。这一文件很好，很重要，高举毛泽东思想的伟大旗帜，抓住了当前文艺工作上一些根本性的问题。纪要对文艺战线上阶级斗争形势的分析和所提出的原则、方针、政策，不仅适合于军队，也适合于地方，适合于整个文艺战线。各级党委应当联系本地区、本部门文艺工作的实际情况，认真研究，贯彻执行。

彭真收到批语后，立即于4月1日以传文［66］8748号批发“纪要”，分送毛泽东、朱德、周恩来、邓小平等中央领导同志核阅，同时另送陈伯达和康生。毛泽东于当日批示：“已阅，同意，退彭真同志。”4月2日，康生在传文上批道：“退彭真同志，这个文件很重要，写得很好。同意中央的批语。第七页有一句作了一点文字调整，请核定。”4月3日下午，我去看望中央文化部副部长萧望东，向他谈了上海文艺座谈会的情况。回家后，我着重看了林彪给军委常委的信后，感到我们替中央写的批语太一般化，当晚，我找李曼村、谢镗忠、陈亚丁到京西宾馆，又起草了第二个批语，增加了几句讲“文化革命”意义和重要性的话。第二天送给彭真，彭真说，文件已经发出。第二个批语就没有用。

4月10日，中央用传文的批语（即我们起草的第一个批语），以中发［66］211号文件，将“纪要”批转下达到县团级党委。并附发了1944年1月9日《毛泽东同志看了〈逼上梁山〉以后写给延安平剧院的信》。

4月16日，毛泽东召集政治局常委扩大会议，讨论了彭真的所谓错误。撤销了“文化革命五人小组”。中央领导同志认为我们替中央起草的那个批语，对“纪要”的评价讲得还不够，要重写。陈亚丁根据中央领导同志口授的要点，重新写了一个批语，并交江青修改。江青找张春桥推敲了一遍，即送中央。

5月2日，中央办公厅以中发［66］254号文件发出《关于收回第211号中央文件的通知》。通知说：

> 中央批发的《林彪同志委托江青同志召开的部队文艺工作座谈会纪要》，在批语上中央有新的补充，现将已经印发的文件收回，限5月10日前由各级党委（党组）办公厅（室）负责，如数收齐，退回中央办公厅机要室。新的文件将于5月10日前发出。

随后，中央发出了有新批语的文件。新批语就是由陈亚丁起草，江青、张春桥修改后送中央的那一份，经中央审定后，还是以中发［66］211号文件发出，批语落款时间还是4月10日。

新批语全文如下：

> 各中央局，各省、市、自治区党委，中央各部委，国家机关和人民团体各党委、党组，人民解放军总政治部：
>
> 在整个社会主义时期，文学艺术领域是无产阶级同资产阶级这两个阶

级、社会主义同资本主义这两条道路之间的斗争的一条极其重要的战线。在我国，坚持还是反对马克思列宁主义、毛泽东思想，这是区别社会主义文艺还是资本主义文艺的分水岭。社会主义的文艺，为无产阶级政治服务，为工农兵服务，为巩固和发展无产阶级专政和社会主义制度服务。修正主义的文艺，也就是资本主义的文艺，为资产阶级政治服务，为地富反坏右服务，为复辟资本主义准备精神条件。这是一场很尖锐的阶级斗争。

毛主席一向十分重视文艺战线的阶级斗争。毛主席的《新民主主义论》、《在延安文艺座谈会上的讲话》、《看了〈逼上梁山〉以后写给延安平剧院的信》、《关于正确处理人民内部矛盾的问题》、《在中国共产党全国宣传工作会议上的讲话》等著作，是我国和各国革命思想运动的历史经验的最新总结，是马克思列宁主义世界观和文艺理论的新发展，为我们的文艺工作指出了正确的方向。全国解放以后，文艺战线上的多次重大斗争，和近三年来的社会主义“文化大革命”，都是毛主席亲自领导的。但是，中央有关部门和绝大多数党委，对文艺战线上的阶级斗争却一直认识很不够，抓得很不够，没有认真地贯彻执行毛泽东文艺思想和党的文艺方针、政策。这种严重的情况必须迅速地切实地加以改变。

这次林彪同志委托江青同志召开的部队文艺工作座谈会，是一个高举毛泽东思想伟大红旗的座谈会。经过毛主席三次亲自修改的座谈会纪要，对当前文艺战线上阶级斗争的许多根本问题，作了正确的分析，提出了正确的方针、政策，是一个很好的、很重要的文件。中央完全同意这个文件。它不仅适合于军队，也适合于地方，适合于整个文艺战线。各级党委应当联系本地区、本部门文艺工作的实际情况，认真讨论，认真研究，贯彻执行。

此件军队发至团党委，地方发至县委和文化机关党委。传达范围，由各级党委酌情决定，文艺工作者可以适当放宽。

中共中央
1966 年 4 月 10 日

中央两次批转“纪要”都是以机密文件下发的，传达范围限在县团级以上。在第一次批发后，中央办公厅还于 4 月 15 日发出通知，说：“中发［66］211 号文件，不要登党刊，并注意保管，切勿遗失。”4 月初，《解放军报》当时的负责人提议把“纪要”改写成社论发表。我请示肖华，他批准了这个建议。于 4 月 18 日以题为《高举毛泽东思想伟大红旗积极参加社会主义文化大革命》的社论，在《解放军报》发表。全文 9 800 多字，把“纪要”的精神基本反映出来。社论发表后，引起了文艺界的关注。

1967 年 5 月 29 日，“纪要”公开发表，它同 1966 年 4 月中央文件转发的“纪要”相比，有 20 多处文字或内容上的变动。重要的有：

（1）在第一部分删去了刘志坚、谢镗忠、李曼村、陈亚丁的名字。删去了《毛泽东同志看了〈逼上梁山〉以后写给延安平剧院的信》和《毛主席同音乐工作者的谈话》，改为“毛主席的有关著作”。

（2）把第二部分第二条中“在党中央的领导下”，改为“在毛主席为首的党中央的领导下”。把“京剧改革”改为“京剧革命”。把“这是对社会主义文化革命将会产生深远影响的创举”，改为“这是一个创举，它将会对社会主义文化革命产生深远的影响”。

（3）把毛泽东第三次修改时写的歌颂“党的领袖和其他同志们”中的“和其他同志们”删去了。

（4）在第五条加了“我们应当十分重视社会主义革命和社会主义建设的题材，忽视这一点是完全错误的”。

（5）全部删去了第三部分的 10 条措施。

这些修改是何时、何人所为，我们参加座谈会的人都不知道。因在这之前，1967 年 1 月 4 日，我就被江青一伙以“对抗‘中央文革’”、“在军内贯彻资产阶级反动路线”、“破坏江青召开的部队文艺工作座谈会”等罪名打倒了。接着，1967 年 5 月，李曼村、谢镗忠也相继被扣上“反对‘文化大革命’”等罪名被打倒。

1979 年 3 月 26 日，总政治部给党中央和中央军委写了《关于建议撤销一九六六年二月部队文艺工作座谈会纪要的请示》，指出：“十几年来的实践证明，‘纪要’提出的一系列观点和结论，是完全违反马克思列宁主义、毛泽东思想根本原理的，也是完全不符合我国文艺战线的实际状况的。”“我们建议中央作出正式决定，撤销这一文件。”5 月 3 日，中共中央发出《中共中央批转总政治部〈关于建议撤销一九六六年二月部队文艺工作座谈会纪要的请示〉的通知》，指出：“中央同意总政治部一九七九年三月二十六日的请示，决定撤销中发［66］211 号文件，即中央批发的一九六六年二月部队文艺工作座谈会纪要。对受‘纪要’影响被错误批判、处理的人员和文艺作品，要实事求是地予以平反；对过去曾经宣传、执行过‘纪要’的各级组织和个人，不必追究政治责任。”

这样，那个由江青策划，以不寻常的方式召开的所谓座谈会和在“文化大革命”中起了恶劣作用的“纪要”，最终被党和人民彻底否定了。

我和“三家村”始末

李　筠

史学界关于“三家村”的研究，大致说可分为三个阶段：最初主要是辩冤，从事实真相和道理是非说明“三家村”不是反党反社会主义的反革命修正主义集团，而是当时为了某种政治目的而制造出来的一个现代文字狱。此案于1979年得以平反昭雪。接着，开始了三个人个案研究的阶段，分别对邓拓、吴晗、廖沫沙的个人经历、学术成果进行收集、整理和评价，出版了《邓拓文集》、《吴晗文集》、《廖沫沙文集》和他们的传记。如：《邓拓传》、《吴晗传》、《廖沫沙的风雨岁月》，以及美国历史学家马紫梅女士的《时代之子——吴晗》，等等。在这基础上，开始进入了研究的第三个阶段，即“三家村现象”的研究，把他们三人作为那个时代的整体历史现象，探讨“三家村”怎么成为“文化大革命”的导火线、“三家村”出现的历史背景、时代作用以及“三家村”本身的文化历史价值。花城出版社《三家村文库》的出版就是一个有力的说明。为了促进“三家村现象”研究的深入，我作为当事人之一——《三家村札记》的责任编辑，愿意做提供资料的工作，把我所知道的关于“三家村”前前后后的情况原原本本地提供出来，以供党史研究者参考。本文主要是资料性的东西，不是研究“三家村现象”的论文，当然，叙述中也会反映作者的某些观点。

《前线》创刊的前前后后

提起“三家村”，不能不提到中共北京市委主办的政治理论刊物《前线》。这是因为：第一，《三家村札记》是《前线》杂志上开设的一个杂文专栏；第二，“三家村”的“村长”邓拓是《前线》的主编，廖沫沙是常务编委，吴晗是该刊的主要撰稿人；第三，特别是由彭真撰写的《前线》发刊词，与“三家村”有着直接的思想联系。因此，有必要把《前线》杂志的成立和办刊经过作一比较详细的介绍。

1958 年 4 月，中共中央发出通知，要求各省、市、自治区加强理论队伍建设，倡导创办理论刊物。通知下发后，中央创办了《红旗》杂志，各省、市、自治区纷纷创办起一批理论刊物。

根据中央的指示，1958 年 5 月 2 日，彭真召开北京市委常委会，讨论并通过了《关于建立理论工作队伍的决定（草案）》。在这次会议上，彭真首次透露了他要办一个理论刊物的计划。彭真说，“北京做了许多工作，有许多典型经验，没有总结，没有提高到理论上来，北京在舆论和意识形态方面不够有力量”，因此要好好办一个理论刊物，否则没法“指导实际工作”。彭真亲自指定市委常委张文松和市委宣传部暂时负责刊物的筹备。

要办刊，首先要解决的是刊名、主编及编委人选、刊物的指导思想。在这些问题上，北京市委给予了高度重视，期望和要求也很高。

7 月 14 日，彭真专门召集市委常委会听取市委宣传部《关于创办市委理论刊物的意见》。当时市委宣传部提出了二三十个刊名，如跃进、公社等，彭真都不满意，要求宣传部再提几个。在主编人选问题上，彭真考虑到邓拓。他说：“邓拓来了就好办了。”

当时任人民日报社社长、总编辑的邓拓，在 1957 年反右派斗争中因没有在《人民日报》上和报社内积极组织大鸣大放，遭到毛泽东的“书生办报”、“死人办报”的严厉批评，受到冷落的邓拓不得不离开《人民日报》。

邓拓被罢官后，彭真通过中组部把他调到北京市委，任书记处书记，分管文化教育工作。

邓拓到任后，彭真在 10 月初召开了北京市委书记处会议，正式宣布成立以邓拓为首的编辑委员会。编委会的成员是：邓拓（市委书记处文教书记）、陈克寒（市委书记处书记）、蒋南翔（市委常委、高教党委第一书记、清华大学校长兼党委书记、高教部长）、杨述（市委常委、宣传部长、高教党委第二书记，后调科学院）、范瑾（市委常委、副市长、北京日报社社长）、程宏毅（市委常委、副市长）、廖沫沙（市委委员、统战部长）、赵凡（市委书记处书记、副市长）、张文松（市委常委、教育部长）、张大中（市委候补委员、宣传部副部长）、陆禹（市委委员、工交部副部长）、李晨（市委委员、教育局局长）、王汉斌（市委候补委员、办公厅副主任）13 人，其中常务编委 8 人。

接着，邓拓抽调人马，着手组建《前线》编辑部，并确定编辑人员的分工：萧远烈，协助邓拓、张文松负责总的日常编辑工作，后任命为编辑部主任；许文，负责工业交通，后任命为工业组组长；吴瑞章，负责农业，后任命为农业组组长；李光远，负责思想理论，后任命为理论组组长；李筠，负责文化教育，后任命为文教组组长；韩佳晨，负责评论。以后苏星曾担任过短期的编辑部副主任。《前线》从创刊到结束，除韩佳晨调走外，其余5人都坚持了下来。

关于刊物的名称，彭真亲自审查，对宣传部提供的名单仍觉得不满意，他曾提议刊物取名为《战线》。经过多次讨论，反复斟酌，直至11月4日，彭真才最后将刊物定名为《前线》。为此，他给邓拓写了封信："邓拓同志：请你最后再和书记处同志们一商。刊物的名字是否即定为前线。"后来，彭真解释说："前线"两个字有战斗性。"我想了很久，提出了这个名字，意思是北京什么工作都应当站在最前线。"于是北京市委的理论刊物便有了个能体现北京市指导思想的响亮名字。彭真还亲自为《前线》题写了刊名。

那么，《前线》总的指导原则是什么？《前线》发刊词开宗明义地指出："《前线》是北京市委主办的理论刊物。它将用毛泽东思想即马列主义普遍真理跟中国革命和建设的具体实践相结合的思想，用不断革命的精神，指导自己，努力使自己成为北京市党的组织及时地反映现实，指导实践，改造现实的思想武器。"

这个发刊词的构想体现了彭真对当时社会现实的思索与认识。1958年10月底，彭真在北京市委书记会议上提出：发刊词要"同过去的文章不同，这次的锋芒要对工人阶级和无产阶级政党内的不良倾向，不是针对资产阶级"。"这个发刊词主要解决的是理论与实际的关系，批判主观主义，即批判教条主义、经验主义。"会后不久，彭真将张文松、项子明、项淳一、王汉斌、张彭5人召到自己家里，详细口授了发刊词的内容。事后，依记录整理出了发刊词第一稿。彭真亲自动手改写，经过几次反复修改，终于写成《站在革命和建设的最前线》。

稿子写成后，彭真将其印发给蒋南翔、胡绳过目，以征求大家的意见。11月8日，彭真专门召集市委常委讨论发刊词。会上有人提出，发刊词中"他们太喜爱舞台上员外老爷的四方步了"这句话太尖锐了，最好改得缓和些。彭真说："我就是要写得尖锐些，文章糊里糊涂没有棱角，我最讨厌了。我写这些东西，不是凭空想出来的，我脑子里都有模特儿。"在讨论中，彭真还特意就他提出的"按客观可能达到的最高速度，健康地前进"这一口号，征求大家的意见。李琪认为这个口号"（主客观）两方面都讲到了，可以"。

1958年11月25日，《前线》创刊号与广大读者见面。而时隔几十年后再回头细读这篇发刊词，愈发觉得它的分量。

发刊词的第一个主题，是强调要正确认识主客观的关系问题，即根据客观实际的可能性和必要性，最大限度发挥主观的能动性，以客观上可能的最高速度，健康地前进。这就要求人们在改造现实的实践中，实事求是地、老老实实地按客观规律办事。

在1958年那个时代，提出这样鲜明的观点，确实不简单。发刊词锋芒直指与客观规律相悖的各种社会现实，这需要很大的勇气，也反映了彭真的胆识。“对于工作中的成绩和缺点，做得对或者不对，必须采取马列主义的老实态度，都当作客观事物对待，是就是、非就非，好就好、坏就坏，多就多、少就少，该怎样就怎样，严肃谨慎地对待。”这些彭真式的口气和用词，对我们来说，是再熟悉不过了。这篇发刊词的出台，从一个侧面反映了正确思想与“左”倾思潮的抗争。因此“文化大革命”发动后，发刊词便成了“彭真独立王国的反党纲领”。

发刊词的另一个主题，是旗帜鲜明地反对各种不良倾向，反对中庸主义、中游主义和对群众运动的吹毛求疵派。彭真在论及这些问题时，用词是非常尖锐的。例如他在谈到反中庸主义时，就正面指出：我们极少数同志也传染上了马列主义的市侩、“乡原”作风。

创刊号发出后，有些读者来信请求解释“乡原”。邓拓于是让我写了一篇小文章，解释它的出处及含义，最好与发刊词联系写。“乡原”一词最早出自孔子之口，孟子又做了一番解释。用现在的话来说，“乡原”就是贼光油滑、八面玲珑的市侩，是中庸主义者的别名。文章写出后，邓拓将原题《释乡原》改为《要识破“乡原”的真面目》，发表在1958年12月11日的《人民日报》上。

对于这篇发刊词，邓拓是非常重视的。他一再地强调，发刊词是《前线》整个刊物的基本指导思想，同时也是编辑部工作的准则，任何工作都必须以可能达到的最高标准来要求自己。而实际上，发刊词也成了北京市委、市政府工作的指导思想。在市委比较大的工作会议上，发刊词曾多次被印发学习，作为检查北京市委工作的一个标准。

《前线》创刊号出来后，受到了社会的关注。在安排创刊号的具体内容时，邓拓要求市委书记们每人写一篇，“这样创刊号才有分量，才能打响第一炮，引起大家的注意和重视，没有这样重头文章是不行的”。《前线》第1期发行量达到18万份，以后基本维持在3万～5万份。

从《燕山夜话》到《三家村札记》

20世纪50年代末60年代初，由于“大跃进”的失误，国家经济工作遭受了新中国成立以来一次最大的挫折，人民付出了惨重的代价。从1961年起，党中央决定实行“调整、巩固、充实、提高”八字方针，开始纠正实际工作中“左”的错误。这实际上是对极左错误的一次有力的拨乱反正。而“三家村”

在这一过程中扮演了什么角色，起到了怎样的作用，则是应该认真加以研究的重要课题。

对于纠正“大跃进”的错误，解决面临的严重困难，北京市委的态度是认真的、积极的。除了认真贯彻中央的八字方针，解决工农业生产和人民生活的实际困难外，在思想文化战线，也作了不懈的努力，对干部和知识分子中反右倾扩大化的错案，坚决迅速地予以甄别纠正。邓拓是主管文教的市委书记，在30年代曾写过《中国救荒史》，他对现实的认识更为清楚。1961年6月，三联书店重印此书时，邓拓在“绪言”中很尖锐地指出：“灾荒基本上是由于人和人的社会关系的失调而引起的人对自然条件控制的失败所招致的物质生活上的损害和破坏。”

在市委常委讨论如何克服困难时，邓拓提出了自己的看法。他强调解决实际工作中的困难，要有思想工作相配合，明确地提出了提倡读书的口号。1961年1月11日，北京日报社范瑾传达了邓拓关于报纸宣传的讲话，有一段是这样讲的：要改变那种一下班就看不下去书的状况。报纸要提倡读书，方能使精神振奋起来。多读书，才能开阔眼界，就不会斤斤计算。乔木同志让《人民日报》多搞一些世界风光，境界高一些，不要计算天天吃几两。现在正是学习的好时候，报纸要多发一些古人发愤图强、发愤读书的故事。

当时大家都觉得这话说得很对，在困难时期，确实需要多读书，以良好的精神状态，去克服物质的匮乏。

这番讲话后，《北京晚报》的编辑找到邓拓，请他给晚报写文章。最初是写《诗画配》，而后在《五色土》副刊上开了《燕山夜话》的栏目。时间是1961年3月19日，开宗明义第一篇就是《生命的三分之一》，大力提倡读书。

《燕山夜话》出刊后，受到了广大读者的喜爱。《前线》编辑部的同志也都觉得文章写得好，并认为邓拓既然是《前线》的主编，应给《前线》写文章，于是直截了当地向邓拓提出，让他在《前线》上开个专栏。邓拓开始没答应，后来我们一再磨他，邓拓说：同时开两个专栏，恐怕有困难。这样吧，我找些人一块儿写，行不行？于是邓拓、吴晗、廖沫沙的《三家村札记》就被《前线》编辑部的同志拉上马了。

记得是在1961年9月20日左右，《前线》编辑部约邓拓、吴晗、廖沫沙三位写稿，在四川饭店吃了一顿饭。当时边吃边谈，定下来四件事：一是专栏的名称。邓拓说，咱们三个人合开一个杂文专栏，就叫三家村吧。于是起了“三家村札记”这个俏皮的名字。邓拓还提到过，“札”字最好用老写的“劄”。二是署名的问题。邓拓提出就效仿马铁丁等合作的办法每人取一个字如何。吴晗取吴字，邓拓的笔名为马南邨，取一南字，廖沫沙取一沙字，于是叫吴南沙。后廖沫沙提出用他的笔名繁星的星字，遂定名为吴南星。三是文章的写法。文章不要太长，以《前线》的一个页码为准，千字文，题目自己选择，按各自的专长随便写。每期上一篇，轮流撰稿。另外，指定我为《三家村札记》的稿件联系人。

到1962年9月或是10月的时候，“三家村”又第二次在四川饭店碰头，请吃饭的目的主要是催要稿件。编辑部主任萧远烈简要说了读者对专栏的反映，希望三位抓紧按时供稿。然而这次会面并没有产生什么效果，稿子照样难催。缺稿的时候，只好将《前线》现有的稿子补上。因此，《三家村札记》198篇文章中，有5篇不是邓、吴、廖写的。其中李光远写了《从善如登》，李文写了《关心业余创作》，张世绩写了《禁于未发》。有两篇是我写的：《不平等的平等》、《谈海派》。这两篇后来被姚文元的批判文章作为黑话摘引上了。

《三家村札记》从1961年出刊到1964年停刊，共坚持了3年。在当时的政治气候下，杂文专栏难以持续下去。吴晗给邓拓写了封信，说题目难找，工作也忙，建议不写了。邓拓、廖沫沙表示同意。《三家村札记》在最后一篇《遇难而进》的文章中落下了帷幕。

现在回过头来看“三家村”，就应把它放在一个更大的历史背景下来考察，它的出现，不是一个偶然的现象。

1956年社会主义改造基本完成后，党的八大提出我国社会的主要矛盾，不再是无产阶级和资产阶级的矛盾，而是人民对于经济文化迅速发展的需要同当前经济文化不能满足人民需要的状况之间的矛盾。党和全国人民的主要任务是大力发展生产力，尽可能迅速地实现国家的社会主义现代化。

但是八大的思想没有能够贯彻下来。1957年反右派斗争，1958年的“大跃进”和人民公社化运动，“左”倾思潮进一步泛滥。从1958年底至1959年7月，中央先后召开一系列会议来纠正经济建设方面“左”的错误，文化领域也对“左”的偏向提出批评。但是几次纠偏，是在充分肯定三面红旗的前提下进行的，没有从根本上触及指导思想上的错误。庐山会议后“左”倾错误又重新泛滥，国民经济出现了3年严重的困难。接二连三的政治运动，也使文化科学界广大知识分子思想压抑，心情不舒畅。为此，中央在1961年实行八字方针。1962年，“七千人大会”对几年来党的工作中出现的“左”的错误作了一次比较集中的清理。在调整经济、文化政策期间，许多带有法规性质的条例相继出台，诸如《农业60条》、《人口及粮食问题9条》、《手工业35条》、《商业40条》、《科研14条》、《高教60条》，《工业70条》和《文艺8条》等。《燕山夜话》、《三家村札记》就是这个调整时期的产物，它是思想文化回归到正确路线上的一种表现，和《前线》发刊词一脉相承。

当然，《燕山夜话》、《三家村札记》并非每篇文章锋芒都直指无知、不实事求是、轻视教育和文化传统的时弊，但总的倾向是可以肯定的。在实事求是精神的召唤下，“三家村”把对现实的社会问题的思考凝练成文字，就不可避免地触及“左”倾的错误，从而在文化思想领域内引起了交锋。

具体到文章中，有几件事值得记述。

《三家村札记》最初发表了吴晗的《古人的业余学习》和廖沫沙的《从走路和摔跤学起》，邓拓对我说：没有打响，言不及义。当时我很不理解，只觉得那两篇文章写得不错嘛。不久，邓拓写出了《伟大的空话》，对当时说大话、说假话、主观主义、形式主义的不良思想作风给予了有力的抨击。

廖沫沙的《怕鬼的“雅谑”》发表于赫鲁晓夫焚毁斯大林遗体后不久。写完这篇稿子后，廖沫沙打了电话让我去取。后来他告诉我，此文是从反修的角度入手的。廖沫沙还写过《向老虎求教》、《看看历史上的“蠢猪”》，但是当时有规定，反修的文章一律由中央报刊发表，从这个角度考虑，《三家村札记》没有采用。

1962 年 5 月，吴晗在《前线》第 10 期上发表了《说道德》，认为对统治阶级的道德可以批判地继承。稿子送来后，我也没看出什么问题，因为说道德，总不能割裂传统。但这篇文章在对马列词句的引用以及理论的阐述方面有不够周严的地方。发表后，编辑部收到了一个名叫张文清的读者来信，他从学术角度对吴晗的《说道德》提出不同意见。我把信送给邓拓，邓拓说给吴晗看一看。吴晗阅毕，又写了一篇《再说道德》。于是张文清再来信，与吴晗争鸣。后来，编辑部给张文清去信，声明他的稿件已给吴晗看过，并将稿子送给一位专门研究道德的同志，请他提出意见，《前线》不再刊登了。不久，《光明日报》发表了别人的文章，对吴晗的道德继承论提出不同看法，吴晗于是写了《三说道德》，刊登在《光明日报》上。因发表了两说道德，在批整“三家村”时，《前线》被严厉地批判为“反党反社会主义的工具”，并被扣上了“包庇吴晗压制革命群众言论”的帽子。

邓拓的《专治健忘症》发表后，曾收到一个名叫戚益的读者的来信，信中质询邓拓，健忘症到底指什么，是否有影射。我把戚益的信拿给邓拓，邓拓写了批语：“文章是就事论事。关于杂文的写法，确实是值得探讨的。许多读者也都提出过这类问题，本刊发表的杂文，比较强调正面谈问题，不太主张过于隐晦和影射的方法。”根据邓拓的批语，我加上其他读者的一些反映，给戚益回了信。这件事后来也成为《前线》压制批评、包庇“三家村”的黑材料。

批判初起

经过调整，到 1962 年国民经济状况开始好转，三年困难的紧张局面得以缓解。但是在贯彻调整方针的同时，就不可避免地与“三面红旗”发生尖锐的矛盾。在1962年9月的八届十中全会上，毛泽东从反修防修的角度，重提阶级斗争，并在抓阶级斗争的前提下，批判“黑暗风”、“单干风”、“翻案风”。“左”倾思想重新抬头，并向正确思想进行反攻。文艺界也接受并贯彻执行了毛泽东关于在文艺战线和社会科学战线反对“修正主义”的指导思想。

1963年3月，中共中央批转了文化部党组《关于停演“鬼戏”的请示报告》。5月，江青在上海组织了围剿《李慧娘》的文章——《有鬼有害论》。结果，廖沫沙发表在《北京晚报》上的《有鬼无害论》遭到了批判。

《有鬼有害论》发表后，廖沫沙很被动。北京市委不能不管，于是在统战部组织了内部批判。会上，廖沫沙作了检讨，说自己的文章有些文字用得不恰当，不应当宣传鬼等。在市委的一次会议上，廖沫沙又再次检查了错误。廖沫沙写书面检查的时候，找过我和《北京晚报》的同志，请我们帮他找些相关的材料。1965年2月18日，廖沫沙的检查刊登在《北京晚报》上，编者按说他的检查是诚恳的。当时北京市委觉得用这个办法就可以把账还清了。彭真也说过：“廖沫沙关于《有鬼无害论》的检查作得不错，别人要再扭住不放，就是对方的问题。”廖沫沙在统战部实际上已靠边站，后来到了北京郊区搞“四清”去了。

然而中央上层对“三家村”的批判仅仅是开了个头。1964年8月，华北局会议在北戴河召开，彭真、刘仁都前往参加。忽然有一天我接到了从北戴河打来的长途电话，让我在两天内赶写一篇批判吴晗道德继承的文章，写完后送往北戴河。同时，刘仁、邓拓电召吴晗到北戴河写检查。

我的文章写完后，送交北戴河由邓拓修改定稿。过几天，稿子返了回来。文章题为：《无产阶级对剥削阶级的道德是革命呢，还是继承？——就“道德继承论”与吴南星同志商榷》，署名是金世伟（北京市委的谐音），前面还加了编者按。编者按说：金世伟同志的这篇文章，针对吴南星同志的“道德继承论”，提出了原则性的严肃批评，我们认为这是一场很有意义的争论。吴南星同志的《说道德》和《再说道德》两篇文章，发表于本刊《三家村札记》栏内。《三家村札记》是杂文专栏，由几位作者轮流撰写，均署名吴南星。现在看来，我们当时采取这种做法本身就不妥当，因为实际上文章既非集体创作，而作者意见又非完全一致。吴南星同志的《说道德》和《再说道德》两篇文章是经过本刊编辑部看了的。我们当时对于剥削阶级的道德，没有从“革命呢还是继承呢”这个根本问题上加以考虑，对于吴南星同志的文章只是做了一些枝节的修改，就同意发表了。这是原则性的错误，同时，在原则性问题上做了无原则的迁就，也是错误的……

金世伟的文章送回来后，我得到的指示是：“等那边的话再发。”直到1966年4月，北京市委在组织对邓拓的批判时，刘仁在发言中提及金世伟这篇文章，并说了这句话：对吴晗，中央认为不公开批判。

现在看来，对吴晗的批判从 1964 年 8 月就已经开始了。否则，北京市委不会采取如此阵势，以“金世伟”之名，加了编者按作自我批评和检查，北京市委当时顶着很大的压力。金世伟的文章被扣下不发，并不是北京市委的主张，而是中央考虑所做出的决定。究其因，也许是最高领导层觉得公开批判的时机未到，也许是中央内部的意见分歧。

1965 年初，江青以搞戏剧改革为名，到北京进行调查研究。市委指定宣传部长李琪陪同。据李琪的夫人李莉回忆，江青很难侍候，很霸道，不讲道理。她以特殊的身份凌驾于各级党委之上，企图砍杀北方昆剧院和地方剧种，不许老演员登台演出。当时北京市委觉得这样的安排不妥当，对江青进行了抵制。李琪对江青很有意见，给彭真写了封信，说江青飞扬跋扈、盛气凌人、唯我独尊，简直比武则天还难侍候。后来，别人告诉李琪：江青来北京就是专门来摸北京市委这个“老虎屁股”的。不久，“北京市委是大北京主义”、“眼中无我”、“破坏戏剧革命”等大帽子纷纷而下，矛盾和斗争进一步激化。

北京之行的同时，江青在上海方面则秘密开始组织对《海瑞罢官》的批判文章。1965 年 11 月 10 日，姚文元《评新编历史剧〈海瑞罢官〉》出台，意识形态领域的批判斗争，进入了新的阶段。

最后的抗争

姚文元的文章发表后，大家都没有思想准备。《文汇报》如此点名批判北京市副市长、民主同盟的负责人和著名学者，确实非同寻常。

上海的做法，违反了 1965 年“文化革命五人小组”关于学术批判不要戴政治帽子，点名要经过中宣部，批判要以中央报刊为准的规定。彭真指示《前线》、《北京日报》不要转载。

11 月 13 日，邓拓召集范瑾、李琪研究吴晗《海瑞罢官》的问题，让我也参加了。邓拓在会上说：“不知吴晗反应如何？”当即他给吴晗挂了电话：“你看了文章，怎么样？”吴晗说：要是学术问题，我可以跟他辩论；他扣政治帽子，这是陷害。我 1959 年写的文章，怎么知道 1961 年有单干风？邓拓也觉得吴晗讲得有道理。在这次会上，邓拓还说了一句这样的话：听说《海瑞罢官》同彭德怀问题有联系，不知是真是假，咱们也不摸底。

最后，会议决定《前线》和《北京日报》开展学术批判，给《北京日报》抽调一批人组成学术批判小组。《前线》分工主要批判吴晗的“道德继承论”，指定我为《前线》学术批判小组的负责人。

到了11月底，随着形势的发展，拒载姚文已不可能。11月28日，彭真、刘仁、郑天翔、万里、邓拓、周扬商讨北京各报刊转载姚文的问题，决定在11月29日见报；为避免震动太大，只《北京日报》一家转载；转载时，加了彭真审定的编者按语：“几年来，学术界、文艺界对《海瑞罢官》这出戏和吴晗同志写的其他文章是有不同意见。我们认为，有不同意见就该展开讨论。”11月30日，《人民日报》也刊载姚文，根据周恩来、彭真的意见，加上了按语，希望通过辩论，能够进一步开展各种意见之间的互相争论和互相批评。

北京报纸转载姚文元的文章后，北京市委仍力图将气势汹汹的批判控制在学术范围之内，抵制江青、张春桥等人把批判向“左”的方向推进。

1965年12月2日，邓拓、范瑾召集《北京日报》、《前线》学术批判小组人员开会，传达北京市委的基本态度。邓拓说：对这次争论，要有个基本态度。接着他解释了《解放军报》、《人民日报》、《北京日报》3个按语的不同之处。邓拓说：《解放军报》按语鲜明，是因为军队内部不搞百家争鸣和学术讨论。但是现在吴晗的问题不是已有了结论，不是已肯定《海瑞罢官》是一株大毒草，不是一批判《海瑞罢官》，吴晗也罢官。吴晗本来不是写戏的，别人请他写，但写着写着自己就陷进去了，就自比海瑞，就像郭老自比蔡文姬，孟超自比李慧娘一样。李慧娘确实是骂贾似道的。吴晗的问题看发展，将来发展到什么程度再说。

邓拓说，现在首先当学术问题来讨论。要培养一个良好的风气，先当学术问题来搞，即便是政治问题处理起来也比较稳当。政治问题和学术问题要分开，如果一下分不清，就先当学术问题来处理。要把不好的风气扭过来，形成毛主席讲的又有集中又有民主，又有纪律又有自由，又有统一意志又有个人心情舒畅、生动活泼的政治局面。当然，姚文元提出政治问题也不能回避，在真理面前人人平等，都有发言权，不是一批评就不得了，就有覆灭的危险，就不能工作了。批评是为了更好地工作，过火的批评也应纠正，不能一棍子打死。现在首先要缓和这个局面，应该有人写文章，肯定姚文元的文章哪些地方是对的，哪些地方过火；吴晗哪些地方是对的，哪些地方确实错了。这场学术界的大辩论不可避免，它牵扯到历史人物评价问题、道德观点评价问题，等等。问题不是那么简单，问个为什么你那时候要写《海瑞罢官》就完了。不是一棍子打死吴晗，不要一边倒，倒向姚文元，或者倒向吴晗。要实事求是，辨明是非，就按《北京日报》的按语搞。对写文章的要求，总的是言之有物，有针对性，有资料，有观点。

邓拓还谈到文章的具体分工问题。邓拓提出研究《海瑞罢官》，大家可以研究剧本本身的问题，材料观点都要站得住，姚文元的引文就有毛病。吴晗讲他1959年写《论海瑞》，是反右倾机会主义的，后来马连良请他写剧本，改了7

稿，1961年8月8日定的稿，同年上演，演到1962年8月。他原来题目是《写海瑞》，第4稿才改为《海瑞罢官》，是大家提了意见才改的。为什么写罢官，因为周信芳有海瑞上书、海瑞背纤。为了不重复，才写的《海瑞罢官》。我们要从这里研究他的思想发展过程，他对海瑞很感兴趣，最突出的是什么？原先以退田为主，后来改为除霸为主，但为什么要改为海瑞撤职呢？当时剧本的中心是什么？为什么突出这件事？1961年定稿时为什么不考虑当时的形势呢？吴晗的历史观也有一点儿问题，是不是历史唯物主义要弄清楚，道德问题、历史和历史剧的问题都是题目。海瑞是中小地主的代表，问题是把他划到哪个阵营去。

12月初，彭真指示邓拓写一篇批判吴晗的文章。邓拓写作前让我把金世伟的文章找出来给他。邓拓这篇文章的题目是：《从〈海瑞罢官〉谈到“道德继承论”——就几个理论问题与吴晗同志商榷》，署名赵凯。文章前加了《前线》编者按语，指出：赵凯同志的这篇文章，从吴晗同志新编的历史剧《海瑞罢官》问题谈到他的道德继承论的若干基本观点，提出了原则性的不同意见，与吴晗同志商榷。赵凯同志把“道德继承论”和海瑞罢官联系来讨论，我们赞成这样做。希望读者根据“百花齐放，百家争鸣”的方针，热烈参加海瑞罢官问题的讨论，以及由此而引起的其他有关问题的讨论，使我们的科学艺术得到进一步的发展……该按语的其他内容与金世伟文的按语基本相同。

邓拓把文章送交彭真，彭真认为太简单了，让他再改写。邓拓重新改写，最后经市委书记处传阅，彭真定稿，署名向阳生，12月12日在《前线》、《北京日报》以显著的位置同时发表。这篇文章以学术讨论的语气，对吴晗的道德继承论提出不同意见。发表时原文的编者按删去不用。邓拓曾跟我说过，《人民日报》、《光明日报》过去都发表过错误的文章，也没有做自我批评，所以彭真在定稿时没有采用。

向阳生文章发表后第二天，根据北京市委的基本调子，《北京日报》刊出了我写的《对待〈海瑞罢官〉能操两可吗?》。12月25日，《前线》发表我署名为艾力耘的文章：《以革命的批判精神评价历史人物》。在“文化大革命”中，此文被说成是继向阳生《从〈海瑞罢官〉谈到“道德继承论”——就几个理论问题与吴晗同志商榷》之后，抛出的又一篇为吴晗救命的大毒草，一个劲地把吴晗反党反社会主义的政治问题往所谓“纯学术”问题上拉。同一天，《北京日报》还刊登了我署名为险峰的文章《百家争鸣是坚定的无产阶级政策》。当时《文汇报》曾就《北京晚报》“称兄道弟”一组文章，用一个整版的篇幅展开讨论，同时发表了署名劲松的批判文章。邓拓看过后对我说：“劲松这篇文章有来头，是张春桥写的。”“这种情况使北京很被动，我们也要赶快批评一下。”我的文章写完后，李琪称赞道：“真是南有劲松，北有险峰!”

在赶写向阳生文章的同时，邓拓还根据彭真的指示，写信给吴晗，让他迅速写一个关于“海瑞罢官”的自我检查。信中说：“你的思想问题，恐怕主要的还是对于历史唯物主义的根本问题没有弄清楚”，“你的文章无论是自我批评或者对姚文元文章的批评意见我们认为都应该充分发表，不要顾虑重重”。于是吴晗写了《关于〈海瑞罢官〉的自我批评》一文，就有关《海瑞罢官》中的若干学术问题进行说明和解释，辩解了《海瑞罢官》剧与“单干风”、“翻案风”无关，在某些问题上违心地承认了错误。吴晗的检查刊发在 12 月 27 日的《北京日报》上。

但是这场有关《海瑞罢官》的讨论一开始就不是什么学术讨论，而是一场预先策划好的政治阴谋，搞吴晗只不过是个突破口罢了。

姚文元的文章发表后，邓拓感觉到这场斗争的复杂性。1965 年 12 月 19 日，在《前线》组长会上，邓拓曾指出，海瑞问题的文章不止是一个人写过的，早在 1959 年《解放日报》就发表过蒋星煜的《南包公海瑞》，并且加了编者按说，海瑞的故事流传很广，这个人一不为名，二不为利，把海瑞吹捧了一番。姚文元文章发表后，《文汇报》在 1965 年 12 月重新登出了蒋文，但没有同时刊载《解放日报》的编者按。当时邓拓很不服气，要批判就都批判，现在发表蒋文，却又留了一手自己的按语，他怀疑这里可能有名堂。

会议之后，邓拓让我向吴晗查寻蒋星煜是上海的什么人，并让他的秘书写个读者来信寄《文汇报》，质问《解放日报》也发表过吹捧海瑞的文章，为什么不先检查自己就批评别人。但信最终没有发出。

1965 年 12 月 21 日，毛泽东在杭州和陈伯达等人谈话说：“姚文元的文章也很好，点了名，对戏剧界、历史界、哲学界震动很大，但是没有打中要害。要害问题是‘罢官’。嘉靖皇帝罢了海瑞的官，1959 年我们罢了彭德怀的官。彭德怀也是‘海瑞’。”此言一出，《海瑞罢官》的主题从“退田”变为“罢官”，吴晗的问题，具有了反党的性质，政治批判的分量加重了。

1966 年 1 月 16 日，许立群召集北京 6 个报刊编辑部会议，仍力图把学术讨论文章的局势控制一下。许立群说：“按规定有关的批判文章，要送到中宣部办公室。”这次 6 报刊编辑部会议我参加了。根据邓拓的授意，我发言说：我们没有计划卷入这个讨论，《前线》篇幅有限，当前工作很多要宣传，要面向工农兵，搞通俗化，我们已刊载了 3 篇文章，主要是还账，因为我们过去发表了两说道德。我们的文章引出了吴晗的自我批评，使大家有了批判的靶子。以后如果有对吴晗问题政治性结论文章，我们转载。

1966 年 2 月 3 日，彭真主持召开“五人小组”扩大会议，就批判吴晗的情况和继续开展学术问题进行讨论，其目的仍是试图约束这场运动中的极左思潮和做法。会议拟定了《关于当前学术讨论的汇报提纲》，即《二月提纲》。《二月提纲》

把对《海瑞罢官》的批判及由此展开的关于道德继承、清官、让步政策、历史人物评价和历史研究的观点方法问题的讨论，划定为“学术批判”的性质；规定采取放的方针，反对自以为是。

《二月提纲》发向全国后，学术批判的空气上升，政治批判有所抑制。1966年2月18日、21日、24日，北京6个报刊编辑部会议传达贯彻执行。

在这一时期，有件事须交代一笔，这就是1966年2月初，关锋夜访邓拓。邓拓当时感到很奇怪：我和关锋根本没有来往，他找我干什么呀？第二天，邓拓告诉我：康生打电话给他，说关锋对向阳生的文章有意见，你们可以约个时间谈谈。

受康生的指使，关锋跑到邓拓办公室，对邓拓施加压力说：向阳生的文章没有谈及政治，实际上是为吴晗开脱。特别是你，同他一起写过文章，这样做不恰当。吴晗讲继承忠孝等不是抽象的，有其具体内容，讲孝是骂我们的。关锋接着提出，劳动人民的道德可以继承，却又非两面性等一些意见。

邓拓对关锋的答复是：《北京日报》不是我管的，范瑾和书记处同志要我写向阳生这篇文章，我就写了。原来曾想在文章中做些检查。邓拓还对关锋特别声明：这件事彭真没有管。对于关锋的指责，邓拓说：我不是没有谈到政治问题，文章末尾还是谈了。

后来邓拓告诉我，关锋那天还对他说了不少吹捧的好话。在暴风雨来临的前夕，康生一伙的用意何在？

1966年二三月间，毛泽东同意了彭真主持制定的《二月提纲》，但也批准了江青一伙搞的《部队文艺工作座谈会纪要》。这个“纪要”炮制出的“文艺黑线专政”论，把矛头对准了整个中国文化思想界。1966年3月18日至30日，毛泽东在杭州同康生、江青等人的谈话中，揭了彭真和北京市委的盖子，定《三家村札记》、《燕山夜话》是反党反社会主义的性质。4月中旬，彭真在政治局开始受到批判攻击，《二月提纲》遭到否决的命运，北京市委只好以不断检查的方式，来摆脱益发困难的处境。

1966年4月6日至11日，在刘仁、万里、郑天翔“三人领导小组”和李琪、宋硕、范瑾、张文松组成的“四人办公室”的主持下，《北京晚报》、《北京日报》、《前线》、北京出版社、高教局、教育局、文化局等单位，在市委交际处对邓拓进行一定范围的批判。这次批判，主要是对邓拓提出问题，但结论是“邓拓是拥护三面红旗的，在顶单干风、自由市场等方面同书记处是一致的”。“邓拓除《三家村札记》外，其他文章都是正确的。”

这样的举动显然过不了关。北京市委的党报党刊迫不得已地自己出来组织批判。1966年4月16日，《北京日报》以3个版的篇幅，在《关于“三家村”和

〈燕山夜话〉的批判》标题下，发表了一批材料，并刊发了《前线》、《北京日报》的编者按。但是时隔不久，《解放军报》、《光明日报》在5月8日发表了高炬、何明的文章：《向反党反社会主义的黑线开火》、《擦亮眼睛、辨别真假》，《北京日报》的“4·16”按语被认为是对“三家村”的“假批判、真包庇”，受到了批评。紧接着《五一六通知》发表，揪出了所谓“彭、罗、陆、杨反党集团”，北京市委被改组。从“三家村”身上点引的“文化大革命”的厉火开始蔓延全国。

我所知道的“文化大革命”发动内情

李雪峰

批判罗瑞卿

1965年12月7日，接到通知要我到上海参加中央的会议。当时我正在下面抓“四清”，我从河北永年县赶回北京，8日由北京飞到上海，行前对会议内容一无所知。

12月9日开始开会。会议由林彪主持，毛主席没有参加，会议的主要内容是批判罗瑞卿。

批判罗瑞卿的起因，是11月林彪让叶群从苏州到杭州向毛主席告罗的状。林彪让叶群到杭州，告诉她要躲开什么人，直接找到主席。叶群到了杭州也不容易见到毛主席。主席也不知道她有什么事，让她等。她就和主席的秘书徐业夫谈了谈。她在杭州打电话请示林彪，想给主席写个东西送上去。林彪批评她：你糊涂！真蠢！意思是必须向毛主席本人讲。叶群又去，写了一个条子，要求面谈。这样才见到毛主席。

据说叶群讲了5个小时，主席听了5个小时。主席问得很仔细，但一直不表态。最后，主席相信了叶群的话。

这时罗瑞卿正在云南视察工作。12月10日，中央要他马上回来，到上海开会。罗瑞卿完全没有思想准备，接到通知就飞往上海。一下飞机，由上海市委书记陈丕显和空军司令员吴法宪迎接，将他送到一个地方，警卫森严，实际是软禁。罗瑞卿是搞保卫工作的，他一住下，马上就明白自己已失去自由，非常生气，又莫名其妙，也不知道为什么。他始终没有参加会议。李井泉不知道，还给罗瑞卿送橘子。

我参加的那个组由总理主持，有贺龙，还有叶群等知情人。

叶群在会上介绍她与主席谈话的过程。她揭发罗瑞卿和刘亚楼两个人躺在床上，密谈一直到天黑（刘亚楼已于1965年5月病故，生前为空军司令员）。叶群说罗瑞卿要刘亚楼转告她四条意见：

（1）林总早晚要退出政治舞台。不退也要退，现在不退出，将来也要退出政治舞台。

（2）要好好保护林总的身体。

（3）今后林总再不要多管军队的事情了，由罗总长去管好了。

（4）一切由罗管，要放手叫他去管。还说罗骂林是“占着茅坑不拉屎”，等等。

在会上，邓小平比较和缓，传达了毛主席12月2日在海军的报告上对罗瑞卿问题作的批示，内容是：“那些不相信突出政治，对于突出政治表示阳奉阴违，而自己另外散布一套折中主义（即机会主义）的人们，大家应当有所警惕。”总理也很谨慎，态度不很明朗。贺龙讲了几句。

林彪在会议上宣布撤销罗瑞卿的职务（包括中央书记处书记、副总理、公安部部长、国防部副部长、总参谋长、军委秘书长）。

我当时想，罗瑞卿是听毛主席话的，和毛、林的关系从来都是可以的，怎么一下子成了现在这样?!

会上规定不准记录，也没有讲怎么传达。会议开得十分秘密。13日会议结束。

16日我飞回北京。要向下传达，因为没有记录只能是口头传达。我当时兼北京军区政委，在军队本应由军队的廖汉生同志传达，但他说军队、地方一块传达，非要我传达。我是第一政委，没办法，只好传达了。我也没多说，写了一个很短的提纲，后来又在华北局传达，要点就是毛主席决定开会批判罗瑞卿，大家都赞成。会后，军队就开始批罗了。

拿掉罗瑞卿，不等于说毛主席就十分信任林彪。主席考察干部是反复的、长期的。他批评彭德怀时就说过林彪：“别的事都是马列主义，就是对他自己的病的看法是唯心主义。”林将自己的病看得过重了。抗美援朝这么大的一件事，高级干部理应为之拼命的，然而主席提出让林彪指挥时，他竟推了，还认为不应出兵，自己跑到苏联养病去了。这件事和斯大林有什么关系不知道，但很可能是走的高岗这条线。高岗和斯大林有直接的来往，而高岗进行反刘少奇活动首先找的就是林彪。联系到早在长征途中的会理会议上林彪就反过主席，主席碰到困难的时候林彪会怎么样，主席一定会反复考察的。

1964 年 9 月 28 日至 10 月 12 日，罗马尼亚领导人毛雷尔、齐奥塞斯库在中国访问期间，曾劝中国同苏联和好。主席顶了，意思是不行，要和好，苏联总要有个表示，先讲话（自我批评），百分之九十的责任应该是他们的；林彪就在一旁说百分之九十九。“文化大革命”初期，主席讲不宜搞急刹车，林彪就赶快讲：如果急刹车可能摔下来。林彪总是这样，总是表示和主席的意见完全相同，而且讲得比主席讲得还厉害。主席一讲完话，他马上讲两句话，第一句是毛主席发表了非常重要的指示，第二句是我完全拥护。他的这些做法也可以使主席从另一个方面考虑：你一直捧我做啥？实际上，林彪越是捧主席，主席就越警觉。本来，把罗瑞卿搞下去，林彪就突出了，但主席对林彪也不完全放心，自己一直牢牢掌握着军队。不然为什么定了一条：“文化大革命”期间不准调动军队，调一个排也要军委主席签字，就是必须由毛主席签字。可见毛主席还是不完全放心，不让林彪有权调动军队。

第一次杭州会议

1966 年上半年实际是“文化大革命”的准备、酝酿时期。

上海会议后，1966 年 1 月 21 日，江青由上海赶到杭州和林彪商量“文艺革命”问题。林彪向总政下达指示，2 月 2 日至 20 日，江青根据林彪的委托在上海召开部队文艺工作座谈会。江青说：“在文艺方面，有一条与毛泽东思想相对立的反党反社会主义的黑线”，“这条黑线专了我们十七年的政”，“该是我们专他们的政的时候了”。3 月 22 日，林彪将座谈会“纪要”报中央常委。“纪要”经毛主席修改三次，再由林彪报中央，4 月 10 日以中共中央文件下发。

3 月 8 日凌晨，邢台发生地震。我们正在天津召开华北局书记处生活会。8 日晚周总理召开紧急会议，研究进行救护、救灾工作。我当时表示要去邢台。总理说：你先不动，我先去。

总理赴邢台视察后，12 日到 16 日在天津参加华北局的会议。16 日总理作报告，会议结束，我们回到北京。

会议还未结束时，我就接到通知，让我到杭州开会。

17 日我从北京乘飞机到上海，而后乘火车到杭州，我们住在新落成的西泠宾馆。忙中偷闲，住下后游了苏堤。

当天下午 5 时我们就到主席那里开会，主席住在刘庄。参加会议的有中央政治局成员加上六大区书记，周总理、彭真都在。小平同志没有来，他为了躲开处理罗的事，到“三线”视察去了。林彪似到场。

这次会议我有记录，会开得很自由，没有正式报告，主要是毛主席讲。他先是扯些闲话，很随便的，然后讲到“文化革命”，点了乔木的名字（他未到会），批评了吴冷西，说：“我看你们只是半个马列主义者，半个三民主义，你们自己做结论，算不算马列主义？”大家也听出来不只是这几个人的事，而是批评文化工作方面的问题。主席也没有讲得那么透。

大家听着，哑口无声，谁也不能表态。陶铸是勇敢的，敢讲话，这次也很谨慎。参加会议的人相互之间也不敢多说话，又都想试探一下，了解情况，但是谁也不主动，也不敢主动。

当时彭真的地位还可以，是中央秘书长，还管着罗瑞卿的事。记得会议中间，他去接电话，回来说罗瑞卿（3 月 18 日）跳楼把腿摔坏了。这时毛主席有些惊讶的样子，问：“为什么跳楼？”然后讲了一句：“真没出息！”听起来那意思是官司刚开始打，就跳楼，官司还在后头呢。我想主席还在观察，从事后的事态发展也可以看出。主席为什么讲这句话，因为中央还未做结论嘛。主席还在考虑还可能牵扯到什么人。

三月会议主要点了杨尚昆、陆定一的事，还听了江青介绍召开部队文艺工作座谈会的情况。会议对罗瑞卿的揭露就多了。一边倒，群情激愤。光听会上的揭发，罗瑞卿的问题就大了。20 日上午会议结束。21 日，陶铸领头，大区书记们参观了花坞、玉泉。我们离开杭州到上海。23 日从上海飞回北京，当天召开书记处会议。

第二次杭州会议

杭州会议后，学术批判不断升温。4 月 9 日至 12 日中央在北京召开书记处会议，会议内容之一就是研究学术批判的问题。

会后马上就召开了第二次杭州会议，又叫政治局常委扩大会议。

我于 14 日从邯郸返京，15 日飞上海，从上海到杭州。当时来的人比较少，就安排在西泠宾馆（八层）。

彭真来得晚，我们还换了一下房子，住在同一层。

叶帅也来得晚，来了就问我：“这个会议是干什么，三月不是刚开了会？”

我说：“我也不知道。”

叶帅说：“送彭真上飞机时，彭真和我讲了两句话，说现在又出事了，他出事了。”

彭真到杭州后，要求和毛主席见面谈话。彭真和徐业夫讲时我正在旁边。彭真说："我要求和主席见面，只讲 20 分钟。请你转告。"徐业夫会转告的，可是主席没有见彭真。这样我们就知道事情大了。

会还没有正式开，18 日关于彭真问题的材料就出来了。一个材料是 4 月 16 日《北京日报》以 3 个版的篇幅发表的批判吴晗、邓拓、廖沫沙"三家村"的文章，并加《北京日报》、《前线》的编者按。在编者按中有所检查，并提到《前线》发刊词。康生讲这是个假批判，真包庇，假装自我批评。又说《前线》也发了一篇文章，他始终没有看到。我们知道"三家村"的问题牵涉到北京市委。

4 月 18 日，《解放军报》发表社论，是按照江青召开的部队文艺工作座谈会纪要的精神写的。社论宣布：无产阶级"文化大革命"的高潮已经到来。

19 日开始开会。

20 日、22 日、24 日、25 日在主席那里开了几次会。主席谈得很活跃、和缓，但讲话中插的那几句话就重了。主席说：北京的空气很沉闷，他不愿在那里住，愿到上海来。那时柯庆施和江青已联系较多。1965 年初，江青就躲到上海来密谋策划批判吴晗的《海瑞罢官》一文。

我们在西泠宾馆吃过饭出去散步时，六个大区书记没有一个敢和彭真并行，也不和他讲话。我还和他讲话，因为彭真 1938 年就是我的上级，关系可以。但我们也只能讲些废话，"天热了……"谁也不敢讲正题。

4 月 21 日，刘少奇访问巴基斯坦、阿富汗、缅甸三国后回到杭州，主持了类似政治局的会议。因为少奇从 3 月 26 日就不在国内，对这段情况根本不了解，所以会议实际是总理主持。在会上少奇点了两个人的名。

王任重说：主席讲得很好，很重要，是否将毛主席的讲话整理成一个文件下发全党。陈伯达说：那你根据你的记录写一下。这就是《五一六通知》的由来。王任重记录的特点是谁的话都记，但只记要点。我的记录是记毛主席的原话，但是别人的插话就记不下来了。我一看他的记录同我的不尽相同，就没有往外拿我的记录稿。王任重起草的文件，后来改动很大，康生说改了八遍。但也有另一种说法，比如刘志坚回忆：4 月 14 日总理把他叫到钓鱼台 8 号楼说，中央确定他和陈亚丁到上海参加一份中央文件的讨论和修改，这就是《五一六通知》。16 日他俩飞到上海，当天陈伯达、康生、江青召开会议让大家讨论，5 月 1 日刘志坚回到北京。这就是说，第二次杭州会议还没有开，中央已在组织人起草《五一六通知》了。

4 月 24 日，会议基本通过《中国共产党中央委员会通知》（即《五一六通知》）草稿。

会议结束，中央指定我和宋任穷两个人同彭真一道乘飞机回京，明是陪送，实是押送。在 26 日晚杭州到上海的火车上，27 日上海到北京的飞机上，我们都没话讲。开始三个人在一起，面对面干坐着，后来宋任穷离开前舱，到工作人员那边，只剩下我和彭真。大家心里都明白，我们俩的任务是“护送”他回来。

到机场后，我们各自坐车走了。后来有人说我把彭真交给安子文了，这是不对的。

上海会议搞罗瑞卿，三月会议点杨尚昆、陆定一，四月会议批北京市委，批彭真。这时谁都知道，问题刚刚开了个头，远没有完。谁也搞不清下一步如何发展。这时的北京大家都很紧张，到处打听消息。

五月政治局会议

五月政治局会议一般说法是3日开始，先召开了几次座谈会，由康生、陈伯达、张春桥介绍情况。我更多的精力是放在北京市、华北局，准备开华北工作会议，工作十分紧张。

5月7日中央文件正式通知，我去北京接彭真的工作任第一书记，主持北京市工作。

5月11日下午中央政治局扩大会议第一次全体会议由刘少奇主持。毛主席仍在外地没有回来参加。

我坐在第一排，对着主席台的左手。我的左边是聂帅，右边是彭真。我走进去，坐下看见桌子上放着一张文件，字有核桃大，我拿起来看是林彪的手书，未看得很清楚，大致是说他证明叶群和他结婚时是纯洁的处女之类的话，说严慰冰的揭发信全系造谣。

彭真已经知道是我接他的工作，他交代我去后应注意的事。他站在那里俯身对我说：“你去了之后……”刚开始讲，听见有人在后面拿着什么材料念。彭真一听就火了，态度激昂，回过身朝着后面大声说：“谁是第一个喊叫万岁的！”证明历史上是他先喊主席万岁的。坐在主席台上的刘少奇马上制止，吵架就停了。

此时，当我拿起来看林彪的手书，还未看明白，就听见聂帅拿着林彪的手书，生气地冲着主席台上的人说：“发这个做啥？收回！”这等于是给主席台上提意见。

这事和政治局又没关系，这种事还发文件，丢人！可笑！这个文件是针对陆定一和他夫人严慰冰的。这么严肃的会，发这种文件，真让人啼笑皆非！很快文件就被收回了。

不久，中央派人通知彭真，停止他出席会议。

从会上看，刘少奇是同情彭真的，认为他有错误，但不同意这样搞。看得出刘少奇有气，压力很大，表情不自然。他主持会议，等于反对他自己。总理也很慎重，不讲话。康生挺得意。

5月16日上午9时，在人民大会堂召开政治局扩大会议第二次全体会议。会议仍是刘少奇主持。邓小平讲话，介绍《五一六通知》内容。

讨论通知时，大家都是赞成的，没有提出不同意见。因为是扩大会议，刘少奇说所有参加会的人都有权举手。全体举手通过，一字未改。这个《中国共产党中央委员会通知》，因为是5月16日通过的，又叫《五一六通知》。通知重点批判《二月提纲》，说它是“反对把社会主义革命进行到底，反对以毛泽东同志为首的党中央的文化革命路线，打击无产阶级左派，包庇资产阶级右派，为资产阶级复辟作舆论准备”，是“彻头彻尾的修正主义”。通知说，“撤销原来的‘文化革命五人小组’及其办事机构，重新设立‘文化革命小组’，隶属于政治局常委之下”。通知中最严重的话是：“混进党里、政府里、军队里和各种文化界的资产阶级代表人物，是一批反革命的修正主义分子，一旦时机成熟，他们就要夺取政权，由无产阶级专政变为资产阶级专政。这些人物，有些已被我们识破了，有些则还没有被识破，有些正在受到我们信用，被培养为我们的接班人，例如赫鲁晓夫那样的人物，他们现正睡在我们的身旁，各级党委必须充分注意这一点。”《五一六通知》一通过，形势就严重了。

这次会议还通过了中央工作小组关于罗瑞卿错误问题的报告。

会议休息了两天，到18日继续开，仍是刘少奇主持。林彪在会上发表讲话，即有名的“五一八讲话”。

林彪在正式讲话前问陆定一：“我对你怎么样？”

陆定一说：“很好。”

林彪说：“我对知识分子历来是很尊重的（言外之意，我知道你是大学生），你怎么那么整我？”

因为林彪点了名，会后，政治局常委继续开会，决定停止陆定一出席会议。当时，我们还在外面没有走。陆定一则在旁边的屋里等着。

邓小平喊我进屋，让我和李富春去跟陆定一谈话，通知他不再出席会议。

李富春非叫我领头。我让他：“你是政治局的。”

我们俩站起来，从开会的地方到陆定一房间的门口只有几步路，谁也不愿意走在前面，一直并行，走得很慢。走到门口，他推我，我年轻，只好服从。一进门，我就靠边坐下。坐下后，应由他先说，他又推说让我先说。陆都看到了。我只好先讲。传达了邓小平的一句话：“中央决定从现在起停止陆定一同志出席这个会议。”这是小平找我谈的，谁找富春说的我不知道底细，只能讲这一句。既不能批评，也不能同情。

陆定一说：“雪峰同志，我可是要搞共产主义的，我还希望我能看到共产主义！”他讲话的声音很大。看出他负担很重。我们也无法回答。

我劝慰：“会议定了，休息吧。事情总会弄清楚的。”富春也说：“是啊，事情总会弄清楚的，中央决定……”

林彪讲话事先做了准备，他有个简单的提纲，字有核桃大，他说：“这次是政治局扩大会，上次毛主席召集的常委扩大会，集中解决彭真的问题，揭了盖子。这一次继续解决这个问题。罗瑞卿的问题，原来已经解决了。陆定一、杨尚昆的问题，是查地下活动揭出来的，酝酿了很久，现在一起来解决。四个人的问题是有联系的，有共同点。主要是彭真，其次是罗瑞卿、陆定一、杨尚昆。”他杀气腾腾：大讲“政变”，从古到今包括世界各国的政变，认为我们社会主义国家也会有。他没有点名，但大家都知道是指刘少奇。刘没有讲什么。

5 月 23 日，会议通过对彭、罗、陆、杨的处理决定，进行专案审查。调陶铸担任中央书记处常务书记，兼中宣部部长，调叶帅任中央书记处书记兼军委秘书长，我任北京市委第一书记。讨论时我说：“我一个人不行，调一个人做副书记。”候选人提了两个，吴德和华北局的什么人。1936 年我和吴德搭过班子。他在枣园工作过，康生了解他。最后决定吴德任第二书记；郭影秋、高扬文、马力为书记。

24 日又发了《关于陆定一同志和杨尚昆同志错误问题的说明》，这两个文件都下发到县团级。

康生、陈伯达骗我到北大讲话

5 月 25 日上午政治局扩大会议结束，下午 2 时许，北京大学哲学系党总支书记聂元梓等七人在北大学生食堂的东墙上贴出大字报，题目是《宋硕、陆平、彭珮云在文化革命中究竟干些什么?》，宋硕是北京市委大学部副部长，陆平是北京大学党委书记，彭珮云是北大党委副书记。大字报的矛头直指北京市委大学部和北大校党委，也就是指向北京市委。后来才知道这是康生搞的，他早就派他老婆曹轶欧等人到北京大学串联了。

大字报一出来就将党内矛盾公开了，而且这是 1957 年以来第一次在北大出现大字报，一下子就引起轰动。学校内部，学生马上分成两派，一派是反对大字报的，一派是拥护大字报的，两派各说各的理，互不相让，形成对立。在辩论中青年人火气大，有个别人动手，以致互相推推搡搡。而且北大有许多留学生，消息马上传到国外。北大的校门历来是敞开的，外面的人闻讯后纷纷进去看大字报。

这天晚上我接到陈伯达的电话，他要我去北大，说：“形势严重，怕大字报上街，怕串联。现在很多人到北大看大字报，怕人们上街游行。”看来他们放了火，还不知毛主席的态度，怕火烧到自己，急于稳住阵地。

我说：“我不能去，因为中央没有正式通知，师出无名。”这时吴德已到北京，但我和吴德还未正式到北京市委上班，以华北局的名义去也不行。

陈讲：“形势严重，很可能发生游行。在北大如何贴大字报要做工作，不要上街。”我想，非中央讲话不可，我也不能给主席打电话，现在夜半三更，也不能和少奇联系，因而没有答应。又拖了一下。

陈伯达着急了，第三次给我打电话，话讲到这种程度：“非你老兄出面不行了。”我还是不答应，他又说：“我们一块去。”他是政治局候补委员，已内定是“中央文革小组”组长，负责运动的。我没有办法，只好同意了。

这时外事办副主任张彦也来电话说，他刚从康老那里回来，康老让我和蒋南翔一起去。康老的意见是，大字报可以出，但不要搞到各个学校去，不要上街。总理也指示了几条：正面讲毛主席的伟大决定，对大字报要做几条规定。工作要说服，不能压，要负责人亲自去做工作。张彦说：先和你打个招呼，康生还要找你。

过了一会，康生就来电话了。我先讲了张彦转告的话，他说：蒋南翔已经来过了，你不来也可以。我说：陈伯达来过电话，要我讲话。康生听了表示可以。

这时，陈伯达又来电话催我。我说：“我等你。”我考虑，我一个人上台让群众一包围，我连个报信的人也没有，就找解学恭、池必卿来开会商量。我说我在台上，你们散在台下，聂元梓是太行的干部，池必卿可以做做聂的工作。这一切都安排好了，已是12点多了。我和陈伯达联系，陈这时却说：“我正在改一篇社论，去不了。”陈伯达要我去北大后开个紧急会议（这暴露了康、陈两个人的互相勾结）。

我赶到北大临湖轩时，陆平正在主持校党委会。教育部部长蒋南翔、副部长刘仰峤也在。他们已经开过了一个800人的党团员干部会。我先听了一段汇报，就说：“已经开过了，那就算了吧。”蒋说：“雪峰同志你既然来了，我们就再开一次。”

陪我上主席台的是刘仰峤和张彦。又要开会，我讲什么？我就叫张彦再提供一些情况，传达周、康、陈的指示。我一边听一边想，心里生气，为什么把我推到台上，算啥！我请张彦先讲讲，我主持会。他不讲，我问总理还有什么指示，他说没有了。

等于原班人马又开了一次会，在党团干部会上我讲了25分钟。后来群众概括为几条：（1）不提倡写大字报；（2）大字报要内外有别；（3）要有领导；（4）要有步骤；（5）不一定开大会声讨；等等。

会后，我回到家里，睡不着，心里考虑，中央还未吭气，我这样做合适不合适？天还没大亮，就给少奇打了个电话，不想碰了个钉子。我刚说我在会上代表中央、包括总理讲了话，他马上顶了一句：“你不能代表！”

我赶快就说：“那怎么办？我马上写一个检讨，需要公布就公布。”

少奇说：“那也不要。”说完就把电话挂上了。我一听就知道事情不在我这儿。这句话把我解脱了。

通过这一天的事，觉得康、陈是对我来了个突然袭击。本来我对康、陈有些看法，但当时也不敢太怀疑，因为他们都是老资格的同志。

毛主席决定发表第一张大字报

5 月 31 日，陈伯达亲自到人民日报社，改组人民日报社，撤了吴冷西社长的职务，宣布中央确定派工作组进驻。这是中央派的第一个工作组，而且由陈伯达宣布，并由他领导。

改组后的第二天，6 月 1 日，《人民日报》发表社论《横扫一切牛鬼蛇神》。社论指出：“革命的根本问题是政权问题。……有了政权，就有了一切。没有政权，就丧失一切。因此，无产阶级在夺取政权之后，无论有着怎样千头万绪的事，都永远不要忘记政权，不要忘记方向，不要失掉中心。”这篇社论实际将林彪五一八讲话精神公布于众。社论宣布：“一个无产阶级文化大革命高潮，正在占世界人口四分之一的社会主义中国兴起。”

6 月 1 日，我们正在开华北工作会议，由我传达五月政治局扩大会议的决定。下面递了一个条子，说是由康老那里送过来的文件。我打开一看是康生写的条子。内容是毛主席在杭州对聂元梓大字报的批示，并说今天就要公布。毛主席批示的内容，因为时间仓促，看得很匆忙，我已记不清了。考虑到事关重大，我在会上念了康生写的条子。

6 月 1 日晚 8 点，中央广播电台全文播放了聂元梓的大字报，毛主席称赞它是“全国第一张马列主义的大字报”。这一下子火就点起来了。康生欣喜若狂，他有一次在大会上说：“大字报广播后，我感到解放了。”而大字报广播后我就十分被动，因为我在北大的讲话与毛主席的评价显然不同。

当天晚上，张承先率少数工作队员进了北京大学。

6 月 2 日，《人民日报》第一版以醒目标题《北京大学七同志一张大字报揭穿了一个大阴谋》，全文刊登了聂元梓的大字报，并发表了评论员的文章《欢呼北大的一张大字报》。评论员的文章说“北京大学是‘三家村’黑帮的一个重要据点，是他们反党反社会主义的顽固堡垒”，并说北大的党组织是“假共产党，是修正主义的‘党’”，说“你们的‘组织’就是反党集团，你们的纪律就是对无产阶级革命派实行残酷无情的打击”。各高等院校纷纷效仿北大，揪斗校系领导，冲垮各级组织，从此全国高校陷于混乱，一发而不可收。

“文化大革命”初期的北大工作组

张承先

“文化大革命”初期，中共中央决定派我为北京大学工作组组长，代行北京大学党委书记职务，领导北大的“无产阶级文化大革命”运动。在风口浪尖上，我经历了一场不寻常的严重斗争。在处理北京大学“六一八”乱揪乱斗事件中，被江青指责为“镇压了革命”。康生宣布我犯了“反党、反社会主义的资产阶级右倾机会主义路线错误”，我随即被打倒。

关于“文化大革命”，中央在《关于建国以来党的若干历史问题的决议》中指出：“历史已经判明，‘文化大革命’是一场由领导者错误发动，被反革命集团利用，给党、国家和各族人民带来严重灾难的内乱。”我在北京大学领导“文化大革命”运动中的亲身经历深刻地说明了这一点。

陈伯达、康生是以林彪为首的和以江青为首的两个反革命集团的重要成员，在制造内乱中起了极其恶劣的作用。他们在北京大学“文化大革命”中进行了丑恶的表演，对这一段历史许多人并不清楚。在一些历史著作中也叙述不详，甚至有的以讹传讹。我作为当事人，有责任将这一段历史记录下来。

一

1966年5月，我正在北京参加中共中央华北局主持召开的华北地区“无产阶级文化大革命”工作会议（当时我任中共河北省委书记处书记）。在会上听了5月18日林彪在中共中央政治局扩大会议上讲话的传达。他在讲话中大讲世界上“政变成风”，并称中国有些人阴谋搞政变，他们要杀人。会上还传达了彭真、罗瑞卿、陆定一、杨尚昆等同志的所谓“反党错误”。当时感到气氛很紧张。在这次会上还传达学习了中共中央决定发动“文化大革命”的《五一六通知》。

当时，我对这一通知进行了反复认真的研读。通知提出：要“高举无产阶级‘文化大革命’的大旗，彻底揭露那些反党、反社会主义的所谓‘学术权威’的资产阶级反动立场，彻底批判学术界、教育界、新闻界、文艺界、出版界的资产阶级反动思想，夺取在这些文化领域中的领导权，而要做到这一点，必须同时批判混进党里、政府里、军队里和文化领域的各界里的资产阶级代表人物，清洗这些人，有些则要调动他们的职务，尤其不能信任这些人去做领导文化革命的工作，而过去和现在确有很多人是在做这种工作，这是异常危险的”。“混进党里、政府里、军队里和各种文化界里的资产阶级代表人物，是一批反革命的修正主义分子，一旦时机成熟，他们就会要夺取政权，由无产阶级专政变成资产阶级专政。这些人物，有些已被我们识破了，有些则还没有被识破，有些正在受到我们信用，被培养为我们的接班人。例如赫鲁晓夫式的人物，他们现正睡在我们的身旁。各级党委必须充分注意这一点。”读到这些段落，真使我大吃一惊，心里想情况有这么严重吗？出于毛主席在我心中的崇高威望，我又不能不相信，也不敢怀疑。当时只是考虑自己觉悟不高，认识不清，要努力学习提高自己的觉悟，跟上毛主席的重大战略部署。同时认真对照检查我在河北主管的文教工作，考虑在这方面工作中有无问题，想来想去也没有感到多大问题。

6 月 1 日下午，我突然接到通知，让我在傍晚到北京饭店向北京新市委第二书记吴德领受任务。吴德对我说：毛主席决定要向全国广播北京大学聂元梓七人于 5 月 25 日贴出的大字报，广播后北京大学党委可能陷入瘫痪状态，中央决定任命你为北京大学工作组组长，并由你代行北京大学党委书记职务，要赶在广播前进驻北京大学，领导北京大学的“文化大革命”运动。当晚召开了华北局和北京新市委负责人参加的紧急会议，讨论工作组进驻北京大学的工作方针和行动计划。然后，吴德和华北局负责人苏谦益、池必卿、黄志刚带领我急急忙忙赶到北大，召开北京大学党委会议，宣布了华北局决定。这时中央人民广播电台已于晚 8 点广播了聂元梓七人大字报。6 月 2 日零点 30 分，紧急召开了全校党团员、干部、学生干部大会，宣布华北局决定。我讲了话，表示：坚决支持北京大学的革命运动，放手发动群众，把北京大学的“无产阶级文化大革命”进行到底！

这个突如其来的任务，使我感到担子很重，压力很大。北京大学聚集了很多全国闻名的学者，是全国著名的高等学府。而我对北京大学的情况一无所知，对“文化大革命”怎样搞法也心中没底。只是觉得在“天子”脚下的北京大学搞运动可非同一般，只能搞好，不能搞坏。搞不好，不只是对中央无法交代，对国内外也将产生不良影响。怎么办？我考虑再三，感到务必要谨慎从事，严格遵照毛主席的“没有调查就没有发言权”、“坚持对上负责与对下负责的一致性”、“政策和策略是党的生命”等一贯教导去做，绝不能下车伊始就胡乱开展“斗争”。在具体工作中，一是依靠领导，坚决按中央的指示办事；二是深入调查研究，摸清北京大学的情况。

工作组的派出为何如此匆忙？我当时并不知情，后来才知道事情的经过是这样的。北京大学聂元梓七人大字报是在康生秘密策划下搞出来的。1966 年 5 月 14 日，康生派人以中央理论小组调查组的名义到北京大学调查，由他的妻子曹轶欧任组长。曹多次找到聂元梓面谈有关“文化大革命”的问题。曹还两次找北京大学党委常委、法律系主任陈守一谈话：说北京大学的学术批判有问题，你应该揭发，你如果同意揭发，还会有人和你一同出面揭发。两次都遭到了陈守一的拒绝。曹轶欧于是表示：此事“算了”，但又叮嘱他对这件事严格保密不能与任何人谈。5 月 23 日晚，果然如曹轶欧所说“还会有人出面揭发”，这就是经她面谈的聂元梓。聂元梓在邀集某些人商量之后，决定从北京市委大学部副部长宋硕 5 月 14 日关于“文化大革命”的讲话开刀，写出了题为《宋硕、陆平、彭珮云在文化革命中究竟干些什么?》的大字报，向北大党委和北京市委发难。大字报写出后，于 5 月 25 日公开贴在学校大饭厅东墙上，引起了全校的思想混乱和激烈争论。大多数师生员工认为：这是一张用诬蔑不实之词攻击诬陷北大党委和北京市委的大字报。北京大学公开贴出大字报的事也在社会上引起轰动。当晚华北局书记李雪峰和国务院外办副主任张彦到北大召开党员干部会议，传达国务院有关文件，批评聂元梓等人的大字报不应该贴在外面。周总理指示说：“大字报可以贴，但北京大学是涉外单位，要内外有别。”强调党有党纪、国有国法，要认真遵守。由于聂元梓的行为受到了周恩来总理的批评，学校内也有些干部师生批评了聂元梓大字报中的一些诬蔑不实之词，于是曹轶欧派人将大字报底稿取走送给康生，康生背着当时在北京主持中央工作的刘少奇、周恩来、邓小平等同志将大字报直接送给在外地的毛主席，并让曹轶欧告诉聂元梓要“顶住”。据康生自己在 8 月 4 日的北大全校大会上说：“6 月 1 日下午 4 点，我接到通知（指广播聂元梓大字报的通知），我感到聂元梓同志解放了，我……也感到解放了，因为我们当时是支持这张大字报的，我们也受到了压力。”由此可见大字报出笼与康生等人的关系。

康生的这种突然行动，使当时在北京主持中央工作的刘少奇、周恩来、邓小平等同志陷于被动状态。在这种紧急情况下，在北京主持中央工作的领导同志按照过去党领导运动的通常做法，决定派出工作组，领导“文化大革命”运动，免得使运动陷于无领导的混乱状态。我就是在这种紧急情况下被派往北京大学的。

二

1966 年 6 月 1 日晚 8 时，中央人民广播电台向全国广播了聂元梓七人大字报，当夜就有许多人给广播电台打电话提出质询和抗议。当晚收到质询抗议电话 59 次。6 月 2 日《人民日报》头版以《北京大学七同志一张大字报揭穿了一个大阴谋》为主题，全文发表了这张“革命”大字报，并在配发的评论员文章《欢呼北大的一张大字报》一文中，称“北京大学是‘三家村’黑帮的一个重要据点，是他们反党反社会主义的顽固堡垒”。随后陈伯达掌握下的《人民日报》又连续发表了《横扫一切牛鬼蛇神》、《触及人们灵魂的大革命》、《撕掉资产阶级“自由”、“平等”、“博爱”的遮羞布》等一系列社论，把聂元梓封为“革命左派”。这就在北京大学引起了极大的震动。而聂元梓则认为她胜利了，向“围攻”（聂元梓自称广播前她受到了“围攻”）她的人展开了猛烈反击，校园内出现了混战局面。许多青年学生出于对毛主席的热爱，出于保卫党中央、保卫毛主席的热情，也纷纷贴出大字报。从 6 月 1 日到 6 月 6 日校内共贴出大字报 5 万多张，各种观点都有，其中也有反对聂元梓的大字报。每天来北京大学看大字报的近万人。北京许多学校派人来北大声援，不断有人访问聂元梓并向她取经。聂元梓一时成为“英雄”人物。北京大学的“文化大革命”运动在这种强大的舆论下，迅速激发起来。

6 月 4 日，陈伯达到北京大学看大字报，了解情况。他对北大工作组说：“北大是地、富、反、坏、右的堡垒，是资产阶级反对无产阶级的堡垒，他们是在培养资产阶级、反革命和叛徒的接班人，是一个很顽固的堡垒，堡垒要从内部攻破，我们要有自己依靠的人。”陈伯达回去后，《人民日报》于 6 月 5 日发表了题为《做无产阶级革命派，还是做资产阶级保皇派》的社论。社论说：“北大社教运动后期，召开的国际饭店会议”，“是 1965 年发生的一个极端严重的反革命事件”，“北京大学的斗争，是无产阶级革命派和资产阶级保皇派之间的斗争，是马克思列宁主义、毛泽东思想和修正主义的斗争，是无产阶级教育路线和资产阶级教育路线的斗争，是革命和反革命的斗争，是极其尖锐的阶级斗争”。这个论断当时也使我感到十分突然。因为，1964 年开始的北京大学社教（“四清”）运动是经过反复的。开始由中宣部派出的北大社教工作队认定北京大学已经烂掉了。后来由于有不同意见，中央书记处决定进行复查，决定由北京市委书记处书记万里主持国际饭店会议进行复查，结果否定了聂元梓等人对北大党委的“揭发”和中宣部工作队所作的结论。中央书记处在邓小平主持下，专门讨论了北大社教运动问题，认为北京大学是办得比较好的社会主义大学，只是有些问题。陆平同志（北大党委书记）是好同志，也只是有些错误。对中宣部工作队在北京大学社教运动中的工作方针和做法提出了严肃批评。当时，我还听说毛主席说过“看来陆平还是个好同志”。对中央已经作了结论的事，陈伯达轻易地予以彻底推翻，并把国际饭店会议称为反革命事件，必然在北京大学引起更大的混乱。果然，《人民日报》的这篇社论一发表，北京大学内部就围绕着社教运动的历史旧账，展开了激烈的斗争。聂元梓对在国际饭店会议上不赞成她的观点的人开展无情斗争，进行打击报复，并要揪斗万里（工作组以万里是中央任命的北京新市委的领导成员为理由，拒绝了她的要求），给工作组造成了很大的压力。

在聂元梓发动的这场斗争中，斗争方式简单粗暴，打人、骂人、揪头发、撕衣服、戴高帽子游街，使北京大学的混乱状态不断升级。《人民日报》发表《横扫一切牛鬼蛇神》的社论后，把青年学生在毛主席号召下焕发的革命热情，进一步引向了“横扫一切、怀疑一切、否定一切”的方向，开始漫无边际地“横扫”起来。北京大学著名历史学家翦伯赞在“横扫”中，遭到人格污辱，其住所被贴上“庙小神灵大，池浅王八多”的对联。有些前来北京大学声援的外校学生，随便勒令被报上点名的“黑帮人物”出来交代问题，有一次一些中学生打掉了陆平的眼镜。在这种激烈动荡、一片混乱之中，如何站在运动前面领导运动，成为当时十分迫切又非常难办的问题。

聂元梓七人大字报广播之后，原北京大学党委及所属党总支，除聂元梓掌握的哲学系外，全部陷于瘫痪。当时的首要任务是建立工作组的各级机构，取代垮了的各级党组织。北京新市委在中央支持下，从中央机关、解放军和各省市抽调了大批干部，充实加强北大工作队的力量。6 月 7 日，从校到系（除哲学系外）全部实现了工作组的领导。据 6 月 10 日统计，北京大学共有 208 名工作队员。在校一级成立了北大工作组领导小组，我担任领导小组组长，副组长有曹轶欧（她早已以中央理论小组调查组组长名义进驻北大，后改为“中央文革小组”调查组）、刘仰峤（高教部副部长，后来调回高教部）、杨以希（中央组织部副部长）、彭林（中国人民解放军海军航空兵政治委员）、武振声（中央文办秘书长）、张德华（团中央候补书记）。聂元梓任领导小组办公室主任，杨克明（北大七人大字报主要成员之一）为办公室副主任。

在建立健全工作组各级组织领导的同时，中央对北京大学“文化大革命”运动如何进行作了一系列指示。

6 月 3 日下午，新市委第一书记李雪峰，在大专院校代表会上讲话并传达了中央指示，分析了北京市“文化大革命”的形势，提出：6 月 1 日广播了北京大学第一张大字报后，北京市“文化大革命”运动轰轰烈烈开展起来，在斗争方式、方法上也出现了一些值得注意的问题。运动刚刚开始，领导还没有讲运动怎样开展，出现些问题也是正常现象。运动在打破常规开展起来的新情况下，领导要站在运动的前面领导运动。任何革命群众不是执行正确的政策，就是执行盲目错误的政策。北京市委过去的领导出了严重问题，但北京市广大党员是好的，不能设想北京市的党组织都坏了。有些同志犯了错误是执行了前市委以党的名义发的文件和指示，有的同志自身有毛病有错误，要主动检查，取得群众信任和谅解。有些人即使与黑帮有关系也应起来主动决裂，党是允许革命的。中央要求各级党委站在运动的前面领导革命运动。既要放手发动群众，又要掌握政策，有些方面要划些杠杠。经中央同意开展运动的八条要求是：一是大字报要贴在校内；二是开会不要妨碍工作、教学；三是游行不要上街；四是内外区别对待，不准外国人参观，外国留学生不参加运动；五是不准到被揪斗的人家里闹；六是注意保密；七是不准打人，污蔑人；八是积极领导运动，坚守岗位。这些政策要尽快通知下去和群众见面。北京大学虽然尽快传达了这些指示，但北大运动实际上已经突破了这些杠杠。这些指示给我最深的感受是：工作组一定要站在运动的前面领导运动，要放手发动群众，注意掌握政策。

6 月 7 日，校系工作组全部到位后，新市委第二书记吴德于 8 日来北京大学传达了新市委的指示：北京大学这张大字报成为“文化大革命”全线进攻的号角。现在看来不少单位的领导已经积极起来领导这一场运动了，但也有相当多单位的领导还采取消极态度，有不少单位出现了“两派对骂”的尖锐状况。“革命派和保皇派进行着一场搏斗”。现在要狠抓领导权，这里有个夺权问题。目前情况下，还要强调放手发动群众，当然要有领导，要讲政策。所谓有领导，首先要把群众发动起来；讲政策，首先是支持革命群众，然后是划一些政策界限。现在主要是怕搞乱了，我们不应该怕大民主，不要怕这怕那，不要束缚群众手脚。群众运动开始可能乱一些，这合乎规律，也可能大乱一场，然后再一分为二。只要我们旗帜鲜明，打击方向明确，加强领导也乱不到哪里。只要群众真正起来了，情况就会好一些。运动不是按设想的发展，我们原想分期分批进行。大字报一广播，一声号令，全面开花。我们不能用常规办法领导运动。我们要高举毛泽东思想伟大红旗，有气魄地领导运动。雪峰同志讲的八条是中央精神，当然是对的。有人从积极方面理解，有人从消极方面理解，束缚限制群众。例如上街有两种不同的上街。对北大声援，那么多人敲锣打鼓去，也是上街嘛！关于“内外有别”的问题，比如互相看大字报就不能限制，不是很多人到北大看大字报嘛！总之要有政策，政策首先要支持革命群众起来革命。工作队是临时调来的，来不及训练，思想准备不足，对学校“文化大革命”怎么搞不大清楚，工作队员要在运动实践中提高自己，边战斗边整训。越是放手发动群众，越容易使运动健康发展。

我们说要造气势，不是说不要求做深入的细致的思想工作。在组织上要抓组织革命队伍，依靠“左派”，争取中间，分化右派，孤立打击顽固的反党反社会主义分子。现在北大“左派”已经起来，当前的问题是争取中间，中间一过来，右派就会分化。总之，要放手发动群众，现在发动得还很不够。关于这次运动斗争的目标是“反党反社会主义反毛泽东思想”的“资产阶级代表人物”，在党内是“走资本主义道路的当权派”，在党外是“反党反社会主义的资产阶级学术权威”。斗争不是对有资产阶级思想、世界观没有改造好、但并不反共的知识分子。群众起来不管是重点不是重点，都烧一下很难免。要引导他们把目标集中在批判重点上，不要转移斗争目标。

根据新市委传达的这些中央指示，结合北京大学实际情况，我与工作组领导小组同志酝酿后认为：在北京大学，夺取领导权问题已经解决，已经涌现出一支“左派”力量，现在是放手发动群众，壮大革命力量，依靠与提高“左派”，大力争取中间派，明确斗争目标，注意掌握政策，结束混战局面，把运动引向深入健康发展的问题。根据这一认识，我对运动中的几个问题进行了认真的思考和研究，现将当时的一些想法记叙如下：

（1）关于要站在运动前边领导运动。

北京大学当时的实际情况是，聂元梓七人大字报广播之后，以聂为首的“无产阶级左派”在北大崛起，北大的“无产阶级文化大革命”“轰轰烈烈”地搞了起来。根据这一情况，北大工作组明确表示要“支持左派、依靠左派”，并安排聂元梓为北大工作组领导小组办公室主任，杨克明为办公室副主任，全面掌握运动情况。但在实际接触中，我感到聂元梓对这场“文化大革命”运动的性质任务和所要达到的目的并无深刻的了解，运动中带有个人情绪、发泄个人不满，斗争目标不明确，矛头对准在过去运动中与她持有不同观点的人，对准由他们自己主观认定的“资产阶级保皇派”。斗争方式简单粗暴，不讲政策，出现打人、骂人、戴高帽子等现象，斗了一些不该斗的人，使校园内形成混战局面。特别是感到，聂元梓等把“无产阶级革命派”的圈子划得太小，不注意争取中间力量，不注意团结一切可以团结的人，脱离了广大群众。而大多数群众，虽有革命热情，但有很大的盲目性，如果没有党的坚强领导，必然像中央指示中所说的那样“执行盲目错误政策”。因此，要搞好北京大学的“文化大革命”，只靠聂元梓等人搞是不行的，“依靠左派还要提高左派”，必须加强党的领导，制止混战局面，把运动引入正轨。由于北京大学各级党组织已陷于瘫痪，领导权已转移到工作组手里，北京大学的“运动领导权”问题已经解决了。当前实现党的领导的关键，是工作组必须站在运动的前列来领导运动。如何实现领导是一个迫切需要解决的问题，其中也有个提高工作组的领导水平，取得领导资格的问题。因此工作组和广大工作队员需要进行战地培训，要边学习提高、边参加和领导运动，“在战争中学习战争”。

（2）关于放手发动群众问题。

在北京大学搞好这场“文化大革命”，必须放手发动群众、壮大革命力量，必须要把北大的广大革命干部、广大党团员、广大革命知识分子、广大学生发动起来，把一切可以团结的人团结起来；要按照中央社教运动“二十三条”的精神，在团结95%以上群众的基础上，团结95%以上的干部。而北京大学虽然已经涌现出一股“左派革命力量”，但这股力量还不大，他们又不善于团结广大群众，对他们主观认定的“资产阶级保皇派”一律加以排斥，不加区别地进行斗争，使相当一部分群众对运动持怀疑和消极态度。经工作组深入调查摸底排队，北京大学“文化大革命”运动虽然表面上“轰轰烈烈”，但真正动起来的不过30%左右。处于中间状态的占有很大比例。面对这种情况，工作组必须高举毛泽东思想伟大红旗，开展大学大议，深入发动群众、放手发动群众，在“提高左派”的同时，争取中间派，壮大革命群众力量，这是搞好“文化大革命”的关键所在。

（3）关于注意掌握政策。

在北京大学进行“文化大革命”，必须特别注意掌握政策。北京大学是高级知识分子集中的地方，进行“文化大革命”不把广大高级知识分子团结起来、发动起来是不可能搞好的。在运动中要善于抓住主要矛盾，明确斗争目标，目标要集中对准“真正的顽固的反党反社会主义分子”。不能说北大领导出了问题，北大的党组织和党员干部就都坏了。要解除各种各样人的思想顾虑，使得有这样那样缺点错误的人“洗手洗澡”轻装上阵。要团结一切可以争取团结的人，形成一支革命大军。

（4）对于学术领域里的问题、意识形态领域中的问题，解决起来要持特别慎重的态度。

吴德报告中指出：这次运动斗争的目标是“反共反社会主义的资产阶级学术权威”，“不是对有资产阶级思想、世界观没有改造好、但并不反共的知识分子”。因此，特别要注意区别两类不同性质的矛盾，不能把纯学术问题和政治问题混淆起来。即便是对“反共反社会主义的资产阶级学术权威”，在批判中也必须坚持摆事实、讲道理的方针。毛主席说过，对学术问题，要通过“百家争鸣”来解决，对思想认识问题，要说服不能压服。现在简单地采取打人、骂人、扣帽子、打倒在地的方法不能解决任何问题，反而会适得其反。对像翦伯赞这样著名的历史学家，更不能采取污辱人格的办法。

（5）在北大进行“文化大革命”的任务是很重的，必须采取“积极又稳步前进”的方针。

领导北京大学的“文化大革命”运动，首先要抓好学习。通过学习毛泽东思想和文件，提高认识，擦亮眼睛，进行深入调查研究，找出重点人和重点事，并认真研究、弄清其问题的性质，对不同问题采取不同政策加以解决。这样逐步推进，才能把“真正的顽固的坚持反党反社会主义的反革命分子”孤立起来，暴露出来，达到“加以清除”的目的。抗日战争和解放战争时期，我在冀鲁豫边区工作，对湖西“肃托”和太行整风中冀南三大队“肃反”造成严重后果的沉痛教训记忆犹新，现在面对北京大学这样复杂的情况，我认为必须慎重行事，绝不能再重复历史上的错误。

以上这些考虑，先在领导小组内进行酝酿，交换意见，又召开了若干座谈会征求群众意见。针对群众中存在的种种疑虑，经领导小组讨论后，形成了《高举毛泽东思想伟大红旗，放手发动群众，壮大革命力量，明确斗争目标，贯彻党的政策，依靠北大广大革命干部、革命知识分子和同学进行无产阶级文化大革命》的动员报告。6 月 13 日，在 3 000 名积极分子大会上作了报告，经过讨论、听取反映后，又进行了修改补充。6 月 15 日，在全校 13 000 人的群众大会上作了动员报告。这个报告的基调和指导思想是“左”的，但在当时却具体回答了全校师生员工存在的各种各样的疑虑和问题，指出了这次“文化大革命”的性质和意义，明确了斗争目标，讲明了党的方针政策，以及在斗争中应该采取的方法和策略，客观上起到了安定人心的作用。对北京大学已经出现的乱揪乱斗现象，当时指出，“有些人有气，出现这种情况是可以理解的”，主要原因是领导没有跟上去，但明确今后不能再这样搞，这样搞不但不利于“文化大革命”进行，反而容易让坏人钻空子。强调“文化大革命”必须在工作组领导下有计划、有步骤、有秩序地进行。这个动员报告当时得到了全校广大师生员工的拥护。根据系工作组反映，许多师生说：“这是一个高举毛泽东思想伟大红旗，既敢于革命，又善于革命的报告。”七人大字报成员之一、后被任命为工作组办公室副主任的杨克明曾参加了调查工作和座谈会、参与了报告的起草与修改，对这个报告也表示非常赞同。当时作这个报告的目的，是想通过这个报告统一思想，统一认识，把北京大学的“文化大革命”运动纳入有领导、有计划、严格按党的方针政策办事的轨道上来。

三

1966 年 6 月 18 日上午，工作组召开全体工作队员大会，研究 6 月 15 日全校动员大会后的情况，讨论如何进一步贯彻大会精神、领导好这场运动。9 时左右，在校园内又突然爆发了乱揪乱斗事件。三十八斋前还设了“打鬼台”，四处揪人。工作组领导小组闻讯，立即停止会议，让各系工作组迅速回到各系，制止乱揪乱斗。我也立即赶赴现场，在两处斗得最凶、最集中的地方讲了话，讲明党的政策，强调指出不讲政策的“革命”是不可能取得胜利的，最终制止了乱揪乱斗。

据当天下午汇总的情况统计，前后有 60 多人被揪斗，多是一般干部，被斗者头上戴高帽，脸上涂黑墨，身上贴大字报；罚跪、揪头发、撕衣报、拳打脚踢、游斗。更加恶劣的是，还发生了多起污辱女同志的流氓行为。经查明，在这场乱揪乱斗事件中，有 4 个人行为恶劣。一个是庶务科的工人叫刘佳宾，此人原是国民党党员，当过国民党部队的上尉连长，被我军俘虏后，隐瞒身份混入我们内部，上星期就曾带头打过 3 个人，这一次又是他第一个带头打人。还有一个人在三十八斋前参加乱打乱斗，我到场讲话后，其他人都表示要听“毛主席的话、按照党的政策办事”并随即散去。而此人却在散会后两分钟不到，又揪来个女同志进行乱打乱斗。工作组成员赶到后质问他：“刚才张承先同志讲了话，大家都拥护，你为何还要这么做?”他蛮横地说：“你们工作组凭什么不让我斗?”又问他是哪个部门的，他说是北大附中的，经查附中并无此人。后查明，此人名叫修××，1962 年因偷窃被开除，现在没有正当职业。再就是有一个自称是东语系姓黄的，是“打鬼台”乱斗人的主角，带头打人，共打了 8 个人。他还专门找女同志作为斗争对象，趁机猥亵妇女。后查明此人并不姓黄，原名陈××，有流氓习气，人称“小阿飞”。还有无线电系学生夏××，混入生物系参加斗争会时，他上台扯掉被斗女同志的裤子，并在女同志身上乱摸，后又在台下猥亵女同学。这个人过去一贯搞流氓行为，曾在王府井大街商店里偷东西被抓住，受过留党察看处分。

除以上这些坏人外，参加乱打乱斗的还有两种人，一种是本身有辫子可抓，怕大火烧到自己身上，趁机表现自己的。如政治系二年级有个调干生杨××，曾积极反对过聂元梓的大字报，这天在乱打乱斗中表现也很凶，当很多同学劝他“要进行说理斗争，不要打人”时，他大喊“要坚决地打，非打不可”。另一种人是单纯的个人报复出气。

在乱揪乱斗中，还有人故意制造场面，让外国人拍照。有迹象表明这场乱揪乱斗是有人预谋和策划的。据房产科有个工人反映，17 日晚上历史系有个学生给校外打电话说，“明天上午工作组开会，是个好机会，工作组不来，我们斗我们的，工作组来了我们就把他们撵出去”。根据工人王焕反映，在三十八斋前有 7 个未戴校徽不明身份的人用电话到处联系说：已斗争过什么人，现在正在斗什么人。还发现十几个骑自行车的人到处搜寻他们想批斗的人，并把这些人拉到同一个场合，在一个“斗鬼台”进行批斗。从这些情况看，这次乱揪乱斗很可能是内外结合、有组织有计划的行动。

初步摸清情况后，经过领导小组研究，决定要抓住这一事件作为“反面教材”，对群众进行一次政策教育，把问题交给群众讨论，辩明是非。根据这一决定，在18日晚10时召开了全校师生员工广播大会，由我作广播讲话，向广大群众说明了乱揪乱斗的真相。指出：这次乱揪乱斗与以往的乱揪乱斗性质不同，以往的乱揪乱斗是有些人不懂政策感情用事；经过15日动员大会，在讲明政策后又发生这种情况，便不是一个简单的认识问题了，说明在乱揪乱斗中已经被坏人钻了空子，制造了混乱，给“文化大革命”运动抹了黑。我讲了应该从这次事件中汲取的三条教训，其一是要按毛主席指示，按党的政策办事；其二是打破旧秩序后要建立新秩序，要建立纠察队，维持革命秩序；其三是搞好这场革命要在工作组领导下进行，工作组是支持同学们搞革命的，背着工作组搞秘密串联活动是错误的。要求同学们对今天发生的事件展开大讨论，来一次大检查，提高认识、提高政策水平。并查一查搞乱揪乱斗的是些什么人？他们的目的是什么？对这次广播讲话，广大师生反映是好的，有的同学说：“我们斗争目标不明确，方法不对，混战了一场，确实被坏人钻了空子。”有的工人说：“还是得按政策办事，不能乱来。”在群众讨论的基础上提出：进行全系批斗必须经系工作组批准，进行全校批斗必须经过校工作组领导小组批准；依靠“左派”建立纠察队，维护斗争秩序；为防止坏人混入，对外校来声援者，安排专人热情接待，但禁止外校来人在北大揪斗人。经过这次动员之后，有人再想煽动乱揪乱斗确实比较困难了。当时认为：北京大学的“文化大革命”运动进入了稳步深入发展阶段。

北京大学工作组领导小组把处理“六一八”乱揪乱斗事件的情况写成“九号简报”。当时在京主持中央日常工作的刘少奇看到后，于6月20日向全国批转了这个简报，批语是“现将《北京大学文化革命简报（第九号）》发给你们。中央认为北大工作组处理乱斗现象的办法是正确的、及时的。各单位如果发生这种现象，都可参照北大的办法处理”。

关于“六一八”事件的性质，在“九号简报”上以及中央的批示中，说的都是“乱斗现象”。但陈伯达当时认为，“六一八”事件不简单，是一个反革命事件，一定有一个“地下反革命司令部”，要把这个“地下司令部”挖出来。他还具体提示要按照他创造的天津“小站‘四清’经验”来搞，为此还指派张恩慈来北京大学绘制北大的“反动系统表”。我在河北工作时，了解陈伯达在天津市（当时属河北省）南郊区小站搞“四清”的情况。小站原来是个先进单位，受到过表扬。陈伯达在小站搞出了 3 个“反革命集团”，说小站是“反革命集团”掌权，并株连到南郊区委书记。对此，当时许多同志是有不同看法的。陈伯达要求在北京大学按“小站经验”来搞，我是有所保留的，并在实际工作中采取了慎重态度。康生在对“六一八”事件性质的认识上是与陈伯达持同样观点的。在《北京大学文化革命简报（第九号）》发出后，北大工作组领导小组决定写一个正式报告，即《关于北京大学二十天文化革命情况的报告》，由工作组副组长兼秘书长张德华负责起草。在这个报告中，因受到了陈伯达观点的影响，在反映“六一八”乱揪乱斗情况时，作了这样的表述：“我们抓住这场反革命分子制造混乱，破坏文化大革命的事件……用以教育群众接受教训。”这个报告写成后张德华送给我和曹轶欧审阅，当时我由于工作太紧张，就说先送“曹大姐”审阅。曹轶欧阅后，批了一段话说：“德华同志：报告写得很好，在策略运用上狠下了一番功夫，没有什么不同意见，只是在不关重要的地方添了几个字，如认为不妥也可以删掉。”这份报告曹轶欧肯定后即发出了，我没有看，也没有签名，甚至圈也没有画。当时曹轶欧在北大工作组领导小组中是受到特别尊重的。因为她是“中央文革小组”派来的，直通“中央文革”，她认可了即可上报。曹轶欧与康生息息相通，她了解的情况随时向康生反映，康生的意见随时由她到北大贯彻，由曹轶欧认可的东西，当然也是康生认可的。对于《二十天文化革命情况的报告》中提到的反革命分子的破坏，当时大家并未十分在意，认为就是指在“六一八”事件中暴露出来的少数坏人，并没有把事件的参加者都看成反革命分子。在处理“六一八”乱揪乱斗事件中，除对暴露出来的 4 个坏人加以处理外，并没有抓反革命。当时的主要工作，是放在处理乱揪乱斗事件后，如何狠抓学习，提高认识，掌握政策，更深入地发动群众，特别是争取中间群众，以壮大革命力量等方面。同时，进行深入的调查研究，摸清情况，对重点人和重点事进行分析研究，弄清性质、区别对待，以便集中力量向“反党反社会主义分子”进攻。

北大“文化大革命”的经验，在一段时间内是得到北京新市委肯定的，“中央文革小组”这一时期也没提出什么意见。这从康生态度上也可以看出来。7 月 3 日康生找我谈话，说曹轶欧今后主要负责“中央文化革命小组”办公室的工作，仍兼任北大工作组领导成员，继续与北京大学联系。我当即表示同意，并向康生请示，问他对北大“文化大革命”运动有什么意见和指示，康生说没有什么意见。在 7 月 6 日，在市委书记处书记郭影秋召开的全市工作团（队）负责人会议上，交流了“文化大革命”的经验。专门让北京大学工作组介绍了经验，得到了与会同志的肯定。

四

1966年7月12日下午，地球物理系陈必陶等5名同学贴出了《把运动推向更高阶段》的大字报，批评工作组在运动中不敢放手发动群众。工作组领导小组决定通过这张大字报，进一步贯彻“放”的方针，把运动搞活。7月15日上午，市委负责人吴德、郭影秋来北京大学听取领导小组关于围绕陈必陶大字报进行辩论的情况汇报。吴德说：“六一八”事件中，好人是多数，坏人极少，但好人也做了检讨，好处是警惕性提高了，副作用是对工作组的意见不敢提了。加上工作组控制得比较紧了些，运动死巴了。现在正确处理陈必陶这张大字报，是把运动搞活的关键。下午领导小组召开各系工作组长会议，传达了吴德的讲话，决定拿出3天时间进行工作组的整训。

7月17日凌晨1点半，我突然接到吴德的电话，传达李雪峰的指示，说对“六一八”事件要重新进行估计。次日上午，李雪峰在北京市委书记处会议上，对北大工作组领导小组进行了批评。他说：对“六一八”事件估计错了，这件事是万人革命的行动，估计这个事件是反革命事件是错误的，估计错了就应当进行自我批评。北大的“文化大革命”18天“轰轰烈烈”，1个月“冷冷清清”，跟这件事有很大关系。当天下午，列席会议的武振声副组长向北大工作组领导小组传达了李雪峰的批评。领导小组多数成员对新的估价思想上想不通，我当时思想也不通。当日，我找到吴德提出不同意见。我说：处理“六一八”乱揪乱斗事件得到了中央的肯定并通报了全国，怎么能一下子又说成是革命事件呢?！吴德对我作了解释，要求我转弯子，说这样检查有利于争取主动。当时，我感到如果完全按照这样的口径向全校进行检查，广大工作队员和广大群众想不通，会引起新的思想混乱。因此，怎样检查颇费脑筋。经过领导小组的酝酿，决定了检查的调子。然后召开全校广播大会，由我代表领导小组做动员检查报告，检查了认识问题。我说：关于“六一八”事件，确实有极少数坏人钻空子，制造了混乱，但我们对敌情估计过高了，对群众的革命热情估计不足，并采取了一些限制和束缚群众手脚的措施，影响了运动生动活泼的局面。工作组决心进行整改，现在就整训，用3天的时间开展大鸣、大放、大字报、大辩论，集中批评工作组领导工作的缺点错误。工作组引火烧身的行动，在全校引起了很大反响。继陈必陶五人大字报后，出现不少批评工作组的大字报。但许多学生表示支持工作组。说工作组是革命的，是在革命中出现的缺点错误，批评工作组是为帮助工作组。当时全校运动活跃了起来，连教授冯友兰也出来贴了大字报。工作组决定根据群众意见改进工作，进一步放手发动群众，把运动搞活。

7 月 19 日夜，聂元梓突然在哲学系发表讲话，称“工作组犯了方向、路线错误”。聂元梓讲话后，晚 11 时哲学系学生在大饭厅等处设立演讲台，传播聂元梓的讲话，批评工作组是保皇党。当晚我已吃过安眠药睡下了，突然被叫醒，得知聂元梓讲话的内容后，根据聂元梓提出的问题召开了领导小组紧急会议。在领导小组会议上，大家对聂元梓的做法非常气愤，说聂元梓曾任领导小组办公室主任，工作组所有工作情况她是清楚的，处理“六一八”事件她也是表示同意了的，为什么又跳出来反对工作组。杨克明也表示非常气愤。他表示“聂元梓本身有很多问题，需要向领导反映，让领导了解聂元梓是个什么样的人，这个人是不能依靠的”。领导小组研究认为，对这个新情况必须迅速向北京市委汇报，取得领导的指示。杨克明表示愿意随我一同去北京市委汇报聂元梓的问题。我于 7 月 20 日晨，到市委找到了李雪峰。李雪峰听了汇报后说：你们不能把聂元梓的讲话简单看成是违犯组织纪律问题，要从政治上考虑问题，要考虑工作组本身工作上有什么问题。他要工作组听取聂元梓的意见，并广泛听取群众意见，对工作中的缺点或错误多做自我批评，争取主动。当谈到杨克明在外边等着向他汇报聂元梓的情况时，李雪峰说：“不听了，你们赶快回去。”我们随即赶回学校贯彻李雪峰的指示。

事后得知，就在聂元梓发表反对北大工作组讲话的同一天，在中央政治局常委扩大会议上爆发了一场关于工作组问题的激烈争论。据 7 月 23 日李雪峰在全市各工作组组长会议上的传达，中央政治局常委在 7 月 19 日和 22 日召开了扩大会议，讨论“文化大革命”运动的情况。陈伯达在 19 日的会议上提出了反对派工作组的意见，认为工作组起了“坏作用”。刘少奇在会上说，大学里要不要派工作组的问题，是从当时怎样实现党的领导方面考虑的，派工作组比较机动。工作组的领导有缺点、出了毛病，但多数基本上是好的，现在还是帮助教育他们的问题。邓小平说：多数工作组是好的，不能撤，主要是教会他们如何做工作；多数工作组的成员是好人，搞“文化大革命”没有经验，对工作组的估计不能说都坏了，现在主要是帮助教育工作组。政治局会议上还对如何开展运动的问题进行了研究，如如何开展大辩论、辩论中如何领导、斗争面不能太宽、要明确斗争目标等。会议强调要学习毛主席著作，用毛泽东思想武装头脑，把队伍组织好。听了传达之后，我感到聂元梓 19 日晚的反工作组演说是有来头的，她的演说与陈伯达同日在中央会议上的发言绝不是偶然的巧合，二者之间关系颇耐人寻味。就在这次传达会上，我作了发言，主要讲了北京大学的整改情况。

聂元梓 19 日发表反工作组的讲话之后，北京大学内部围绕着反对工作组和支持工作组展开了尖锐的斗争。当时工作组根据市委的指示，正在认真研究考虑聂元梓的意见，并分头到各系广泛听取广大群众的意见。我也亲自下到历史系去向学生征求意见。从当时反映的意见看，大多数师生不同意聂元梓的观点，对她带头反对工作组的行为很不满，并要求工作组“站起来”领导“革命”。21 日校园内贴出不少大字报，大多是要求聂元梓就她反对工作组的演说澄清事实、回答问题的。这段时间有不少学生不断找我，反映对聂元梓的意见，有的表示要贴聂元梓的大字报，其中就有中文系学生张少华（我当时并不知道她的背景）。我劝告同学们说：聂元梓七人的大字报是经毛主席肯定的，你们贴她的大字报，就把阵营搞乱了，绝不能这样搞。希望大家还是帮助工作组进行整改。

五

正当工作组认真进行整改，并在整改中得到大部分师生支持的时候，江青在陈伯达陪同下，于 7 月 22 日和 7 月 23 日两次来北京大学调查，说是了解北大“文化大革命”运动的情况。第一次来调查时，我正在召开工作组会议，听取各方面对工作组的意见，准备做检查。听说江青来了，正在与聂元梓谈话，我感到不便前去打扰，以免干扰了“中央文革”的调查研究工作，因此让一位工作组的副组长去接待，并说明我正在开会做检查，什么时候要听取工作组的汇报，我即前往。但江青与聂元梓谈话以后就走了，并未要求听工作组的汇报。后来听说，江青、陈伯达这次来北大调查，说得不多。江青说：“我没有多少话要讲。因为我对情况不了解，我代表毛主席来看望你们，听听你们的意见，看看大字报。”陈伯达说：“我们不清楚情况，要调查研究”；“工作组要走群众路线”；“要采取辩论的方法把道理讲清楚”；“我们还要了解情况，回去后要研究”；等等。第二天，江青、陈伯达再次来北大调查时，我正好去北京市委听传达报告，晚上吴德留我谈话，回到北大已经很晚了。听接待江青的同志说，已向江青说明，我去了市委。这次来北大，江青也没表示要听工作组的汇报，在听取了聂元梓等方面的意见后，江青发表讲话说：“我们都站在你们革命派一边。”还说：“革命派跟我们在一块，谁不革命谁就走开。”陈伯达在讲话中强调：“江青同志讲的也是代表‘文化革命小组’要讲的。”还说：“要听取不同的意见，我们的意见是：说‘六一八’是反革命事件是不对的，是错误的。”而 1 个月前正是他首先认定“六一八”事件是“反革命事件”，并要求追查“地下反革命司令部”的。现在他不仅来了一个 180 度的大转弯，而且闭口不提自己过去曾经发表的意见，反而板起面孔大批别人的所谓错误，真使人感到齿冷。这次江青、陈伯达到北大进行的“调查”，完全把工作组甩在一边，只与聂元梓等少数人接触，说明他们在如何对待工作组的问题上已经胸有成竹，预示着一场大风暴即将到来。

江青、陈伯达讲话之后，在北京大学进一步掀起了反工作组的浪潮，但北京大学内部在反对和支持工作组的问题上仍有激烈争论。7 月 25 日晚，康生、陈伯达、江青、王力、关锋、戚本禹等人到北京大学召开座谈会，随后又召开了有万人参加的全校“辩论大会”。会上的辩论很激烈，多数发言者不赞成说工作组在处理“六一八”事件中犯了路线错误。康生在会上发言说：“北大的‘文化大革命’，你们是主人，不是工作组是主人”，公开号召群众起来反对工作组的领导。支持聂元梓的人登台批判工作组，说工作组把“六一八”革命事件打成是反革命事件，把北京大学“轰轰烈烈”的“文化大革命”镇压了下去，把学校搞得“冷冷清清”，犯了方向路线错误。对他们的观点，有许多同学登台加以批驳，说工作组是革命的，在处理“六一八”乱揪乱斗事件的问题上是正确的，工作组是“延安”，而绝不是“西安”。

7 月 26 日，北京市委召开各工作组组长会议，我参加了这次会议。会上李雪峰讲了话，并传达了毛主席 24 日、25 日在中央政治局扩大会议上的讲话。李雪峰说：前天和昨天开了两次会，总的方面主要讲“文化大革命”运动，其中几乎都讲的是大学工作组要撤退，要改变派工作组的政策。他传达毛主席的话说：“文化大革命无非是革两个命。一个是斗坏人，搞黑帮；一个是搞资产阶级反动学术权威。”“搞他们（指资产阶级反动学术权威），你们（指与会者）行啊？我看你们不行，省委也不行，我也不行。”“什么教学改革，我也不懂，只有依靠群众，从群众里边集中起来。”“要改变派工作组的政策。现在工作组起的什么作用呢？两个作用。一个作用，阻碍的作用；一个是不会，一不会斗，二不会改。”“工作组一不能斗，二不能改，半年不行，一年也不行，只有他们本单位的人才能斗、才能改，斗就是破，改就是立，有破有立，只有依靠他们才行。”在当时中央的会议上，有些同志谈了各大学工作组的情况，有的认为北京大学的情况比较好。“限制了民主，向人家检讨了。”毛主席说：“我回北京的前四天（毛主席是 7 月 18 日回北京的），我是倾向保张承先的，但是有许多工作组是阻碍运动的。”会上有人讲道：工作组的同志是从全国来的，多数是好的，有从解放军来的。毛主席说：“什么海军、空军、陆军，什么张承先，你行？你行？你行？（指在座者）我也不行。”当有人谈到贴第一张大字报的聂元梓等七人中有四五个人现在不赞同聂元梓时，毛主席说：“分裂就分裂，不在聂元梓这个人有缺点，这是政治，她打了第一枪。”听了传达后，我感到毛主席当时的想法就是要放手发动群众，不怕乱，在乱中暴露问题，然后一分为二。对照这一指导思想，北京大学工作组在前一段工作中强调的要有领导、有步骤、有秩序地开展运动的方针，肯定是不符合毛主席意图的。但毛主席虽然批评了北大工作组，也只是说北大工作组不会革命、阻碍革命，并没有说工作组反对革命，是保皇党。由此看来，我们的“错误”还是被看作是工作中的错误，只要我们诚心诚意地检讨自己的错误，是可以取得党和群众的谅解、顺利撤出北京大学的。我在这次传达会上表态说：工作组在撤出学校之前，要站出来向群众作一个自我批评。然而形势的发展却完全出乎我的意料。

就在 7 月 26 日市委传达毛主席谈话的当天晚上，江青等人再次到北京大学主持召开了万人“辩论大会”。康生、陈伯达、张春桥、姚文元、王力、关锋、戚本禹、曹轶欧和“中央文革”其他成员都参加了大会。北京市委的李雪峰、吴德等人得到消息之后，也急急忙忙赶来参加会议。这个会议实际上成了批判斗争我的大会。会上，争论得非常激烈，双方相持不下，气氛十分紧张。大会进行中，几个北大附中的学生也上台来“揭发”：说北大附中工作组压制了他们，不让他们革命，他们几次找张承先反映意见，有时静坐半天，张承先都不见他们，最后见了，不但不支持他们革命，反而批了他们一顿，云云。在这些中学生发言时，江青积极插话鼓励，并带有煽动性地说：“大家看看张承先的官架子有多大，我来北大，他就不见我。”上面我已讲过，她两次来北大“调查”都赶上我有事分不开身，这些情况也都向她作了说明，她也没表示要听工作组的汇报，现在她却这样说，实际上是公开鼓动学生起来反对工作组。在当时那种情况下，对这种事情是无法辩白的，我只能对几个中学生提出的问题做了解释。我说：北大附中的工作是由张德华分管的。附中在运动中出现了违反政策的现象，如提出“打倒一切大大小小的权威”的口号，斗争普通教师，提出“老子革命儿好汉，老子反动儿混蛋”的口号，乱斗学生，等等，对此工作组的同志进行了劝阻。当有的学生不服来找我提意见时，我让张德华先出面接见他们，进行说服教育；后来有的学生非要见我不可，其中为首的几个是干部子弟（记得有彭小蒙、宫小吉等人），我即接见了他们，并以长辈的身份批评了他们违反政策的一些做法。我说明情况后，会场上鸦雀无声，看来江青的煽动并没有发生作用。

这时又有人上台来“揭发”说：“在‘六一八’事件后的大讨论中，西语系的一名女生孙××被逼自杀了。”这一耸人听闻的“逼死人命”事件引起了会场的轰动，有人高喊“张承先交代！”“张承先交代！”对这个所谓的“逼死人命”的问题，我事先一无所知，当时只好说：我没有听说过有这件事，我查一查，如果确有此事，要认真处理。当时，自工作组成立以来一直是领导小组成员的曹轶欧在主席台上跳起来高喊：“张承先要老实交代！”有的同学对这种做法不满，递上一个条子，要求当场宣读。条子中质问会议主持者：“你们是干什么的？你们有头脑没有？逼、供、信是不符合毛泽东思想的；我警告你们，如果继续这样下去，会脱离群众的。”康生听后勃然大怒，发脾气说：“只许工作组逼死人，就不许我们问一问吗?”事后查明，西语系确有一名女生因婚恋问题自杀未遂，根本与“六一八”事件后的大讨论无关。会后，西语系的同学立即贴出大字报澄清事实真相，并质问歪曲事实的人意欲何为？西语系的工作组组长方明也立即对此事进行了调查了解，以备江青查问。但此事的事实已明，也就无人过问了。

由于在“辩论大会”上未能压倒支持工作组的意见，聂元梓的积极追随者孙蓬一上台发言，抛出了一枚“重型炸弹”。他说：“我刚从中宣部了解到，张承先在天津与陆定一有秘密勾结。”当时陆定一已经受到公开点名批判，把我和他拉在一起，无疑是一顶很大的政治帽子。所以，他的话音一落，会场上又响起了一片“张承先交代!”的喊声。我一听他把问题扯到北大以外的事情上去，就感到聂元梓等人已经没有什么文章可作！我沉着地走到扩音器前说明事实真相。我说：1965年春天，陆定一确实曾到天津休养，那时我正在天津医院住院治病。河北省委秘书长通知我说：中宣部部长陆定一来天津休养了，你是省委分管文教工作的书记，应该去看望一下。我即去招待所看望了陆定一，并陪他吃了一顿饭。当时，中宣部副部长许立群也在座，听他说是来向陆定一汇报学校“四清”工作的。当我问他们学校“四清”准备如何搞时，他说准备按延安整风的方式来进行。这次会面后，我即回医院治疗，以后没再与陆定一等人见面。我们之间的接触，完全是正常的工作关系。听了我的说明之后，会场上的群众很平静，没有人再追问这一问题。

此后，仍有不少群众上台来为工作组辩护。我当时心中很着急，我想大家千万别再登台为工作组辩护了，越辩护江青等人越下不了台，场面越难收拾。果然江青忍不住出来说话了，她情绪激动地高声喊道：“我揭发，张承先是个坏人。他把阶级斗争搞到我家里来了，我的女儿李讷在历史系受到坏人的迫害，这个坏人是张承先支持的。中文系有个叫张少华的是个骗子，她自称是我的儿媳妇，根本没有这回事，我根本不承认。这个骗子也是张承先支持的。”对她的这种“揭发”，广大师生感到十分惊愕，会后很多师生议论，真不像话，怎么把家庭问题也扯进来了。还有的同学故意问我：“你是怎样把阶级斗争搞到主席家中去的?”我唯有报以苦笑，说我也不知道是怎么回事。

“辩论大会”的最后，陈伯达代表“中央文革”作了结论，他说：“对‘六一八’事件怎么看，是革命事件！看成是反革命事件是不对的。对工作组的问题是阶级斗争的问题。在以张承先为首的工作组问题上辩论得这样激烈不是偶然的，是阶级斗争的反映。我赞成大家的意见，撤销以张承先为首的北大工作组，这是一个阻碍同学们走上革命道路的坏工作组，一个障碍物，是压制你们革命的盖子。有的同学为工作组涂脂抹粉，除了别有用心的人不说，在一些同学中，好像没有工作组就不能革命了？要把压在同学们头上的盖子揭掉，让同学们自己起来革命。建议北京市委撤掉以张承先为首的工作组。”随后，李雪峰代表北京市委口头宣布撤销工作组。江青建议北京大学“成立‘文化革命委员会’或‘文化革命代表大会’，作为文化革命运动的权力机关，自己起来闹革命”。她还点名要聂元梓筹建这个委员会。

26 日“辩论大会”之后，工作组即已无法进行工作，事实上被聂元梓夺了权。28 日成立了以聂元梓为主任的“北京大学‘文化革命委员会’筹备委员会”。工作组处于挨批判的状态。从 7 月 30 日至 8 月 3 日，校“文革筹委会”连续召开了 3 次全校批斗大会，批斗我和张德华，清算工作组的所谓错误。

8 月 4 日，康生、江青再次来到北大参加大会，代表“中央文革”对北大“文革筹委会”的成立表示祝贺，并再次主持对工作组的批判。会上康生正式宣布撤销工作组，并对工作组“错误”定了性。他说：“聂元梓的大字报是二十世纪六十年代‘北京公社’宣言书，马克思恩格斯对巴黎公社是什么态度，你张承先又是什么态度！你把工作组的反革命的二十天报告仔细看一下，认真对照一下，完全是反动的报告，完全是反革命的立场，把革命群众说成反革命。”“你在北大镇压了革命！这是什么行为？是反党、反社会主义、反毛泽东思想的行为！”“你们犯的是反党反社会主义的资产阶级右倾机会主义错误！”听了康生的话，我感到十分震惊。康生一向道貌岸然，我也一直把他当作老一代无产阶级革命家加以尊重，称他为“康老”，没有想到竟然是一个两面派。早在北京大学“文革九号简报”发出后不久，曹轶欧曾悄悄地给我通气说，中央对我们处理“六一八”事件是很满意的，并将向全国批转我们的简报。从曹的口气中透露，这个消息是从康生那里得来的，康生本人也是同意的。至于工作组的《二十天文化革命情况的报告》，则正是他的老婆曹轶欧批发的，他也没有表示过不同意见。现在他反过来说这是反革命报告，这种翻云覆雨的做法哪里还像一个共产党员呢？关于工作组的“错误”问题，在听到的毛主席的指示中，只是说工作组“阻碍革命”、“不会革命”，怎么到了康生口里就变成了“镇压革命”的“三反”行为了呢？这样无限上纲，岂不是要置人于死地吗？其实工作组在江青、康生、陈伯达眼中，算不了什么。他们抓住“六一八”制止乱揪乱斗事件大做文章，给北大工作组扣上“镇压革命”的罪行，其目的在诬陷刘少奇，诬陷他派工作组镇压革命，在全国推行了资产阶级反动路线。江青在大会上作了发言，说：“工作组是有靠山的。有什么靠山你们就揪他出来。”江青还要求学生揪住工作组不放，说：“什么时候你们认为不愿意听他们那一套了，再叫他们走。”康生、江青讲话之后，参加大会的北大附中的两个学生跑上台来掀掉了我的座位，并用皮带劈头盖脸地抽打我。江青对此不但不加制止，还热烈拥抱了打我的那个女中学生。事后，我被打的事情不知怎么传到了毛主席那里。吴德传达毛主席的指示说：张承先可以和工作组一块出来，张承先有心脏病，有错误可以批判，但不能整死。此后，在北京大学的批斗会上，包括我 1967 年二次被揪回北京大学的批斗会，我都没有再被打过。我能安全地撤出北京大学而没有被整死，不能不说毛主席的这句话起了保护作用。

8 月 13 日，根据北京市委的决定，北大工作组全部撤出了北京大学。工作组撤出后，在北京市委党校进行整训。整训的主要内容是批判我的“错误”。这一时期，全国也掀起了批判工作组的所谓“资产阶级反动路线”的浪潮。整训中，北大工作组广大队员对于康生、陈伯达、江青等人对北大工作组所作的结论是不同意的。主持这次整训的原工作组副组长彭林是位老红军，他就在同我的个别谈话中表示不理解，说“我们到底犯了什么路线错误?”整训中，广大工作队员在档案内发现了曹轶欧的材料，特别是发现《关于北京大学二十天文化革命情况的报告》是她批的，上面并没有我的签字，大家对康生在群众大会上的表演非常气愤，连续三次派代表到北京市委，要求曹轶欧回来检查交代。北京市委当然不敢答应。工作组广大队员的气没有地方出，就把曹轶欧的批语用大字报公布了。在批判我的会上，有的同志故意问我：你和曹轶欧是如何炮制“反革命报告”的。我只好说：“我是工作组组长，报告的指导思想是我的，至于谁批发，那只是个手续问题。”会后有的同志私下对我说，你这样答复好，如果你把曹轶欧拉出来，康生是绝不会放过你的。

工作组整训结束之后就解散了，我继续留在北京听候中央处理。到 1966 年 10 月左右，吴德派秘书来向我传达他的口头意见，说北大工作组问题还是一个工作中的政治路线错误，市委也要承担一部分责任，并说经请示中央同意，让我回河北。这样我就离开北京回到了河北。但北京大学的事并未就此了结。1967 年初，聂元梓等人又根据江青的指示把我揪回了北大。到北京大学后，孙蓬一与我谈话，并让我看了江青批件，大意是说对张承先不能轻轻放过，要揪回来批透斗臭。根据她的这一“指示”，对我进行了多次批斗，这些批斗会的规模并不大，主要是追后台。重点追问邓小平通过他的儿子给工作组下了什么“黑指示”。我回答说，我根本不知道北京大学里有邓小平的儿子，系工作组也没有向我反映过这一情况，根本不存在邓小平通过他的儿子给工作组下指示这回事。追来追去没有结果，但就是不放我离开北京大学，把我软禁在一个学生宿舍里达半年之久。直到后来中央发出通知，提出在运动中不要揪住工作组问题不放，这才放我回到河北省。

“全国第一张马列主义大字报”出笼经过

彭珮云

1966 年 5 月 25 日，在康生及其妻子曹轶欧策动下，北京大学聂元梓等七人在北大校园里贴出大字报，攻击、诬蔑中共北京市委大学科学工作部、北京大学党委主要领导宋硕、陆平、彭珮云。康生背着在北京主持中央工作的刘少奇、邓小平，将这张大字报的影印件送给了当时在南方的毛主席。6 月 1 日，毛主席决定由中央人民广播电台向全国广播这张大字报，从此点燃了“文化大革命”的烈火。近年来，有些人发表文章，认为这张所谓“全国第一张马列主义大字报”的出笼，是出于少数教师的自发行动，而不是康生、曹轶欧等人所指使。对此，北大一些在“文化大革命”中挨过批斗的老同志反映强烈。在这里，我想谈一谈我所了解的“全国第一张马列主义大字报”的出笼经过，侧重介绍“文化大革命”前夕北大的一些情况。

社教运动和北大党内矛盾

事情得从北大的社会主义教育运动说起。1964 年，社教运动已经在农村普遍开展，而城市尚处在试点阶段。可能是为了推动城市社教运动深入开展，1964 年 7 月，中央宣传部选择北大作为试点单位，派了一个调查组进驻北大。组长是中央宣传部副部长张磐石。我原本在北京市委大学科学工作部任大学组组长，长期担任联系北大党委的联络员，这时被派到北大任党委副书记，组织关系暂时转到北大，但在行政上仍然是市委的干部。

当时“左”的思想越来越严重。调查组显然也是带着“左”的思想框框来的。1964 年 8 月 29 日，调查组写了“一号报告”。“一号报告”说：在北京大学，资产阶级知识分子进攻是很猖狂的，特别突出地表现在教学和科研领域。校内帝国主义、蒋介石、修正主义特务间谍活动，贪污盗窃分子、流氓分子的活动也相当严重。北大党委的阶级斗争观念薄弱，对这些问题没有认真抓。结论是：北大干部队伍在政治上严重不纯，“根据”主要是人事档案中记载的干部的家庭出身、社会关系和历史情况。当时北大校、系两级的领导干部中，多数是解放前入党的地下党员，部分是解放初入党的党员。他们的家庭出身一般不好，因为在那时有钱才能上大学。也有个别干部有个人历史问题，比如曾参加过三青团之类的反动组织。调查组就根据这些夸大说北大干部大都是出身于大地主、大资产阶级、大汉奸、大特务家庭。他们根本不去研究干部的具体情况，考察他们是否在入党时已向党交代了历史问题、是否已和家庭划清了界限。

张磐石把报告递给了中央宣传部部长陆定一同志，陆定一同志又将报告送给了彭真同志。当时彭真同志既是北京的市委书记，又是中央政治局委员、书记处书记。他看了报告以后，没有对内容作评价，只是说，你们应该去系统地研究一下。他说，这些学校的高级知识分子包括党政干部的家庭出身、社会关系、个人经历是复杂的，参加革命以后的表现也各不相同，其中也会有坏人、资产阶级分子，或者虽然参加了革命，但是与反动阶级政治思想界限不清楚或者不完全清楚。他还说，估计其他学校情况大概也差不多。彭真同志建议调查组再作调查，慎重研究，弄清楚北大领导干部的政治面貌。解放后，北大党委一直由北京市委直接领导，市委对北大干部的情况和成长过程比较了解，心中有数。为进一步弄清情况，当时主持北京市委日常工作的刘仁同志指示市委大学科学工作部副部长宋硕组织一些人，重新查看北大干部的档案，把问题弄清楚。

调查组当时并没有按彭真同志的意见去做，没有做什么调查，就开始发起斗争了。他们一个系一个系地找人谈话，动员一些人给陆平和北大校党委提意见。10 月 21 日，调查组搞了一个《关于在北大进行社教运动的初步计划》，声称要搞清学校各级组织的领导权究竟是在资产阶级手里，还是在无产阶级手里，要重新组织革命的阶级队伍。11 月，中央宣传部从全国各个大区抽调文教部门和高等学校的负责同志，组成了一个庞大的工作队，任命了五人领导小组，张磐石任组长、工作队党委书记兼队长。工作队人数一度达到 260 人，其中中层以上的领导干部多是从外地调来的，同时还吸收了一些北大社教运动中的积极分子参加。

从 11 月开始，陆平和校党委就挨批斗了。我当时 36 岁，在党内第一次被批斗。斗争动辄上纲上线，弄得谁也不敢同我说话，真让人受不了。党委被夺权，由工作队来领导全校工作。工作队公开点陆平和我的名，说我们对抗工作队，搞阴谋活动，破坏社教运动。我的行政关系还在市委，经常要向市委汇报北大的情况，也把市委大学科学工作部的意见带回北大。我记得“文化大革命”中宋硕曾经抱怨说："斗我们这些小干部干吗?"实际上调查组是想"追根子"，要追出谁在给我们撑腰。在他们看来，这个根子就是北京市委。

11月29日，调查组和工作队又写了"二号报告"，提出北大党委实际上是"走资产阶级的道路方向"。斗争进一步加剧。7个校党委书记、副书记，斗了5个；20个系总支书记，斗了18个。本来校党委、各系党总支的成员都是一起工作、集体决策，现在却被人为地分为两部分，一部分是重组的革命队伍的成员，一部分成了"反革命"。还有一些党员系主任和党员教授以及一些中层干部都不同程度地被批斗。1965年1月11日，张磐石在全体工作队员和积极分子大会上说："整个北大，从校到系，20条战线（指20个党总支），已经被团团包围起来，斗争气氛十分激烈、十分尖锐，生动活泼，热火朝天。在斗争的烈火下，牛鬼蛇神开始退却，有些顽固集团开始分化。"他鼓励大家乘胜前进，而且特别强调：斗，就是革命派；不斗，就是机会主义。工作队还专门编了关于辽沈战役、淮海战役和平津战役中毛泽东同志有关作战方针的文章，完全把被批判的同志当作敌人。他们在全校找了几百个积极分子，人为地把党员队伍一分为二，一部分人拉出来作为依靠对象，动员他们来揭发、批判另一部分人。例如技术物理系是搞核物理的，当时对放射性元素的防护措施比较差，好多人受到影响，其中有家庭出身好的，也有家庭出身不好的。但是那些家庭出身好的人，就将这个问题上纲上线为阶级报复，认为这是在有意识地伤害工农干部，所以相关的同志就变成了阶级异己分子、阶级敌人。造成这种情况有多方面的原因，现在看来，主要是由于"左"的思想，使得很多个人恩怨、干部任免、是非争议、工作分歧等党内矛盾和人民内部矛盾都在运动中牵扯到了一起，导致一部分人斗另一部分人，出现了无限上纲甚至无中生有的状况，造成干部队伍的严重分裂。

我当时虽然挨斗，但还允许星期六晚上回家。回到城里我就找宋硕同志汇报北大的情况。我们觉得工作队的报告是"唯成分论"，市委也不同意工作队"左"的做法。

彭真与两次国际饭店会议

1965年1月14日，中央发出《农村社会主义教育运动中目前提出的一些问题》（简称"二十三条"）。现在看来，"二十三条"仍然坚持以阶级斗争为纲，提出运动的重点是"整党内走资本主义道路的当权派"。但是，由于要纠正过"左"的《关于农村社会主义教育运动中一些具体政策的规定》（简称"后十条"），"二十三条"也提出要正确地估计形势，相信干部的大多数，实行群众、干部、工作队的三结合，反对粗暴斗争，对干部要采取严肃、积极、热情的态度，要把搞好生产作为检验运动的一条重要标准等正确思想。

彭真和北京市委认真贯彻“二十三条”。1月23日至24日，市委召开了学习贯彻“二十三条”的会议。陆平和我都参加了，并发了言。我讲了北大社教运动中的问题，陆平也对社教运动提了意见。会后，我们的意见被送到了中央。张磐石得知我们在市委会议上的讲话，很不满意。他在会上当着领导的面也说要听取我们的意见，会后却发动人指责我们反攻倒算，继续坚持他的错误，不贯彻落实“二十三条”。因此，北大社教运动中出现的问题一时难以纠正。

3月3日，中央书记处召开会议，陆定一同志汇报文教部门社教运动试点的情况，会上专门讨论了北大社教运动的问题。张磐石和北京市委书记处书记、常务副市长万里同志也参加了这次会议。经过讨论，邓小平同志讲了几点意见，大意是：北大是比较好的学校；陆平同志是好人，犯了一些错误；北大不存在改换领导的问题。北大社教运动有成绩，也有缺点错误。缺点错误有几条，一是没有实行群众、干部、工作队三结合，这个问题不只是北大有，中央要承担责任（彭真在发言中也说，前一段的问题主要由中央负责）；二是对北大的情况估计错误，当作“烂掉了”的单位去搞运动，以夺权问题对待，这是一个错误；三是斗争方式有严惩的毛病。邓小平同志还说，运动搞了几个月，也没有落脚到教学上。今后运动要按照“二十三条”的精神办事。根据彭真的提议、邓小平的指示，会议决定中央宣传部和北京市委分别召开工作队干部会和北大干部会，用“二十三条”统一思想，解决“顶牛”问题，迅速扭转局面，共同搞好社教运动。彭真还特别交代北大党委不要先批评工作队，应该就自己工作中的问题作自我批评，要维护团结。

3月5日，中央宣传部召开北大全体工作队员会议，也吸收北大党委常委参加。陆定一同志讲话，传达了中央书记处的意见，讲解了“二十三条”，要求大家联系实际，检查前一段的北大社教运动，并宣布将北大社教运动的五人领导小组扩大为八人，增加校党委书记陆平、副书记戈华、彭珮云。

3月9日至19日，北京市委在国际饭店召开了北大党员干部会，学习贯彻“二十三条”。万里传达了中央书记处会议的精神，要求大家总结工作，统一思想，受批判的人和批判别人的人，都要站到党的立场上来，在批评与自我批评的基础上达到新的团结。

张磐石虽然参加了中央书记处会议，但他就是不认错，也不贯彻执行“二十三条”的精神和中央书记处的指示。这时，工作队党委副书记、副队长常溪萍实在看不过去，就给党中央写信，谈了北大社教运动中的一些问题，希望上级派人来检查。常溪萍是上海市委教育卫生工作部副部长、华东师大党委书记兼校长，是一位很好的老同志。邓小平和彭真都对他的信做过批示。中央办公厅派人找常溪萍谈话。常溪萍列举事实，反映张磐石对“二十三条”和中央书记处会议精神的错误态度和做法，一是搞家长制，没有民主作风，独断专行；二是太“左”了，把北大问题看得过于严重，把一些正确意见当成右倾错误。后来因为这件事，常溪萍同志在“文化大革命”中受迫害致死。

3月19日，中央宣传部主持日常工作的副部长张子意给北大社教工作队全体队员作报告，着重指出前一阶段运动中间的缺点错误，批评“二十三条”发出以后，工作队无声无息。这个报告把道理讲得很充分。

4月2日，中央宣传部又在民族饭店召开北大工作队部分骨干座谈会，检查、总结北大社教工作的问题。会议一直开到4月6日。接着中央宣传部又召开了全体工作队员大会，北大校、系主要领导干部也参加了。陆定一、张子意等同志讲了话，对工作队的错误进行了分析批评。会上陆定一同志宣布撤销张磐石工作队队长的职务，任命许立群任队党委书记兼队长，并宣布增加常溪萍为北大社教运动领导小组成员。领导小组成员由八人增加到九人，许立群任组长。

新的工作队领导对前一段的工作做了一些善后处理，北大党委也能抓教学工作了，但是党内还有思想分歧，不能团结。彭真认为，如果要想北大社教运动继续进行，取得较好的结果，必须在北大党员当中进行一次整风教育，通过和风细雨的批评与自我批评来清理思想、分清是非，实现新的团结，否则北大今后无法正常工作，而且北大社教运动对其他高等学校的影响也不好澄清。

6月29日，彭真亲自向北大党员干部和全体工作队队员作了一个重要报告。这个报告的主要精神是动员党员干部为了党的事业进行整风，要自觉革命，分清大是大非，增强党性，加强团结，把北大办得更好。针对当时一些人的思想，彭真专门讲了增强党性，正确地对待批评与自我批评的问题，批评了那些在个人小事上“纠缠不休、滔滔不绝的争论爱好者”。

7月下旬，中央宣传部、高等教育部和北京市委联合发出通知，在国际饭店召开北大党员干部整风学习会，校系主要干部及部分支部干部和有不同意见的同志参加。由原社教运动九人领导小组成员加上三个领导部门的负责同志组成会议领导小组，许立群任组长，市委文教书记邓拓任副组长。

7月29日开始的第二次国际饭店会议，参加的有250多人。我们先是学习了毛泽东和刘少奇同志关于增强党性、正确地开展党内斗争的指示。继而，校党委、系总支负责人带头清理思想，开展批评与自我批评。这样搞了一个多月，绝大多数单位同志之间的隔阂有所消除，团结也有所恢复，基本上达到了整风的目的。9月4日，会议就基本结束了。只剩下三个系，即经济系、技术物理系、哲学系。技术物理系、经济系的会多开了一段时间，很快就结束了。最后只剩下聂元梓所在的哲学系分歧很大，问题也很多，一直开到1966年1月，矛盾没有解决，会议领导小组认为再僵持下去也没有意义，就宣告哲学系的整风学习会结束。

1966年6月5日，《人民日报》社论《做无产阶级革命派，还是做资产阶级保皇派?》，把第二次国际饭店会议说成是长达7个月之久、围攻革命派的“极端严重的反革命事件”。实际上，1965年9月4日大部分人就走了，技术物理系和经济系开会时间稍长一点，只有哲学系一直拖到1966年1月。第二次国际饭店会议的主旨是要求大家自我批评，增强团结，消除隔阂，共同把北大办好。这些指导思想，都是彭真同志亲自提出的。现在看来，彭真同志1965年6月29日报告里讲的道理，基本上是对的。虽然受当时“左”的影响，他也说到要检查两条道路的问题，但是对党内斗争应该怎么做，同志之间应该怎样对待批评，会议坚持了“团结—批评—团结”的原则，强调“真理面前人人平等”，批评了“唯成分论”的错误。对于始终不进行自我批评的聂元梓也没有任何处分。

现在回想起来，为什么彭真同志要用这么大的力气来抓北大社教运动中的问题呢？正如他在报告里所讲的，如果不纠正前一段的错误，全国高等学校都照这个办法去搞，怎么办？如果北大是个资本主义熔炉，全国还有几个社会主义熔炉？如果北大是资产阶级统治的学校，全国还有多少无产阶级统治的学校？当时，北大搞社教，北京市的大学都很紧张，整天打听到底怎么回事。大家都岌岌自危，因为执行的都是一样的路线，做的工作也差不多，干部的家庭出身也相近。

近年来一些人的文章根据“全国第一张马列主义大字报”某些署名者的说法，说哲学系出现一些积极分子并非突然，大字报是在基层党内矛盾激化的情况下由少数教师自发写的。但是这些人一直没有讲当时党内发生了什么矛盾，是什么性质的矛盾，他们在矛盾的旋涡中扮演了什么角色？只是说因为党内有矛盾，对领导不满，所以写大字报。实际上，《关于建国以来党的若干历史问题的决议》对社教运动讲得很明确。这个运动就是在“左”的错误影响之下搞的。党内同志间是有一些意见，但根本不是阶级斗争，不是敌我矛盾。哲学系的同志在社教运动最后思想也统一不起来，“文化大革命”开始时，少数人又把问题提了出来，并且上纲上线到敌我矛盾的高度。这就是“全国第一张马列主义大字报”出笼前北大的背景。

康生、曹轶欧与“第一张大字报”

关于“全国第一张马列主义大字报”出笼的经过，中央批转中纪委关于康生问题的审查报告里面讲得很明确，是在康生幕后策划、他和妻子曹轶欧的指使下炮制出来的。北大党史校史研究室党史组的同志写过一篇文章，叫《康生、曹轶欧与"第一张大字报"》，在《百年潮》2001 年第 9 期上发表了，列举了大量材料，把到底为什么说"全国第一张马列主义大字报"是康生、曹轶欧指使炮制出来的，讲得很清楚。因此，对这个问题，我只是简略地说说。

1966 年 5 月中旬，我带着历史系的一些学生在北大昌平分校搞半工半读的试点。曹轶欧在《五一六通知》发出前几天带着一个调查组匆匆忙忙赶到北大。这时北京市委机关已经出现了揭发批判市委领导的大字报。现在看来，当时康生已经知道毛主席想自下而上发动"文化大革命"的意图，处心积虑利用这个机会浑水摸鱼。他抓住北大一些人对于"二十三条"发出以后纠"左"的不满，煽风点火，唯恐天下不乱，想通过北大的运动整北京市委，最后斗倒刘少奇、邓小平。曹轶欧调查组进入北大以后多次跟社教运动的积极分子讲，就是要从北大往上揭，揭发陆平、宋硕、市委。1967 年 1 月 22 日，康生在一次讲话中明确讲，派这个调查组的目的就是要"调查彭真在学校里搞了哪些阴谋"。

康生、曹轶欧是通过张恩慈了解北大情况的。张恩慈原来是北大哲学系青年教师，在社教运动中是积极分子，1965 年 7 月，被调到马列主义研究院。调去以后，张恩慈通过曹轶欧向康生反映了北大社教运动的情况。我觉得，康生之所以选择北大作为突破口，当然首先因为北大是一所重要的学校，同时和北大社教运动遗留的问题有很大关系。康生通过张恩慈对此了解得很清楚，所以就派调查组到北大来了。

曹轶欧调查组的意图很明显。一到北大，我们就感到他们是来整我们的。曹轶欧找陆平谈话。陆平要求向她汇报工作，她根本不听，打个招呼就走了。学校为调查组准备了住处，他们不住，却住在西颐宾馆，背着北大党委进行反对陆平和校党委的秘密活动。曹轶欧还到处打听我，问彭珮云到哪里去了。打听到我在北大昌平分校后，曹轶欧就派张恩慈带着两个人专门去昌平分校搜集我的材料，但不找我谈话。曹轶欧还曾去鼓动陈守一同志。陈守一当时是北大党委常委、法律系主任，负责学术批判，资格很老，影响也比聂元梓要大。因此，曹轶欧就两次动员他揭发陆平，并说，往上揭，没你的事，你揭了就没有你的责任了。但陈守一严词拒绝。她蛊惑不了陈守一，只好去找聂元梓。

关于康生、曹轶欧指使炮制"全国第一张马列主义大字报"，据我在"文化大革命"后了解到的情况，证据是充分的，主要是三条：

一是"文化大革命"中康生的自白。康生在 1967 年 1 月 22 日的一次讲话中提到，1966 年 5 月他派了一个调查组到北大，"聂元梓同志的大字报就是在我爱人他们的促动下写的"。

二是刘仰峤1979年7月16日提供的情况。刘仰峤是教育部副部长，他曾跟曹轶欧一块去北大，也是调查组的一位负责人。他说："大字报出来后，张恩慈告诉我：大字报是在曹轶欧授意下由他出面和杨克明商量后杨克明写的。""调查组的工作是按曹讲的方针干的，都是在曹具体指使下进行的。"刘的结论是："大字报的主谋是康生、曹轶欧，串联是张恩慈，执笔是杨克明，聂元梓搞成第一名是因为聂是总支书记。"

三是大字报执笔人杨克明1967年写给戚本禹和江青的信，以及1978年大字报署名者写的揭发材料。杨克明1967年7月写的《北京大学的全国第一张马列主义大字报的产生经过》专题报告称："'中央文革'的曹轶欧同志带领调查组来到北大！张恩慈也跟着曹大姐来了，这对我们是特大喜讯！""就在这关键时刻，康生同志、曹轶欧同志通过张恩慈指示我们：可以写大字报，这样做影响大，作用大，能解决问题。"杨克明在1978年12月写的情况是这样："我听到《五一六通知》传达后……到马列主义研究院找张恩慈说：我们也要向中央反映才好。张说：现在中央通知已下达，向上反映材料还少得了，上面哪里看得过来那么多。他又说：现在北京市委机关里已经有人贴了大字报，还是这样来得快。我当时觉得他的话有道理。"杨克明在1978年6月写的材料里还讲："张恩慈的话对我确实起了启发作用，又可说是暗示作用。"有的人现在却又说大字报是他们自己发起的，没有人指使。显然，前后矛盾嘛！事实就是事实，想抹掉是不可能的。

在这里我还想讲一下"全国第一张马列主义大字报"集中攻击的宋硕讲话。宋硕讲话实际上是在北京市各校党委书记会上传达华北局指示的内容，这在宋硕讲话和陆平传达宋硕讲话时都明确地讲了。可是"全国第一张马列主义大字报"的作者们把华北局三个字删掉，硬说这是宋硕、陆平和彭珮云搞的"阴谋诡计"，以此欺骗群众，欺骗中央。1966年6月1日晚，工作组进校宣布停止北大党委的工作。据工作组简报载，天津大学一名同学在听了中央人民广播电台的广播后给北大来信称："我们校党委书记苏×的所谓指示与宋硕讲话一模一样。苏×刚从北京开会回来，不知他们开的什么会，受了什么人的指示。"苏×与宋硕讲的一模一样是因为他们都是传达华北局的指示，这也可以证明宋硕讲话绝非宋硕、陆平、彭珮云的阴谋诡计。聂元梓等人真是欲加之罪不择手段地诬陷。

最后我想强调一点，对"文化大革命"中中央已有明确结论的一些重大问题，绝不要违背事实随意发表翻案文章，这无助于人们正确地汲取历史教训。

关于“中央文革小组”的一些情况

穆　欣

“文化大革命”初期，我曾在“中央文革小组”工作过一段时间。我于1966年5月初住进钓鱼台国宾馆，从这时起到1967年8月，我在那里住了15个月。1966年8月底，因为有人写信向江青告密诬陷我“骂过江青有神经病”，又在一些事情上冒犯了江青，她责令我停止工作1个来月；1967年1月中旬，江青又责令我回光明日报社“参加运动”、“接受群众批评”，被批斗了1个月。从此我不再参加“中央文革小组”的会议，文件也被停发了。2月底再回到钓鱼台，每天被“发配”到《人民日报》“管版面”（实际没有“管”）。只是这个小组对外的集体活动，每次还都通知我前往参加，直到8月初江青再次责令我回报社“参加运动”。其间我在“中央文革小组”正式工作的时间，实际上总共不满7个月。而江青一伙给予的“酬报”是近8年的冤狱（1967年9月7日至1975年5月14日）。

“文化大革命”是一场灾难，它把亿万人民和整个民族拖入空前的浩劫之中。当时曾经掌握了中央很大部分权力的“中央文革小组”，是制造这场灾难的指挥部。这个小组到处煽风点火，在全国造成空前的全面内战，而它内部也是硝烟弥漫，争斗不已。

这里记述的，是我住在钓鱼台期间的见闻和以后听到的有关“中央文革小组”的一些情况。

（一）美丽的钓鱼台成了“全面内战”的指挥台

“中央文革小组”成立之初，即住进北京西郊的钓鱼台国宾馆。这座宾馆是在古钓鱼台以北修建起来的，地处首都名胜玉渊潭东岸，是北京著名的园林之一。玉渊潭古时叫望海楼，也称钓鱼台。早在金代，这里就已成为帝王游乐的场所，后为历代帝王垂钓的地方。清朝乾隆年间曾在这里兴建行宫。

1958 年 10 月建起来的这座国宾馆，专供接待来华的国家元首、政府首脑和社会名流。这座宾馆包括古台在内，面积 42 万平方米，其中湖水面积 5 万多平方米。初时沿湖四周建起的别墅楼共计 15 座，其后又添建了一座贵宾楼和建筑面积共 4 500 平方米的一座现代化的俱乐部。

“中央文革小组”成员于 1966 年 5 月初住进钓鱼台的时候，大都住在 15 号楼。初时未设办公室，只有从中央联络部调来的矫玉山一人做秘书，忙得几乎 24 小时连轴转。6 月末又从马列研究院调来王广宇做秘书，仍然忙得难有喘息的工夫。其后陆续又调进来一些人，开始形成办公室。后来，调来的工作人员逐渐多起来，15 号楼难以容纳了，7 月初将办公室搬往 11 号楼。

7 月初，由康生主持在 11 号楼开会正式成立“中央文革小组”办公室。决定由穆欣、戚本禹、曹轶欧负责，穆欣为召集人。下设文电组，由穆欣兼管；简报组，由戚本禹兼管；调查组，由曹轶欧负责。

7 月中旬，江青从上海回到北京前，办公室又从 11 号楼搬到 16 号楼。7 月 20 日，江青从上海回到北京即住进钓鱼台，康生、张春桥、陈伯达、姚文元、王力、关锋、戚本禹、尹达都住在钓鱼台，其后王任重、刘志坚等也住进来，“中央文革小组”陆续占用了这座国宾馆的 7 座楼房。17 号楼的小礼堂和大会议室也经常为小组所使用。

自从“中央文革小组”住进来后，钓鱼台成了发号施令、指挥全国“文化大革命”的“指挥台”，成为搞乱全国、搞乱全党、制造天下大乱的策源地。

（二）最无政府、最无章法的所在

“中央文革小组”的内部关系矛盾重重，充满错综复杂的争斗。

陈伯达身为“中央文革小组”组长，但并无实权，凡事都得看江青眼色。江青依仗“第一夫人”的名分，狐假虎威，经常“假传圣旨”（她在各种场合声称“我代表毛主席”说东道西），处处挟持陈伯达。每逢小组开会，不管原定几点钟开会，如果江青还没有来，陈伯达就和大家等着。江青到了，陈伯达马上宣布“开会”。如果陈伯达和她有了分歧，江青就叫会议停下来，拉着陈伯达到隔壁房间去“打通思想”，其他人包括“顾问”康生，都只好耐着性子待在会议室里等着。直等陈伯达被“打通”了回来，会议才能继续进行。江青心胸狭窄，喜怒无常，会上谈论问题，稍有不如心意，就会撒野放刁。江青在小组里俨然就是女皇，无论什么时候、什么事情都得让着她点儿。

在这个小组里头，好多事情都不成体统。例如，最得江青宠信的小组成员戚本禹，上蹿下跳，全无章法。江青要整什么人，都叫他去打头阵，先放炮，他为江青立了“功”：戚本禹在《红旗》杂志发表的《评〈前线〉、〈北京日报〉的资产阶级立场》中，诬陷邓拓是“叛徒”，第二天晚上邓拓就含恨离开人间；戚本禹夜里去抄田家英的家，第二天上午田家英也含恨离开人间；在一次会议上，“中央文革小组”副组长、“全军文化革命小组”组长刘志坚反映军队院校学员冲击国防部大楼的情况，话还没有说完，坐在旁边的戚本禹竟然粗暴地打断他，拍着桌子谩骂刘志坚“胡说八道”，江青不但不制止戚本禹反而指责刘志坚，说：你是老家伙，为什么跟年轻人吵！他是我们“中央文革”的造反派，他可以造你的反！

在有关“文化大革命”的一系列重大问题上，“中央文革小组”内部从一开始就存在着不同意见和争论。在陈伯达主持起草《关于无产阶级文化大革命的决定》（即“十六条”）过程中，刘志坚和王任重等就提出过一些重要的不同意见。如在决定第四条“让群众在运动中自己教育自己”中说：“要去掉怕字。不要怕出乱子，毛主席经常告诉我们，革命不能那样雅致，那样文质彬彬，那样温良恭俭让。”刘志坚在讨论中曾经建议删去“不要怕出乱子”，“革命不能那样雅致，那样文质彬彬，那样温良恭俭让”这一段话。他认为这是毛泽东过去在《湖南农民运动考察报告》中讲的话，现在引用，搞得不好，“造反派”就会在“文化大革命”中拿当年贫苦农民对待恶霸地主的办法，来对待本单位的领导干部，来解决人民内部矛盾问题。但陈伯达还是坚持要写上。陈伯达说：要革命就不能怕乱，毛主席的话没有过时，“文化大革命”也不能文质彬彬。最终，刘志坚等人的意见没有被采纳。“十六条”草稿原来有二十三条，经陶铸、王任重、张平化等人参与修改为十五条。在党的八届十一中全会小组讨论这个草稿时，刘志坚基于“部队无论如何不能乱”的思想，提出要对军队的运动有一条“但书”，作出某些特殊规定和限制，以利于部队保持稳定。这个意见多次遭到江青、陈伯达一伙的反对，刘志坚据理力争，坚持加上这一条，并得到周恩来、陶铸和老帅们的支持，后经全会通过，在文件中加上一条（作为这个文件的第十五条）：“部队的文化革命运动和社会主义教育运动，按照中央军委和总政治部的指示进行。”这个文件也由原来的十五条变成十六条。

“中央文革小组”内部，在坚持党的领导还是取消党的领导（“踢开党委闹革命”）、稳定军队还是搞乱军队、对干部“打倒一切”还是区别对待，以及在工作组存废问题、炮轰刘邓或是保刘邓等问题上，也都存在着尖锐的分歧和斗争。概括起来，就是“要乱”和“怕乱”两种意见的斗争。

江青依仗权势，要求周围的人都得唯她的意志是从，不能容忍任何不同意见，凡是她不喜欢的人，认为可疑的人，或是不驯服的人，都要加以排斥，进行迫害。1966 年底，江青伙同林彪刮起“一月夺权”风暴之前，接连把“中央文革小组”顾问陶铸、副组长王任重、刘志坚“打倒”，赶出“中央文革”，唆使造反派对他们揪斗和残酷迫害。

当时王任重是“中央文革小组”副组长，又经毛泽东同意，担任北京市的“文化大革命”顾问。因为他抵制江青一伙的极左做法，在“中央文革小组”的会议上经常受到江青和陈伯达、张春桥等人的指责。江青指责他：架子大，个人搞一摊子，干什么事都不与“文革小组”其他人商量。对他的言行时时找碴儿，对他的工作处处掣肘。

党的八届十一中全会后，江青抓住北京市印发西城区红卫兵《紧急呼吁书》一事，在“中央文革小组”内部会议上连续对王任重进行批判，诬蔑他是什么“背着‘中央文革’搞阴谋活动”。1966 年 12 月 16 日，江青对王任重突然袭击，当众点了王任重和周荣鑫、雍文涛的名，还逼周、雍二人“站出来让大家看看”，事后又在“中央文革小组”开会批判王任重，并要王任重回湖北去，把他赶出“中央文革”，同时还布置蒯大富派人去湖北揪斗王任重。

陶铸是中共中央政治局常委、中央书记处常务书记，又兼“中央文革小组”顾问。陶铸初来北京工作时，江青曾妄图拉拢他反对邓小平。但是陶铸按照党的原则办事，没有这么做。八届十一中全会站出来批评邓小平的，只有谢富治一个人。对谢富治的发言，陶铸没让发简报，只搞了个特刊，在小范围里发，江青很不高兴。八届十一中全会后，周恩来主持政治局会议。当时中央有两套班子，“中央文革”一套，周恩来一套。陶铸协助总理工作，他们对“中央文革小组”的会议凡通知的都参加。陶铸在参加“中央文革小组”的会议及其他场合常和江青发生争吵。1966 年 11 月 29 日，江青召开科委系统万人大会，主管科委工作的聂荣臻和陶铸事先都不知道。陶铸到会时说了一句“怎么事先也不通告一下?”江青就厉声说：“你发火就要造你的反，要打倒你!”又一次，在人民大会堂河北厅开会，江青说，“只要是写第一张大字报的，就必须承认他是革命左派”，并且要陶铸照此“原则”去保这个、保那个。陶铸抵制说：“我不能不问动机，不问政治背景。”当场两人发生争吵。江青发火，拍着沙发扶手号叫。陶铸气极了，伸手拍到茶几上，并且跳起来回击：“你也干涉得太多了，管得太宽了!”江青撒泼混闹，周恩来只好宣布散会。此后江青即对陶铸处处刁难。陶铸对张春桥处理上海“安亭事件”违背中央原则提出批评，支持上海市委，即遭江青一伙围攻。1966 年 12 月 6 日，林彪亲自主持常委会批判工交座谈会提出来的工交企业“文化大革命”的“十五条”时，江青一伙又对陶铸大张挞伐。12月下旬一次会议上，江青一伙再次围攻陶铸，说他是“最大的保皇派”。陶铸驳斥说：“我保党的干部，为什么不应该保?”江青说：“你保的一伙是坏人!”陶铸反问有什么证据?康生竟把一个名叫“任重”的特务硬安到王任重头上，血口喷人：“你保的王任重是一个CC特务。”

1967年1月4日，江青伙同陈伯达，背着周恩来和陶铸本人，当众煽动造反派“打倒”陶铸。这天下午“中央文革小组”在人民大会堂接见“武汉赴广州专揪王任重造反团”的时候（当时王任重在广州治病），江青、陈伯达和康生都在会上公开点陶铸的名，硬说他是王任重的“黑后台”。

江青说：“王任重的后台是谁?是陶铸!你们哪，先不要去广州，先在北京，先揪陶铸!他是你们中南地区最大的走资派!为了挽救他，我不遗余力，我对他耐心，费了很大的劲去帮助他，可他就是不肯改悔!他是刘邓路线的新的代表人物!”

陈伯达说：“陶铸同志到中央来并没有执行以毛主席为代表的无产阶级革命路线，实际是刘邓路线的忠实执行者。刘邓路线的推广是同他有关系的，他想洗刷这一点，但后来变本加厉。例如你们到中南局去，你们了解很多情况，王任重是有后台老板的，一个后台老板就是陶铸。他在北京接见你们的态度是完全错误的，他是‘文化革命小组’顾问，但对文化革命的许多问题，从来没有跟我们商量过。他独断专行，不但背着‘文革小组’，而且背着中央，你们揭得很好，给我们很多支持，感谢你们。”

江青又说：“他独断专行，是中国最大的保皇派!我跟他吵了多次架，每次我都几乎昏过去!他镇压我，他还镇压‘中央文革’!”

康生诬陷陶铸说：“他是叛徒!希望同学们把材料收集起来，整理出来，有材料摆出来了，你们就胜利了。”从此陶铸遭到残酷迫害，1969年11月30日终被迫害致死。

就在江青一伙同陈伯达宣布“打倒”陶铸的同一天，他们又当众宣布“打倒”了“中央文革小组”副组长刘志坚。

刘志坚作为“全军文化革命小组”组长，始终坚持“军队不能乱”的思想，尽力抵制江青一伙的极左做法。如1967年10月1日，部队二医大“红纵”一派的头头在天安门城楼上向毛泽东、林彪反映说：军队院校“镇压群众”，与地方做法不同，给群众限制太多。林彪就令“全军文革小组”立即发一个紧急指示，让军队“文化大革命”完全按地方一样搞。“全军文革小组”只得起草一个《关于军事院校无产阶级文化大革命的紧急指示》。这个文件的草稿基本上坚持党的领导，并尽可能在具体做法上作了一些保留。林彪叫把文件草稿送到“中央文革小组”审改。江青、陈伯达、康生、张春桥看了，对草稿十分不满，立即大删大改。张春桥把改了的稿本交给刘志坚的时候，还说“一个字也不准再改动”。刘志坚为此同张春桥争吵起来。刘志坚说：“取消党的政治领导，这在我军是史无前例的。”张春桥诡辩说：“党的领导就是毛主席的领导，就是毛泽东思想领导。”当时争论激烈，却毫无结果，这个文件最后还是发下去了。紧急指示下达后，给军队造成了很大的混乱，北京相继发生了多起冲击军事机关、揪斗领导干部的事件。刘志坚根据叶剑英等的指示精神，主持起草了一份《关于各总部、国防科委、军种兵种机关必须经常保持战备状态的通知》，禁止冲击军事机关、揪斗领导干部的行动。林彪把这个通知转送给“中央文革小组”，又被陈伯达以“借战备压革命”的罪名扣压不发。

1966 年 11 月 13 日和 29 日，周恩来和陈毅、贺龙、徐向前、叶剑英四位元帅在北京工人体育馆两次接见军队院校来京师生。刘志坚奉命领导“全军文革小组”的同志组织了这两次大会。总理在会上的讲话，几位老帅坚持党的领导、稳定军队、正确对待革命干部的正义呼声和正确主张，在全军和全国各地群众中获得共鸣。这就引起江青一伙极大不满。事后刘志坚来“中央文革小组”开会时，江青竟指责说：“军队这些接见，是镇压群众。”他们煽动极左派学生闹事，张贴大标语指责军队“执行了一条自上而下的又粗又长又黑的资产阶级反动路线”，妄称要对几位老帅“批判”。其后，在关锋直接支持、煽动下，四十几所军队院校来京学生成立了“批判资产阶级反动路线筹备处”，定于 1967 年 1 月 5 日召开“批资大会”，指名要陈毅、叶剑英到会“接受教育”。

江青无理取闹、故意整人达到十分无聊的程度。1967 年 1 月 3 日，当她接到四十多所军队院校“批判资产阶级反动路线筹备处”的请帖后，在“中央文革小组”开会时就诬蔑刘志坚“搞阴谋”。她从手提包中拿出“批资大会”的请帖，胡说什么发给刘志坚和贺龙的请帖颜色特别红，而发给她以及空军司令吴法宪和海军李作鹏、王宏坤、张秀山的请帖颜色就淡一些，指责说：“这不就是在搞阴谋?”事实上，所发请帖的颜色都是一样的。

周恩来听到有关“批资大会”的消息，1 月 3 日中午亲自到钓鱼台同“中央文革小组”商定，设法劝说学生不要开这个会。1 月 3 日、4 日两个晚上，周恩来和总参、总政负责同志、“中央文革”全体、“全军文革”全体，以及四十几所军队院校来京学生代表，在人民大会堂西大厅开会。总理耐心地听取学生们发言，细心地做说服工作，学生们已接受总理的劝说，表示可以不开“批资大会”。刘志坚遵照总理关于顾全大局的指示精神发言作了自我批评。当他讲到自己有点“折中主义思想”，又想发动群众又害怕搞乱的时候，康生突然站起来打断他的话，蛮横地拍着桌子说：“刘志坚，你不是什么折中主义，你就是刘邓资产阶级反动路线在军队的代表！这个会要开，要批，要斗，就是要批斗你刘志坚！”原来情绪已经平息下来的造反派，立即又被康生煽动起来，当场马上喊叫“打倒刘志坚”的口号。江青和陈伯达火上加油，诬蔑刘志坚说：在军内贯彻资产阶级反动路线的，就是以刘志坚为首的“全军文革小组”。它不和军委联系，它不和“中央文革”联系。刘志坚不向“中央文革”请示……他谁也不请示。……主席回来叫撤工作组，他迟迟不撤。经过他们这一番发作，总理两个通宵所做的工作全部告吹。此后军队院校来京造反派掀起了更大规模的冲击国防部和各军事机关的行动，“全军文革办公室”也被查封。1 月 19 日，由关锋指挥造反派学生在工人体育馆召开了批斗刘志坚的万人大会，刘志坚从此被关押逼供、无情折磨，遭受了长达 7 年 9 个月的残酷迫害。

“中央文革小组”这种混乱的无政府状态，不但引起许多小组成员不满，也曾受到毛泽东多次批评。1967 年 2 月初，毛泽东在政治局常委扩大会上批评“中央文革小组”没有建立起来制度，没有民主集中制。他说，“中央文革小组”没有正式会议作过决定，各人说各人的，康生说一套，陈伯达说一套，江青说一套。还批评说，不只是“中央文革小组”内部没有民主集中制，对上也没有报告。他对“中央文革小组”攻击大批党和国家领导人的情况表示不满，特别是对江青、陈伯达擅自打倒陶铸一事非常生气。他要中央专门召开会议，对江青和陈伯达进行了严厉批评。

1967 年 2 月 6 日，毛泽东在一次会议上严厉批评说，你们“文化革命小组”，毫无政治经验，毫无军事经验。老干部统统打倒，你们掌权掌得起来？江青眼睛向天，天下没有几个她看得起的人。陈伯达和江青从来没有劝过我，一个要节制一点，一个对干部要宽大一点。犯了错误就打倒，就要打到自己头上来了。你们就不犯错误？陶铸是犯了错误，可是一下子就捅出去，不同我打招呼。上脱离，下没有同干部群众商量。毛泽东还在 2 月 10 日的会议上，当面严厉批评陈伯达和江青。他气愤地说：你这个陈伯达，你是一个常委打倒一个常委！你这个江青，眼高手低，志大才疏，你眼里只有一个人！打倒陶铸，别人都没有事，就是你们两个人的事。我查了记录，别人要不就是没有到，要不就是没说话。只有陈伯达讲了话，江青插了话。

毛泽东决定立即把张春桥、姚文元从上海召回北京，由“中央文革小组”开会批评陈伯达和江青。毛泽东的严厉批评，使“中央文革小组”乱了阵脚，慌作一团。陈伯达很紧张，曾说他想自杀。2 月 14 日，“中央文革小组”开了会，江青躲起来，装病不参加，会上只批评了陈伯达，根本没有批评江青。江青对毛泽东的批评只当耳边风，事后仍然我行我素，为所欲为。“中央文革小组”继续坚持怀疑一切，打倒一切，到处煽风点火，搞乱全国。终于造成全国混乱的局面，无政府主义发展到无法收拾的程度。

（三）挑动派性混战的“总后台”

“中央文革小组”开头比较松散。7 月中旬办公室成立、江青从上海回京后，小组成员天天在钓鱼台碰头。当时“文革小组”主要管学术界、教育界、文艺界、新闻界、出版界发生的事情。中央政治局常委还在起作用，毛泽东不在北京，中央常委听取“文化大革命”情况汇报会由刘少奇主持。那时“中央文革小组”不管地方的事，其职权是负责向中央反映“文化大革命”运动情况，无权下发指示。小组成员的活动，主要是到各机关、学校看大字报（但不表态），或者找人谈话，了解情况。北京什么地方出事，就到那里去。同时接待群众来访。《五一六通知》规定这个小组“隶属于政治局常委之下”，实际上江青直接对毛泽东负责，陈伯达管的《红旗》杂志和夺权后的《人民日报》，也只对毛泽东负责，从不请示政治局常委和中央书记处。

党的八届十一中全会对中央领导机构作了重大改组。林彪在政治局常委的地位一下子升到了第二位，并成为中央唯一的副主席。这个时候的“中央文革小组”，根据全会通过的《关于无产阶级文化大革命的决定》，已成为“无产阶级文化革命的权力机构”，便于江青和陈伯达、康生一伙揽权，到处发号施令。全会以后，毛泽东主持常委会，直接领导“文化大革命”运动。江青和陈伯达、康生有事直接向毛泽东汇报。周恩来参加“中央文革小组”的会议，但向毛泽东汇报时署名的是陈伯达、康生、江青。周恩来不签字，他有事要报告毛泽东，就单独报告。

党的八届十一中全会后，毛泽东决定召开常委扩大会，批评刘少奇和邓小平。会议由林彪主持，常委与“中央文革小组”成员参加。林彪、江青都认为刘少奇已经打倒，邓小平最危险，是他们篡党夺权的最大障碍，便将矛头直接指向邓小平。林彪把邓小平的问题说成是敌我矛盾。邓小平已无法工作，把他分管的专案委员会、中央联络部、中央调查部等交给康生去管。这时虽然还有一批中央书记处的书记，却没有开过中央书记处的会议。当选为中央政治局常委和中央书记处常务书记的陶铸，曾经正式提出健全书记处的建议，被江青反对掉了。转过年来，1 月 11 日，中央致“上海各革命造反团体”的贺电上，毛泽东打破过去一直由中共中央、国务院、中央军委三家署名的惯例，让加上了“中央文革小组”，此后同类电报、文件即由四家署名。2 月初，毛泽东就在常委扩大会上说：“现在是‘文革小组’代表了书记处。”

这时的“中央文革小组”几乎天天开会，讨论各单位、各地区“文化大革命”的情况以及运动中出现的各种问题。办公室的机构也逐渐扩大，工作人员也逐渐增多。在办公室前述的文电、简报、调查三个组以外，又陆续成立了三个不归办公室管的单位：来信组、快报组和记者站。

来信组负责处理各地给陈伯达、江青和“中央文革小组”的信件，把信中所反映的重要情况及所提出的重要问题，摘要编发在内部刊物上。快报组是为迅速、及时地向党中央反映有关运动情况而建立的机构。这个组所出版的《快报》，特点是篇幅小，速度快，记者写来的报道随到随印随发，有时一个钟头内出版多次。王力主管的记者站是人数最多的一个单位，开始时由部队抽调干部一二百人（大多数都未做过新闻记者），均以“解放军报记者”名义派往各地（其后又从地方抽调一些人，有的以《人民日报》、《光明日报》、《红旗》杂志记者名义活动）。这些记者从各地发回情况，及时刊登在记者站编印的《文革简报》、《快报》等内部报刊上，供中央负责同志和“中央文革小组”成员参考。

这些由“中央文革小组”操纵的《快报》、《文革简报》以及《电讯快报》之类，虽也曾及时地向中央反映过不少重要的真实情况，但也经常受到江青一伙的蒙骗，通过这种渠道“谎报军情”、“制造舆论”以影响毛泽东和党中央的决策。江青一伙通常采取的手段，就是经由他们中间的一个或两个人，先向自己联系的红卫兵头头（蒯大富、韩爱晶、聂元梓、王大宾、谭厚兰“五大领袖”或者其他造反派头头），暗中“泄露”某些“玄机”、散布某些尚未向毛泽东请示或者明知毛泽东一时还不允许而他们又急于动作的“意图”，让这些头头以发表个人意见的方式，到群众中去传播这些真真假假、似是而非的“小道消息”，蛊惑人心，造成议论纷纷、沸沸扬扬的气氛。“记者”听到这些议论加以报道，通过《快报》影响毛泽东和党中央的决策。

“文化大革命”初期，中央决定将刘少奇、邓小平作为党内问题处理。1966年10月25日，毛泽东在中央工作会议上讲话的时候，曾当面对刘少奇说：“有错误就改。谁要打倒你？我才不要打倒你哩！”江青一伙当时不敢公开违抗。12月18日，“中央文革小组”在人民大会堂接见首都红卫兵“一司”、“二司”造反联络站、“三司”、“首都兵团”以及部分院校革命派代表，江青、张春桥等都出席了。当时，“一司”有人递条子给江青说：“准备揪出刘少奇、邓小平。”江青看过这张条，当场回答说：“刘少奇、邓小平是党内问题，中央可以解决。现在搞他们不适合，不策略，对于他们在党内、党外的影响，群众还需要一个认识过程。在清华和北大不是有人贴刘少奇的大字报吗？主席亲自派陈伯达同志去纠正。……”

江青当众讲的这些话，当然是“表面文章”。就在当天下午2时，张春桥又在中南海西门约见蒯大富，鬼鬼祟祟地对他说："中央那一两个提出资产阶级路线的人至今仍不投降"，"你们革命小将应该联合起来，发扬彻底革命精神，痛打落水狗，把他们搞臭，不要半途而废"。蒯大富听了，心领神会。他心里明白，张春桥所指的"那一两个"，明白无误地就是指刘少奇、邓小平；"搞臭"，就是要用一切手段把他们打倒。但当蒯大富向张春桥保证"请首长放心，我保证照办"以后，张春桥却又狡诈地眨眨眼睛，把嘴一抿轻声说："关于这次谈话的内容，你尽可能去行动，但不准对任何人说；你说，我也不承认。"蒯大富回到清华大学，当天下午 4 时就在"清华井冈山兵团总部"召开会议，决定要"把打倒刘少奇的运动推向社会"。一周以后，12 月 25 日，蒯大富率领五千余众冲向天安门，举行游行示威，沿途张贴标语，高呼口号，第一次公开把"打倒刘少奇"、"打倒邓小平"的反动口号推向社会。张春桥的"授意"，变成了"群众"的"行动"。对于这次"行动"的幕后活动，《快报》和记者站的"记者"、编辑都被蒙在鼓里，自然会以最快的速度，把它当作运动的"新动向"在《快报》上反映。在此之前，"中央文革小组"的顾问康生，在人民大会堂一次接见造反派组织的会议结束后，也曾乘着会完人散的时机，偷偷地把一包供作打倒刘少奇的"材料"交给蒯大富，叮嘱他"好好批判"。

"中央文革小组"派出的"解放军报记者"出版的《快报》，实际上成了江青一伙煽风点火、制造动乱的舆论工具。这些穿军装的"解放军报记者"很多不是现役军人，更不是什么军报记者。他们同江青一伙挂钩，有的踢开各地党委，到处"造反"，煽风点火，通风报信，直接指挥各地的运动。

这些记者中的一些人，为了迎合林彪、江青一伙的胃口，不惜胡编乱造，制造事端，陷害地方领导同志。如在 1967 年 4 月 19 日，正在北京参加军委扩大会议的武汉军区司令员陈再道、政治委员钟汉华，奉命到钓鱼台汇报武汉"文化大革命"运动情况。汇报会由周恩来主持，"中央文革"成员参加。他们如实地汇报了武汉的情况后，周恩来让"中央文革小组"尽快地接见一次武汉的造反派，帮助武汉军区对造反派做工作。江青表示同意，并让戚本禹代表"中央文革小组"安排在 4 月 21 日接见。江青还说，这次接见她不参加，理由是她的身份不同，如果她参加接见，会抬高武汉造反派的"身价"。

汇报会结束后，钟汉华怀着一番好意，向武汉军区党委常委传达了会议精神，目的是为了及时指导军区的"支左"工作。为了防止不必要的麻烦，他还特地作了规定，只传达到军区党委常委这一级，绝对不准再往下传。这本来是很正常的事。可是，这事被"中央文革小组"派驻武汉的"解放军报记者"插手一搅和，却造成了极其严重的后果。这位记者探得此事，就通过《情况反映》，连夜报到北京，说武汉军区传达了"中央文革"19 日会议的有关指示，询问这些指示是否属实。第二天下午，江青派人把刊载这篇报道的《快报》送给陈再道并兴师问罪，江青在这篇《情况反映》上批示：“陈再道、钟汉华：这是怎么回事？以势压人！我们不理解。阅后退江青处。”

陈再道、钟汉华看了这个盛气凌人的指示，感到震惊。他们知道江青难惹，忙打电话向武汉军区有关同志查问真相。原来是一位负责“支左”的同志，在列席军区党委常委会后向“支左”办公室的工作人员吹风，被“记者”知道后立即密报的。陈、钟二人当即向江青写了书面报告，说明他们并没有用“中央文革小组”名义压制武汉地区造反派的意思。同时表示，这件事没有处理妥善，他们也有责任，接受批评，坚决改正。

他们及时把书面报告送给江青，按说这件事可以结束了。可是江青不依不饶，仍然揪住不放。4 月 21 日凌晨两点，总政治部一个干部奉“中央文革小组”之命，前往陈再道、钟汉华住的京西宾馆，没收了他们 4 月 19 日参加汇报会时作的记录。同时传达了“中央文革小组”对造反派的接见已被取消，“中央文革小组”不再帮助武汉军区做工作。自此以后，对于武汉军区的请示报告，“中央文革小组”一律不予答复。4 月 27 日，军委扩大会议结束。这时各大军区的司令员、政治委员都接到参加庆祝“五一”节活动的通知，唯独给陈再道、钟汉华下达了离开北京的“逐客令”。陈、钟二人只好离开北京，打道回府。在武汉火车站“迎接”他们的，是火药味浓烈的大标语：“彻底粉碎带枪的刘邓路线！”、“打倒陈再道，解放全中原！”……两个多月后，爆发了林彪、江青策划挑起的震撼全国的“武汉七二〇事件”。

当各地群众组织分裂为两大派，双方尖锐对立，彼此火并不已的时候，江青一伙常将“分裂群众”的罪名强加在他们急欲打倒的某些“走资派”、“黑帮”身上，诬陷他们“挑动群众斗群众”，指责他们是某一派群众组织的“黑后台”，以此煽动、唆使另一派群众揪斗这些革命老干部，乘机浑水摸鱼。

“文化大革命”开始不久，北京高等院校的红卫兵组织就分裂为两大派：北京航空学院“红旗战斗队”头头韩爱晶，和清华大学“井冈山兵团”的蒯大富、北京大学“新北大公社”聂元梓结成“天派”；北京地质学院“东方红公社”王大宾和北京师范大学“井冈山兵团”谭厚兰、从蒯大富“井冈山兵团”分裂出来的“井冈山 414 总部”结成“地派”。从表面看，两派你死我活，互相对立，一直发生武斗，但是从幕后看，他们的“黑后台”都在钓鱼台，均由“中央文革小组”操纵。有人说，这两大派“就像一根线上牵着的两个木偶”，是很恰当的比喻。例如，1967 年 1 月中旬，在“夺权”风暴中，他们暗中叫“天派”在北京工人体育场召开十万人大会批斗肖华。此事被毛泽东制止，肖华未曾到会，筹办这场大会的“天派”头头们很着急，江青一伙就决定由“中央文革小组”出面调遣“地派”纠集人马冲进会场，大闹一通，把“天派”组织的这场大会冲散。当时相互厮杀、斗得头破血流的各派头头，大都没有觉察到这一点。

江青操纵的首都大专院校红卫兵“五大领袖”之一的第三司令部司令蒯大富，1970 年 11 月间被拘留押解回清华大学受审查时，觉得冤枉，以为自己的行动都是“按照‘中央文革’的部署”行动，到头来怎么不见江青一伙替他开脱呢？蒯大富满腹委屈，给江青写信求救，申诉他在江青一伙指挥下建立的那些“汗马功劳”，为当前的遭遇“鸣冤”。可是这时江青已经进入了中央政治局，大权在握，哪里还会再理睬他们这辈走卒？蒯大富所写的信如同石沉大海，没有任何回音。其后他被北京市中级人民法院以反革命罪判处有期徒刑 17 年、剥夺政治权利 4 年。蒯大富于 1987 年 10 月 31 日刑满获释后，回顾当年往事，“坦诚而又痛心”地说：“22 年前，我们那一代热血青年，天真而狂热，幼稚而残忍，昏然盲从而怀疑一切，激昂慷慨而又随波逐流，极端的行动变为人性的扭曲。于是，起初成为混战的工具，之后沦为浩劫的牺牲品。似乎也是在劫难逃。”

“五大领袖”中的女将谭厚兰，则于 1970 年 6 月被调回北京师范大学隔离审查，以后被北京市公安局以反革命罪逮捕。她在狱里写的检查中忏悔说：“我是一个在‘文化大革命’中一度追随林彪、江青反革命集团，对党、对人民犯了罪的人。”“回想自己在十年浩劫中的所作所为，目无法纪，在‘造反有理’的口号下，可以随便剥夺别人的人身自由，随便把人打倒。我在反击所谓的‘二月逆流’中，就是这样对待谭震林副委员长和余秋里副总理的。我还对另一些党和国家领导人进行了人身迫害。……我是罪人，也是见证人。”

（四）七任“办事组长”的不同下场

江青是一个权力迷，又是迫害狂。凡是她认为可疑或者不驯服的人，就会受到她的打击、迫害、批判、斗争，隔离审查，关进牢房。因此，在江青的“后院”，经常笼罩着恐怖的阴影，那里的气氛让人感到心悸。在江青手下工作，谁也掌握不了自己的命运。

这个小组一成立，组长陈伯达事事都得让她三分。自从 1966 年 8 月 30 日中共中央通知：在陈伯达病假期间或今后离京外出期间，“中央文革小组”组长职务由江青代理，她就将“代理”变作“取代”，实际上夺了陈伯达的权。尽管陈伯达很快“康复出院”，并不曾“外出”过，她却一直把这个小组的领导权牢牢掌握在自己手里，颐指气使，“指挥一切”，什么事儿她都插上一手，对谁都是“横挑鼻子竖挑眼”，不让人们有片刻安宁。

对“中央文革办公室”（办事组）的工作人员，江青着眼挑剔、着力打击的是它的主要负责人。“中央文革小组”从成立到消亡的三年间，这个办公室负责人被撤换过六次。前后任职的七届负责人，除肖力（即李讷）外，我和宋琼、王广宇、阎长贵、矫玉山以及王力，无一例外地都遭到了厄运。

我这个办公室召集人，江青一直看着不顺眼，在小组成员中也经常指责我“跟不上”。1966 年 8 月下旬，就被她“找茬儿”令我停止工作并撤销了这个“召集人”的职务。

我被撤销了办公室“召集人”的“差事”，改由王力管理办公室的工作。1966 年 12 月初，江青决定改变办公室的名称，成立“办事组”。办事组由宋琼、陈满池、杨子才、张文荣、王广宇五人负责，宋琼、陈满池分任正副组长。宋琼、杨子才、张文荣是从《解放军报》快报组调来的，陈满池本是记者站的副组长，他继续留在花园村记者站，始终没有到钓鱼台办事组来就职。没有多久，江青派到解放军报社的肖力，于 1967 年 1 月 13 日率领军报造反派夺权。宋琼及从军报一同到办事组的工作人员被江青打成解放军报社“胡痴反党小集团”。解放军报社造反派把宋琼等人揪回报社批斗。此后，办事组改由王广宇、矫玉山负责。同年 9 月 1 日，王广宇又被江青强令“回本单位参加运动”，回到马列研究院接受批斗，改由原任江青秘书的阎长贵和矫玉山分任正副组长。1968 年 1 月 13 日，矫玉山又被江青诬为“特务”，下令逮捕，改派肖力为组长。

从 1967 年 1 月到 8 月 31 日，王广宇是任职最长的办事组负责人。1 月初，王力、戚本禹都告诉他：“中央文革小组”决定由王广宇任办事组组长，矫玉山任副组长。办事组虽然实际上由王广宇管，却没正式宣布。王广宇任劳任怨，不计较名义，始终刻苦勤奋地工作。江青仍常对他挑剔，对他找碴儿，稍有“怠慢”，就会遭到斥责。江青曾经骂他：“我看你总像还没睡醒似的，一见你就想批评你。年纪轻轻的怎么这样没有精神?”一次陈伯达指着王广宇问江青：“他是办事组长吗?”江青竟然摇了摇头。弄得王广宇十分尴尬。

钓鱼台 16 楼会议室隔壁是办公室接长途电话的房间，江青常拉陈伯达到这里个别长谈，“打通思想”。1966 年 8 月初，为了便于记录各地打来的电话，文电组特请中央办公厅三十九局电话总机技术人员来，在电话机上安装了一个扩音机。这本是出于工作需要，极为平常的事，稍有常识的人都懂它的用途。扩音机刚安上不几天，被拉着陈伯达过来“打通思想”的江青看到了，立刻“没事找事”，大发脾气，硬说是王广宇他们安装的什么“窃听器”。她把经办此事的王广宇找来严厉训斥，强令把电话机拆掉。

开会作记录本是一般惯例。“中央文革小组”开会时，江青却不准作记录，常常因此找碴儿。她在口头上强调什么“机密性”，实际上是心怀鬼胎，一切言行都害怕“记录在案”，留下痕迹。后来周恩来经常主持“中央文革”碰头会。开头他曾吩咐：每次开会由“中央文革小组”办事组和总理办公室派人作记录。头一次，矫玉山、周家鼎来作记录，“平安无事”，江青没有反应；第二次改换王广宇来记录，周恩来刚开始讲话，江青一见王广宇在作记录，立刻问：“我们开会还要作记录吗？是谁叫你来的？”会议室顿然鸦雀无声，气氛紧张。叶群马上惊慌地说：“不是我叫来的！”这时周恩来说道：“是我叫来的！”转身又对王广宇说：“今天不用记了！”周恩来是代表中央常委来钓鱼台主持“中央文革”碰头会的，他的决定，就这样被江青粗暴地推翻了。这也表明江青对周恩来不尊重和对他的敌视情绪。

1967 年 8 月 31 日，周恩来主持“中央文革”碰头会，宣布王力、关锋“隔离审查”后，第二天晚上，江青就叫张春桥、姚文元找王广宇谈话。张春桥说：“决定你马上回原单位参加运动，以后需要你的时候再叫你来。”王广宇回到马列研究院，就遭到造反派软禁，不让回家，逼他“揭发王力、关锋的罪行”。马列研究院造反派也不断地点他的名，对他施加压力。1968 年 3 月 4 日晚上，陈伯达等 3 人突然来到马列研究院“造反总部”，逼王广宇“交代问题”——早先戚本禹曾让王广宇到人民文学出版社去取过一份鲁迅的手稿（《答徐懋庸并关于抗日统一战线问题》原稿），取回后当即交给戚本禹。这时陈伯达突然前来讨要，并诬陷王广宇“卖掉了、私分了、销毁了”。他们不听王广宇申说，不容许他分辩，当即把他关进功德林监狱，后又关押在南苑的一个监狱，1972 年 1 月又转押到秦城监狱，直到 1975 年 5 月 16 日才被释放出狱。实际上，他们诬陷王广宇“卖掉了、私分了、销毁了”的这份鲁迅的手稿，早由戚本禹交给江青，当时仍收藏在钓鱼台“中央文革小组”保密室里。他们拿这个来逼王广宇，只不过要捏造一个逮捕他的“由头”。

在王广宇之后担任办事组负责人的阎长贵、矫玉山也都被江青投入秦城监狱。矫玉山是最早调到办公室来的，一直勤勤恳恳、夜以继日地工作。1967 年 12 月 5 日，毛泽东、周恩来、李富春等中央领导同志，以及“中央文革小组”的陈伯达、康生、江青、戚本禹、姚文元等接见“中央文革小组”、总理联络员办公室、联合接待室工作人员时，矫玉山还带领办事组的同志参加了这次接见、合影。不料到 1967 年 12 月底，“中央文革小组”收到从香港国际书店寄来的一个邮包。办事组保密室的人打开来一看，全是 30 年代江青在上海作演员时的有关报刊和照片。他们知道这些东西都是江青的最大忌讳（当时称作必须“防扩散”的“核心机密”），唯恐遭江青怪罪，马上送交矫玉山。矫玉山看都没有看，立即送交担任江青秘书的姚文元。江青怀疑矫玉山看过这些材料，第二天就叫姚文元到办公室找他查问：邮件是怎样收到的？有哪些人看过这些材料？逼令矫玉山迅速写个报告。两天后，江青和张春桥、姚文元在会议室密谈，见矫玉山进来，江青竟然指着矫玉山说：“他们这些人不是我们的人，要进行审查!”“他们是特务，是监视我们的，安了窃听器。”张春桥接着说：“是的，现在我连给上海打电话都不敢打了，就是安了窃听器!”1968 年 1 月 13 日凌晨，矫玉山在中南海怀仁堂被江青下令以“特务”罪名拘捕，直接送进秦城监狱，被“审查”了七年半之久，1975 年 5 月 16 日方获释出狱。

原任江青机要秘书并在王广宇被江青撤掉职务后一度担任办事组组长的阎长贵，也被江青以“莫须有”的罪名关进秦城监狱。在办事组担任总支部书记的王道明，工作人员中两个最得力、最积极的张根成（来自解放军沈阳部队）、周占凯（来自解放军济南空军部队），也被江青安加罪名关进监牢。甚至担任江青警卫的孙立志，也被江青诬陷“偷”了她的钥匙，被抓进监狱关了七八年。

办公室和办事组前后七任负责人中，只有最后一位肖力“稳坐钓鱼台”，没有任何风险。1968 年初，矫玉山被江青关进秦城监狱后，肖力即继任办事组组长。其时江青一伙抢班夺权闹得正凶，周恩来则在任何情况下都不交权。中央政治局和中央书记处都被“中央文革小组”取代后，根据毛泽东的意见，一切重大问题都拿到“中央文革”碰头会上议处。这个“碰头会”，是党的体制被“文化大革命”冲垮后冒出来的一个不伦不类的权力机构。周恩来一直主持“中央文革”碰头会。每次会前，都由周恩来吩咐秘书赵茂峰拟定议程和通知，交由中央办公厅发送。有一次开会时，江青说，“文革”碰头会通知不发给“文革”办事组，给她的工作造成被动，今后应由“文革”办事组发通知。周恩来听了后，顾全大局，不愿让江青为这些事吵吵闹闹，回去就对秘书说，以后通知就由“中央文革”办事组办。但考虑到肖力初管办事组，周恩来怕她对这个工作不熟悉，就让秘书代肖力草拟一个会议通知的样子，好心好意地送去供她参考。不料江青却对周恩来说：“你看，连你的秘书都不放手，通知还得代拟。”周恩来回去把这事告诉了赵茂峰，说：“你给肖力写个检查吧。”秘书理解总理的处境，就照总理的意思办。赵茂峰说：“我就只好给肖力写了个检查，检查只写了一页纸，经总理看后发出。总理反倒有点过意不去了，因为是他交代的事，到头来又让我去检讨。我倒没有什么，这是对‘四人帮’嘛。从这以后，发通知的权就在‘文革’办公室了，但主持会议仍是总理。……”

在这样的情况下，自然没人敢碰肖力一下。肖力担任组长直到党的九大，江青、张春桥、姚文元都当选为中央政治局委员（康生、陈伯达仍当选为中央政治局常委），获得了他们追逐的权力，“中央文革小组”作为江青一伙篡党夺权工具的“历史使命”已告终结而“自行消亡”。

（五）她在“后院”也是“怀疑一切，打倒一切”

除办事组的历届头头遭到江青的迫害外，“中央文革小组”所属的宣传组、文艺组、理论组部分成员，在江青“怀疑一切，打倒一切”的思潮下，也先后遭到江青一伙的诬陷和迫害。

1967 年一二月间，在江青伙同林彪煽动全国夺权风暴中，“中央文革小组”在钓鱼台相继成立了取代中共中央宣传部的宣传组、取代国务院文化部及全国文联的文艺组。前者的成员有王力、唐平铸、胡痴，由王力任组长；后者的成员有戚本禹、金敬迈、李英儒、舒世俊、陆公达、刘巨成，由戚本禹任组长。其后又成立了理论组，也由戚本禹负责。

宣传组成员除唐平铸、胡痴相继遭到江青一伙迫害外，当时调到宣传组担任办公室主任的李广文也遭到迫害。李广文原任中共中央高级党校一部主任兼校委委员。他曾任中共山东省委书记，1963 年进中央高级党校研究班学习，毕业后留校工作。在康生先前担任中共中央华东局副书记兼山东分局书记时，李广文曾在其领导下工作过。李广文看穿了康生的真面目，给毛泽东写了一封信，揭发康生的罪恶，并于 1968 年 10 月 8 日在中央高级党校内贴出揭露康生的大字报。康生利用权势，唆使党校造反派对李广文批斗，把他打成“现行反革命分子”加以拘留。1969 年 11 月被逮捕，冤狱历时将近 10 年。1979 年 8 月 13 日，经中共中央党校委员会批准予以彻底平反。

文艺组在沙滩《红旗》杂志社办公。被调到文艺组任副组长的青年作家金敬迈，以及文艺组成员李英儒、刘巨成等都受到江青的迫害，冤狱多年。金敬迈写的《〈欧阳海之歌〉创作前后》一文，详细记述了这一段不幸遭遇。

金敬迈原是广州军区战士歌舞团的编剧。他因 1965 年 10 月出版所写的长篇小说《欧阳海之歌》成名。这本小说的发行数量迅速达到 2 000 万册，金敬迈一时成了广大青年读者崇拜的作家。江青得知这种情况，就以她将别人创作的“样板戏”攫为己有的类似手段，妄图把这本受到广大读者欢迎的小说，打上“江记”的印记。江青采取惯用的手法，先对这本小说发出“指示”——提了三条“修改意见”，经总政治部文化部部长谢镗忠传达给作者：一，不要把欧阳海写成职业乞丐；二，欧阳海的哥哥不要被国民党拉去当兵；三，“最后四秒钟”的描写不好，一定要改掉。并告诉金敬迈，这是非改不可的！

作者听了陶铸的意见：“不要改，不要一听什么意见就改。”顶住没有改。金敬迈说：“没有料到，正是这件事，埋下了几乎置我于死地的祸根。”

1967年4月初，江青将金敬迈从广州召来北京。4月11日，江青在京西宾馆当着周恩来和陈伯达、康生、张春桥、谢富治、叶群等许多人的面，向金敬迈发难。江青一见金敬迈进门就劈头训斥说：“金敬迈，怎么，我提的那几条意见，你不改？你真是个大作家呀，这么大架子！”接着又是一阵恫吓：“我告诉你，你那‘最后四秒钟’呀，是《雁南飞》！（《雁南飞》是苏联一部描写卫国战争的电影。当时报刊上批判它写了英雄临死前对生命的留恋，是修正主义的大毒草。）我是为了保护你，看你还是个解放军，才没有对红卫兵小将们讲。只要我说一声，他们早就揪你的人，烧你的书了！”（按：江青认为，“最后四秒钟”的描写，是写了欧阳海“对死的恐惧”和对“生命的留恋”，是污蔑了英雄，是大毒草。）江青还说：“书里那两段‘黑修养’怎么来的？……我看你就是中‘黑修养’的毒太深，你还是为刘少奇树碑立传嘛！你这是搞‘两个司令部’嘛！你到底是哪个‘司令部’的！”还说把引用刘少奇《论共产党员的修养》的两段话，“光删去不行，要消毒，要批判！”江青不给金敬迈喘息的机会，一口气骂得他无法下台。亏得周恩来出面解围，才使江青缓和下来……

金敬迈被迫对《欧阳海之歌》作了修改。“不仅删去了修养中的两段引文，而且进行了批判。对‘最后四秒钟’的那点‘爱’，也毫不痛惜地‘割’掉了。”

这样一来，在江青看来，好像小说就变成了“她的”了。她对金敬迈的态度，顿时来了个180度的大转弯。江青让他参与领导“五一”节文化活动和《在延安文艺座谈会上的讲话》发表25周年纪念活动。“五一”节，金敬迈以“中国人民解放军负责人”的身份上了天安门；当天晚上，江青亲自带领他去见在天安门城楼上观看焰火的毛泽东。江青肉麻地介绍说：“主席！这就是‘我们的作家’金敬迈同志。”5月23日，又让金敬迈在首都纪念《在延安文艺座谈会上的讲话》发表25周年的万人大会上发表讲话。江青指派金敬迈任“中央文革小组”文艺组副组长……

金敬迈以后回忆到这段经历的时候，无限感慨地说：“一切都像演戏一样。不久，我成为庆祝‘五一’文化活动的负责人；不久，我又兼任‘《在延安文艺座谈会上的讲话》发表25周年’纪念文章的定稿人；又不久，我以‘解放军负责人’的身份上了天安门；再不久，我成了‘中央文革’文艺组的实际负责人。”

但是事隔不久，江青的残酷迫害却又降临到金敬迈头上。这年国庆节前，谢富治、戚本禹等叫金敬迈去北京图书馆清理30年代涉及江青的书报刊物，送往沙滩中央宣传部办公室，锁进保险柜里封存。此事刚一办完，参与其事的文艺组成员刘巨成就被江青下令抓起来。关于金敬迈，江青说：“用金敬迈，本来就出于‘不得已’，现在看来金敬迈不是我们的人。”国庆节后，戚本禹秉承江青旨意，就在文艺组召开会议批斗金敬迈。当时并未宣布他的“罪名”，戚本禹说：

“金敬迈不能继续在北京工作！”

接着到来的，就是一场牢狱之灾。金敬迈说：“由谢富治签发的逮捕令。以我‘收集中央领导同志的黑材料、阴谋反对毛主席’和‘趁毛主席南巡时，阴谋绑架毛主席’的罪名，将我反铐双手，投入秦城监狱。在秦城监狱里，七年零四个多月，2 678 天。然后，释放出狱，送河南许昌某农场劳改，485 天——两项相加，3 163 天。三千多天，也算‘弹指一挥间’！‘四人帮’居然倒了，我和江青‘交换场地’，她进了秦城一号……”

金敬迈在狱中饱受折磨和迫害，1975 年 5 月从监狱里出来的时候，虽然年方 45 岁，却已“满头白发”、“步履蹒跚”了。

理论组由戚本禹负责，办公机构设在中南海中央办公厅内。调来主持全组工作的杨永志，原是《红旗》杂志哲学史组的编辑。以后又陆续从部队调来廖初江等几位学习毛主席著作积极分子。戚本禹交代给他们的任务是搜集刘少奇的全部著作，整理、编印出来“供批判用”，先后印出过十几本。1968 年 1 月 13 日，戚本禹被捕后，杨永志就被揪回《红旗》杂志社批斗，造反派竟诬陷他“包庇刘少奇”，说他对刘少奇“假批判，真包庇”。因他不堪忍受长期的残酷批斗，一度精神失常。他把白布单撕开，缠到头上“戴孝”，手里打个白幡，自言自语说：“我是刘少奇的孝子贤孙！”光景凄惨，以后他又被谢富治抓到公安部关起来，直到 1975 年夏天才获得释放。

当时在“中央文革小组”工作过的干部，都是由党组织从各地区各单位抽调到这里来的。这些同志对于发动“文化大革命”的决定深信不疑，怀着对毛泽东真诚的崇拜，以“反修防修”为出发点参加这场运动。尽管对这场突然到来的政治风暴缺乏精神准备，还“很不理解”、“很不得力”，但是基于对党的忠诚，对毛主席的热爱，无不全心全意地投入工作，力图跟上毛泽东的“伟大战略部署”。其时这里的工作千头万绪，工作节奏十分紧张，特别是在办公室（办事组）工作的同志，经常夜以继日、废寝忘食地工作，相当辛苦。当然，因为受到个人崇拜、极左思潮的影响，不少人虽然在有些事情上有怀疑和抵触，却不可能不执行照办，这就不可避免地或多或少的说错话、做错事，损害了党和人民的利益。

受到江青迫害的大多数同志，尽管艰难，还是顽强地经受住了这场严峻的考验。在那乌云滚滚、黑夜茫茫的日子里，对中国共产党，对社会主义建设的光辉前景，始终怀有希望，充满信心，坚信寒冰终将融化，春天即将到来。大家的心愿没有落空，终于迎来了胜利的时刻：高兴地看到了林彪的死亡和“四人帮”的毁灭，幸运地盼到了彻底平反，恢复名誉，重新为革命工作、为人民服务的日子。

历史是最无情的，对任何人都是最公正的。林彪、江青一伙已被永远钉上历史的耻辱柱，康生、谢富治死后也未能逃脱历史的审判。党已平反了林彪、江青制造的无数冤假错案，广大受迫害者得到了平反。正如金敬迈在自己的冤案平反以后所发出的无限感慨：“本来世事自有公论。谁优谁劣，谁个流芳百世，谁个已被或是将被钉在耻辱柱上，不在乎传媒如何说法，老百姓心头，早就刻着呢。不是有句词叫‘铭刻在心’吗?”他的这些话，正道出了千百万被害者的心声。

我在驻越使馆见证的援越抗美

李家忠

20世纪60年代，美国炮制“北部湾事件”，把战火扩大到越南北方。中国作为越南的大后方，全力支援越南人民的抗美救国斗争，直至越南南方完全解放，实现全国统一。我当时作为中国年轻的驻越外交干部，在某种程度上可以说是这场斗争的见证人。

美国的侵略图谋和战争升级

1964年8月4日，美国借口其军舰遭到越南海军的袭击，一手制造了“北部湾事件”，把战火扩大到越南北方。1965年6月8日，美国公然宣布美军参战。到1965年底，侵越美军增加到18.4万人，1967年增至38.5万人，1969年增至54.4万人。南越（越南共和国）伪军也扩大到近100万人。

与此同时，美国飞机对越南北方的轰炸也逐渐升级。1965年出动25万架次，1966年79万架次，1967年108万架次。年投弹量从6.3万吨增加到13.6万吨，最高年份达到22.5万吨。

“北部湾事件”发生后的第二天，中国政府便发表声明，严正指出：“美国点起了侵略战火，越南民主共和国就取得了反侵略的行动权利。”“越南民主共和国是中国唇齿相依的邻邦，越南人民是中国人民亲如手足的兄弟。美国对越南民主共和国的侵犯，就是对中国的侵犯。中国人民绝不会坐视不救。”几天后，北京市百万工人、农民、机关干部、民兵以及街道居民走上街头，举行声势浩大的示威游行，声援越南人民反对美国武装侵略的斗争。

1965年2月7日和8日，美国空军连续轰炸和扫射了越南北方广平省和永灵特区。中国政府于2月9日、2月13日和3月4日三次发表声明，庄严宣告："中国人民是早已做了准备的，并且懂得如何援助越南人民和印度支那人民赶走侵略者。""六亿五千万中国人民坚决支持兄弟的越南人民同美帝国主义斗争到底。"2月10日，北京150万人在天安门广场集会示威，愤怒声讨美国的侵略罪行，坚决支援越南人民的抗美斗争。

1967年4月25日，中国外交部就美国飞机轰炸越南海防市发表声明，指出："美帝国主义是中越两国人民不共戴天的敌人。"七亿中国人民将"永远同越南人民团结在一起，战斗在一起，彻底打败美国侵略者，不达目的，誓不罢休"。

同年5月21日，中国外交部就美国飞机轰炸越南民主共和国首都河内发表声明，指出："中国人民同美帝国主义斗争到底的决心是下定了的。中国人民支援兄弟的越南人民抗美救国战争的决心也是下定了的。越南人民必将彻底打败美国侵略者，取得最后胜利。"

1970年5月20日，毛主席发表了著名的"五二〇声明"——《全世界人民团结起来，打败美国侵略者及其一切走狗》，重申"中国人民坚决支持印度支那三国人民和全世界人民反对美帝及其走狗的革命斗争"。

援越抗美的战略部署

在给予越南人民强大道义支持的同时，中国向越南提供了巨大的人力、物力支援。

1963年3月，中国人民解放军总参谋长罗瑞卿访问越南。同年9月，越南人民军总参谋长文进勇访华。在两次访问中，双方共同研究了中国如何援助越南和如何配合作战的问题，并就《中越两军协同作战计划》和《中国支援越南军事装备和后勤物资计划》达成协议。

1965年5月25日，在周恩来总理主持下，组成了包括外交部、铁道部、交通部、总政、总后、海军空军、铁道兵、工程兵、总参作战部等21个单位的援越协调小组，统一组织、实施援越事宜。另成立了由李先念、薄一波、罗瑞卿等7位同志组成的领导小组，负责掌握援越的方针政策，审批新增援越项目。而全部援越工作则由周总理统一指挥。

与此同时，中共中央中南局书记陶铸于1965年春率领广东、广西、云南、湖南等南方省、区委第一书记非正式访问越南，商谈一旦美国侵越战争进一步扩大，这几个省、区如何援助越南的问题。胡志明主席亲往机场迎接。我当时正在大使馆工作，至今仍珍藏着陶铸同志一行同大使馆全体工作人员的合影。

毛主席和周总理想越南人民之所想，急越南人民之所急，对援越工作考虑得十分细致。周总理多次强调："要把援助越南问题看作我国援外工作中头等重要的事情。"周总理要求运往越南南方战场武器装备的包装要"便于运输、便于携带、便于使用、便于隐蔽"。针对越南战士的身材和体力，提出弹药包装最大重量不能超过25公斤，大米包装每袋50公斤。毛主席还特别嘱咐有关部门："一定要为越南战士配备蚊帐，给他们制作的压缩饼干要分量轻、营养好。"为此，上海利民食品厂彻底转产，专门为越南南方战士生产压缩饼干。为保证营养，每袋压缩饼干里还加放一包肉松。此外，根据毛主席的指示，中国还为越南南方部队每个连配备一台熊猫牌收音机。

为解决在美国飞机狂轰滥炸情况下的运输问题，周总理决定开辟一条从广西北海经海南岛三亚直达越南的秘密航线。一批批中国小型货轮经过北部湾，在晚间驶向越南南方海岸，把船上用多层塑料袋包装的大米投向海滩附近，米袋随着海浪漂浮到海岸，船上打出信号，越南南方游击队立即把大米抢运到内地。美伪军发现后，多次向中国货轮开枪，不少中国海员为此付出了宝贵的生命。

中方还支付外汇，开辟了一条通往柬埔寨境内西哈努克港（今磅逊港）的秘密运输线，把物资运到柬埔寨的鹦鹉嘴地区，再转运到越南南方各根据地和游击区。与此同时，中国又同越方商量，开辟了一条贯穿越老边界和越柬边界崇山峻岭的秘密运输线，即胡志明小道。为进一步提高运输效率，周总理于1970年派李强和方毅两位同志率团对胡志明小道进行现场考察，同越南领导人商讨改善运输条件的措施。考察团回国后，周总理亲自听取汇报，决定把土路改成碎石路，并增加支线，使之既能直行，又能横通。越南总理范文同说："把这条土路修成碎石路，成为全天候的运输通道，这是周总理对我们的启发。"

援越部队在越南的贡献

1965年4月，越南劳动党第一书记黎笋、政府副总理兼国防部长武元甲受胡志明主席的委托，率党政代表团到达北京，要求中国扩大对越南的援助，并向越南派出工程兵、铁道兵和高炮部队。4月8日，刘少奇代表中方表示，援越抗美是我们应尽的国际主义义务和义不容辞的责任。我们的方针是："凡你们需要的，我们这里有的，我们尽力援助。你们不请，我们不去，你们请我们哪一部分，我们就派哪一部分。这主动权完全掌握在你们手里。"毛主席还曾对胡志明主席说："咱们是一家人嘛！有什么困难？要人有人，要物有物，你不要客气。"

就这样，应越方的要求，从1965年10月到1968年3月，中国先后向越南派出高炮、工程、铁道、后勤等支援部队。出国前，总政治部给各部队颁布了《援越抗美部队人员纪律守则》，明文规定要“尊重越南民主共和国，尊重越南劳动党，尊重胡志明主席，尊重越南人民，尊重越南人民军”，还规定要“爱护越南的一山一水、一草一木”，“认真为越南人民做好事”。我援越部队进入越南境内后，都自觉遵守守则的各项规定。举两个例子：援越部队的后勤供应虽然相当充足，但吃不上新鲜蔬菜。由于守则已明确规定要爱护越南的一草一木，援越部队便不敢就地开荒种菜。胡志明主席得悉这一情况后说，没关系，中国援越部队来到越南，就是为了爱护越南的一草一木。得到胡主席的关照，援越部队很快解决了种菜问题。第二个例子是：当时，援越工程部队施工都是昼夜三班倒，夜间照常施工。一次，一名战士下夜班回营房，刚刚打开房门，只见一只老虎睡在战友的床下，战友也睡得正香。这位战士意识到，一旦老虎醒来，很可能会把战友吃掉，至少也会把战友咬伤。但部队的纪律是不得伤害越南的野生动物，因此这位战士不敢擅自向老虎开枪。最后，还是硬着头皮跑去请示上级首长，得到同意后赶回营房。幸好老虎和战友都还没有睡醒，战士向老虎开了枪，保住了战友的性命。

出于保密的需要，中国援越部队都身穿蓝色军服，部队也不称“师”、“团”，而称“支队”、“分队”，一个支队就是一个师，一个分队就是一个团。为了让中国援越部队能及时了解抗美斗争的形势，越南中央统一委员会每月都向中国驻越大使馆提供一份介绍材料。大使馆领导指派我负责将材料翻译成中文，并打印100余份，分发给援越部队各单位。中国援越部队在越南执行任务期间，作战、施工、后勤和交通运输等费用，全部由中方承担，不增加越南方面的任何负担。中国援越部队发扬一不怕苦、二不怕死的精神，同越南军民一起，用鲜血和生命保卫越南北方的领空，保证越南北方运输线的通畅，中国每天都有几百辆汽车专门负责运送各种援越物资。中国高炮部队和工程部队共作战2 000余次，击落美国飞机1 707架，击伤1 608架，俘虏美国飞行员42人。中国援越工程部队不顾夏日的酷暑，昼夜施工。越南交通部长潘仲慧说：“你们修路大军整整战斗了三年，为越南人民立下了不朽的功劳。”

1970年7月，中国援越部队圆满完成国际主义任务，全部撤回中国。

炮火下的中国大使馆

1965年春，我作为年轻的越语翻译，第一次被派到驻越使馆工作。当时美国正逐步把侵越战争扩大到越南北方。面对这种严峻的形势，根据国内的指示，使馆的工作也相应作了调整，以适应战争环境的需要。首先，使馆内所有的女同志全部撤回国内，留下的男同志也都做了必要的准备。在支部大会上，我和其他党员同志一样，表示一定要坚守岗位，不怕牺牲，誓死同越南人民并肩战斗到底，以实际行动接受祖国人民的考验。不久，使馆武官处一位和我年龄相仿的同志赴越南南方执行一项秘密任务。临行前，他将一封写好的家信交给我说，如果他回不来，就让我替他把这封信寄出去。我接过信，一面感到它分量的沉重，一面在心中默默地说，如果组织上让我去执行这样的任务，我也一定会做得和他一样，绝不后退半步。

当时，河内市的备战气氛越来越浓，到处都修建了防空洞和个人掩体，市中心的还剑湖四周修起了一个巨大的环形防空壕。全市各条街道都装有广播喇叭，可随时向市民通报美国飞机的行踪。中国援越工程部队在使馆院内修建了四个钢筋水泥的防空洞，每个都可容纳 20 多人，并能承受敌机投下的 700 磅重的炸弹。使馆办公室和宿舍的玻璃窗都糊上了米字形纸条，以防一旦被炸时玻璃片四处飞溅。此外，还准备了蜡烛和火柴，防备停电。使馆的同志每人都准备了一件蓝色棉大衣和一个手电筒，便于夜间钻防空洞时使用。

不久，美国飞机便开始对河内和越南北方其他城市进行大规模轰炸，使馆的正常工作秩序也随之被打乱。当听到广播中说“同胞注意，敌机距河内 50 公里”时，大家便要放下手中的工作；当广播中说“同胞注意，敌机距河内 20 公里”时，便要马上进入防空洞。有时还未来得及进入防空洞，就已听到敌机投掷的炸弹的爆炸声和越南防空部队的高炮声。待美机轰炸过后，广播中便说“同胞注意，敌机已经远去”，这时，我们再走出防空洞，继续工作。即使夜间，美机也会经常轰炸。为此，每天从晚上 11 时到次日清晨 6 时，使馆都安排两个人值班，主要任务是当有空袭警报时，负责催促没睡醒的同志赶快进防空洞，并关闭所有电灯。为保证一旦使馆被炸后仍能继续工作，越南政府在和平省一个偏僻的山脚下，为我们提供了一个疏散的基地，里面装备有同国内保持通信联络的电台，并派两名年轻的工作人员驻守。

我从小在和平环境中长大，没有经过战争的锻炼，虽已在支部大会上表示了不怕牺牲的决心，但起初精神上仍不免有些紧张，夜间跑向防空洞时，听到附近越南高射机枪震耳欲聋的响声，并看到它们喷出的一道道火舌，把天空染得通红，会不由自主地心跳加快。但几天过后，便逐渐适应和习惯了，甚至有时出于好奇，还在钻防空洞前将使馆仅有的一台录音机放在一个露天的地方，让它录下敌机的轰炸声和越南防空部队的高炮声，然后拿来听听，觉得很有意思。我在使馆工作的五年，已记不清总共钻过多少次防空洞。当时中央电视台派到越南的军事记者周居芳同志，每遇到敌机轰炸，便立即扛着摄像机向最高的地方跑去，以便摄下越南高炮击中敌机的场面。他这种一不怕苦、二不怕死的精神，使我们深受感动。

那时河内市区只有一座横跨红河的大桥，名为龙边桥，全长 1 681 米，它自然成了美国飞机轰炸的重点目标。每次大桥被炸，都由中、越两国工程部队共同抢修。在这种情况下，当中国外交信使来河内时，使馆前往迎接的人员都要带上橡皮船筏，一旦大桥被炸，也能保证信使能乘船筏安全到达使馆。我们每次外出，最担心的也是大桥被炸，只要能顺利通过大桥，心里便踏实了许多。一次，我和石秉毅同志送何克强等两位信使去河内嘉林机场。为争取时间，便从一条小路穿过。不料当汽车行至小路中间时，看见有一颗炸弹横卧在面前，挡住了去路。炸弹的半截埋在地下，半截露出地面。我们无法判断它是否为定时炸弹，更不知道如从它上面越过，会不会由于震动而引起爆炸。但如从原路退回，肯定会耽误信使的航班。时间已很紧迫，容不得多作考虑。经过两三分钟的商量，我们一致决定从炸弹身上冲过去。现在，已经退休的何克强同志和我同住一楼。两年前我同他谈起当年那次经历，他说，那时年轻气盛，一心想着赶上飞机航班，顾不得去考虑其他。这也是当时我们几个人的共同想法。

美国深知中国是支援越南抗美的大后方，因此美国飞机在轰炸河内时，绝对不会放过中国大使馆。在河内举办的一个抗美战争战利品展览会上，我曾亲眼看见一幅缴获的美国飞行员随身携带的军用地图，上面标有一个个轰炸目标的具体位置，其中就有中国驻越大使馆。那时，越南军方尚不能掌握美国飞机从泰国空军基地起飞的动向，每次都是由中国军方通过热线，及时向中国大使馆武官处通报，再由大使馆武官处立即通报越南军方。1966 年 12 月 14 日午餐时，武官处王茂兴通报说："请大家抓紧用餐，有情况。"听了这几句话，我们便都明白了，饭后迅速进了防空洞。午后 3 时许，美国飞机多批轰炸河内。先有 4 架美机在中国大使馆附近上空活动，其中 2 架在使馆上空盘旋两圈后，于 3 时 24 分向使馆俯冲，发射一枚空对地导弹，炸毁了使馆电影厅大楼西南角，楼顶近一半被摧毁，门窗玻璃全部破碎。与使馆一街之隔的大使官邸和新华分社的门窗也大部分被炸毁。幸亏使馆的同志及时钻进了防空洞，没有造成人员伤亡。下午 6 时 15 分，胡志明主席来到大使馆，向朱其文大使表示慰问。朱大使、陈亮参赞和陈皓武官陪同胡主席视察了被炸现场。当听说大使馆和新华分社的人员没有受伤时，胡主席说："那就好！那就好！"之后，胡主席又询问大使馆有多少人，防空洞能否确保大家的安全，大使馆有没有疏散的计划。朱其文大使一一作了汇报。胡主席对朱大使和在场的大使馆官员说："房子被炸了，算不了什么，今后可以建更好的，只要人在，我们将继续战斗。"此前，越南外长阮维祯，副外长黄文利、阮基石和河内行政委员会主席（市长）陈维兴也前来使馆表示慰问。第二天，朱大使在使馆举行记者招待会，揭露和谴责美国侵略者的罪行。12 月 16 日，中国外交部发言人发表声明，强烈谴责“美帝国主义向中国人民蓄意进行的严重挑衅行为”。那时正值“文化大革命”，使用的语言也带有当时的色彩。声明说：“美帝国主义竟然明目张胆地向中国驻越南的外交代表机构开火，妄图用战争的恐吓，试探中国人民支援越南人民同美帝国主义战斗到底的决心。美帝国主义真是瞎了眼睛，看错了对象。越南人民是吓不倒的，中国人民也是吓不倒的。”“中国大使馆和新华分社的全体工作人员，对美帝国主义这一严重的战争挑衅行动表示极大的愤慨和最强烈的抗议。”并表示：“一定更高地举起毛泽东思想伟大红旗，为支援兄弟的越南人民争取抗美救国斗争的最后胜利，不惜作出任何牺牲，以完成祖国人民交给的任务。”

对于安葬在越南北方各省的中国援越烈士，中国大使馆一刻都没有忘记。大使馆武官处对每位烈士的墓地都有详细的记载。几十年来，每年清明节，使馆的领导和工作人员都要为烈士扫墓，并用援越抗美的事迹对馆员进行革命传统和国际主义教育。近几年，有一些烈士的家属到越南为亲人扫墓，使馆武官处都派人陪同前往。我担任大使期间，每次也都安排时间同他们见面，一起吃一顿饭。越方对中国援越烈士墓也十分重视，每个墓地都有专人看管。越南的烈士墓碑上刻有“祖国记功”四个字，中国援越烈士的墓碑上都刻有“世代铭记烈士的恩情”的字样。每年我们去扫墓时，越南外交部、越中友协和当地的党政官员也都和我们一同前往。1999 年适值新中国成立 50 周年，越方专门拨款对所有中国援越烈士墓进行了全面维修。越共中央委员、主席府办公厅主任、越中友协主席阮景营亲自陪同我前往越南河北省陶美乡，为中国烈士扫墓。2000 年清明节，我和使馆部分同志到越南北部的高平省祭扫中国烈士墓，越共中央委员、高平省委书记农鸿泰，省人民委员会主席（省长）谭香和省人民议会主席、省祖国阵线主席一起出面接待，和我们一起为烈士们上香和敬献花圈。农鸿泰书记还三次和我们一起用餐。当我对高平省精心保护中国援越烈士墓表示感谢时，农鸿泰说：“越南和中国是近邻，高平省和中国广西壮族自治区更是近邻。中国烈士为支援越南抗美救国斗争而献出了宝贵的生命，中国烈士就是越南烈士。保护好中国烈士墓，是我们义不容辞的责任。”

牺牲的中国烈士，都是中华民族风华正茂的优秀儿女，他们的年龄和我也相差无几。烈士们为了越南人民反侵略的正义事业献出了宝贵生命。每次站在烈士墓前，我心情都格外激动。在高平省，当我把一份礼物送给越南的看墓青年，向他表示感谢时，我禁不住一下将他抱住，热泪夺眶而出。我感谢他和所有的越南看墓人，让中国烈士静静地在越南的土地上安息。

1975 年 4 月 30 日，越南南方解放武装力量一举攻克西贡，即今胡志明市，至此越南南方完全解放，从而宣告了越南抗美救国斗争的彻底胜利。

我国恢复在联合国席位的过程

熊向晖

周总理正告基辛格：你们要在联合国制造“两个中国”，中国政府坚决反对，一定公开批驳。基辛格说：请你们对我们的总统少用些尖锐的形容词

1971年5月，巴基斯坦方面转来美国总统尼克松的口信，说他准备来北京同中国领导人交谈中美关系正常化以及彼此关心的问题，为此先派他的国家安全事务助理基辛格秘密访华，进行预备性会谈。毛泽东主席决定，以周恩来总理的名义经巴方转告美方，表示同意。

总理组成工作组，由军委副主席叶剑英、尚未就职的首任驻加拿大大使黄华、总理助理熊向晖、外交部欧美司司长章文晋、礼宾司副司长王海容参加总理同基辛格的会谈。译员为冀朝铸和唐闻生。

总理对准备参加会谈的同志说，作为号称世界头号强国的总统，尼克松要来访问没有外交关系而且互相敌视20多年的中国，这是国际关系史上前所未有的，表明尼克松确有改善对华关系的需要。但他受到种种制约，步子不会迈得很大。去年主席同斯诺讲到尼克松希望来京面谈一事时说：“谈得成也行，谈不成也行。”这是我们的基本态度。

在为会谈准备的资料中，有一篇是《关于我国在联合国的代表权问题》。主要内容为：（1）美国一直顽固地阻挠恢复我国在联合国的合法席位。它在50年代的主要手法是，操纵联合国大会（简称联大）的多数通过决议：“延期审议（后改为‘不审议’）关于排除中华民国政府的代表或让中华人民共和国中央人民

政府的代表取得席位的任何提议。”它在60年代的手法是，操纵联大多数通过决议：“根据《联合国宪章》第十八条，任何主张改变中国代表权的建议都是一个重要问题。”宪章第十八条规定，“重要问题”须由“到会及投票三分之二多数决定之”。（2）自1961年起，先由苏联，后由阿尔巴尼亚等国，在每届联大提出“恢复中华人民共和国在联合国合法权利”的议案，均未获通过。1970年在第25届联大上，阿尔巴尼亚、阿尔及利亚等国又提出这一议案（简称“两阿提案”），经大会表决，51票赞成，49票反对，首次获得多数。但因这届大会通过了美国炮制的“重要问题”提案，仍把我国排除在联合国之外。（3）1957年1月27日，毛主席在省市自治区党委书记会议上说：“我们也不急于进联合国，就同我们不急于跟美国建交一样。我们采取这个方针，是为了尽量剥夺美国的政治资本，使它处于没有道理和孤立的地位。不要我们进联合国，不跟我们建交，那么好吧，你拖的时间越长，欠我们的账就越多。越拖越没有道理，在美国国内，在国际舆论上，你就越孤立。”

总理说，不同基辛格谈联合国的问题。

基辛格于1971年7月9日至11日秘密访华。总理在同他的会谈中，就两国关系正常化问题全面阐明我国的原则立场。基辛格表示，中美关系正常化需要一个过程，美国明年大选，尼克松将会连选连任，在他第二届总统任期内，将同中华人民共和国建交。在此以前，美国将维持和台湾的现有关系，同时将采取一些有利于而不是有损于中美关系正常化的措施。

双方商定，今后将通过中国驻法国大使黄镇进行联系。

基辛格主动告诉总理：尼克松已经决定，美国今年将支持中华人民共和国取得联合国和安全理事会（简称安理会）的席位，但不同意从联合国驱逐台湾的行动。在尼克松访华前，如果美国听任台湾失去联合国的席位，将使尼克松总统处于非常困难的境地。总理马上正告基辛格，你们要在联合国制造“两个中国”，中国政府坚决反对，一定公开批驳。基辛格说，请你们对我们的总统少用些尖锐的形容词。

在向主席汇报此事时，主席说，我们绝不上“两个中国”的“贼船”，不进联合国，中国照样生存，照样发展。我们下定决心，不管是喜鹊叫还是乌鸦叫，今年不进联合国。

美国政府说：“在处理中国代表权问题时，联合国应当认识到中华人民共和国和中华民国都是存在的……”

7月16日，中美双方各自发表了内容相同的公告，宣布“尼克松总统于

1972年5月以前的适当时间访问中国”。从7月中旬到10月中旬，关于中国在联合国的代表权问题出现了以下情况：

（一）7月15日，阿尔巴尼亚、阿尔及利亚等18国驻联合国的代表给联合国秘书长吴丹的信中说：“我们奉本国政府之命，谨要求阁下将题为‘恢复中华人民共和国在联合国组织的合法权利’的问题作为紧急问题列入第26届大会的议程。按照大会议事规则第二十条，随函附去解释性备忘录和决议草案。”

这18个国家是：阿尔巴尼亚、阿尔及利亚、古巴、几内亚、伊拉克、马里、毛里塔尼亚、也门民主人民共和国、刚果、坦桑尼亚、罗马尼亚、索马里、苏丹、叙利亚、也门、南斯拉夫、赞比亚、巴基斯坦。“决议草案”全文如下：

> 联合国大会：
>
> 回顾《联合国宪章》的原则，
>
> 考虑到，恢复中华人民共和国的合法权利对于维护《联合国宪章》和联合国组织根据宪章所必须从事的事业都是必不可少的，
>
> 承认中华人民共和国政府的代表是中国在联合国组织的唯一合法代表，中华人民共和国是安全理事会五个常任理事国之一，
>
> 决定：恢复中华人民共和国的一切权利，承认她的政府的代表为中国在联合国组织的唯一合法代表，并立即把蒋介石的代表从它在联合国组织及其所属一切机构中所非法占据的席位上驱逐出去。

（二）8月2日，美国国务卿罗杰斯发表了《关于中国在联合国的代表权的问题的声明》。8月17日，美国驻联合国首席代表乔治·布什致函联合国秘书长，要求将“中国在联合国的代表权问题的议题；列入第26届大会议程”，并正式提出美国政府的主张。

鉴于美方由罗杰斯而不是由尼克松发表声明，总理决定，我方相应地由外交部发表声明，驳斥美国政府提出的主张，全面阐明中国政府的立场。

8月20日发表了总理亲自主持拟定的《中华人民共和国外交部声明》。

声明指出：“美国政府宣称，‘中华人民共和国应当有代表权’，同时又主张‘应当不剥夺中华民国（指蒋介石集团，下同）的代表权’。这是尼克松政府在联合国制造‘两个中国’的阴谋的大暴露。对此，中国政府和中国人民绝对不能容忍，并且坚决反对。”

声明指出：“美国政府说，‘在处理中国代表问题时，联合国应当认识到中华人民共和国和中华民国都是存在的，并且应当在规定中国代表权的方式中反映出这一不容争议的现实’。这真是荒谬绝伦。世界上根本不存在‘两个中国’，只有一个中国，就是中华人民共和国，台湾是中国领土的一部分，是中国的一个省，在二次大战后就已归还祖国。这才是不容争议的事实。美国用武力侵占中国的台

湾和台湾海峡，丝毫不能改变中华人民共和国对台湾的神圣主权。只是由于美国的武装保护，早已被中国人民唾弃的蒋介石集团才得以在台湾苟延残喘。二十多年来，美国政府硬把蒋介石集团塞在联合国里，窃据中华人民共和国的席位，这是对中国内政的粗暴干涉，也是对联合国的极大嘲弄。”

声明说：“必须指出：中华人民共和国在联合国的合法权利之所以被剥夺，是美国政府一手造成的。二十二年前，中国人民推翻了蒋介石集团在中国的反动统治。中华人民共和国从成立那一天起，就是代表中国人民的唯一合法政府，联合国中的合法席位理所当然地属于中华人民共和国。联合国有不少会员国，曾经发生过政权的更迭，包括国家名称的改变，但都没有影响它们在联合国的席位。恢复中华人民共和国在联合国的合法权利，本来是一个简单的程序问题。而美国却玩弄种种手法，横加阻挠，其目的就是把蒋介石集团保留在联合国之内，从而把中华人民共和国排斥在联合国之外。”

声明说：“恢复中华人民共和国在联合国的合法权利和把蒋介石集团驱逐出联合国，这是一个问题的不可分割的两方面。”声明转述了 7 月 15 日阿尔巴尼亚、阿尔及利亚等 18 国提出的决议草案的内容，并指出：“这是恢复中华人民共和国在联合国合法权利的唯一正确和合理的主张。”

声明最后强调：“中国政府郑重声明：中国人民和中国政府坚决反对‘两个中国’、‘一中一台’或类似的荒唐主张，坚决反对‘台湾地位未定’的谬论，坚决反对‘台湾独立’的阴谋。只要在联合国里出现‘两个中国’、‘一中一台’、‘台湾地位未定’或其他类似情况，中华人民共和国政府就坚决不同联合国发生任何关系。中国政府的这一严正立场是不可动摇的。不管任何人，在任何时候，用任何方式推行‘两个中国’、‘一中一台’之类的阴谋，都永远不可能得逞。必须把蒋介石集团从联合国及其一切机构中驱逐出去，中华人民共和国在联合国的一切合法权利必须完全恢复。”

（三）9 月 20 日，第 26 届联大开幕，选举印尼外长马利克为主席。9 月 22 日，美国又同日本等国一起，向联合国提出了“同中国在联合国的代表权问题有关”的两项决议草案：

（1）《关于重要问题的决议草案》，主要内容是：“在大会提出的结果将导致剥夺中华民国在联合国的代表权的任何建议都是宪章所规定的重要问题。”

这一决议草案的联合提案国是美国、日本等 19 国（后增为 22 国）。

（2）《关于代表权问题的决议草案》（后称“双重代表权决议草案”）主要内容是：“确认中华人民共和国的代表权，并且建议让它得到安全理事会五个常任理事国之一的地位；确认中华民国继续拥有代表权。”

这一决议草案的联合提案国是美国、日本等 17 国（后增为 19 国）。

（四）9 月 13 日林彪叛逃，自取灭亡。总理忙于处理善后，稳定局势，抽不出时间召开会议研究美、日等国的提案。他指示：外交部的声明已把该说的问题说清楚，可用《人民日报》评论员的名义发表文章，对美国以及长期追随美国敌视我国的日本佐藤荣作政府进行揭露和批判。

9 月 25 日，《人民日报》发表了题为《坚决反对美国制造“两个中国”的阴谋》的评论员文章。9 月 26 日，《人民日报》发表了题为《佐藤反动面目的又一次大暴露》的评论员文章。

毛主席说，还是那句老话，我们绝不上“两个中国”的“贼船”，今年不进联合国

经美方提出，我方同意，基辛格一行 14 人定于 10 月 20 日乘美国总统专机“空军一号”抵达北京，为尼克松访华作具体安排。黄镇大使转来基辛格提出的准备讨论的问题。

总理决定，由外交部代部长姬鹏飞以及熊向晖、章文晋、王海容参加他与基辛格的会谈，译员仍为冀朝铸和唐闻生。由于叶帅已主持军委工作，忙不过来，只参加礼节性活动。

从 10 月 15 日起，总理多次召开会议，分析国际形势，研究将同基辛格会谈的问题及我方的对案。总理还听取了关于我国在联合国席位问题的汇报。汇报的同志说，为了保住蒋帮在联合国的席位，美国政府使出浑身解数。据外电报道，尼克松亲自向许多国家的首脑写信；美国驻几十个国家的使节积极开展“拉票外交”；罗杰斯和布什已和 100 多个国家的代表谈了 200 多次；美国还用“准备提供援助”或“准备撤销援助”的办法对一些国家进行利诱或威胁。8 月 17 日，布什已向联合国秘书长提出美国政府的主张，9 月 22 日，美国又作了改变：一是将一个提案变为两个提案，形成“双保险”；二是把美国一国的提案变为多国提案，造成更大声势，并可多拉赞成票。美国以为它炮制的两个提案都会以多数票通过。特别是“双重代表权”提案有欺骗性。罗杰斯 10 月 4 日在联大的发言说，“美国希望看到中华人民共和国到大会来”，“我们希望看到它作为安理会的一个常任理事国”，美国只是反对“驱逐中华民国”。他说，“双重代表权”的方案“符合联合国要具有普遍性的原则”，“符合现在有两个政府对中国的领土和人民行使主权的实际情况。”

总理说，“一个中国，两个政府”的谬论，实际上是“两个中国”、“一中一台”的变种。我们绝不能以牺牲对台湾的领土主权为代价，换取联合国席位。

10月20日中午，基辛格一行到达北京。下午，总理同他开始会谈。当晚9时许，主席约见总理、叶帅、姬鹏飞以及熊向晖、章文晋、王海容、唐闻生。

总理汇报说：基辛格事前没有经过黄镇大使通知我们，今天突然告诉我，尼克松明年访华结束前，应该发表中美联合公报。不发表公报，人们会认为他同中国领导人的会谈没有成果，是一次失败的访问。如果等他来了以后才起草公报，时间太仓促，肯定搞不好。他这次来的主要任务就是同我们谈公报。他准备了一个草案，尼克松已经看过，让他全权处理。在他回国以前，要把公报定下来。我觉得，搞一个双方都能同意的公报很困难。要不要搞，请主席指示。

主席说：等他交出草案再研究。要搞，就搞个好公报，不搞屁公报。总而言之，尼克松来，发表公报也行，不发表公报也行。

总理说：这样好。我们就能处于主动地位。

主席说：联合国大会前天开始辩论中国代表权问题。为什么尼克松让基辛格在这个时候来北京？

叶帅说：大概他认为美国的两个提案稳操胜券。

主席问：大会提案过半数赞成就能成立，过半数要多少票？

章文晋答：现在联合国会员国总数是131，如果都是有效票，过半数就是66票。

主席问：2/3要多少票？

章文晋答：86。

主席说：当年曹锟还能收买那么些“猪仔议员”，如今美国挂帅，日本撑腰，还有十几个国家跑腿，搜罗66票，不在话下。

主席问我：阿尔巴尼亚、阿尔及利亚……你们叫“两阿提案”，能得多少票？

我说：今年“两阿提案”内容和去年一样。去年得到的赞成票是51。从去年联大表决到现在，同我们新建交的联合国会员国有9个，加上很快就要建交的比利时，一共10个。他们都会赞成“两阿提案”。这样，今年“两阿提案”可能得到61张赞成票，这是满打满算，离过半数还差5票，实在很困难。

主席说：就算过半数，那个“重要问题”一通过，就要86票才能驱逐“中华民国”。

主席问：联合国哪天表决？

章文晋说：今年的辩论，发言的人要比往年多，大概要辩论十几天。估计10月底、11月初进行表决。

主席问：基辛格哪天走？

总理说：10月25号上午。

主席说：联合国的表决不会那样晚。美国是“计算机的国家”，他们是算好了的。在基辛格回到美国的那一天或者第二天，联合国就会表决通过美国的两个提案，制造“两个中国”的局面。所以，还是那句老话：我们绝不上“两个中国”的“贼船”，今年不进联合国。

恢复中国在联合国席位的决议一通过，联大会场“充满了兴奋的龙卷风”

基辛格提出的中美联合公报草案，我方不能同意。在总理主持下，我方草拟了对案，遵照主席的指示作了修改后，送给基辛格。到10月24日，双方尚未达成协议。基辛格决定推迟一天离京。25日上午，双方对大部分内容基本取得一致意见。25日晚10点到11点35分，双方再次讨论。休会后各自进行推敲。26日晨5时半复会，最后基辛格表示，除其中一句须请尼克松决定外，都可定下来。26日晨8时会谈结束，总理向基辛格告别后离开。他又一夜未眠。

叶帅与我方有关同志同基辛格一行共进早餐后，分乘汽车到首都机场。“空军一号”起飞后不久，派驻机场的同志跑来报告说，外交部值班室来电话，说联大通过了“恢复中国在联合国席位的决议”。

叶帅说，刚才基辛格在汽车里还对我讲，美国的两个提案肯定能得到半数以上的赞成票，中国进入联合国还得再等一年。美国总统专机配备最先进的通信器材，基辛格这时也一定会知道这个消息，不知他作何感想？

姬代部长说，主席多次指示，今年不进联合国。

我睡到下午5时许，接到通知，让我晚上7点半到人民大会堂福建厅开会。我还得悉，总理下午起床后指示，姬代部长在今晚伊朗临时代办举行的招待会上的讲话稿要加上几句：联大通过了阿尔巴尼亚等22国提案，这是全世界人民的胜利，中国政府对提案国以及伊朗和其他主持正义的国家表示感谢。总理还指示，如果外国使节和外国记者问我们是不是派代表团，就说“我还不知道”。

不久，我收到外交部送来的特急件。其中有联合国秘书长吴丹给“北京中华人民共和国外交部长”的电报，内称：“先生，我荣幸地通知你，10月25日举行的联合国大会第1 976次会议上，以76票赞成、35票反对、17票弃权通过了下述决议：（略）顺致最崇高的敬意。”电中引述的“决议”，与“两阿提案”的“决议草案”完全相同。在特急件中，我最感兴趣的是外国通讯社关于这次联大表决中国代表权问题的有关报道。综述如下：

（一）10月18日开始，联大进行“关于中国在联合国的代表权问题”的专题辩论，24日辩论结束，约80个会员国的代表发了言。共同社发言的情况表明，支持“两阿提案”和支持美、日等国提案的代表“基本上旗鼓相当”。合众社：“周末正在进行秘密外交。通常在星期六关门的很多代表团都照常工作。”美联社：“10 月 25 日上午，美国召集它的联合提案国举行最后一次战略会议。美国大使表示相信，为阻止把国民党中国从联合国驱逐出去而作的努力将会成功。”

（二）10 月 25 日晚，在大会主席马利克主持下进行表决。马利克接受一些会员国要求今晚对所有的动议都采取唱名表决的办法。

（1）在正式表决前几分钟，美国指使某国代表提议推迟表决有关中国代表权的一切提案，“以便说服一些仍然动摇的国家支持美国提案”。大会“以 56 票对 53 票、19 票弃权否决了得到美国赞同的推迟表决的动议”，使美国“受到程序上的严重挫折”（路透社）。

（2）大会听取了 17 个国家的代表在正式表决前解释他们将怎样投票的发言。马利克主席宣布每人发言限于 10 分钟。最后 3 个发言的人依次是阿尔巴尼亚副外长马利列，“国民党中国外交部长”周书楷，美国大使布什。“联合国宽敞的、黄色的大厅里挤满了代表和观众。”（合众社）

（3）美国代表和日本代表要求首先表决“规定驱逐国民党中国需要三分之二多数票通过的‘重要问题’提案。表决结果是：61 票赞成，53 票反对，15 票弃权。‘重要问题’提案获得先议权”（合众社）。

（4）马利克主席宣布对“重要问题”提案进行唱名表决。“代表们在点名过程中应答时，大厅里气氛紧张”；“当电子表决计票牌上的灯光表明，美国的这一提案快要被否决时，代表们高喊支持”。大会以 59 票反对、55 票赞成、15 票弃权否决了“重要问题”提案。“当电子计票牌上出现的表决结果表明美国的建议被击败时，大厅里立刻沸腾起来”，“挤得满满的会议厅中发出了长时间的掌声”。“联合国代表们今晚击败了美国为保住台湾在联合国的席位而做出的努力，从而为北京进入联合国铺平了道路。他们在走廊里高声欢笑、歌唱、欢呼、拍桌子。”（路透社、合众社）

（5）“周书楷为了挽回一点面子，在马上就要对阿尔巴尼亚等国驱逐台湾的提案进行表决之前，跑上讲坛宣布中华民国退出联合国”（合众社），周和他的手下一帮人离开会场。在匆忙举行的一次记者招待会上，“周的助手向记者散发了用打字机打的一项很长的声明，这表明他们本来就作了表决结果对他们不利的准备。事情终于结束了。周书楷自称舒了一口气。他说：‘这是卸下了我们肩上的一个包袱。它是二十一年来一直套在我们脖子上的一块大磨石’”（路透社）。

（6）大会主席宣布对阿尔巴尼亚等国提出的“恢复中华人民共和国在联合国组织中的合法权利”的“决议草案”进行唱名表决。美国代表布什跑上讲坛，要求从这一“决议草案”中删去“立即把蒋介石的代表从它在联合国组织及其所属一切机构中所非法占据的席位上驱逐出去”一段。在代表们的反对声中，“大会主席马利克裁定，这个要求不合议事规则”（路透社）。

大会以76票赞成、35票反对、17票弃权、两国缺席的压倒多数，通过了这一“决议草案”，成为2758号决议。

“由于阿尔巴尼亚提案被通过，美国的一项与此对立的关于‘双重代表权’的提案就自然而然被击败了。”（美联社）“这是美国自联合国成立以来遭到的最惨重的失败。”（合众社）

共同社报道说：“八小时的马拉松式会议以后，25日午后11点20分终于是阿尔巴尼亚提案通过了的决定性的瞬间。中国回到联合国，由此而被正式承认了。‘我们胜利了’，‘中国万岁’，各国语言的欢呼声在会场内四起。赞成中国参加的各国代表以三分之二的人数而淹没了会场。他们全部站起，高高举起双手向会场四周欢呼，会场充满了兴奋的龙卷风，主席的声音完全听不见了。马利克主席用英语宣布‘提案通过了，其内容将立即向中华人民共和国通告’，又响起了一阵波涛般的掌声。中国是在自己不在场的情况下，受到了联大总部过半数的祝福，被赋予挥动大手进入国际社会的权利。”

（三）表决结束后，美国驻联合国首席代表布什发表谈话说：“任何人都不能回避这样一个事实——虽然这可能是令人不快的，刚刚投票的结果实际上确实代表着大多数联合国会员国的看法。”（路透社）

“美国的失败结束了一场进行得最为紧张的游说努力，国务卿罗杰斯和驻联合国大使布什一而再、再而三地同这个世界性组织差不多每一个会员国的官员都谈了话。”“一位人士说，‘我们不知道是怎么回事，我们本来认为我们会成功的’。”“在华盛顿，国务院说，不打算马上就大陆政权的席位问题发表评论，但是，明天将发表一项声明。”（美联社）

毛主席风趣地说，我对美国的那根指挥棒，还有那么多的迷信呢

我于7时1刻到了福建厅。外交部的有关同志先后入座。叶帅来后不久，总理和参加完伊朗使馆招待会的姬鹏飞、乔冠华、韩念龙到达。大家都喜气洋洋。

总理问：现在联合国会不会出现“两个中国”、“一中一台”的局面？蒋帮能不能再进联合国？“台湾地位未定论”在联合国有没有市场？

按惯例，回答总理的问题，必须说明理由，有根有据。发言的同志引用可靠的材料，一致认为不会发生总理提出的那些情况。

总理听后表示满意。同时指出，美日反动派不会甘心失败，我们还要保持警惕。

总理又提出，主席本来指示，今年不进联合国。现在怎么办？先听听大家的意见，再请示主席。

发言的同志都认为，联大已经通过决议，我们必须进入联合国，但是我们毫无准备。主席经常教导，不打无准备之仗。联合国大会开了一半，去不去无所谓。主要是安理会，一年到头，随时要开会。问题多，麻烦大，光是搞清楚那套议事规则，就得花很大功夫。现在尽快选定常驻安理会的代表、副代表和工作人员，集中时间进行准备，过了年再去。

总理说，马上参加，的确有困难。过两个月再参加，那也说不过去。能不能想出别的办法？

这时，王海容走进来说，主席起床以后，马上看外交部送去的那些材料，刚刚看完。主席说，请总理、叶帅、姬部长、乔部长、熊向晖、章文晋，还有我和唐闻生，现在就去他那里。

到了中南海主席住处，已是晚上 9 点多。主席坐在沙发上，满面笑容。他指指在美国出生的唐闻生说，小唐呀，密斯南希·唐，你的国家失败了呀，看你怎么办哪。

总理说，主席本来指示……

不等总理讲完，主席笑着打断说，那是老皇历喽，不作数喽。

总理说，我们刚才开过会，都认为这次联大解决得干脆、彻底，没有留下后遗症。只是我们毫无准备，特别是安理会比较麻烦，现在就参加，不符合主席"不打无准备之仗"的教导。我临时想了个主意，让熊向晖带几个人先去联合国，作为先遣人员，就地了解情况，进行准备。

主席说，那倒不必喽。联合国秘书长不是来了电报吗？我们就派代表团去。（主席指指乔冠华）让乔老爷当团长，熊向晖当代表，开完会就回来，还要接待尼克松嘛。派谁参加安理会，你们再研究。

总理说，就让黄华作副团长，留在联合国当常驻安理会的代表。

主席说，黄华到加拿大当大使不到四个月，现在就调走，人家可能不高兴咧。

总理说，做做工作，加拿大政府会理解的。主席说，好，那就这么办。

主席以他特有的口吻说，今年有两大胜利，一个是林彪，一个是联合国。这两大胜利，我都没有想到。林彪搞鬼，我有觉察，就是没有想到他跑外国，更没有想到他坐的那架"三叉戟"飞机，摔在蒙古国，"折戟沉沙"。对联合国，我的护士长（吴旭君）是专家。她对阿尔巴尼亚那些国家的提案有研究。

这些日子她常常对我说，联合国能通过。我说，通不过。她说，能。我说，不能。你们看，还是她说对了。主席风趣地说，我对美国的那根指挥棒，还有那么多的迷信呢。

在大家的欢笑声中，主席拿起外交部国际司填写的联大对阿尔巴尼亚等国提案表决情况，一面看，一面说，英国、法国、荷兰、比利时、加拿大、意大利，都当了“红卫兵”，造美国的反，在联合国投我们的票。葡萄牙也当了“红卫兵”。欧洲国家当中，只有马耳他投反对票，希腊、卢森堡和佛朗哥的西班牙投弃权票。除了这四国，统统投赞成票。投赞成票的，亚洲国家 19 个，非洲国家 26 个，拉丁美洲是美国的“后院”，只有古巴和智利同我们建交，这次居然有 7 个国家投我们的票。美国的“后院”起火，这可是一件大事。131 个会员国，赞成票一共 76，17 票弃权，反对票只有 35。表决结果一宣布，唱歌呀，欢呼呀，还有人拍桌子。拍桌子是什么意思？（总理解释说，在会场拍桌子，表示极为高兴。）那么多国家欢迎我们，再不派代表团，那就没有道理了。不高兴的人也有，“蒋委员长”就是头一个。美国国务院说要发表声明，还没有看到，不过是一篇“吊丧文”。

主席兴致很高，讲了将近三个小时。主要内容有：

（一）主席说，毫无准备怎么办？我讲过，不打无准备之仗。我也讲过，在战争中学习战争。现在请总理挂帅，抓紧准备。最重要的是准备在联合国大会的第一篇发言。主席说，1950 年，我们还是“花果山时代”，你（指乔冠华）跟伍修权去了趟联合国。伍修权在安理会讲话，题目叫作“控诉美国武装侵略中国领土台湾”。控诉就是告状，告“玉皇大帝”的状。那个时候“玉皇大帝”神气十足，不把我们放在眼里。现在不同了，“玉皇大帝”也要光临花果山了。这次你们去，不是去告状，是去伸张正义，长世界人民的志气，灭超级大国的威风。给反对外来干涉、侵略、控制的国家呐喊声援。第一篇发言就要讲出这个气概。接着主席谈了这篇发言应包括的内容。他说，第一要算账，这么多年不让我们进联合国，中国人民和世界人民都有一股子气。主要是美国，其次是日本，要点它们的名，不点不行。对提案国要一一列举。第二，要讲讲联合国成立以来世界形势的变化。就是这次同基辛格谈公报讲的，“国家要独立，民族要解放，人民要革命，已成为不可抗拒的历史潮流”。要讲点历史，1776 年美国独立战争，1789 年法国大革命，1917 年俄国十月革命，都是伟大的，但是都没有 1945 年以来这样大的规模。要讲讲中国，自力更生，艰苦奋斗，推翻三座大山，取得国家独立、民族解放、新民主主义革命胜利。这不是吹牛，是事实。目的是给世界人民鼓劲。美国必须从台湾撤走它的武装力量，不论是谁，要把台湾从中国分割出去，都是痴心妄想。第三，要讲讲我们对国际问题的基本态度。这次同基辛格谈公报的许多话可以用。我们反对帝国主义的战争政策和侵略政策，反对超级大国的霸权主义，支持一切被压迫人民和被压迫民族的正义斗争。各国人民的斗争都是互相支持的。要宣传五项原则，大小国家一律平等，中国属于第三世界，永远不做超级大国，反对大国欺侮小国，强国欺侮弱国，不许任何国家操纵联合国。还要讲些什么，请总理考虑。总而言之，要旗帜鲜明、“高屋建瓴”、“势如破竹”。“势如破竹”是晋主司马炎的“三军总司令”杜预讲的，此人号称“《左传》癖”。他带兵占领武昌，准备进攻东吴的首都建业。一个“二杆子”参谋向他建议，现在长江涨水，等明年再打。杜预说：“今兵威大振，如破竹之势，数节之后，皆迎刃而解，无复有着手处也。”果然一举成功，“三分天下归一统”。做文章就要“势如破竹”，才能说服人。

（二）主席说，曹操是大军事家。诸葛亮在《后出师表》里称赞他：“曹操智计，殊绝于人，其用兵也，仿佛孙吴”，同时也批评他打过败仗。怎么批评的？请“参座”讲讲。叶帅背诵如流：“困于南阳，险于乌巢，危于祁连、逼于黎阳，几败北山，殆死潼关。”

主席说，“几败北山”，说的是夏侯渊战死以后，曹操争夺汉中的事。《后出师表》三处提到夏侯渊，另外两处是“夏侯败亡”、“夏侯授首”。夏侯渊是曹操的一员大将，曹操封他为征西将军，担任汉中的“警备司令”。刘备攻打汉中，夏侯渊把主力部队部署在定军山，命令张郃守住东围。刘备“引蛇出洞”，先打张郃，夏侯渊分兵一半亲自援助张郃，被黄忠砍了头。有一出京剧就叫《定军山》，是谭鑫培、谭富英的拿手戏。你们看看《魏书》的夏侯渊传。当初夏侯渊打了几次胜仗，曹操写信提醒他：“为将当有怯弱时，不可但恃勇也。将当以勇为本，行之以智计；但知任勇，一匹夫敌耳。”“当有怯弱时”，就是要想到自己的弱点和不足，有打败仗的可能。夏侯渊把曹操的告诫不当一回事，结果全军覆没。你们去联合国，困难很多，要“以勇为本”，更要注意“为将当有怯弱时”。代表团团长就是“将”，不要被胜利冲昏头脑。送你们两句话，一句是我写的：“没有调查就没有发言权”；一句是田家英帮我写的：“虚心使人进步，骄傲使人落后”。

（三）主席说，我们在联合国的方针是“团结大多数，孤立极少数”。22 个提案国是我们的患难之交，要同它们讲团结。其他投票赞成我们的 54 个国家也要团结。对投弃权票的 17 个国家要正确对待。在美国那样大的压力下，它们不支持美国，用弃权的办法对我们表示同情，应当感谢它们。投反对票的 35 个国家不是铁板一块，也要做工作。团结是有原则的团结，原则就是我们对国际问题的基本立场。我们当前的口号是：维护各国的独立和主权，维护国际和平，促进人类进步。用这个口号团结大多数。

周总理对日本报人说，我们对联合国还不那么熟悉，所以一定要谨慎。但是，这不是没有信心

在总理亲自领导和精心安排下，围绕出席联合国的各项工作紧张而有序地展开。

（一）10月27日，外交部成立参加联合国工作筹备小组，由乔冠华、熊向晖、唐明照、章文晋、凌青组成。小组按总理指示，草拟了到联合国工作的设想。主要是：（1）根据“为将当有怯弱时”和“以勇为本”的精神，代表团领导成员要谦虚、谨慎，重视调查研究，多方了解情况，及时检查总结。（2）催促联合国秘书长立即将蒋帮代表从联合国所属一切机构中驱逐出去，同时向他表明，我们现只参加安理会和大会的几个委员会、经济及社会理事会等主要机构的工作，对其他机构将逐步派人参加。（3）以会务工作为重点，以安理会为会务工作重点。交际活动择重要者参加。（4）把平等协商的精神带进联合国，对讨论的问题，先同友好国家协商。表决时，根据我国的原则立场决定态度，或赞成，或反对，或弃权，或不参加，或提出修改，或提出保留。在安理会不轻易使用否决权。（5）对外活动不亢不卑，不轻然诺。（6）代表团内按会务、新闻信息、行政等分组，各指定专人负责。（7）严守纪律，注意节约。

（二）10月28日，《人民日报》发表了总理授意并审定的社论《历史潮流不可抗拒》。社论首先提到联大通过了“阿尔巴尼亚、阿尔及利亚等二十三国的提案”（27日获悉，联大表决前，塞拉勒窝内——后译为塞拉利昂——要求列名提案国）。社论说：“这次联大表决的结果，反映了各国人民要求同中国人民友好是大势所趋，人心所向”，“也反映了美帝国主义在联合国内把它的意志强加给别人的蛮横作法，遭到了越来越多国家的抵制和反对”。社论揭露日本佐藤政府“为美国在联合国制造‘两个中国’的阴谋奔走效劳”，“结果却是枉费心机”。社论最后说：“中国人民一定要解放自己的神圣领土台湾！台湾一定会回到祖国的怀抱！”

（三）10月28日晚，总理接受了日本《朝日新闻》编辑局长后藤基夫的采访。在谈到联合国以“超过三分之二的多数”通过了阿尔巴尼亚等23国的提案时，总理说：“美国的计算机失灵了”，“这对美国政府是个意外，对中国政府也是出乎意料”。“联合国成立已经26年，可是被中国人民推翻的蒋介石集团一直占据中国的席位，这完全是不合理的、不能忍受的，今天的现象也是这股子闷气爆发的结果。”总理说：“全世界多数国家和人民欢迎我们，我们还要不去恐怕不

可能了。”“中国有句老话：‘临事而惧。’我们对联合国还不那么熟悉，所以一定要谨慎。但是，这不是没有信心。”（后藤基夫将电讯稿送我外交部新闻司核对无误。《朝日新闻》于11月6日头版头条发表，标题是《周总理在中国重返联合国后首次发表谈话》。）

（四）10月29日，《人民日报》及各大报发表了总理审定的《中华人民共和国政府声明》。声明说，第26届联大“以压倒多数通过了阿尔巴尼亚、阿尔及利亚等二十三国的提案”，“这是美帝国主义二十多年来顽固坚持剥夺我国在联合国合法权利的政策和在联合国内制造‘两个中国’的阴谋的破产”，“这是全世界人民和一切主持正义的国家的胜利”。声明说：中国政府和中国人民对“在这场斗争中，作出了卓越的贡献”的提案国政府，以及“起了重大作用”的“友好国家”表示衷心感谢。声明指出：“美日反动派不甘心于他们的失败”，“甚至妄想让蒋介石集团以所谓‘台湾独立’的名义重新挤进联合国”，“绝不容许他们的阴谋得逞”。声明最后说，中国即将派出代表参加联合国工作。中国“将同一切爱好和平和正义的国家站在一起，为维护各国的民族独立和国家主权，为维护世界和平、促进人类进步的事业而共同奋斗”。

（五）由外交部核心组提名，中央批准，“中华人民共和国出席联合国第二十六届大会代表团”团长为乔冠华，副团长为黄华，代表为符浩、熊向晖、陈楚，副代表为唐明照、安致远、王海容、邢松鹤、张永宽。黄华为中国常驻联合国安全理事会代表，陈楚为副代表。姬代部长将上述名单电告联合国秘书长吴丹。

由外交部核心组提名，总理同意，决定了中国代表团18名秘书、11名随员、9名职员，以及两名记者和两名外交信使的名单。新华社记者高梁以代表团秘书的名义，带领5名工作人员先去纽约预作安排。外交部征得加拿大政府同意后，电告黄华离职到巴黎等候。

经总理决定，姬代部长复电吴丹：“关于中华人民共和国名字的按字母次序排列问题，请按开头的英文字母C排列，即China，The People's Republic of China”。

（六）从11月1日起，《人民日报》在《热烈祝贺恢复我国在联合国的合法权利》的通栏标题下，逐日全文刊载许多国家的元首、政府首脑、外交部长等发来的贺电、贺信。（11月13日新华社发表公告，“奉命对此表示衷心的感谢”。）

（七）11月3日，外交部在人民大会堂举行宴会，衷心感谢23个提案国和各友好国家在联合国对我国的宝贵支持。李先念副总理出席。除赤道几内亚尚未在北京建立使馆外，其他提案国的驻华使节和夫人，对这一提案投赞成票的“友好国家”（包括英国、苏联）以及尚未加入联合国的友好国家（包括朝鲜、越南、民主德国）的驻华外交使节和夫人应邀出席。姬代部长在讲话中说，“国家要独立，民族要解放，人民要革命，已成为当代不可阻挡的世界潮流”。“联合国的事，要由参加联合国的所有国家共同来管”。阿尔及利亚驻华大使塔列布代表23个提案国讲话。他说，“联合国大会作出了历史性决议，这首先是中国人民长期斗争的结果，是毛泽东主席外交路线的胜利”。他说，“各国人民再也不理会美帝国主义的利诱和威逼，因此，美国的提案失败了”，“这是我们的胜利，是一切为自己的幸福和人类的幸福而斗争的人民的胜利”。他说，“被压迫人民需要中国的强大声音”，“各国人民将看到人民中国同在联合国外一样，在联合国内大力支持他们的正义事业”，“直到这些事业取得彻底胜利”。

（八）11月4日晚10时，总理接见代表团除黄华以外的全体人员，作了重要指示。随后，总理修改了陈楚起草的以乔冠华名义发表的两篇讲话，一是以毛主席指示为基本内容的在联合国的第一篇发言，一是总理口授的到纽约机场的讲话。机场讲话很简短。其中说，“中国人民同世界各国人民一向是友好的”，“美国人民是伟大的人民，中美两国人民有着深厚的友谊。我们愿借此机会，向纽约市各界人民和美国人民表示良好的祝愿”。

毛主席说，在联合国要搞统一战线。国际统一战线与国内统一战线的根本区别是，没有谁领导谁的问题

11月8日晚8时，主席约见总理、姬鹏飞、乔冠华、符浩、熊向晖、陈楚、唐明照、安致远、王海容、唐闻生、章文晋及回国述职的驻法大使黄镇、驻苏大使刘新权。

在谈到“没有调查就没有发言权”时，主席说，这是针对教条主义者讲的，至今我认为这句话还是对的。对这句话的理解不要偏。客观事物不断发展变化，人的认识总是赶不上这种变化，认识总是落后于实际。要求把一切都调查清楚再说话，再办事，那就永远不能说话，永远不能办事。了解了主要情况、本质情况，就可以作出判断，就应该下决心。我一向反对下车伊始，哇啦哇啦的人，那样的人成事不足，败事有余。他们自以为了不起，光想当先生，不愿当学生。有的人打过仗，有点功劳，或者自以为有点功劳，吃饭、拉屎、睡觉、做梦，都念念不忘他那点功劳。说他没有什么功劳，他就说，没有功劳，也有苦劳；没有苦劳，也有疲劳。这是低级趣味。这几年，部队有些人的思想被林彪搞乱了。沈阳军区提出“反骄破满”，提得好，我就让全军学习。我最近常讲，军队要谨慎，这是有的放矢。今年在联合国打了一个大胜仗，这个胜仗主要是我们的外国朋友帮我们打的，我们没有理由翘尾巴。现在是“盛名之下，其实难副”。所以我讲

"为将当有怯弱时"。还是"三个臭皮匠，胜过一个诸葛亮"。遇事要商量，要多谋善断，不要像袁绍那样"多谋寡断"，更不能"不谋专断"。谨慎不是谨小慎微。看准了的，该说就说，该做就做。

毛主席说，在联合国要搞统一战线。这是国际统一战线，和国内统一战线有同、有不同。根本区别是，国内统一战线是不同阶级的统一战线，无产阶级必须掌握领导权；国际统一战线是不同国家的统一战线，没有谁领导谁的问题。大小国家一律平等，谁也不应该领导谁，谁也不应该听谁的领导。过去我们说以苏联为首，因为它是老大哥，为了对付帝国主义，必要的时候让它牵个头，开会的时候让它当主席。但是它要掌握领导权，搞父子党、父子国，这就完全错误了。美国总是要别的国家听它的，这就是搞霸权主义。霸权主义应该被打倒。所以，搞国际统一战线就要平等协商，绝对不能以大国自居，颐指气使，绝对不能干涉人家内政，绝对不能有领导人家的想法。

主席还谈到陈毅同志的病况，谈到 1967 年 2 月外交部的一些司局长和回国的一些大使、参赞一共 91 人，写大字报批判造反派对陈毅同志的诬蔑。主席说，我是 91 人的战友咧。主席还讲《五七一工程纪要》。总理解释，"五七一"是"武装起义"的谐音。这是林彪反革命集团阴谋暗害主席、发动反革命政变的纲领。主席说，等一会把这件东西念给他们听。要尽快全文印发到全国各个党支部。总理说，这里面尽是恶毒诽谤主席的谰言，怎么能印发？主席说，怎么不能？一个字都不改，原原本本发下去，让所有的党员所有的群众都知道。

主席对总理说，马上打电报给黄镇的助手，让他转告基辛格，我们的代表团在美国期间，美国政府必须保证安全。如果出了问题，唯美国政府是问。

主席还对总理说，明天代表团出发，在北京的政治局委员、候补委员，党政军各部门负责人，再加上几千名群众，到机场欢送，要大张旗鼓地热烈欢送。也通知外国使馆，去不去由它们自己决定。

离开主席住处已是晚上 10 点多，总理带我们到人民大会堂，拿出一份《五七一工程纪要》，让章文晋念。念完后，总理作了一些说明，对代表团又作了一些指示。散会时，已是 9 日凌晨了。

中华人民共和国代表团首次出席联合国大会。大会主席和 57 个国家的代表致词欢迎。会场上洋溢着对中国友好的气氛

11 月 9 日下午，中华人民共和国出席联合国大会代表团乘飞机离开北京。新华社报道说，"周恩来、叶剑英……李先念、纪登奎、李德生、汪东兴、郭沫

若、姬鹏飞等党政领导同志，首都革命群众和中国人民解放军指战员四千多人前往机场热烈欢送”。“欢送队伍里响起了‘热烈欢送我国出席联大代表团!’、‘毛主席的革命外交路线胜利万岁！毛主席万岁，万万岁!’的欢呼声，热烈的锣鼓声和掌声，机场上呈现出一派十分热烈的革命气氛。”“代表团成员绕场一周，向挥动着花束、彩带的群众和前来送行的各方面负责人告别。他们同前来送行的各国使节一一握手。”

代表团抵达上海后，转乘法航班机前往巴黎。晚上途经仰光时，缅甸外交部副部长、政治司司长、礼宾司司长等到机场迎送，并在机场为我代表团举行招待会。10 日凌晨途经卡拉奇时，巴基斯坦驻卡拉奇专员、外交部礼宾司代表等到机场迎送，巴中友协秘书长献了花环。途经开罗时，受到埃及外交部部长办公室主任、礼宾司副司长等人的迎送。途经雅典时，受到尚未与我国建交的希腊外交部礼宾司司长和第一政治司司长的迎送。10 日下午到达巴黎时，受到法国外交部亚澳司副司长的迎接。

11 月 11 日上午，黄华与代表团其他成员会合，乘法航班机前往纽约。当日中午抵达肯尼迪机场。到机场欢迎的有 23 个提案国及其他一些国家驻联合国常任代表、联合国礼宾处处长、纽约市公共事务专员，以及数百名美国友好人士和华侨代表。乔冠华在机场发表讲话。在先遣人员陪同下，代表团成员住进罗斯福旅馆。所到之处警卫森严。

美联社报道说：“国务院官员对乔到达时的讲话感到高兴，白宫不因乔没有提到美国总统和美国政府而不快，因为他是出席联合国会议，不是访问美国。”

从 11 日下午到 14 日，代表团主要成员分别拜会了第 26 届联大主席马利克和一些友好国家的代表团，探望住院治疗的联合国秘书长吴丹。

15 日上午 10 时许，代表团五位代表及译员唐闻生在联合国礼宾处处长引导下进入会议厅，在中国代表团的席位上入座。许多友好国家的代表立即前来向他们表示欢迎和祝贺。会议于上午 10 时半开始。大会主席马利克首先致欢迎词。他说：“今天上午，中华人民共和国代表团第一次在联合国大会就座。作为大会主席，我很高兴地欢迎这个代表团。这是一个具有历史意义的时刻。中华人民共和国现在开始参加世界这个主要的政府间组织的工作。毫无疑问，由于中华人民共和国参加工作，联合国的工作成效将得到加强。”

马利克致辞后，许多国家的代表相继走上讲台致词欢迎中国代表团。在他们的发言过程中，要求发言的代表不断增加，原定上午结束的会议在中午稍事休息后，下午继续开会，一直开到下午 6 时 40 分。共有 57 个国家的代表（包括美国、日本、苏联）在会上致了欢迎词（匈牙利的代表用中文发言）。有的代表已准备了发言稿，由于时间不够而未能发言。大多数代表的欢迎词热情洋溢，表达了对中国人民的信任、鼓励和兄弟般的情谊。不少代表在发言中赞扬毛主席对中国人民革命和建设事业的领导。现摘录六个国家代表的发言片段：

科威特的代表说："10 月 25 日的夜晚发生了在联合国和国际大家庭的史册上具有历史意义的事件。联合国大会终于决定纠正了对中国人民所犯下的错误。""没有中国的参加，联合国就是徒有虚名。""恢复中华人民共和国在联合国的合法权利将使新时代的人类的前途变得灿烂。"

法国代表说："中国在我们当中就座了属于她的席位，不公正和荒谬的状况终于结束了。""我们欢迎这个十分伟大的国家和十分伟大的人民。""我们由于中国的文明、历史、勇敢、尊严和她正在进行的巨大努力而对她表示欢迎。"

阿尔巴尼亚代表说："世界上所有的进步人民都凝视着中华人民共和国，因为她是各国人民自由和独立事业的最强大的保卫者，是各国人民主权的最强大的保卫者。伟大的人民中国在国家生活的各个方面取得了巨大的胜利，她已成为社会主义与和平的坚强不屈的堡垒，成为美帝国主义和苏联社会帝国主义霸权计划的不可逾越的障碍。"

赞比亚代表说："今天，中华人民共和国代表团的入席是一个具有伟大的政治和历史意义的时刻。""它标志着过去旧的、过时的政治的结束，标志着一个新的现实主义和充满希望的时代的开始。""从此以后，联合国是一个新的组织了，它再也不是原来的那个组织了。"

坦桑尼亚代表说："我钦佩中国人民，钦佩他们为争取自己的尊严和独立而进行的英勇斗争，钦佩他们对全世界解放斗争的坚决支持。我们还对他们在自己的伟大领袖毛泽东主席的令人鼓舞的领导下，在科学技术方面的努力所已经取得的和正在继续取得的惊人进步表示敬意。""我们特别高兴看到中华人民共和国恢复了她在这个组织中的合法地位，因为我们相信，联合国把这个国家看成一个支持各国人民的自决与独立权利、反对形形色色的压迫和不公正的十分可贵的成员国。"

智利代表说："智利从一个不结盟国家的立场出发，向中华人民共和国致敬。""在中国已不再有什么苦力、官僚，万能的外国剥削者已经完蛋了。今天，一个由尊严的、巩固团结的、充满信心和革命活力的自由人们组成的民族出现了。""中国从落后、破坏、饥荒、水灾和瘟疫的废墟上站起来，在短短的一些年里在农业和历史、教育和公共卫生、征服宇宙和原子方面——还有在使集体和个人的道德臻于完善方面取得了非凡的进展。""我们向新中国的领袖毛泽东致敬——毛泽东是长征的革命斗士，是思想家、诗人，他鼓舞和经常指导他的人民，把知识变为主观的经验，并使这种经验同持久的革命态度融合起来。""在毛泽东看来，帝国主义有两重性。它既是铁老虎，又是纸老虎。智利像其他小的附属国一样，正在为争取完全的主权、收回自己的天然资源和实行自决而斗争。但是它正在同一个恫吓、威逼和妨碍它的强有力的铁老虎进行斗争。”“我们相信帝国主义将被推翻”，“在对中华人民共和国表示欢迎的时候，我们希望十分坦率地强调她在历史的心目中担负的巨大责任”。他还用西班牙语朗诵了毛主席的词《减字木兰花·广昌路上》。

在各国代表致欢迎词以后，乔冠华在长时间的掌声和欢呼声中，登上联合国大会讲坛，宣读了毛主席授意、周总理审定的讲话（主要内容已如前述）。

《纽约时报》刊登了乔冠华讲话的全文。路透社报道说：“这篇讲话使许多外交官感到震动。第三世界的代表们热烈鼓掌。美国代表和苏联代表脸色阴沉。”法新社评称：“乔的严厉的讲话使人毫不怀疑，无论是人民中国进入这个世界组织，还是尼克松总统即将对中国的访问，都不会使北京改变它在重大问题上的政策。”德新社评称：“在国际讲坛上非常少有的这种坦率和诚实的发言，表明了北京对联合国的政策以及对外政策意图的轮廓，表明了人民中国将使自己成为中小国家的喉舌和支持者。”共同社评称：“这一展示基本方针的演说，是不折不扣的在联合国历史上最重要的演说之一，它的意义和反应将迅速波及地球上的一切地区。这篇演说阐明了以毛泽东思想为基础的中国国际政策，坦率地表明了中国的原则性立场，明确地表示了中国作为中小国家的代表对超级大国垄断联合国的局面进行挑战的姿态。”基辛格写道：“中国人什么东西都不会浪费掉的。我在公报草稿中删掉的那些有争论的话，几乎全部写进在联合国的初次发言中了。为此，我指示乔治·布什表示遗憾，说北京决定以‘华而不实的放空炮’来作为加入这个世界性组织的起步。”

新华社报道，12 月 18 日晚，我国出席 26 届联大的代表团团长乔冠华，代表符浩、熊向晖，副代表王海容和代表团部分随行人员，在完成了他们在本届联大的工作任务后，乘飞机离开纽约回国。12 月 22 日下午，他们到达北京。周恩来等党政领导同志、首都群众和人民解放军指战员 4 000 多人到机场热烈欢迎。党政军各部门负责人，各国驻华使节也到机场迎接。

当晚 8 时许，主席在住处约见总理、乔冠华、熊向晖、王海容、唐闻生。主席引用孙中山先生的话说：“革命尚未成功，同志仍须努力。”

台湾当局鼓吹台湾“重返”联合国，不过是白日做梦

1996 年 10 月 25 日，《人民日报》评论员在题为《捍卫联合国宪章的宗旨和原则》的文章中说：“近年来，台湾当局勾结国际反华势力，在联合国内外掀起

了一股否定2758号决议，鼓吹台湾‘重返’联合国的喧嚣。”这篇文章对台湾当局编造的“种种奇谈怪论”进行了有力的批驳，这里无须重复，只引用美国新闻处1971年10月18日所报道的当时美国驻联合国首席代表布什先生“今天在大会上就中国代表权问题所作发言全文”中的一段话：

> 让我们现实地记住这一点：中华民国一旦被驱逐，它作为一个单独的会员国——不管以什么名字或称呼——被重新接纳入联合国的可能性将会几乎等于零，因为根据宪章，中华人民共和国可能否决主张接纳它的建议。

布什先生的话说得很清楚，但如果删去其中的“几乎”二字，就更为准确了。简单地说，所谓台湾“重返”联合国，不过是台湾当局白日做梦。

毛主席在粉碎林彪反革命政变阴谋的日子里

汪东兴

一

毛主席身体健康的时候，每年都要外出视察工作，返程时间一般在 9 月底。1971 年 8 月 15 日 13 点，我们陪着已经 78 岁高龄的毛主席又出去视察了。16 日到武昌。在武汉，毛主席同武汉军区兼湖北省负责人刘丰谈话一次；同刘丰及河南省负责人刘建勋、王新谈话一次；同已调国务院工作仍兼湖南省负责人的华国锋谈话一次。离武汉前，还同刘丰谈话一次。28 日到长沙。在长沙，毛主席同华国锋和湖南省负责人卜占亚谈话一次；同广州军区兼广东省负责人刘兴元、丁盛，广西壮族自治区负责人韦国清谈话一次。后又同华国锋、卜占亚、刘兴元、丁盛、韦国清集体谈话一次。31 日到南昌。在南昌，毛主席同南京军区兼江苏省负责人许世友、福州军区兼福建省负责人韩先楚、江西省负责人程世清谈话两次。毛主席沿途的历次谈话，我都参加了。在湖南，毛主席还同我单独谈话一次。一路上，毛主席在谈话中多次强调："要搞马克思主义，不要搞修正主义；要团结，不要分裂；要光明正大，不要搞阴谋诡计。"他反复讲：我们这个党已经有五十年的历史了，大的路线斗争有十次。这十次路线斗争中，有人要分裂我们这个党，都没有分裂成。这个问题，值得研究。1970 年庐山会议，他们搞突然袭击，搞地下活动，为什么不敢公开呢？可见心里有鬼。他们先搞隐瞒，后搞突然袭击，五个常委瞒着三个，也瞒着政治局的大多数同志，除了那几位大将以外。那些大将，包括黄永胜、吴法宪、叶群、李作鹏、邱会作。他们这样搞，总有个目的嘛！我看他们的突然袭击、地下活动，是有计划、有组织、有纲领的。

纲领就是设国家主席，就是称“天才”。有人急于想当国家主席，要分裂党，急于夺权。林彪那个讲话，没有同我商量，也没有给我看。他们有话，事先不拿出来，大概总认为有什么把握了，好像会成功了。可是一说不行，就又慌了手脚。这次庐山会议，只提出陈伯达的问题。保护林副主席，没有作个人结论，他当然要负一些责任。对这些人怎么办？还是教育的方针，就是“惩前毖后，治病救人”。对林还是要保。回北京以后，还要再找他们谈谈。不过，犯了大的原则的错误，犯了路线、方向错误，为首的，改也难。

当时，我意识到毛主席的这些谈话，是要帮助一些地方的党、政、军负责同志，提高对1970年发生在庐山九届二中全会上斗争的认识，争取团结和尽力挽救在庐山会议上犯了错误的人，其中也想挽救林彪和黄永胜等人。

9月3日，毛主席到达杭州。下车之前，毛主席同浙江省的党、政、军负责人南萍、陈励耘、熊应堂谈话。在40分钟的谈话中，毛主席询问了他们几个对庐山会议的认识，并对他们说：“你们有什么错？吴法宪在庐山找陈励耘等人谈了他们搞的那一套，上庐山在空军8个中央委员内部有通知啊！”陈励耘说：“在庐山吴法宪找我谈时，阴一句、阳一句，这个人说话是不算数的。”毛主席说：过去我讲过，一个倾向，掩盖着另一个倾向，谁知掩盖着一个庐山会议的主要倾向！接着，毛主席说明了他们是受骗、受蒙蔽的；并说明党对犯错误的人，还是采取“惩前毖后，治病救人”的方针，不能抓住辫子不放。毛主席说，庐山会议，主要就是两个问题，一个是设国家主席问题，一个是称“天才”问题。说反天才就是反对我。那几个副词，我圈过几次了。（1968年9月，《人民日报》为纪念1962年9月18日毛泽东给日本工人的题词，发表了《世界革命人民胜利的航向》的社论。毛泽东删去了社论草稿中的“毛泽东同志天才地、创造性地、全面地继承、捍卫和发展了马克思列宁主义，把马克思列宁主义提高到了一个新的阶段”等文字。1969年，毛泽东删去了九大政治报告初稿和提交九大通过的党章初稿中“天才地、创造性地、全面地”三个副词等文字。1970年4月，毛泽东在修改纪念列宁诞辰100周年的两报一刊社论《列宁主义，还是帝国主义?》的初稿时，删去了“毛泽东同志全面地总结了无产阶级专政的正反两个方面的历史经验，天才地创造性地运用唯物辩证法，分析了社会主义的矛盾”等文字。）毛主席又说，庐山这件事，还没有完，还不彻底，还没有总结。

不出毛主席所料，在庐山会议上遭到挫败的林彪一伙不但不思悔改，反而开始了谋害毛主席、策动反革命武装政变的阴谋活动。

1971年2月，林彪、叶群和林立果在苏州密谋后，派林立果到上海，召集“联合舰队”的主要成员周宇驰、于新野、李伟信在秘密据点开会，从3月21日至24日，制定了反革命武装政变计划——《五七一工程纪要》。3月31日深夜，林立果在上海召开了有江腾蛟、王维国、陈励耘、周建平参加的所谓“三国四方会议”，指定南京以周建平为头，上海以王维国为头，杭州以陈励耘为头，江腾蛟“进行三点联系，配合、协同作战”。

在毛主席此次南方视察期间，林彪一伙千方百计地刺探毛主席的行踪和毛主席同沿途各地负责人的谈话内容。9月5日，广州部队空军参谋长顾同舟听到毛主席在长沙谈话内容的传达后，立即密报给林立果。9月6日，武汉部队政委刘丰违背毛主席的叮嘱，把毛主席在武汉的谈话内容告诉了陪外宾到武汉访问的李作鹏。李作鹏当天回到北京就告诉了黄永胜。当晚，黄永胜又将毛主席的谈话内容密报给在北戴河的林彪和叶群。

林彪、叶群、林立果等人接到顾同舟、刘丰的密报后，感到自己暴露无遗了，决计铤而走险，对在旅途中的毛主席采取谋害行动。

9月7日，林彪指示林立果，向“联合舰队”下达“一级战备”的命令。

9月8日，林彪写下手令：“盼照立果、宇驰同志传达的命令办。”

这样一来，危险便时刻向毛主席逼近。当时，陈励耘掌握着杭州的警备大权，直接指挥毛主席住所的警卫工作。我们住在杭州，无异于进了虎穴。

在党的九届二中全会上，毛主席已识破了林彪的阴谋。这次南方视察，毛主席从北京到杭州沿途同当地负责人的谈话中又了解到叶群、林立果阴谋活动的一些情况。9月8日晚上，毛主席又得到新的消息说：杭州有人在装备飞机；还有人指责毛主席的专列停在杭州笕桥机场支线碍事，妨碍他们走路。这种情况过去是从来没有的。一些多次接待过毛主席的工作人员，在看望他老人家时反映了一些可疑的情况。毛主席当机立断，采取措施，对付林彪一伙的阴谋，首先把我找去，提出要把专列转移。

我问毛主席，专列是向后转移，还是向前转移？向后是转到金华，向前是转到上海。我还建议，也可以转向绍兴，即转向杭州到宁波的一条支线上。

毛主席说：“可以。那样就可以少走回头路了。”

当时，毛主席还不知道林彪有个手令，也没掌握林彪一伙进行武装政变的计划。但是，毛主席根据了解到的种种情况，思想上、行动上已有了充分准备。

我从毛主席住地出来，马上就打电话找当时负责毛主席在杭州警卫工作的陈励耘。接电话的是陈励耘的秘书。他接到电话后，马上就跑到我的办公室来，说：“陈政委有事，您有什么事请跟我讲。”

我说：“专列要转移，这个事对你讲，你能办成？”

秘书说：“能。”

我就说：“你可以试着办一下，不过还是要找到陈政委。”

我得到这个情况后，就找张耀祠交代：“赶快去找专列乘务组同志。将火车马上开走。”当时，天气太热，我还要求在专列转移到新的停车地点后，给毛主席的主车和餐车上面搭个棚子，以便防晒。张耀祠很快就落实了。

这些情况，我都报告了毛主席。毛主席同意这么办，并说这个办法好。

毛主席的专列于9日凌晨转到靠近绍兴的一条专线上。

10日中午，毛主席对我说：“走啊！不要通知陈励耘他们。”

我说：“主席，不通知他们不行。”

毛主席问：“为什么呀？”

我说：“不通知不行，您不是一般人。来的时候，都通知了；走的时候，不通知不好。路上的安全，还是要靠地方保卫。”

毛主席又说：“那就不让陈励耘上车来见，不要他送。”

我说：“那也不行，会打草惊蛇。”

毛主席考虑了我的建议，接着又问我：“你的意见是……”

我说：“您看，是不是请南萍、陈励耘……”

我刚说到这里，毛主席打断我的话说：“还有一个，就是空五军的军长白宗善，这个人也请来。为什么这次没有请他见面？”

我回答说：“马上就通知他。”

南萍等人被请来以后，毛主席在自己休息的房间里又同他们谈了一次话。当毛主席见到白宗善，同他握手时便问：“你为什么不来看我！”陈励耘连忙解释说：“他那天在值班。”

这次谈话，讲了庐山九届二中全会的问题、党的历史上几次路线斗争的问题、军队干部的团结问题、战备问题。谈话中，毛主席还说：不要带了几个兵就翘尾巴，就不得了啦。打掉一条军舰就翘尾巴，我不赞成，有什么了不起。三国关云长这个将军，既看不起孙权，也看不起诸葛亮，直到麦城失败。毛主席在谈话中，再一次批评了林彪、黄永胜。他还针对当地领导人闹不团结，讲了一个春秋时代齐鲁两国长勺之战的故事，寓意深长。他说，齐国和鲁国打仗，我是帮鲁国，还是帮齐国啊？鲁国小，人少，只是团结得好。齐国向鲁国进攻，鲁国利用矛盾，把齐国打败了。

在他们谈话的时候，我就布置专列做开车的准备。毛主席同他们谈了半个小时。谈完后，我请他们到我的房间里休息。

我回到毛主席那里，请示说：“到上海后停在哪里？”

毛主席说：“停在上海郊外虹桥机场专用线，顾家花园就不进去了。”

我说：“上海那边的通知，是不是通知王洪文？”

毛主席说：“是。这个电话由你们打。”

当时，陈励耘在我的房子里，我就只好在毛主席那里给王洪文打了一个电话。

10 日 13 点 40 分专列由绍兴返回，14 点 50 分抵达杭州站。在离开杭州去上海的时候，我们没有通知其他的人送，陈励耘却来了。陈励耘到车站后，不敢同毛主席握手，也不敢接近毛主席。他心里有鬼，当时神情很不自然。

他跟我握手时问我："车开后，要不要打电话通知上海？"

我说："你打电话给王洪文或者王维国，这两个人都可以，就说我们的车出发了，还是在那个支线上停住。"以后我了解，陈励耘确实打电话通知了王洪文。

后来据陈励耘交代：8 日晚上他有事，就是因为于新野到了杭州。于新野是找陈励耘布置任务的，但于新野有一些疑惑，不知道出了什么事。于新野还追问毛主席到底在杭州讲了些什么话，陈励耘就把毛主席同他们的谈话内容报告了于新野。当时，于新野告诉陈励耘，要在杭州、上海、南京之间谋害毛主席。据我们后来了解到的情况，陈励耘在接待于新野的房子里，挂着一张毛主席像，陈励耘一看到毛主席像就发愁。

从后来"联合舰队"成员的供述和我们调查得到的材料看，他们准备采用多种办法来谋害毛主席：

第一种办法：如果专列停在上海虹桥机场专用线上，就由负责南线指挥的江腾蛟指挥炸专用线旁边飞机场的油库，或者向油库纵火。据王维国交代，他们安排由王维国以救火的名义带着"教导队"冲上火车，趁混乱的时候，先把汪东兴杀死，然后杀害或绑架毛主席。

第二种办法：这个办法是准备在第一种办法失败后采用的。就是在毛主席的专列通过硕放铁路桥时炸桥和专列，制造第二起"皇姑屯事件"。然后他们再宣布是坏人搞的。硕放桥在苏州到无锡之间，他们已经到那里看了地形，连炸药怎么安放都测量和设计好了。

第三种办法：如果硕放炸桥不成，就用火焰喷射器在路上打火车。周宇驰讲，火焰喷射器可以烧透几寸厚的钢板。朝火车喷射，很快就会车毁人亡。王维国、周宇驰等人也到铁路沿线看过地形了。他们准备从外地调火焰喷射器部队。由于我们行动提前，这个部队没有来得及调来。

第四种办法：这个办法是要陈励耘在杭州用改装的伊尔—10 飞机轰炸毛主席的专列，由陈励耘负责在飞机上装炸弹。据陈励耘后来供述：于新野找他布置任务时，他曾提出杭州没有可靠的飞行员，于新野答应回去向领导汇报，派一个飞行员来。他们准备派谁呢？派鲁珉。鲁珉当时是空军司令部的作战部部长。陈励耘说："那就好，那就干！"陈励耘还说，用飞机轰炸专列的办法是可靠的。9 月 9 日，于新野在上海对王维国说："我们这次出动飞机炸，除飞机上的武器外，还要再加配高射机关枪，用来扫射从火车上跑下来的人。"

从这几种办法可以看出，林彪一伙谋害毛主席的手段是何等阴险毒辣！

当于新野同王维国一起策划时，王维国又提出，如果毛主席下车住在顾家花园怎么办？于新野说，他看了地形，如果毛主席住在顾家花园，可以把王维国的“教导队”带上去，在住地附近埋伏好，用机枪把前后堵死，先把警卫部队消灭，再冲进去。王维国还向于新野表态说：“首长（指林彪）的命令，我一定执行。”于新野、王维国都认为，在上海动手，地形比杭州要好，对他们更有利。9 日下午，于新野坐飞机回北京前，王维国同他一起看过一次地形，他们决定就在上海谋害毛主席。

于新野一回北京，就到西郊机场向林立果汇报。林立果在西郊机场的平房和它旁边的空军学院里都有办公室，那里是他的据点。林立果马上将谋害毛主席活动的进展情况报告给了在北戴河的林彪和叶群。这时，林立果和周宇驰对江腾蛟说，北线由王飞指挥，南线由你指挥，你要赶快回南方去。

王飞当时是空军司令部的副参谋长，是“联合舰队”的骨干成员。他们在北线预谋的行动，是要把在京的周总理、朱委员长、叶帅、聂帅、徐帅、刘帅等人都害死，也包括江青、张春桥、姚文元。王飞等人把钓鱼台、中南海的地形都看了。周总理当时就住在中南海。他们打算用坦克冲中南海。王飞说，北京上空是禁飞的，用坦克可以把中南海的墙撞开。在他们密谋的过程中，还有人提议用导弹打中南海。他们说来说去，找不到一个合适的方案。

林彪知道搞政变的行动已经全面展开了，他有带兵的经验，怕单靠“联合舰队”这几个人没有把握，他要亲自指挥一个大“舰队”，他通过叶群把黄永胜、吴法宪、李作鹏、邱会作都调动起来了。那几天，他们的电话联系十分频繁，常常两三部电话机同时讲话，一讲就半个小时、1 个小时。据调查：9 月 10 日，黄永胜同叶群通话 5 次，其中两次通话时间竟长达 90 分钟和 135 分钟。同日，林彪给黄永胜写信说：“永胜同志：很惦念你，望任何时候都要乐观，保护身体，有事时可与王飞同志面洽。”他们称毛主席为“B－52”。当叶群给吴法宪打电话问 B－52 的情况时，吴法宪向她报告了毛主席在杭州同陈励耘等人的谈话内容。

现在想来，那时的形势是极其危险的。但毛主席并没有把他掌握的危急情况全部告诉我，他老人家沉着地待机而动。当时，我也发现有些现象不正常，我们不能再在杭州住下去了，便转往上海。由于我们行动快，使得陈励耘、王维国等人措手不及。10 日 15 点 35 分，我们从杭州发车，18 点 10 分就到了上海。这次随毛主席外出，我带着中央警卫团干部大队 100 人，前卫、本务列车都上了部队。专列一到上海，我就把当地的警卫部队全部撤到外围去了，在毛主席的主车周围全换上中央警卫团。离我们的专列 150 米远的地方是虹桥机场的一个油库，要是油库着火了，专列跑都跑不掉，所以特别派了两个哨兵在那里守卫。

到上海安排好后，我去见毛主席。毛主席说，要南京部队司令员许世友来上海谈话。我们就打电话找许世友，不巧，许世友下乡去了。

10 日晚上，毛主席同上海负责人王洪文见面，但没有谈几句话。王洪文住在车下的房子里，他还要我也搬到车下来住，我谢绝了。

第二天上午，许世友来了。毛主席与许世友、王洪文和我，谈了两个小时的话。毛主席说：犯点错误是不要紧的，有的属于认识问题。现在有的同志有些认识不到嘛，那就等待，而且要耐心地等待嘛。毛主席又说：要争取主动，有了错误，不认识，不改正，在那里顶着不好，这会加重错误，包袱越背越重，甩掉包袱，轻装上阵，人就舒服了。他还指出：有人在搞阴谋诡计，不搞光明正大；在搞分裂，不搞团结。许世友表示：庐山会议问题，按毛主席的指示办。

谈到中午，毛主席说："到吃中午饭的时间啦！今天，我就不请你们在车上吃饭了。王洪文，你请许世友到锦江饭店去吃饭，喝几杯酒。"

许世友说："汪主任，你也去。"

我说："不去了，谢谢。"

毛主席当着他们的面对我说："汪主任，你把他们送走以后，再回来一下。"

我送许世友、王洪文下车时，看到王维国也来了，他一直在休息室里等着毛主席召见，然而毛主席没有找他谈话。王维国见我们时，表情异样。王洪文把他拉上车，与毛主席在车厢门口握了一下手，就被我送下了车。

我下车送走许世友、王洪文、王维国等人后，马上回到车上去见毛主席。

毛主席问："他们走了没有？"

我说："走了。"

毛主席马上说："我们走，你立即发前卫车。"

我说："不通知他们了吧？"

毛主席说："不通知。谁都不通知。"

我们执行毛主席的命令，立即发了前卫车。13 点 12 分，我们的车也走了。

专列开动时，车站的警卫员马上报告了在锦江饭店吃饭的王洪文。王洪文小声告诉许世友说："毛主席的车走了。"

许世友很惊讶地问："哎呀！怎么走了？"

王洪文对许世友说："既然走了，我们还是吃饭吧。"

王洪文、许世友、王维国等人吃了两个多小时的中午饭，吃完饭时已经是下午了。许世友便乘一架伊尔—14 赶回南京，然后到车站接我们。

我们专列 18 点 35 分到南京，在南京站停车 15 分钟。许世友在南京站迎接，毛主席说："不见，什么人都不见了，我要休息。"

我下车见了许世友，我跟他说："毛主席昨天晚上没睡，现在休息了。毛主席还说，到这里就不下车了。”

许世友说：“好！”他接着问我：“路上要不要我打电话？”

我说：“不用了，我们打过了。”

许世友又问：“蚌埠停不停？”

我说：“还没有最后定。一般的情况，这个站是要停的，但主席没定。”

专列从南京开出后，到蚌埠车站是21点45分，停车5分钟。9月12日零点10分到徐州，停车10分钟。到兖州时是2点45分，没有停车。到济南时是5点，停车50分钟。在济南车站，我打电话给中办值班室。要他们通知纪登奎、李德生、吴德、吴忠到丰台站，毛主席要找他们谈话。专列到德州时是7点40分，停车20分钟。11点15分到天津西站，停车15分钟。

12日13点10分，专列在丰台停车。毛主席与纪登奎、李德生、吴德、吴忠和我谈了话，一直谈到下午3点多钟才结束。在谈话中，毛主席谈了党史上历次路线斗争，谈了1970年庐山会议上的斗争，以及庐山会议后采取的甩石头、掺沙子、挖墙脚的做法，谈了华北批陈整风汇报会及黄、吴、叶、李、邱等人的检讨。继续强调：要搞马克思主义，不要搞修正主义；要团结，不要分裂；要光明正大，不要搞阴谋诡计。要坚持“惩前毖后，治病救人”的方针，要“团结起来，争取更大的胜利”。

过去，毛主席从来没有白天到北京站下车的，这次是个例外。下午15点36分，专列由丰台开出，16点5分到北京站。毛主席下火车后坐汽车回到中南海。

从杭州动身到这时，毛主席已经3天没有休息好了。到中南海，我对毛主席说：“您睡吧。”

毛主席对我说：“你也睡一睡吧。”

我说：“我也回去睡一睡。”

回来后，我打电话给周总理，周总理还不知道出了什么问题，感到诧异。他问：“你们怎么不声不响地就回来了，连我都不知道。路上怎么没有停？原来的计划不是这样的呀。”

我回答总理说：“计划改了。”我还说，电话上不好细说，以后当面汇报。

这时，林立果等人正在加紧策划和实施谋害毛主席和党中央其他领导同志的阴谋，突然接到王维国从上海打来的电话，报告毛主席的专列已经离开上海。这帮家伙被吓坏了，林立果连声说：“糟糕！糟糕！”

林立果探听到毛主席确实于9月12日下午回到中南海的消息后，深感谋害毛主席的阴谋已经破产。他在惊恐之余，给北戴河的叶群打电话，说情况紧急，两小时以后飞往北戴河，并说，他走后北京由周宇驰指挥。林立果还对周宇驰等人说，现在情况变了，我们要立即转移，赶紧研究一个转移的行动计划。

他们要转移到哪里去呢？他们要按照早在《五七一工程纪要》中密谋的方案，即谋害毛主席不成，就转移到广州去另立中央政府，分裂国家。这就是审判林彪反革命集团时所说的“两谋”：一个是阴谋杀害毛主席；另一个是阴谋带领黄永胜、吴法宪、李作鹏和邱会作南逃广州，另立中央政府，分裂国家。

为了转移，他们安排了5架飞机飞往广州：一架256号“三叉戟”，是林彪的专机；另外再安排一架“三叉戟”给黄永胜等乘坐；第三架是伊尔—18；第四架是安—12运输机，可以装汽车；第五架是安—24，也可以装防弹车。此外，他们还打算为林彪再准备一架伊尔—18。林立果在电话中把这些安排都报告了林彪。林彪说：“立即转移。”随后，林立果传达给王飞说：“你这样安排对。林副主席决定立即去广州。”

据后来调查得知，林彪他们有一个先谈判、后动武的计划，他们想到了广州以后，先提出条件同北京谈判。但他们估计谈判成功的可能性小。这样，他们就计划在广州立即召开师以上干部会议，进行动员，并宣布成立中央政府。要动武，就联合苏联，南北夹击。林立果要求通知广州部队空军参谋长顾同舟，要他安排好车辆和房子。林立果还对于新野说，马上打电话给上海的王维国，通知他9月13日早上有一架伊尔—18飞机在上海着陆，把警卫团二中队换下来，让王维国的空四军“教导队”和上海的“联合舰队”成员做好准备，搭乘这架飞机去广州。林立果还要求于新野给空军军务部打电话，通知马上准备好30支手枪、2支冲锋枪，并多准备一些子弹。这些策划布置下去后于新野立即去空军大院协助江腾蛟、王飞组织人员转移。周宇驰挥着胳膊对江腾蛟和王飞说：“他妈的，成败在此一搏！”

12日晚8点左右，周宇驰在空军学院召集王飞、于新野一伙开了一个秘密会议。会上确定，由王飞、于新野负责组织人员，保护林彪一伙南逃。他们计划：13日早晨8点，林彪由山海关机场直飞广州；13日早晨7点，黄永胜、吴法宪、李作鹏、邱会作等人则由北京西郊机场直飞广州。

然而，事与愿违。玩火者必自焚。历史无情地证明：林彪的“两谋”，不过是一伙阴谋家的垂死挣扎而已，他们是逃不脱失败的命运的。

二

离北戴河西海滩两公里处的联峰山松树林中，有一栋两层小楼，这就是当时林彪、叶群住的中央疗养院62号楼（原为96号楼）。1971年9月12日天色渐黑时，林彪、叶群在这里正忙着调兵遣将。可表面看来，62号楼却是十分平静的。

林彪、叶群在接到林立果马上要飞到北戴河的电话后，还耍了一个花招，宣布当天晚上要为他们的女儿林立衡与她的恋爱对象张清霖举行订婚仪式。叶群指示秘书和工作人员说，不请人吃饭，但要准备好烟、糖果、茶等，另外再准备两部电影招待大家。他们这样做，显然是要转移工作人员的注意力，掩盖他们的阴谋活动。

晚间，叶群还与林立衡一起看电影，电影的名字叫《甜甜蜜蜜》。8点多，林立果乘专机飞到山海关机场，9点到了林彪住地。林立果送了一束鲜花给林立衡，表示祝贺。林彪、叶群搞阴谋的事，林立衡当时不知道。林立衡与叶群平时就有矛盾，叶群有事总是背着她。林立衡是个很聪明的人，她看出林立果到这里后，家里好像有事不让她知道。叶群一退场，她也从电影室出来，到林彪的房间外边去听。她听到林彪、叶群、林立果三个人在一起谈话，隐隐约约地说要去什么地方。林立衡听到这些话，心里很紧张。她马上去向当时在北戴河保卫林彪的8341部队的副团长张宏和二大队的队长姜作寿报告。

晚上9点20分左右，张宏、姜作寿听到林立衡的报告，姜作寿立即打电话将情况报告给在北京的中央警卫局副局长张耀祠。张耀祠立即赶到我的办公室，说："情况很紧急，怎么办？"我马上打电话找周总理，周总理当时正在人民大会堂福建厅开会，主持讨论将在四届全国人大会上作的政府工作报告的草稿。

我将林立衡报告的情况向周总理报告后，周总理问我："报告可靠吗？"

我回答说："可靠。"

周总理还对我说："你马上打电话通知张宏，如果有新的情况，立即报告。"

我和张耀祠当时都守在我的办公室里。这时，张宏又来电话说："林立衡还报告，她听接林立果的汽车司机讲，林立果是乘专机从北京来的，这架专机现在就停在山海关机场。"我马上又将这个情况报告给周总理。

这时，周总理已经不能继续主持开会了，他来到东大厅的一间小房子里处理北戴河的问题。他打电话要我别离开电话机。我说，不会离开，我就在电话机旁边等着。周总理随后打电话把正在大会堂参加政府工作报告草稿讨论会的吴法宪找来，问他知道不知道有一架飞机到北戴河去了，吴法宪说不知道，并说他要问一问空军调度室。周总理要求吴法宪立即去问。吴法宪就到另一个房间打电话去了。周总理这时又打电话给我，让我立即转告北戴河的张宏，让张宏去查一查，山海关机场是不是有一架专机？并要求我如果有什么新情况，马上向他报告。我从张宏那里很快就得到答复说，他已问过山海关机场，确实有一架专机，专机的机组人员正在休息，这个机场归海军管理。我立刻将这一情况报告了周总理。

晚上11点半，周总理亲自打电话给叶群，周总理问叶群："林副主席好不好？"

叶群说："林副主席很好。"

周总理问叶群知道不知道北戴河有专机，叶群一开始时骗周总理说她不知道。

稍微停一下，叶群又说："有，有一架专机，是我儿子坐着来的。他父亲说，如果明天天气好，要上天转一转。"

周总理又问叶群："是不是要去别的地方？"

叶群脑子反应很快，回答周总理说："原来想去大连，这里的天气有些冷了。"

周总理说："晚上飞行不安全。"

叶群说："我们晚上不飞，等明天早上或上午天气好了，再飞。"

周总理又说："别飞了，不安全，一定要把气象情况掌握好。"

周总理还说："需要的话，我去北戴河看一看林彪同志。"

周总理提出要去北戴河，这一下子叶群警觉了，她慌了。周总理要是一来，林彪南逃广州，另立中央政府的阴谋也就破产了。叶群劝周总理不要到北戴河来，她说："你到北戴河来，林彪就紧张，更不安。总之，总理不要来。"

这时，周总理在人民大会堂，我在中南海南楼，都忙得不可开交。周总理派李德生到空军司令部作战值班室去协助他临时负责指挥，还派杨德中陪吴法宪去了西郊机场。

林彪听了叶群的汇报，得知周总理要来北戴河。他说："我也不休息了，今晚反正睡不着觉了。你们赶快准备东西，我们马上走。"此时，叶群更加惊慌，也说："越快越好。"

这样的命令一下，62号楼的人就忙开了，但是他们都不知道为什么要走得这样快。林彪的汽车立刻被调到了他的住房门口。林彪快要上车时，叶群派人找过林立衡。

林立衡自从报告了林彪要去外地的情况后已经不敢再回去了。这时，二大队执勤的哨兵也向大队部报告，说林彪住地很乱，搬东西的人来来往往。

林彪和叶群、林立果先后上了汽车。林彪问林立果和警卫秘书："去伊尔库茨克要飞多少时间？"

林立果说："很快就到。"

林彪问完后，汽车就开动了。林彪的警卫秘书坐在前座上，后边是林彪、叶群、林立果等人。汽车冲过岗哨时，哨兵拦阻，叶群命令司机冲过去。警卫秘书突然改变主意，叫一声"停车"，司机没有听，只是将车速稍微慢了一下，警卫秘书就打开车门跳下车。汽车里有人向他开了枪。张宏、姜作寿等看到这些，坐车追了上去。

林彪的红旗牌轿车时速开到100公里左右，张宏他们乘坐的吉普车根本追不上，等追到山海关机场的时候，林彪已经上了飞机，由于紧张和慌乱，林彪的帽子和叶群的围巾都掉在地上。飞机还未加完油就起飞了，专机的两个驾驶员，只上去一个，领航员、通讯报务员都没有来得及登上飞机。

张宏他们在机场上把林立果找对象选来的几个“美女”拘留了。这些“美女”当时都领了枪，她们拿着枪不让我们警卫战士进屋。张宏对她们说：“你们这是干什么！我们是保卫林副主席的，你们怎么这个样子！”警卫战士一进去就把她们的枪缴了。

13日零点32分左右，我接到张宏从山海关机场打来的电话，说林彪等强行登上飞机，已经起飞了。

与此同时，林立衡也打电话对我说：“听到飞机响了，好像是上天了。”

我对她说：“你报告得迟了一点。”

她对我说：“刚听到飞机声。”

我对她说：“我现在没有时间接你的电话。”就把电话挂了。

我立即打电话给周总理，说：“毛主席还不知道这件事，您从人民大会堂到毛主席那里，我从中南海南楼到毛主席那里，我们在主席那里碰头。”我叫张耀祠同我一起去，我说：“你要去主席那里守电话。”我们和周总理几乎是同时到了毛主席那里。

我们正向毛主席汇报时，吴法宪从西郊机场打电话找我，说林彪的专机已经起飞30多分钟了，飞机在向北飞行，即将从张家口一带飞出河北，进入内蒙古。吴法宪请示，要不要派歼击机拦截？我说：“我立即去请示毛主席，你不要离开。”

当时，毛主席的房子里没有电话，电话在办公室里，离我们向毛主席作汇报的房间还有几十米远。我马上跑步回去，报告毛主席和周总理。毛主席说：“林彪还是我们党中央的副主席呀。天要下雨，娘要嫁人，不要阻拦，让他飞吧。”周总理同意毛主席的意见，让我马上去传达给吴法宪，我又跑回值班室，只告诉了吴法宪一句话，就是不要派飞机阻拦，没有告诉他其他内容。

这时是9月13日凌晨1点12分。林彪专机从起飞时算起，已经飞了40分钟，快要飞出国境了。把这架专机放过去，这是毛主席、周总理的意见。这个意见是对的。要是把这架专机拦截下来，那可不得了！会在全国造成不好的影响。林彪是党的副主席，我们当时并不知道他要飞到哪里去，做什么事，拦截专机，我们怎么向全国人民交代！后来才知道，当时的实际情况是林彪、叶群经过长期策划，认为只要毛主席健在，无论是威望，还是文武方面，他林彪都不是对手。所以林彪想出三个计策：上策是谋害毛主席，夺取党和国家最高领导权；中策是南逃广州，另立中央政府；下策是北飞叛逃国外。

9 月 13 日凌晨 3 点多，我们还没有离开毛主席住地，空军司令部又打来了电话，说调度室报告，北京沙河机场有一架直升机飞走了，机号是 3685，机上有周宇驰、于新野、李伟信和正副驾驶员共 5 人，直升机向北飞行。我马上将这个情况报告毛主席和周总理，毛主席和周总理异口同声地说："下命令，要空军派飞机拦截。"空军的歼击机升空以后，由于天空很黑，直升机又没有开航行灯，歼击机没有找到目标。

驾驶直升机的飞行员是陈修文。这个同志很好，后来被追认为烈士，他当时装着很焦急的样子，喊叫说没有油了，要降落下去加油。其实油是够的。周宇驰说不能降落，降落下去，大家就都别想活了。周宇驰还谎称，林副主席已经坐"三叉戟"专机在乌兰巴托降落了，你们不要害怕，出了国境就行。

陈修文听周宇驰这样一讲，便操纵飞机摇晃了一下，然后利用飞机晃动的机会改变了航向。这时，天已经发亮，陈修文看到头顶上的歼击机了。周宇驰他们也看到了，很紧张，陈修文这时开始往回飞，并将罗盘破坏了。周宇驰发现后，问陈修文为什么改变飞机的航向。陈修文说，头上有歼击机，如果不机动飞行的话，可能要被打下来。周宇驰又问陈修文，罗盘怎么不对。陈修文说罗盘早就出了故障。这样一来，周宇驰只能感觉航向有变化，而不知道飞机往哪里飞。陈修文知道方向，他驾驶飞机经张家口、宣化等地又飞回北京。直升机在怀柔沙峪的一个空地上空盘旋了 5 圈后，开始降落。当直升机降落在离地还有 20 米时，周宇驰开了两枪，把陈修文打死了。陈修文旁边的副驾驶员陈士印，将陈修文身上流出来的血抹在自己的脸上，躺在飞机上装死，否则他也被害了。

周宇驰、于新野、李伟信从直升机上爬下来后，就往山上跑，一直跑到累得跑不动时才停下来。周宇驰说："这样不行，早晚都是死，跑是跑不了的，咱们今天就死在这里吧。"他还说："有两种死法，第一种是如果你们怕死，我就先把你们打死，然后我再自杀；第二种是如果你们不怕死，那就自己死。"说完这些话，周宇驰就把带在他身上的林彪的手令和林彪给黄永胜的亲笔信撕了。这两个被撕的罪证，后来都找到了。

于新野说："我们还是自己死，不用你打，你喊一、二、三，我们同时开枪。"当周宇驰喊过"一、二、三"后就听"砰！砰！砰！"三声枪响，可是倒下的只有两个人。李伟信怕死，他把枪弹射向了天空。看到周宇驰和于新野两个人都躺在地上死了，李伟信爬起来就跑。这时，民兵已经赶到，就地把李伟信抓起来了。当时，李伟信还喊：我要找卫戍司令。

9 月 14 日上午 8 时 30 分，蒙古人民共和国外交部打电话通知中国驻蒙古大使馆，说副外长额尔敦比列格约见中国驻蒙古大使，要通报一架中国喷气式飞机在蒙古失事的情况。中午 12 时 20 分，中国驻蒙古大使将飞机失事的情况报告中国外交部。外交部在代外长姬鹏飞主持下召开了党组会，并将这个情况很快报告给党中央。当时，我们都在人民大会堂东大厅开会，是中央办公厅副主任王良恩接到的报告。

周总理看到报告后，在会场上对我说："得到了一个重要消息，你是不是马上去报告毛主席？"

我说："我马上就回去报告毛主席。"随后，我就把这个消息报告了毛主席。

毛主席想了一下，问我："这个消息可靠不可靠？为什么一定要在空地坠下来？是不是没有油了？还是把飞机看错了？"

我说："飞机到底是什么情况，现在不清楚，大使准备去实地勘察。目前还不知道飞机是什么原因坠落下来的。"

毛主席又问我："飞机上有没有活着的人？"

我说："这些情况都不清楚，还要待报。"

这个消息虽然很不具体，但它却使毛主席、周总理和参加会议的中央政治局大多数同志心里的石头落了地。

我国驻蒙古大使后来到飞机失事的现场去了解了情况，飞机坠毁在蒙古温都尔汗附近肯特省贝尔赫矿区南 10 公里处，是中国民航 256 号"三叉戟"飞机，机上 8 男 1 女，全部死亡。关于飞机坠毁的情况和外交部交涉的情况，大使和经办的外交官已都有文章发表，是可靠的。

不久，我们把降落在怀柔的直升机上缴获的林彪的一些文件，如林彪的手令、给黄永胜的信等调出来看时，在场的黄永胜、吴法宪、李作鹏、邱会作等都惊呆了。

林彪叛逃后，就如何处理同林彪有密切关系的黄永胜、吴法宪、李作鹏、邱会作等人的问题，毛主席对周恩来说："看他们十天，叫他们坦白交代，争取从宽处理。老同志，允许犯错误，允许改正错误，交代好了就行。"

但是，黄永胜这些人，在十天中既不揭发林彪的罪行，又不交代自己的问题，什么都不坦白。十天后，毛主席把我找到他的住处说："黄永胜他们怎么处理了？你去问一问总理。"

于是，我马上赶到人民大会堂新疆厅向周总理汇报，说毛主席催问对黄永胜等人的处理情况。

周总理让我等一下，待他接见完外宾后，同他一起乘车去见毛主席。当我同周总理到达中南海毛主席住所后，周总理向毛主席报告说，他们在拼命烧材料。

毛主席说："是啊，那是在毁灭证据嘛。这些人在活动，是要顽抗到底了！"

周总理对毛主席说："我马上办，今天晚上办不成，明天早上一定办成。"

周总理和我从毛主席那里出来后，周总理对我说："你不能离开中南海，要严加保卫毛主席的安全。我们有事时可以找张耀祠、杨德中，必要时找你。"我当时向周总理建议不要在集体开会时解决，要分开来，一个人、一个人地办。

后来是在人民大会堂福建厅向黄永胜等人宣布中央对他们实行隔离审查的决定的。当时，怕他们反抗，把福建厅的烟缸、茶杯都端走了。周总理对他们宣布说："限你们十天坦白交代，争取从宽处理，你们不听。这个事还小呀？还有什么事比这个事更大！你们对党对人民是犯了罪的。现在宣布对你们实行隔离审查。"

一场阴险狠毒的反革命政变就这样被彻底粉碎了。人民终于将这伙野心家、阴谋家押上了审判台，永远钉在历史的耻辱柱上。

中共中央在 1981 年所作的《关于建国以来党的若干历史问题的决议》中指出："一九七〇年至一九七一年间发生了林彪反革命集团阴谋夺取最高权力，策动反革命武装政变的事件。""毛泽东、周恩来同志机智地粉碎了这次叛变。"历史的事实确实是这样的。

毛主席在与林彪反革命集团的斗争中，以他异常丰富的斗争经验，成功地识破、挫败了林彪集团在庐山九届二中全会上阴谋夺取最高权力的宗派活动。此后，他采取了一系列措施，逐步削弱了林彪集团的势力。1971 年南方视察期间，毛主席又以其伟大的政治家、战略家的胆识，成功地挫败了林彪反革命集团策划的暗杀、分裂等一系列阴谋，在与林彪反革命集团策动的反革命武装政变与分裂活动的殊死搏斗中，夺取了全面胜利。中国共产党没有被分裂，中华人民共和国没有被分裂，中国的历史避免了一次大倒退。

我所知道的“乒乓外交”

赵正洪

人的一生中，能直接参与重大历史事件的机会是很少的，能直接参与世界重大历史事件的机会更是微乎其微。正因为是这样，所以到了晚年，“如烟往事俱忘却”的时候，这些重大事件反而更加凸显出来。我亲身经历的“乒乓外交”就是当年轰动世界的一件重大历史事件。作为这件事的直接参与者，我看了一些有关此事的文章，总感到有不尽完善和与历史有出入之处。为此，我今天尽自己所能，将当年的历史事件如实写出，供人评说。

战前受命

1970 年，当时的国家体委军管会召集会议，研究我国是否派队参加第 31 届世界乒乓球锦标赛的问题。“文革”中，我国的乒乓球队伍受到很大摧残。第一个世界冠军容国团、主教练傅其芳被迫害致死，训练全部停止，体委机关内也是派性甚浓，再加上我国已有两届未参加世界乒乓球锦标赛，因此是否参加第 31 届世界乒乓球锦标赛的确不好下决心。

在这次会上，当时的军管会负责同志说：“明年是举行第 31 届乒乓球赛的一年。世界舆论认为中国队应该参加，要是没有中国队参赛，就不能称为世界性的比赛。因为中国乒乓球队水平高，参加比赛才能反映当今世界乒乓球运动的技术水平。”经过研究，军管会议决定，向中央写报告，请示毛主席、周总理批准派队参赛。

随后，外界的推动力越来越大了。1971 年 1 月 25 日下午，日本乒乓球协会会长后藤钾二先生一行 4 人来到北京，邀请中国派乒乓球代表团参加第 31 届世界乒乓球锦标赛。后藤先生认为没有高水平的中国队参加，就不能算“世界级”比赛，当晚就向我有关方面递交了一份会谈纪要。中日双方的会谈是在周总理亲自关怀下进行的，因而比较顺利，几个技术性问题很快解决了。1971 年 2 月 1 日，中日双方在北京签署了会议纪要。但是最后中国队是否参赛，仍有待中央拍板。

当时距比赛日期 3 月 28 日不到两个月，距参赛报名截止日期只剩下 10 天了。时间紧迫，参赛准备工作必须加速进行。军管会要我负责乒乓球队的训练工作。当时我刚刚被解除“群众专政”不久，才恢复工作。因此接受这项工作后，我基本上泡在乒乓球训练馆。运动队多年没训练了，抓起来有些吃力。但运动员、教练员热情很高，练习很刻苦。有时军管会研究参赛的政治问题也通知我参加。

有一次周总理接见军管会领导，讨论第 31 届世界乒乓球锦标赛的问题，把我也找去了。周总理主要是了解军管会的意见和参赛准备情况。他在会议结束时要求把详细情况准备一个方案，然后上报。

散会后，我趁机找到周总理，提出了想回部队工作的要求。因为“文革”中我虽然在体委被批斗、关押，但我还一直保留着军籍，现在被“解放”了，我想回到部队去。周总理听完了我的话后，对我说：“第 31 届世界乒乓球锦标赛，我国要参加的话，准备由你率队去日本。这种情况下你怎么能回部队呢？这是一项重要任务，‘文革’以来第一次派队出国比赛，你可不能三心二意啊！要集中力量，抓好训练，做好思想工作，技术上要抓紧训练。”总理的一番话使我深受感动。“文革”前，乒乓球队就经常受到周总理的关怀。几次参赛回来，周总理总要设家宴招待参赛队员、教练员和团长、领队、体委副主任。总理每次都风趣地事先打招呼：“我请你们到我家吃饭，钱我出，但要自带粮票。”席间总理和大家谈笑风生。有时周总理还拉上我这个技术不怎么样的人一起打一盘乒乓球。

“我队应去”

向周总理汇报后，军管会根据总理接见时的指示精神，组成了出席第 31 届世界乒乓球锦标赛的中国代表团。经上级批准，代表团领导班子由我、符志行、鲁挺、王晓云和宋中组成。我任团长，符志行、鲁挺、王晓云任副团长，宋中代乒协主席。符志行实际上是代表团政委。我仍分工抓训练。经过一段突击训练，运动员基本恢复了原来的技术水平。当时我国年青一代选手中有几名后起之秀，外国人不摸底。这也是我们的优势。

但是，当时国际形势风云变幻。中苏对峙，苏联大兵压境。美国虽然开始与我国进行某种接触，但中美关系在当时仍是严峻的。中日并无外交关系。我国参赛的消息传出后，蒋介石集团的特务、日本右翼势力纷纷活动。在这样的国际形势下，国家体委领导班子对是否派队参加又有些犹豫。3 月 14 日晚，召开了有体委领导、代表团成员参加的会议，研究去不去的问题。我也参加了会议。会上展开了争论，基本上分成两种意见。一种认为，我们应该去。理由是我们已经报了名，如果不去，有损我国信誉；另一种意见是，在国际上有几股敌对势力千方百计想破坏我队参赛，我队不应该去。有的同志说："我国乒乓球队在世界上很有名望。我们花那么大本钱培养出的这支队伍，把家底都端出去如果出了问题，那损失可太大了。"会上不同意去的占多数。我虽然认为我队应该去，但自己刚出来工作，无职无权不宜表态。

大家讨论完，已经是下半夜了。周总理打电话要听汇报。韩念龙、王新亭、刘春、曹诚、宋中和我去向周总理汇报。周总理听完汇报，沉思片刻说："不去怎么能行？我们怎么能不守信用呢？"他耐心地阐明了我队要去的理由，最后果断地说："我们信守诺言，参加第 31 届世界乒乓球锦标赛。"总理边说边抽出铅笔亲自给毛主席写报告。写完后马上由秘书送给毛主席。当天早上，毛主席批示传到体委。毛主席批示："照办。"还批道："我队应去"，"要一不怕苦，二不怕死"。至此尘埃落定，我队决定出征日本。

出征之前

毛主席的批示下来后，准备工作更加紧张地进行了。由于是停赛多年后第一次参赛，不少同志心情紧张。我也是如此。当时军管会的一些同志对我说："七个冠军都要拿回来，一个也不能丢！"有的甚至说："这次比赛一定要打好，打不好，不仅是个检讨的问题。"有的老同志和我开玩笑说："老赵啊，这可是'文化大革命'以来第一次出去啊，要不拿几个冠军回来，你就在飞机上跳海吧，别回来了。"虽然是玩笑话，但压力之大，可想而知。当时周总理常强调，体育比赛中要"友谊第一，比赛第二"，有关领导却强调"七个冠军都要"。当时我队虽然经过训练，水平有所恢复，但如何强调把友谊和拿冠军的关系处理好，我心中没底。为了不辜负毛主席、党中央的希望，不辜负周总理的信任，我决心扎扎实实做好工作。

我认为千条万条，抓好运动员的工作是基础。我先后找了教练员徐寅生，运动员庄则栋、李景光、梁戈亮、郑敏之、林慧卿等个别谈心、摸底。庄则栋说：“拼，没事。”李富荣说：“这次比赛男女各拿一两个冠军问题不大，都拿不可能。”一些新队员表示：“我们没有参加国际比赛的经验，但我们拼命去干。”运动员斗志高昂，刻苦准备，我心里感到踏实了些。

代表团党委开展了强有力的思想工作。主要是针对严峻的国际形势和比赛中可能遇上的情况，加强教育。要求大家在国际斗争中既要站稳无产阶级立场，又要贯彻“友谊第一，比赛第二”的方针，广交朋友，扩大影响。新运动员则加强心理素质训练。在技术上组织教练员、运动员逐一检查，针对弱点加强训练，研究制服主要对手的方法和策略。全体队员决心争取胜利。我也增强了信心。

3月16日晚9点30分，周总理接见即将在第二天启程的全体中国乒乓球代表团成员，包括运动员、教练员、工作人员和代表团领导共60余人。

周总理首先强调了参加第31届世界乒乓球锦标赛的重要意义，同时对参赛的政治、技术情况及有利条件讲得一清二楚。总理把大道理讲得通俗易懂，对乒乓技术也讲到了点子上。他很懂乒乓球。最后，他又再三强调了“友谊第一，比赛第二”的方针。我们原打算由庄则栋代表全团同志讲话，庄则栋也作了准备。但当庄则栋要讲的时候，周总理制止他说：“让赵团长讲。”我说：“坚决按照毛主席的教导、周总理的指示办，组织好参赛。贯彻‘友谊第一，比赛第二’的方针，广交朋友，提高警惕，保证安全，力争政治、技术双丰收，为国争光。请总理并转告毛主席他老人家放心。”我讲完后，总理点了点头。

接见结束时，大家都走了之后，周总理又对我说：“这次参加31届世界乒乓球锦标赛，是‘文革’中第一次派运动队出去参加世界比赛，它的意义是很大的，责任重大，情况极端复杂。你是打仗出身的，也可以说是身经百战的人。西路军打得很残酷，你跟李先念同志打到新疆，是很艰难、很不容易的。这次去，与真枪实弹面对敌人打仗是大不一样的，这是一场特殊的战斗。你要很深刻地理解主席的指示。”我向总理保证，主席的指示，已经字字句句记在心中，“一不怕苦，二不怕死，坚决完成任务”。总理说：“好！这是主席批给我的，你不仅要记住，还要认真贯彻主席的指示和中央的方针。在复杂的情况下，遇事要十分慎重，要多与党委同志们研究。要提高警惕，保证大家的安全。”我表示一定要按总理的指示办，坚决执行主席和总理的命令。总理紧紧地握了我的手，我更加感到肩上的担子沉重。

初到日本

总理接见后第二天，代表团乘飞机到广州，再由广州乘火车抵达香港。为了保证代表团全体同志的安全，到香港时没有住旅馆，全团住进了新华社香港分社办公室。

在香港等飞机时，周总理非常关心运动员的健康，派专人给我们送来了当时国内很紧张的球蛋白针剂。总理在电话中亲自对我交代："球蛋白是预防感冒的，你要亲自过问这项工作，让每个人都打一针。代表团全体同志都要打，特别是运动员一定要打。你要一个人一个人落实。"周总理还让人送来一份纪念巴黎公社100周年的纪念文章，让我们组织学习。

为了代表团的安全，周总理亲自安排代表团搭乘两架联邦德国航空公司的飞机前往日本。联邦德国那家航空公司的总经理为了表示重视，亲自乘坐我所乘的那架飞机一同前往。另一架飞机也有联邦德国那家航空公司的高级经理人员陪乘。

3月21日，飞机准时从香港起飞。飞机飞临台湾上空时，联邦德国那位总经理向我介绍："下面是台湾海峡。"我特别向下看了看，想到当年在空军率部队到福建参战，把蒋介石的飞机赶出福建省上空，不禁感慨万千；又想到眼下这场国际舞台上的斗争，想到周总理的关怀、指示，更加感到任务的艰巨。

两个多小时后，飞机到达日本上空。先到的一架飞机在空中逗留，等我们的飞机先着陆。飞机停稳后，我从飞机的窗口往下一看，羽田机场停机坪到处是人。我们还未下飞机，日本方面几位负责接待的人上来接我们。日本警察也登机了，对我表示要尽力保护代表团的安全。刚下飞机，记者和来欢迎的人就围得水泄不通。我被人群前呼后拥地推上了汽车，连我们自己的记者都来不及拍照了。机场戒备森严，警察出动了三四千人。机场人群中有拿五星红旗的，也有手持国民党旗的。

乘车去住处的沿途，道路两边到处是欢迎代表团的人群，有人举着五星红旗，喊着欢迎代表团的口号。当然也有少数人拿着青天白日旗，拿着扩音器吱啦吱啦到处乱窜。这也早在我们的意料之中。

日本警察还是很负责任的。代表团统一住在东京一家大旅馆，日方到处都派有警察站岗。爱国华侨也自发地组织起来，在旅馆轮流站岗。我在日本期间有8个人形影不离地跟着：4位日本警察，4位华侨。气氛相当紧张。

到东京第二天，我们代表团就到一所学校开始训练，后来和日本学生一起训练，随便参观。这一下轰动了。东京各报纷纷发表文章说："中国变了。其他国家训练时保密，不允许别人看，而中国队却是公开训练，不论是运动员、学生、市民都可以看。"还赞扬我们："中国乒乓球代表团的友好态度，出乎预料。"公开训练扩大了我国与日本广大人民群众的接触，广泛影响了日本各界人士，各国记者也广为报道，扩大了我国民间体育外交的影响面。

在名古屋

代表团在东京短暂停留后，移师名古屋，包下了一家滕久观光旅馆。爱知县警察总部布置了大批警察，日本警视厅特地派专员到名古屋坐镇指挥。就是这样，每天仍有七八起国民党的特务和反动分子到中国代表团住处游行、骂街、烧毛主席像、烧中国国旗。他们一来，我们就向日方提出抗议。当局就派警察驱赶。有时还有坏人趁我们到训练和比赛场时，向我们扔只燃烧不爆炸的火药包。我们有充分的思想准备，有强大的祖国做后盾，根本不怕这些人捣乱，照样去训练，去接触群众。但是为了完成周总理交给我的任务，我的工作是十分紧张的。除了和运动员一起去训练、比赛场地外，在旅馆时就让翻译给我读当天的各种报纸，注意分析日本各界舆论。当时日本新闻界和有关方面拼命挖新闻，有时到了很让人担心的程度。甚至有时代表团领导人之间的开会谈话，第二天就见报了！

代表团领导人根据总理“友谊第一”的指示，开展了体育外交活动。在东京我先后会见了中岛健藏先生、后藤钾二先生、西原寺公一先生，王晓云会见日本朋友就更多了。我们参观了名古屋的大学和丰田汽车厂。所到之处，我们感到日本人民对中国人民是很友好的。日本各界有识之士对代表团的生活、安全都花了很多的心血。名古屋电视台请我和庄则栋由后藤先生陪同到电视台，向日本人民讲话。我们还拜访了朝鲜侨民协会会长，大家一起开了联欢会，共唱《金日成之歌》，朝鲜民主主义人民共和国乒乓球代表团也参加了，气氛颇为热烈。

正式比赛开始了。我每天在看台上观战，有时下来到比赛休息厅和运动员们谈谈，鼓鼓劲。在团体比赛中，气氛很紧张，我的心都快提到了嗓子眼儿，双手握拳，手心都湿了，比过去打仗还紧张。如果那时有心脏病，早就发作了。尤其在当时那种政治气氛下，刚出来工作的我，心理压力实在是大！为了保证运动员的安全，每次带队外出，我都等在车门口，运动员上齐后，我才上车。为此有些日方官员好心地向我提出劝告，怕我这个团长遭到枪击不好交代。可为了运动员的安全，我仍坚持这样做。

我队在男子团体比赛中夺得了冠军。新秀梁戈亮发挥了很好的作用，大家都很高兴。接着是女子团体决赛，我队由林慧卿、郑敏之参加与日本队的决赛。结果我队输给了日本队。下场后，林、郑失声痛哭，气得连饭都不想吃。我就对她们说：“胜败是兵家常事嘛！我看你们本领就是比日本队员强，谁个不说中国这对横拍女将技术高强、本领好。这次就是输了几个球嘛！是偶然的失手嘛，还有两场比赛，把女单、女双都夺过来，依我看你们完全有这个本领。我过去打仗，一次仗没打好，也很生气，下决心第二仗一定要打好。你们痛哭流涕，不想吃饭，这种心情我很理解、很同情。你们再比赛，我在台上用心给你们使劲。打球我不会，也上不了台。打仗我保险要冲在你们前面。打球我是无能的人，全看你们的了。”

女子单打、双打，中国队双双夺魁，她们高兴得哭起来了。我就跟她们开玩笑：“我是孔明，估计正确吧。我给你们编个顺口溜：林郑输也哭，赢也哭，林郑的眼泪是珍珠，先流的是银珍珠，后流的是黄珍珠。”她们又打又闹，非常高兴。经过全体运动员的努力，又夺得男女混合双打冠军，我才松了一口气。但另有一件事让我紧张起来了。

“乒乓外交”

有一天，我队从比赛馆乘汽车回旅馆。开车之前，一个长头发的美国运动员科恩向大轿车连连招手，跳上车时，他才发现上错了车。大轿车内的中国运动员倒都认出他是美国运动员科恩。庄则栋这时站在科恩身边。他亲切地对科恩说：“我们中国人民和美国人民一直是友好的，今天你到我们车上，我们大家都很高兴。我代表同行的中国运动员欢迎你上车。为了表达这种感情，我送给你一件礼物。”出访前，曾有过规定：不和美国队员手拉手；不与美国人主动交谈；比赛场上不与美国队交换国旗。看到庄则栋这些举动，我心里颇为紧张，拉了他一下。庄则栋笑着对我说：“你当团长顾虑多，我是运动员没关系，你放心吧。”庄则栋送给科恩一幅杭州织锦，织锦上是黄山风景画。科恩非常高兴地说：“你们邀请了好多国家运动员访问中国，我们美国运动员能不能去?”这一消息在当地马上传开了。有的记者问科恩是否愿意访华，科恩回答得很干脆：“中国人非常好，我当然想去。”

团体赛结束后，组织观光，中国运动员又一次与美国运动员有所接触。他们问：“听说你们邀请了加拿大和英国乒乓球队去你们国家访问，是真的吗?”我们说：“有此事。”他们又问：“什么时候能轮到我们美国队去呢?”我们当时不好回答，只是一笑了之。

实际上在科恩与庄则栋接触后，我们就及时报告了北京。北京第二天回答：“告诉美国朋友，将来访华总是有机会的。”美国队再度提出访华后，我们又打电话请示北京，答复还是那句话。当时代表团天天与北京通话两次。毛主席看到有关中美队员接触的简报后，提出一天要通话 4 次。代表团由外交部一个同志专门负责此事，在北京外交部也有专人负责，双方听到熟悉的声音后才通报情况。北京几次回电都是那句话。我们就根据北京的指示，把这个意思向日本朋友和有关方面发布了。后藤钾二先生多次询问，我们也以此相告。

4月7日上午，中国乒乓球代表团在滕久观光旅馆的花园里举行游园会，当我们兴致勃勃地跟亚非拉各国运动员、教练员和领队在欢乐的乐曲声中互相交谈、唱歌、跳舞时，一位工作人员匆匆走到我跟前，急促地说：“赵团长，北京来电话，叫你立即回房去。”我回到房间后，工作人员把电话记录本递给我，电话记录上写着：“关于美国乒乓球队要求访华一事，考虑到该队已多次提出要求，表现热情友好，现在决定同意邀请美国乒乓球队包括负责人在内来我国访问。可在香港办理入境手续，旅费不足可补助。请将办理情况、该队来华人数、动身时间等情况及时报回。”看完电话记录后，我既高兴又紧张，马上派人把宋中叫回。宋中看了电话记录后，我马上叫他去找美国乒乓球队，向他们正式发出邀请。当时比赛已结束，去晚了可能美国队就回国了。与此同时又派人去请日本文化交流协会的村冈久平先生来，请他把邀请美国队访华一事迅速转告后藤钾二先生。由于事情突然，我们来不及事先和后藤先生打招呼，请村冈久平向后藤先生转达我们的歉意。

安排完毕后，由我向外界宣布，以代表团团长的身份，邀请美国队访华。这一下轰动了，记者里三层外三层，纷纷询问我是不是真的发出邀请了。其中日本记者最多。我一再回答：“我们确实发出邀请了。”

村冈久平乘车到后藤钾二先生家中时，很多记者正围着后藤先生问：“据美国代表团的消息，中国代表团已邀请美国代表团访问中国，是否有此事？”后藤先生再三说：“没有这回事。中国代表团不会邀请美国代表团访华的。”正在大家扯着嗓子大喊大叫时，村冈久平到了后藤面前，对他说：“中国代表团赵团长要我转告您，他们刚刚向美国代表团发出邀请，请他们去中国……”没等村冈说完，后藤大发脾气：“这么大的事也不打个招呼，太不够朋友了！我刚刚答复了新闻界，中国决不会邀请美国队访问中国。这下子让我说什么好呢？”村冈说：“赵团长说事情突然决定了，来不及先通报，请您原谅。”过了一会儿，后藤亲自找到我们，问是怎么回事。我就把详情对他做了说明。这样他的气也消了。

宋中和翻译王家栋找到美国乒乓球队负责人哈里森和斯廷霍文，对他们说：“中国乒乓球代表团正式邀请美国乒乓球队访问中国。”哈里森感到很突然，一时不知如何回答。他平静下来后，连连说：“真没想到，但这是件好事，非常感谢你们的邀请。”美国队经过请示国内，接受了邀请。美国队负责人哈里森办完了访问中国的一切手续之后，我们代表团也离开了名古屋，访问了大阪、神户、福冈、札晃等地。所到之处受到当地政府周到的接待，日本人民对我们很友好。

在此期间，日本各大报连篇累牍地报道了“乒乓外交”这一戏剧性事件，都登在头版头条，叫作“小球推动了地球”。

返国途中

4月28日，代表团在东京乘飞机回国。飞行途中，我反复考虑，毛主席、周总理交给的任务是否完成了，有没有辜负毛主席、周总理的重托。这次比赛，中国队拿了四项第一（男子团体、女子单打、女子双打、男女混合双打）也算不错了。更重要的是，通过运动员之间的交往，邀请美国乒乓球队访华，使中美关系产生了引人注目的变化。在比赛中，我们还与亚非拉许多国家的运动员、教练员交了朋友。党中央、毛主席、周总理的指示我都执行了，自己觉得很高兴，不由得在飞机上哼起了我最喜欢唱的歌曲：八月桂花遍地开，鲜红的旗帜竖呀竖起来；张灯又结彩呀，张灯又结彩呀……唱一曲《国际歌》庆祝苏维埃（这首歌是1931年在江西成立苏维埃时唱的）。战争年代，打了胜仗，我总要叫警卫员买只鸡，叫几个战友吃一吃、唱一唱。

下午，飞机到达香港。新华社香港分社社长梁灵光、祁峰和香港知名人士霍英东、费彝民等都到机场来欢迎我们。出机场后，又遇上了成千自发地来欢迎我们的香港同胞。他们和运动员们又握手又拥抱，唱歌、高呼口号，情景感人。

代表团在香港住了5天，新华社梁社长、祁社长及香港知名人士霍英东等分别为代表团举行了盛大的欢迎宴会。白天，代表团中的运动员分别到工厂、学校为工人、学生做乒乓球表演。九龙有关方面为了应广大群众观看乒乓球表演的要求，专门修了一个能坐2 000人的大棚子。观看比赛的群众情绪高涨，气氛热烈。

代表团离开香港时，成千上万的同胞夹道欢送代表团，争先恐后地与代表团成员握手、拥抱。更为感人的是有300多名同胞陪代表团一起乘火车到深圳。我们要分开时，难分难舍，热泪滚滚。

代表团到广州时，广东省的党政军领导到车站热烈欢迎。他们纷纷说：“代表团取得了政治、技术双丰收胜利。”此时我的心情用我在香港写的一首诗来表达，是最恰当不过的了：

终出牛棚心不静，蹉跎岁月愤难平。
总理给我交重任，率领球队到东瀛。
乒乓外交举世惊，赛场内外传友情。
发出小球转地球，中美关系化坚冰。

哪知回国后又遇上一个小小的波澜。

赛后余波

出国参赛前，有关领导对我队一旦与朝鲜民主主义人民共和国队相遇时的对策，从中朝友谊的大局出发，曾研究过一个意见。由于我当时刚刚工作，负责此事的同志并未告诉我，结果在比赛中，我队一个主力队员把朝鲜民主主义人民共和国队的一个主力队员淘汰了。在比赛前，我曾考虑过是否“让”一下，但有个同志说：“世界比赛哪有让他国之理。”我觉得也对，便未坚持。回国后总理问及此事，我主动承担了责任。后来总理了解到我确实不知道情况，气就不那么大了。但他又批评了我另一件事。比赛结束后，中日两队进行了一场友谊比赛，中日双方各派 4 名男运动员、4 名女运动员参加。教练问我如何打，我想反正是友谊比赛，就说：“八仙过海，各显神通。”结果把日本男女队员全打败了。在场的日本朋友都有点面子上下不来。回国后在人民大会堂，周总理批评我说：“已定下‘友谊第一，比赛第二’的方针，你为什么‘八仙过海’啊?”总理对李先念同志说：“赵正洪是你的老部下，是跟你过祁连山到新疆的老同志啦，你也批评批评他。”李先念同志说：“赵正洪啊赵正洪，你哪来那么多旧东西呢？什么八仙过海，各显神通！要好好认识错误。”

我检讨了自己没有贯彻执行总理关于“友谊第一，比赛第二”指示所犯锦标主义的错误。周总理接着严厉地批评了知道情况的有关方面负责人。他说要派人到朝鲜赔礼道歉，“负荆请罪”。

后来由我、韩念龙、宋中以及那位我国运动员一起到了朝鲜。我们受到朝鲜方面的热烈欢迎，住到平壤郊区的一个高级宾馆里。到后第三天，金日成主席接见了我们。首先是韩念龙同志把党中央、毛主席、周总理决定我们来朝鲜的意思报告了金日成主席，接着我国那位运动员表示了歉意。我马上接着说：“我是团长，没有贯彻执行毛主席和周总理的指示，这是我的错。”金日成主席马上插话：“你说得不对，你当团长，你们党和国家叫你带队出去比赛，光打败仗行吗？比赛都想战胜对方，这是人之常情嘛。就连老子和儿子下棋也是谁也不让谁嘛！在世界锦标赛上，哪有一个国家愿意输给另一个国家，没有这个道理嘛。在比赛的时候，你当运动员，谁让谁呀！我理解毛泽东同志、周恩来同志为中朝两党、两国友谊做出的努力。请转告他们，中朝两党、两国人民的友谊是用鲜血凝成的，是牢不可破的！”金日成主席的一番话反映出了一个无产阶级革命家的宽广胸怀。当天晚上，朝鲜外交部长举行了一个盛大的宴会欢送我们。我们圆满地完成了那次“负荆请罪”的外交使命。

事后想想，那次中国乒乓球队出师日本，绝不仅仅是与美国队开展了“乒乓外交”。实际上在当时那种历史条件下，毛主席、周总理之所以为全队定下了“友谊第一，比赛第二”的基调，就是以体育作为整个外交政策的突破口。我们在这次比赛中还拒绝与朗诺集团对垒，庄则栋对记者发表的不与朗诺集团队员比赛的声明，影响很大。这样的比赛的确要服从国际政治斗争的需要。我们在比赛中不仅仅对美国开展了“乒乓外交”，应当说中国队从出国比赛之日起，中国对世界的“乒乓外交”就开始了。重温这一段历史，对我们今天进行改革开放，也是有借鉴作用的。我相信，后来者在评价还将举行的一届又一届世界乒乓球锦标赛时，一定会特别关注第 31 届，因为那一次球桌上的“乒乓”声的确震动了世界。

基辛格秘密访华和尼克松访华公告的发表

黄 华

基辛格秘密访华前的国际形势

20 世纪 70 年代到来之前，中美关系开始酝酿重大的变化。这与当时国际局势的发展和变化有关。美国深陷侵越战争泥潭，在与苏联争霸中处于被动，对中国保持敌对状态。苏联争夺世界霸权的势头强劲，咄咄逼人，与中国关系恶劣，在中苏、中蒙边境陈兵百万。中苏边境多次发生苏方挑衅行动，1969 年 3 月中苏在珍宝岛发生了较为严重的一次军事冲突。

准备参加总统竞选的尼克松，早于 1967 年 10 月就在美国《外交季刊》发表《越南后的亚洲》一文，第一次提出不能永远与中共隔离的看法。在第二年的竞选中他又对记者说：我们绝不能忘记中国，必须经常寻求机会与它谈判，如同与苏联谈判一样。与此同时，中国领导人则在考虑如何改变两面受敌的局面。这年冬天，毛泽东主席饶有兴趣地看了美国总统竞选的材料和专家认为尼克松可能当选的分析，还看了尼克松写的《六次危机》一书。1969 年 1 月，尼克松就任美国总统，他认为在内政方面可做的事情不多，准备在对外政策上大显身手。他在总统就职演说中说："让所有的国家都知道，在本届政府任职期间，我们的通信联络线路将是畅通无阻的。"根据毛主席的意见，《人民日报》全文刊登了这篇演说。十天以后，尼克松指示他的国家安全事务助理基辛格，鼓励与中共改善关系。3 月，尼克松访问法国时对戴高乐表示，寻求与中国改善关系是美国政府的主要课题之一。7 月，美国放宽美国人来华旅行的限制。8 月，尼克松对巴基斯坦总统叶海亚・汗和罗马尼亚总统齐奥塞斯库表示，美国无视中国的政策是错误的，并通过两国建立了两条通向中国的传话渠道。美国国务卿罗杰斯也在澳大利亚说，竭诚欢迎与中共重开谈判。9 月 11 日，周恩来总理与苏联部长会议主席柯西金在北京首都机场会晤。尼克松马上命令基辛格给刚刚上任的美国驻波兰大使斯托塞尔接连发去三封电报，督促他赶快建立与中国大使的接触。这就有了 12 月美国大使在华沙一个时装展览会上追逐中国使馆翻译的趣事，导致美国大使到中国大使馆与中国代办会晤，然后恢复中断了两年多的中美大使级会谈。

就在珍宝岛事件发生的时候，毛主席指示，由陈毅、徐向前、聂荣臻、叶剑英四位元帅研究一下国际问题。他们先后提出了两份研究报告《对战争形势的初步估计》和《对目前局势的看法》，认为在中、美、苏大三角关系中，中苏矛盾大于中美矛盾，美苏矛盾大于中苏矛盾；在目前美、苏两国都急于打中国牌的情况下，中国处于战略主动地位。他们建议，恢复中美会谈，争取打开中美关系的僵持局面。11 月，周总理写信给毛主席说，尼克松的动向似宜注意。在恢复了的中美大使级会谈上，美方表示：无意参加反对中国的联盟，也不支持勃列日涅夫主义；愿意同中国讨论台湾问题和中美间的所有双边问题，并讨论一项联合宣言，肯定两国政府遵守和平共处五项原则；准备派代表到北京直接商谈，也愿在华盛顿接待中国代表。中方表示：台湾是中国领土，必须商定从台湾和台湾海峡撤走美国的一切武装力量，才能从根本上改善中美关系，并推动其他问题的解决；如果美方愿意派部长级代表或总统特使到北京商谈，中国政府愿予以接待。

1970 年 3 月，美国支持朗诺在柬埔寨发动政变，推翻西哈努克政府；5 月美军侵入柬埔寨，扩大在印度支那的侵略战争。中国政府谴责美军入侵柬埔寨，毛主席发表《全世界人民团结起来，打败美国侵略者及其一切走狗》的“五二声明”，中断中美大使级会谈。这是支持印支人民、全世界人民反对美国侵略的斗争，也是告诫尼克松政府，中国不会拿原则作交易。在此情况下，尼克松否定了内部的反对意见，坚持认为：改善美中关系不仅不会引起美苏对抗，反而会使苏联急于与美国妥协，同时也是美国调整亚太政策成功的关键。华沙会谈已不能适应当前需要，应采取高层会谈方式，绕过具体问题，先谋求美中和解。

1970 年 6 月，美军自柬埔寨撤出。7 月，中国提前释放因间谍罪在华服刑的美国主教华理柱；美国批准向中国出售柴油机。10 月 1 日，斯诺同毛泽东出现在天安门城楼上。几乎就在这个时期，尼克松对《时代》杂志记者说：“如果我在死以前有什么事情要做的话，那就是到中国去。如果我去不了，我要我的孩子们去。”11 月 10 日，巴基斯坦总统叶海亚・汗告诉周总理，尼克松准备派高级人员，甚至是基辛格与中国对话。中方传回给美方的答复是，如果尼克松总统真有解决台湾问题的愿望和办法，中国欢迎美国总统特使来北京商谈。不久，中方得到了美方的答复称，在北京举行高级会谈是有益的，不应限于台湾问题，应包括解决其他问题。罗马尼亚总统齐奥塞斯库也在为中美传话，尼克松更在 10 月 26 日欢迎齐奥塞斯库的宴会讲话中第一次有意和完整地使用了中华人民共和国的国名。

12 月 18 日，毛主席同斯诺谈话表示："如果尼克松总统愿意来，我愿意和他谈。当旅行者来谈也行，当总统来谈也行。"过了年，斯诺于 1971 年 2 月离开中国，在意大利和美国刊物上发表了毛主席的谈话。这篇文章在美国和国际上引起了巨大的反响。

1971 年 3 月底，在日本名古屋举行的第 31 届世界乒乓球锦标赛，中国和美国都派乒乓球队参加了。毛主席十分关注赛场内外事态的发展，要护士长给他细读《参考资料》的有关报道，要我乒乓球代表团增加每天向国内电话汇报的次数。恰好半个月前美国政府取消了持美国护照来华的限制，美国队员向中国队员表示了访华的愿望。毛主席明智地作出了邀请美国队访华的决断。

4 月，美国乒乓球队被邀访华，受到我方十分友好的接待。周总理对民间先于官方的安排很感满意，他还几次向美乒乓球队人员和美国记者强调，中国的大门是永远向美国人民敞开的。

基辛格的秘密访问

为了绝对保密，中美间的联络完全靠特别信使携带密件或口信的方式进行。经过中美双方几次特别信使的传话，尼克松决定委派基辛格秘密访华。

1971 年 5 月 29 日，毛主席决定，以周总理的名义向尼克松传口信，表示欢迎基辛格博士作为美方代表来华举行秘密的预备性会谈，为尼克松总统访问北京做准备工作。周总理在口信结尾表示："热烈期待基辛格博士在北京会晤。"基辛格原是德国犹太人，1938 年移居美国，1943 年入美国籍。战后他进哈佛大学，专攻国际问题，获博士学位，有一系列重要著作问世，成为国际战略问题的权威，是几届美国政府的外交或军事顾问。尼克松当了共和党候选人并被选为美国总统后，任命基辛格为国家安全事务助理，使他成为尼克松打破中美关系僵局的军师和特使。

基辛格对中国的访问是在高度保密的情况下进行的。虽然中美最高层已有重大的信息交流，尼克松和基辛格本人对这次访问还不是很有信心，把它当作一次必需的冒险来进行，于是以"波罗行动"为代号，像 700 年前意大利的马可·波罗那样冒一次险。6 月 30 日，白宫发言人齐格勒在新闻发布会上宣布，尼克松总统将派基辛格博士前往南越、泰国、印度、巴基斯坦进行为期十天的访问。7月1日，基辛格启程，两天后到达西贡，同南越总统和美国大使晤谈，众多记者紧盯着基辛格的一举一动，《纽约时报》、哥伦比亚广播公司报道了他的活动。第二天基辛格到了曼谷，记者不多，渲染也少些。6日基辛格抵新德里，反战示威者迫使他从边门溜出飞机场。8日基辛格抵巴基斯坦新首都伊斯兰堡，只有3个记者跟着，他很高兴。按既定日程，他需要在巴基斯坦停留48小时。他先去总统府拜会叶海亚·汗总统，在美国大使馆同大使共进午餐，然后出席叶海亚·汗总统特意为他举行的便宴。在宴会达到高潮时，基辛格突然手捧腹部，连叫难受。南亚地区那时流行德里痢疾，基辛格突然肚子疼是不会令人奇怪的。叶海亚·汗总统大声说，伊斯兰堡天气太热，会影响基辛格恢复健康，要他到伊斯兰堡北边群山中叶海亚·汗的别墅去休养。基辛格正在迟疑不决，叶海亚·汗总统坚决而恳切地说，在一个伊斯兰国家，要依主人而不是客人的意志作决定。基辛格手下的一位特工，马上派他的一个同事到那里去打前站，了解情况。宴会结束，基辛格正在宾馆休息，打前站的特工打电话回来说，那里的别墅不宜于居住。基辛格只好请巴方把那位倒霉的特工扣留在山中，因为这只是一出戏，基辛格并不是要去那里，而是要去中国。

第二天，7月9日伊斯兰堡的凌晨3时半，基辛格在宾馆起床，吃早饭，4时同他的随行人员乘巴基斯坦外交秘书苏尔坦·汗驾驶的军用汽车去机场，他戴上了一顶大檐帽和一副墨镜，以免偶然路过的行人把他认出来。在机场，基辛格一登上巴基斯坦航空公司的波音飞机，就看到从中国来迎接他的外交部美大司司长章文晋和其他中国官员。没想到的是，也在机场的一位巴基斯坦籍的伦敦《每日电讯报》记者认出了基辛格，问巴基斯坦官员基辛格要去哪里。巴基斯坦官员回答是基辛格要去中国。这位记者连忙回到办公室，向伦敦报社发了一条报告这一重要消息的急电，幸好伦敦的值班编辑“枪毙了”这条消息，骂这位记者准是喝醉了，基辛格怎么会去中国？真荒唐！

而在4 000公里以外的北京，我们认真地准备基辛格的秘密来访，也已经有些日子了。我在1971年初即已接到中央通知，到加拿大任大使，前站人员已于2月出发去渥太华。4月初，周总理通知我另有任务，暂推迟赴任时间，并向加方打招呼，取得谅解。5月下旬，在周总理主持下，中央政治局研究了中美会谈的方针。会后，周总理就此向毛主席写了报告，得到毛主席的批准。中央并决定为此项任务成立由周恩来、叶剑英和我组成的中央外事小组。有一天晚上，周总理带我去向毛主席汇报，在说到基辛格将在巴基斯坦山区失踪时。毛主席说：“黄华同志，你也失踪嘛！”这样，我这个已被北欧四国驻华大使设宴饯行的人就把自己关在钓鱼台国宾馆4号楼里一个多月，潜心为基辛格访华做准备。钓鱼台国宾馆有大大小小18幢花园洋楼。为接待基辛格博士一行，叶帅本想为贵宾选一幢大一点的楼，但是大的楼和中等的楼都让“中央文革小组”的人和陈永贵、吴桂贤占用了，只剩下4号和5号两幢小楼。5号楼作为客房，4号楼由工作班子使用。为此，叶帅很是生气。

当时，周总理为谈判成立了专门的班子：叶帅、我、章文晋、周总理特别助理熊向晖、礼宾司副司长王海容以及英文翻译冀朝铸、唐闻生等。这个班子仔细分析了国际形势和美国情况，反复讨论了会谈方案，对尼克松、基辛格的政治观点、个人历史、个性和特点都作了研究。周总理经常亲自主持讨论，他也看了尼克松的著作《六次危机》、尼克松在堪萨斯城刚发表的演说和尼克松喜欢的电影《巴顿将军》，读了基辛格的主要著作。外交部根据不卑不亢、以礼相待的精神，上报了接待基辛格来访的具体方案，并与有关单位配合做好一切安排。巴基斯坦叶海亚·汗总统对基辛格秘密访华事宜十分重视，对各个环节包括航行做了充分准备。7月6日中午，试航的巴基斯坦波音飞机抵达北京南苑军用机场，章文晋、熊向晖和王海容等人去机场迎接。8日清晨，巴基斯坦专机返航，章文晋、王海容、唐闻生和礼宾司接待处处长唐龙彬随机去巴基斯坦迎接基辛格一行。7月9日北京时间正午12时，基辛格等六人在章文晋一行的陪同下乘巴基斯坦专机抵达南苑军用机场，叶帅、我、熊向晖和外交部礼宾司司长韩叙到机场迎接。基辛格一行下榻于钓鱼台国宾馆5号楼。

1971年7月，正值“文革”的高潮时期，北京市内处处挂着革命和反帝标语。为了使基辛格的秘密访问不至泄露，经请示毛主席，决定一切标语保持原样。在从机场到钓鱼台的道路两边不时出现大幅标语，如“打倒美帝国主义和一切反动派”，由我陪车的美国负责东南亚事务的高级官员霍尔德里奇问我，路边标语写的是什么内容，我如实给他翻译，他感到很不自在。直到见到周总理，他的紧张感才得以消失。

周总理与基辛格的六次会谈

从7月9日下午至11日下午1时基辛格离开北京，周总理同他进行了六次会谈，地点在钓鱼台国宾馆5号楼或人民大会堂的福建厅。我方参加人员有：周总理、叶帅、我、章文晋、熊向晖和王海容。美方参加人员是：基辛格、霍尔德里奇、斯迈塞（负责印支事务的官员）和洛德（基辛格特别助理）。在场的还有中方的翻译、记录员。周总理按照中国尊重客人的习惯请基辛格先谈，基辛格便从公文包里拿出足有七厘米厚的文件夹，读起他同尼克松一起起草的一篇很长的讲稿。我们都耐心地听着。基辛格读完后，周总理说：交谈嘛，何必照着稿子念呢？基辛格说：我在哈佛教了那么多年书，还从未用过讲稿，最多拟个提纲。可这次不同，对周恩来总理我念稿子都跟不上，不念稿子就更跟不上了。基辛格的幽默把大家都逗笑了，会谈的气氛也轻松了许多。

基辛格一开头就说，尼克松总统仔细阅读了美国《生活》杂志刊载的毛主席与斯诺的谈话。尼克松总统有一个信念，强大的发展中的中华人民共和国对美国的任何根本利益都不构成威胁。在没有同你们讨论和没有考虑你们意见的情况下，美国不会采取涉及你们利益的任何重大步骤。周总理表示，欢迎尼克松总统来中国。中美两国人民是愿意友好的，邀请你们的乒乓球队访华就是证明。周总理着重谈了台湾问题，强调台湾是中国领土不可分割的一部分。1949 年，美国国务卿艾奇逊发表的中美关系白皮书承认，台湾问题是中国的内政，美国不干涉中国的内政。朝鲜战争爆发，美国把台湾包围起来，宣布台湾地位未定。这是关键。我们主张，美国的一切武装力量和军事设施应当限期从台湾撤走。“美蒋共同防御条约”是非法的，我们不予承认。

周总理说，尼克松总统给我们的口信是“要走向同中国和好”，这就应当使中美关系正常化，包括承认中华人民共和国是代表中国的唯一合法政府，台湾是属于中国的不可分割的一部分，而且在第二次世界大战后已归还了中国。基辛格说，美国不支持“两个中国”和“一中一台”，也不支持“台独”。如果没有朝鲜战争，台湾也许早已是中华人民共和国的一部分。目前美国在台湾的军事力量，有 2/3 与印支战争有关，美国已决定尽快结束印支战争，在本届政府任期内撤出 2/3驻台美军，随着中美关系的改善，再撤出其他部分。关于台湾的政治前途，美国保证不主张“两个中国”或“一中一台”，不鼓励、不支持“台独”运动，不再重复“台湾地位未定论”。关于正式承认中华人民共和国为中国的唯一合法政府这一政治问题，预计在尼克松政府下届任期的前半段可以解决。关于恢复中国在联合国席位问题，基辛格表示将放弃需要 2/3 多数票的重要问题提案，同意以简单多数票接纳中国，并同意中国取得安理会席位，但驱逐台湾问题美国仍坚持须经 2/3 多数通过。周总理发言反对此议，表示对进联合国的问题中国并不急，问题是美国将陷于矛盾和困难之中。

之后，基辛格提出，希望中方出于仁慈，提前释放仍在中国服刑的几名美国犯人。那时在中国服刑的美国犯人，既有朝鲜战争期间侵入我领空进行间谍活动的美国中央情报局特工唐尼和费克图，也有在越南战争期间侵入我领空的美军飞行员史密斯和费林。周总理表示，根据中国的法律，表现好的罪犯可以缩短刑期。越南战争尚未结束，与此战争有关的美国犯人无从考虑他们的释放。事后，中国政府于 1971 年释放了费克图，1973 年释放了唐尼。等到美越停战协定签署和生效．中国政府与越南政府释放美俘采取同步行动，把史密斯和费林押解出境交给美方。

在 6 次会谈中，周总理和基辛格多次谈了总的国际形势和其他一些重要的国际问题。基辛格表示，在二战中欧洲损失惨重，日本彻底失败，因而欧洲和亚洲都出现了真空，美国被迫卷入世界各个地区，给自己造成了预料不到的困难。美国要调整对外政策，今后对外承担义务要有条件，一些国家受苏联威胁而不能抵御时美国才进行干预。周总理说，二战结束以来，世界大战没有打起来，但局部战争从未停过。美国到处伸手，苏联急起直追，进行对外扩张，结果都陷入了困境。两个超级大国的争夺，使世界局势一直处于紧张和动乱之中。尼克松总统在堪萨斯城讲话中说，世界出现了五个力量中心，中国是其中之一，世界要从军事竞争转向经济竞争。周总理继续强调说，中国反对超级大国的强权政治。目前中国在经济上比较落后，即使将来强大了，我们也不做超级大国。中国珍视自己的独立，准备好对付同时从几个不同方向来的进攻。在说这段话时，周总理发现，可能由于正在旅途，基辛格还不知道尼克松的这篇在堪萨斯城的演说，便让我们的同志会谈后复制多份，送给基辛格等。基辛格很感谢，也有些尴尬。关于其他的国际问题，周总理着重谈了印支问题，说这个问题是当前最紧迫的问题，要求美军和一切外国军队尽速撤出印支三国，让印支人民自己解决自己的问题。周总理批评美国的方案是拖，走一步，看一步，结果反而增加问题，使问题更加复杂化。

关于尼克松应邀访华的公告

除了就上述问题，中美双方各自阐述自己的观点和意向，并有所交锋外，双方还讨论和解决了当时需要解决的两个具体问题：一是确定不再恢复中美大使级会谈，建立新的直达双方最高层的秘密联系渠道——巴黎渠道，中方联系人是中国驻法国大使黄镇，美方联系人是曾任尼克松翻译的驻法武官沃特斯。另一个而且更重要的问题是，商定双方将同时发表尼克松将应邀访华的公告。

因周总理在 7 月 10 日晚上另有重要活动，根据他的指示，我和章文晋先与基辛格就公告谈了一轮。双方都提出了一个稿子。我们的稿子比较简单，说基辛格来中国，同我们进行了会谈，尼克松总统准备来中国访问。美方的稿子渲染基辛格同我们这次的会谈，涉及亚洲和世界和平的基本问题，是以诚挚、建设性的方式进行的；而尼克松的来华访问将有助于重建两国人民的联系，并对世界和平作出重大贡献。我表示，台湾问题都还没有解决，其他问题怎么谈得上？关于尼克松的来访，美方的稿子强调是中国邀请。我说这不大符合事实，我们是同意邀请。基辛格也不同意我们稿子，说那样就像是尼克松自己邀请自己访华。双方会谈暂停后，我根据周总理事前的指示，直接去见毛主席向他汇报。当毛主席听我说基辛格认为中方草案的意思是尼克松自己邀请自己访华时，大笑着说，要改，要改！当我们告别毛主席走出他的书房时，我回头看了看毛主席，只见他仍坐在沙发椅上，躬身向前，两臂抱膝，双手几乎着地。我问王海容，主席这是什么意思。王海容说，主席在向你们行大礼呢。我赶快说，不敢当，请主席保重。7月11日上午，在周总理提示下，我们对我方草稿略加修改，再与基辛格会谈时，即刻取得了一致，双方皆大欢喜。最后商定的公告全文是：

> 周恩来总理和尼克松总统的国家安全事务助理基辛格博士，于一九七一年七月九日至十一日在北京进行了会谈。
>
> 获悉，尼克松总统曾表示希望访问中华人民共和国，周恩来总理代表中华人民共和国政府邀请尼克松总统于一九七二年五月以前的适当时间访问中国。尼克松总统愉快地接受了这一邀请。
>
> 中美两国领导人的会晤，是为了谋求两国关系的正常化，并就双方关心的问题交换意见。

获悉（knowing of）两字是周总理的杰作，避开了谁主动提出访华的问题，这使美方尤其感到适当和体面，基辛格因而在尼克松总统“接受了这一邀请”之前加上了“愉快地”这一副词，投桃报李。公告不把尼克松的访华说成是将对世界和平作出重大贡献，而是点明要谋求两国关系的正常化，不只是像美方初稿所说的重建两国人民的联系。基辛格在同周总理的会谈中主动谈到美国将逐步从台湾撤军，却不愿谈中美关系正常化，把它推到尼克松的下一总统任期。美方的公告稿是与此一致的。关于尼克松访华的具体时间，因听说尼克松要访苏，周总理曾在与基辛格的会谈中问过，是否定在1972年5月1日以后。基辛格表示，最好在3月或4月，而且是先来中国。当周总理向毛主席汇报公告的最后定稿谈到尼克松5月以前来中国时，毛主席说，公告一发表，就会引起世界震动，尼克松可能等不到5月就要来。此后的事实果然如此。

中美关于尼克松访华的公告同时在中国和美国宣布。公告在中国国内和全世界引起了强烈的震动。周总理主持中央政治局会议，研究中美会谈后各方可能出现的情况和可能发生的变化，并对此作出部署。

由于长期以来我国广大干部和群众抱有浓厚的反美情绪，虽有1970年10月1日毛主席同斯诺在天安门城楼上的出现，大家也知晓毛主席同斯诺12月18日的谈话内容，又有美国等五国乒乓球队访华，但一般人都把这些看作是改善中美关系漫长道路的开始，耐心地等待变化。但是尼克松访华公告的发表使中美关系正常化进程一下子拉得很近，许多同志对此思想准备不足，可能一时接受不了。兄弟国家更是这样。于是，周总理紧急安排在公告发表前做国内外同志的工作。

7月12日，周总理在人民大会堂召开了在京2 000多名中高级干部大会，用了3个多小时讲国际形势、中美关系和我国对外政策。周总理又于13日至15日飞河内、平壤，向越南和朝鲜党的领导人通报基辛格秘密访华和中美会谈的情况。周总理在返回北京后又立即向住在北京的西哈努克亲王作了同样通报。这样，由于毛主席和周总理的崇高威信，周总理不遗余力的说理和通报工作，使我国干部和友好邻邦的领导理解和支持中国党和政府的重大决策。被称为尼克松"效库"（英文"shock"一词的日本译音）的公告在世界各地激起强烈反应，同美国关系紧密的日本政府也仅是提前一小时才被通知此事。日本朝野生怕被再度甩在一边，便开始认真考虑同中国恢复邦交之事。这个公告对一些国家在联合国关于恢复中国合法席位问题上的态度也有重要影响。

基辛格离华后，我作为中国首任驻加拿大大使于7月23日抵渥太华履新。三个月以后的10月25日，第26届联合国大会经过激烈的辩论，通过了恢复中华人民共和国在联合国的合法席位并把蒋介石集团驱逐出联合国的2758号决议。这时基辛格刚结束他10月20日至26日（北京时间）的第二次访华，正在去机场回美国的路上。他还不知道联大这个决议的消息，不知道三个月前他对周总理说的主张在联合国大会保留蒋介石集团会员国地位的计划已彻底破产。毛主席亲自点将，组成以乔冠华为团长、我为副团长的中国代表团出席本届联合国大会。我向加拿大总理特鲁多辞行时，他十分友好地表示理解并为我祝福。11月9日，我结束在加拿大的使命，飞往巴黎与中国代表团会合，然后去纽约参加联合国大会。代表团的同志完成任务回国后，我作为中国驻联合国和安理会的首任常驻代表，留在纽约工作。

尼克松访华和我与基辛格在纽约的秘密联络

1972年2月21日，尼克松偕夫人帕特里夏在国务卿罗杰斯、基辛格等的陪同下，乘美国总统专机抵达北京，对中国进行为期7天的历史性访问。当时我在纽约，从电视中看到了全部盛大的场面。

尼克松抵京后三小时，毛主席在中南海会见了他和基辛格，从哲学问题讲起，谈笑风生，寓意深刻地讲了许多，肯定了尼克松、基辛格最近两年在中美接触中所起的重要作用，并说我们谈得成也行，谈不成也行，何必那么僵着呢？当晚，周总理在人民大会堂为尼克松举行的欢迎宴会上说，尼克松总统的来访，使中美领导人有机会直接会晤，谋求两国关系正常化，并就共同关心的问题交换意见，是中美关系史上的创举。美国人民是伟大的人民。中国人民是伟大的人民。促使两国关系正常化，争取缓和紧张局势，已成为两国人民强烈的愿望，总有一天要实现。尼克松总统的讲话富有哲理，还引用了毛主席的诗句“一万年太久，只争朝夕”。此后几天，周总理同尼克松就两国关系和重大国际问题进行了长时间的讨论。乔冠华和基辛格继续商谈访问结束时要发表的联合公报。2月26日。周总理陪尼克松一行去杭州，27日到上海。在上海，双方就联合公报最后达成协议，28日正式发表，称为《上海公报》。在《上海公报》中，美国表明对“一个中国”的原则不持异议，同意从台湾和台湾海峡撤出美国的军事力量，在和平共处五项原则的基础上与中国和平共处。《上海公报》既陈述了中美双方的共同点，也用各自分别表述的方式将彼此的分歧讲得明明白白，创造了世界外交文书的新风格。

2月28日，尼克松满意地离华返美，周总理也从上海飞回北京。毛主席指示，安排5 000人到机场迎接周总理。周总理从机场直驱中南海，向毛主席汇报说：“尼克松高兴地走了。他说他这一周改变了世界。”毛主席说：“哦？是他改变了世界？哈哈，我看还是世界改变了他！”

《上海公报》在世界发生的影响的确很大。3月中旬，1954年中英建立的代办级外交关系升格为大使级。接着，中国同荷兰的外交关系也升为大使级，中国同希腊建交。随之而来的是，当年9月下旬日本首相田中角荣的访华和中日建交，接着是中国同联邦德国、澳大利亚建交。这一年，中国同18个国家建交或提升外交关系级别，是新中国成立以来同外国建交最多的一年。

《上海公报》开始了中美关系走向正常化的进程，但还有许多事要做，许多障碍要克服。由于我常驻纽约，基辛格建议在他和我之间建立一条与巴黎渠道并行的、中美间的另一条秘密联系渠道——纽约渠道，得到中国政府的同意。当中美双方讨论互设联络处时，基辛格仍要求继续保持纽约渠道，中方的答复是：机密的、紧急的、不便用联络处的事，还是用纽约渠道。于是，1972年和1973年，我和基辛格在纽约有许多次避人耳目的秘密会晤，我们于约定的时间在纽约曼哈顿43街的一所公寓里进行秘会。我和基辛格会面时，我方出席的有过家鼎和施燕华两位外交官，美方出席的有温斯顿·洛德。每次美方派一辆陈旧的轿车直接开到我驻联合国代表团大楼底层的车库接我们去43街。基辛格和洛德两人准时在二楼的一间客厅里等候我们，并为我们准备了茶点。双方各自坐下后，寒暄一番，即进入正题。在寒暄中，基辛格谈笑风生，并高兴地享用茶点。会晤的内容，主要是基辛格向我通报美苏核会谈、在巴黎的美越会谈、美日关系等情况。我们也就中美关系互通信息，我还曾因美机入侵广西、投弹、发射导弹，在越南炸沉中国渔船等事向基辛格提出中国对美国的强烈抗议。会晤情况，基辛格直接向尼克松和白宫报告，美国国务院对我们的会晤一无所知。我们向国内的报告也是绝密的，代表团的其他人员一概不过问。这种会晤是中美两国在没有正式建交的情况下进行的特殊形式的外交来往。它避开了媒体，免受外界干扰，又解决了一些实际问题。我们安排了美方官员的几次访华，推动了中美之间的一些贸易、科技和文化往来，使中美双边关系取得了一些进展。这也是我在纽约工作中的一个重要组成部分。

中日邦交正常化亲历记

江培柱

我出生于山东，在东北长大，童年经历了抗日战争那段艰难的岁月。新中国成立后进入大学学日语的时候，遭到父老乡亲的一致反对。他们说日本鬼子那么坏，你还要学他们的语言?！我说，这是工作的需要，再者，从事中日友好交流也是我的志愿。正是组织上的这一安排和我的选择，使我毕业后到外交部工作，有机会得以从事对日工作。刚开始工作的时候，中日关系尚处于无邦交的僵冷时期。当时我很羡慕别的司处的同事，可以出国到主管国家地区办业务、学习和深造，而近在咫尺的中日两国，却遥远而冷漠，仅有非官方的民间交往，还要绕道经香港去。

到了 20 世纪 70 年代，情况逐渐发生了变化。随着我国实力的发展壮大，国际声望、地位日益提高。我国在联合国的合法席位得以恢复，一些同我国无邦交的国家要求同我国建交、同我国人民友好合作的呼声一浪高过一浪。长期敌视、遏制我国的美国也派基辛格秘密访问我国，谋求两国关系的正常化。当时的日本佐藤内阁却依然无视现实，在“两个中国”的死胡同里挣扎，做着“螳臂当车”的幻梦。然而，日本国内要求中日友好、实现邦交正常化的呼声席卷日本，我国长期以来推行的“民间先行，以民促官”的对日政策和大量友好工作显现出明显的效果。双方交往日趋频繁，关系也更为密切。我们这些从事外交工作的人，也以民间的身份，参与多次访日代表团和接待日本访华团，亲历了两国推进邦交正常化的全过程。有趣和巧合的是，我所经历的中日邦交正常化的几个重要片段，几乎都与“土”字沾边。

“土密码”办大事

1971 年 3 月，第 31 届世界乒乓球锦标赛在日本名古屋举行。世乒赛组委会委员长、日本乒协会长后藤钾二向我国发来正式邀请。由于“文革”与世界体坛隔绝多年的我国体育界，就派队参加与否的问题请示中央。报告最后送到毛主席那里。毛主席作了重要批示：我队应去，要一不怕苦，二不怕死，准备死几个，不死更好。大家得知，竞相传告，欣喜非常。鉴于这是“文革”后我国首次派团出国比赛，又值我国调整改善与加强对外关系的关键时刻，国家体委与外交部协商会签并报中央批准，组成由运动员、教练员、外事人员共 60 多人的大型代表团，由国家体委的赵正洪任团长，多年负责对日外事工作的王晓云担任副团长，宋中任秘书长。我们几个外交部和中日友协的干部，也分别以秘书、翻译等身份随团前往。

我代表团在“友谊第一，比赛第二”和推进中日友好的方针指引下积极进取，努力工作，获得优异成绩。运动员在比赛中敢打敢拼，技术和精神面貌都有很好的表现，取得了男团、女单、女双、男女混双四项冠军并与包括美国在内的各国选手广交朋友，切磋技艺，增进了了解和友谊。副团长王晓云等外事工作人员则利用这次参赛的大舞台，积极开展工作，同日本各党派、团体、各界朋友进行了广泛而频繁的接触，为中日友好助威加油，为改善两国关系奔走，拉开了“乒乓外交”的帷幕。日本媒界一致称在日本刮起了一股强劲的“王旋风”，掀起了前所未有的“日中热”。

特别值得一提的是，正是在这届世乒赛期间，我代表团正式向美国乒乓球代表团发出了访华邀请。毛主席高瞻远瞩的战略决策，以“小球转动大球”，不仅打开了长期处于敌对、隔绝状态的中美两国交往的大门，也赢得了世界。

本来我代表团所带的经过中央批准的邀请方案是不包括美国的，“如美国队要求访华，可予婉拒”。4 月 6 日晚，国内通过密码电话传来指示：为增进中美两国运动员和人民之间的友谊，正式邀请美国乒乓球队于 31 届世乒赛之后访华。我从带来的“土密码”——一本《中日大辞典》中译出，赶忙报告代表团领导。

4 月 7 日下午，比赛仍在爱知县体育馆大厅紧张进行。观众为选手们的精湛球艺欢呼、喝彩，掌声雷动。就在此刻，体育馆地下一层的会客厅也是“于无声处听惊雷”。我代表团秘书长宋中紧急约见美国乒乓球代表团负责人哈里森，向他转达了对美国乒乓球队的访华邀请。哈里森很是激动，感谢中方的邀请并答应立即报告国内，他表示，相信全美上下都会为之高兴。结果，以美国乒协主席格雷厄姆·斯廷霍文为团长的代表团 4 月 10 日即飞抵北京开始了正式访问，美国代表团包括哈里森和蒂姆博根等乒协官员和在名古屋曾同中国运动员有过接触的乒乓球选手格伦·科恩等人。他们的访问获得成功并得到了周恩来总理的亲切会见。周总理说，你们应邀来访打开了两国人民友好交往的大门。

这件事情对我个人来说尤其难忘。可能不会有人想到，在当时访日参赛的条件下，包括邀请美国代表团访华这样机密非凡的信息都是通过“土密码”电话传送的。那时中日两国关系尚未正常化，我国驻日机构——备忘录贸易办事处也未设立密码通信。前后方联系靠托带信件，紧急时只有打国际电话，而不宜公开的机密，就只能靠自己设定“土密码”。此次赴日前，我们商定，前后方电话窗口的名字为“陈东新”，以20世纪70年代日本最新版的《中日大辞典》作为临时密码册，我带上一本随代表团赴日，外交部亚洲司日本处留一本。属于绝密、机密的指示和请示报告一律通过“土密码”传送，机要内容的字词以大辞典页码、左右边以及行、序再加上固定数字，在电话上传达。因此，我打给“陈东新”的电话和“东新来电”常常夹杂着不少阿拉伯数字，需要“译”出才能明白，这恐怕是最为原始又最难破译的密码通信了。

佐藤面如土色

1971年8月，88岁高龄的日本自民党众议员、反主流派元老松村谦三先生与世长辞。松村先生为日中友好和恢复邦交奔波劳碌，贡献极大。他曾四次访华，与周恩来总理会晤交谈，达成以“渐进积累的方式”改善两国关系、实现两国关系正常化的共识，他是中日双方当时联系渠道内日本方面的最高负责人。周总理一得知松村病逝的消息，直接在当日的大本《参考消息》上批示，要即刻发唁电和派身份较高的人前往日本吊唁，接着又具体交代和指派对外友协会长、中日友协负责人王国权（前驻波兰大使）偕随行人员王效贤及我专程去东京参加葬礼和吊唁活动。这一举动充分体现了我国领导人和人民对松村为改善中日关系作出贡献的赞赏，也是对顽固推行错误对华路线的日本佐藤政府的一大打击。

8月25日，我们一行在经香港到达东京的时候受到了热烈欢迎。不仅日本各党派、团体、朝野的新老朋友、华侨、华人与朝总联代表都到机场欢迎，日本内阁也开会决定派官房长官竹下登和官房副长官三原朝雄前往机场迎接。

松村的追悼会和葬礼在东京筑地本愿寺举行。葬仪朴素而庄重，大厅布满花圈、挽联。有名气的政治家，经贸界头面人物，文化艺术、体育卫生各界人士，党派团体的负责人以及松村先生家属、亲朋和生前友好共4 000多人到场。由于专程从国外前来吊唁的只有我国的王国权会长一行，所以我们成了全场瞩目的贵宾。

追悼大会首先特别宣读了周恩来总理发来的唁电，电文赞扬这位卓有远见的政治家把晚年献给日中友好事业，作出了重大贡献，深为中国人民所钦佩。王会长单独向松村先生遗像鞠躬致哀，并按日本习俗进香。他代表周总理、代表中国各界向松村先生家属表示了慰问。

作为主祭人的自民党总裁佐藤荣作一进场便主动前来与王国权会长握手并低下头说："蒙长途跋涉前来，辛苦了，我深表谢意。"而王会长只是点了点头，作为礼仪性应对，几乎未予理睬。佐藤犹如吃了一记闷棍，似乎还想表白什么，又觉得无趣，不得不悻悻而去。后来他在追悼会结束离场前又专门到王会长面前握别说："长时间的葬礼辛苦了，回国后请代为问候周恩来总理。"王国权仍未作应答，佐藤再次碰了一鼻子灰。我想，"此时无声胜有声"，不语更有千钧力。我站在旁边看到佐藤当时的表情是：面如土色，难堪至极。其实早在佐藤得知王国权会长要来参加葬礼的时候，就曾多方设法通过自民党内同中方关系密切的藤山爱一郎、古井喜实、田川诚一等人安排与王国权的会晤，均遭拒绝，今日佐藤之下场，已在我们的意料之中。

王国权会长利用松村葬礼前后的各种机会、场合与日本各界人士进行了广泛的接触，老朋友自不待言，还结识了不少新朋友。一些顺应形势、转变想法，试图在中日关系上有所作为的政治家，尤其希望同王国权会长会面交谈。王会长便因势利导，做了不少争取工作，收到很好的效果。自民党实力派人物三木武夫、大平正芳和中曾根康弘、保利茂等人，王会长都和他们有过直接或间接的接触。这和后来在酝酿自民党总裁选举时，他们以中日关系正常化作为外交政策协议，形成党内倒佐藤荣作的派系联合不无关系。

"土沙盘"传达指示

1972 年 7 月，内外交困的佐藤荣作内阁为田中角荣内阁所取代，给中日关系带来了新的转机。就在这个关键时刻，我国上海芭蕾舞剧团按计划启程访日进行公演。演员和舞美班底都来自上海，而团长是我驻东京备忘录贸易办事处前一把手"日本通"孙平化。我们一些来自外交部和对外友协的工作人员也参与其中，全团共 208 人。我的工作是团长秘书兼外联，还负责与国内的联系。

当我们从北京出发，乘车经广州到香港时，还是佐藤内阁执政，而飞抵日本东京的时候田中内阁已经产生。真是时隔三日，两届内阁，变化神速。田中首相在第一次内阁会议上就明确表示，"要以实现同中华人民共和国邦交正常化为急务"。对此，周总理也立即回应发表讲话说，田中新内阁要加紧实现中日邦交正常化，"这是值得欢迎的"。两国政府首脑的呼应表态，预示着中日关系黎明曙光的到来。孙平化率团抵达日本后，立即与我驻东京联络处的新首席代表肖向前和代表团以及联络处的有关同志一道投入了紧张的工作。不久，随我农业代表团来访问日本的外交部日本处陈抗处长带来了周总理的重要指示。他把我们都叫到了驻东京联络处。为保密起见，他在“土沙盘”上连写带说，一字一句如实作了传达。“土沙盘”就是小孩在幼儿园和学校用的那种简易文具复写板，写过后一拉，字就消失了。周总理指示说，田中要加紧实现中日关系正常化，我们表示欢迎，这是毛主席的思想和战略部署。毛主席讲，我们要采取积极态度，对方能来谈就好，谈得成谈不成都行，总之现在已经到了火候。这回不能只“刮旋风”了，要落地。周总理针对孙平化、肖向前的名字，生动地指出，孙平化就是要“万丈高楼平地起”，肖向前要“继续向前”。“平地起高楼”和“继续向前”，就是要在已有民间外交日积月累的基础上，通过广泛细致的工作，推动田中下决心采取行动实现访华，以最终解决中日邦交正常化问题。我们根据周总理的指示，把要做的事情、工作和要见的人一一排队，制定了详细的活动日程表。

上海芭蕾舞剧团的节目《白毛女》和《红色娘子军》，内容情节动人，演员技术高超，演出获得好评，广大观众从中增进了对我国的了解和感情。与此同时，孙平化、肖向前等人则利用观看演出、外出拜访、宴请会见等机会，广泛接触各界新老朋友，分别不同对象，有针对性地做了大量工作。在与日本政治、经济、文化、艺术、舆论媒体各界以及友好团体交流的基础上，他们先后四次会见了大平正芳外相，就两国关系正常化问题进行了充分的交谈。随后，8 月 15 日，田中首相在东京帝国饭店会见了孙平化和肖向前，内阁官房长官二阶堂进、首相秘书官木内昭胤、小曾启一、中国课课长桥本恕等陪同会见。在当时日本和台湾当局还保持着所谓的“外交关系”的情况下，现任首相正式会见我国访日代表团负责人和驻日机构代表尚属首次。孙平化、肖向前向田中正式转达了周恩来总理对他的访华邀请。田中首相愉快地接受了邀请并感谢周总理的深情厚谊。田中认为，一海之隔的日中两国解决关系正常化问题的时机已经成熟。他表示，将在进一步协调党内意见，做到在“万无一失”的情况下，前往中国以求“有终之美”。

在这次会见后，中日双方都向记者发布了有关消息。这实际上等于预发了田中近期将访华的新闻公报。这就意味着推动田中访华的工作收到实效，两国人民期盼已久的中日邦交正常化即将成为现实。

“目暖”酒香枫叶红

1972 年金秋，组阁刚刚两个多月的日本内阁田中角荣首相，接受我国周恩来总理的邀请，偕大平正芳外相、二阶堂进官房长官等52名高官成员，乘道格拉斯DC-8型日航专机于9月25日11时30分直达北京，开始对我国进行正式友好访问。随行的还有80多名媒体记者和近百名先期抵京的电视转播和卫星地面站的技术人员。

早在中日民间来往频繁的20世纪50年代，毛主席、周总理就说过，两国恢复邦交这样的大事还得靠当政的领导人，但日本只有下了台的首相才来中国，不过我们可以等待，北京的机场随时准备为之开放。实际上，我国政府也一直准备采取行动，实现中日关系正常化。20世纪50年代中期，周总理向当时的鸠山一郎首相发出了正式的邀请，两国驻日内瓦的总领事还就促进中日关系正常化问题进行过直接接触。但囿于美国压力，日本无法实施独立自主外交而作出响应，致使我国的中日两国官方关系正常化设想与计划未果而搁浅。

转眼近20年过去，以“决断和行动力”著称的田中首相终于来到了北京。周总理和中央军委副主席叶剑英、全国人大常委会副委员长郭沫若以及外交部长姬鹏飞、外交部顾问廖承志（时任中日友协会长）等都亲临机场迎接。在周总理与田中首相握手的那一历史瞬间，作为为中日友好事业献身的普通一员，我内心深深为祖国强大昌盛、人民从胜利走向胜利而感慨。我相信田中首相也是感触满怀，他对于日本曾经加害过的中国人民所给予的热情欢迎和款待不会无动于衷。田中在钓鱼台写下的诗句“邻人目暖吾人迎”，并表示要在日本离宫改造为迎宾馆的时候请周总理作为第一位客人访问日本，如此等等均可资证明。

欢迎仪式结束后，周总理从机场亲自陪同田中首相等日本贵宾，驱车到钓鱼台国宾馆，国宾馆18号楼迎来了第一位访华的日本首相。

稍事休息后，周总理在人民大会堂安徽厅会见田中首相、大平外相、二阶堂进官房长官以及代表团随行的主要成员。宾主在围成蹄形的沙发上就座，呈现出亲近的家庭气氛。记者们抢着拍下这珍贵的镜头并从中领略到了热情又亲切的浓厚氛围。

田中首相对周总理说：“刚刚喝了一点茅台，略有醉意，感觉很好，但是酒兴未尽，会谈完了还要喝点。”周总理会意，马上说：“愿意喝，可以再送些给你，把你的‘威士忌’换成茅台。”田中点头致谢并说：“确实是好酒，比‘伏特加’更好，‘威士忌’也比不上。”周总理指着在座的外交部副部长韩念龙说：“茅台酒产在他的家乡贵州省，是红军长征时候发现的。‘威士忌’喝多了会上头，而‘伏特加’不如茅台柔和。”田中连连点头称是。后来记者对此曾多有报道和引申评论。

“添了麻烦”掀起波澜

田中首相一行抵京当日下午，中日双方就邦交正常化的谈判立即正式展开。谈判分为三个层面：一是中日两国总理与首相的小范围限制性会谈；二是两国外长的会谈；三是双方主管官员级别的工作会谈。两位总理和首相主要就重大的原则问题进行陈述并交换意见，外长根据首脑会谈的精神和指示，商讨起草联合声明，由主管负责官员具体落实文字。日方参加上述后两个层面会谈的成员分别有大平外相，二阶堂进官房长官，外务省亚洲局局长吉田健三、条约局局长高岛益郎、中国课课长桥本恕等。中方参加会谈的有外交部姬鹏飞部长、韩念龙副部长，外交部顾问廖承志、张香山，亚洲司司长陆维剑、副司长王晓云，日本处处长陈抗等。

在整个中日邦交正常化谈判过程中，中日两国总理和首相先后举行了四次会谈，两国外长举行了三次正式会谈、一次非正式会谈。我作为工作人员参加了姬外长与大平外相的会谈以及修改确定《中日联合声明》文字的一些具体工作。

我方关于中日邦交正常化的基本立场与见解以及《中日联合声明（草案）》，是1972年7月由周总理全面阐述，通过访华的公明党委员长竹入义胜带回日本转告田中首相、大平外相的。日方关于谈判的议题是由小坂善太郎率自民党各派议员团访华时带来的。就在田中首相访华前夕，日方托资深议员、大平外相的亲信古井喜实带来了日方在研究我《中日联合声明（草案）》后拟出的《联合声明大纲》。中日双方对邦交正常化的基本想法以及有关问题处理意见大体一致，但在对我方所提复交三原则、台湾问题以及对第三国关系的认定与文字表述上还存在分歧，有待商榷。因而整个谈判的过程，历经艰辛，充满了斗争。可以说，《中日联合声明》的每一段文字，乃至每个用词的敲定都费尽了心思，凝结着血汗。

双方谈判中最先遇到的难题是日方对侵华战争的道歉的表态。这个问题是由田中首相在周总理为他举行的欢迎宴会上讲话引起的。本来在互换草案中，中日双方同意在前言中简述一段历史的回顾和日方表示道歉，但是未落实文字。田中首相在周总理为他举行的欢迎宴会上的祝酒词中，轻描淡写地提到日本在战争中给中国“添了麻烦”，出席宴会的中方人士听了都感到很吃惊、很别扭，当场就议论开来，表示不满。田中的这一表态公开报道后更是引起了广大公众的强烈反感与愤慨。

周总理在第二天与田中首相会谈一开始就坦率而严肃地指出，日本军国主义的侵略，使中国人民蒙受深重灾难，其结果也使日本人民深受其害，“前事不忘，后事之师”，这样的经验教训日本政府应当牢牢记住。而“添了麻烦”意思太轻，许多人想不通，接受不了，更不要说那些有杀父伤亲之仇的人了。田中首相向周总理作了些表白和解释，说他首先是要反省、道歉，向中国人民谢罪，承认讲得不够，要设法改。

我方谈判和接待班子中有不少是山东和东北人，对日本侵华都有亲身经历和体会，几乎每个人都能说出日本军国主义罄竹难书的种种罪行。无论是抚顺的“万人坑”，还是哈尔滨的“731”细菌杀人工厂，一桩桩、一件件都是日寇屠杀中国人民骇人听闻、令人发指的血证。千百万人生命财产的巨大伤亡与损害岂能用一句“添了麻烦”了结?！我私下对桥本恕说，连我上大学学日文，家乡父老都反对。他们痛恨“日本鬼子”，正因为他们是那场战争的受害者呀！日方不考虑中国人民的感情，怎么能行得通呢?

针对日方对“添了麻烦”词义的解释，我方还搬出了日本出版的辞书、辞典，一一查出“添了麻烦”、“反省”、“道歉”、“谢罪”等字词的含义以及程度，表明用“添了麻烦”来道歉的不足、不当。桥本等人连连称“厉害”、“折服”！

后来在两国外长会谈中，日方表示愿意照中方的意见修改，准备拿出一个方案来商量。9 月 27 日晚，毛主席会见田中首相时一上来就问起“那个‘添了麻烦’的问题吵得怎么样了?”田中称，已经基本解决，可以按中方的习惯改。毛主席高瞻远瞩地说：“吵出结果就好，天下总没有不吵架的，不打不相识啊！”当天夜间，在姬外长与大平外相第三次会谈中，大平提出并亲自口述对战争加害反省的措辞，为中方所接受。最后写进《中日联合声明》的就是大平口述的文字：“日本方面痛感日本国过去由于战争给中国人民造成的重大损害的责任，表示深刻的反省。”我方的严正立场和日方的反省、谢罪之意，写进了庄严的历史性文件，为我们经常所说的“以史为鉴，面向未来”留下了依据。

“心似巨岩碎大涛”

中日邦交正常化前，日本同台湾保持着“外交”关系，日台之间还签订过所谓“和平条约”，而日本要实现同中国邦交正常化，自然就要与台湾“断交、废约”。中方早就提出了恢复邦交三原则，即日方承认：中华人民共和国政府是代表中国人民的唯一合法政府，台湾是中国不可分割的一部分，“日台条约”是非法的、无效的，应予废除。

田中上台后，甘冒政治与生命的危险，优先实现日中邦交正常化。他派自民党老资格议员小坂善太郎率各派议员访华，以最终协调统一党内意见；同时派执政党副总裁椎名悦三郎去台湾安抚、摸底。然后自己来华谈判，最后解决问题。田中首相承认，谋求复交，就只能取消同台湾的官方关系，可是不愿造成混乱，不愿视与台湾“建交、缔约”并宣布双方“战争状态的结束”从一开始即为非法。田中还要求中方体谅他面临的现实困难，并予以照顾。大平外相也表明对复交三原则并无任何异议，但日本政府是“日台条约”的当事国，负有责任，如果完全接受中方见解，等于多年来一直欺骗国会和国民。日方希望找到符合其立场的表达以维护日本在台利益与人身安全（当时日台年度贸易额有 12 亿多美元，日赴台每年 18 万人次，台赴日每年 5 万人次，在台日本公民共 3 800 人）。随后，在两国外长谈判时，代表日方作主旨发言的外务省条约局局长高岛益郎还从法律的角度讲述了所谓“日台条约”以及“战争状态结束”、“赔款已经处理完毕”的“合法性”。

有鉴于此，如何处理台湾问题在《中日联合声明》中的表达方式、内容，就成为中日邦交正常化谈判的最大难点，谈判的气氛也一度趋于紧张。

在这种情况下，密切关注谈判进程的周总理，把握大局，有刚有柔，表现出了原则上的无比的坚定性和具体方式上的灵活性，推动谈判朝达成协议的方向前进。针对谈判面临的最大问题和困难，周总理在与田中首相会谈中首先肯定、称赞田中实现中日邦交正常化的决心与勇气，对田中表示理解我复交三原则以及一旦和中国建交即与台湾“断交”，“日台条约”也随之失效的说法表示赞赏，认为“这是对我们的友好态度”，也只有在这一前提下才可能对日方面临的困难予以照顾，而不是相反。周总理还指出，一定要从政治的高度而不是拘泥于法律条文来处理问题才是正确的。

接着，周总理极为严肃地批驳了日方外务省条约局局长在发言中死抠条文不放，把旧金山和约、“日台条约”都拿出来作为依据的错误说法，“显然是无视事实的，本末倒置，也不符合田中、大平对复交的意愿和精神”。

联系日本对华赔偿问题，周总理说，遭受日本侵略战争损失的主要是大陆。我们是从友好大局出发，也不想使日本人民负担赔偿之苦才主动放弃赔款要求，而已经被中国人民推翻逃到台湾的蒋介石，当时就已无任何资格代表全中国，他所谓的“放弃”只是慷他人之慨。日方如今还死抱着“蒋介石已经处理完毕”，因而认为不必再提、也不领情的态度，“实在是令人惊诧和愤慨，完全不可容忍”。

周总理的发言，义正词严，有据有利，使日方无言以对，也让我们这些参与谈判工作的人深受教育。

听了周总理的话，田中首相当场表示，中国把恩怨置之度外，从大处着眼，本着互谅互让的精神处理问题，日方坦率地评价中国的立场，并再次表示深深的谢意。田中表示愿意继续考虑中方的意见并同意由外长继续开动脑筋，磋商写入《中日联合声明》的合适措辞。

针对周总理的严肃批评，在双方会谈结束后，一回到钓鱼台国宾馆，田中便把外务省官员叫到自己的房间，对他们严肃地讲道：你们受过高等教育，都是很有学问的，不要钻牛角尖，靠你们提出解决问题的见解和办法，责任由我来负。

众所周知，田中首相曾经多次对人讲过对周总理的深刻印象和钦佩之情。此次来华，在与周总理直接对话、接触以后，他曾在宾馆白纸上写出了如下评价周总理的诗句："躯如杨柳摇微风，心似巨岩碎大涛。"对周总理发自内心的由衷敬佩跃然纸上。

在中日最后一轮首脑会谈时，田中告诉周总理，他已经明确指示大平：《中日联合声明》发表后立即对外宣布中止同台湾的"外交关系"，"日台条约"也随之废止。他还向周总理保证：日本不支持"台独"，对台湾无领土野心，日后如对台有什么举动，愿向中方打招呼。双方还同意暂时搁置钓鱼岛的争议。

周总理称赞田中为实现中日复交所作的贡献。他说重建邦交首先要讲信义。此次田中首相来华已经体现了中国古语"言必信，行必果"的精神。周总理特地把《论语》中的这六个字题赠田中，以示中日新关系从"言必信"开始，日方要汲取过去半个世纪的教训，在新的基础上继续开拓两国关系。田中深为感动，也以东方人特有的方式作了回赠，挥笔题写了"信为万事之本"六个大字。这是出自日本飞鸟时代当政者圣德太子之口、曾经载入日本旧宪法的一句话，田中以此表达他恪守信义、履行承诺的心愿。

绞尽脑汁"苦汗泉"

9 月 27 日上午，田中首相在姬外长陪同下游览长城，大平外相随行。两位外长在往返长城的路上也没有停下手上的工作，一直在就《中日联合声明》的内容表述等进行商谈。大平谈了在前言中加入理解复交三原则和关于"结束战争状态"以及两国"尽快"交换大使等问题，并表示当晚提交日方最后对案。此次长城游览途中两国外长的对话成为日程之外追加的外长非正式会谈。

大平外相一览长城的雄伟壮观，感慨无限。为了寄托满腔情怀，也为了纪念此次访华，他写下了一首七言诗：长城蜿蜒六千里，汲进苍生苦汗泉。始皇坚信城内泰，不知抵抗在居心。山容城壁默不语，荣枯盛衰几如梦。诗中写出了对中国老百姓修建长城付出艰辛劳动甚至流血、流汗的感触。我想，作为辅佐田中的外相，作为日方复交谈判的主将，为达成中日邦交正常化的协议，写就《中日联合声明》，大平也是绞尽脑汁、苦汗如泉涌！想到周总理对人讲过的“大平内秀而博学，辅佐田中很得力，有大平才有田中，才有日中复交”的话，深感果然如是。

9 月 27 日夜，中日两国外长举行第三次正式会议，在两国首脑会谈达成基本一致的基础上，敲定符合双方立场的联合声明。双方谈判到了最关键的时刻：两位外长就“结束战争状态”、复交三原则和台湾问题的表述进行最后的商定。

对于几个关键问题，经过对双方所提方案、对案的讨论和比较，中日双方基本达成协议：“我方同意在日方表述理解与接受复交三原则的前提下，联合声明中可不提及‘日台条约’、避开‘确认战争状态结束’字样。”

关于“结束战争状态”问题，双方同意在正文中以“声明公布之日起，两国之间不正常状态宣告结束”取代“确认战争状态结束”的表述，而在前言里写明“战争状态的结束，中日邦交的正常化，两国人民这种愿望的实现，将揭开两国关系史上新的一页”。原来我方方案正文里“不正常状态”前还有一个“极”字，大平认为“极不正常状态结束，容易造成尚有某种程度上不正常的误解，莫如换成‘迄今为止’”。我方接受了这一提议。

关于台湾问题，日方认为，日本是《波茨坦公告》的当事国，在台湾问题上接受和签署的是这一公告。对于中、美、英三国发表的《开罗宣言》，日方认为自己并不是当事国。最后经过协商，双方在台湾问题的表述上达成妥协。首先在《中日联合声明》的前言中写明：“日方在充分理解复交三原则的立场上谋求实现邦交正常化。”然后在正文里写道：“日本承认中华人民共和国政府是代表中国人民的唯一合法政府，日本充分理解与尊重台湾是中华人民共和国不可分割的一部分这一立场并坚持遵循《波茨坦公告》第八条。”该公告第八条规定“《开罗宣言》之条款，必须完全实施”，而《开罗宣言》宣布，“台湾应归属中国”。日方就这样以间接的方式，接受了台湾是中国一部分的立场。

关于我方原来所提的有关台湾问题的三项默契（即台湾是中国领土，解放台湾是中国的内政；《中日联合声明》公布后，日本自台湾撤销使馆并采取有效措施使台湾自日本撤馆；解放台湾时，对战后在台日本团体和个人投资与企业予以适当照顾）。日方认为，实质性内容已写入《中日联合声明》，因此双方没必要再搞默契与口头谅解，也免得日本国会审查，怀疑其中有什么秘密协议，反而造成日本内阁被动。

两国外长午夜会谈还在紧张地继续，周总理也一直等在办公室，随时听取进展情况和最后信息，所以会谈中间，姬外长两次要我出去打电话报告。周总理同意会谈最后商定的内容和文字，并指示立即把它打印成文件呈毛主席。至此，经过两国外长和有关官员的彻夜奋战，双方已经就所有的重大问题取得一致，并字斟句酌地敲定了《中日联合声明》的措辞。

我为周总理把签

《中日联合声明》全部达成协议后，姬外长又当面向周总理作了扼要的汇报，外交部礼宾司司长韩叙接着报告了签字仪式的安排。当时我们谈判班子也在场，当谈到何人出任我方把签人时，周总理环视大家说：找一个年轻人嘛！而在谈判和接待班子里，我算是最年轻的了，于是这无比荣幸的重任就落在我的肩上。

1972 年 9 月 29 日上午 10 时，《中日联合声明》签字仪式在人民大会堂举行。举行仪式的三楼大厅红毡铺地，绿绒罩桌，四周布满了五彩缤纷的鲜花，散发着沁人肺腑的芬芳。周总理和田中首相在插着两国国旗的签字长桌前并排而坐，姬外长和大平外相分别坐在周总理左侧和田中首相的右侧。身后站立着的有叶剑英、李先念、郭沫若、廖承志等中方领导人以及有关人士和二阶堂进等日方高官和随行人员。

在庄严、神圣的历史性时刻，我荣幸地站在周总理身旁，身着赴日访问时新做的深蓝色中山装，履行光荣的使命。当我看到周总理在茶色烫金文本上写下周恩来三个大字后，就将文本拿给姬外长签字，随后交换给日方把签人，再把田中、大平签过字的文本送给姬外长签名后摆在周总理面前。周总理写毕，起立与田中首相有力地握手交换文本，并共饮香槟互致祝贺。此时场内掌声、笑声、碰杯声、欢呼声响成一片，全场变成了欢乐的海洋，大家一起见证了中日邦交正常化实现的历史性瞬间，共同庆贺两国关系新时代的开始。

新中国第二次大规模成套技术设备的引进

陈锦华

20 世纪 70 年代前半期，在毛泽东主席的支持下，由周恩来总理领导，国务院业务组直接筹划和组织，我国对外经济工作开拓出一个新的局面，掀起了自 50 年代从苏联、东欧国家大规模引进技术装备之后，新中国历史上的第二次大规模成套技术设备引进高潮。这次成套技术设备的引进，对解决我国国民经济中的突出问题，加快现代化进程，促进相关产业加快发展，缩短与世界先进水平的差距，以至对后来的对外开放和参与经济全球化合作与竞争，起到了承前启后、率先示范的作用。

我当时作为轻工业部（1970 年 7 月，由纺织部、一轻部、二轻部三个部合并组成）计划组副组长，后来又兼任轻工业部成套设备引进办公室副主任，直接参与了新中国第二次大规模成套技术设备的引进工作。这次成套技术设备引进，对外实际签订的项目共计 26 个，我直接参与领导、组织实施了 5 个，其中有 4 个化纤项目，即上海石油化工总厂、辽阳石油化纤总厂、四川维尼纶厂、天津石油化纤厂，再加上做洗衣粉原料的南京烷基苯厂。这 5 个项目属于 20 世纪 70 年代初的世界先进水平，投资额占 26 个项目全部投资的 35.39%。

下面，我就所了解的第二次大规模成套技术设备引进的有关情况，以我直接参与的 5 个项目为重点，做一回顾，并谈谈我个人的一些感受和看法。

决策背景

1972 年 1 月初，我正在京西宾馆参加全国计划会议。有一天，国家计委顾秀莲同志对我说，中央决定引进化纤和化肥的成套技术和设备，要我代起草个报告。当时，轻工业部部长钱之光召集曹鲁、焦善民、李正光、王瑞庭等同志一起商量，认为这是非常重要的决定，应当尽快把这件事情办起来。报告起草以前，李先念和华国锋专门组织了讨论，我在他们讨论的基础上起草了《关于进口成套化纤、化肥技术设备的报告》，交给了顾秀莲同志。1 月 22 日，报告由国务院业务组李先念、华国锋、余秋里三位署名上报。2 月 5 日，周总理很快作了批示：拟同意，即呈主席……批示。毛主席和其他中央领导同志很快圈阅。两天后，即 2 月 7 日，李先念就把报告退余秋里、钱之光、白相国（时任外贸部长）办。

为什么在 1972 年初决定从国外引进成套技术设备，并且一开始把重点放在成套化纤技术设备上呢？当时的背景是：

第一，政治气候的变化和政策的调整。1970 年 8 月 31 日，毛主席在党的九届二中全会上写了《我的一点意见》，揭发陈伯达的问题。之后，在全国开展了“批陈整风”运动。1971 年 9 月 13 日，林彪叛逃。“九一三事件”是“文化大革命”中的重要转折，客观上宣告了“文化大革命”在理论和实践上的失败。从此，国内的政治气候有了很大的变化。在毛主席的支持下，1971 年 10 月，周总理主持中央日常工作后，着力调整干部政策、经济政策以及其他方面的政策，在一系列相继召开的全国性专业会议上，通过批判极左思潮和无政府主义，包括对外工作中一些“左”的错误做法，来消除“文化大革命”对经济方面的破坏性影响，恢复政治生活和国民经济的正常秩序。周总理针对由于受林彪鼓吹“突出政治”的影响而普遍存在的不敢抓生产、抓业务的倾向，批评说：极左思潮就是搞“空洞的、抽象的、形而上学的东西，夸夸其谈，走极端”。他强调“运动与业务不能对立”，鼓励各级干部理直气壮地抓生产，抓业务。1972 年 10 月 14 日，根据周总理的指示精神，《人民日报》用一个整版的篇幅发表了《无政府主义是假马克思主义骗子的反革命工具——学习笔记》等 3 篇批判极左思潮和无政府主义的文章，在全国引起很大反响。周总理领导的批判极左思潮，得到了党内外绝大部分干部和群众的拥护，国内局势明显好转。在当时“四人帮”动不动就扣政治帽子，批判“洋奴哲学”、“卖国主义”的情况下，周总理领导的批判极左思潮和调整政策，对引进成套技术设备的重要性是不言而喻的。

第二，我国国际交往的恢复和扩大，西方发达国家急于同我国做生意。1971 年 10 月，第 26 届联合国大会以压倒多数通过决议，恢复我国在联合国的一切合法权利，同时接纳我国为安理会常任理事国，这是“文化大革命”发动以后我国国际环境改善的一个重要方面。另外一个重要方面，就是 1972 年 2 月美国总统尼克松的访华，打破了两国关系间 20 多年的坚冰，中美关系正常化进程正式启动。在此基础上，中美两国不断扩大、加深彼此间的交往。毛泽东在会见尼克松的时候，批评了“文化大革命”中我国对外贸易领域闭关自守的错误做法，他说："你们要搞人员往来这些事，要搞点小生意，我们就死也不肯。十几年，说是不解决大问题，小问题就不干，包括我在内。后来发现还是你们对，所以就打乒乓球。"中美《上海公报》明确提出"平等互利的经济关系是符合两国人民的利益的"。双方"同意为逐步发展两国间的贸易提供便利"。我国恢复联合国的合法席位和中美关系的缓和，大大改善了我国的国际环境，推动产生了我国对外建交的又一次高潮，特别是日本、加拿大、西欧诸国等西方发达国家纷纷同我国建交。外交关系的突破带来了对外经贸合作关系的新契机。进入20世纪70年代以后，西方发达国家面临着严重的经济危机，生产力过剩的矛盾大大暴露，产品、设备、技术都急于找出路，对同我国做生意十分感兴趣，这就为我国引进成套技术设备创造了有利条件。

第三，国内纺织工业原料供应不足的矛盾日益突出，导致纺织品产量上不去，人民群众的穿衣问题长期得不到很好解决。当时，我国纺织工业的原料主要是天然纤维，而在天然纤维中又主要是棉花，但棉花的产量长期停留在4 000多万石的水平上。毛主席曾经讲过："解放这么多年，吃饭和穿衣问题还解决不好，怎么向人民交代?"他指示：必须把粮食抓紧，必须把棉花抓紧。20世纪70年代前后，每年都要召开棉花会议，各级干部参加，把主要产棉县的县委书记、县长也找来，周总理亲自主持，给大家做工作，要求各地多种棉花、多卖棉花给国家。我记得有一次棉花会议，周总理对到会的重点产棉县的县委书记，一个一个问情况。当问到常熟县县委书记的时候，周总理讲了讲常熟的情况，还考了考他。周总理问他：你知道你们常熟有个翁同龢吗？常熟县县委书记说知道，翁同龢是清朝光绪皇帝的老师。周总理接着又问：翁同龢有一个很有名的对联，你知道吗？常熟县委书记说不知道。周总理就讲：当时有一个讽刺清政府大官的对联，上联是"宰相合肥天下瘦"（宰相指的是李鸿章，安徽合肥人），下联是"司农常熟四方荒"（翁同龢先后任户部侍郎、尚书，江苏常熟人）。这看起来好像是周总理随便讲一个对联，讲一个掌故，实际上周总理有很深的用心，他是利用这个机会对干部进行教育，要干部一定要胸怀四方，不能只看到自己，还要看到国家，要看到天下，不能肥了自己的田就忘了别人的地，以此动员干部多种棉花。即使这样，实际上1971年我国的棉花产量才4 300万石，比1970年减产7.6%。4 300万石棉花，扣除农民自己用的棉花，扣除军用和城市居民用的絮棉，能够用于纺织的只有3 100万石。种棉花有一个粮棉争地的问题，如果增加棉花产量，就要扩大棉田面积，势必减少粮田，进而引起吃饭问题，那就会影响全局，毕竟粮食还是最重要的。棉花生产的困难，导致纺织工业不能多生产，影响了人民群众的穿衣问题。

从1954年9月政务院第224次会议通过《关于实行棉布计划收购和计划供

应的命令》开始，到1983年宣布取消布票，我国实行了长达30年发布票的政策。至于每年发多少布票，则要经过反复计算，由中央、毛主席最后批准，以中央文件的形式来规定。根据气候冷暖的不同，各地发布票多少稍有差别，大体上就是16尺、18尺、20尺的样子。我现在工作快60年了，一半生涯是在纺织工业部门工作的，先后担任过部长秘书、研究室主任、计划组副组长等，我深深感到穿衣问题对家家户户的牵动。现在的年轻人不能理解这样的事情，什么叫“新三年，旧三年，缝缝补补又三年”，“老大穿新的，老二穿旧的，老三穿补的”，现在哪有这种事情？都成了历史故事了，但是当年就是这样过来的。所以穿衣问题的解决，上面牵动中央，下面牵动家家户户。当时世界上已经实现工业化的国家，它们解决穿衣问题的出路，都是走发展化学纤维工业、以工业原料代替农业原料的道路，化学纤维占它们纺织用原料的比重达到40%左右。为了解决我国纺织业的原料问题，进而解决穿衣问题，纺织工业部曾借鉴工业化国家的经验，专门向中央写报告提出“实行天然纤维和化学纤维并举”的“两条腿走路”的方针，中央批准了这个报告，但化学纤维主要是合成纤维的技术问题国内很长时间解决不了，只能发展纤维素纤维，即粘胶纤维。后来发展了一些维尼纶纤维，但由于纤维质量不好，品种适应面很窄，不受群众欢迎。人民群众最欢迎的涤纶（商业名称叫“的确良”）、腈纶（人造羊毛）这些纤维，当时几乎没有，结果仍然解决不了穿衣问题。所以到20世纪70年代初，人民群众的穿衣问题，越来越成为中央领导同志要着力解决的一个关系国计民生的突出问题。毛主席就讲过，要为人民至今衣被甚少着想。我国引进成套化纤设备有着明显的紧迫性。

第四，国内石油生产的突破，使我国发展石油化工有了可能。1959年，我国石油产量373万吨，自给率只有40.6%。1965年，由于大庆等油田的发现和开发成功，我国石油产量达到1 131万吨，完全实现了自给。到1972年，我国的石油工业发生了重大的变化，原油产量达到4 567万吨，不仅能够自给，而且还用不完。“文化大革命”中有一个情况，就是有些省市区因为打派仗，闹无政府主义，煤炭工业瘫痪，没有煤炭发电，只好紧急地把一些电厂由烧煤改为烧油，这是非常浪费、非常不应该的做法。但是从中也可以看出，当时我国生产的石油，除了用做燃料之外，有可能拿出部分来作为生产化学纤维的原料。这就为我国引进成套化纤设备奠定了原料基础。

上述四个背景情况，综合在一起，使得我国从国外大规模引进成套技术设备的决策时机成熟了，条件具备了。现在设想一下，这几个因素缺哪一个，当时从国外进行引进成套技术设备的工作都是困难的。由于周总理的高瞻远瞩，我国很好地把握了决策机遇，再早是不可能的，再晚一点就要受损失。

除这四个背景因素以外，还有一件对当时我国引进成套技术设备的决策产生重要影响的事情。我是从李先念、余秋里同志那里听到这件事情的。1971 年八九月间，毛主席到南方视察。他有一个习惯，也是一种工作方法，就是每到一地，让身边的工作人员到社会上做调查，看看社会上有什么反映。在长沙的时候，毛主席给身边的工作人员放假，让他们到处走走，买点东西，搞些调查。有一位身边工作人员回来后很高兴，毛主席问她是怎么回事。她说，辛辛苦苦排了半天队，终于买到一条“的确良”裤子。现在年轻人不懂，稍微年纪大一点的人都知道，过去穿裤子是讲究裤线的，棉布没有裤线，“的确良”有裤线，而且不皱，所以当时穿上一条“的确良”裤子是很神气的，但是很不容易买到。毛主席对此很惊讶。“九一三事件”以后，毛主席同周总理谈起这件事，问：为什么不能多生产一点？周总理说：我们没有这个技术，还不能生产。毛主席又问：能不能买？周总理说：当然可以。事后周总理找李先念、余秋里同志，要他们研究办这件事情。对这件事情，我没有看到任何原始材料，但是从 1972 年 1 月我所起草的《关于进口成套化纤、化肥技术设备的报告》中可以得到一点印证。这个报告算了一笔账：我国进口 4 套化纤生产设备以后，“的确良”的产量总数将达到 19 亿市尺。城乡人民对“的确良”的需要，将进一步得到更好的满足。报告通篇都是讲大道理、算大账，没有讲具体的问题，唯独对“的确良”讲了具体数字。可见我听到的说法应该是事出有因，报告中特地讲了“的确良”可能就是一个回应。

大规模引进计划的策划与确定

我国第二次大规模成套技术设备的引进，从最初 4 套化纤和 2 套化肥约合 4 亿美元的方案，到最终确定为 26 个大型项目约合 43 亿美元方案的出台，前后经历了 1 年左右的时间，国家计委有 4 个报告。

第一个报告是由我起草的国家计委 1971 年 1 月 16 日《关于进口成套化纤、化肥技术设备的报告》。报告指出：为了充分利用我国石油和天然气资源，迅速发展化学纤维和化肥原料，拟向国外进口成套化纤、化肥装备和部分的关键设备。化纤方面，拟从法国、日本进口 4 套装置，约需 2.7 亿美元。建成后每年可生产合成纤维 24 万吨，约等于 500 万吨棉花，可织布 40 亿尺。引进这 4 套设备的厂址，拟放在四川、辽宁、上海、天津。化肥方面，进口 2 个 30 万吨大型合成氨厂设备，建在四川和大庆。报告还提出为在晋南建设用煤作原料的 30 万吨合成氨厂，同时加快全国正在建设的 25 个合成氨厂的进度，以及为改造、扩建老厂要进口的关键设备、部件和钢材，需要 9 000 万美元。另外，再进口生产合成材料的部分单机、材料，需外汇 4 000 万美元。共计 4 亿美元。报告提出，立即组织 3 个技术考察小组出国考察，并将国内配套工程分别列入长期和年度计划，争取在 1974 年、1975 年建成或形成生产能力。

2 月 7 日，经毛主席、周总理以及其他有关中央领导同志批准后，正式办理实施。接着，由主管此事的轻工业部和工作上有密切联系的燃化部组成考察组，分别到西欧、日本考察，选择引进对象。经过两个月的考察，5 月给国务院写了考察情况和进口化纤设备安排方案的请示报告。24 日，李先念批准同意，并委派柴树藩同志主持同外商谈判。此前，柴树藩在干校劳动，是周总理提名把他紧急调回来的。柴树藩熟悉对外工作，为人正直。1975 年底批判所谓“右倾翻案风”时，国务院开会，王洪文在场，批判“洋奴哲学”。当有人指着柴树藩批判外贸部卖国时，柴树藩予以反驳，说外贸部错误很多，但“卖国主义”一条没有。一时语惊四座，全场哑然。但他讲得理直气壮，批判的人也拿不出任何证据，王洪文也奈何他不得。此是后话。当时经过一个多月的谈判，柴树藩向国务院提交了《进口化纤设备谈判进展情况的报告》。9 月 2 日，周总理将报告批给李先念、余秋里，并询问：“能否提前先搞一套日本化肥设备、一套三菱油化设备、一套日本‘旭化成’（公司），是否都是从石油中提炼。”9 月 19 日，李先念对国家计委、外贸部《关于提前从日本进口化肥、化纤设备的报告》作了批示：“拟同意。（华）国锋、（纪）登奎同志批。（前已报中央。）”由此第一批进口化纤、化肥设备的报告正式决定下来。

在我起草《关于进口成套化纤、化肥技术设备的报告》的时候，由于全国计划工作会议正在召开，这一消息不胫而走，很多地方的同志纷纷要求把引进项目放在他们那里。当时初步确定，引进 3～4 套成套化纤设备，分别放在纺织工业比较发达、原料短缺而人口又比较多的地区，如上海、天津、辽宁、四川。稍后由轻工业部和国家建委、燃化部、交通部、水电部等组织工作组到辽宁、上海、天津、四川等省市实地调查厂址情况，考察厂址的各方面条件。经过预选和比较，最后确定上海市的建在金山县的金山卫，辽宁省的建在辽阳，天津市的建在北大港，四川省的建在长寿。工作组将进口成套化纤项目选厂工作写成简报呈送国家计委并报李先念、华国锋。

经过半年多的谈判、选厂址等准备工作，我国顺利解决了 4 套化纤设备和几套化肥设备、部件问题，迈出了引进成套技术设备的第一步。由于与国外谈判、出国考察、选址筹建等各方面工作进展非常顺利，于是有的部门如冶金、燃化、机械、电讯、民航、水电、铁道、三机部、四机部等部门都跟了上来，也想借此机会引进一些先进的技术，纷纷写报告，提出引进项目和派团（组）出国考察，了解发达国家的技术发展水平，了解国际市场行情，以便货比三家，把那些技术先进、价格合理、适合我国国情的设备引进来。这是后来从国外引进成套技术设备规模扩大的内部因素。同时，西方国家对我国引进项目也表现出极大的热情。辽阳化纤项目是从法国引进的，在谈判过程中，因为1 000多万美元的价格分歧，合同迟迟签订不了。法国总统蓬皮杜访华时，亲自出面做工作，在法国驻华使馆宴请周总理，谈这件事情。我听周总理的随行人员讲，蓬皮杜说，这个项目的签订会在全世界引起轰动，希望我国政府在价格上让步，最后周总理从大局考虑同意了，中法双方终于把这个合同签了下来。这个合同的签订，的确在国际上引起很大的反响，很多西方国家由此看准了这个机会，纷纷要和我国做生意。这是导致从国外引进成套技术设备规模扩大的外部因素。

第二个报告是武汉钢铁厂引进一米七轧机。1972年8月6日，国家计委向李先念、纪登奎、华国锋并国务院呈送了《关于进口一米七连续式轧板机问题的报告》，由此引进成套技术设备工作从石化工业扩大到钢铁工业。长期以来钢铁工业一直是我国工业的重点行业，但质量、品种不行，满足不了国内需要，稍稍好一点的板材都依靠进口。为了解决这个问题，早在1959年、1964年，冶金部就曾两次提出在武钢建设一米七热轧、冷轧薄板轧机。1971年，冶金部第三次提出在武钢建设一米七轧机。国家计委同意冶金部的意见，向国务院呈送了这个报告。这个报告提出："轧钢能力不足，钢铁品种不配套，特别是板、管少，是当前国民经济发展中的一个比较突出的问题。……因此，冶金部要求进口一米七连续式轧板机一套，包括热连轧机、冷连轧机、镀锌机组、镀锡机组、硅钢片机组等设备，以便增加200万吨左右钢板的轧制能力，其中冷轧钢板80万吨左右。"报告还指出，在国内多生产一些轧机的同时，从国外进口少量关键品种轧机。经查询，进口一套新的连续轧板机约需2亿美元，虽然用外汇较多，但与每年进口300万吨钢板所花约3亿美元相比，还是合算的。报告建议由冶金部、一机部、外贸部、国家计委指派人员成立专门小组来负责这项工作。周总理批示：拟照办，并批送毛主席和在京的中央政治局成员审批。8月21日，中央、国务院正式批准从联邦德国、日本引进一米七轧机，建在武钢。

第三个报告是1972年11月7日国家计委向国务院报送的《关于进口成套化工设备的请示报告》。报告建议进口6亿美元的23套化工设备。这时，煤炭、石油、化工、机械、军工、水利、电力、交通、轻工、林业等其他工业部门，经过出国考察也纷纷提出从国外引进技术设备项目，引进范围不断扩大。至此，各部门汇总的三批引进技术设备项目，包括新提出的引进项目，周总理感到很零碎，同时认为，既然有这么好的机遇，事情就应该做大一点，所以指示国务院业务组和国家计委把这些项目合并起来，"要准备采取更大规模的引进方案"。

第四个报告是"四三方案"。1973年1月2日，根据周总理的指示和国务院业务组研究的意见，国家计委向李先念、纪登奎、华国锋并周总理报送《关于增加设备进口、扩大经济交流的请示报告》，即“四三方案”。李先念随即把这个报告送给周总理。经过讨论和修改，3 月 22 日，国务院原则上批准了这个报告。报告提出，由于“我国的对外关系迅速发展，国际威望空前提高，帝国主义、社会帝国主义想孤立我们反而孤立了他们自己。资本主义世界经济危机进一步加深，急于找产品市场，找资金出路。积极利用这一大好时机，扩大对外经济交流，不仅有利于配合国际政治斗争，而且有利于加速国内经济建设”，“我们研究，拟在今后三五年内，集中进口一批成套设备和单机设备，争取在‘五五’计划期间充分发挥作用。目的是，引进新技术，支援农业，加强基础工业和轻工业，加速我国社会主义建设步伐。初步提出进口 43 亿美元的方案”。后来又追加 8.8 亿美元，整个方案共计 51.8 亿美元。

报告在确定引进技术设备项目的时候，提出了 6 条原则：一是坚持独立自主、自力更生的方针。“要集中力量，切切实实地解决国民经济中几个关键问题”。二是学习与独创相结合。后来周总理针对有人提出的“左”的做法，即“一批二改三用”，认为不恰当，强调对引进技术，应当“一学、二用、三改、四创”，即在消化、吸收后，再创新、改革。三是有进有出，进出平衡。四是新旧结合，节约外汇。引进项目尽量建在老厂，利用原有的公用工程及生活设施，减少投资。五是当前与长远兼顾。六是进口设备大部分放在沿海，小部分放在内地。这 6 条原则成为我国第二次大规模引进成套技术设备的指导方针。报告还建议，由国家计委及各部委组成进口设备领导小组，“像第一个五年计划期间抓‘156’项进口项目那样，扎扎实实地把建设任务抓紧抓好，尽早投产见效”。

第二次大规模引进成套技术设备的项目共计 26 个，包括化学纤维 4 套，即上海石油化工总厂、辽阳石油化纤总厂、四川维尼纶厂、天津石油化纤厂；石化 3 套，1 套是北京石油化工总厂（现为燕山石油化工公司）的 30 万吨乙烯，1 套是吉林石化公司的 11.5 万吨乙烯及配套项目，1 套是北京化工二厂的氯乙烯设备；大化肥 13 套，具有年产 30 万吨合成氨、48 万吨或 52 万吨尿素的生产能力，分别建在河北的沧州（沧州化肥厂）、辽宁的辽河（辽河化肥厂）、黑龙江的大庆（大庆化肥厂）、江苏的南京（栖霞山化肥厂）、安徽的安庆（安庆化肥厂）、山东的淄博（齐鲁第二化肥厂）、湖北的宜昌（湖北化肥厂）、湖南的洞庭（洞庭化肥厂）、广东的广州（广州化肥厂）、四川的成都（四川化工厂）和泸州（泸州天然气化工厂）、贵州的赤水河（赤水河天然气化肥厂）、云南的水富（云南天然气化工厂）；烷基苯项目 1 套（南京烷基苯厂），有材料说是 10 套，这是不准确的，从一开始就是定的 1 套，建在南京；大型电站 3 套，分别建在天津北大港、河北唐山陡河、内蒙古赤峰元宝山；钢铁项目 2 套，1 套是武钢的一米七轧机，1 套是南京钢铁公司的氯化球团。另外还有 43 套机械化综合采煤机组，以及当时具有世界先进水平的透平压缩机、燃汽轮机、工业汽轮机等单个项目。这 26 个项目都是投资亿元人民币以上的特大型项目，其中投资在 10 亿元以上的有辽阳石油化纤总厂（29 亿元）、武钢的一米七轧机（27.6 亿元）、大庆化肥厂（因为是用日元贷款，受汇率调整影响，投资加大到 26.7 亿元）、上海石油化工总厂（20 亿元）、天津石油化纤厂（13.5 亿元）；只有两个项目相对较小，即北京化工二厂的氯乙烯设备和南京钢铁公司的氯化球团。

1972 年，我国决定从国外引进成套技术设备的项目时，全国进出口总额只有 48.4 亿美元，其中进口 22 亿美元，而根据《关于增加设备进口、扩大经济交流的请示报告》的计算，引进这批成套技术设备需要 43 亿美元，加上利息，可能需要 50 多亿美元。总投资折合成人民币 214 亿元。这在当时来说都是不小的数目。1972 年，全国基本建设的总投资不过 412 亿元，这 26 个项目就占 214 亿元，实际上后来还超过了这个数字。从这两组数据可以看到，我国第二次从国外大规模引进成套技术设备，中央、国务院是下了多么大的决心，也只有像周总理这样的领导才能下这样的决心，而且实践证明这个决心是非常正确的，体现了周总理等中央领导同志对世界经济科技发展趋势的深刻洞察。现在可以设想，如果当年没有周总理那样的远见、那样的决心和魄力，我国第二次大规模引进成套技术设备的项目提不出来，即使提出来也可能做不到。

项目的落实和建设情况

我国第二次大规模引进成套技术设备项目的落实情况，是相当理想的。到 1979 年，这 26 个项目的合同履行完毕。26 个项目总共花了 39.6 亿美元，比“四三方案”的规定少了 3 亿多美元，实现的程度差不多是 92%。我觉得，在当时的历史条件下，能够实现到这样的程度，是一个了不起的成就。这 26 个项目的建设情况，从总体上来说是好的。据截至 1979 年底的统计，这 26 个项目中，已有 20 个建成投产，平均每个项目的建设工期是 3 年零 8 个月，其中最长的 5 年。国内同期第四个五年计划安排的一批大中型项目，平均每个项目的建设工期长达 11 年。当时有一个顺口溜，是讲天津拖拉机厂建设情况的，非常形象：“天拖天拖天天拖，大姑娘拖成了老太婆；八年打败了小日本，十年建不成个天拖。”这个顺口溜流传得很广，甚至传到毛主席耳朵里了。毛主席曾引过这个顺口溜，批评国内基建项目建设时间拖得太长。产生这种情况的原因很复杂，当时正值“文化大革命”，各种干扰、破坏、捣乱的事情很多，再加上项目本身资金不够，或是材料、设备不能保证供应，这样就把搞基本建设变成了吃基本建设，年年靠国家拨款，靠不上就等，以致工期一拖再拖。3年零8个月与11年相比，显然这批从国外引进的成套技术设备项目的建设速度，比国内第四个五年计划安排的一批大中型项目的建设速度要快得多，而且国内安排的大中型项目的建设规模也小得多。比如根据“四三方案”引进的13套大化肥项目，年生产能力30万吨合成氨、48万吨或52万吨尿素，平均建设周期为3年零4个月，而从1971年到1979年国内投资建设的19个中型化肥厂，规模10万吨合成氨，平均建设周期却长达5年零10月，比较起来，后者的生产规模只有前者的1/3，但建设时间却差不多是前者的将近1倍。

这批引进的成套技术设备项目之所以建设进度比较快，与周总理、邓小平、陈云、李先念、余秋里、谷牧等中央和国务院领导同志的领导、关心和支持是分不开的。他们在这些项目的引进、落实和建设方面，花了很多心血和很大的精力，有问题反映到他们那里，都能得到及时解决。比如周总理一直强调，这批引进项目对外履约，一定要重合同，守信用，不能把事情办坏。上海石油化工总厂是建在上海金山卫填海造地而成的软土层上。在建设初期，日本商人反映那里的地基不好，土层比较软，打了很深的桩，仍怕出事故。周总理对这件事情非常关心，可以说是相当着急，又是批示又是找人当面交代，要求一定要采取措施确保工程质量，千万不要出事情。我们在实际工作中深切感受到，对于这批引进项目，周总理等中央和国务院领导同志确实担了很大的风险，如果万一出了什么事情，“四人帮”就会借机发难，对他们进行批判攻击。

邓小平对这批引进项目给予了积极的支持。1973年6月，他刚刚复出工作不久，就到上海石油化工总厂建设工地视察。当时邓小平正在抓整顿，基本建设是重点整顿的一条战线。所以他回到北京后就对谷牧说，上海石油化工总厂建设进度很快，要谷牧在金山主持召开一个现场会，介绍他们的经验，推动基本建设战线的整顿工作。谷牧对邓小平说，这些年国家建委开会，每年都要上海石油化工总厂介绍经验，这个现场会是否不开了？邓小平说，不行，还是要开，而且要以国务院的名义开，要各省各部参加。于是，在谷牧的领导下，由宋养初、李景昭、李后、李灏、李梦白、焦善民和我，还有牛迪义等做具体的准备工作。会议于1975年8月在上海石油化工总厂召开，国务院各部委、各地管基建的负责人、“四三方案”所有引进的项目负责同志都参加了。谷牧代表国务院在会上作了报告。这次会议开得很成功，对当时基本建设的整顿工作起了很大的推动作用。

这批引进的成套技术设备项目在实施、建设过程中，也不断受到“四人帮”及其在各地党羽的干扰、破坏，造成了一些恶果。这批引进项目签约日期差不多都是在1973年，但是到1974年初，“四人帮”一伙召开“批林批孔”大会，在全国发起“批林批孔”运动，以“批现代的儒”、“党内的大儒”，批“周公”、批“宰相”，来影射攻击周恩来。江青还一手炮制“蜗牛事件”和“风庆轮事件”，以及对大庆化肥厂进行指责、干预，严重影响和打乱了引进成套技术设备工作的部署。

“蜗牛事件”，就是引进彩色显像管的问题。当时我国正在研制彩色电视，但在技术上过不了关。记得我们当时在前门饭店开全国计划会议，国家计委要求各省把自己生产的电视机都拿到会上来展览。我们去参观，真是惨不忍睹，蓝的不蓝，红的不红，三原色完全错乱，成了彩色电视机无彩色。为了改变这种状况，早日解决彩色电视机的技术问题，四机部组织陕西咸阳等企业的同志组成我国彩色显像管考察团到美国调研，准备进口一套彩色显像管生产线。考察结束后，美国生产玻壳的康宁公司送给考察团每人一个该公司自己生产的水晶蜗牛。江青知道这件事情后，借机发难，特地到四机部讲话，说美国人送我们蜗牛是“骂我们，侮辱我们，说我们爬行”，说引进彩色显像管是“屈服于帝国主义的压力”，是“崇洋迷外”，大骂国务院搞“卖国主义”、“洋奴哲学”。并要四机部把“蜗牛”退到美国驻华联络处，提出“抗议”。她还说：“美国这条生产线，我们不要它的了。”周总理机智地指示我国驻美国联络处查清事实真相和美国的风俗习惯。调查的结果说明，蜗牛在美国是作为礼品和陈设的工艺品的，象征幸福、吉祥。康宁公司并无恶意。查明事实真相以后，中央政治局讨论决定收回江青在四机部的讲话。但是，在“蜗牛事件”的影响下，引进彩色显像管生产线的工作被迫推迟了几年，其他引进工作也受到很大冲击。

“风庆轮事件”的经过是：为了尽快发展我国的远洋运输业，1964 年，周总理作出造船和买船并举的决定，得到毛主席的同意。1970 年，周总理又指示，力争在几年内基本结束主要依靠租用外国轮船的局面，把立足点放在国内造船上，在国内造船一时不能满足需要时，适当买一些船，把远洋运输的主动权掌握在自己手中。风庆轮是当时我国自行研制的 9 艘万吨级货轮中的 1 艘，是上海江南造船厂为交通部上海远洋运输分公司建造的。交通部曾担心国产主机、雷达等“五大件”设备性能不能适应远航，为安全起见，规定使用国产“五大件”的轮船，包括风庆轮，只跑近海。1974 年初，在“四人帮”的煽动下，江南造船厂的工人和风庆轮海员在“批林批孔”运动中贴出大字报，提出“我们要革命，风庆轮要远航”。同年，风庆轮远航地中海，交通部派出李国堂、顾文广两同志上风庆轮协助工作。风庆轮于国庆前夕返回上海港，“四人帮”党羽捏造诬陷李国堂、顾文广两同志的材料，把他们扣留在上海进行批斗。江青就借此事，批“交通部确有少数崇洋迷外、买办资产阶级思想的人专了我们的政”，指责国务院、交通部在造船问题上的“洋奴哲学”、“崇洋卖国”，矛头直接针对当时主持国务院工作的邓小平。“四人帮”一伙在中央政治局会议上发难，遭到邓小平的批驳。后来，他们又背着周总理和中央政治局，派王洪文到长沙向毛泽东诬告周恩来、邓小平等。王洪文说，为风庆轮的事，江青和邓小平在会上发生争吵，吵得很厉害，看来邓小平还是过去“造船不如买船，买船不如租船那一套”，又说，邓小平有那样大的情绪，是与最近酝酿总参谋长人选一事有关，北京现在大有庐山会议的味道，等等。毛主席听后，当即批评王洪文，告诉他有意见当面谈，这么搞不好，并叫他不要跟江青搞在一起。周恩来在医院里得知这件事情后，同纪登奎、华国锋、李先念、邓小平等谈话，了解了中央政治局会议情况及“风庆轮事件”经过，然后两次召见王海容、唐闻生，向她们介绍整个事情的经过，着重替邓小平讲话，委托她们向毛主席传话，说经他向参加会议的同志了解，邓小平并非像江青宣传的那样扬长而去，而是李先念把他劝走的。邓小平走后，张春桥说，他早就知道邓小平要跳出来。江青也说她是有意问邓小平对这个问题的意见。看来他们是事先准备好要整邓小平。后来，由于毛主席表示支持邓小平，这才解决了“风庆轮事件”问题，挫败了“四人帮”一伙妄图给引进成套技术设备工作加上“洋奴”、“爬行”等罪名的政治阴谋。

1975 年，江青直接插手大庆化肥厂化肥装置的引进工作，说什么大庆是我国自力更生的典型，为什么引进洋人的东西，叫嚷要调查是谁在搞“洋奴哲学”，要把正在建设的化肥厂拆掉。康世恩找孙敬文研究对策，决定要周太和到中央档案馆查找中央审批原件。他们找到了毛主席用红铅笔圈阅的文件，上写有周总理同意的批签，以及李先念、叶剑英圈阅的记录，复印送江青，江青看了毛主席的批阅件才不得不罢休。

“四人帮”对引进成套技术设备工作的干扰破坏，严重干扰和影响了这批引进项目的建设进度。我当时兼任轻工业部成套设备引进办公室副主任，每天都要了解工程建设的进度情况，但是在“批林批孔”运动以后很长一段时间，各地忙于“批林批孔”，情况不能及时上报。现场搞“大批判”，搞“上挂下联”，向上挂到国务院，向下联到工地现场的大小头头，弄得工程建设非常困难，辽阳石油化纤总厂工地最严重的时候一度处于瘫痪状态。

“四人帮”对引进成套技术设备工作干扰破坏造成的恶果，除了严重影响这些引进项目的建设进度以外，对工程建设质量的影响也是严重的。王洪文从上海调到中央工作以前，说要带几个重型炮弹到北京去，上海石油化工总厂工程也算一个，他指示上海市“革命委员会”和上海石油化工总厂建设要打破老框框，打破基建程序，树一个样板。前面曾经提到，1975 年 8 月，国务院在上海金山召开现场会，与会同志对上海石油化工总厂较快的工程建设进度反映很好，很是佩服，但他们都是行家，也发现了不少工程质量问题，有的甚至非常严重，担心不能安全生产。比如，石油化工工厂有大量的管道，管道焊接要求是非常严格的，焊接了以后都要百分之百地拍X光片，检查焊接的质量，但对这些，上海石油化工总厂却没有全部认真做，有些阀门未研磨就装上了，将来可能造成物料严重泄漏，后果不堪设想。当时会议编发的一种对上的简报（不发代表），就把这个情况登上了。9月20日，国家建委向国务院汇报现场会议情况，提到与会代表对质量问题的意见，认为设备检验、安装情况不好，担心将来出事情。李先念听后很着急，当即同余秋里和谷牧一起研究，决定派一个工作组到上海，专门检查工程质量，并指定由我带队。参加工作组的有国家建委、轻工业部、燃化部的同志，另外，李先念还特地嘱咐我带上大庆的老师傅和燃化部的工程技术人员。当时毛主席号召学大庆，特别是学习大庆工人的“三老四严”，我们带上大庆的老师傅，就堵住了“四人帮”在上海的党羽的嘴，使他们不敢公开反对，这算是一种政治智慧吧。

9月27日，我带着李先念亲笔写的信赶到上海，见了上海市“革命委员会”工交组的唐光煊、鲁纪华，经过一番商议，于国庆节前赶到金山。当时上海石油化工总厂上上下下的确很重视抓工程建设进度，但对质量重视不够，我们发现质量问题确实很多。当时有一种无形的力量，讲质量似乎就是否定成绩，有些人对这个问题很敏感。我们工作组既要检查质量，纠正失误，又不能让大家感到是来找碴子，否定成绩，处境确实微妙。上海石油化工总厂工程指挥部提出9月28日乙烯裂解炉点火，向国庆献礼。这个口号对于动员全厂抓紧工程建设进度确实起了积极的作用，有关单位以此为目标，日夜奋战。但是，从确保安全、质量第一的意义上说，“9·28”点火不具备条件。我们在现场，知道如果点火是要出事故的，而且不是以后出事故，当时就要出大事故。但是上海市“革命委员会”为了宣扬“四人帮”抓建设的成绩，非要点火不可，连报纸、电台都做好了准备，上海的《解放日报》、《文汇报》为此准备的报道清样都排出来了。我们工作组认为这是图虚名，没有实际意义，不能这么做，就打电话请示轻工业部钱之光部长。钱部长同意我们的意见，要我们做指挥部的工作。由于我们态度坚决，并且打着钱部长的招牌，才使有关人员勉强接受，把点火改为烘炉。其实烘炉当时都不具备条件。这之后，由于中央正在抓整顿，在我们工作组的推动下，上海市委、市“革命委员会”不得不出面在现场开了一次会。会上，工程指挥部发了言，大庆的老师傅讲了话，没有让我们工作组的同志发言。总之，由于“四人帮”及其党羽的干扰和破坏，对国务院召开的金山现场会提出的问题落实得并不理想，质量问题的整改也还是不认真。1976年7月15日，第二次点火投产，因为质量问题，没有成功。直到1976年12月30日，“四人帮”已经被打倒了，第三次点火才获得了成功。后来，上海石油化工总厂投料生产，工艺生产装置大的质量问题没有发生，但公用工程问题不少，曾多次发生管道破裂，漏水、漏气。当时如果不坚持斗争，质量问题会更多，会对后来的安全生产造成严重威胁。

实践证明，对于一个技术复杂、工艺的系统性和集成度都很高的现代化工程来说，组织建设和生产，不要规章制度，不要检查监督，就会造成灾难。上海石油化工总厂在我国第二批引进的成套技术设备项目的建设中，算是做得比较好的，但是严重的质量问题也一再发生，这是在无政府主义和极左思潮泛滥的情况下，“四人帮”“打破框框、打破基建程序”的指示造成的恶果。我想，如果没有“四人帮”的干扰破坏，这批引进项目的建设会搞得更快更好。

重大作用和深远影响

第一，这次大规模成套设备的引进，贯彻了“集中力量切切实实地解决国民经济中几个关键问题”的重要原则。这是“四三方案”规定的六条引进原则中的第一条原则。当时，我国国民经济面临许多问题，其中影响面最大的是8亿7 000万人的吃饭、穿衣等问题。

在吃的方面。第一个五年计划执行优先发展重工业的方针，农业、轻工业不受重视，发展受到影响。1958年，也就是第二个五年计划的起步之年，又遇到“以钢为纲”的“大跃进”运动，国民经济的比例关系受到严重破坏，农业、轻工业进一步被挤压。接着，三年自然灾害，加上工作中的失误，造成人民生活的极大困难。为了改变这种状况，中央决定实行“农、轻、重”方针，对国民经济进行调整，提出在安排国民经济计划时，首先安排和保证农业、轻工业的需要。1961年12月2日，中央书记处会议决定搞十年计划，并分为两个阶段，1967年以前（即第三个五年计划期间）要基本解决吃、穿、用问题。1964年4月底，国家计委提出《第三个五年计划（1966—1970）的初步设想（汇报提纲）》，规定“三五”计划的基本任务是：“第一，大力发展农业，基本上解决人民的吃、穿、用问题。”李富春说：“我国‘一穷二白’，有六七亿人口，吃、穿、用是个大问题，只有把人民生活安排好，才能更好地建设。”李富春还分析说，工业规划，要体现支援农业、农轻重、吃穿用各个方面，要把这些都带动起来，重点是什么？是否主要是化学工业，因为化学工业产品繁多，全与支援农业、农轻重、吃穿用、提高工业产品质量品种、加强国防有关。化工解决了，即解决了这五个方面的问题。在这段时间，国家计委安排了各部委汇报，其中第一个就是化学工业部党组关于化学工业长期计划方案的汇报。根据李富春的意见，国家计委的“三五”计划纲要还优先列出了化肥、化纤的发展目标。

1964 年 5 月 10 日到 13 日，毛主席连续四天听取国家计委汇报。他认为国际局势出现了新的变化，我国周边环境出现了紧张气氛，战争的危险依然存在。毛主席把这些看得很重，几次提出要准备打仗。在听取汇报十多天后召开的中央工作会议上，毛主席明确提出要进行三线建设。这样就把“三五”计划准备解决吃、穿、用问题的指导思想完全改变了。毛主席还讲了两个拳头（农业、国防工业）、一个屁股（基础工业）的观点，批评国家计委的规划是“屁股没有坐稳”。“要把基础工业适当搞上去，其他方面不能太多，要相适应。”这样，农轻重的方针实际上改变了，解决吃穿用问题已不可能。不久，“文化大革命”爆发，极左思潮、无政府主义泛滥，农业、轻工业再次受到破坏，人民生活的困难更加严重地突现出来。从“大跃进”以后，经过三年困难时期，再到“文化大革命”时期，粮食、棉花的生产供应长期徘徊，甚至每况愈下。直到“四三方案”引进 4 套化纤和 13 套化肥以后，情况才日渐改善，并最终为 20 世纪 80 年代解决温饱问题奠定了有力的物质基础。

粮食生产，由于受耕地面积限制，我国多年的努力方向都是提高单位面积产量。提高单产有很多条件，其中最重要的条件之一是肥料，所谓“庄稼一枝花，全靠肥当家”，就是这个道理。我国化肥工业，在著名化学家侯德榜的主持下，设计了“碳化法合成氨流程制碳酸氢氨”工艺，规模为年产 2 000 吨装置，这也就是我们通常所称的“小化肥”。全国共建了 1 533 个。小化肥数量上来了，但质量不行，它的肥效，即有效养分只有 17.7%，有些还达不到。而当时国际上已经兴起的大型化肥厂生产的尿素，有效养分高达 46.3%，肥效接近“小化肥”的 3 倍。据农业部门施用资料介绍，施用 1 公斤尿素可增产稻谷 4～5 公斤。尿素受到广大农民的热烈欢迎。

我在前面讲过，“四三方案”的最早引进计划是 4 套化纤、2 套化肥，后来发现这批装置先进，生产的尿素增产效果显著，就很快扩大到 13 套。以后，又继续引进，结合国内的国产化设备配套，大化肥总数达到 33 套，年产尿素 1 593 万吨。按照 1 比 4～5 的增产效果计算，1 593 万吨尿素可增产稻谷近 6 500 万～8 000万吨，增产效果十分显著。我国吃饭问题的解决，特别是稻谷的增产，除了农村实行联产承包责任制的改革因素外，主要得益于两条，一条是袁隆平的杂交水稻高产品种，一条就是尿素。没有这两项物资技术条件，面对市场急骤增长的大米需求，我们将无法应对。化工部部长孙敬文曾对我讲过，他们算过一笔账，1977 年底，“四三方案”中引进 13 套大化肥，已有 7 套投产，到 1978 年 6 月，累计生产尿素 361 万吨。如果进口同样数量的尿素，按当时国际市场价格计算，要用外汇 5.2 亿美元，超过这 7 套化肥装置引进所用外汇的 1 倍。因此，从经济上算账，是非常合算的。我国农业增产，以全世界约 10%的耕地解决了占世界21%的人口的吃饭问题，化肥的作用功不可没，“四三方案”的引进设备功不可没。

在穿的方面，引进化纤成套设备，解决穿衣用原料问题。新中国的化纤工业没有基础，1957年的总产量才200吨，是做人造丝的。通过多年的努力，到“四三方案”引进这批设备之前的1972年，我国的化纤产量也只达到13.7万吨，占当年国内纺织原料的5.5%，和西方发达国家化纤在纺织原料中占40%相比差得太远，根本解决不了纺织原料不足的问题。通过这次引进，4套化纤技术设备起到了“老母鸡”的作用，加上后来改革开放大环境的推动，我国化纤工业迅速发展，到2003年，全国化纤产量达到1 161万吨，占全世界化纤产量的1/3，比美国都多。我国已成为世界第一化纤大国。2003年，我国使用的纺织原料总量为1 700多万吨，其中化学纤维1 181万吨，占纤维总量的2/3还要多，这对于衣着的丰富多彩，对于满足社会各方面的需要，提供了强有力的物质基础。它们的用途，大体上是衣着用占1/3，家庭装饰等用占1/3，工业用占1/3。这个使用格局，与美国等发达国家相比，已大体相当。这也从一个重要方面反映了我国纺织工业的发达程度，特别是化学纤维对改变纺织原料结构的重大作用。从“衣被甚少”到成为世界第一纺织大国，我们只用了不到20年的时间，这在世界纺织史上是创纪录的。现在我国生产的纺织品不仅能够满足国内的需要，还大量出口，2003年出口额达到804亿美元。人民的衣着越来越丰富多彩，在人们日常生活中每天都少不了的衣、食、住、用、行中，我认为，解决得最好的是穿衣问题。现在穿的情况，国内最发达的城市和经济欠发达地区比较，差别不是很大。其他吃的、住的、用的、行的方面则差距太大，没有办法比较。同样，和西方发达国家比较，无论是同美国比较，还是同欧洲比较，老板和老板比，一般人和一般人比，我们穿的算是相当不错，差别也不是很大。所以我觉得，“四三方案”这批化纤技术设备的引进起到了非常大的作用，没有这批项目的引进，人民群众的穿衣状况根本达不到今天的水平。

在用的方面，我举一个例子，就是做洗衣粉原料的烷基苯项目。洗衣粉是现在每家每户每天都少不了的，城市也好，农村也好，都是如此。但是过去要凭证供应，数量极少，洗衣服主要靠肥皂。肥皂是用天然油脂做的，三年困难时期，人都没有吃的了，哪里还有油脂用来做肥皂呢？当时李先念找我们研究，通过试验的合成脂肪酸工艺技术放大以后，搞了一批小厂，用化学原料来生产肥皂。但是因为一些技术问题没有解决，生产出来的肥皂臭味太大。李先念给我们讲笑话：煤矿工人从井下上来，没有肥皂洗手，脸是黑的，老婆不让上床，后来用了合成脂肪酸做的肥皂，有一股臭味，老婆还是不让他上床。当时就是那样一个局面。后来我们把几十个技术落后的小厂统统关了。这主要是靠了南京烷基苯厂，当时引进的规模为年产 5.2 万吨，后来经过改造扩建，2003 年的产量达到 93 453 万吨。他们还同台湾的企业合资，又建了 2 个厂，3 个厂加在一起，2003 年的产量是 14.6 万吨，除了充分满足国内需要外，还以 14.4%的产量出口。

早在 1964 年，李富春在研究第三个五年计划时，就设想以化工为重点，带动工业发展，解决吃、穿、用问题。应当讲，李富春讲的这个大思路，是先进的、正确的，是当时工业化国家实行重化工业政策并取得巨大效果的成功经验。可惜在当时的历史条件下，他的正确思路没有被毛主席采纳。10 年之后，在周总理的领导和主持下，这个思路实践了，成功了。历史证明，在工业化的过程中，集中力量发展重化工业，是不可逾越的阶段。在一个有 13 亿人口的大国，解决自然资源短缺的突出矛盾，尤其需要走好这段路。

第二，通过这次大规模成套设备的引进，我们才真正对外部世界，特别是西方发达国家有所了解。新中国的第一次大规模成套设备的引进，对象主要是苏联、东欧国家。尽管它们当时把自己比较好的技术给了我们，但是因为它们本身就有局限性，这些技术大多是第二次世界大战以前的美国技术，到 20 世纪 50 年代在世界上已经不能算是先进技术了。再加上当时苏联实行“两个阵营”的理论和政策，苏东国家实际上是自成体系和自我封闭的，它们对西方世界的了解非常有限，更谈不上对我们与世界的交流合作提供帮助。第二次大规模成套设备的引进，是新中国成立以来第一次同西方发达国家进行大规模的交流与合作，合作伙伴主要来自日本、联邦德国、法国、意大利、荷兰、瑞士和美国等。本来早在 1964 年 1 月，毛主席在听取工交会议汇报的时候就讲过，我考虑到一定时候，可以让日本人到我国来办工厂，开矿，向他们学技术。后来因为国际形势的持续紧张和“文化大革命”的发动，毛主席的这个设想一直没能实施，一直到 8 年以后，也就是 1972 年才得以实施。这批项目的引进，不仅带来了西方发达国家的先进技术、先进工艺和先进设备，还带来了先进管理理念和管理方法，带来了广泛的最新市场信息，我们通过这批设备的引进，切身感受到了外部世界的变化，看到了究竟什么是技术先进、什么是高度发达的工业、什么是高效率的劳动生产，对我国和西方发达国家的差距有了深刻的认识。我国工业化的道路究竟怎么走，我觉得不通过这批项目的引进，是感受不深的。举一个例子，当时我们的一个年产 10 万吨合成氨的中型化肥厂，职工一般都需要上千人，甚至更多，但是我们引进的年产 30 万吨合成氨的大型化肥厂，职工定员只有 100 多人，两者劳动效率相差 10 多倍。当年国家计委李人俊主持审查这批项目，部门和地方工作的同志怎么都不同意把人减下来，各种机关科室、托儿所、食堂等后勤人员统统都要保留。这也是不难理解的，我们过去都只是从书本上看到西方发达国家现代化大生产的专业化、大协作的情况，实际上我们自己做的，还是长期坚持小而全、大而全。这种做法导致了我们企业的负担越来越重，背的包袱越来越大，使国有企业一直摆脱不了困境。

第三，通过这次大规模成套设备的引进，为国家和地方培养了人才，造就了一支对外工作的队伍，积累了经验，为以后的对外开放和参与经济全球化的合作与竞争，创造了比较好的条件。我们通过第一次大规模成套设备的引进，培养了一大批技术专家和管理干部，但是这批干部的局限性是很明显的，主要表现在技术、企业管理上。通过第二批大规模成套技术设备的引进，我们培养的人才、训练的队伍，才真正从西方发达国家得到了先进的技术、管理知识，积累了同西方发达国家打交道的经验，懂得了同资本主义国家打交道的一些门径，特别是怎么利用国际资本市场筹措资金、怎样引进软件、怎样开展更高层次的合作问题等。据我所知，参与领导第三次大规模引进的很多骨干，都是从参与第二次大规模成套设备引进项目的人员中调去的。

改革开放以来，我们能够取得西方国家用半个世纪甚至上百年时间才达到的成就，应该归功于邓小平理论，归功于党的基本路线和基本经济制度，归功于我国政府的开放政策。但是，第二次大规模成套技术设备引进的作用，我觉得是功不可没、不可忽视的，它确实起到了承前启后、示范带头的作用，使我们较早地从苏联、东欧国家转向西方发达国家，转向积极全方位地参与经济全球化。如果没有当时的工作，没有它打下的基础、创造的条件，我们以后面临的困难要多得多，解决这些困难所要付出的代价也会大得多。

财政在“文化大革命”中苦撑危局

王丙乾

“文化大革命”十年，政治形势动荡，社会秩序混乱，规章制度遭到破坏，国家财政受到冲击。在这种情况下，由于得到周恩来总理的支持和李先念同志的领导，财政部仍然坚持正常的业务工作，保障了国家财政的正常运转。这是“文化大革命”中财政部的主流，在当时能够做到这一点确实是难能可贵的。这一时期，我相继担任财政部预算司副司长、司长、部党组成员、“革命委员会”副主任，开始参与财政部业务领导工作，值得回顾的地方不少，现将印象最深的几件事概要说一说。

国家的财政大权不能夺

在“文化大革命”中，财政部也受到了冲击，特别是在1967年连续受到夺权和大批斗的考验。但是在党中央、国务院的坚强领导下，特别是在周总理的亲自关怀下，财政部广大干部确保国家财政大权始终掌握在党中央的手里，为保证国家政权正常运转，作出了历史性贡献。

“文化大革命”初期，我在上海纺织四厂搞“四清”。上海“一月革命”后，形势很乱。有天晚上，纺织四厂领导悄悄找到我，说北京让你回去，你快走吧，到明天就走不了了。我听后连夜乘火车赶回北京。回到北京时财政部却已经发生了很大变化，到处贴的是大字报。有张大字报说建国以来财政部执行的是刘少奇的“黑线”。我很气愤，回去就写了张大字报贴了出来，针锋相对、旗帜鲜明地指出：建国以来财政部执行的是毛主席的“红线”。

在“一月革命”的冲击下，中央和国家机关各部委的领导干部，大都成为红卫兵和造反派揪斗的对象。面对这种险恶的情势，周总理悲愤不已，深感不安，决定采取保护措施。经与几位副总理商议，他提出以国务院通知开会、汇报工作和写检讨等名义，让受冲击的部长、副部长们住进中南海“工字楼”宿舍，保护起来，其中就包括主持财政部日常工作的副部长吴波。

1967 年 1 月，财贸口的造反派在“中央文革小组”的支持下，开始酝酿夺财政部的权。1 月，财政部的造反派宣布打倒吴波，夺财政部的大权。财贸口各大专院校的造反派也进驻财政部，成立所谓“接管委员会”。财政部的工作几近瘫痪。周总理得知这一情况后，立即派（李）先念同志到财政部解决问题。先念同志到财政部后先找造反派代表谈话，规劝他们放弃夺权，但被造反派代表拒绝。先念同志非常气愤，对造反派代表和支持造反派夺权的个别领导干部进行了严厉批评。然而，造反派不但不服从，反而把他的指示在各个造反派组织中宣扬，然后串联起来，提出“打倒李先念”的口号。周总理在听取先念同志的汇报后，决定与先念同志一起，接见财贸口的群众组织代表，制止造反派夺权，保住国家的财政大权。

1967 年 2 月 17 日，周总理代表党中央在国务院小礼堂主持召开财贸口领导干部和群众组织代表会，严正宣布财政大权属于中央，不容造反派夺取，要立即缴回，并当场下令解放军战士将支持造反派夺权的财政部某位副部长逮走。周总理这一迅雷不及掩耳的行动是得到毛主席同意的。

周总理的斗争艺术很高明，他没有说不能夺权，只是说中央财政大权不能夺，只能监督。这就宣布并确立了这样一条原则：凡中央和国务院各部门的权，特别是国家外交、财政等权，都属于中央、属于毛主席，造反派不准夺取，从而在中央和国家机关有效地刹住了这股邪风。

周总理在和造反派代表谈话时，还多次谈到财政部的成绩，指出在最困难的时候，我们财政上把外债还清了，把内债也很快还清了，赤字没有了。世界上哪一个国家能够跟我们相比呀？帝国主义、反动派、修字号三类国家，不是有外债，就是有内债，像美国那样，有多少内债呀！财政上有赤字，还有多少亿的各种内债。财政部正是在毛主席路线的指导下，才取得这样伟大的成绩。周总理积极支持先念同志的工作，他说，先念同志曾经提出不兼任财政部长，毛主席说不行，得兼。毛主席信任他，我们信任他。周总理讲完之后，先念同志在讲话中也对造反派代表提出了严厉批评。

1967 年 2 月 18 日，周总理、先念同志又在中南海接见了财贸口部长、司局长。我也参加了这次接见，对当时的情况记忆犹新。周总理对财政部造反派夺权很生气，教导我们要捍卫国家财政大权。周总理说：“政府大权如外交、财政、公安、国防、经济大权，怎么能夺！”周总理指出，国防、公安大权既不能夺，也不能监督。财政算第二类，可以监督，但不能夺。中央规定业务权只能监督，超过了限度，就要走到邪路上去。谁要夺中央的财政大权、经济大权，我们就要起来保卫。不起来捍卫毛主席直接掌握的大权，就是犯罪。聆听了周总理的讲话，我十分激动。我觉得多亏党中央和国务院对财政部的支持，特别是周总理的亲自关怀，否则真不知道会造成什么样的后果，会给国家带来多大的损失。

会后，先念同志在周总理的支持下，坚决不让造反派夺财政部的权，坚决支持财政部各部门照常工作。1967 年 2 月 25 日，财政部向国务院各部委和各省、直辖市、自治区财政厅局发电指出：根据周总理的指示，国家财政大权属于中央，财政部的革命造反组织只能夺运动的领导权，不能夺财政部的业务领导权，但对业务可以进行监督。现在我部党组已经恢复工作，业务领导权已经收回。前财政部“革命造反司令部”，以“造反司令部”名义发出的有关财政工作方面的文件一律无效。

因为财政部工作的重要性和在财政部出现的这些斗争的复杂性，党中央、国务院为防止各种可能的破坏，确保对中央财政大权的控制及其正常运转，果断地决定对财政部实行军事管制。1967 年 7 月 1 日，中共中央、国务院、中央军委、“中央文革小组”公布《关于对财政部实行军事管制的决定》。决定指出自即日起对财政部实行军事管制，成立军事管制委员会（简称军管会），任命殷承祯为军管会主任。军管会下面成立“抓革命、促生产”的两个班子，负责部内工作。决定还指出，实行军事管制后，对外活动如需要以行政首长名义签署或接洽的，仍按过去规定办理。行政首长已撤职或停职的，应由上级指定适当人选以代理人名义出面。党中央、国务院的这一决定受到了财政部广大干部和群众的拥护。

1967 年 7 月 19 日，财政部军管会发出通知，决定成立临时业务领导小组。经军管会研究，报请国务院同意，在没有组成有群众代表参加的业务领导班子之前，确定在军管会统一领导下，由刘洪章、吴波、谢明、姚进、王程远和我组成临时的业务领导小组。刘洪章、吴波分任正副组长，具体负责主持业务行政方面的工作。

军管会保护了一大批老干部，对于基本维持财政工作正常进行、保证财政部业务工作不间断发挥了历史作用。特别是军管会主任殷承祯，在原则上坚决贯彻党中央和国务院的指示，放手让业务组开展工作，不干涉财政业务，对财政部原来的司局长也采取保护和支持的态度，不让他们随便遭到批斗。还值得一提的是，在当时的背景下，殷承祯对先念同志非常尊重。中央让先念同志就“二月逆流”事件回财政部作检查的时候，殷承祯亲自去门口迎接。先念同志做完报告时，他还带头鼓掌，并在会后写了简报，向中央反映先念同志的检查报告好。这在当时是对先念同志很大的支持。

财政业务在“文化大革命”中照常坚持

1969年10月，林彪“一号命令”下达后，财政部各业务司局除留少数人组成业务组外，其余人员都下放到湖北沙洋五七干校劳动。财政部由600多人缩减成为70多人的业务组。当年，国务院精简机构，人民银行并到财政部，一起在财政部大楼里办公，所以机关大楼门口挂两块牌子：“中华人民共和国财政部”、“中国人民银行”。财政部与人民银行合并后，业务上分为4个组：综合组（由原来财政部预算司和人民银行的计划局组成）、财政业务组（由财政部业务司局组成）、银行业务组（由人民银行业务司局组成）和办事组（由财政部和人民银行的办公厅组成）。每个组下面又分为几个小组，基本上一个司局一个小组。我担任综合组组长。在当时人手少和社会复杂的情况下，财政部留下来的人依然坚持工作。当时工作量非常大，规定每周一、二、四、五晚上都要加班，遇有急事，加班时间更多。在党中央、国务院的领导和支持下，国家的财政业务在“文化大革命”中靠几十个人依然艰难维持，基本保持正常运转，为维持财政平衡、维护国家财经秩序、支持经济建设和开展对外援助起到了重要作用。

（一）贯彻中央4个文件，竭力维持财政平衡

在全国刮起夺权的风潮中，两派群众严重对立，武斗日趋频繁，无政府主义思潮恶性膨胀。在一段时间内，企业管理混乱，财务制度松弛，截留国家利税的行为不断发生；投机倒把、偷税漏税现象严重，财政工作陷入重重困难，财政收入连续下降，很难维持财政平衡。针对这种情况，为了确保财政工作的顺利开展和实现国家财政收入任务，维持财政平衡，中共中央及时采取了果断措施，发出一系列通知，对上述现象，坚决进行了抵制和斗争，极大地支持了财政部门的工作。

1967年6月22日，在周总理的亲自过问下，中共中央及时发出了《关于进一步“抓革命、促生产”，增加收入，节约支出的通知》，指出一切企业纳税单位都要努力增加生产，按规定向国家缴纳税款和利润，不许挪用和拖欠；已经挪用的，必须归还；已经拖欠的，必须补交。同年8月20日和次年2月18日，针对不少单位借“文化大革命”混乱之机，铺张浪费，乱花公款以及把集体所有制企业随意转为全民所有制企业等歪风，又先后发出了《关于进一步实行节约闹革命，控制“社会集团购买力”，加强资金、物资和物价管理的若干规定》和《关于进一步实行节约闹革命，坚决节约开支的紧急通知》。

1968年1月18日，中共中央又及时发布《关于进一步打击反革命经济主义

和投机倒把活动的通知》。当时有些人不顾国家利益、集体利益和长远利益，单纯追求个人暂时利益，强行要恢复和扩大过去关于工资福利制度中已经废除的一些错误措施；并煽动一些不明真相的群众要求晋级加薪，随便向国家伸手要钱要物资，鼓动学徒工、临时工、合同工、轮换工要求转为正式工；煽动学校的毕业生对工作分配及分配后工资待遇等问题提出各种不合理的经济要求；一些干部不讲原则，随意签字答应条件，有些机关、企业、事业单位，不按国家规定，强行向银行贷款，随意分掉党费、团费、工会福利费、机关职工福利费和企业的职工福利基金等。这股风气一时甚嚣尘上，给财政和银行工作带来了更大的被动和困难。通知对此进行了坚决反击，对于制止当时的混乱情况起到了重要作用。

以上 4 个文件，都用中共中央、国务院、中央军委、“中央文革小组”名义以布告的形式发布，张贴在墙上，布告周知，让全国人民都知道。这是在当时那种特殊形势下采取的一种不得已的办法，这样就有权威性，要不然我们宣传人家听不进去。

“文化大革命”10 年中，有 4 年出现财政赤字，但 6 年是维持平衡的。虽然总体上是有赤字的，但是如果没有中央连发的 4 个文件，没有财政部努力维持平衡，赤字会更大。

（二）针对时弊，强调财政制度和财经纪律

新中国成立 17 年以来，国家财政分配体系中形成了一整套行之有效的规章制度。这些规章制度，保证了国家财政政策法令的顺利贯彻执行与财政收支任务的胜利完成。

可是，在“文化大革命”中，国家财政制度和财经纪律受到严重践踏。由于无政府主义的泛滥，无视国家财经纪律，有章不循，各行其是的现象到处都是。在此期间，预、决算制度也曾一度中断和未严格执行，1967 年、1968 年两年国家就没有正式的预、决算报告，形成新中国财政史料上的空白。在收入方面，侵占、截留国家财政收入，化预算内资金为预算外资金以及扩大成本范围者有之；公开抗税不缴和超越权限减税免税者有之。在支出方面，基本建设投资“大敞口”，花钱“大撒手”，施工吃“大锅饭”的情况相当普遍。有些企业管理混乱，长期亏损，靠国家补贴过日子，却心安理得。有些单位乱建楼堂馆所，大肆请客送礼，挥霍浪费国家资金，却不以为耻，反以为荣。所有这些，实际上造成了许多合理的财政规章制度“不破自废”的严重后果。这不但践踏了财经纪律，分散了国家财力，而且败坏了党风和社会风气，腐蚀和毁灭了一批干部。

在这种背景下，我让部里各个司局整理新中国成立以来的财政制度文件。当时整理出的文件非常多，我们就挑出最重要、针对当时时弊的文件汇编在一起，以财政部办公室的名义印发了《财政制度摘编》。这本书对于各机关和企事业单位认真执行财政制度，发挥了积极的作用。

1971 年林彪叛逃坠机之后，在该飞机残骸中发现了外汇。有工作人员到财政部查问林彪外汇的来源。财政部的同志回忆说，是曾有两个军官来财政部要过外汇，但财政部坚持财政制度和财经纪律，没有批。后来查清林彪的外汇是从别的渠道得到的。这件事受到周总理的表扬。

（三）坚持召开财政工作会议，推动财政工作

“文化大革命”期间，在时局复杂的背景下，财政部依然坚持召开财政工作会议，分析财政收支情况，交流经验，为推动财政工作发挥了积极作用。

1967 年 10 月，财政部召开全国财政工作会议。会上，财政部军管会正、副主任殷承祯、刘洪章作了讲话，我作了《关于 1967 年国家财政收支情况的说明》。1968 年 9 月中旬，全国财政工作座谈会分别在北京、杭州、长沙、沈阳、西安 5 个地方同时召开，历时 5～7 天。会议认为由于贯彻了“要进一步节约闹革命”和中共中央 2 月 18 日《关于进一步实行节约闹革命，坚决节约开支的紧急通知》，全国群众性的节约工作做得很出色。经过一番艰苦努力，初步可以实现收支平衡，并略有结余。1970 年 3 月，全国计划会议财政座谈会召开，我在座谈会上作了发言。1970 年 7 月，财政部召开全国财政银行工作座谈会，着重讨论了财政银行工作的改革问题。在当时那样混乱的情况下，组织这些会议非常困难，今天想来，实在难能可贵。这些会议的召开，对支持、保证各地、各部门财政工作的正常运行，发挥了很大作用。

（四）国家财政在困难中支持经济建设

十年动乱期间，国家财政在困境中发挥分配、监督的职能，多次采取增加收入、节约支出、冻结单位在银行的存款、压缩社会集团购买力、控制货币投放等措施，除了保证国家最低限度需要的经常性开支外，集中有限财力，积极支持了国家经济建设和工农业生产的发展，在那样混乱的情况下，仍然取得了不少成绩。

在这十年期间，农业方面，建设了大批水利工程，使其配套发挥效益，农业现代化的装备水平也有了较大提高，从而使粮食生产保持了比较稳定的增长。

工业方面，建设了一批大型工业企业。最突出的是石油工业在这个时期中进一步探明了石油资源，国家原油产量 1976 年达到 8 700 多万吨，使中国由贫油国一跃成为能够自给自足的产油国。

交通运输方面也有进一步的改善和加强。这个时期建成了一些内地铁路干线。南京长江大桥全长 6 700 米，是具有世界先进水平的双层铁路、公路两用桥，于 1968 年完工。

科学技术方面，取得了一批重大成果。这个时期，我国广大科技人员在籼型杂交水稻的育成推广、核技术、人造卫星、运载火箭等尖端科学技术研究方面取得了丰硕成果。

当然，国家财政通过其分配活动取得这些建设成就，是在我国社会主义制度下广大工人、农民、知识分子、革命干部辛勤劳动的结果，是全国人民在承受极大灾难中付出巨大代价取得的。这绝不是，也绝不可能是“文化大革命”带来的。“文化大革命”严重阻碍和桎梏了社会生产力的发展。如果没有这场十年浩劫，国家建设必将有更大的财力保证，财政资金分配活动将会失误更少，整个经济效益将会大大提高，中国经济建设的成就将会更大。

（五）坚持开展对外援助

我国对外援助从新中国成立以后就已开始。1966—1970 年，中国继续支援亚、非、拉美第三世界国家争取民族解放、发展民族经济，向 37 个国家提供了巨额援助。1970 年，毛主席会见巴基斯坦总统叶海亚·汗，在谈话中批评第四个五年计划安排的对外经济援助太少，特别是对巴基斯坦的经济援助很不够，提出要由原定的 2 亿元增加到 5 亿元。1971—1975 年，即第四个五年计划期间，中国先后向 60 多个国家和地区提供了援助，建立了经济技术合作关系，特别是支持印度支那三国抗美救国战争，使中国对外援助支出急剧增长。在此期间，对外援助总金额比上一个五年计划期间增长 1 倍以上。到 1972 年底，对外经济援助超过 400 亿元，其中越南、朝鲜、阿富汗占 80%。当时我国自身经济和财政非常困难，还为发展中国家提供了数目相当可观的财政援助，体现了无产阶级国际主义精神。

随着我国对外关系的迅速发展，要求我国给予援助的国家也越来越多。但是，我国国民经济严重困难，财政收支出现了较大赤字，没有力量再拿出过多资金进行对外经济援助。为此，中共中央于 1975 年 4 月决定压缩和调整我国对外援助支出，决定在第五个五年计划期间，将援外支出占财政支出的比例，由“四五”时期的 6.5%降到 5%以内，援外资金总额基本维持“四五”时期的水平。同时，要求援助项目一定要保质保量，经济实用，使受援国得到效益，真正体现无产阶级国际主义精神。

财政工作的整顿和推进

1971 年，林彪反革命集团被粉碎后，周总理和小平同志先后主持中央工作。他们面对“文化大革命”造成的混乱局面，忧心忡忡，决定尽快通过整顿，使各行各业进入正轨，改变混乱局面。财政部在这一时期也开始了一系列整顿工作。

（一）第一次整顿

1971 年，林彪反革命集团被粉碎后，周总理明确指出，现在我们的企业管理乱得很，要整顿。1972 年，财政部为了贯彻周总理关于整顿的精神，在国民经济领域开始了第一次整顿。1972 年 10 月，财政部在“加强经济核算，扭转企业亏损”会议上，坚定了“政治挂帅要挂在业务上”的认识，提出“国家要积累”的观念，号召大家促进生产，抓社会主义积累。这种思想上的整顿，澄清了一些是非，给财政、经济工作的整顿打下了基础。在整顿机构方面，全国各地陆续恢复了税务机构，增加了税务人员。原附设在财政部业务组下面的税务组，也于同年恢复税务局建制。与此同时，在财政部恢复中国人民建设银行总行，各省、市、自治区恢复建设银行分行。机构的恢复和人员的充实给财政工作带来了新的生机和活力。在整顿企业财务方面，国家计委、财政部、农业部集中批判了林彪的“政治可以冲击一切”“只要算政治账，不要算经济账”的错误思想，提出切实抓好企业整顿、严格实行经济核算、落实企业生产计划、改进企业管理制度等一系列措施。通过国民经济第一次整顿，整个财政工作有了转机，经济形势和财政形势有了好转。

这一时期，在整顿的同时，我们还抓住美国尼克松总统访华之后，以美国为首的西方资本主义国家部分解除对我国封锁禁运的时机，大规模从西方国家引进设备，以推动经济发展。以进口成套化纤、化肥技术设备为突破口，不断扩大对外引进交流规模，最终形成了 1973 年 1 月 5 日国家计委向国务院提交的《关于增加设备进口、扩大经济交流的请示报告》。这份报告建议，利用西方处于经济危机、引进设备对我国有利的时机，在今后三五年内引进 43 亿美元的成套设备。这个方案被通称为“四三方案”，是打破“文化大革命”时期经济贸易领域被封锁局面的一个重大步骤。以后，在此方案基础上，又陆续追加了一批项目，计划进口总额达到 51 亿多美元。

（二）小平同志复出和第二次整顿

1973 年夏季的一天，军管会通知我、殷承祯和蒋乐民下午到国务院西花厅开会。这次会议要求各部门军、干、群各 1 名代表参加。到了西花厅不久，周总理健步来到大厅，向大家宣布：今天我把你们的一位老领导请了回来，他就是邓小平同志。此时小平同志被请了出来和大家见面，全场响起了热烈的掌声。接着周总理说，小平同志恢复工作是毛主席、党中央决定的。毛主席说小平同志“绵里藏针”，思想强、工作能力强。周总理还说小平同志虽然受了批评，但精神仍很好，不气馁，现在先恢复国务院副总理的工作，其他工作待毛主席、党中央另行决定。我能亲身见证这一历史时刻，感到一种莫大的幸运。不久小平同志又恢复了中央政治局委员的职务，并担任了中央军委副主席兼解放军总参谋长的重任，后来又担任中共中央副主席职务。

1975 年 1 月，四届全国人大一次会议在北京召开，小平同志被任命为国务院第一副总理。周总理带病参加会议，并作了政府工作报告。他在报告中重申，要在本世纪内实现农业、工业、国防和科学技术现代化的宏伟目标。四届全国人大象征着国家在“文化大革命”的后期，已有意把工作重点转移到经济建设上来。

1975 年，财政工作在全面整顿中，采取一系列措施，整个工作又有了新的进展。1975 年初，四届全国人大任命张劲夫同志担任财政部长，同时撤销财政部军事管制委员会，恢复“文化大革命”前的司、局组织建制，逐步把财政工作纳入正常轨道。

支持唐山救灾重建

“文化大革命”的 10 年里共发生了 8 次震级较高、破坏力较大的地震灾害，始于 1966 年，终于 1976 年，天灾与人祸共始共终。财政部对地震灾害十分关心，不仅拨款救灾重建，还多次派人到现场慰问和调研。我在这里着重谈谈亲身参与救灾工作的唐山大地震。

1976 年 7 月 28 日凌晨，河北省唐山市发生了里氏 7.8 级地震，并波及天津、北京及附近地区。地震使唐山市工业建筑震毁 90%，民用建筑几乎全部震塌，造成 24.2 万人死亡，重伤 16.4 万人，直接损失达 30 亿元。这对于当时中国经济发展及财政状况，真可谓雪上加霜。

唐山大地震发生后，华国锋和中央一些领导同志亲临视察。我和陶省隅同志代表财政部于地震发生的第二天去唐山地震灾区，查看了机关、学校和企业的受灾情况，研究如何救治，并和河北省的领导同志见了面。我就带了陶省隅一个人，当时刚刚地震，去的人不能太多。预算方面，我自己都懂，没有必要带人。唐山是一个工业地区，这次去了解情况，主要是接触工厂，考虑怎么恢复生产、怎么筹划资金，所以带了陶省隅。两个人坐了一辆面包车过去。当时带面包车，主要是想可以睡在里面，因为唐山那边的情况，我们还不太了解。到了那边以后，才知道国家计委副主任李人俊已经在唐山飞机场搭了一个席棚。我们就住在席棚里，比住在汽车里好，吃饭自己做。国家计委的同志也希望财政部领导能住在那里，研究筹资问题更方便些。唐山财政局陪同我们的那位同志一家七口就剩他一个，财产就只剩一块手表，祖孙三代都没了，还陪着我们到处调查。这种精神，实在让我感动。当时我们就到处去看，主要是工厂，也去过一个煤矿。地震死亡人数太多，一时又不能殡葬，我们看了以后心里很难受。当时，唐山开滦煤矿正在井下工作的万名工人和干部，除坚守岗位牺牲的 17 人和几名失踪者外，其余全部安全升井，撤至地面。这是一个奇迹。后来唐山恢复重建，煤矿生产起了很大作用。

在唐山待了一个多月，回来以后拨款救灾。中央财政拨付救灾款 3.9 亿元。财政部部长张劲夫在北京坐镇，其间也到过唐山了解情况。我们向国务院做了汇报，国务院认为，财政部报的都是第一手材料，提的意见比较切实可行，予以采纳，所以后来唐山的恢复重建基本上是按财政部的意见办的，财政部为此出了很多力。此后，从 1976 年开始到 1980 年，国家财政通过各种形式和渠道，先后给唐山拨款 33.6 亿元，其中救灾款 11.6 亿元，基本建设投资 22 亿元。国务院核准当年减征河北省农业税指标 1 285 万元，同年地震灾区的工商税也得到了相应的减免。

国家财政的有力支持使唐山人民能够迅速地战胜困难，在地震的废墟上建起新的家园。重建后的新唐山我也去看过，总体规划改变了震前分区混乱、工厂和住宅混杂交错的不合理布局。全市分为新区、市区和东矿区，三大片呈三角形分布，组成一个和谐、漂亮、疏密有序的整体。一个个住宅小区、一座座高层楼房拔地而起，一个新型的城市在地震的废墟上重新建立起来。看到这些巨大的变化，我感到十分欣慰。

安定团结是财政发展壮大的基础

从“文化大革命”的 10 年情况看，安定团结是非常重要的。国家政治局面安定，全党上下集中精力抓生产建设，经济发展就快，财政收入就增加得多；反之，国家财政就举步维艰。从新中国成立以来的财政收入平均每年增长的情况中，我们可以清楚地看出这一点：“一五”时期年平均递增 12.2%；“二五”时期，因为“大跃进”运动，年平均递增仅 0.2%；三年调整期间年平均递增 14.7%；“三五”时期年平均递增 7%；“四五”时期年平均递增 4.3%。要保持安定团结的基础，就不能以盲目的政治运动冲击经济发展。“文革”时期是财政极度紧张和问题最多的时期，这里有林彪、“四人帮”的干扰破坏，也有“左”倾错误在经济建设中的严重影响。

现在中央提出建设和谐社会是十分正确的。我们要珍惜今天政治安定、社会和谐的局面，全国上下团结一致，把我们的经济搞上去，不断增强国家的财政实力。

不寻常的四届人大筹备工作

孙中范

从 1973 年 9 月至 1975 年初，我作为中央组织工作小组值班室和四届人大一次会议秘书组的工作人员，参加了四届人大后两次的部分筹备工作，亲历了四届人大两次筹备工作和一次会议的全过程，这在我一生中是非同寻常的经历。本文在写作过程中得到了吴庆彤、朱雨滋、脱若男同志的支持和帮助。

根据 1954 年《宪法》的规定，全国人民代表大会每届任期为四年（1975 年《宪法》将任期改为五年）。第三届全国人民代表大会第一次会议是 1964 年 12 月 21 日至 1965 年 1 月 4 日召开的。按照当时《宪法》的规定，四届人大本应在 1968 年底或 1969 年初召开。但是，由于那时正值“文化大革命”，造反派全面夺权席卷全国，严重打乱了党和国家的正常工作秩序，当时不可能把召开全国人民代表大会的问题提上议事日程。1969 年 4 月，中共九大召开。会后，根据毛主席的提议，中央从 1970 年 3 月开始，着手进行四届人大的各项筹备工作，成立由周恩来、张春桥、黄永胜、谢富治、汪东兴组成的工作小组，负责四届人大代表名额和选举事宜；成立由康生、张春桥、吴法宪、李作鹏、纪登奎组成的工作小组，负责修改宪法；由周恩来、姚文元主持起草政府工作报告。

按照中央工作的预定日程，1970 年 3 月 17 日至 20 日召开了中央工作会议，通过有关四届人大的各项准备方案，四届人大的各项筹备工作全面展开。当时曾预计于 1970 年 9 月召开四届人大一次会议。但是由于种种原因，四届人大会议多次推迟，筹备工作也时断时续。

筹备工作再次提上日程

1973 年 8 月，中共十大闭幕不久，周总理和王洪文向毛主席汇报了有关四届人大的筹备事项。9 月 12 日，根据毛主席的意见，周总理主持召开中央政治局会议，讨论四届人大的各项准备工作。会议决定，中央在近期内发出关于召开四届人大的通知，并开始进行修改宪法草案的工作。同时，在政治局内设立组织工作小组、宪法修改小组和政府工作报告起草小组。周总理担任政府工作报告起草小组组长，张春桥担任宪法修改小组组长，纪登奎担任组织工作小组组长。

根据中央政治局会议的精神，1973 年 9 月 15 日，纪登奎在人民大会堂福建厅召开了中央组织工作小组第一次会议。他说，根据主席的指示，中央政治局决定今年召开四届人大，从现在开始各项筹备工作立即着手进行，中央要求 10 月 5 日前完成筹备工作，预计 11 月开会。他接着强调，整个四届人大的筹备工作和人事安排，由总理和王洪文负责。中央政治局确定由纪登奎、华国锋、乌兰夫、陈锡联、吴德等同志组成中央组织工作小组，负责四届人大代表选举和人大常委的推荐等相关工作。为了协调各方面的工作，中央决定由中央党政军有关部门的负责人参与组织工作小组的具体工作，他们是：中央组织部业务组组长郭玉峰、国务院办公室党的核心小组组长吴庆彤、总政治部副主任田维新、总政干部部部长魏伯亭、中央统战部军代表刘友法及童小鹏和李金德、中央办公厅秘书局局长周启才等同志。纪登奎说，组织工作小组的任务是负责代表名额的分配和代表选举工作，组织有关部门推荐四届人大常委的建议名单。讲到这里，他非常严肃地说，组织工作小组只管代表和人大常委，鉴于历史的经验教训，要对组织工作小组和中组部定个规矩："不准议论和提名中央和国家领导人的人事安排问题（包括副委员长、副总理等)"。纪登奎 1984 年 6 月在《关于我分管中组部工作期间的情况及问题》的报告中说，他之所以定这个规矩，是"鉴于历史的经验教训，和'文革'期间中央内部复杂的情况"而提出的。"这项规定，对抵制'四人帮'插手四届人大的人事安排和在中组部搞鬼，起了一定的作用。"

这次会议还商定了组织工作小组内部的分工：中央组织部负责联系各省、市、自治区（包括台湾省）代表的选举工作；中央办公厅负责中直机关代表的选举工作；国务院政工组负责国家机关代表的选举工作；总政负责军队代表的选举工作；中央统战部负责民主党派代表的提名推荐工作。

会议还确定由参加组织工作小组工作的中央党政军有关部门推荐工作人员，组成组织工作小组值班室，负责组织工作小组交办的具体工作事宜。组织工作小组值班室办公地点设在中南海紫光阁，由吴庆彤负责安排，文件运转由周启才安排中办秘书局负责。

纪登奎最后说，这次人大的筹备工作时间紧，中央给我们的时间总共不到 1 个月，任务非常繁重，希望大家集中精力，抓紧工作，一定要按时完成任务。他特别强调，组织工作小组的工作是十分严肃的工作，大家一定要遵守纪律，所有议论的问题都在紫光阁内进行，离开紫光阁不准透露出任何消息，包括对原单位和亲属，一定要严格保密，谁在这方面犯了错误，谁就要离开紫光阁。

组织工作小组会议的第二天，各单位推荐的值班室工作人员到紫光阁报到，立即开展工作。值班室的工作人员有：国务院值班室范民新（曾任习仲勋秘书）、朱雨滋（曾任齐燕铭秘书），人大常委办公厅脱若男（长期在人大负责会务工作，后任人大常委办公厅秘书局局长），总政干部安培里，总政组织部青年处处长赵荣璧，中央统战部沙里、李济生，中央组织部孙中范、李麟章 9 人。由于值班室主要是承办人事方面的工作，中组部对这方面的工作比较熟悉，经纪登奎同郭玉峰、吴庆彤等同志商量，指定孙中范为值班室负责人。

从此，紫光阁就成了组织工作小组和值班室开会和办公的地方。紫光阁大厅的面积非常大，大厅西侧是值班室工作人员办公的地方，大厅东侧放了一圈沙发，是值班室工作人员开会或商量事情的地方。在紫光阁大厅外西侧布置了一个大会议室，组织工作小组开会办公就在这个会议室。

值班室的工作一般都是由纪登奎等中央领导同志到紫光阁开会办公安排。值班室的工作人员来自中央党政军领导机关，工作非常自觉主动、认真负责，而且大家相处得十分融洽。这里的工作都是由中央领导同志布置下来，我们分工去办理，遇到问题值班室的同志集体商量提出意见之后，请示报告纪登奎或开组织工作小组会议确定。由于纪登奎经常到紫光阁办公或召开组织工作小组会议，所以处理事情都非常及时。经过中央领导同志或组织工作小组会议议定的事情，则由值班室写成书面报告，请示周总理后报告中央政治局，得到中央批准之后才能办理。

根据郭玉峰、吴庆彤等同志的意见，值班室人员作如下分工：孙中范、脱若男、朱雨滋负责拟定代表名额分配方案及选举的综合工作；范民新负责值班室的文字工作；李麟章负责联系中组部、各省市；朱雨滋负责联系国务院政工组和国家机关；沙里、李济生负责联系中央统战部、各民主党派、归国华侨等；安培里、赵荣璧负责联系总政及军队选举工作；脱若男、朱雨滋、安培里负责代表名册汇总；脱若男、李麟章、沙里负责三届人大常委情况汇总。

组织工作小组成立后的第一件工作，是代中央起草四届人大代表名额分配方案。1970 年第一次筹备时，中央政治局曾经讨论通过了周总理亲自审定的《中华人民共和国第四届全国人民代表大会代表名额和选举的决定》。纪登奎传达周总理指示：代表名额分配方案可以以 1970 年的《决定》为基础，作适当调整，既要考虑各地人口分布，又要照顾经济发达的省、市增加一些代表名额。同时，周总理还提出要多留一点机动名额，以解决代表选举中可能出现的一些意想不到的情况。后来增加的一些老干部和知识分子代表，都是用机动名额解决的。

值班室根据周总理的指示，对各地的代表名额在测算的基础上作了调整，代中央草拟了《第四届全国人民代表大会代表名额分配方案（草稿）》。纪登奎召集组织工作小组会议对方案草稿进行了讨论，又对草稿说明作了一些修改后，将方案报送周总理审批。

1973 年 9 月 23 日，周总理同王洪文一起向毛主席汇报了《第四届全国人民代表大会代表名额分配方案（草稿）》等相关问题。毛主席在听取汇报后作了指示。当天，周总理主持召开中央政治局会议，由王洪文在会上传达毛主席的指示。

王洪文说：刚才，我同总理一起到主席那儿请示四届人大代表的问题。

（1）代表名额要增加一些，要到 2 650 名或多一些。

总理说：可能达到 2 700 名左右。

主席说：可以。

（2）知识分子代表要增加一些。

在保证工农兵代表占优势的前提下，为了团结各方面的人，有利于团结、改造知识分子，可以增加一些知识分子代表。

（3）特邀代表的一部分或大部分转入正式代表，很少一部分放特邀代表，资本家可以做特邀代表。

主席还说：胡厥文也可以做正式代表。增加知识分子代表，要照顾到北京、中央国家机关，上海也有。

主席说：周谷城、谭其骧、苏步青、刘大杰、陈望道都可以做代表。

总理说：除北京、上海外，还有广州、武汉、天津等地也要增加知识分子代表。

王洪文还说：另外，我同意登奎同志的意见，目前在实际工作岗位上起骨干作用的知识分子应多安排一些，其他方面的，这次考虑名额有限，将来可在政协安排。总之，老朋友要照顾，同时要多交一些新朋友。

根据传达的毛主席指示和中央政治局讨论的意见，值班室对《第四届全国人民代表大会代表名额分配方案（草稿）》再次作了重要的修改。经过组织工作小组会议讨论后，纪登奎报给周总理审批。周总理对《第四届全国人民代表大会代表名额分配方案》逐字逐句地作了修改，并批准以中央名义给各省、市、自治区党委和总政治部、中央国家机关发了电报通知。各地、各单位根据中央通知的精神，开始进行四届人大代表候选人的酝酿协商工作。

三届全国人大代表名额为 3 040 人，而 1970 年第一次筹备四届人大时确定的代表名额较少，具体数字记不起来了。特别是由于当时的历史条件，大多数老干部还没有“解放”，干部代表中多数是“三支两军”的军队干部，代表中大多数是工农兵代表，知识分子代表也很少，而且把民主党派作为特邀代表，这样的代表结构是很不合理的。因此，在这次筹备工作一开始，中央就提出了用增加代表名额的办法来弥补。中央确定增加代表名额的指导思想比较明确：一是增加知识分子代表的比例；二是增加老干部代表；三是将民主党派的特邀代表改作正式代表。经过这样的调整，当时确定代表名额增加到 2 700 名，实际最后选出的四届人大代表是 2 885 名。其中，工农兵代表占 72%，妇女占 22%，各少数民族都有代表。按照《中华人民共和国全国人民代表大会和地方各级人民代表大会选举法》规定，全国人大代表由各省、自治区、直辖市人民代表大会选举产生。鉴于“文化大革命”的特定历史条件，当时不仅不可能按照法律进行普选，也没有条件召开省级人民代表大会，中央确定由各省、自治区、直辖市“革命委员会”召开协商会议选举出席四届人大的代表。这种选举代表的方法是不符合法律规定的，但在当时的历史情况下，可以说是一个没有办法的办法。

根据周总理的建议，经中央政治局讨论同意和毛主席批准，四届人大首次设立台湾省代表团。按照中央政治局的决定，纪登奎召开组织工作小组会议，讨论研究了台湾省代表的产生办法。会议确定由在内地居住的台湾省籍同胞中推举代表，在北京召开协商选举会议选出台湾省四届人大代表。会议还确定由林丽韫负责，中组部派人协助做具体工作。会后，值班室拟定了《台湾省四届人大代表产生办法》的文件，经组织工作小组会议讨论通过，纪登奎报送给周总理。周总理对文件逐字逐句地作了修改，经中央政治局讨论通过后以中央文件下发。中央组织部会同中央有关部门及相关省市协商，提出了台湾省四届人大代表候选人名单，经组织工作小组会议讨论同意，并报周总理审定后，中央政治局讨论通过。后来，在人民大会堂台湾厅召开了四届人大台湾省代表协商选举会议，正式选出 12 名台湾省籍同胞为四届人大代表，第一次组成台湾省代表团参加四届人大一次会议。

代表选举的文件下发后，组织工作小组立即召开会议，布置推荐四届人大常委人选的工作。

1973 年 9 月 29 日，王洪文参加了中央组织工作小组会议。他在会上讲话说：“人大常委，考虑大体三三制，三分之一工农兵，三分之一革命干部和军队干部，三分之一民主党派代表。请组织部、统战部考虑个名单。”

根据组织工作小组会议讨论的精神，值班室草拟了《四届全国人大常委委员名额分配方案（草稿）》，将人大常委委员名额按地方、军队、中央国家机关和民主党派四大块分配。并确定：由中央组织部负责联系各省、市、自治区推荐人大常委委员人选的工作；总政负责推荐军队方面的人大常委委员人选；中央办公厅和国务院政工组负责推荐中央和国家机关的人大常委委员人选；中央统战部负责推荐民主党派的人大常委委员人选；中央组织部还负责推荐了一部分老同志。

纪登奎召开组织工作小组会议，对这个方案草稿进行了讨论。会后，他将修改后的方案草稿报送给周总理。周总理主持召开中央政治局会议，讨论通过了《四届全国人大常委委员名额分配方案》。会后各有关单位立即开始组织四届人大常委人选的推荐工作。

中央政治局会议之后，纪登奎布置值班室把三届人大常委委员的情况逐个摸清楚，给中央写个报告。值班室分工与三届人大常委委员所在单位联系，了解他们的有关情况。经过了解后汇总有以下几种情况：一是当时已定性为敌我矛盾的；二是犯有错误尚未下结论的；三是已经工作的；四是已故的。纪登奎召开组织工作小组会议，详细听取了值班室的汇报，并找有关部门进行核对。他提出，三届人大常委除了已定性为敌我矛盾和已故的之外，其他原则上都可作为四届人大常委委员候选人的人选。组织工作小组经过讨论，同意纪登奎的意见。会后，值班室按会议讨论的精神起草了《三届人大常委委员有关情况的报告》，经纪登奎审阅后报送给周总理，周总理批示印发政治局。在后来中央确定的四届人大常委委员候选人名单中，有 32 名三届人大常委委员被列为四届人大常委委员候选人。但是，由于当时许多老干部尚未“解放”，未列入四届人大常委委员候选人名单，致使四届人大常委委员中老干部的比例过低。

根据中央政治局通过的《四届全国人大常委委员名额分配方案》，各有关单位抓紧工作，很快就提出了四届全国人大常委委员人选的推荐名单，政治局多次召开会议进行讨论。但是，民主党派的人选迟迟定不下来。当时中央统战口各单位尚未恢复业务，统战部还是军代表领导，他们对民主党派的情况很不熟悉，研究来研究去只提了十几位科学家和民主党派的领导人，而且那时民主党派人士大部分人挨批的挨批，打倒的打倒，靠边的靠边，定这个名单的确很复杂。

由于这个名单涉及面很广，迟迟定不下来，影响了筹备工作的进度。中央政治局曾委托王洪文、张春桥主持召开会议进行讨论。由于他们对民主党派的情况知之甚少，认识很不一致，很难统一起来，讨论多次，名单还是定不下来。张春桥只得说：“我们都不了解情况，还是请总理来搞吧！”

纪登奎向周总理汇报了这个情况。周总理带病在人民大会堂福建厅约统战部及中央党政军有关部门负责人开会，从早开到晚，周总理一边吃饭，一边讨论，一个一个把名单定下来，连名单的说明都是周总理逐字逐句推敲审定的。最后经毛主席和中央政治局讨论通过。

在周总理直接领导讨论确定的这个名单中，包括后来当选为副委员长的郭沫若、周建人、许德珩、胡厥文，还有荣毅仁、史良、王淦昌、贝时璋、白寿彝、华罗庚、严济慈、沙千里、陈望道、罗叔章、胡子昂等一批知名的民主党派和知识分子代表。

最后，在四届人大代表中，民主党派爱国人士的代表共有 237 人，占代表总数的 8.8%，比三届人大少了近 150 名，这在当时的历史情况下已十分不容易了。到 1973 年 10 月中旬，各地、各单位的四届人大代表候选人名单已经确定，并陆续上报中央。这时值班室的同志按分工审查各地代表候选人的各项比例是否符合中央的要求，并开始汇编《四届全国人大代表候选人名册》。

之后，纪登奎召开组织工作小组会议，他传达说，毛主席提出他不做四届人大代表，也不出席四届人大会议。政治局讨论了毛主席的提议，一致拥护。（周）总理考虑中央领导同志只有毛主席一人不做人大代表不好，还要有人陪毛主席不做人大代表。我（纪登奎）在政治局会议上首先提出陪毛主席不做人大代表，后来又提出汪东兴同志也陪毛主席不做人大代表，政治局讨论已经同意，请值班室将我们三个人的名字从代表名册中去掉。

关于毛主席不做人大代表一事，王洪文在 1975 年 1 月 8 日党的十届二中全会开幕式上作了通报，并得到全会的认可。

王洪文说，在 1973 年筹备四届人大时，毛主席提出不做四届人大代表，也不出席四届人大会议。政治局讨论了毛主席的提议，一致拥护。

但是，十届二中全会和四届人大筹备工作都是在毛主席的领导关怀下进行的，四届人大会议期间所有的文件、人事安排，都向主席请示，都有批示。

筹备工作因故再推迟

10 月中旬，根据周总理的指示，纪登奎召开组织工作小组会议，讨论四届人大一次会议主席团的组成原则和拟定名单的办法。会后，中央各有关单位开始提名，由值班室汇总各单位提出的主席团人选建议名单。其间，组织工作小组开了两次会议讨论这个建议名单，对有些人选拿不准，纪登奎还当面请示了周总理。

10 月 21 日下午，组织工作小组再次召开会议，根据周总理的指示，对主席团人选建议名单又一次进行讨论。会议结束前，纪登奎让值班室根据会议讨论的意见修改主席团人选建议名单，第二天上午正式印好《四届人大一次会议主席团人选建议名单》，前面要加一个详细的说明，准备报周总理和中央政治局讨论。会后，值班室按分工很快修改好《四届人大一次会议主席团人选建议名单》，我负责草拟了说明（内容包括确定主席团人选的原则、提名的办法以及各类人员的比例）。文件搞好后当晚送国务院印厂排清样，准备第二天上午核对后报纪登奎。

可是由于情况突然发生了变化，四届人大的筹备工作再一次被推延。

我们值班室成立时，由国务院值班室为我们每个人办了出入中南海的证件。由于紫光阁在中南海北院，中央警卫局批准我们进出中南海北门或西北门。中南海警卫制度非常严格，刚开始进门时警卫要检验证件核对姓名后方可进入，后来警卫对我们都熟悉了，每次进出都放行。

10 月 22 日一早上班时，情况突然发生了变化。我像往常一样到中南海西北门准备进院，发现门岗警卫增加了许多人，而且都换上了新人。我正在犹豫时，有一位警卫上前敬礼后拦住我检查证件，之后又进去同国务院值班室核对后才放行。一进西北门就发现中南海内增设了许多流动岗哨，紫光阁门前也增加了警卫。这时，值班室同志们集中在紫光阁会议室开始议论起来，感觉肯定出了大事，否则中南海的气氛不会这么紧张。大家相互提醒，这几天的行动一定要特别谨慎，不要添乱。

这天上午我们仍按纪登奎的布置，仔细校对了《四届人大一次会议主席团人选建议名单》，并讨论修改了说明，将修订后的清样送印厂付印，准备报纪登奎。按往常惯例，当天下午，纪登奎、郭玉峰、吴庆彤、周启才等一定会来紫光阁办公，审定印好的文件。可是他们没有来，一连等了几天都没有开会。10 月 21 日下午的组织工作小组会议，成为四届人大第二次筹备工作的最后一次会议。

后来，从国务院值班室听说，10 月 21 日，发生了公安部部长李震自杀事件。公安部部长不明原因身亡，这是新中国成立以来罕见的一起要案，北京的气氛比较紧张。在当时条件下，李震身亡的原因一时难以查清。中央政治局连续召开会议，决定采取若干特殊措施加以防范。这时才弄清楚，中央责成纪登奎、郭玉峰等参与处理李震事件，顾不上四届人大的筹备工作了。

值班室的工作全部是完成组织工作小组领导交办的事项，领导不来开会布置任务我们就没有事情可干。由于前段工作任务十分紧张，大家天天加班，几乎每天吃住在紫光阁，这样可以稍事休息一下了。

大约在 11 月初，吴庆彤来紫光阁召集值班室工作人员开会。他说，中央最近有些紧急事务需要处理，一时顾不上四届人大的筹备工作，值班室也就没有事情做，还不知道需要等待多长时间。中央领导同志的意见是，值班室可以派人轮流值班，平时可以回原单位上班，但不要出差，随时等候通知，继续完成四届人大的筹备工作。

会后，我们集中了几天时间，清理了这段工作期间的文件，封存在紫光阁的档案柜中。值班室的工作就这样告一段落。

筹备工作进入关键阶段

1974年1月25日，江青等人在北京工人体育馆召开在京中央直属机关和国家机关“批林批孔”大会后，一场声势浩大的“批林批孔”运动在全国范围内迅猛展开。四届人大的第二次筹备工作因“批林批孔”运动而被迫中止，一拖又是一年，直到1974年国庆节后才又重新开始筹备。

1974年“一·二五”大会之火很快席卷全国，“四人帮”借“批林批孔”运动把矛头指向周总理，全国形势一片混乱。由于受到“反潮流”之风的冲击，各级党委不能正常工作，一些重点大企业处于瘫痪状态。周总理一边住院治病，一边关注形势的发展，他责成李先念、纪登奎、陈锡联、吴德等中央领导同志一个省一个省地解决“老大难”问题。中央领导同志从中央国家机关抽调一些同志组成联络组，协助做具体工作，我也被调到中央联络组。9月下旬，纪登奎派国务院值班室王书明和我以中央联络员的身份到内蒙古检查落实中央解决内蒙古的问题情况。

10月5日，我接到国务院值班室打来的电话，说中央领导同志让我速回北京，到紫光阁报到。我估计可能是四届人大的筹备工作又要开始了。而我和王书明按原计划在内蒙古的工作还要一星期才结束。于是我又给国务院值班室回话，请他们请示中央领导同志，内蒙古工作尚未结束，是否可以晚回京几天。国务院值班室很快回复说：登奎同志让你迅速结束内蒙古的工作，两三天内返京。按中央领导同志的指示，我同王书明一起向内蒙古自治区区党委领导报告，抓紧在两天内把工作结束。我于10月8日返京后直接赶到紫光阁报到。

我到紫光阁后看到值班室的其他同志早已报到，正在按分工紧张地工作着。这时纪登奎也在紫光阁办公，他见我回来了，就在紫光阁的会议室找我单独谈了一次话。他首先询问了内蒙古贯彻中央学习班的情况，阻力大不大。他特别关心内蒙古目前的局势能不能稳定下来，造反派还会不会闹事，重点企业生产恢复得怎样。我把检查了解的情况向他作了简要汇报。我说，就目前的情况来看，那些造反派不敢再闹了（在中央学习班期间，经中央批准宣布逮捕了几个煽动停产的造反派头头，威慑力很大），形势会稳定下来。尤太忠同志（时任内蒙古自治区党委书记）让我转告，请中央放心。

接着，他很严肃地对我说，主席已经决定在今年内开四届人大，中央准备发个通知，待主席批准后很快就会下发，这次人大的筹备工作到了关键时刻。总理虽然因病住院，中央决定筹备工作仍由总理和王洪文负责。当前全国的形势还不很稳定，情况比较复杂，给这次筹备工作增加了许多难度。你们值班室的工作一定要认真负责，精心细致，想问题办事情要周到，绝不能出纰漏，不要给筹备工作添乱。我当时对纪登奎这次谈话的深层含意并没有理解透，只想到是对值班室工作的严格要求。后来从筹备工作中围绕“组阁”的复杂斗争中，才逐渐明白了他这次谈话的真正含义。同时，纪登奎还交代了这段筹备工作的任务。他说，这次筹备工作主要是讨论人事问题，最后确定四届人大代表名单、人大常委委员候选人名单和大会主席团名单，中央还要最后确定人大和国务院的领导人选。这期间要多次召开中央政治局和组织工作小组会议进行讨论，你们值班室要随时做好各项准备工作。

当晚，我们开了值班室全体工作人员会议，传达了纪登奎谈话的精神，安排了值班室近期的工作。

我在中央联络组期间曾经了解到，毛主席对“批林批孔”运动出现的混乱局面很忧虑，对江青的一些做法不满意，提出了尖锐的批评。

毛主席批评“四人帮”以后，全国形势开始逐步稳定。1974 年下半年，毛主席开始考虑何时召开四届人大。1974 年国庆节刚过，中央政治局会议正式讨论了召开四届人大的问题。当时主持中央日常工作的王洪文 10 月 4 日向毛主席报告说：“10 月 3 日晚，政治局讨论了下一步的工作安排问题，主要是讨论了是否召开四届人大的问题。……如主席同意年内（或春节前）召开四届人大，政治局最近一段时间的工作拟以此为中心全力准备。”毛主席圈阅了这个报告，同意年内召开四届人大。当天下午，他要秘书打电话给王洪文，提议由邓小平出任国务院第一副总理，并要王洪文向政治局传达这个意见。

毛主席似乎已预感到在四届人大将发生一场风波。他在离开武汉前夕，圈阅了《中共中央关于准备在最近期间召开第四届全国人民代表大会的通知》，1974 年 10 月 11 日以中共中央〔1974〕26 号文件发出。从此，四届人大的筹备工作全面展开。

我当时看到这个中央文件就觉得很不寻常。文件的题目是《关于准备在最近期间召开第四届全国人民代表大会的通知》，但对人大只在开头讲了一句话：中央决定，在最近期间召开第四届全国人民代表大会。文件突出了毛主席在武汉期间所作的最新指示：“无产阶级文化大革命，已经八年。现在，以安定为好。全党全军要团结。”并对落实政策、抓革命促生产提出了要求，强调全党、全军和全国各族人民加强团结，发展当前大好形势。从后来筹备工作的实践证明，经毛主席圈阅的中央 26 号文件很有预见性和针对性，它对搞好筹备和开好四届人大起着重要的指导作用。

1973 年协商推举的四届人大代表候选人，经过一年多来的“批林批孔”运动有些变化，中央决定在 1973 年代表名额的基础上按比例减少代表名额。我回京前，值班室对各省、市、自治区代表名额按比例减少做出了调整方案，并经中央批准给各省、市、自治区发出了电报通知，要求各地按调整后的名额调整代表候选人，报中央审批后正式协商选举四届人大代表。

我回京后处理的第一件事就发生了失误，教训十分深刻。中央电报通知刚发出，就接到湖北省给中央发来的请示电报，说他们协商调整代表有困难，要求增加一个代表名额。值班室接到湖北省电报后经过商量一致认为，中央总的精神是减少代表名额，他们刚接到电报还不可能酝酿具体代表人选就要求增加代表名额，理由不充分，不同意增加代表名额。根据值班室讨论的意见，我草拟了中央给湖北省的复电草稿，强调中央总的精神是减少代表名额，不再给湖北省增加代表名额，请他们在现有代表名额内调整人选。复电草稿经纪登奎审阅后送周总理审批。

两天后，周总理在人民大会堂召开组织工作小组会议，讨论调整四届人大常委人选方案。会议开始前，周总理一进福建厅就问起湖北省增加代表名额的电报和复电稿的事。他说，张体学同志（时任湖北省“革命委员会”副主任、湖北省原省长）向来是顾全大局的，如果没有特殊原因他们绝不会无故向中央要求增加代表名额。我算了一下，按减少名额的比例计算，给湖北省的代表名额可能少算了一个。因为中央电报通知是在我回京前发出的，我没有直接算过比例，听了周总理的话心情十分紧张，纪登奎刚刚作了交代就出了纰漏。这时有位中央领导同志提醒，不知其他省是否也有类似湖北的情况。于是，周启才和我一起对各省的代表名额重新核对了一遍，结果发现有 6 个省少算了名额。我把复核的结果报告周总理和在场的中央领导同志。周总理立即表态说，在中央处理问题一定要认真细致，实事求是，要给少算的 6 个省发个电报，并且说明因中央计算名额有误，分别给他们增加一个代表名额。按照周总理的指示，我当场起草了给湖北等 6 个省增加代表名额的电报稿，周总理当场签发后，周启才立即派中办秘书局同志当晚发出了电报。

这件事对我触动很大，散会后我从人民大会堂回到紫光阁，心情很不平静。一方面，因为值班室对代表名额计算上的失误，牵扯了周总理和其他中央领导同志的精力，心里十分内疚。另一方面，对周总理那种认真负责的工作态度和实事求是的作风十分感佩。他不仅带重病坚持领导繁重而复杂的四届人大筹备工作，就是对一个省的一个代表名额这么具体的事情都那么认真细致。这件事，使我从周总理身上学到了很多平时学不到的东西，实在受益匪浅，终生难忘。于是我连夜写了一份给纪登奎并周总理的检讨报告。

第二天一上班，值班室全体工作人员开了会，我传达了昨天晚上发生的事情及周总理处理这件事的全过程，并宣读了我的检讨报告。大家经过讨论，对周总理处理事情的态度都很感动，并一致表示今后在工作中一定要认真负责，绝不能再出纰漏。为此值班室作出决定，今后所有上报的材料都要经过三个人仔细核对后才能发出。从此以后，经过大家的努力，值班室的工作再也没有发生失误，受到中央领导同志的表扬。

当天下午，纪登奎在紫光阁召开组织工作小组会议，落实周总理前一天会议确定的四届人大常委人选的调整方案。会前我将检讨报告送他审批，并报告了值班室上午开会讨论的情况。他严肃地说："我们这里的工作没有小事，一定要汲取教训，把工作做得再细一些。"这时吴庆彤插话说："昨晚的事不怨孙中范同志，代表名额的电报是在他回京前发出的，我们都没看出来，他替我们承担了责任，这种精神值得值班室的同志们学习。"纪登奎听后在我的检讨报告上批示：请总理阅。

按照中央的统一部署，从 10 月中旬开始，各省、市、自治区和中央国家机关、军队都在调整四届人大代表候选人。从 11 月开始，组织工作小组的领导同志逐一听取各省、市、自治区有关协商调整代表候选人情况的汇报。中央领导同志在听取汇报的过程中主要强调以下几点：

第一，代表候选人的各项比例必须符合中央的规定，特别强调妇女、少数民族、民主党派和知识分子的代表要占一定比例，凡达不到中央要求的都要进行调整。

第二，中央在八一建军节和国庆节登报"解放"了一批"文化大革命"以来从未工作的老干部，这是按照毛主席的指示精神，在周总理的直接领导下，经过艰苦努力实现的。纪登奎直接参与了"解放"这批老干部的工作，他据此要求各省也要按照中央的精神，尽可能把能够"解放"的有代表性的老干部选为四届人大代表。

第三，"批林批孔"运动以来，周总理委托李先念、纪登奎、陈锡联、吴德等中央领导同志解决"老大难"问题，他们都很有感触，各地出现的混乱局面都是那些"反潮流"的造反派头头闹起来的。为此纪登奎提出，对那些煽动停产闹革命、造成很坏影响的造反派头头，不要选他们做人大代表，已经安排做代表候选人的要进行调整。

根据组织工作小组的上述精神，各地又对四届全国人大代表候选人进行了个别调整。但是，在"四人帮"的干扰下，受"批林批孔"运动的影响，仍有一批造反派头头被选为四届人大代表。

各地代表候选人名单经中央审批后，从 11 月下旬至 12 月上旬，将陆续召开协商代表会议，正式选举出席四届人大代表。

按照《全国人民代表大会组织法》的规定，全国人大代表是按照省、市、自治区和军队为选举单位组成代表团，因此，中央领导人、中央国家机关和民主党派推荐的代表候选人都要经过省、市、自治区和军队协商选举会议正式选为代表。根据中央领导同志的意见，值班室草拟了《党和国家领导人、中央国家机关和民主党派代表选区分配方案》，经组织工作小组和中央政治局讨论同意后，中央给各地发了电报通知。这些代表不占本地的代表名额，由中央从机动名额中分配。选区分配一般要考虑代表的籍贯、曾经工作的地区或联系较多的地方，同时还要考虑各地的平衡。

这时纪登奎提出，请值班室注意了解各地选举代表的动态，发现有什么情况，随时报告中央。他还提出，在大会召开前，人事名单还没有最后确定，有可能会有变动，各省的协商选举会议不能都开完，要留几个省待中央人事安排名单确定下来后再开协商选举会议。经组织工作小组会议讨论，确定留北京、天津等省、市晚些时候开协商选举会议最后选举代表，并给相关省、市发了通知。

经过中央和各地的努力，到 12 月上旬，多数省、市、自治区和军队都顺利地召开了协商选举会议，选出了出席四届全国人大的代表。值班室汇总编印了《四届全国人大代表名册》（包括尚未开会选举的代表候选人名册），并且按照纪登奎的意见将名册印发中央政治局委员。

周总理在审阅四届人大代表名册时发现，刚“解放”的一些老干部有的应当安排做人大代表；另外，文艺界的代表较多，外事和体育界代表相对过少。为此，周总理于 12 月 14 日致信王洪文和中央政治局，建议在现有名单基础上，再增加老干部、外事和体育等方面的代表名额。中央政治局讨论同意周总理的建议，组织工作小组按照周总理和中央政治局的意见，立即开会研究，同有关部门协商，迅速增加了相关的人大代表。

与此同时，从 10 月下旬开始，中央政治局和组织工作小组召开了 10 多次会议讨论四届人大常委委员候选人建议名单和四届人大一次会议主席团候选人建议名单。主席团候选人建议名单，是在周总理主持下审定的，中央政治局在讨论时没有多少争议，就比较顺利地通过了。

周总理缜密谋划人事安排

在中央政治局讨论四届人大常委候选人名单时，争议非常激烈，讨论多次定不下来。争议的焦点之一，是“四人帮”坚持提各省造反派头头和“批林批孔”运动中的代表人物进人大常委会；而组织工作小组的中央领导同志在前一段解决

“老大难”问题时发现，各地出现的混乱局面都是由“四人帮”支持的造反派头头煽动起来的。因此中央领导同志多次研究，想尽办法找各种理由反对把一些造反派头头安排做人大常委，有的人选是几上几下通不过。争议的另一个焦点，是周总理、纪登奎和组织工作小组的中央领导同志主张安排一些老干部进人大常委会。经过周总理等中央领导同志的努力，一些在八一建军节和国庆节刚刚见报的老干部和知识界的代表人物被安排做人大常委候选人，我记得有吕正操、梁必业、傅秋涛、武新宇，以及王淦昌、白寿彝、陈望道等人。最后，周总理抱病主持中央政治局会议，讨论通过了四届人大常委会委员候选人建议名单。

在毛主席已经明确了人大常委会委员长、国务院总理以及主要的副委员长、副总理名单的基础上，按照毛主席关于“其他人事安排由周恩来主持商定”的指示，从 1974 年 11 月中下旬开始，周总理在动了大手术之后，不顾自己极其衰弱的身体状况，在三〇五医院的病房里连续同中央政治局同志分别谈话，酝酿协商四届人大的人事安排问题。

到 12 月中下旬，四届人大的筹备工作进入了最后阶段。12 月 18 日，周总理主持中央政治局会议，讨论由邓小平主持起草的《政府工作报告（草稿）》。20 日，周总理又审阅修订了《政府工作报告（草稿）》。

12 月 20 日夜，周总理亲笔拟定了《拟提四届全国人大常委会委员长、副委员长，国务院总理、副总理，各部部长、各委员会主任名单方案》。

12 月 20 日晚，纪登奎在中南海紫光阁召开组织工作小组会议，检查四届人大各项组织工作的最后落实情况，会议开到 21 日凌晨。散会后我留在紫光阁整理会议讨论的有关文件。21 日凌晨 2 时，周总理办公室秘书纪东同志拿着一个文件袋来到紫光阁，问吴庆彤是否在。我告诉他，庆彤同志刚散会回家休息了。这时他把周总理亲笔写给吴庆彤亲启的“特急绝密”文件袋交给我，并说你同他联系，总理交代让速办，中午起床后总理要看。这时我虽然不知道文件的内容，但已感觉得到是一份非常重要又非常紧急的文件。因为从值班室成立以来就规定，有关四届人大的所有文件都由中办秘书局机要交通处传递，总理办公室直接送交文件这还是第一次。

吴庆彤在国务院值班室工作压力特别大，长期睡眠不足，神经衰弱很严重，每天回家不管多晚都要服安眠药才能入睡。我们都知道他这个习惯，这时一般不再打扰他。但这件事非常特殊，我只好给他打电话，把他从睡梦中叫醒。他一接电话就问有什么急事，我告诉他纪东送来了一封总理给他的亲启件，让印好后中午交给总理。吴庆彤让我拆开看是什么文件。我拆开文件袋后看到一封周总理给吴庆彤的亲笔信，我马上在电话里念给他听。周总理写道：“庆彤同志：请派专人速将此件送印厂特密件印两份清样，中午前送我。又及：清样印好后，请将我写的原稿烧掉。”信后是周总理亲笔拟定的《拟提四届全国人大常委会委员长、副委员长，国务院总理、副总理，各部部长、各委员会主任名单方案》。我问他是否要立即把文件送给他，看怎么办？

吴庆彤听我电话后说，时间太紧，我刚吃了药，文件就不要送给我了，以免耽误时间。你现在就直接到国务院印厂，找李文林厂长亲自排印，不要让别人知道，嘱咐他一定要保密。你在印厂监督，排完版仔细校对准确后印出清样。他想了想又在电话里强调说，清样印好后，你将排印的铅版和校对稿一起带回紫光阁，锁在保密柜里，片纸都不要留在印厂，等早上一上班我就去处理这件事。

放下电话我已感觉到这是一件非常严肃的任务，绝不能出半点纰漏。为了防止发生意外，我按周总理亲笔拟定的名单方案的原件手抄了一份，将原件锁在值班室的保密柜里。办完后我立即给李文林打电话，通知他马上到印厂等我，有一个急件庆彤主任让他亲自排印。放下电话，我从国务院值班室要了车，带上名单方案的手抄件前往国务院印厂。当我到国务院印厂时，李文林已经在等我，我们直接就进入排版车间立即开始工作。我对李文林说，今天排的是一件极其重要的文件，你排起来就知道了，庆彤主任嘱咐就由你一个人排印，并且要绝对保密，不要对任何人讲，这是一条铁的纪律，若传出去后果不堪设想，我们都负不起这个责任。李文林立即表态说，请领导放心，我一定保密。

李文林立即按手抄稿排版印出了小样，我当场一个字一个字地校对了两遍，准确无误后请他正式印出两份清样。我又把清样同手抄的原件仔细校对了一次，之后将手抄的原件、两份清样和校对的小样一并装入文件袋。这时我对李文林说，今天我俩完成了一项光荣的任务。我告诉他，为了保密，庆彤主任让我把刚才排的铅版带走。李文林帮我把铅版装好放进汽车里，我带着印好的清样和铅版回到紫光阁，立即放到了值班室的保密柜里。这下我可算松了口气，此时已是12月21日早晨6时。趁大家还没上班，我在值班室抓紧时间睡了一觉。

21日早晨一上班，吴庆彤就来到紫光阁。我立即将周总理的亲笔信和印出的清样交给他看，同时把夜里工作的全过程向他作了详细汇报，他表示满意。接着，他又把印好的清样同周总理亲笔草拟的原件仔细核对了一遍，确认准确无误后，将两份清样装入文件袋密封好，并亲笔在信封上写周总理亲启。一切办妥后，他让我把文件直接送给总理办公室纪东。

当天上午10时，我把印好的文件准时送到总理办公室交给纪东。我一进总理办公室，纪东就开玩笑地对我说，辛苦了！看样子又是一夜没睡，还挺准时。我也开玩笑似的回答他，首长把这么重要的任务交给我们，这是对我们的信任，哪敢怠慢。他说，等总理起床后我立即交给他看，有什么事再找你。

21日下午，周总理在人民大会堂召集部分在京中央政治局委员开会，讨论国务院各部委人事安排问题。当天晚上，纪东又来到紫光阁，送来了周总理对名单方案清样的修改稿，让立即印好两份清样，说总理等着要看；并嘱修改稿原件也一并销毁。吴庆彤立即让我带上铅版和修改稿到国务院印厂，找李文林改版后又重新印好两份清样带回。这时吴庆彤等在值班室，他把清样对照原稿仔细校对后密封，让我立即将重新印好的两份清样再送总理办公室纪东。周总理就是带着这份印好的清样，于12月23日飞往长沙，向毛主席作了汇报。

22日下午，纪登奎在紫光阁召开组织工作小组会议，检查四届人大组织工作的落实情况，讨论研究四届人大一次会议秘书处机构设置、人员调配、工作任务等方案，参加会议的有华国锋、乌兰夫、吴德，还有郭玉峰、吴庆彤、周启才等同志。开会前吴庆彤让我把前一天周总理交办的付印四届人大人事安排名单方案的工作情况详细地作了汇报，纪登奎听了汇报后说，你们办得很周到。这时我说，总理两次亲笔原件就锁在值班室的保密柜里，首长是否要看一下再销毁。纪登奎当即表示，你们按总理的指示办，立即把它们销毁，我们都不看了。我当即从值班室保密柜中拿出周总理的两次亲笔手稿、一份手抄稿和两次印厂的校对小样，在紫光阁的会议室当着在场的领导同志的面烧掉。办完之后，吴庆彤半开玩笑地说，将来如果有人要查这件事，请首长出来作证。

12月21日凌晨，周总理亲笔拟定的《拟提四届全国人大常委会委员长、副委员长，国务院总理、副总理，各部部长、各委员会主任名单方案》，在毛主席已经确定“总理还是我们的总理”，邓小平、张春桥、李先念为副总理，人大常委会委员长朱德，董必武、宋庆龄为副委员长的基础上，经过反复征求并集中了中央政治局委员的意见，提出了其他副总理、副委员长人选的初步名单。

方案中副委员长有：康生、刘伯承、吴德、赛福鼎·艾则孜、郭沫若、张鼎丞、蔡畅、乌兰夫、阿沛·阿旺晋美、周建人、许德珩、胡厥文或荣毅仁、李素文、谢静宜；

副总理有：陈锡联、纪登奎、华国锋、陈永贵、吴桂贤、王震、余秋里、谷牧、乔冠华、方毅。

另外，对陈云、徐向前、聂荣臻、韦国清、谭震林、李井泉等老革命如何安排，周总理设想国务院设顾问，他们是做国务院顾问还是人大常委会副委员长，需请示毛主席决定。

方案还列有：叶剑英兼国防部长，余秋里兼计委主任，谷牧兼建委主任，华国锋兼公安部长，乔冠华兼外交部长，方毅兼外经部长等。

12月21日夜，周总理第二次对名单方案修改的主要内容是，在人大常委会副委员长名单中增加陈云、韦国清二人。

经过周总理精心拟定的人事安排名单，提出了两个方案供毛主席决策。其中大方案是，人大常委会副委员长人数多一些，包括一批老革命和各方面知名的代表人物，国务院安排的是一个精干的工作班子；小方案是如果人大常委会副委员长人数不宜过多（三届人大常委会副委员长是18人），则将几位老革命安排做国务院顾问。

在当时的历史条件下，这应当说是一个比较周到、各方面比较容易接受的方案，一方面周总理想通过四届人大尽可能地使一批老革命在全国人大和国务院得到妥善安排；另一方面也体现了老中青相结合的原则，尽量体现毛主席当时对人事安排的意图。

“四人帮”插手人事安排

关于国务院各部委的人事安排，“四人帮”与中央政治局其他同志也是有争议的，江青、张春桥等竭力想把他们的亲信安插在文化、教育、体育等部门。

据吴德（当时吴德兼国务院文化组组长）回忆，在周总理与张春桥、江青谈话时，他们提出要建立文化部，并让吴德任部长。吴德提出负责北京市的工作已很繁重，又不懂文化工作，前一段负责文化组时很多工作也没有做好，向周总理提出不当文化部长。后来，张春桥又提出让吴德任国务院副总理兼文化部长，吴德还是想离开国务院文化组。周总理考虑总得有一位政治局委员做人大常务副委员长，经再三衡量还是吴德比较合适。周总理找吴德谈话说，王洪文自己提出他不去人大，他不干；让华国锋去，华国锋也不干；总要有一位政治局的同志去，因为朱老总和董老岁数大了，彭真就是副委员长兼北京市委第一书记，还是你去做人大常务副委员长合适。周总理这个建议得到了毛主席批准。

酝酿由谁当文化部部长争议很大。“四人帮”提出让于会泳当文化部部长，吴德提出文化部部长要由文化界的知名人士担任，于会泳、刘庆棠等在文化界不一定能领导得起来，他曾提名上海的著名教授刘大杰当部长。江青他们坚决反对，坚持让于会泳任部长，刘庆棠、浩亮任副部长。最后，由于“四人帮”的坚持，于会泳还是当了文化部部长。

对教育部部长的争议也很大。“四人帮”始终坚持让迟群做教育部部长，周总理同李先念、纪登奎多次交换意见，一致认为决不能让迟群做教育部部长。周总理在听取政治局同志的意见时，曾有人提议让上海陈望道做教育部部长，最后周总理反复考虑还是坚持让周荣鑫做教育部部长，李先念、纪登奎都拥护。李先念提出铁道部让万里任部长，周总理赞成。最后他们议定，对教育部和铁道部的人选一定要坚持，对文化部和体委可作些让步。李先念曾同纪登奎开玩笑说：

“文化部也不让他们干，他们就失业了。”

关于国务院各部部长、各委员会主任的人选，经过激烈的争议，“四人帮”只争得了文化部和体委两个席位。在周总理拟定的国务院各部部长、各委员会主任的名单中，主要是考虑了两部分人：一是起用了一批有丰富领导经验的老干部，如外贸部部长李强、二机部部长刘西尧、煤炭部部长徐今强、石化部部长康世恩、水电部部长钱正英、轻工部部长钱之光、交通部部长叶飞、邮电部部长钟夫翔、财政部部长张劲夫等；另一部分是为了保持国家机关工作的连续性，留任了一批军代表做部长，如农林部部长沙风、冶金部部长陈绍昆、一机部部长李水清、三机部部长李际泰、五机部部长李成芳、七机部部长汪洋、商业部部长范子瑜等。

关于提名李素文和谢静宜做人大常委会副委员长人选问题，与中央筹备工、青、妇三个组织的人选有关。

1974 年，王洪文到中央工作不久，就伸手抓工、青、妇三个组织的筹备工作。他提出由北京、上海、山东三省市各推荐一名负责人。上海推荐金祖敏担任全国总工会筹备组组长，北京推荐谢静宜担任共青团中央筹备组组长，山东推荐杨坡兰担任全国妇联筹备组组长。在审定四届人大常委候选人名单时，周总理提出，为了人大常委会议事方便，在京的人大常委要占多数。为此要调一批工农中委到工、青、妇工作，并兼人大常委，这批人大部分担任了工、青、妇筹备组副组长。后来，邓小平主持中央日常工作时，提出了对工、青、妇领导班子的调整意见，他要求增加一些全国知名的劳动模范，派性严重的人不要。按照邓小平的指示，中组部对工、青、妇领导班子名单作了调整，拿下了唐岐山、梁锦棠、鹿田计、董明会、张洪池等一批造反派头头，增加了王崇伦、韩荣华、马恒昌等一些劳动模范和老干部代表人物。

在酝酿人大常委会副委员长人选时，周总理和纪登奎商量同时考虑工、青、妇主要领导人的问题。周总理曾问纪登奎，工会金祖敏的情况如何。纪登奎说，金祖敏在上海是王洪文的得力干将，他到工会就是王洪文点的名，来京后同王洪文联系频繁。因此，周总理考虑只安排金祖敏做人大常委候选人，没有考虑安排他做人大常委会副委员长人选。

谢静宜是毛主席指定任北京市委书记的，又兼任了共青团中央筹备组组长。江青坚持要谢静宜当人大常委会副委员长，并且直接给毛主席写了信，周总理只好把谢静宜列为人大常委会副委员长的人选。

全国妇联筹备组组长是杨坡兰。她到妇联工作不久，有人以“妇联机关部分党员”的名义给中央写信，反映她“特殊化”的问题。纪登奎批示：请中组部派人调查，并把调查结果报告中央。郭玉峰派我和中组部干部组魏焕章、李竹林去调查。我找了全国妇联机关的老领导康（克清）大姐、李宝光等谈话了解情况，魏焕章、李竹林分别找全国妇联筹备组的领导和部分机关干部谈话。经过调查，我们一致认为，来信反映杨坡兰“特殊化”的问题情况不实。多数同志认为她是劳动模范，为人还比较朴实，对自己的要求还比较严格。中央安排工、青、妇筹备组的领导住在京西宾馆，她爱人出差来京，她不让爱人同住京西宾馆，而是住在附近的招待所。但是，大家普遍反映，杨坡兰是劳动模范，长期在基层工作，组织领导能力较差，打不开工作局面，很难胜任全国妇联一把手的工作。我们将调查的情况向郭玉峰作了汇报，他同意我们的看法，让我们以中组部调查组的名义给纪登奎并中央写了调查报告。纪登奎看了郭玉峰和我的汇报后说，看来要考虑调整全国妇联的主要领导人。郭玉峰当场建议请邓（颖超）大姐担任全国妇联主席，纪登奎当即表示同意，但他说这要同总理商量后再作决定。后来纪登奎传达周总理的意见，周总理坚决不同意邓大姐担任全国妇联主席，全国妇联主席的人选要再考虑。纪登奎也曾向中央建议由蔡畅、邓颖超担任名誉主席，康克清任主席，周总理还是不同意。王洪文、吴桂贤曾提议杨坡兰任主席，康克清、李宝光等任副主席。郭玉峰坚持杨坡兰水平太低，当不了妇联第一把手。这样，全国妇联的领导班子始终定不下来。

在一次纪登奎同李先念交换意见时，李先念提议李素文当全国妇联主席。经了解，李素文是沈阳一个副食商店的售货员，先后当选为沈阳市劳模、辽宁省学习毛主席著作积极分子、全国妇女“三八”红旗手；1963 年当选为三届全国人大代表并在大会上作了题为《为革命卖菜》的发言，周总理带头多次鼓掌；1965 年被商业部授予全国财贸系统学习毛主席著作标兵，还在北京举办了李素文学习毛主席著作展览，李先念为展览剪彩并讲了话。当时她担任辽宁省委常委、省“革命委员会”副主任、团省委书记、十届中央委员。李先念对李素文比较了解，他的建议纪登奎完全同意，并让中组部给中央写了请示报告，建议蔡畅、邓颖超担任全国妇联名誉主席，李素文担任全国妇联主席，康克清、李宝光等任副主席。中央政治局讨论已经同意，后来全国妇代会因故未开成，此议没有成文。在周总理同中央政治局同志酝酿人大常委会副委员长人选时，李先念再次提议李素文列入人大常委会副委员长人选，纪登奎赞成并说，李素文当副委员长比他们（指“四人帮”）提的人选更可靠。周总理同意这个建议，将李素文列为副委员长人选，报毛主席批准。

关于人大常委会秘书长人选，周总理曾经考虑由常务副委员长吴德兼任，吴德坚持说他的事情太多，照顾不过来，建议找一位能够处理外事活动的同志任秘书长。吴德提议让姬鹏飞任秘书长，他曾任外交部长，有外事工作的经验。周总理同意吴德的建议，最后经毛主席批准，由姬鹏飞任人大常委会秘书长。周总理还提出了人大常委会的副秘书长人选，他们是罗青长、武新宇、李金德、沙千里。

“长沙决策”，四届人大顺利召开

1974年12月下旬，在中华人民共和国的历史上是一个极不寻常的时刻。四届人大的各项准备工作都已完成，进入了最高决策的关键阶段。

12月23日，周总理强撑着重病之身，前往长沙向毛主席汇报四届人大准备情况。

从12月23日至27日，毛主席在长沙听取了周总理、王洪文有关四届人大准备工作情况的汇报，同他们进行了四次重要的谈话，并且确定了十届二中全会和四届人大的人事安排方案，最终形成了“长沙决策”。

毛主席在12月24日听取了周总理和王洪文关于四届人大人事安排方案的汇报，并作了重要的指示，最后确定了四届全国人大常委会委员长、副委员长候选人和国务院总理、副总理人选建议名单。

周总理在京拟定的四届人大副委员长人选名单是两个方案。毛主席听了汇报后表示，人大常委会副委员长赞成大方案，即副委员长人数可以多一些。这样原方案列为国务院顾问或人大常委会副委员长的几位老同志均明确做人大常委会副委员长人选。

在讲到人大常委会副委员长人选时，毛主席赞成吴德主持人大常务工作。

毛主席不同意谢静宜列入人大常委会副委员长人选，他说：“副委员长，小谢不能放，人家对她不了解，提得太早了，不好。”又说：“小谢，官越做越大，搞共青团书记可以，当副委员长就不适当了。”

在讲到邓颖超、蔡畅的安排时，毛主席同意邓颖超做人大常委会副委员长。当周总理坚持邓颖超不要当副委员长时，毛主席没有再坚持。因此只安排蔡畅做副委员长。

毛主席提出：（人大）朱（德）、董（必武）、宋（庆龄）。以下排个次序。

在讲到民主人士时，周总理提出，是胡厥文还是荣毅仁做人大常委会副委员长。毛主席同意在民主人士中放宋庆龄、胡厥文、许德珩三人做人大常委会副委员长。

在讲到国务院副总理人选方案时，毛主席赞成小方案，不设顾问。

在讲到乔冠华、方毅做国务院副总理人选时，毛主席说：“要保护乔（冠华）、方（毅）、谢（静宜），但不要放。”

在讲副总理人选时，毛主席还曾问："吴桂贤多大年纪？"

关于总政治部主任人选，在周总理去长沙时尚未有定论，毛主席也在思考中。周总理向毛主席汇报时提出了三个方案——肖华、苏振华、廖汉生，还提出可否调冼恒汉？毛主席都没有表态。最后，毛主席再三考虑决定让张春桥兼任总政治部主任，并说，张春桥有才干。由此可以看出，毛主席一方面批评"四人帮"，另一方面在人事安排上还要搞平衡。

在谈到郭老（沫若）时，毛主席说："回去代我问好。"

另外，在向毛主席汇报纪登奎提出要减少兼职的请求时，毛主席没有表态。

毛主席还提出在开四届人大之前开二中全会，并说，邓（小平）换李（德生）常委、副主席。要李自己提出来，辞去中央副主席、政治局常委职务。

毛主席同意修改宪法报告。

至此，毛主席和周总理在长沙最后做出了对四届人大人事安排的决策，这对挫败"四人帮"的"组阁"阴谋起了决定性作用，为建立以周恩来和邓小平为核心的新一届国务院领导班子创造了极为有利的条件。

12月27日，周总理带着"长沙决策"返回北京，亲自整理出毛主席长沙谈话要点。12月28日，周总理召开有王洪文、叶剑英、张春桥、邓小平参加的中央政治局常委会，研究如何贯彻毛主席在长沙几次谈话的问题。12月29日，周总理主持召开中央政治局会议，传达了毛主席在长沙的几次谈话内容，并且将经过毛主席调整同意后的四届人大人事安排方案印发中央政治局。

周总理从长沙回京后对纪登奎说："上海、北京、东北都有人选了。人大常委会副委员长南方、西北也应有个年轻人。"他们商量江苏董加耕是个人选。纪登奎通知郭玉峰，让中组部派人到南京把董加耕接到北京，纪登奎、吴德、郭玉峰等同董加耕谈了话。董加耕是全国知名的返乡务农典型，事迹感人，曾受到毛主席和周总理的接见，本来是一个合适的人选。但在谈话中了解到他是反许世友一派的，这在当时的历史条件下就成为一个问题。纪登奎把谈话情况向周总理作了汇报。周总理为慎重起见，就没有安排董加耕做人大常委会副委员长人选，让他做了人大常委。

周总理还提出西北也要有一位年轻的人大常委会副委员长人选，并确定由陕西省委推荐，纪登奎直接给陕西省委第一书记李瑞山打电话。李瑞山同省委其他领导商量（据说李瑞山还征求了吴桂贤的意见），推荐了姚连蔚。姚连蔚是西安847厂工人，有工农兵的经历，是生产突击手、学习毛主席著作积极分子，是西安东郊一派群众组织的头头，当过厂"革命委员会"副主任，当时是十届候补中委、陕西省总工会主任。纪登奎等中央领导看了他的简历并同本人谈了话，最后经周总理审定，将姚连蔚列为人大常委会副委员长人选。

孙健当国务院副总理是在十届二中全会期间决定的。二中全会前夕，周总理考虑中央政治局和人大常委会副委员长中都有年轻干部，国务院副总理中也应增加一名年轻干部。他对纪登奎说，上海有王洪文，北京有倪志福，西北有吴桂贤，又增加了姚连蔚，东北有李素文，天津还没有人选，请天津推荐一名有一定领导经验的年轻干部做副总理人选。1975 年 1 月 7 日上午十届二中全会报到，纪登奎派郭玉峰到京西宾馆找天津市委书记解学恭，说明中央让天津市委推荐一名有一定领导经验的年轻干部做国务院副总理人选。解学恭当即召集天津的中央委员开会，并且电话同天津市市委的主要领导交换意见，市委一致同意推荐孙健，并且当天就把他的档案材料送给郭玉峰转报纪登奎并周总理。孙健是天津内燃机厂工人，从学徒工干起，当过班组长、车间主任、厂团委副书记、武装部副部长、厂党委书记、厂“革命委员会”副主任，1970 年以后任天津一机局“革命委员会”副主任、天津市生产指挥部副主任、市委常委，当时任天津市委主管工业的副书记、十届中央候补委员。周总理看了简历，同意将孙健作为副总理人选。中央政治局讨论通过，并报毛主席批准，直接列入提交十届二中全会讨论的国务院副总理人选建议名单。

1975 年 1 月 3 日，周总理主持中央政治局常委会，研究十届二中全会的各项准备工作。1 月 4 日，周总理和王洪文联名向毛主席报告了中央政治局会议情况，并报去调整后的四届人大人事安排名单。这个名单经毛主席批准后，提交十届二中全会讨论。

1 月 5 日，中共中央发出经毛主席圈阅的 1975 年一号文件，任命邓小平为中共中央军事委员会副主席兼中国人民解放军总参谋长；同时，任命张春桥为解放军总政治部主任。

1 月 8 日至 10 日，在周总理主持下，十届二中全会召开。会议讨论了四届人大的各项准备工作，讨论通过了提请四届人大一次会议审议的《中华人民共和国宪法修改草案》、《关于修改宪法的报告》和《政府工作报告》；讨论通过了提请四届人大一次会议选举和任命的四个名单，即《第四届全国人民代表大会常务委员会委员长、副委员长候选人建议名单》、《第四届全国人民代表大会常务委员会委员和秘书长候选人建议名单》、《国务院总理、副总理、各部部长、委员会主任人选建议名单》、《最高人民法院院长候选人建议名单》；讨论通过了《第四届全国人民代表大会第一次会议主席团候选人建议名单》，提请四届人大一次会议选举。全会还追补邓小平为中央政治局委员，选举邓小平为中共中央副主席、中央政治局常委，讨论通过了《中共十届二中全会公报》。周总理在 1 月 10 日的十届二中全会闭幕式上，传达了毛主席再次强调“还是安定团结为好”的指示。

1 月 11 日，十届二中全会结束，纪登奎在紫光阁召开了最后一次组织工作小组会议，对四届人大筹备工作做了总结，对值班室的工作给予充分的肯定。他风趣地说，今天的会议是我和吴德同志的交接，从现在开始你们要在吴德同志的领导下开始四届人大秘书处的工作了。我不是四届人大代表，就没有资格参加大会了。大会开起来你们的工作会更紧张，希望你们保持和发扬在值班室工作的精神，做好大会的各项组织工作，圆满完成中央交给你们的光荣任务。大会结束后你们再回到紫光阁，由吴庆彤和周启才同志安排，把四届人大筹备过程的档案完整地整理好，移交给中办秘书局存档。按照纪登奎的要求，在四届人大一次会议结束后，我们用约半个月的时间整理了四届人大筹备工作过程的全部材料，用周启才的话说叫“片纸不丢”，移交中办秘书局存档（我在这里说到的值班室工作情况，在档案中均有记载）。接着，吴德对四届人大一次会议秘书处的工作进行了部署。散会后，值班室全体人员从紫光阁搬到京西宾馆，投入大会秘书组的紧张工作中去。

距三届全国人大一次会议十年之后，四届全国人大一次会议终于在 1975 年 1 月 13 日开幕。

江青在小靳庄的闹剧

陈大斌

在 1974 年 6 月的“批林批孔”运动中，江青在天津市宝坻县小靳庄假借“评法批儒”之名，肆无忌惮地进行反党活动，种种丑行令人不齿。作为新华社派出的随行记者，我事后曾经向社领导汇报过有关情况，也在一些朋友中“传播”过。近年来，有些当年曾耳闻过此事的人建议我把当时的现场见闻写出来，让“文化大革命”历史中的小插曲被更多的人知道。但当时对江青的活动没有公开报道，“内参”报道也不可能真实记述其事。所以现在要真实地还原历史本来的面貌，也非易事。2003 年夏天，在新华社天津分社的帮助下，我去天津访问了有关人员，查看了一些资料，又到小靳庄访问了当年的大队党支部书记王作山等人，核实了有关史实，遂写下这篇追忆文字。

“批林批孔”：大做反党反革命文章

1974 年新年伊始，“批林批孔”运动在全国展开。这场运动是毛泽东发动的，早在 1973 年党的十大召开前后，毛泽东便多次提出，要把批判林彪同批判历史上的孔子和儒家、推崇法家联系起来。他说，林彪同国民党一样，都是“尊孔反法”的。1974 年 1 月，中共中央将供批判的小册子《林彪与孔孟之道》转发全党，一场“批林批孔”运动便在全国开展起来。

江青等人竭力利用这场运动大做反党反革命文章。1974 年 1 月，江青赤膊上阵，在驻京部队和中央国家机关大会上动员“批林批孔”。她大放厥词，公然影射和攻击周恩来、叶剑英等中央领导，点名攻击一批中央及军队领导干部，还说中央有“很大的儒”，叫嚣要批“现在的儒”。同时大反所谓“复辟回潮”，树立“反潮流”典型，煽动揪斗老干部，批判斗争教育界、文化界的一批人。在江青一伙的煽动下，一时间全国形势紧张起来。一些造反派又组织起联络站、上访团，拉山头、打派仗，有些人竟散布“不为错误路线生产”的口号，煽动停工停产，致使全国各地大乱，刚刚趋向稳定的政治局势和有所发展的国民经济又遭到严重破坏。

此时，“文化大革命”已经进行了8年，全党全国人心思定。江青等人的倒行逆施不得人心，我所在的新华社大多数人对江青的言行极为反感，对“批林批孔”采取消极应付甚至是抵制的态度。当时我在新华社国内部农村组做新闻采编工作，也很不理解这场“批林批孔”运动。对江青等人的言行感到非常厌恶。让我感到高兴的是，这时国内部农村组派我和另一位青年记者到昔阳、大寨“蹲点”，为期一年。春节过后，我们便钻进太行山里，“蹲”了半年时间，这年6月，我们来到太原新华社山西分社。分社的同志说，与其这样在一个地方死“蹲”下去，不如到各地走走看看。6月中旬我们去了晋东南地区，参观了李顺达领导的平顺县西沟大队等老先进典型。在平顺，我们听说闻名全国的林县“红旗渠”引的就是平顺境内的漳河水。林县属河南省，但与平顺山水相连。我们便请示新华社国内部农村组，要去林县看看“红旗渠”工程。农村组批准了我们的请求，并同意我们顺便从林县回京休整几天。我们两人从平顺翻过太行山来到河南林县，参观了“红旗渠”工程，于6月19日乘车回北京。

6月20日，我们到北京后，上午到新华社国内部农村组办公室与组里的同志们闲聊了一会儿，农村组组长谷峰急匆匆地走进办公室，通知我快去社总编室报到，有重要采访任务。原来，新华社刚刚接到中央办公厅紧急通知，要求速派熟悉工业及农村的记者各两名，立即赶往天津。国内部决定，由国内部工业组派出两位大姐，而农村组就派了我与另一位青年同志。穆青在办公室里见了我们四人，他什么任务也没有说，只是让我们马上出发，后勤部门的车已经在楼下待命。上午10时许，我们四人挤进一辆轿车赶赴天津。

我们不知道要到天津什么地方，司机也不熟悉天津市的道路，天津市有关人员与我们约定，一辆灰色的轿车在京津公路津郊某个桥头等待我们。天津市来迎接我们的一位干部说，你们的车跟在我们后面走，至于上哪儿，去干什么，他没有说，我们也不便问。后来，我们来到天津南郊一处有着很大院落的招待所。这时已经是午后，他安排我们吃了饭，住下来，并嘱咐我们，就在房间休息等待，不要外出。

我还是第一次遇到这种情况。不知道要我们来做什么，弄得如此神秘！一直等了整整一个下午，没有人理睬我们。晚饭后才见到匆匆赶来的新华社天津分社社长朱波。他对我们说，江青几天前来到天津，主要是了解天津站工人“批林批孔”运动的情况，还要去农村听农民“评法批儒”。她通过中央办公厅让新华社派四名记者来，要搞天津工人、农民的“批林批孔”报道。原来是这么回事！我心里好不懊恼！在太行山里“蹲”得好好的，谁让你出来看什么“红旗渠”？看就看吧，谁让你又跑回北京来？这不是自己往旋涡里跳吗？

1974 年 6 月，江青在天津城乡的一系列活动和表演，是她在“文化大革命”中的一次严重的反党活动。

“批林批孔”运动开展起来之后，天津市市委领导中的一些人紧紧跟上，特别下力气组织力量研究“儒法斗争史”，鼓吹工农兵要当“评法批儒的主力军”。他们指定南开大学举办“儒法斗争史”学习班，为工厂企业开办“儒法斗争史”讲座。在市委一些人的鼓动下，天津站组织工人参加，于当年 5 月编写出一部《儒法斗争简史讲稿》。江青于 6 月 16 日得知这一情况，只隔了一天，即 6 月 18 日，就带上迟群、于会泳等亲信，以及北大清华写作班子（“梁效”）等急匆匆来到天津，声称要听取天津站工人的宣讲。6 月 19 日晚，江青在天津发表了“六一九讲话”，大讲“儒法斗争史”。她不懂装懂，胡拉乱扯，说“两千年来的儒法斗争，一直影响到现在，继续到现在，还会影响到今后”。她把从秦汉时期到八年抗日战争、三年解放战争和社会主义建设时期的整个中华民族的历史，统统歪曲为“儒法斗争史”，把党史上历次政治思想斗争全部归结为“儒法斗争”，把党和国家的各级领导干部都诬为“儒家”。同时，江青宣布天津站是她的“点”，她要通过抓这个“点”，推动全国的“批林批孔”运动。在前后十几天的时间里，江青批发有关“批林批孔”的材料 43 件，总印数达 78 万份。

在抓天津站这个“点”的同时，江青还要抓一个农村的“点”。天津市市委便向她推荐了宝坻县的一个大队——林亭口公社小靳庄大队。这个大队原为天津市委一位副书记抓的“农业学大寨”运动的先进典型。6 月 22 日，江青在小靳庄当场宣布：小靳庄是我的“点”！1974 年 6 月到 1976 年 8 月，江青先后三次来到小靳庄，并派她的联络员进驻，派迟群等亲信多次到小靳庄活动，大肆进行反党活动，散布大量反党谬论，流毒全国。

我只经历了江青第一次到小靳庄的情形。小靳庄大队当时只有 101 户，582 人，地处宝坻县东部黄庄洼边缘，历史上是个多涝灾的穷地方。时任大队党支部书记的王作山是个老实厚道的基层干部。几年来，他带领全村社员大搞农田基本建设，年年冬天挖河泥垫耕地，口号是“河挖三尺，地高一寸”，提高了地力和抗涝水平，生产节节上升。全队以农业为主，除粮食作物外，还种植大蒜等经济作物，有数口鱼塘养鱼，集体经济和社员生活水平在当地属中等偏上水平。另外小靳庄有一个突出的特点，那就是群众文化活动活跃。由于这里地处大洼边缘，土地少又易涝，所以历史上村民外出讨生活的人不少，“上京下卫”跑码头，在京津唐等大中城市里，从事理发、浴室服务等服务业的人不少。所以，不少人都见过“世面”，不像有的地方的农民见了生人不敢说话。小靳庄的男女老少大多敢说敢做，尤其热心文化活动。不少人能说会唱，会编顺口溜，敢于当众登台朗诵、演唱；村里有个评剧班子，能演整出的大戏，参加过天津市和宝坻县的会演，还得过奖；多年来一直是全县的文化活动先进典型。

“评法批儒”：篡党夺权野心毕露

我们新华社国内部农村组的两人于 1974 年 6 月 21 日中午赶到小靳庄。当时正是麦收时节。大队党支部书记王作山已经被召到天津，“领受”接待任务。大队长等在市、县委派来的干部的帮助下，找来几个能说会道的社员，抄书抄报凑稿子，准备“评法批儒”汇报会。一般社员忙着打扫卫生，修补道路，紧张地做着各项准备工作。村民朴实善良，只知道江青是毛泽东主席的夫人，以对毛主席的一腔真情来准备迎接她的到来。我们走进村就能感受到其中的紧张和兴奋。

江青于 6 月 21 日下午从天津出发，带领一大帮随从人员，乘火车到达宝坻，当天就吃住在专车上。傍晚时分，江青要下车去“看看宝坻县城居民”，以展示她的“亲民”形象。她走进城边一处干部家属宿舍院，进了一位干部家属的门。女主人热情欢迎她，她也极力表示着“亲热”，拉着她的手说：“我要好好看看你的家，聊聊家常。”刚坐下来，就有人悄悄地告诉她，这家女主人可能患过肝炎。江青立时变了脸，站起身来快步逃了出去，连句告别的话都没有说。送客的主人在后边小跑着都赶不上她。江青逃也似的回到火车上后，再没下火车。

6 月 22 日上午，江青从专列上下来，换乘汽车前往小靳庄。从县城到小靳庄 50 里路，其中进小靳庄的几里河堤路为泥土路，夜间一场小雨把河堤路浇成一片泥泞。一大早市里调来几辆大型推土机，为江青开道，硬是把泥泞路面上的一层稀泥全部铲掉，再铺上一层干土，又压了一遍。这样，江青的车队才勉强开进小靳庄。

江青进村后就宣布要召开社员会，听农民“评法批儒”。会场就设在村头的小学校里。学校恰好放了收麦忙假，大队腾出所有教室和整个院落。主会场设在一个最大的教室里，江青及主要随行人员占去了一大半座位。村里除了几名主要干部外，只有几位社员代表参加，天津市和宝坻县来的许多干部只能在院子里旁听。

我被安排进了教室，自始至终参加了这次社员“评法批儒”汇报会，亲见亲闻了江青等人的丑恶表演。

上午10时许，小靳庄社员“评法批儒”汇报会开始，名义上是天津市市委主持，小靳庄农民唱主角，其实成了江青个人为所欲为的表演舞台。首先，小靳庄大队党支部书记王作山报告了大队基本情况，没说几句就被江青打断。她说今天是来听农民“评法批儒”的，其他的少说。可社员们的“评法批儒”发言，没有一个不被她中途打断，没有一个能按照自己准备的内容说完。

女社员周福兰发言，批判儒家提倡男尊女卑。可是她还没说上几句，江青就打断她的话，借题发挥起来：“男尊女卑处处存在，我们中央就不合理……他们都是大男子主义，到了掌握政权，都出来了，一把抓。”她叫嚣：“这回要改变。……女的要超过男的。”显然，她说的“这回”，指的是正在筹备的四届全国人大关于国务院领导的人事安排，其篡党夺权的野心暴露无遗。

接着，江青攻击的矛头就更直接了，她问周福兰叫什么名字。周福兰告诉了她，江青喊道：“是周公的周，还是周礼的周?”周福兰莫名其妙，说：“就是那个周呗。”江青大声喊道：“我要造你的反!”周福兰吓得一哆嗦。江青接着喊道：“我不是造你的反，是造你名字的反。你的名字太封建了。”她要周福兰“马上改掉这个封建的名字”，说，“你就改成周抵周吧!”随后又改口说：“就叫周克周吧，用咱们这个‘周’，克他那个‘周’。”

江青的这些话使人很容易想到她要“克”的是哪个“周”。之后，每个社员发言，江青都先给他们改名字。女社员于瑞芳刚报上姓名，江青就说，什么“瑞芳”，去掉那个“瑞”，就叫于芳。女社员王淑贤一说出自己的名字，江青就嚷：“又淑又贤，不行！淑贤两字去掉，就叫王先!”男青年王孝岐是个高中生，事先认真准备了发言稿，可是刚开始念稿子，江青就忍不住了，喊道：“什么孝岐，孝谁？孝什么？典型的封建意识！这个名字不行！以后你叫王灭孔!”还有一位中年妇女叫李淑凤，江青把手一挥：“净是什么龙啊凤啊，改！就叫李树风！树立新风!”江青不仅给社员改名字，就连天津市市委书记解学恭也被她改了名字。她说那个“恭”是温良恭俭让的“恭”，是封建主义的，儒家的思想，要改成“工人阶级”的“工”!“学工，向工人阶级学习嘛!”

江青除了随意改社员的名字之外，还有更让人大跌眼镜的丑行上演。女社员于瑞芳汇报之后，要唱一段京剧样板戏，她要唱的是《红灯记》中铁梅的一个唱段。刚开口就被江青叫停，她大声喊道：“你们知道吗？所有样板戏统统是我搞的!”转脸又喊随行的一位闻名全国的演李玉和的京剧男演员：“你来和她一起唱!”说着递给他一杯水，那位演员接过来昂首挺胸一饮而尽，丢下杯子，高喊一声：“谢谢妈!”接着就唱起来：“临行喝妈一碗酒，浑身是胆雄赳赳……”本来这是戏中的叫板道白和唱词，可是在这种场合，经过江青与他的如此“配合”，给人造成的感觉可就不那么美妙了。当场不少人瞠目结舌！事后有人问我此事确否。我说亲眼所见，亲耳所闻，千真万确！

这样折腾了一个多小时，社员的“评法批儒”汇报会结束，江青说她要去地里参加劳动，与社员一起割麦子。当时正值麦收时节，学校外不远处就有一块麦地，不少社员正在收割小麦。

江青在一伙人的簇拥下来到麦地里，拿过一把镰刀要割小麦。可是她既不会使镰刀，也抓不住麦棵，乱砍几下，一棵麦子也没有割下来。其实她真实的目的并不是割麦，而是让随行的记者照相，老实的大队党支书王作山不解其意，怕她砍了自己的脚，忙上去帮她，结果挡住了镜头，江青很不高兴，一把推开了他，喊着：“你走开，别尽来帮倒忙！”

当时，宝坻县有两位全国闻名的下乡、回乡的女知识青年，一位叫侯隽，一位叫邢燕子。天津市市委和宝坻县委把她俩叫来见江青。在麦地里，有人把两人带到江青面前，江青为了表示对两人的亲热，说，我早就熟悉你俩了，一直想念着你们啊！然后就从头上摘下一顶白草帽，说，今天没有什么礼物送给你们，这顶草帽是我 1942 年从延安撤退，跟随毛主席转战陕北时，从延安带出来的。多年来南征北战，一直跟随我。今天我送给你俩做个纪念。

听了这话，我们一个个面面相觑，不敢相信自己的耳朵！她说的是真话吗？看那顶草帽，虽不知道是不是全新的，但那是一顶很精致的草编织帽，颜色雪白，帽顶帽边都十分整齐，一点也没有破损。延安时期是个极为艰苦的年代，会有这样高档精致的草帽吗？即使有，从延安撤退，一路辗转，战火硝烟，30 余年过去了，还能保持如此崭新吗？再说，一顶草帽送给两个人，谁来戴呢？这不是在演戏吗？

赠毕草帽，江青向大队干部要一顶当地农民戴的芦苇秸编的“蘑菇帽”，她说她很喜欢农民的帽子，其实是想戴上照相。可是接过王作山送来的那顶农民戴过的“蘑菇帽”之后，见上面满是汗渍，便不往头上戴，借口说“太小了，我不能戴”。接着又埋怨起侯隽说，你下地来也不戴个草帽？我看你也变成个小官僚了！

新的“蘑菇帽”还没买回来，江青已离开麦地，要到场院上“打场”去了。在场院上，有人给她一把翻麦子的木杈，她扬了扬，让人照相。照完相转身又看见场上正晒着新打下的小麦，便说，这麦子多好呀！我要把你们的劳动果实带回去给毛主席尝尝。社员们忙去找了干净的口袋，装上 10 多斤小麦……

江青在场院上转了一圈，就宣布“收麦劳动”结束，她要吃午饭了。这时，天津宾馆的工作人员早已在小学校里准备好了午餐。面包、菜、饮水和碗筷等用具都是从市里运来的。女服务员一律白衣黑裙，也全是天津宾馆来的。江青等人在一间教室里摆开餐桌，我们和工作人员便在院里树荫下吃饭。

午餐之后，江青要午休，说是要到社员家里去“同住”，村里事先已接到通知，早已选定大队会计王启恩家作为她的午休之处。王家人口少，房子宽敞，环境也较干净。县里村里前一天已派人帮王家来了个彻底大扫除。当天上午，天津宾馆的服务员又重新扫过大炕，屋里屋外全消了毒，炕上铺上宾馆的被褥枕头，服务员还用带来的深色窗帘遮住王家前后窗户。王家和前后左右邻居养的狗和鸡鸭全被捉住送到别处暂管，以免发出叫声惊扰江青午休。江青进去后，王家几口人全走出来在院子里等候。大队干部午饭也没吃，轮流在王家院门口为江青站岗放哨。这就是江青的与农民“同住”！

语重心长：纪登奎有胆有识

作为记者，那天中午我只吃了一块面包，就忙起来，生怕漏掉重要活动。我跑到小学校里，只见迟群、刘庆棠等人正围着桌子起劲地甩扑克，没有一个人肯到村里走走，看看农村农家生活，去和农民说句话。只有同来的中央政治局委员纪登奎没有午休，也没去打牌，他把小靳庄大队党支部书记王作山找来，两人蹲在村头小树林里说话。王作山忙了一上午，情绪兴奋又紧张，满头大汗，也没工夫回家吃午饭。纪登奎说，我知道你没吃上饭，给你拿来个面包，还有西瓜，先垫垫吧！见我来了，纪登奎说，记者同志也坐坐吧，咱们随便聊聊。那个中午，他们聊了一个多钟头。先是王作山详细汇报了大队的生产情况，纪登奎也说了不少话。印象最深刻的是：今后小靳庄是江青抓的“点”了。你们的确有很多优点、长处，可作为农村，不管是谁的“点”，今后主要任务还是种好地。要踏踏实实学好大寨经验，继续兴修水利，搞好农田基本建设，发展生产。还说，生产上光种粮食不行，除了大蒜，可否种点棉花。搞好生产，发展经济，这是农村工作的根本。生产搞不上去，农民没饭吃，一切便无从谈起。

天津一行，使我第一次面对面地接触纪登奎。这次他给我留下了很深的印象：一是这个中午他与王作山语重心长地谈话；二是我听天津的同志说，1974年6月19日那天，江青在全市“评法批儒”大会上大放厥词之后，曾让纪登奎讲话，他当时只讲了短短的几句，大意是：毛主席曾经批评一些人不学中国历史，不知道自己的祖宗，不以为耻，反以为荣。我的历史知识很少，但我不是毛主席批评的那种不以为耻、反以为荣的人。我是深以为耻的！今后要努力按照毛主席的教导，和大家一起努力学习历史知识。

在那样的特殊年月里，那样的场合，当着不可一世的江青，他不投其所好，却讲出这样的一番话，应当说是有胆识的！

说到这里，还有一段有关纪登奎与小靳庄颇为有趣的插曲，不妨在此一说。

20 世纪 80 年代初期，我参加了一次中央在京西宾馆召开的全国农村工作会议。有一天我刚吃完饭从食堂走出来，回头一看，见国务院农业发展研究中心副主任吴象与纪登奎并肩走来。吴象见到我，就喊道，快来，我来介绍一下，这是纪登奎，现在来中央农村政策研究室任研究员。

自从被罢了中央政治局委员、国务院副总理职务之后，纪登奎已经几年未曾公开露面。不久前中央刚分配他做这项新的工作，这是他第一次以研究员的身份参加全国农村工作会议。我上前与之握手、问候，回过头来，吴象又要向他介绍我。可没等吴象开口，纪登奎就打断了他，说："你先别说，这位我认识，肯定认识！我们一块工作过。你让我想想……"他拍着脑袋，苦苦思索，却一时想不出来。我忙上前对他说："是在小靳庄。"他一听，使劲一拍大腿，哈哈大笑："对了，对了！咱们在小靳庄一起工作过！你是新华社的，那天你们去了两位同志，那一位也是个年轻人，个子不矮。"人们都说纪登奎没有官架子，记忆力特强，我这次真的见识了。我说："你说得对，记得准！"

纪登奎哈哈笑着，拉起我的手，若有所思，走了几步，对我说道，那次在天津，江青简直是猖狂之极！在小靳庄又闹了个一塌糊涂！

我说，是的，那天你与他们截然不同。

纪登奎看了看吴象，又看了看我，说："老陈，你说说那天的情况，说说我那天的表现怎么样？"

我想起当年的情景，尤其是树荫下他与王作山的谈话，由衷地说："我很佩服那天你的谈话。江青他们在丑恶表演，搞阴谋，而你对王作山说了许多知心话，语重心长！"

纪登奎高兴地笑着，天真得像个孩童。

1975 年 6 月 22 日下午 3 时许，江青睡了两个小时后起床，乘车离开了小靳庄。至此，江青一访小靳庄的闹剧落幕。

但这场连续剧还没有结束。这年 9 月，江青陪着菲律宾总统马科斯的夫人伊丽姆达二下小靳庄，又有许多丑恶表演，还弄出一种不土不洋的大袍子——"江青服"，一下子成了许多城市里时髦女性的"时装"。1976 年 9 月，毛泽东病重期间，江青又率领一帮亲信，三下小靳庄，猖狂进行反党活动，又演出许多丑行。不过，后两次我都不在现场，虽有耳闻，没有亲见，期望现场亲见的人也能写出来。

我所知道的《工业二十条》起草始末

房维中

《关于加快工业发展的若干问题》（简称《工业二十条》），是 1975 年根据邓小平的指示起草的一个工业条例。当时，《工业二十条》是射向“四人帮”的一发“重型炮弹”，曾引起一场重大的政治风波。现在，我仅根据手头存有的资料和我的记忆，对我所知道的起草《工业二十条》的情况，追述如下。

为什么要起草《工业二十条》

“文化大革命”以前，邓小平主持制定并经中央批准正式颁发了一部《国营工业企业工作条例》（简称《工业七十条》）。《工业七十条》规定了国营工业企业的根本任务，是全面完成和超额完成国家计划，增加产品，扩大积累，努力赶上和超过国内外先进的技术水平。《工业七十条》具体规定了党的领导、企业的生产指挥、计划管理、技术管理、劳动管理、财务管理等规章制度。“文化大革命”爆发后，《工业七十条》被诬蔑为修正主义路线的产物，其规定的规章制度被扣上了“唯生产力论”、“物质刺激”、“管、卡、压”、“利润挂帅”、“条条专政”等帽子，统统作为“修正主义的黑货”加以批判，造反派公然提出砸烂《工业七十条》，以致造成无政府主义盛行，工业企业管理处于极端混乱状态。

1971 年，林彪反党集团被粉碎之后，1972 年、1973 年周恩来总理提出批判林彪煽动无政府主义、破坏国家计划、破坏企业管理的罪行，国家计委起草了《关于坚持统一计划、加强经济管理的规定》（简称《十条》），提交 1973 年全国计划会议讨论，但遭到“四人帮”反党集团的抵制。他们硬说批无政府主义就是“批群众”，“批‘文化大革命’”，抓企业管理就是“修正主义路线回潮”。特别是在1974年，“四人帮”借毛泽东主席发动“批林批孔”运动的时机，搞“放虎归山”、“第二次夺权”，指使他们的爪牙打着“反潮流”和“反复辟”的旗帜，拉山头、搞串联，成立战斗队和民办“批林批孔”办公室，到处揪斗党政军负责人和企业领导干部，搞打砸抢，把一些地方和企业组织搞瘫痪了。他们制造了“法家造反、儒家生产”、“不为错误路线生产”等谬论，公然煽动停工停产。哪里是国民经济的要害，他们就把哪里搞乱。他们强占铁路枢纽，中断铁路交通，给中央施加压力。不少“老大难”单位，经过中央和国务院领导同志进行大量细致的耐心工作，本来情况已经好转，这时又乱了起来。1974年，全国工业生产急剧下降，许多企业处于停产半停产状态。

1975年，邓小平重新主持中央和国务院工作，以毛主席1974年下半年发出的学习理论防修反修、安定团结和把国民经济搞上去的“三项指示”作为旗帜（或纲领），借1975年1月四届全国人大周总理重新宣布毛主席提出的发展国民经济“两步设想”的东风，在全国开展了整顿的工作，向无政府主义、向资产阶级派性宣战。先是抓铁路整顿，以后又抓钢铁工业整顿，迅速收到了效果。1975年6月，邓小平说，前一段解决铁路问题、钢铁问题，都是一个一个解决，光这样不行，要通盘研究，提议国务院召开计划工作务虚会。根据邓小平的指示，国务院从6月16日到8月11日召开了将近两个月的务虚会，一是拟定了《1976—1985年发展国民经济十年规划纲要（草案）》，一是拟定了《工业二十条》的草案，期望以这个文件来代替实际上被废除了的《工业七十条》。

《工业二十条》的起草过程

（一）第一次提交国务院讨论的8月17日稿

根据邓小平的指示，国务院由李先念、纪登奎、谷牧负责（当时余秋里因病休息），在国家计委成立了一个起草小组，由我牵头，王忍之、桂世镛、陈斐章等同志参加。

起草小组成立后，迅速动作，于7月25日写出第一稿，在国家计委内部由谷牧主持进行了讨论。经过几次修改，8月17日，将第二稿报送李先念。8月17日稿共14条，内容是：（1）工作总纲；（2）奋斗目标；（3）主攻方向；（4）挖潜、革新、改造；（5）基本建设要打歼灭战；（6）采用先进技术；（7）又红又专；（8）整顿企业管理；（9）两个积极性；（10）统一计划；（11）纪律；（12）关心职工生活；（13）工作方法和工作作风；（14）思想方法。这些内容都是原则性的，并没有展开写。

8月18日，邓小平亲自主持国务院会议讨论8月17日稿。在汇报过程中和汇报后，邓小平发表了以下意见：

有些问题，恐怕不是提出的时机。党也要整顿，“双突”（指突击入党、突击提干）不解决行吗？科学院也有。武钢上不去，今年不在乎多一百万吨、两百万吨，各方面要调整好，宁肯少一点，要把设备维修好，秩序搞好。鞍钢掉轨，杂乱无章。

文件基本上是写得好的。有些问题没提出，如按劳分配问题，现在还提不出来，但在社会主义建设中始终是一个很大的问题。上海有没有物质刺激，新老工人都有附加工资。不能说上海办法不对。要研究一下上海积极性高，是否与此有关。所谓物质刺激，过去并不多。人的贡献不同，是否应当有些差别。在待遇上，同样的工人，他的技术发展得快，要不要提高他的级别、待遇，否则就没有是非了。看来平等，实际掩盖着另一种不平等。高温、高空、井下、有毒的，待遇应当不同。这个文件要不要提出来？炉前工出汗就多。

针对文件内容，邓小平提出了几点建议：

（1）加一段反映以农业为基础的思想。工业的重大任务是促进农业的现代化。还是农轻重的次序。工业越发展，农业落后不行。我跟四川说，四川工业越发展，农业越要排在第一位。没有菜吃，没有肉吃，工业怎么能搞得好。要加一段，反映农业为基础的思想，反映工农联盟的思想。

（2）采用新技术，要加一段。拿更多的东西去换取外国最新最好的设备。所有国家都是这样。外国展览的产品，好东西一破开，里面好多部件都是别的国家的。出口，第一是石油，要更多地发展，尽可能出口，这是最可靠的。还要考虑煤炭出口，从政策上考虑，这是个大政策。要单独写一段，附在这一段显不出政策来。进口设备，同他定长期协定，我用煤换。

（3）又红又专。要强调企业的科学研究。科学技术越发展，企业里科技人员比例越大，用得越多。大型企业，应有自己独立的研究机构。小型的，由部里搞综合的科研机构。现在很多知识分子学非所用。

（4）要单独写一条，质量第一，这是个大政策。包括品种、规格、质量。这是最大的节约，也能打开出口的通路。

（5）专门写一段责任制。规章制度的关键是一个责任制。无人负责，突出的是这个问题。现在积重难返，矫正要过正一点，不过正不能矫枉。

邓小平对文件本身进行了评价。他说，文件解决了相当多的问题。需要有这样一个文件，代替《工业七十条》。毛主席历来讲要有章程。讲《工业七十条》也是修改，不是废除。南京一个军工厂的劳动模范周阿庆发言讲得好，主张建立严格的规章制度。

邓小平对按劳分配问题的写法，也谈了看法。他说，按劳分配问题，大家都动动脑筋。工资政策要琢磨一条，不用，放在文件外。总题目叫按劳分配。不管贡献大小、能力强弱、劳动轻重，都是四五十元钱，能不能调动积极性？《工业七十条》讲计时工资和计件工资相结合，现在计件工资有的地方还在搞，但不敢讲，不合法。这个文件可以先写出来讨论。搞长远规划，可以出政策。

（二）根据邓小平意见修改而成的8月22日稿

根据邓小平8月18日所提出的意见，起草小组于8月22日改出了第三稿。8月22日稿内容增加为20条：

（1）工作总纲。强调毛主席的“三项指示”，是各项工作的总纲，必须抓住这个总纲。指出有些人还在那里公开地或隐蔽地搞资产阶级派性活动。一部分企业，领导权不在真正的马克思主义者和工人群众手里。这些问题，必须引起我们足够的重视。当前要特别注意抓好工业的整顿工作，解决工业管理和企业管理中存在的某些乱和散的问题。决不能把在革命统率下搞好生产当作“唯生产力论”和“业务挂帅”来批判。革命和生产必须两不误。

（2）奋斗目标。强调第五个五年计划期间必须建成全国的独立的比较完整的工业体系，再经过五年或者更长一些时间的努力，基本建成六个协作区的工业体系。

（3）以农业为基础。

（4）大打矿山之仗。

（5）挖潜、革新、改造。

（6）把质量、品种、规格放在第一位。

（7）节约。

（8）协作。

（9）基本建设要打歼灭战。

（10）采用先进技术。

（11）增加工矿产品出口。

（12）整顿企业管理。

（13）两个积极性。

（14）统一计划。

（15）纪律。

（16）各尽所能，按劳分配。

（17）关心职工生活。

(18) 又红又专。

(19) 工作方法和工作作风。

(20) 思想方法。

(三) 纪登奎的讲话和 9 月 2 日稿

8 月 31 日，国务院副总理李先念、纪登奎、谷牧、孙健和国家计委的几位负责同志一起讨论 8 月 22 日稿，国务院政治研究室邓力群、于光远以及王维澄也应邀参加。

纪登奎根据他刚到外地考察得出的认识，认为文件的政治部分不行，没提起纲来。他说：

> 中间工作部分，有些讲得好的。政治部分不行，不能解决问题。五千个大中型企业，有多少有问题的？谈企业问题，不能老找计委的同志，要找企业党委书记来谈。
>
> 纲没提起来，关键在党。有的党委权被夺了，坏人掌权，他要那套规章制度干什么？洛阳的大企业，五个出了问题，电厂书记是贪污盗窃分子，盗出三吨铜。规章制度对他有什么用？不用说一长制，你发言权都没有。不能回避这个问题。对企业要作分析，把纲提起来，非整顿不行，然后，下面提的那些任务才有人去做。矿山机械厂党委副书记，我骂了几句，半夜带姘头跑了，昨天抓了起来。贪污盗窃，投机倒把，我就整，不管什么造反派、"反潮流"。他们是在这些东西下面掩盖一个事实，就是搞资本主义。
>
> 头一条，企业的主要矛盾是什么？百分之三十的企业，在一个相当时期内完全脱离基本路线。他们所说的斗争，根本不是整资本主义。什么叫路线？浙江无非是山上、山下派，新生势力、老生势力的矛盾。在混乱中，让那些坏人捞了一把，篡夺了领导权。这一头，贪污盗窃分子上了台，那一头，把先进人物打下了台。借"反复旧"的名搞复旧，借"反复辟"之名搞复辟。
>
> 依靠谁？有的靠"反潮流"分子。四大以后经常存在。鉴于这样，对这些不加分析，一概承认、支持，等于解除武装。党处于极端软弱的状态。多数职工一直处于压抑状态，心情不舒畅。
>
> 这个问题不解决，百分之三十那些企业，这篇文章完全无用。
>
> 矿山厂姑娘组、轴承厂信得过小组、铁路三八乘务组，都受打击。反过来，贪污盗窃、投机倒把分子当权。
>
> 中央文件为什么贯彻不下去，就是因为这些人当权。他怎么能反自己？
>
> 从生产反映政治。哪有政治好，生产搞得那样糟的？亏损面，除了主观条件不具备外，都是政治上有问题。

军队要整顿，企业要整顿，整顿的基本方针，是从党整起。

路线有各式各样的理解。小平说过，路线空洞得很，你有你的说法，他有他的说法。嘴上说的、干的根本不是一回事。

我们这些人忘本。我们的帽子脱了，老工人的帽子还戴着。几个钢铁厂，全是这个问题。这是基本路线？同主席讲的全不沾边。

干部政策，要从最先进的企业领导者选择。不是一下子把普通工人提到领导岗位上，片面性太大。

两类：一类是贪污盗窃、投机倒把掌了权；一类是形而上学，没有团结愿望，就是一味整人，“不斗则修，不斗则退，不斗则垮”，类似土改中的“勇敢分子”。

不是说老工人不分左中右，而是说相当一部分老工人，他们热爱社会主义，而权在所说的那一部分“反潮流”分子手中。

不是靠两派，而是靠一派，不是靠工人阶级。左中右，不是人家都是右，你这一派也有左中右，成天在那里争，在那里吵，结果让贪污盗窃、投机倒把分子捞了一把。

一批没有改造好的知识分子加上某些“勇敢分子”当权。

现在还是讲二十三条的第一条，什么山上派、山下派的交叉，什么经验主义是主要危险，而把主要矛盾放在一边。

要把问题讲透彻。

一年多来，局面稳定住了，有利于解决这个问题了。

过去混乱，他们捞了一把。他们不怕急风暴雨，怕和风细雨。

辉县“反潮流”的性质，是反社会主义的，是右派造反。

许昌一百零八将，带头的是高中毕业生，说干部在九天之上，农民在九地之下，是右派。

纪登奎的这篇讲话讲得很好。他为什么能讲出这样一篇话？直接来源于他奉中央之命，同王洪文一起到浙江解决“双突”问题以及他对浙江、湖南、河南等省的调查得到的认识。

1975年7月初，经毛主席、党中央批准，王洪文、纪登奎到浙江调查，帮助浙江省委解决浙江的问题。浙江杭州丝绸厂有个造反派头头叫翁森鹤，是个头上长角、身上长刺的人物，同党唱对台戏。他选中共十大代表的时候，丝绸厂95%的党员不同意，工厂的10名常委也不同意，省委说服大家选他。翁森鹤开会回来后，更加猖狂，拉一帮人上三台山，成立了一个山头，于是在浙江出现了山上派、山下派。他们以“反潮流”为名，拉山头，搞分裂，到处夺权。以我划线，同他一派的都可以入党，一下子在杭州丝绸厂突击入党95人，16

个支部书记换了14个，书记、副书记被赶了出来。省里推广他的“双突”经验，有二三十万人到杭州丝绸厂参观。一股逆流顶不住，顶的他就压。翁森鹤私设牢房，关了二十几个人。搞“砸破庙”，夜里一帮人戴上帽子口罩，一直把人家的东西砸光为止。翁森鹤和另一个造反派头头给杭州市市委发了一份紧急通牒性文件，一开头大骂市委抵制老中青结合，接着限市委三天内给他们60个官。市里的领导竟屈服于这种压力，给人家签了字，盖了图章。这样，在1974年“批林批孔”的风潮中，浙江普遍出现了“双突”的问题，引起了中央的重视。

王洪文、纪登奎到浙江，先是参加浙江省省委工作会议并到工厂作调查，撤掉了三台山山头。7月14日，王洪文、纪登奎又同浙江省省委书记谭启龙、铁瑛到北京向中央汇报。7月15日，中央政治局召开会议，听取浙江省委工作会议情况的汇报和关于处理“双突”问题的请示，并进行了讨论。7月16日，根据中央政治局讨论、修改的《浙江省省委关于正确处理“双突”问题报告》和中央对这个请示报告的批语，呈报给毛主席。当天，毛主席批阅了《解决浙江“双突”问题的报告》和中央批示。7月17日，浙江省省委《关于处理突击发展的党员和突击提拔的干部的请示报告》加了《中央对浙江省委报告的批示》，以中共中央文件发布，这就是中共中央1975年16号文件。随后，纪登奎、谭启龙、铁瑛回到浙江，7月19日向省委工作会议传达了中央16号文件。中央这份文件的主要精神就是不要怕那些顽固坚持搞资产阶级派性的头头，要同他们的错误思想作斗争。

浙江问题的解决增加了纪登奎关于整党、关于同资产阶级派性作斗争的信心和勇气，而纪登奎的讲话又增加了我们起草小组的勇气和信心。

根据纪登奎的意见和各地反映的情况，起草小组用两天时间于9月2日修改出了一个稿子。

9月2日稿在8月22日稿的基础上，增加了“党的领导”、“依靠工人阶级”两章，合并去掉了“奋斗目标”、“把质量、品种、规格放在第一位”、“节约”、“协作”四章，其余各章保留，共18条。

9月2日稿的内容很锋利。其锋利之处在于：

（1）在“工作总纲”一章中，点明了有些人口头上也讲党的基本路线，实际上把两个阶级、两条道路的斗争放在一边，不抓这个主要矛盾，而是成天闹这一派同那一派的矛盾、新干部和老干部的矛盾，你攻过来，我攻过去，没完没了。少数搞资产阶级派性的头头，争权夺利，拉山头，搞分裂，闹得企业不得安宁、地方不得安宁、党不得安宁。阶级敌人趁机浑水摸鱼，大捞一把，有的甚至篡夺了领导权。他们打着“反复辟”的旗号搞复辟，破坏革命，破坏生产，把党的好干部，把先进模范人物和先进集体打下了台，坏人当道，好人受气。这些地方、这些企业，管理混乱，生产长期上不去，有的已经变了质。

（2）增加了“党的领导”一章。提出目前企业党的领导大体有四种状况：一是坚持执行党的路线、方针、政策，敢于领导，敢于负责，革命和生产都抓得好。二是领导班子不同程度地存在着“软、散、懒”的问题。这些单位的领导，有的怕字当头，不敢坚持原则，好的不敢表扬，坏的不敢批评，使党的组织处于软弱无力的地位。有的闹不团结，搞资产阶级派性，各吹各的号，各唱各的调，形不成核心。三是没有得到改造的小知识分子和“勇敢分子”当权。这些人政治上一窍不通，生产上毫无经验，却指手画脚，一味整人，只唱高调，不干实事，动不动就给人扣上“复旧”、“倒退”、“保守势力”、“只拉车、不看路”一类的帽子，压制广大干部和群众的积极性。四是坏人掌权。有的是贪污盗窃、投机倒把分子，有的是反党反社会主义的右派。他们利用职权，胡作非为，一方面拉拢、腐蚀一部分人，培植自己的势力；另一方面打击、陷害好的革命干部和工人，搞资产阶级专政，搞复辟倒退。第三种、第四种是少数，但危害甚大。这些单位的严重情况长期得不到改变，是因为背后有人支持。整顿企业，首先是整顿党的领导。经过整顿，要改变那些“软、散、懒”的领导班子，调整那些没有得到改造的小知识分子和“勇敢分子”当权的领导班子，把坏人篡夺了的权力夺回来。

（3）增加了“依靠工人阶级”一章。指出现在有些地方、有些单位不是依靠工人阶级，而是依靠这个山头、那个山头，他们不作阶级分析，盲目地跟着造反派和“反潮流”分子跑。结果，分裂了工人阶级队伍，脱离了广大工人群众。

9月2日稿指出，对于“造反”，对于“反潮流”，都应当进行具体分析。要看造哪个阶级的反，看反什么性质的潮流。正确的要支持，错误的要批评，反动的要坚决顶住，然后加以考察，进行批判。要特别警惕少数坏人利用“造反”和“反潮流”的名义，搞破坏活动。领导干部在任何时候都要坚持原则，决不可随风倒，决不能为漂亮的词句所迷惑，为吓人的帽子所压倒，解除思想武装，甚至把权让给人家。

9月2日稿指出，要划分造反派、“反潮流”分子和工人阶级先进分子的界限。不能说参加过“反潮流”、参加过造反的人，都是工人阶级的先进分子。凡是以“造反”和“反潮流”作为资本，向党伸手，要当党员，要做官的，一律不给，不但不给，还要批评。

9月2日稿指出，要坚决同资产阶级派性作斗争，针锋相对，寸步不让。现在还支持资产阶级派性，就是搞修正主义，搞资本主义，屡教不改的，要严肃处理。党员决不允许搞派别活动，坚持不改的，要开除党籍。

9月2日稿指出，要落实党的政策。工人、技术员、一般干部，凡是被扣上“保守派”、“站错队”等帽子的，一律摘掉，有关档案要退还给本人或者予以销毁。

（四）20个企业党委书记座谈会讨论8月22日稿

9月2日当天，起草小组将9月2日稿送给了李先念、纪登奎和谷牧。9月3日，纪登奎同起草小组的同志说，十八条太厉害，有些提法还要推敲，邀请的企业党委书记已经到了，同企业党委书记座谈还是拿8月22日的二十条，9月2日的十八条不要拿出去。

9月4日到12日，国家计委邀请20个企业负责同志（主要是党委书记）召开座谈会，讨论《工业二十条（讨论稿）》。9月4日到10日由国家计委副主任林乎加主持，9月11日、12日两天由纪登奎主持，李先念、陈锡联、谷牧参加。

9月4日座谈会开始，林乎加说明了为什么要起草这个文件，请大家看看是不是这些问题，还有哪些问题要加上去。比如，党的领导，浙江那里是搞整党，河南也提出加强党的建设问题，现在写得不够。依靠工人阶级，调动广大职工的积极性，也要写一条。座谈会的任务，就是讨论修改文件。林乎加还宣布了一条纪律，文件不要抄，不要传。

与会者对《工业二十条（讨论稿）》进行了讨论。大家讨论得很认真，劲头很大。普遍讲，现在速度不快，真急人。作为企业的党委书记，压力很大。迫切希望中央发一个文件，总结各企业的经验，针对当前的问题，作出一些规定，统一思想，统一行动，把工业生产搞上去。

大家认为，文件的基本内容是可以的，这些条都很必要，一些规定是符合基本情况的。不少同志提出，要把整顿党的组织问题突出写出来。

一些同志提出，党的领导要单写一条。他们认为，企业党的领导班子有问题，党的方针政策、中央的指示，就贯彻不下去，革命和生产就搞不好。不解决这个问题，有多少条都没有用。浙江一些单位搞“突击入党”、“突击提干”，河南、湖南的一些单位也在一派中搞“纳新提干”。他们的说法是“九次冲杀，十次受压，路线觉悟最高”。这些人可以三个优先：优先平反，优先入党，优先提干。湖南七七〇厂有些人在平反会上戴两朵大红花，一个是平反，一个是入党。纳新，提干，派民兵，选拔工宣队、理论骨干，完全以派为标准。这样就把资产阶级派性带进了党内，带进了各种组织，带进了领导核心。或者把党委分成了两半，形不成决议，办不成事；或者被坏人篡夺了领导权。有的领导班子怕字当头，不敢斗争，软弱无力，甚至“拱手让权”。整顿企业，解决当前存在的“乱”和“散”的问题，首先要整顿党的领导，搞好党的思想建设和组织建设。要从党委一直整顿到支部，从厂、分厂一直整顿到车间、工段、班组。不这样，不能解决问题。

一些同志提出，文件要写一条全心全意依靠工人阶级的问题。现在有些企业，不是依靠工人阶级，而是依靠派。不少老工人、先进模范人物，至今还戴着“保守派”、“站错队”、“为刘少奇路线卖命”等帽子，精神枷锁没有解除，心情不舒畅，积极性受到压抑。文件应当充分揭露资产阶级派性的反动性、危害性；强调必须同资产阶级派性作坚决的斗争，哪里冒出来就在哪里斗，把它搞臭。要讲落实政策，做细致的思想工作，团结两个95%，加强整个工人阶级的团结。文件应当明确指出，当前工业战线上的主要矛盾还是两个阶级、两条道路的斗争。有些同志口口声声讲党的基本路线，但是却忘记了这个主要矛盾，纠缠于这一派同那一派的矛盾、新干部和老干部的矛盾等，实际上是违背了党的基本路线。

一些同志提出，文件要把一些重要问题的是非界限划清楚。如什么是单纯技术观点，什么是单纯生产观点，一提钻研技术、业务，一提搞生产，就不对吗？什么是“管、卡、压”，对歪风邪气就不能管、不能卡、不能压吗？什么叫物质刺激？反对物质刺激，就一定要不分劳动好坏，到年头一律长工资吗？1972年提工资，“不论贡献论年头”，老工人很有意见，伤害了积极性，今年不能这样搞了。还有，什么叫“洋奴哲学”、“爬行主义”，外国先进技术为什么不能学习？现在有些领导，所以怕字当头，不敢干，重要原因就是分不清是非。中央文件把这类问题讲清楚，纠正形而上学、片面性，企业里的干部就敢干了。

（五）10月8日稿和12个省委书记座谈会

20个企业党委书记座谈会以后，李先念主持搞十年规划纲要，委托纪登奎抓《工业二十条》的修改，修改的基础是9月2日最锋利的十八条，而不是8月22日的二十条。纪登奎与谷牧分工，纪登奎主持修改前3条，谷牧主持修改后面的一些条。10月8日，起草小组拿出了一个稿子。

10月8日稿仍然是二十条。9月2日稿中被合并了的“把质量、品种、规格放在第一位”、“节约”、“协作”三部分又独立成章，重新构成二十条。

10月8日稿在许多提法上作了斟酌，把最尖锐的话，也就是明显针对“四人帮”的话删掉了，或者把棱角磨掉了。特别是因为当时只能提“以阶级斗争为纲”，把“三项指示”并列会被攻击为篡改党的基本路线，所以不得不把9月2日稿的第一条“工作总纲”改为“坚持党的基本路线”。

尽管如此，10月8日稿仍留下了一些关键的话，旗帜鲜明，矛头指向明确。例如，留下了“少数企业被坏人篡夺了领导权，他们打着反复辟的旗号搞复辟，把坚持党的路线政策的好干部和先进人物打下了台，实行资产阶级专政，各种坏分子和刑事犯罪分子乘机大肆活动，为非作歹”；留下了“极少数顽固坚持资产阶级派性的头头，拉山头，搞宗派，分裂工人阶级队伍，破坏了安定团结，扰乱了革命和生产秩序”；留下了“有的同志对‘造反’、‘反潮流’和‘四大’，至今还不懂得要作阶级分析，不懂得正确的要支持，错误的要批评教育，反动的要坚决加以批判，甚至对有的人利用什么‘矛头向上都对’之类的口号来反对党的正确领导，也不敢进行斗争。这样，就给了阶级敌人和资本主义势力的进攻以可乘之机”；留下了“对企业的党组织，必须从思想上组织上进行一次整顿。好的要总结提高、有问题的要限期解决；被坏人篡夺了领导权的，要把被篡夺的那部分权力夺回来”；留下了“无产阶级文化大革命已经九年了，有的地方、有的单位还在那里闹资本主义派性，不是全心全意依靠工人阶级，而是依靠这个山头，那个山头，这一派，那一派，至今还在工人队伍中搞什么‘划线站队’，分裂工人阶级队伍，破坏工人阶级团结，这是完全错误的”；留下了“对极少数顽固坚持资产阶级派性的领导干部和头头，屡教不改的，要严肃处理。党员决不允许搞派别活动，坚持不改的，要给予党纪处分”。

10 月 5 日，国务院讨论关于十年规划的汇报，邓小平问：20 条不知搞得怎么样？实际上比这个汇报还重要，基本上是代替过去的《工业七十条》的。

这时，正好国务院请了 12 个省委书记来北京讨论农业问题，国务院决定把纪登奎、谷牧主持修改的《工业二十条》10 月 8 日稿印发在京开会的这些书记，听取他们的意见。

12 个省委书记座谈会于 10 月 9 日开始，开到 11 日。座谈会由李先念主持，纪登奎、谷牧参加。会议发言时可以插话，开得生动活泼，劲头十足。从会议的发言中可见一斑。

李先念：稿子看了没有？看了，就开腔。

纪登奎：小平同志说过了，可以不算数。

李先念：可以算，可以不算。

李井泉（四川省省委第一书记）：看了两遍，这家伙，过瘾，有点高屋建瓴的姿态，敢于批判错误的东西。印象，好的，比较好，上等货。赞成这个文件。有了这个文件可以回答很多问题。工业没个准则，下面辩论谁是谁非，没有标准。四川打徐驰，没个标准，工业书记不好当。赞成现在的写法，把小平同志几次讲话的精神都写进去了，不要求再多写什么。

李先念：可以说每一条都针锋相对。

廖志高（福建省省委第一书记）：文件很好，非常必要。现在组织混乱，思想混乱，有这样一个文件，搞下去，一两年就可以发挥很大的威力。

纪登奎：给计划会议准备的。

江渭清（江西省省委第一书记）：工业生产，现在是无章可循。没有章程，各行其是。党委很难讲话，你算老几？皮定均在军区讲话，有人问他算老几？他说，毛主席没撤我职，在这里我算老大。现在企业里，什么劳动管理、技术管理、财务管理、计划管理都不要了。你学习国外技术，就是“洋奴哲学”。你抓生产，就是“唯生产力论”。你搞点规章制度，就叫“管、卡、压”。你批评他利润太少，他就说你“利润挂帅”。……赞成这个东西，有这个好。

刘子厚（河北省省委第一书记）：文件很好，很有针对性，把问题集中了，贯彻下去，会加快工业发展。双手赞成，动员力大，很鼓舞人心。

李井泉：准备有人说你“复旧”、“复辟”、“暗流”、“还乡团”。

刘建勋（河南省省委第一书记）：赞成文件，举手赞成。前三条非常重要。轴承厂四大金刚进了党委，拿到了党委图章，唱“朝思暮想”，然后哥儿们喝酒。党委主要班子要搞好。

赵紫阳（广东省省委第一书记）：坚持搞资产阶级派性的，就是搞分裂活动，就是反党，这个定性好。批派性，机不可失。闹了几年，闹惯了。文件非常有力，击中要害。领导班子“软、散、懒”，首先是“软”，基层干部的最大顾虑，是没有人保护。搞得不好，整你一下，“打不倒你，搞臭你，搞不臭你，赶跑你”。对基层干部要支持。

彭冲（江苏省省委第一书记）：蛮好，很有针对性，能起作用。计划会议第一阶段就讨论这个问题，先务虚，然后再弄计划。对企业领导班子要好好估计。

李井泉：文件说“一部分领导班子程度不同地存在着‘软、散、懒’的问题。这种情况往往是和资产阶级派性的干扰和坏人的捣乱相联系着的”。“软”的占多数，为什么“软”？主要是怕。你整了他，他当然害怕。打死了人，也没有人管，他当然“软”。年轻人还可以顶一顶，有些老头子，半天也顶不住。

李葆华（贵州省省委第二书记）：文件很有必要，有了前三条好办。“软、散、懒”，省委有责任。

谭启龙（浙江省省委第一书记）：文件是好的，总结了“文化大革命”以来的经验。现在无章可循，思想乱了，组织乱了，制度也乱了。什么叫正确，什么叫错误，搞不清。今天批这个，明天批那个，把思想搞糊涂了。

韦国清（广西壮族自治区区委第一书记）：文件写得好，好文稿，把 9 号、13 号、17 号文件中精彩的东西都集中起来了，把许多搞乱了的思想澄清了。什么“矛头向上都对”，什么“反潮流”，把这些讲清楚，党的理论水平就提高了。

赵辛初（湖北省省委第一书记）：文件好，抓住了要害，把小平同志讲话精神都集中到这里了，是有力的武器。

段君毅（四川省省委书记）：发这样一个文件，十分必要。这些东西能实现就好了，不要丧失时机。

（六）胡乔木主持修改的10月25日稿和11月3日稿（最后一稿）

在省委书记一片叫好声中，国务院一些领导同志也感到了问题的严重性。那就是《工业二十条》写得越过瘾，就越会引起“四人帮”的仇恨，搞不好，会带来一场灾难，像李井泉说的，真的会被人攻击为“复旧”和“复辟”了。因此，国务院领导同志采取了两个措施：第一，省委书记座谈会结束时，李先念、纪登奎声明这个文件不算数，要根据大家意见修改，会后将文件收回。第二，请胡乔木上手，把文字从头到尾修改一遍，让文件在理论和实际上都能站得住。

10月17日，李先念、纪登奎、华国锋、谷牧请胡乔木修改《工业二十条》。胡乔木谈了以下意见：（1）工业现代化，应当有所描绘，使大家看到远景，为此而奋斗，这样就有了纲。（2）前三段是迫切需要解决的，大家高兴的，观点要摆出来，话要说得更全面一些。（3）要把毛主席关于工业的路线写出来，然后讲阶级斗争，讲党的领导，讲依靠工人阶级。（4）工业学大庆，要有几条标准，什么叫大庆式企业。（5）整顿企业管理。要反对无政府主义状态，我们的计划性、纪律性应比资本主义更高。（6）统一计划。破坏计划是不能容忍的。（7）两个积极性，非有不可。（8）质量、节约，要提到适当的程度，使人惊心动魄，非解决不可。胡乔木认为这个文件的任务相当艰巨，如果在当前不解决这些问题，那就是犯罪。李先念、纪登奎同意胡乔木的意见。

10月25日，胡乔木主持改出了一稿，20条，3万多字，篇幅扩大了1倍。第一章是“全面地贯彻执行毛主席的办工业路线”，一共引用了毛主席与工业发展有关的18组语录。最后一章是：“全党动员，为加快工业发展速度而奋斗”。其他章节、内容基本与10月8日稿相同。

10月25日稿送给李先念、纪登奎、谷牧。他们经过商量，认为10月25日稿太长，引用毛主席语录多是“文化大革命”以前的，不一定通得过，于是，由胡乔木动手，对稿子做了大压缩，去掉了头尾两章，把导语变成第一章“加快工业发展是全党全国人民的迫切任务”。其余各章与10月8日稿基本相同，文字减少了一半，但增加了两个新内容，一是写上了毛主席说的“看来，无产阶级文化大革命不搞是不行的”。一是写上了批《水浒》的内容。这是《工业二十条》的11月3日稿，也是最后一稿。

这个时候已经是“山雨欲来风满楼”，气候发生了变化。李先念、纪登奎决定《工业二十条》不提交全国计划会议讨论。在全国计划会议结束时，李先念再次声明，9月间征求20个企业负责同志意见的稿子，“调查研究不够，有错误，后来做了多次较大的修改，但还不满意，不能用，所以没拿出来讨论。原来的稿子不要再传了”。《工业二十条》就这样“神龙见首不见尾”地被收藏了起来。

《工业二十条》外传引起的政治风波

当时，尽管国务院领导同志一再声明《工业二十条》不许传不许抄，但8月22日稿和10月8日稿还是不胫而走，在许多地方传开了。骂“四人帮”最厉害的9月2日稿，竟在一个偶然的机会传到福建，被王洪文拿到了，由此引起了一场大的政治风波。

1976年1月，“批邓、反击右倾翻案风”搞得正厉害的时候，我们起草小组的几个人在北京没有事，跑到广州参观，之后正准备去海南岛，突然接到谷牧的电话，让我马上回北京，交代9月2日稿的十八条是怎样传出去的。我矢口否认，说十八条没有往外拿，绝不会传出去。谷牧说，王洪文已经拿到了原稿，叫纪登奎追查，快回来交代吧！海南岛去不成了，我立即返回北京。当我们知道十八条是从福建传到王洪文那里的，大家就回忆十八条是怎样传到福建的？最后，陈斐章想起来了，是从国家计委调到福建省计委的张瑞尧，有一天找他看《工业二十条》。他打开铁柜糊里糊涂拿出一本，没有看是哪一天的稿子就交给了张瑞尧。鬼使神差，这一本正是秘而不宣的十八条。

后来，张瑞尧写了一份材料给我，回忆了9月2日稿十八条传到福建的经过。

> 1975年9月上旬，福建省委书记廖志高同志对当时福建省副省长兼计委主任王炎同志说，最近邓小平同志主持由国家计委起草的《工业十八条》非常好，这几天在北京前门饭店召集全国大型企业厂长、经理开座谈会，要想办法把它搞一份回来看看。王炎同志接受这个任务后，就带当时省计委副主任胡平同志和我去北京，胡平同志和我住在北京饭店，王炎同志住在中央组织部招待所。1975年9月18日，我到国家计委找房维中同志，房维中同志是我1960年到国家计委政策研究室工作时的处长，为人平易近人，又是一个学者型的领导干部，我对他非常尊敬，所以我大胆地到国家计委找他。这一天，到国家计委正好在走廊上遇到了房维中同志，我说明来意后，房维中同志很爽快地说，“你明天再来，等前门饭店会议结束时把文件收回来给

你一份”。我9月19日再次到国家计委时没有见到房维中同志，而遇到了陈斐章同志，当我跟陈斐章同志讲明我们省领导要看《工业十八条》时，陈斐章同志很快从保险柜中取出一份给我，并交代我“千万别抄，看完就拿回来”。我拿到文件后就交给了胡平同志，当晚胡平同志叫我把文件抄下来，第二天订好送还。他还对我说，送给省委看不会出问题的。当晚我加班抄完，并按原来位置装订好，一早就送还给陈斐章同志。这一天（9月20日）正好是农历八月十五，陈斐章同志还邀请我到他家吃饭，在席间陈斐章还不放心地问我，文件有没有抄，我骗他说没有抄，他就放心了。胡平同志拿到我的抄件后即送到中央组织部招待所给王炎同志。王炎同志很快就返回福州送到廖志高书记手中，廖志高同志当时如获至宝，马上在抄本上签字“送打印，国庆节期间常委不放假，集中讨论学习《工业十八条》”。就在这时候，省委内部“四人帮”分子、原省委常委×××偷了一份《工业十八条》，叫他的马前卒×××马上送到上海给王洪文。据后来他们交代，当时王洪文拿到这份材料时，大叫起来，说“这是攻击邓小平的重型炮弹”。与此同时，福建省原省计委副主任×××炮制了一份《工业十八条的来龙去脉》亲自寄给王洪文，以表示效忠“四人帮”。这份材料是在粉碎“四人帮”后在上海王洪文专案组查到的。

张瑞尧的回忆有一点可能记错了，当时很多人知道国家计委正在起草《工业二十条》，20个企业党委书记座谈会讨论的也是《工业二十条》，没有人知道这个9月2日稿的十八条。

1976年2月29日下午，国务院开会讨论国务院副总理分工和燃料供应紧张问题。谷牧在会上对燃料供应紧张做了一个报告。张春桥对这个报告大批特批起来。张春桥说，报告是就事论事的报告，没有抓住问题的关键。关键是邓小平的路线，你计委能承担得了？什么近几年来“五小”没有平衡好，好像邓小平路线对你们一点影响没有。一会儿改烧油为烧煤，一会儿出口。上海、辽宁燃料紧张，这是破坏性的。路线一句不提，邓小平一句不批。不从路线上讲，群众是动员不起来的。过去是邓小平破坏的，现在要“反击右倾翻案风”，大家节约。运输问题，也是路线问题，邓小平路线造成的恶果。

当问到《工业二十条》时，谷牧说，向外拿的两个稿子，20个企业党委书记座谈会，京西宾馆12个省委书记座谈会，错误很多，我主持，也有很多错误，将作检查。

张春桥说，什么批判自己？批判邓小平！看你揭发批判怎样。

华国锋在总结时说，二十条，究竟什么是十八条，什么是二十条，今晚就写个报告送给我。

张春桥穷追不舍，你光批二十条不行，批自己不行。二十条要狠批邓小平在经济工作方面的一系列错误路线、错误的指导思想。

根据华国锋的指示，当晚谷牧就写了一个报告，大致内容是：

> 1975 年下半年，我们起草了一个《关于加快工业发展的若干问题》的稿子。其中许多内容是根据邓小平同志的意图写的……邓小平同志对这个稿子催促过几次，说这个东西重要，基本上是代替过去的《工业七十条》的。
>
> 先送上《关于加快工业发展的若干问题》的稿子四份：
>
> 一、8 月 22 日讨论稿，即二十条。在 9 月 4 日到 12 日拿出来征求过 20 个企业负责同志的意见。
>
> 二、10 月 8 日讨论稿。10 月 9 日拿到在京开会的 11 个省委书记会（原文如此——编者注）上征求过意见。
>
> 三、9 月 2 日稿，即十八条。写出后，我看了认为不行，错误多，当时就否定了，没有向外拿。9 月 10 日前后，福建省计委的一个同志到国家计委来联系工作，知道我们有一个二十条，正在征求 20 个企业负责同志的意见，要借一份看。管文件的同志错拿了一份十八条的稿子给他看。今年 1 月知道，福建省的同志把这个十八条的稿子抄下来，回去传了。
>
> 四、10 月 25 日稿。10 月下旬，我们曾要胡乔木等同志在文字上帮助修改一下。胡乔木主持改了一个稿子。我们看后，认为问题更多，当着胡乔木等同志的面给否定了。这个稿子也没有向外拿。
>
> 在征求 20 个企业负责同志和 11 个省委书记意见后，我们曾对这个稿子作过多次较大的修改。但是，基调基本上没什么变化。所以，现在只把上述四个稿子送上。

在“批邓、反击右倾翻案风”的过程中，谷牧不断地作检讨，承担责任。当时，谷牧的检查是敷衍塞责的，但勇于承担责任的精神是令人敬佩的。

1976 年 7 月 6 日到 7 月 30 日，国务院召开计划工作座谈会，“四人帮”重炮轰国务院。他们指使上海市市委常委黄涛、辽宁省省委书记杨春甫发难，搞突然袭击。他们上下呼应，四处串联，煽风点火，气焰嚣张，大有炸平京西宾馆之势。7 月 12 日，在东北组的会议上，辽宁、吉林出席会议的有些人，要求各部委揭 1975 年召开的国务院务虚会和全国计划会议的内幕。他们批判说，国务院务虚会是邓小平“右倾翻案风”的大发作，是围绕着“三项指示为纲”转的。国务院务虚会就是务邓小平的虚，要扭到邓小平的路线上去。国务院计划会议是邓小平“右倾翻案风”的高潮，邓小平的影响，在经济界比在其他界厉害。邓小平的一套东西，在高级干部中是有市场的。这个问题在批邓中应加以解决。不解决，毛主席的革命路线就贯彻不下去。7 月 13 日下午，黄涛作长篇发言，批判《工业二十条》是邓小平重搞“条条专政”。黄涛说，建国以来，在企业管理和工业、经济管理问题上，两条路线斗争一直是非常激烈的。刘少奇竭力推行“条条专政”，林彪强化“条条专政”，邓小平重搞“条条专政”，更是卷土重来，铺天盖地。邓小平亲自授意炮制的《工业二十条》，是对毛主席为首的党中央 1973 年否定的那一个《十条》的反攻倒算，是邓小平在经济领域全面复辟资本主义的一面黑旗，是邓小平在管理问题上一贯推行修正主义货色的集大成者。《工业二十条》的核心是否定“以阶级斗争为纲”，要恢复资本主义生产关系，这是我们和邓小平的根本分歧所在。邓小平搞的“条条专政”，是要专党中央的政，专地方的政，专群众的政，也专了相当多的一部分部委的政。

7 月 19 日，杨春甫作了长篇发言，在攻击邓小平的同时，还说走资派就要在国家高级领导干部中间找，计划会议是千方百计掩护邓小平打退却战。他还质问，为什么让邓小平在周总理追悼会上致悼词？是不是受邓小平影响的人搞的？可见，“四人帮”及其爪牙所要攻击的，不仅仅是邓小平，而且还有台上的一些人，这暴露了他们要篡权的野心。

对这样一股逆流，华国锋、李先念顶住了。7 月 15 日，纪登奎让国务院写出三份材料：（1）1975 年务虚会情况；（2）八大组活动情况；（3）十年纲要起草过程。华国锋的意见是，务虚会的情况，看完材料后，由国务院评价报中央政治局；十年纲要，政治局讨论过两次，由政治局评价。

7 月 24 日，谷牧向中央政治局汇报了计划工作座谈会的情况，华国锋、王洪文、张春桥、江青、吴德、陈永贵、陈锡联、姚文元、吴桂贤、倪志福听取了汇报。这次会议讨论的情况，谷牧传达了提纲，大致内容是：政治局同志说，这次会议上提到务虚会、计划会议的问题。有错误允许批，但不在这次会上展开。这次会议仍按原计划进行。关于务虚会的问题。务虚会主要是讨论计划工作的，从 6 月 16 日到 8 月上旬，一共开了 18 次会，国务院的成员除了张春桥、陈永贵、余秋里没参加，邓小平没到会，其他副总理都参加了一部分或大部分会议。工商财贸各部的 20 多个同志参加了会议。12 个部委的负责同志发言，后来分成了 8 个大组，另外有文教、科学两个小组，进行专题研究，7 月下旬有 6 个大组把讨论的情况向国务院作了汇报。政治局同志说，务虚会是在铁路、钢铁工业会议后开的，有邓小平的东西，要集中力量批邓小平。主席说了，这一段错了的，中央负责，中央负责主要是邓小平负责。会后各部委回去，要联系实际批邓小平，自己有错误自己向中央作检讨。会议不赞成开长，开长对下面工作有影响。

7 月 28 日，唐山发生大地震，把计划工作座谈会也震散了。7 月 30 日，中央政治局接见参加座谈会的全体代表，华国锋作总结，会议就这样收场了。

“四人帮”对《工业二十条》的批判

“四人帮”一直阻挠《工业二十条》的出台，但是，1976年8月他们大闹计划工作座谈会、炮轰国务院的阴谋没有得逞。这时毛主席病情更重，他们迫不及待地要篡夺党和国家的领导权，竟利令智昏，把《论总纲》（即《论全党全国各项工作的总纲》）、《汇报提纲》（即《中国科学院工作汇报提纲》）、《工业二十条》当作“三株大毒草”，在全国大量印发，连篇累牍地发表文章进行批判。

“四人帮”给《工业二十条》扣上了种种大帽子，什么“反党、反马克思主义的大毒草”，“工业战线上复辟资本主义的黑纲领”，“修正主义路线的活标本”，“有计划、有预谋、有组织地向无产阶级进攻的铁证”。“四人帮”这样做的目的不仅是打倒邓小平，而且是要造成一个既成事实，把支持、炮制“三株大毒草”的罪名强加在中央其他领导人身上，从而把他们统统打倒，由“四人帮”取而代之。“四人帮”在上海的一个亲信说得很清楚，批《工业二十条》是为了攻“台上的人”。

“四人帮”之所以这样痛恨《工业二十条》，尤其是9月2日稿的十八条，就是因为十八条揭了他们的疮疤，戳了他们的痛处。他们的嗅觉是很灵的，他们知道十八条里的一些话是对他们说的，而他们也自认不讳。

他们说，“十八条好厉害”，“十八条的字里行间，刀光剑影，杀气腾腾，要翻无产阶级文化大革命的案”。

他们说，“批判打着‘反复辟’的旗号搞复辟，是矛头指向坚决执行毛主席革命路线的革命干部”。

他们说，“要整没有得到改造的小知识分子和‘勇敢分子’，是把矛头指向无产阶级革命派”，“要对‘造反’和‘反潮流’进行阶级分析，是妄图把那些敢于‘造反’、敢于‘反潮流’的先进分子从工人阶级队伍中划分出去”。

他们说，“十八条中讲的有些人所以能闹得企业、地方和党不得安宁，是因为背后有人支持，这些话，是丧心病狂地把矛头直指党中央领导同志”。

他们的这些说法，完全承认了他们是“打着‘反复辟’旗号搞复辟”，他们是“没有得到改造的小知识分子和‘勇敢分子’”，他们“闹得企业不得安宁、地方不得安宁，党不得安宁”，他们“背后有人支持”。只不过他们给自己戴上什么“革命干部”、“无产阶级革命派”、“党中央领导同志”的高帽。

没有“四人帮”散发《工业二十条》，没有“四人帮”对《工业二十条》的批判，人们还不知道《工业二十条》是怎么回事，还看不清“四人帮”的嘴脸。“四人帮”把《工业二十条》公之于世，而且大加谩骂，人们一下子看清了《工业二十条》不是什么“大毒草”，而是“香花”，说出了革命干部、工人想说的话，“四人帮”及追随其的“造反派”不是什么“革命领导干部”、什么“无产阶级革命派”，而是一群祸国殃民的反革命野心家、阴谋家。“四人帮”想借此彻底打倒邓小平和一些中央领导同志，却由此激发了广大干部和群众对“四人帮”的痛恨。“四人帮”倒行逆施，最终把自己送进了监狱。

最后讲一个插曲。最初把《工业二十条》9 月 2 日稿拿给张瑞尧而被“四人帮”抓到把柄的陈斐章，一度被批评给国务院闯了大祸，自己也屡屡检讨自己犯了一个大错误。当看到《工业二十条》由“四人帮”公之于众，见诸天日，人人皆知，其中的一些炮弹把“四人帮”打得鼻青脸肿，自认不讳，最后“四人帮”自己搬起石头砸了自己的脚的时候，他大笑了起来，说他立了一个大功。

详忆粉碎“四人帮”的前前后后

武健华

1976 年 10 月 6 日，中共中央采取果断措施，一举粉碎江青、张春桥、王洪文、姚文元反革命集团及其帮派骨干。1981 年 6 月 27 日，党的十一届六中全会通过的《关于建国以来党的若干历史问题的决议》这样说：“1976 年 10 月粉碎江青反革命集团的胜利，从危难中挽救了党，挽救了革命，使我们的国家进入了新的历史发展时期。”

粉碎“四人帮”虽然已经过去多年了，有些专家、学者认为某些历史真相仍属未解之谜，一些重要人物，如汪东兴所起的作用仍是知之不多。当时，我任中央警卫局副局长、8341 部队政委，参加了粉碎“四人帮”的全过程。在粉碎“四人帮”的酝酿阶段，中央办公厅主任汪东兴同华国锋副主席、叶剑英元帅之间的活动我也知道一些。当时，汪东兴在华、叶处商谈后，回来都与中央办公厅副主任李鑫和我通气。现在就我所知，照实写出来，如能为党史工作者及广大读者提供些参考，我将感到极大的宽慰。

粉碎“四人帮”的胜利，是全党、全军、全国各族人民长期斗争的结果。除了华国锋、叶剑英、汪东兴外，许多老一辈无产阶级革命家，特别是李先念同志也发挥了重要作用，这在有关回忆录和传记中都有详细记载。因为本文谈的是我当年的所见所闻，特别是抓捕“四人帮”现场亲眼所见的人与事，涉及的面有限，不能一一提到，请广大读者予以理解。

9 月 14 日夜，汪东兴和李鑫向华国锋进言：要设法除掉“四人帮”

毛主席逝世以后，9 月 10 日晚，毛主席遗体被送到人民大会堂，在人民大会堂举行隆重吊唁仪式期间，汪东兴日夜在人民大会堂福建厅值班和休息。我作为吊唁期间主管人民大会堂警卫工作的人员，也同他一起在人民大会堂值班。

1976 年 9 月 12 日和 9 月 14 日深夜，李鑫到人民大会堂福建厅看望汪东兴。他们一起谈到“四人帮”近几天的活动：9 月 9 日凌晨 2 时，在政治局讨论治丧问题会上，江青哭闹着要开除邓小平党籍；9 月 10 日，王洪文在紫光阁擅自开设中央办公厅值班室；姚文元他们还动员不少人向江青表忠心、写劝进信等。李鑫还说，我在钓鱼台工作过一段时间（任康生秘书），对“四人帮”的活动情况知道一些。这伙人在钓鱼台经常聚会碰头，每次政治局开会前，他们都先开小会，讨论对策。现在主席不在了，他们肯定会造反夺权。我们要下决心除掉他们，免得被动。

汪东兴说，我们对“四人帮”的了解和分析，很多想法都是一样的，你同我谈的情况、提的意见很重要，你找个时间去华国锋同志那里，把我们两个人的想法和意见同他谈谈，主席遗体在，我不好离开人民大会堂，让他对“四人帮”的这些情况有个了解，对“四人帮”的处置意见请他来下决心。

李鑫于 9 月 14 日晚去了东交民巷华国锋家，和华国锋谈了“四人帮”在钓鱼台频繁活动的情况和最近的动向，并代表汪东兴提了除掉“四人帮”的意见。当天，李鑫在华国锋家里吃的晚饭，边吃边谈。当天夜里，李鑫又到人民大会堂福建厅汪东兴那里。他说，我把我们两个人对“四人帮”的看法和处置意见，都对华国锋讲了，他听进去了。虽然他没有明确表态，但也没有表示反对的意见。

9 月 12 日上午到 10 月 2 日下午，叶剑英与汪东兴进行了三次密谈

第一次密谈。1976 年 9 月 12 日，即毛主席吊唁仪式的第二天，党和国家领导人继续参加吊唁和守灵。上午中间休息的时候，叶剑英元帅（以下简称叶）到了人民大会堂福建厅，他一见到汪东兴（以下简称汪）就说，一方面我来看看你，一方面来听听你对形势的看法。又说，自 9 月 9 日以来，你是日夜地忙，没有很好地休息过，可不能把身体搞垮哟！很多事情还等着我们去做呢！

汪：事情的确很多，瞻仰毛主席遗容还在进行。全国要求来京参加吊唁治丧的人民来信像雪片一样，秘书处忙于答复。追悼大会正在抓紧准备；遗体保护问题专家们正在研究，去越南取经的专家尚未回来，预计遗体保护的问题可以解决，请叶帅放心。

叶：毛主席逝世是一件很不幸的大事，我们都很悲痛！可是还有人不顾

大局，多方干扰。江青在讨论毛主席丧事的会议上，闹着要开除邓小平同志的党籍。姚文元跟着起哄，不必去说他了。政治局中竟有人毫无根据地说主席脸色发紫，怀疑是医生害死的，弄得医生们很紧张。好在王洪文、张春桥都参加值班，不然又要颠倒是非了。

汪：毛主席逝世时，正好是华国锋和张春桥值班。我们在主席那里值了几个月的班，亲眼看到医生、护士高度负责，全力投入治疗和抢救，怎么可以无根据地怀疑他们呢？

叶：我们都能理解，我想你能顶得住压力！

汪：叶帅，压力我是不怕的。你知道，他们早就想把我搞掉。1967 年 1 月，江青一伙就一直在幕后策划，在中南海内掀起“火烧”汪东兴的活动，在国务院小礼堂几次召开大会批评我。主席知道后说话了：“烧烧炸炸都可以，但不要烧焦了！”这才把他们的气焰压下去。后来江青一伙又给我戴上“特务头子”的帽子，在政治局会议上提出调离我在毛主席身边的工作，撤掉我办公厅主任的职务等，所有这些都被毛主席识破了，制止了。

叶：你在主席身边工作多年，经历了不少难办的事情，这也是一种不可多得的锻炼。我虽然老了，但锐气还是有的。看来，我们与他们的这一仗，已是不可避免的了！

汪：对这伙人，多年来我是看透了，他们搞分裂党的活动，是绝不会罢休的。我们这些人，只要不倒不死，将永远是他们的对手。

叶：现在江青他们还在中南海活动吗？

汪：江青这两天在中南海跑到毛主席住地，要看毛主席那里的文件，被拒后大为不满。她又闹事了。主席逝世后，他们的活动更加频繁、更加明目张胆了。

叶：对于这一点，我们的看法是一致的。现在双方都在搞火力侦察，选择突破口，寻找时机。好，我们隔天再谈。

第二次密谈。1976 年 9 月 15 日，在京的外国同志和朋友以及外国专家，同首都群众一起瞻仰毛主席遗容。党和国家领导人也在毛主席遗体旁守灵，并在吊唁大厅分别接见前来吊唁的各国朋友，会见外宾。叶剑英元帅和汪东兴由吊唁的北大厅来到东大厅南侧的一间办公室里，又开始了交谈。

汪东兴把今日江青要华国锋召开中央政治局常委会，讨论毛主席处文件处理的问题，并且提出她、姚文元、毛远新和汪东兴都要参加常委会的事情向叶帅作了汇报。

叶帅听后说，他们气势逼人，向华国锋同志出难题，逼他表态。

汪：那天因为夜已深，没有打扰你。华国锋同志同我商量后决定，改为中央常委会听取江青、姚文元和汪东兴对毛主席处文件处理意见的汇报。

叶：好主意，我们不能上当。他们正在挖空心思向华国锋施加压力，向中央常委会要权力，想挤进中央常委会内。做不到！今年我们党先后有三位领导人与世长辞了。“四人帮”乘机作乱，中国革命处于危难之中。

汪：江青一伙是一个反革命阴谋集团，党内同他们的斗争是势不两立的。

叶：他们背离党中央，背离马列主义、毛泽东思想，搞阴谋诡计，搞分裂，我们如果不采取紧急措施，中国革命就会遭受挫折，甚至倒退失败！

汪：主席生前在政治局会议上，几次讲过陈平、周勃平吕氏乱，巩固汉室的这段历史。我看主席这话是有所指的。

叶帅点头说，老实说，“四人帮”的罪恶比吕氏尤甚！他们迫害致死多少老同志啊！真是“罄南山之竹，书罪未穷；决东海之波，流恶难尽”。

当叶帅谈到批判刘少奇、邓小平、陶铸的问题时，汪东兴对叶帅说这个问题据我了解是这样的：

1967年7月17日晚8时许，毛主席在人民大会堂118房间，召集周总理等一些老同志和“中央文革小组”的人一起开了一个会。会上毛主席说他要离京外出一段时间，并谈了他离京后的工作问题。江青一伙不让我随主席外出，理由是我是办公厅主任，走了谁来抓这一摊工作。主席没有同意他们的意见。主席说办公厅主任可以找人代理嘛！又说可以叫戚本禹代理中央办公厅主任。主席说了话，就这样定下了。

主席对参加会议的同志说，对刘、邓背靠背地批一批是可以的，不要搞什么面对面的批斗。当时参加会议的人都听得清清楚楚。

因为当夜主席就要离京，会后我马上在人民大会堂召开中央办公厅工作会议，传达了“118会议”有关的重大事项，并要求大家认真地贯彻执行。

1967年7月中旬，陈伯达在一件关于批判刘少奇的“请示报告”上圈阅同意，并将刘少奇三个字中“少奇”两字勾掉，又在“刘”字后面加上“邓、陶夫妇”四字。7月18日，北京的一些群众组织数万人，在中南海西门外召开批斗刘少奇誓师大会。以后又有一些群众组织在中南海周边“安营扎寨”，要求“刘少奇滚出中南海”。

当时毛主席住在上海。武健华同志得知戚本禹在组织大会批斗刘、邓（小平）、陶（铸）夫妇后，先后两次打电话报告了我。我当即报告了毛主席，主席让我马上给周总理打电话，请周总理告诉他们，对刘、邓、陶等人不要搞面对面的批斗。总理说：“主席的指示我知道了，你最好直接和戚本禹讲讲。”我又把主席的指示用电话通知了戚本禹。

戚本禹很不高兴地说：“你说的事情我知道了。家里的事由我来办。”说完就气哼哼地把电话挂断了。

据事后了解，江青一伙并没有遵照毛主席的指示办，他们还是阳奉阴违地组织批斗了刘、邓、陶夫妇。

叶帅听完这段话后说，他们无法无天！如果他们的阴谋得逞，灾难又要临头了！中国有句古话叫作“得国常于丧，失国常于丧”。眼下我们不得不防啊！

第三次密谈。1976 年 10 月 2 日下午 3 时许，叶剑英元帅按照预约来到汪东兴在中南海南楼的办公室。叶帅是第一次到这里来。进门时，他把身边随员都留在楼下，自己一个人上了楼。进屋后，他沿着靠海的窗户边看边说：这房子貌不出众，但地点好，看得远，幽雅安静，是办公的好地方。

汪东兴给叶帅冲了一杯龙井茶，对叶帅说：请坐下来谈吧。

叶帅说：最近形势很紧张，这也是我们意料之中的。中国人常拿“庆父不死，鲁难未已”来比喻首恶不除，祸乱不止。我看“四人帮”不除，我们的党和国家是没有出路的！

汪东兴说：为了继承毛主席的遗志，挽救党的事业，我们有责任粉碎“四人帮”这个反革命集团！

叶帅探着身子、压低着声音问汪东兴：你考虑好了吗？

汪东兴用肯定的语气说：我认为形势逼人，不能再拖延，到了下决心的时候了！

叶帅坚定地说：对！他们的气势发展到如此地步，该摊牌了，不能失掉时机，“兵之情主速，乘人之不及”。

他停顿了一会儿又说：至于斗争的结局是喜剧还是悲剧，待见分晓。

汪东兴庄重地说：叶帅，你是我们党内以深思熟虑、多谋善断而著称的领导人，由你和华国锋同志一起领导，团结政治局大多数委员，我看优势会在我们这方面。

叶帅说：9 月 29 日的政治局会议，我同先念、向前请假先退席了。江青竟然擅自宣布散会，留下“四人帮”围逼华国锋。你留下来陪同华国锋一起对付他们，做得对。

汪东兴说：当时我觉得他们这样做很反常，他们简直就是在质问华国锋同志。

叶帅异常激动地说：看来他们已经开始下手了！他们是在逼华国锋摊牌，交权！他们阴谋篡党夺权的野心由来已久，想把他们的帮派利益凌驾于党和人民的利益之上。妄想！我们要立即找华国锋同志谈，要加速采取果断措施。

太阳已经落山，汪东兴对叶帅说：叶帅，消消气。今晚请你尝尝我们家里的饭菜。

叶帅很高兴地和汪东兴一起进了晚餐。

叶帅严肃庄重地说：好！就这样说定了。我现在就去华国锋那里同他谈，具体问题由你今晚去华国锋那里谈，一定要严格保密，不能走漏半点风声！尽量做到知密范围小，但也不排除出点小的乱子。

汪东兴说：肯定有风险，但力争不出乱子。

叶帅临出门时叮嘱说：事实摆在眼前，逼着我们要加速进程，不能失掉良机。4 日下午我再来，不要打电话，你也不能到我那里去，不要惊动了他们。

汪东兴说：我明白。

华国锋要汪东兴拿出一个具体的实施方案

10 月 2 日晚 9 时，汪东兴去了华国锋副主席在东交民巷的住地。

在华国锋办公室，汪东兴对他说：今天下午叶帅到我的办公室来，我们谈了一个下午，主要讨论如何解决“四人帮”的问题。

华国锋回话说：叶帅刚才来过。你们谈的意见原则上和我想的一致。现在的问题是如何具体化。刚才我和叶帅商议过，由你先提出一个具体的实施方案来，我们再来议定，你看这样好吗？

汪东兴想了一会儿说：我回去考虑一下，拿出一个具体的实施方案，明天我再来汇报。

华国锋又进一步明确地说：形势逼人，争取在一周内解决怎么样？你尽快准备，但也不要过急，没有准备好，不能动手。

汪东兴表示同意：我争取一周内做好准备，没有把握的仗，绝对不能打。明天我把方案拿出来咱们再定。

华国锋说：你制订方案时，还要考虑到困难和阻力，而且时间紧迫。

汪东兴说：时间是很紧了，据我了解，张春桥最近两次到中南海，在江青家里谈了很久。我们一定要赶在他们前头。

华国锋最后说：那好，明天还是这个时间这个地点见面，不打电话了。

汪东兴要张耀祠、李鑫和我三人与他一道谋划

1976 年 10 月 2 日晚，汪东兴送走叶帅后，已经是 7 点多钟了。他在办公室

来回踱步，盘算了一会儿，让值班的高成堂秘书通知中央办公厅副主任张耀祠、李鑫和我到中南海南楼汪东兴办公室开会。由于工作的关系，汪东兴和我们多有接触和交谈，所以大家对局势的现状，毛主席对“四人帮”的批判，中央同“四人帮”斗争的情况，大致都是清楚的。我们三人到场之后，汪东兴就直截了当地对我们说：“中央已经下了决心，对‘四人帮’要采取行动。”他一面说，一面用手画了一个圈，五指并拢攥紧了拳头，示意要把“四人帮”一网打尽。他说：“你们先琢磨出一个行动方案，我要到华国锋那里去，我回来后，咱们继续讨论行动方案。他特别强调，要严守机密，不能有丝毫疏忽。”他准备离开办公室时，又告诉正在交接班的高成堂、孙守明两位秘书，在他的办公室旁为李鑫和我准备办公室和卧室，从现在起，他们就在这里办公和休息。回头他又交代张耀祠，你回去要内紧外松地抓紧中央办公厅、中央警卫局的日常工作和人员情况，这几天不要发生意外事端，有事随时当面通气。

10 月 3 日凌晨 3 时，李鑫和我在汪东兴的办公室，向他汇报了我们商量的行动方案的初步意见，汪东兴和我们进行了详细研究。

在讨论行动方案时，我们本着以下四条原则去考虑问题：

一是把握“四人帮”的心理状态。在这段时间里，张春桥处心积虑想把出版《毛泽东选集》的权抓到手。他曾经在近期找李鑫向他汇报过关于出版《毛泽东选集》第五卷的情况，并向李鑫索要几份稿子去看。利用张春桥对出版《毛泽东选集》第五卷工作的关注，把常委会议内容确定为研究《毛泽东选集》第五卷出版问题，应该对张春桥是有极大吸引力的。

二是按惯例行事。中央对研究《毛泽东选集》的出版问题，特别是涉及稿子问题时，历来都是在怀仁堂正厅开会，因为中央曾有过规定：凡属《毛泽东选集》稿件，不得带出中南海研究。对这些规定，张春桥、王洪文都是知道的。

三是抓住研究涉及毛主席的重要问题，如研究建造毛主席纪念堂选址问题，作为常委是必须参加的，这样使张春桥、王洪文不能托词不到或因故请假。

四是根据过去的经验，在怀仁堂采取行动，较为方便有利。

根据以上考虑，我们提出在中南海怀仁堂正厅召开中央政治局常委会议，内容有二：一是研究《毛泽东选集》第五卷出版问题；二是研究建造毛主席纪念堂选址问题。

在这个方案中确定解决“四人帮”的顺序是：在怀仁堂解决王洪文和张春桥两个人的问题之后，再依次分别处置江青和姚文元的问题。毛远新与“四人帮”区别对待，对他采取的处理方法就是监护审查。

这个行动方案还对行动时间、力量的组织、隔离地点、保密措施、战备方案以及同北京卫戍区的分工和配合问题，都提出具体明确的实施细则。

讨论到最后，汪东兴遵照华国锋、叶剑英副主席的指示，对李鑫和我的工作进一步作了明确分工：李鑫集中精力起草将来提请中央政治局会议讨论的3个文件，即关于华国锋同志任中共中央主席、中共中央军委主席的决议，建立毛泽东主席纪念堂，以及决定和尽快出版《毛泽东选集》第五卷并起草筹备出版《毛泽东全集》的决定。

我协助汪东兴组织和实施有关行动方面的各项任务，同时做好协同各个部门和环节之间的工作。

张耀祠除坚持日常工作外，到时将负责处理毛远新，并与我一起解决江青的问题。

我们对行动方案的研究和制订一直到10月3日凌晨4时许才结束。

汪东兴分别向华国锋、叶剑英两位副主席汇报粉碎“四人帮”的实施方案

1976年10月3日晚9时，按约定时间，汪东兴和华国锋同志在东交民巷华国锋的住地又见面了。汪东兴向他详细汇报了粉碎“四人帮”的行动部署和实施方案。

华国锋听完汇报后说：听了你们制订的行动方案，我认为办法是可行的。我考虑时间是否再缩短一些，争取提前解决。

汪东兴说：我看这个主意好，免得夜长梦多。准备时间是否由10天缩短为6天，我们还是要提防他们铤而走险先动手的可能。

华国锋沉吟了一会儿说：这样吧，你再约叶帅谈谈，看他还有什么新的意见。如果叶帅先来我这里，我和他谈；如果叶帅先去你那里，你就同他谈。

汪东兴说：那好，我再向叶副主席去汇报。

1976年10月4日下午，叶帅如约来到中南海南楼汪东兴办公室，开始了他们之间的第四次密谈。

汪东兴在大门口迎接叶帅。看叶帅走得很急，气喘吁吁，面孔涨得通红。汪东兴请叶帅慢慢走。叶帅没有放慢脚步，边走边说，慢不得！要一鼓作气啊！

叶帅坐在沙发上，一边喝茶，一边听汪东兴汇报：

> 2日晚上，我去了国锋同志那里，他告诉我你刚从他那里离开。我把咱们的想法都同他讲了。他认为我们的意见和他的想法原则上是一致的，问题是如何具体化。根据国锋同志的要求，我和张耀祠、李鑫、武健华一起商量了一个粉碎“四人帮”的实施方案。昨晚，我又去了他那里，把我们研究的

实施方案向他详细汇报了，国锋同志认为可行，要我再向你请示汇报，看你还有什么新的意见。

叶帅示意汪东兴继续讲。汪东兴把粉碎“四人帮”的行动部署和实施方案一一作了详细汇报。叶帅听得很仔细。听完之后，他沉思片刻说：

兵法上有这样的话，“计熟事定，举必有功”，“凡谋之道，周密为宝”。我看这个计划比较成熟，安排也相当周全。照这个实施方案执行，必会成功。当然喽，还要特别注意保密啊！因泄密导致失败的历史事件太多了。同时警戒要严密，无关人员不得进入现场，一定要把紧这一关。

汪东兴很赞成叶帅的指示，强调说，叶帅讲的，都是从我党历史上血的教训中总结出来的经验，所谓“一招不慎，满盘皆输”，我们将要求所有行动人员务必切实做到。

最后，叶帅说，基本上准备好了，应抓紧睡个好觉，保持精力充沛，士气旺盛，保证打好这一仗！

汪东兴说，我们一定组织好，请叶帅放心！

10月5日下午，华国锋在汪东兴陪同下亲自检查了设在地下工程内的隔离点

1976年10月4日上午，汪东兴同中央警卫局副局长毛维忠、人民大会堂管理局局长刘剑以及我一行四人，以一级战备的名义，检查地下工程内各个隔离点，并对地下工程的安全措施、家具用品、盥洗器具、机电设备等进行了全面检查。检查后责成8341部队防化科科长黄昌泰、工程管理中队教导员廉洁，在绝对保密的原则下，紧急动员最必需的部队，按使用状态，做好一切准备。

10月5日下午，汪东兴陪同华国锋到地下工程，又仔细检查了一遍各隔离点，认为完好可用。

此后，汪东兴和我又对怀仁堂会场及其大门入口、停车场，进行了细致检查；对有关的武器弹药、车辆装备、通信联络、后勤保障等工作进行了详细布置和检查。同时，还制订了非正常情况时的几种应急预案。

关于行动人员的挑选和编组，我们从政治素质、军事技术、身体条件以及对情况是否熟悉等几个方面考虑，经过再三斟酌，反复挑选，从警卫局的局、处、科级干部中，从8341部队的师、团、营级干部中，选出了行动小分队和参加此项任务的人员，并对他们进行了编组。

1976年10月5日凌晨2时，汪东兴向华国锋请示8341部队与北京卫戍区部队的分工和协同配合问题

1976年10月5日凌晨2时，汪东兴两次到华国锋的住地，向他汇报行动前的准备工作落实情况，同时请示8341部队在行动时与北京卫戍区部队的分工和协同配合问题。华国锋把刚刚离开他家的北京卫戍区第一政委吴德又请回来，一道商量。

汪东兴对吴德说，我们两家协同行动有三个方面：一是首都的安全，北京卫戍区负责，8341部队仍负责其原有的防务；二是这次行动我们负责的对象是"四人帮"和毛远新，其他的人由你们负责解决；三是有关姚文元的问题。姚文元家住北京市西城区按院胡同，那里的住地警卫由北京卫戍区担任，不属于8341部队管辖。按照这次行动方案办，如果姚文元接电话后立即来中南海，问题就解决了；如果他借故不到，我们马上要去他家行动。为防止发生误会，我们建议北京卫戍区有一位负责同志，能到中南海来同我们一起组织这次行动。

吴德说，我们负责解决的对象住得比较分散，这些人不能就地监护，要找地方安排，行动时可能惊动周围的人，这个问题我们正在设法解决。首都的安全问题我们已经作了全面部署，配合你们解决姚文元那里的问题，我们已决定请吴忠司令员去中南海。

华国锋最后说，那好，分工和配合的问题就这样定了。我们与叶帅都谈过，就照这个行动方案办。现在看起来，经过5天的准备，如果不出意外，成功会是有把握的！

汪东兴进行战前部署，8341部队随时处于战斗状态

1976年10月6日，星期三，农历丙辰年闰八月十三。据气象预报，北京地区白天阴转多云，风力2～3级。夜间，多云转阴，风力1～2级。最高气温18℃，最低气温10℃，是有利于行动的好天气。

这一天是普通的一天，也是历史上重要的一天。

上午8时许，汪东兴同往常一样，让秘书告知中央办公厅秘书局，请他们通知政治局常委：华国锋副主席今晚8时在怀仁堂召开政治局常委会。内容有两个：研究《毛泽东选集》第五卷的出版问题；研究建造毛主席纪念堂的选址问题。

整个上午，一切都那么寻常。快中午时，我经汪东兴同意，到中南海周围看看动静，观察一下有无可疑状况。我先从南海走到中海，着重看了中南海大西门到怀仁堂一带；又骑上自行车环绕中南海外围转了一圈，特别对中南海周围的几个制高点——电报大楼、景山、白塔等处进行了观察，一切照常。回来后，我报告汪东兴没有发现异常情况。

汪东兴说，按照计划进行。

10月6日下午3时，张耀祠和我到了汪东兴南楼办公室，他要同我们商定当晚控制江青和毛远新的实施办法。汪东兴对张耀祠说："今晚8点，由你带上李连庆那个行动小组的四个人，先去把毛远新监护起来。你现在回去后，先找李连庆研究布置具体执行方法。处理完毛远新的问题后，你在丰泽园值班室等武健华带人来，然后你们一起去春藕斋隔离江青，由你们向江青宣布中央的决定，对她隔离审查。你看这样可以吗？"张耀祠说没有问题，领受任务而去。

10月6日下午3时30分，我通知四个行动小组的全体同志，集中在南楼汪东兴办公室外面的几间屋子里，等待接受任务。

汪东兴分别对每一个行动小组进行动员，下达任务。

第一个行动小组的任务是负责解决王洪文的问题。组长李广银，队员吴兴禄、霍际隆、王志民。

第二个行动小组的任务是负责解决张春桥的问题。组长纪和富，队员蒋廷贵、徐金昇、任子超。

第三个行动小组的任务是负责解决江青的问题。组长高云江，队员黄介元、马盼秋、马晓先（女）。

第四个行动小组的任务是负责解决姚文元的问题。组长滕和松，队员康海群、张云生、高风利。

现场担任警戒的小组成员有丁志友、东方、叶桂新、赵汝信。

汪东兴压低声音严肃地对大家说："党中央已经作出决定，对'四人帮'今晚要采取紧急措施，对其进行隔离审查。这是关系党和国家命运的大问题，党中央要求我们必须坚决果敢地去完成这项政治任务，决不能辜负党和人民对我们的重托！有问题吗？"

每个行动小组都坚决表示："保证完成任务！"

汪东兴又向大家宣布了三条纪律：

> 第一，要绝对保守机密。万一失密，败坏了党的大业，那就非同小可，要给以最最严厉的制裁！
>
> 第二，要坚决服从命令，听从指挥。没有我的命令，任何人不得擅自开枪！我们要争取不响枪不流血解决问题，这是上策。

第三，从现在起，以行动小组为单位活动，组长负责，随时做好战斗准备。今晚具体集结时间、集结地点、车辆配备，以及如何互相协同的问题，由武健华分别向你们布置交代。

10月6日下午5时，我又在中南海东八所小会议室，紧急召开当晚参加行动的其他一些同志的会议。他们是：8341部队防化科科长黄昌泰、工程管理中队教导员廉洁，服务科科长孙洪起、副科长孙振发，交通科科长曹志秀、副科长李合，汽车驾驶员史友令、俞桂兴、尚占良、王明臣、吴增彬、张中臣。

我按照汪东兴的讲话精神，向参加会议的同志作了政治动员，下达了具体任务，提出了保密要求，宣布了三条纪律，通知当晚6时30分分别集结到指定位置，听候命令。

会后，我赶忙到南楼汪东兴处三言两语向他报告了东八所开会的情况。他一边听我讲，一边看看手表说：“你现在就到怀仁堂，先检查一下，不要有任何疏漏，我一会儿就到。”我随即驱车赶往怀仁堂，车停放在宝光门隐蔽处。当我跨进怀仁堂大门时，行动队员和会场工作人员正在向怀仁堂集结。

1976年10月6日晚，华国锋、叶剑英坐镇怀仁堂，决战“四人帮”

晚上6时30分，汪东兴乘车到达怀仁堂门前。下车后，他指示司机李合把车开到西楼大厅北侧，在灰色院墙之间的夹道隐蔽。同他一起来的中央办公厅副主任李鑫按照计划留在车上。他双手抱住皮包放在膝盖上，包内是他奉命起草的稍后将在中共中央政治局会议上讨论的3个重要文件。

此时，尽管诸事布置妥善，还是怕有什么事情被遗漏，或者在意想不到的环节上出现差错。汪东兴严肃地说：“我们再看看去！”

他从怀仁堂正厅、礼堂，到东西大院，直到门前车场，对所有警戒哨、潜伏哨、机动分队及警卫值班室，一一进行了检查，再一次明确他们的任务，重述处置措施。

为了不暴露意图，怀仁堂大门前，公开可见处的警戒部署一律照常，形式上内紧外松。

停车场内，工作用车及机动应急车辆大部分隐蔽在两门里北侧空场。怀仁堂大门口只停放与会者的几辆车子，做到宁静如常，整齐有序。

随身警卫人员当晚一律不准进入怀仁堂现场，依照过去大型会议活动时的规矩，都安排在怀仁堂斜对面的“五间房”休息。责成警卫处处长丁志友在怀仁堂前厅警卫值班室切实执行，严格把关。

5 个行动小组分别准时集中在指定位置待命。

执行拘押王洪文、张春桥的两个行动小组，此时正在怀仁堂舞台帷幕后，进行临战前的演练。他们有的在进一步检查和擦拭随身携带的手枪和械具，有的在做伸腰扭胯、活动腿脚、熟悉擒拿格斗的动作。

与此同时，其他三个行动小组业已分别集结在怀仁堂以外指定位置。

负责处理江青的行动组组长高云江同两名成员和三辆轿车，正隐蔽在丰泽园后门西侧便于去春藕斋的马路边。他们暂时都坐在由史友令驾驶的红旗保险车上。

担负处理姚文元任务的行动组组长滕和松同全组成员及三辆轿车，在交通科以南小桥处待命。不同的是，这里还有北京卫戍区司令员吴忠，以备在必要时配合行动。

负责处理毛远新的行动组组长李连庆，按照张耀祠下午的安排，在丰泽园内正伺机而动。

汪东兴在检查了以上各项警戒部署和各个行动小组之后，又回到当晚的主阵地——怀仁堂正厅。怀仁堂正厅是一个多功能的大厅。今天这里的布置却与往常不同。汪东兴亲自指挥服务科孙洪起、孙振发两位科长，按照他的意图进行调整。正厅的北侧原来就矗立着一扇白色纱绸的大屏风，为了便于隐蔽，利于行动，又在正厅的中门以东，由南而北，再增加几扇中小型轻便的屏风。沙发一律撤掉。这样，就把整体有 800 多平方米的正厅，减小到原来 1/3 的空间。场内坐北面南摆了一张不大的长条会议桌，桌子后面为华国锋、叶剑英准备了两把扶手椅。桌子上原有的茶盘、茶杯、烟灰缸、文具等，全部撤掉，以防万一。两位科长在机动队员的协助下，熟练迅捷，在几分钟之内，就调整就绪，完成了“战场准备”。

此刻已是晚上 7 时 20 分了，我快步走到怀仁堂大门外去看看情况。刚迈出门槛走下台阶，就看到一辆大型红旗车开着微灯，正徐徐驶进中南海西门，仿佛瞬间，便停靠在怀仁堂门前。叶帅下车后，手搭车门，泛泛地扫视了停车场，精神矍铄、步履稳健地走向怀仁堂。

“叶帅到了。”我在大门前向叶帅饱含敬意地说了一句。

叶帅停步向我看看，像往常一样面露微笑：“东兴同志呢？”

“他在正厅外间。”叶帅一边听我回答，一边走上石阶，经怀仁堂大门，沿着东侧休息室走向正厅。

汪东兴见叶帅进来，紧走几步，在正厅与礼堂的结合部，同叶帅一边握手一边说：“叶帅，请放心，按照预案，我又检查了一遍，一切都落实到位，定会顺利完成计划。”

叶帅在礼堂柔弱的灯光下，环顾着四周，一切井然有序，他沉默片刻，若有所思地说：“这是背水一战呐！‘摧其坚，夺其魁，以解其体’，指望的就是顺利取胜哟！”

汪东兴微微点头，充满信心地答话：“打好这一仗，我们是有把握的！”

晚上 7 时 40 分，华国锋副主席从中南海北门进来，车停在游泳池后，他走进怀仁堂正厅。他见叶帅、汪东兴都在，没有寒暄，直截了当地问：“东兴同志，一切就绪了吧？”

汪东兴痛快地说：“可以说是万事俱备。”接着他又把刚才检查的情况简述了一遍。华、叶、汪三人站成一个品字形，时而挪动几步，时而停立对视，倾心攀谈。

汪东兴看看手表，对华、叶两位副主席说：“现在是 7 点 45 分了，请你们‘入席’就座吧！”他们三人迈着稳健的步伐，一起进入正厅。华、叶分别坐定后，汪东兴又指指正厅的东南小门，加重语气说：“王洪文、张春桥他们就从这里进来。”

接着，汪东兴又转身面西：“我的位置就在这排屏风后面。武健华在正厅现场，他可以里应外合。”

晚上 7 时 55 分，从怀仁堂入口处隐隐传来不高的话音和橐橐的脚步声。我顺着东休息室的长廊向南瞧去，只见王洪文刚转弯向北走来，我飞速地分别通知华、叶、汪。突击王洪文的队员，虎视眈眈，设伏于门内两侧，进入临战前的紧张状态。

王洪文仍是往常的着装习惯，上身穿一件制式军上衣便装，下身着一条笔挺的藏青色西装裤，皮鞋锃亮。左手提着一个文件包，挺胸直背，趾高气扬地走向大厅。他看上去毫无戒备地走进了小门，向华国锋、叶剑英望了望，还没来得及吭声，两眼射光、威武凶猛的突击队员霍际隆、吴兴禄从左右两侧饿虎下山般地扑过去，两双强劲有力的大手紧紧地钳住王洪文的两臂，一手压下他的肩胛，一手抓起他的手腕高高提举，把他压成了低头哈腰的“喷气式”。这迅雷不及掩耳的突击，使王洪文一时昏了头脑。他脖颈涨红，扭动着不太灵便的脑袋，急促地喊了两句：“你们干什么？你们干什么？”他拼命地扭动着双臂，蹦跶着两脚，竭力妄图挣脱。霍、吴由两侧加大力度，李广银、王志民从背后狠狠抓住他的腰带，使王洪文的两脚踏空，无力可施，牢牢地被禁锢在离华国锋、叶剑英 5 米左右的正面。华国锋面对王洪文并庄严地宣布：“王洪文，你不顾中央的一再警告，继续拉帮结派，进行非法活动，阴谋篡党夺权，对党和人民犯下了不可饶恕的罪行。中共中央决定，对你实行隔离审查，立即执行。”

话音刚落，王洪文就被行动小组扭离现场，在正厅东饮水处，一副明晃晃的铐子，咔嚓一声，反背卡紧了他的双手。就在上铐的那一刹那间，他如梦初醒，无可奈何地道出了一句实在话："想不到你们这样快！"由此也反证了中央提前处置"四人帮"的正确决断。

在东饮水处小门，把王洪文押上早已准备在怀仁堂东院的红旗轿车。驾驶员是精明干练、善于处理复杂情况的尚占良。王洪文被置于后座中间，左右仍由霍、吴掐住他上了铐的双臂。王志民坐在二排副座，将王洪文夹在当中。组长李广银坐在司机旁的指挥位置上，几分钟之内，王洪文就被拘押到隔离室内。

晚上7时58分，正当行动队员在场外隐蔽处为王洪文上铐子的时候，张春桥已跨入怀仁堂大门。他习惯性地沿着东侧走廊，由南向北心事重重地缓步走来。他像往常一样，穿了一套半新不旧，看上去还合身的灰色中山装，脚下一双普通的黑色皮鞋。左腋下夹着一只鼓鼓囊囊的文件包，右手不时地将文件包向上撮动一下。他不苟言笑的面孔绷得紧紧的，两只阴鸷冰冷的眼睛，仍然流露着他那刚愎自用的神气。他没有环顾左右，而是凝视前方，大模大样地迈进了正厅。他迎面看到正襟落座的华国锋、叶剑英，立即感受到寒峭袭人的气氛，这只诡谲的狐狸，紧锁着眉尖，全身一怔，踯躅不前。

预伏在小门两侧的突击队员纪和富、徐金昇，跟进在后的蒋廷贵、任子超，怀着强烈的使命感，张臂屈腿，快速夹击，三下五去二就使不堪一击的张春桥泥塑木雕般呆立在华国锋、叶剑英面前。

华国锋严正地向张春桥宣布了中共中央的决定。决定全文，除了改换名字为"张春桥"外，其他与对王洪文宣布的别无二致。

张春桥自始至终一言不发，任凭行动小组摆布。他像王洪文一样，戴上铐子被押解上车，送到地下隔离室。

张耀祠和我带人去春藕斋宣布中央隔离江青的决定

汪东兴风趣地面向华、叶两位副主席："这两个人跟我们合作得不错啊！准时来，按时走，很听指挥嘛！"

华国锋面带笑容地说："老人家不是说过嘛，宜将剩勇追穷寇！我们要打一个完全彻底的歼灭战！"

说话之间，服务科副科长孙振发用茶盘托上碧绿清香的龙井茶，一一送到华、叶、汪面前，在这紧张的时刻，一杯浓茶，一块热毛巾，对消除疲劳、振奋精神极有帮助。

我对汪东兴说：“我和张耀祠同志现在就到春藕斋去了！”

汪东兴说：“去吧！有什么问题随时同我联系。看国锋同志、叶帅还有什么交代？”

华、叶表示没有意见。

我一路小跑离开怀仁堂，就在丰泽园后门警卫值班室停下。室内空无一人，我意识到毛远新的问题还没有处理完。急忙通过菊香书屋门前往颁合堂走去，只见毛远新两眼直视地坐在正厅一把椅子上，张耀祠在宣布中央对其监护的决定后，下了毛远新随身携带的手枪，正在训示他必须老实服从管理规定。

我从侧后轻声地对张耀祠说：“时间很紧了，我们走吧！”

他回头看到我，又向站在一边的李连庆低声交代了几句，我俩就迅速出了丰泽园后门，并肩直奔春藕斋。行动小组的高云江、黄介元、马盼秋紧随其后。三辆轿车徐徐开进春藕斋东侧广场。

我们直接进入春藕斋前厅。这里是秘书、警卫、医护、司机聚会和休息的地方。我们到达时，他们有的在聚精会神地看书，有的在弯腰捋袖洗衣，有的前倾后仰地玩扑克。看到我们来此，虽然不明原委，但都是几乎天天见面的熟人，既不生疏，也不紧张，都咧嘴微笑。

张耀祠跟在场的工作人员笑嘻嘻地说：“在吧？（指江青）”大家都会意地点点头。

与此同时，我把为江青开车的老申叫到一边：“请你把停在门前的车，马上开回交通科。”又面对开着保险红旗轿车的史友令说：“你把车停靠在门前明廊上车处！”他们都立即照办了。接着，我告诉原来在江青处工作的警卫参谋周金铭：“小周，你前面带路。”我确知，晚饭前，汪东兴已经给周金铭透了一点“风”，小周心里有数。回转头，我又对站在我们身后的女护士马晓先说：“你也来！”室外应该准备的事情安排就绪后，张耀祠和我及行动小组不动声色地推门进抵春藕斋正厅。

一进门就见江青面东背西坐在沙发上。她身前摆着一张长方形石头的办公桌，桌上铺垫着白色的桌布，摆放着台灯、茶盘、茶杯、各类办公文具，还有几份文件。膝盖上盖着一条小方毛巾被，脚下蹬着一块专门制作的垫脚板，地板上铺满厚厚的墨绿色羊毛地毯，房间四周摆放着几个书橱和铁皮文件柜。天花板正中吊着一盏形似花瓣曲伸的大型玻璃顶灯，散发着金黄色的灯光。

行动小组的成员进屋后，迅速从左右两侧和沙发背后，把江青围拢在一个半圆形的空间里。江青仍然坐在那里，一张愠怒、凶狠、可憎的脸上，显现出忐忑不安的惊惧。她瞬时又故作镇静，木然地抬起右手，扶了一下眼镜，侧着头面向张耀祠和我，声音带有一点颤抖，“你们要干什么？”她首先发问。

张耀祠站在江青的左前方，他以惯常的军人姿态，威严地说："江青，你不听中央的警告，继续拉帮结派，进行分裂党的活动，阴谋篡党夺权。中共中央决定，对你实行隔离审查，立即执行。"张耀祠又责令江青："你到另外一个地方，要遵守纪律，要老实向党坦白交代你的罪行。"

江青伸长了脖子，瞪着眼睛问："中共中央是什么人决定的？"

我不耐烦地斥责她："中共中央是什么人？你难道会不明白？"

江青改口："我是说是什么人指使你们来的？"

张耀祠立即明确正告她："我们是奉华国锋、叶剑英副主席的命令，来实施中央决定的。"

我说："快！马上离开这里！"

江青说："那我这里的文件呢？"

张耀祠说："我们会有人来接管的，你把钥匙交出来！"

江青："那不行，这里许多都是中央的机密，我要对党负责。钥匙，我只能交给华国锋。"

张耀祠："那好，你把它装在信封里由我们转交。"

江青依然坐在原来的位置上，上身前倾，用铅笔在一张印有红杠的宣纸信笺上，由上而下地给华国锋写了一封短信。信中说：

> 国锋同志：来人称，他们奉你之命，宣布对我隔离审查。不知是否为中央决定？随信将我这里文件柜上的钥匙转交于你。江青十月六日。

接着，她又在一个印有红框的牛皮纸大信封上，写上"华国锋同志亲启"几个字，下脚还注明"江青托"。她把钥匙用一张信纸包好，同信笺一起放进信封里，然后在信封两端，粘贴了"密封签"，并用手在"密封签"上用力地按压了几下，然后把信封交给了张耀祠。

我急得火烧火燎的，再次督促："走！快走！"

江青拿掉了膝盖上的小毛巾被，整理了一下衣服，两手按着沙发扶手慢慢地站起来，走出沙发的位子。临出门之前，她又要上卫生间。江青尿频尿急的毛病由来已久，不足为怪。为防不测，我叫女护士马晓先同她一起进去。本来她过去到卫生间，有时也要护士陪同。

离开春藕斋正门，穿过十几米的暗廊到达前厅，这里靠墙立着一个多功能的衣架，江青取下一件深灰色披风，马晓先帮她戴上帽子，系好带子，走向停车处。

江青固然是个奸泼刁滑、残忍刻薄、心狠手辣的野心家，但今天在凛然站立、魁伟彪悍的军人面前，她又拿出了巧使顺风船的本领，虚伪地夹起了尾巴。既然她肯俯首顺从，照指示行动，且无力反抗，我们也就没有加铐于她。

行动小组人员把重重的保险车门打开，江青坐在后排中间，黄介元、马盼秋分坐两侧，护士马晓先坐在二排副座面对着江青，组长高云江就座于司机身旁。前后各有一辆警备车，我坐在后车的指挥位置上。我们都身带短枪。前后车上的警备人员备有速射武器和充足的弹药。三辆车迅速驶离春藕斋。

车经过怀仁堂门前时，我见华国锋、叶剑英、汪东兴一字排开站在怀仁堂大门台阶上，关切地张望。我匆匆把头探往车外，示意这里一切顺利。

带路车司机张中臣是一位经常开先驱车的驾驶员，他左靠右挡，乘虚而进，为紧随其后的两辆车开道。江青坐的是保险红旗轿车，驾驶员是沉着老练、技术娴熟的史友令。

北京主要街道的交通警察，个个目光犀利，他们知道保险红旗的“身份”，中央只有几位核心领导人才得乘坐。但他们哪里晓得，今天却是令局外人意想不到的例外。一路绿灯放行，只用了不到 5 分钟，就到达预定的地下隔离点。

江青被带进隔离室，我便告诉司机吴增彬调转车头，飞快地赶回怀仁堂。汪东兴见我就问：“江青又张牙舞爪地表演了一番吧?”我说：“她见风使舵，还算顺从听话。”华、叶两位副主席嘴角布满笑意，看得出，他们紧绷的一颗心，此刻终于平静舒展。

华国锋、叶剑英、汪东兴又从容地坐下，交谈处置“四人帮”中的最后一个——姚文元

处置姚文元的措施，在预定方案中就做了两手准备。姚文元并非政治局常委，当天根本没有通知他参加晚上 8 点的政治局常委会。预案议定：第一，在解决了王洪文、张春桥、江青的问题之后，单独通知他到怀仁堂来开会，如果他应声而到，那就是瓮中之鳖。第二，如果他借故拖延，行动小组就迅速往他的住处按院胡同擒拿。但他的住地警卫由北京卫戍区某部担任，为避免行动时发生误会，10 月 5 日凌晨 2 时，汪东兴在华国锋家同吴德三人一起商谈过，请吴忠司令员一起待机而动。

鉴于江青、张春桥、王洪文已被顺利带进隔离点。汪东兴决断地说：“马上给姚文元打电话。”但电话由谁打，事先并未商定。他接着说：“国锋同志，电话还是请你来打吧，免得他多心。”

华国锋稍加思索：“那就我来吧!”

华的秘书曹万贵用办公厅西侧红机很快接通姚文元的电话。华国锋从容地

说："文元同志，我正在和洪文、春桥同志在怀仁堂商量出版毛选五卷的事，有些问题还想听听你的意见。是不是请你现在就来，一道研究一下。"

我随同汪东兴一起，也站在电话机旁，等待听姚文元的回话。

"好的，我马上就到。"姚文元没有犹豫，讲完就挂上了电话。

"东兴同志，我去安排了。"我一面报告，一面拔腿欲走。马上又回头补了一句："是不是请吴忠司令员回去？"

汪东兴说："把情况告知吴忠同志，派车送他回去。"

我快步走到东饮水处，用红机通知等候在交通科值班室的康海群，按第一方案行动。全组人员立即乘红旗轿车，开到怀仁堂东院。同时，我向吴忠说明情况，并派车送他回去。

吴忠说："我要赶紧回去，我那里还有一摊子。"他是指北京卫戍区于当晚同时负责拘押的对象。

打完电话，我又回到坐在正厅外间的华、叶、汪那里。待我把安排的情况汇报完毕，华国锋向叶剑英、汪东兴说："还要我们出面吗？"

叶帅说："免了吧！"

华、叶、汪当即决定由我去对姚文元宣布中央的决定。

我说："要有'尚方宝剑'才行。"

汪东兴："那好办，请国锋同志写个手令吧。"

华国锋看看摆在前面不远处那张通常是吃夜餐用的小桌，意欲起身。孙振发迅速跑过去，把桌子搬到华国锋身边。孙洪起匆匆拿来往常开会时经常准备的纸和铅笔。

华国锋不假思索地很快写好了命令。

我接过华国锋写的手令，回身走向正厅东南小门，恰好行动小组的四位同志已从东八所赶来，我把刚才的变动，转达给滕和松、康海群、张云生和高风利，并商定在大礼堂的东休息室行动。

为了简便行事，东休息室没有改变原来的布置，周围一大圈皮沙发，沙发之间是长方形的小茶几，地上铺满厚厚的奶黄色地毯。我坐在东边靠窗户的大沙发上。

晚上 8 时 25 分，康海群在怀仁堂大门口尾随姚文元进来，滕和松在东休息室门口，以手势示意"请进"。张云生和高风利分别站在休息室门内两侧。姚文元刚一进门，就被张、高从左右两侧拽住两臂，下压双肩，动弹不得，低头向我站着。姚文元不住地喊："谁让你们干的？谁让你们这样做的？"

我开始坐在沙发上，但自觉缺少那股威严，立时站立起来，面对姚文元高声宣布："中共中央决定，对姚文元实行隔离审查，立即执行。华国锋。"我宣布完了以后，又有力地喊了一句：“带走！”行动小组架着他向休息室北门走去。姚文元边走边喊：“我有话要说！我有话要说！”又喊他的随身警卫：“小×，快来呀！”离开休息室北门，咔嗒一声，行动小组给他戴上明晃晃的铐子，押上由俞桂兴驾驶的红旗轿车。姚文元在行车途中，还在高声嚷嚷：“你们是哪个部队的？谁指使你们干的？”行动小组几番制止，他仍嚷个不停。迫不得已，他们用事先准备好的毛巾塞住他的嘴巴，车里这才安静下来。汽车仍然沿着押送王、张那条路线，把他拘押在极为严密的地下隔离室。

在我向华、叶副主席和汪东兴报告奉命完成拘押姚文元的任务时，认真地看了看手表，一分也不差，正好是 10 月 6 日晚 8 时 30 分。解决“四人帮”的全部行动过程，只用了 35 分钟。

在党中央的领导下，我们胜利完成了对“四人帮”的隔离工作。华国锋、叶剑英副主席都为对“四人帮”取得决定性胜利而流露出和悦满意的笑容。汪东兴如释重负，也浮现出宽心的微笑。

10 月 6 日晚 10 时，中央政治局在玉泉山 9 号楼召开紧急会议

对“四人帮”实施隔离审查后，中央政治局立即召开紧急会议并处理善后工作。

华国锋对汪东兴说：“你通知并安排政治局会议，我找耿飚他们来作个交代。”

华国锋亲自打电话给耿飚和北京卫戍区副司令员邱巍高，请他们立即到怀仁堂，有事面谈。见面后，华国锋告诉他们，我们已对“四人帮”采取行动并取得胜利。现在派你们带领精干的工作组，立即去中央广播事业局、中央人民广播电台等新闻单位。在那里掌握情况，把把关，不要在宣传这个口子上出毛病。

叶帅特别吩咐：“一要防止内部混乱；二要防止对外泄密。还要防止发生异常情况。”

华国锋问他们：“还有什么问题没有？”

耿飚说：“别的没有，请给一个手令吧！”

华国锋提笔写道：“邓岗同志，为加强广播事业局的工作，特派耿飚、邱巍高来，有什么问题，你请示他们。华国锋。”

耿、邱领命而去。

汪东兴一面安排警卫局副局长李钊准备政治局在玉泉山开会、办公等事项。同时，告知秘书局局长，做好晚上 10 时政治局紧急会议的会务工作。他自己则

亲自打电话通知在京政治局委员和候补委员当晚10时到玉泉山9号楼开会。华国锋、叶剑英、汪东兴处理完在怀仁堂要办的事情后，先后驱车赶往玉泉山参加政治局紧急会议。

根据列席这次政治局紧急会议的中办副主任李鑫和中办秘书局局长周启才的记录，我们始知会议的如下内情：

开始，华国锋请叶剑英主持会议并讲话。叶帅说：

这次会议应该由你主持，你是毛主席提议、中央政治局讨论批准的党中央第一副主席，一直主持中央的日常工作，责无旁贷，你就主持开会吧！

华国锋：

那我就先讲几句，再请叶帅主讲。这次中央政治局紧急会议在这样晚的时间，在玉泉山9号楼叶帅住地召开，是由于事关重大，形势非常，为了有利于高度保密，确保中央安全，决定采取这样的措施，这是十分必要的。我现在向大家宣布，今天晚上8时，中央已在中南海怀仁堂正厅以召开政治局常委会、讨论《毛泽东选集》第五卷的出版和毛主席纪念堂选址问题为由，在中南海怀仁堂正厅拘捕了王洪文、张春桥。江青是在中南海她的住地被拘捕的。根据他们篡党夺权的严重罪行，分别向他们宣布了由我签署的中央对他们实行隔离审查的决定。对王洪文、张春桥的拘捕是在怀仁堂正厅，叶帅坐镇，我分别向他们宣布的。江青和姚文元是由执行任务的有关负责人员向他们宣读的。对毛远新实行了监护审查。“四人帮”在北京的几个骨干分子，是由北京市委、北京卫戍区根据中央指示解决的。

华国锋接着介绍了实施这一重大行动的过程：

叶帅亲临怀仁堂正厅现场，同我一起坐镇指挥，东兴同志按照预定方案，组织指挥参战人员具体实施。由于决策正确、精心组织、高度保密、措施得当，整个行动过程进行得很顺利。对中央新闻单位，我们选派了耿飚同志带领精干的工作组进驻，掌握情况，把好关。

华国锋说：

“四人帮”篡党夺权的野心由来已久，毛主席在世时，他们不敢轻举妄动。毛主席逝世后，他们认为时机到了，变本加厉，肆无忌惮，急不可待地进行篡党夺权的反革命活动。他们利用控制在他们手上的宣传工具大造篡党夺权的反革命舆论。他们篡改毛主席的亲笔指示，伪造所谓毛主席的临终遗嘱。他们在上海建立由他们控制、指挥的武装力量，并发放了大批枪支弹药。种种迹象表明，我们党和国家的命运处于生死存亡的关键时刻。为了保证党和国家的领导权不被他们篡夺，不让他们的罪恶阴谋得逞，中央采取了坚决、果断的措施，非常的手段，稳妥、快速地粉碎了“四人帮”反革命集团，取得了重大的历史性胜利，为党为国为民除了一大害。

叶剑英指出：同“四人帮”的斗争势不两立

华国锋的话音刚落，叶剑英强调：

这次粉碎“四人帮”反革命集团，是在毛主席逝世后，党和国家处于危难时刻进行的。毛主席生前就提出要解决“四人帮”的问题，而未来得及解决。毛主席逝世后，“四人帮”篡党夺权的反革命活动和嚣张气焰更加猖狂，他们正在准备动手了。

接着，叶剑英严正指出并分析道：

我们党同“四人帮”的斗争是一场势不两立、你死我活的斗争。在毛主席逝世不久的情况下，采取什么样的斗争策略、措施和方法，做到既要把这个反革命集团彻底打掉，又要保证首都北京和全国局势稳定，这是一步险棋。怎么走好这步险棋，非同小可，要慎之又慎，做到万无一失。经过我和国锋同志及东兴同志几次个别交谈，统一思想认识，决定采取“以快打慢”的方针，实行隔离审查。在决策和实施这一重大行动过程中，保密问题是重之又重，知密范围很小，参与人员十分精干。实战证明，这样做是正确的，未放一枪一弹，即迅速粉碎了这个反革命集团，取得了预期的胜利。

叶剑英又说：

粉碎“四人帮”反革命集团，是全党全军全国人民的共同愿望，中央采取这样的措施，也体现了党、军队和人民的意志。许多老同志、老领导特别是聂帅和徐帅等在毛主席病重期间和逝世以后，曾通过各种方式向我表达这种强烈愿望，提出要采取坚决措施打掉这个反革命集团，绝不能让他们篡党夺权的阴谋得逞。这次粉碎“四人帮”的胜利，必将得到全党全军和全国人民的衷心拥护，军队完全拥护和支持党中央的这一重大决策。

华国锋插话说：“这场粉碎‘四人帮’斗争的胜利，我们的叶帅起了最为重要的作用。”叶剑英说：

不能这样讲。解决“四人帮”的问题，是毛主席的遗愿。毛主席逝世后，你是党中央第一副主席，主持中央的日常工作，又是国务院总理，这件大事，如果你不下决心，你不拍板，做起来就难啊！正是因为你下了决心，你拍了板，做起来就相对容易了。

叶剑英又说：

在这场同“四人帮”的斗争中，东兴同志具体对行动方案组织实施，胜利完成，是出了大力、立了大功的。8341 部队的参战人员也为党为人民作出了很大贡献。

汪东兴插话说：

叶帅过奖了。在这场同“四人帮”的决战中，我是在国锋同志和叶帅的直接领导和指挥下，做了应该做的一些事情。一个老共产党员、长期从事保卫毛主席、保卫党中央的领导干部，为了党、国家和人民的根本利益，完成中央交给我的政治任务，是完全应该的。

叶剑英最后说：

在中央，我们从政治上、组织上解决了“四人帮”问题，这是第一步，是初战的胜利，地方上还有些“四人帮”的帮派骨干分子要清理。更艰巨的任务是彻底从思想上肃清“四人帮”的余毒和影响，这需要相当长时间和多方面的努力。

出席政治局紧急会议的成员，在听取华国锋和叶剑英的讲话之后，欢欣鼓舞，表示完全同意中央常委的果断决策，一致通过对王洪文、张春桥、江青、姚文元实行隔离审查的决定。

会议对党中央主席人选的讨论和确定

华国锋说：

毛主席离开我们快一个月了，乱党、乱军、乱国、妄图夺取党和国家最高领导权的“四人帮”反革命集团，被党中央及时果断地粉碎了。在此新的形势下，我向中央政治局提议，请我们叶帅担任党中央的主席，主持中央的工作。叶帅德高望重，长期在中央协助毛主席、周总理、朱老总处理国际国内重大问题，多谋善断，有多方面丰富的实践经验，思想政治理论水平很高，在危难时刻，两次挽救了党。

叶剑英站起来大声说：

> 国锋同志这个提议不妥。我年事已高，今年已79岁了，且长期从事军事工作，工作面窄。经过慎重考虑，我提议华国锋同志担任党中央主席、中央军委主席。他年龄比我小20多岁，有实际工作经验，为人实在，民主作风好，能团结同志，尊重老同志，他现在是党中央第一副主席，主持中央的日常工作。我认为他是比较合适的人选。这个担子是不轻的，我们大家可以协助，请大家考虑。

经过认真讨论，与会政治局成员完全赞成叶帅的意见，一致通过由华国锋担任党中央主席、中央军委主席，待召开中央全会时予以追认。

接着，会议讨论并原则通过了关于建造毛泽东主席纪念堂的决定、关于出版《毛泽东选集》第五卷和筹备出版《毛泽东全集》的决定。这两个决定在10月8日的政治局会议上定稿，9日见报。

最后，会议安排了当前和今后一段时间的工作。在这一非常时期，为了便于及时研究处理可能出现的各种复杂和重大问题，决定出席这次会议的全体政治局成员和随行人员都住在玉泉山，并从10月7日开始，迅速向中央党、政、军领导机关的主要负责人和各省、市、自治区、各大军区的主要负责人传达党中央粉碎“四人帮”反革命集团事件及中央政治局紧急会议的几项重要决定。

这次中央政治局紧急会议，从10月6日晚上10时开到10月7日清晨4时多，历时6个多小时。

“四人帮”在被隔离期间

自1976年10月6日晚上8时到1977年4月10日凌晨，“四人帮”一直被隔离于由8341部队管辖的同一工程的不同区段。汪东兴要监护人员保护好“活证据”。

在整个隔离期间，按战备要求，采取了地下、地上严密结合的安全警备措施。由8341部队防化科科长黄昌泰、工程管理中队教导员廉洁等，昼夜在总值班室值班；工程管理中队在每个隔离点增设四名室外警戒哨；从机关、部队先后选调人员参加隔离江青、张春桥、王洪文、姚文元的室内坐班；严格出入制度，减少出入人员，定制了特别通行证件，哨兵按证件和指定的名单放行；对部队加强管理教育，强化纪律，严守机密；增添了通信设施，确保指挥中心与各隔离点、执勤点、后勤保障之间的联络畅通，指挥快捷。每天定时放风，进行空气过滤，紫外线消毒，清扫通道，保持地下空气新鲜，湿度、温度适宜。

“四人帮”进入隔离点初期，焦灼不安，饮食无常，不服管教，无端滋事，尤以江青、姚文元为甚。在江青隔离室内，有一张较宽大的单人床、一张书桌、一把扶手沙发椅子，地板上铺有化纤地毯，卫生设备齐全，有立式脸盆、坐式马桶、较大的浴缸。江青穿着原来的衣服，不戴任何械具，生活条件是好的。但她还是不时找碴儿，嫌菜咸、菜硬、菜老，说屋内有风。她拒绝室内卫生自理，拒不扫地、擦桌子、刷马桶。特别是对原来在她身边工作的护士马晓先，更是白眼相对，怒气满脸，甚至仍以“首长”自居，对马晓先大发雷霆，且不听劝阻，不听警告。她还别有用心地说：“主席尸骨未寒，你们就对我这样。”过了几天，江青写信给党中央告状。中央没有理睬她。

姚文元进去之初，不停地探问：“这是谁叫你们干的？”“你们是哪个部队？”“这是什么地方？”甚至借开饭的机会，听到汽车声响就往外跑，想看个究竟。当监护人员阻止他时，他竟谩骂监护人员。

鉴于监护人员对江青、姚文元不服管教，总想整整他们、教训教训他们的心态，汪东兴再次郑重地提醒监护人员，要保护好“活证据”，要发挥政策威力，要按照“监护规则”办事，使监护工作一直顺利地坚持下去。

一个月后，王、张、江、姚生活基本正常

当时规定他们每人每天的伙食标准为高于机关工作人员的水平。张春桥、姚文元的伙食由中南海东八所机关食堂供应；江青的伙食由八区的机关食堂制作。开饭由专人管理，汽车送饭。早餐备有稀饭、馒头、牛奶、小菜，中晚餐多是一荤一素一汤，米饭、馒头等。水饺、面条、大饼、油条等花样经常调换。

张春桥曾有几天不吃饭，只喝一点水。问他：“要绝食吗？”他说，不是绝食，有点感冒。经部队卫生员诊治，几天后恢复正常。不苟言笑的张春桥对年轻的卫生员说：“小同志不简单，真把我的病给治好了。”他每天看书的时间不少，主要是看《毛泽东选集》，看得很仔细，点点画画，眉批不少，有时也翻看《列宁选集》。除看书外，每天都在室内走走转转，低头或者仰首长思。有几次他往室内地漏里倒水，问他为什么这样做，他说气候干燥，地漏有臭气，用水浇湿好一点。

王洪文进去后的两个多月，每天每餐只喝一碗稀饭，吃一点小菜。问他为什么？他说吃多了肠胃不舒服。两个月后，他逐渐习惯，吃饭也正常了。王洪文不看书，也不多活动，只是呆坐着。

姚文元一直胃口很好，能吃、能喝、能睡，有时晚饭剩下的饭菜，他自己留下来，午夜加热后做夜餐吃。姚文元每天都看《毛泽东选集》或者《列宁选集》；他时常在室内走动，弯腰甩胳膊，活动四肢。在“四人帮”中，他是话最多的一个。在隔离期间，他的健康状况一直不错。

江青后期饮食一直正常。她愿吃洋葱头，喜欢吃苹果，并提出要吃点粗粮，吃点长纤维的菜。在隔离期间，她间或看看《毛泽东选集》，躺着的时间比较长，有时候熟睡，有时候似睡非睡。她还每天在室内打一两次太极拳。江青同监护人员中的女同志有时也说几句话，比如“小同志你困了”、“小同志我要喝点水”。有时她也问：“是不是邓小平上台了?”“是不是邓小平叫你们干的?”这些都被监护人员顶回去了。

1976 年 12 月 26 日清晨起来，江青就坐在床上，翻看《毛泽东选集》，注视着封页上毛主席的像，长时间地默然沉思，不时掉下眼泪，有时泪流满面，江青此刻在想什么，我们不得而知。

党中央决定将“四人帮”移交国家司法机关惩办。汪东兴召集会议安排 8341 部队夜奔秦城监狱，将“四人帮”交由公安部秦城监狱关押

1977 年 4 月 7 日晚，汪东兴召集公安部部长赵苍璧、副部长于桑，北京卫戍区第一政委吴德、司令员吴忠和我，在人民大会堂新疆厅召开交接工作会议。汪东兴交代了任务，要公安部做好接管的各项准备工作，8341 部队要完成押送任务，北京卫戍区作必要时的接应。特别强调行动要保密，各个环节要协调，要切实做到确保安全，万无一失。

为了安全顺利地完成押送任务，8341 部队从人员、武器、车辆、道路勘察等方面，一一作了相应安排。

秦城监狱位于北京西北部昌平境内，距中南海 75 公里，汽车中速单向行驶，需 1 小时 10 分钟。出城后，沿路两侧大部是开阔地，秦城监狱附近有起伏的丘陵，桥梁、涵洞不多，有利于夜间行车。

为缩小知密范围，押解人员没有重新组织，只是把原来各行动小组的人员集中起来，统一指挥调度。武器弹药齐备，除短枪外，还配有速射武器冲锋枪、轻机枪及手榴弹等。也备有三辆红旗轿车，其中一辆是防弹保险车，采取精干隐蔽、深夜突然行动的方案，对“四人帮”分批逐个押送。

1977 年 4 月 9 日零时开始行动。第一个被押送的是王洪文，他被押上防弹车，坐在后排当中，左右仍是原来隔离他的霍际隆、吴兴禄，二排坐着两位手持冲锋枪的队员，组长李广银坐在司机旁。防弹车前后各有一辆警备车，坐满全副武装处于临战状态的行动队员。车辆出中南海东门至德胜门方向，经沙河镇拐弯直奔秦城监狱，一路畅行无阻。9 日 1 时 10 分到达秦城监狱。交接双方办理手

续，移交随身携带的杂物。王洪文被狱方带进一间宽敞明亮、有抽水马桶的牢房，并立即换上犯人穿的号衣，开始他的铁窗生活。

9日3时，车已回到中南海。第二个被押送的是张春桥。同王洪文一样，他被押进保险红旗车，在前后警备车的警戒下，沿着预定路线，于9日4时许移交给狱方。张春桥依然一言不发，板着一副阴沉僵硬的面孔，被押进牢房。

4月10日零时，开始了第二天的行动。第三个被押送的是江青。组长高云江、队员黄介元在临上车之前，对江青说："今天要换个地方。"她没吭声，缓缓地走进洗手间，上完厕所后，站在镜子前梳头。江青的头发那时还是油光黑亮的。出了洗手间，她很顺从地上了车。她原来的女护士马晓先坐在二排副座上。另一监护她的女同志陈世冠坐在前车上，她负责江青的衣服杂物的登记管理。江青一路无话。到了秦城监狱下车时，周围站了不少监狱的工作人员，有的是来工作的，也有一些是专门来看热闹的。江青抬着头，脚步挺快，不时向两边张望。两名女狱警带着她进了牢房，换了号衣。马晓先、陈世冠向监狱长和女狱警介绍了江青饮食、睡眠及近期的情绪，并交接了衣服杂物。关押江青的牢房与"四人帮"其他人所在的牢房一样，房间较大，通风、采光、卫生设备都比较好，是秦城监狱中一流的牢房。

10日凌晨3时，姚文元最后一个被押送，在执行过程中，他无异常反应，比较顺从。

至此，在8341部队隔离监护187天的"四人帮"，于1977年4月10日5时前，全部移交秦城监狱关押。8341部队胜利地完成了党中央交办的重大政治任务。

中央领导同志接见，合影留念，便宴款待，华国锋、叶剑英勉励8341部队

1977年4月12日下午5时，中央政治局在京的全体同志，在人民大会堂北大厅与8341部队执行粉碎"四人帮"任务的全体同志合影，事后每人都保存了一张精致清晰的照片。

当晚6时许，政治局全体同志在人民大会堂东大厅举行便宴，与执行任务的同志们一起庆贺粉碎"四人帮"斗争取得的重大胜利，时任党中央主席的华国锋、副主席叶剑英在主席台就座。席间祝酒时，华国锋说："你们辛苦了，谢谢同志们！"叶帅也勉励大家说："你们为党做了一件大好事，党和人民是不会忘记你们的！"我代表8341部队，感谢党中央的关怀和鼓励。出席便宴的还有耿飚，北京卫戍区司令员吴忠、政委杨俊生、副司令员邱巍高。

粉碎“四人帮”后中央派出的上海工作组

陈锦华

1976年10月粉碎“四人帮”后，党中央最担心的是上海的局势。针对“四人帮”的上海余党妄图发动武装叛乱的紧急情况，10月12日，中央政治局决定派苏振华、倪志福、彭冲率领中央工作组前往上海，接管上海党政大权。中央工作组由中央和中央国家机关、北京市、江苏省和人民解放军派人组成，最多时有226人，其中部省级干部17人，加上随行人员和新闻记者，总数约250人。

中央工作组在新上海市委的领导下，夺回了“四人帮”及其余党把持的党政大权，整顿了领导班子，顺利进行了“揭、批、查”斗争，“既搞清了问题，又稳定了局势”，揭开了上海发展的新篇章。1977年“五一”劳动节前夕，中央工作组的成员除留几个人在上海任职外，绝大部分相继撤离上海，返回原单位。

1976年10月10日，国务院副总理谷牧找我谈话，要我带人以准备编制1977年计划的名义先行去上海，了解情况，观察动向。10月20日，苏振华、倪志福、彭冲率中央工作组主要人员到达上海后，我被派为文教组的主要负责人，领导文化、教育、出版、电影、戏剧、卫生、体育以及高等院校等单位的揭批“四人帮”和拨乱反正等工作。

粉碎“四人帮”后中央派出工作组到上海，是一件值得记述的重大历史事件。

中央派出工作组的背景、工作组的组成和主要任务

1976年10月6日，在王洪文、张春桥、江青、姚文元被隔离审查的当晚，中央政治局在北京西郊玉泉山叶剑英同志的住地召开紧急会议，通报对“四人

帮”实行隔离审查的情况。会议一致推选华国锋同志为中共中央主席、中央军委主席，待召开中央全会时予以追认；会议决定尽快出版《毛泽东选集》第五卷，并筹备出版《毛泽东全集》；决定在北京建立毛主席纪念堂；研究成立审查“四人帮”的专案组；决定中央政治局分批召开各省、市、自治区及各大军区主要负责人会议，由中央政治局的同志分别与各省、市、自治区及各大军区主要负责人谈话，通报粉碎“四人帮”的情况，了解各地的动向，交换意见。由于上海是“四人帮”势力最强的地方，又搞了“第二武装”，一直图谋不轨，会议特别分析研究了稳定上海局势的问题。中央政治局一直担心上海出问题。早在9月26日，华国锋到叶剑英家里分析形势、商谈解决“四人帮”问题的时候，叶剑英就指出，乱子可能出一点，但出不了大乱子。乱子可能出在“四人帮”控制的上海。

10月7日，党中央首先找了江苏、山东、湖北和南京军区的负责同志到北京谈话，向他们通报“四人帮”被隔离审查的情况，要他们注意上海的动态。接着，中央通知上海市委书记马天水和上海警备区司令员周纯麟到北京开会。跟以前不同的是，过去中央通知上海党政军负责人开会，都是由上海市委转告警备区，这次却是由警备区转告市委。马天水很敏感地觉察到了事情的异常。他忐忑不安地找到上海市委另外两个书记徐景贤、王秀珍，和他们一起分析这种异常现象，商定马天水到北京后2小时往回打电话。马天水到北京以后，中央向他通报了对“四人帮”实行隔离审查的情况，他由于深陷“四人帮”帮派体系而不能自拔，坚持其顽固立场。据当时在场的彭冲回忆说，马天水讲了两点，一是要求见“四人帮”，二是希望中央宽大。彭冲事后说，“马天水很蠢”。

也就是在10月7日这一天，马天水在北京听中央通报的时候，留在上海的徐景贤和王秀珍一直在想办法打听马天水到北京后的情况。因为中央有规定，马天水不敢往上海打电话，所以他们联系不到马天水。他们给张春桥、王洪文、姚文元办公室打电话也都打不通，找在北京的几位跟他们关系比较深的人，如公安部的祝家耀、文化部的于会泳、人民日报社的鲁瑛等，也打听不到消息。一直到晚上11点多钟，文化部的于会泳传来消息说：“今天下午国务院办公室主任吴庆彤通知我，告诉中国文化代表团不出国了，说是华总理定的。”徐景贤听到这个情况后，联系当天发生的方方面面的情况，意识到可能出事了。徐景贤这个人很机灵，我后来到上海后，他找我谈话，说了4个小时，很严密，滴水不漏。2003年香港出版了他写的回忆录《十年一梦》，我看了，许多事都讲得很清楚，估计他看不到什么档案材料，可能是凭记忆写出来的。

10月8日，徐景贤、王秀珍继续同北京各方面的关系人物联系。最后他们通过关系，接通了京西宾馆的总机，找到了马天水的秘书房佐庭，他告诉徐景贤，说马天水讲，他身体不好，老胃病又犯了。徐景贤一听到这句话，赶紧派人去找马天水的爱人，问马天水有没有胃病。马天水的爱人说马天水没有胃病。徐景贤马上就意识到真的出事情了。徐景贤、王秀珍在意识到北京出了事情后，就着手策划武装叛乱。8日下午，徐景贤和王秀珍召集了4个会议，研究和部署武装叛乱。

第一个会议是下午2点开的，由徐景贤、王秀珍和另外3个常委，即市委办公室主任张敬标、管政法的王少庸和管外事的冯国柱，还找了与他们勾结在一起、与他们关系很深的上海警备区的两个人开会。徐景贤说，现在王洪文、张春桥、姚文元都联系不上，北京很可能发生政变，他们被抓起来了，马天水可能被软禁。徐景贤要大家考虑考虑，分析一下现在中央会不会急着要对上海动手，来一个一网打尽。大家经过议论认为，不能坐以待毙，要对抗。王秀珍问上海警备区的人，部队的情况怎么样，如果有动作的话，部队能拉出多少人马。与会的上海警备区的人说，部队的人是有限的，真正要动，还得要动民兵，没有民兵，是不行的。

第二个会议是下午3点多开的，徐景贤、王秀珍等找了民兵指挥部的负责人施尚英、钟定栋，还找了公安局的薛干青、徐成虎，开会决定以检查战备部署的名义，着手叛乱的准备工作。会上，王少庸问施尚英，民兵能集中多少人，武器弹药有多少。施尚英回答说，民兵集中待命的有2 500人，子弹400万发，上海两个兵工厂还有库存子弹800万发。会议专门研究了对民兵的指挥问题。施尚英表示，我们听徐景贤、王秀珍、王少庸的。

第三个会议是下午4点开的，徐景贤找来新闻单位《解放日报》、《文汇报》、广播电台的负责人，对他们说北京发生了政变，人被抓起来了。他要这些舆论单位，还是按照毛主席的既定方针办，并向这些单位提出：如果新华社登载有关处理王洪文、张春桥、姚文元的消息，要先报告市委，报纸不能登，电台不准广播。

第四个会议是下午5点以后，由徐景贤主持召开市委常委会，并且通知了列席常委朱永嘉、陈阿大、叶昌明参加。徐景贤通报7日、8日同各方面联系、了解的情况，说种种迹象表明，中央出问题了，上海要提高警惕。在会议开到7点多钟的时候，“四人帮”的得力干将、派到全国总工会的金祖敏的秘书廖文全打电话到上海，告诉徐景贤，“我娘心肌梗死”。徐景贤从这个暗号中认定北京出事了。也就是在这个时候，“四人帮”派到公安部当副部长的祝家耀打来电话，说“人员集中了，门上加锁了，不能动了”。文化部的刘庆棠也来电话说，文化部“有病情，我们都病了”。这些电话都证实“四人帮”被抓起来了。这样，徐景贤等人研究、决定叛乱的部署就具体化了。在会上，王洪文的秘书肖木说，中央上头的问题已经解决，北京已经开始对下头动手。写作组的朱永嘉（上海写作组的历史组负责人）说，中央肯定发生了军事政变，肯定是华国锋、汪东兴一起搞的。他这样一说，会上议论得就更激烈了。徐景贤问大家究竟怎么办。朱永嘉说，我们得准备战斗，搞成巴黎公社，维持几天总是可以的。我们可以发告全市、全国人民书，或者先发一点材料，如赫鲁晓夫是怎样上台的材料。写作组的王知常对朱永嘉的意见作了补充。他说，我们应该提出一些响亮的口号，就叫“还我洪文”、“还我春桥”、“还我江青”、“还我文元”。王知常这个人我听工作组的同志讲过，他是写作组的骨干，反对共产党的领导，反对宣传毛泽东思想，说毛泽东思想像梅毒一样，到处侵害。从“四人帮”重用的这些人来看，“四人帮”的基础确实是反共反人民的。在研究具体行动的时候，王秀珍说，现在民兵已经动员了，先动员 2 500 人，留 31 000 人待命，发枪发子弹。他提出舆论工作由朱永嘉准备。最后经过讨论，徐景贤作了四条决定：（1）现在开始做武装暴动的准备；（2）为了防止意外，他和王秀珍分住两个地方，王秀珍和冯国柱住民兵指挥部，他自己去丁香花园；（3）部队方面要做点工作；（4）张敬标留在市委办公室值班。根据会议决定，会后朱永嘉到解放日报社、文汇报社和广播电台，传达市委常委会的决定，进行武装暴动的舆论工作。

10 月 8 日晚上，就在徐景贤、王秀珍等在上海策划和部署武装叛乱的时候，在北京的马天水在中央找他谈话以后，他一回到京西宾馆的房间，就对秘书房佐庭说，搞一个假的表态可以回去，回去以后还得研究是大干还是小干。他还说，一旦干起来，损失太大，现在是大势所趋，干是不行了。马天水的这些话，都是他的秘书后来交代的。从马天水所说的这些话看，他当时感到很难办，表态也难，不表态也难，他要表态拥护中央的决定，回到上海怎么办，那些“小兄弟”可不好驾驭；他要是不表态，不拥护中央的决定，恐怕回不去。这真实地反映了马天水当时的心态。

10 月 9 日，新华社发表了中共中央关于出版《毛泽东选集》第五卷和筹备出版《毛泽东全集》的决定，中共中央、全国人大常委会、国务院和中央军委关于建立毛主席纪念堂的决定。此后，全国各地掀起了拥护“两个决定”的高潮。

就在这一天，从济南被紧急叫回上海的市委常委黄涛（他是张春桥非常器重的人，反对国务院的急先锋），同王洪文的秘书廖祖康等人研究武装叛乱的问题。他们提出，要抓紧向工会、妇联、共青团、重点工厂等组织和单位吹风，他们认为，现在打出像王知常提出的那些口号还不行，要打出一些能够蒙蔽群众的、中性的口号，如“无产阶级和革命人民团结起来”、“同赫鲁晓夫式的野心家斗争到底”等，通过这些口号来鼓动宣传群众。

这一天，上海市民兵指挥部召集 10 个区、5 个直属民兵师负责人开会，部署叛乱的具体步骤，准备动用各种枪支、车辆，着手集中物资和食品。轻工业局的马振龙开始在他办公楼的密室里存放武装叛乱用的汽车车牌、食用的压缩饼干。市民兵指挥部到中国纺织机械厂架设指挥电台。“四人帮”余党在上海发动武装叛乱的准备工作已在紧锣密鼓地进行。

10月10日，就在“四人帮”在上海的余党紧锣密鼓地策划武装叛乱的重要时刻，党中央通知徐景贤、王秀珍到北京开会，打乱了他们武装叛乱的部署。由于马天水迟迟不表态，中央认为马天水一人在北京不行，要徐景贤、王秀珍也来北京。徐景贤、王秀珍走之前，特别交代自己的“小兄弟”，要小心，有事请示王少庸、冯国柱、张敬标。徐景贤、王秀珍走后，留下的几个常委，如王少庸、冯国柱、张敬标等，资历长，有政治斗争经验，他们已从一些渠道了解到“四人帮”被隔离审查的消息，便假托等马天水、徐景贤、王秀珍回来再说，将8日常委会上决定的事情拖了下来。这一天上海还是有一些动作，如这天深夜，组织了消防、交警的紧急集合演习等，但上海的武装叛乱的准备工作，已经处于群龙无首的状态。

也就是10月10日这一天上午，国务院副总理谷牧找轻工业部机械局局长谢红胜和我谈话，要我们尽快去上海，了解上海的情况。我当时是轻工业部计划组副组长，过去对上海的情况有一些了解。1975年8月，邓小平要谷牧在上海金山召开现场会。那次会后，李先念、余秋里、谷牧等人研究决定，要我率一个由20多人的工作组，到上海石油化工总厂检查和帮助抓工程质量问题。我是带着李先念亲笔写的一封信去的。开始的时候，尽管他们的认识和我们的认识不完全一致，工作中有些矛盾，但工作还能推进，也是有成效的。到了11月下旬，随着“批邓、反击右倾翻案风”越刮越大，王秀珍就公开地在会上讲，说我们到金山检查工程质量是挑毛病，是否定新生事物。我们在那里的工作越来越难做，后来经轻工业部部长钱之光同意，我们撤回了北京。

1976年初，我感到工作已没法做，就到河北省固安县的轻工业部“五·七”干校劳动锻炼去了，同时兼任党支部书记，直到1976年国庆节以前调回机关。国庆节后，由于唐山是一个重要的轻工业城市，我被派往那里，研究唐山大地震后轻工业如何恢复生产等问题。10月8日上午，我接到部里值班室的电话，要我赶快回北京，说另外有急事找我。我问什么事情，值班的同志说不知道。8日晚上，我回到北京后，遇到部里的一位女同志，她爱人在总参二部工作，她悄悄地告诉我，江青被抓起来了。当时我脑子一闪，匆匆忙忙把我从唐山叫回来，是不是与这件事有联系？10月9日，一上班，部里就告诉我说上面要找我谈话，要我等着，不要离开北京。第二天，谷牧就找我们谈话了。果然与粉碎“四人帮”的后续工作有关。他一见我们，就开门见山地说，他是奉命找我们谈话的。他说中央已经对王洪文、张春桥、江青、姚文元实行隔离审查，现在中央最关心的是上海的情况，所以决定由各部委派一些人到上海去，以研究、准备明年国民经济计划的名义到上海。他要我们尽可能地接触各方面的同志，了解工厂的情况，了解社会上的动向，了解“四人帮”余党有什么动作，把所了解的情况尽快写信寄回北京，寄到北皇城根立新路9号，有专人处理这些信件，并随时向中央报告。谷牧要我们尽快动身到上海。谷牧找我们谈话后，我们已经买不到第二天去上海的飞机票了，到10月12日，我们才动身去上海。我们一共去了8个人，晚上8点20分到达上海虹桥机场。有人在机场接我们。在机场到市区的路上，我们看见沿路的墙上用很大的黑体字写着“永远按既定方针办”的标语，我们还碰到两三队背着枪的民兵在巡逻，当时的气氛给我们感觉的确是有点紧张。我们住进了国际饭店。我们到后，为便于了解情况，想订报纸，但《参考消息》却订不到。我们后来分析，可能知道我们来，他们提前打了招呼，成心不让我们了解国外的动向。

第二天一上班，我们先后去了市“革命委员会”的工交组和纺织工业局、轻工业局。纺织工业局“革命委员会”主任唐文兰、轻工业局革命“委员会”副主任马振龙接待了我们。纺织工业局和轻工业局是“四人帮”帮派势力最集中的两个局，唐文兰和马振龙都是王洪文的“小兄弟”。我们从他们的接待当中，感觉到他们好像有点心事似的。他们对我们说话，听我们说工作计划，不是很专心，有种心不在焉的感觉。我们没看出他们有什么大的变动，包括办公室的人来人往也没有大的异常现象。当时，我们只是接触了一些表面情况，也听到一些反映，先后给北京寄了三四次信。我记得，为了以防万一，第一封信没敢在上海寄，是派人到苏州寄的。

10月11日，上海民兵指挥部派人到中国纺织机械厂察看地形，报告说全厂有7个门，可容纳1万人。

10月12日上午，中央政治局在玉泉山叶剑英住处召开会议，讨论向上海派工作组接管上海的问题。华国锋说，现在看来上海市委这些人已经无法工作了，他们顽固地站在“四人帮”的立场上，和中央对抗，妄图发动武装叛乱。过去被“四人帮”压下去的一派，也是造反派中的一派，准备搞串联。上海的群众也自发行动起来，需要正确的引导。中央应该马上派人去接管上海。不然会出大乱子。

叶剑英表示赞成华国锋的意见，他说，为了防止上海这些人狗急跳墙，搞武装叛乱，要派一位无论是在军队还是在地方都能压得住台的老同志去。我看苏振华堪当此重任。他资格老，林彪、“四人帮”整得他很惨，但他斗争很坚决，在粉碎“四人帮”的紧急时刻起了重要作用。在战争年代，有指挥作战的丰富经验；在新中国成立初期，担任过贵州省委书记，多次受到党中央、毛主席的称赞。再说，上海有海军东海舰队的基地，振华去上海，工作起来也有方便条件。

陈锡联补充说，我赞成叶帅的提名，振华是军委常委，我们曾一起处理军委日常工作，1974年调整各大军区领导班子时，他做了很多工作，起了重要作用。这些都便于他协调南京军区、海军、空军的部队，特别是南京军区廖汉生等一些老同志都曾受林彪、“四人帮”迫害和压制，与振华关系都很好，肯定能得到他们的支持。振华牵头去上海，是很合适的人选。

李先念接着发言说，叶帅的意见是深思熟虑的。上海是“四人帮”起家的基地，解决“四人帮”余党问题，是解决“四人帮”问题不可分割的组成部分，是中央解决好“四人帮”问题一着极为重要的棋。稳住了上海，对于稳住全国局势具有特殊重要的意义。因此，确定去接管上海的人选，特别是牵头人选，就特别重要。振华是主张抓“四人帮”的，他与“四人帮”斗争很坚决，毛主席曾说管海军靠他，这次解决“四人帮”在上海的余党问题，也要靠他去牵头，靠他去发挥核心领导作用，我赞成叶帅的意见。

华国锋接着说，我赞成叶帅的提名，苏振华有水平，与“四人帮”斗争坚决积极。根据“四人帮”控制上海的实际情况，中央去接管上海的人选，最好是在将来的一段时间内，能够取代张春桥、姚文元、王洪文在上海职务的人。“四人帮”和他们的余党不是说王洪文是工人阶级的“领袖”吗？他是什么工人阶级“领袖”！我们要派一位真正的工人阶级领袖去，我看倪志福也一起去上海。

李先念说，我赞成志福去，他既是上海人，又是有创造发明的劳动模范，在工人群众中威信高，而且有治理地方的经验，是工人阶级自己的领袖。

叶剑英说，志福作风正派，处事大度稳重，是工人阶级的杰出代表。他身体不好，可以带个医生去。

华国锋又说，过去上海和江苏的矛盾很尖锐，但上海和江苏不论政治、经济各方面的关系都很密切，最好能从江苏调一位同志去上海工作。

李先念建议，可以派彭冲去，他处事从容稳重，在江苏政绩突出，“四人帮”往死里整他，他与“四人帮”斗争非常坚决，他去接管上海，有利于解决两地矛盾，上海经济建设上遇到困难和问题，也会得到江苏的有力支援和帮助。

中央其他同志都同意苏振华、倪志福、彭冲三人去接管上海。叶剑英说，中央、国务院各部委还可以抽一些人去协助工作。现在中央、国务院已经有部分人在上海了解情况。振华、志福也可以带些人去，彭冲带几个工作人员去就行了。所有这些人，都以苏振华、倪志福、彭冲三同志带领的中央工作组的名义去上海。关于中央工作组去上海的方针，会议明确指出是：“既要解决问题，又要稳定局势。”这两点要求后来成为中央工作组的重要指导思想。这次会议还提出，工作组到上海以后，主要是抓好揭批“四人帮”的斗争，千万不要钻到具体业务堆里去，当然也要注意“生产不能受影响，要控制住局面”。在这次会议上，叶剑英反复强调上海在全国的重要地位，强调搞好上海的揭、批、查“四人帮”斗争对全国的影响。叶剑英提出“要亦破亦立，破要破得彻底，立要立得正确。既要解决问题，又要稳定局势”。

党中央作出派工作组去上海的决定后，中央政治局的全体同志又找马天水、徐景贤、王秀珍谈话，明确要求他们与“四人帮”划清界限，放弃叛乱的企图，把立场转变过来，把上海的工作做好。叶剑英说，上海是大革命开始的地方，上海的人民、工人觉悟高，对“四人帮”的活动如果说以前受了蒙蔽的话，现在则应当看清楚了。你们不能再站在少数人的立场上。站在“四人帮”的立场上，没有前途。要站在多数人方面，把上海的事情办好。这是中央研究成立工作组后，中央领导同志同马天水、徐景贤、王秀珍谈话的主要内容。在原话里面还有一些安抚他们的话，目的是先把他们稳住，避免他们狗急跳墙。

10 月 12 日晚上，王少庸、朱永嘉开会，筹划停产罢工，举行游行示威，控制电台，封锁中央的消息，准备发表《告全市、全国人民书》，提出“还我江青”、“还我洪文”、“还我春桥”、“还我文元”等口号。

也是这天晚上，10 点多钟，我接到中国纺织机械厂党委书记张秀打来的电话。张秀要我们晚上睡觉警觉一点，不要睡得太死，并且说你们来的人，最好集中在一起，不要单独走开。这些话讲得比较含蓄，但意思还是能够听得出来的。后来我们知道，当时上海民兵指挥部已在中国纺织机械厂架设了指挥电台，这个电台是辅助的指挥电台，主要的指挥电台在江南造船厂。第二天吃早饭的时候，我遇到跟我们一起到上海的秦仲达，他当时是化工部计划司司长，后来任化工部部长。他们在上海没有像我们这样的系统内部的关系来传递消息。我对他讲，你们活动时注意一点，人集中在一起，不要单独走开，要互相照应，有事情随时跟我们联系。

10 月 13 日，马天水、徐景贤、王秀珍在中央政治局找他们谈话后回到上海。他们一回到上海，先找留在上海的三个常委王少庸、冯国柱、张敬标开碰头会，了解上海的情况，传达北京打招呼会议的精神，通知下午 3 点钟开常委会。因为碰头会意见分歧，常委会到下午 4 点钟才开。会上，马天水通报了中央打招呼会议的情况。徐景贤作补充，讲了毛主席对“四人帮”的指示，表态应付了一下。王秀珍也表态，说听了毛主席的指示后认识有所转变。黄涛说，就凭这些能够把“四人帮”打倒？他这么一鼓动，会上就搅开了，有人叫嚷马天水、徐景贤、王秀珍是叛变。

在这段时间里，粉碎“四人帮”的消息不胫而走，通过各种渠道传到了上海，老百姓特别是干部和知识分子对此感到非常振奋。最初，上海的一些大字报、游行庆祝，主要是拥护党中央的“两个决定”。马天水、徐景贤、王秀珍回到上海的第二天，也就是10月14日，一方面，“四人帮”在上海的余党跃跃欲试，还想搞一些合法斗争；另一方面，群众开始起来了，徐家汇、康平路市委机关办公的地方，群众已经开始冲进去贴大字报。马路上第一次出现彻底砸烂“四人帮”，打倒王洪文、姚文元、张春桥、江青的大字标语。面对群众的巨大冲击，10月15日凌晨，上海市委给中央打了一个紧急电话，报告说：

> 在徐家汇、康平路（市委机关所在地）周围以及外宾车辆必经的延安西路、淮海路等处，由上海交通大学学生刷出一批“打倒四人帮”的大标语。其内容除指名“打倒王、张、江、姚”四人以外，还有“砸烂反革命集团的帮凶”等贴在市委周围。我们估计，这类大字报一多，特别是联系上海市市委的标语增多的话，有些思想尚未转过来的人，会贴出反击大标语。有的会出来支持市委，甚至可能贴出为“四人帮”辩护、矛头指向党中央的大标语。如有打砸抢者，我们将采取坚决措施予以镇压。

这个电话，既有向中央报告群众已经起来的信息，也有乘机威胁的味道。

10月15日，《解放日报》和《文汇报》在头版报道了上海工人阶级掀起学习马列著作和毛主席著作的新高潮，决心坚持“三要三不要”（即要搞马克思主义，不要搞修正主义；要团结，不要分裂；要光明正大，不要搞阴谋诡计）的基本原则，同一切背叛马列主义、毛泽东思想，篡改毛主席的指示，搞修正主义、搞分裂、搞阴谋诡计的人斗争到底。这是上海首次公开不点名地揭批“四人帮”。

10月18日，中共中央向全党发出通知，即中央16号文件，列举了王洪文、张春桥、江青、姚文元反党篡权的罪行和毛主席1974年以来对他们的批评，宣布了对他们进行隔离审查的决定，号召全党同志同王洪文、张春桥、姚文元、江青反党集团进行坚决的斗争。通知说，王洪文、张春桥、姚文元、江青进行反党篡权的阴谋活动，罪行极为严重。他们不听毛主席的话，肆意篡改马克思主义、列宁主义、毛泽东思想，在国内国际一系列问题上反对毛主席的无产阶级革命路线，打着马克思主义的旗号，搞修正主义。他们结成“四人帮”，进行分裂党、篡党夺权的宗派活动。他们大搞阴谋诡计，私立秘密联络点，私整中央负责同志的黑“材料”，到处插手，煽风点火，企图打倒中央和地方的党政军负责同志，篡夺党和国家的领导权。他们利用手中控制的舆论工具，歪曲事实，颠倒是非，制造谣言，欺骗群众，在宣传活动中突出地宣扬他们自己，为他们篡党夺权大造舆论。毛主席对他们多次进行严肃的批评和耐心教育，但他们就是不肯改悔。通知强调，同“四人帮”反党集团之间的斗争，是无产阶级同资产阶级、社会主义同资本主义、马克思主义同修正主义的你死我活的斗争。通知提出，在揭发和批判“四人帮”反党集团的斗争中，要注意政策：要坚定地相信群众的大多数，要惩前毖后、治病救人，要扩大教育面、缩小打击面，对犯错误的同志要区别对待。

10月19日，中央工作组在人民大会堂北京厅开会，除了倪志福和彭冲外，参加会议的还有工作组成员：国家计委副主任林乎加、公安部副部长严佑民、北京市委副秘书长毛联珏、新华社海军分社社长车文仪、海军政治部宣传部副部长张寿华。会议研究了接管上海的主要问题。会后，大家分头做必要的组织准备。

同一天下午，上海16所大学的工农兵学员和听到粉碎“四人帮”的消息后赶来的工人、红卫兵共计3万多人，在上海文化广场开会。上海交通大学、复旦大学、上海音乐学院等单位的代表发言，控诉“四人帮”篡党夺权的罪行。这是上海最早召开的一次声讨“四人帮”的群众大会。

这天深夜，上海市市委向中央打了第二次告急电话，内容是：

> 原来打算在文化广场召开上海市市委愤怒声讨“四人帮”反革命罪行大会，但考虑到一百几十个单位定于明天（20日）在人民广场召开30万人的大会，带头的是交大。他们的负责人通知我们说，市委的大会是阴谋，他们要冲大会。由于我们现在已不能调动任何力量保卫会场，我们只能决定市委的大会停开，我们准备去参加这个大会，和群众一起揭发批判“四人帮”的反革命罪行，并接受群众的揭发批判。市委机构整个已经瘫痪，急请中央予以指示。

第二个电话反映了上海当时的真实情况，市委瘫痪，对局势失去控制，这和我们从各方面了解到的情况是一致的。

10月20日，苏振华在北京正式主持召开中央工作组会议。苏振华说，“四人帮”虽然已经被捕，但上海的党政大权还掌握在“四人帮”的余党手里。他们正蠢蠢欲动，要出大事。出了大事就会影响全国。所以党中央决定立即派一个强大的工作组去上海接管党政大权，事情十分紧迫，请各位稍做准备，立即赶去上海。

为严防不测，中央工作组去上海，事先没有通知上海市市委，专机是中央派的，接待单位是海军上海基地。直到深夜，中央才正式通知上海市市委，说根据你们来的电话，中央已派苏振华、倪志福、彭冲率中央工作组，于今晚到达上海，将由他们与你们联系。苏振华一行到了海军上海基地招待所住下后，就把马天水找去。苏振华对马天水说，中央根据上海当前的情况和你们的要求，为了稳定局势，搞好揭批“四人帮”的斗争，决定派中央工作组进驻上海。工作组由我们三人领导，希望你们打起精神，把中央打招呼会的精神和中央16号文件传达贯彻好。接着，苏振华要马天水谈谈从北京回来后做了什么，现在的认识怎样。马天水结结巴巴地说，从北京回来后，已把中央打招呼会的精神向常委和区县局干部作了传达，并印成文件发到基层。群众都起来了，冲击市委，我们已难以工作，现在中央工作组来了，我们就好办了，我们保证服从你们的领导。苏振华郑重地告诉马天水，我们是工作组，主要是了解情况，市委的正常工作还是由你们负责，该怎么办就怎么办。过去，你们在“四人帮”的泥坑里陷得很深，现在要打起精神，将功补过，上海出了问题，还是由你们负责！

10月21日上午，苏振华、倪志福、彭冲找了从南京赶来的南京军区政委廖汉生、副参谋长张挺，商谈工作，交换意见。苏振华提出，鉴于上海“四人帮”的余党贼心不死，蠢蠢欲动，请南京军区继续加强戒备，特别是江苏、浙江一线的部队要保持高度警惕，海上的情况由海军负责。上海警备区那两个与武装叛乱活动有牵连的人，立即调回南京。请南京军区另外抽调人员到上海，协助中央工作组，重点保证不出乱子。后来我听苏振华讲过，说当时还有一个意见，提议驻扎在无锡的野战军向上海方向拉练，对上海造成一种威慑。叶剑英表示，不需要这样做，要相信上海工农群众，军队一调动，马上就会引起恐慌了。

在苏振华和南京军区领导同志谈话的同时，林乎加、严佑民找我们这些先期到上海的同志开会。我们把到上海这十天的情况向他们作了汇报。汇报结束后，林乎加对我讲，苏政委（指苏振华）的意见是，让你去上海市委写作组，你要在那里深挖“四人帮”篡党夺权、大造反革命舆论的阴谋。我原来想可能派我去轻工业局一类的部门，做对口单位的工作，没想到让我去写作组。于是，我就对林乎加说，我没有思想准备，先了解了解情况，回头再找你谈。上海写作组是“四人帮”篡党夺权的两个笔杆子基地之一，原来是上海市市委的写作班，根据毛主席1963年要加强意识形态领域里阶级斗争的指示成立的。这个写作班成立以后，曾经受张春桥的领导，徐景贤是党支部书记。写作班设有几个组：文学组，笔名叫丁学雷；历史组，笔名叫罗思鼎，负责人是朱永嘉；还有哲学组、自然辩证法组。这个写作班在江青的授意和组织下，最早写的文章是《评新编历史剧〈海瑞罢官〉》，批判吴晗，揭开了“文化大革命”的序幕。这之后，写作班就不断地写这类文章，批刘少奇，批邓小平，影射、攻击周总理。“四人帮”策划阴谋，写作班就是急先锋，在中国思想文化阵地上盘踞了十几年，横行不法，作恶多端。我有个亲戚，在解放日报社工作，是个部门的头头，林乎加找我谈话后，我就找他了解写作班的情况。我到他家里，拐弯抹角地问了些问题。他说写作组是核心，一共几十个人，他们也利用文科很强的“两校”——复旦大学和上海师范大学，为他们找资料、写材料，还联系一些社会上从事研究工作、理论工作的人，所以写作组是一个很庞大的班子。大概是第二天，我还没来得及弄清楚原委，林乎加就通知我说决定改变了，要我不去写作组了，去市“革命委员会”文教组，先把党政大权夺过来。

10月21日晚上，在海军上海基地招待所的会议室里，苏振华、倪志福、彭冲把马天水、徐景贤、王秀珍找来谈话。这次谈话的主要内容是通知他们，10月24日北京要开百万人大会，全国各地都要召开这样的大会。根据党中央的统一部署，苏振华和倪志福届时回北京参加全国的大会，彭冲回南京参加江苏省的大会。上海是“四人帮”篡党夺权的基地，开好这个大会尤为重要，对全国影响很大，你们一定要同全国人民站在一起，开好这个大会，这对你们也是最好的考验。谈完话后，苏振华、倪志福就回北京，彭冲回南京了。

10月23日，中央工作组正式开会，宣布名单。会议由林乎加主持。林乎加说，原来打算这次来的各部委的人直接下到对口的局，比如轻工业部的人到纺织局，机械工业部的人到机电局等，去当联络员。后来发现市委有一小撮人，通过市委、市“革命委员会”的有关组办从中作梗，搞一些小动作。现在看来要绕过市委这些组办直接到下面各单位，恐怕还不行。经过研究，决定中央工作组还是先到市委、市“革命委员会”的各个组办，清查“四人帮”的罪行，打破他们的帮派体系，把党政大权夺过来。到了各个组办以后，根据工作的需要，再到下面的各个单位去具体了解情况。他说这次大家去的名义就叫中央工作组的工作人员，主要任务是搞揭、批、查斗争，彻底砸烂“四人帮”。工作组工作人员名单已经苏振华、倪志福、彭冲审阅批准，由他们三位给市委写了一封介绍信。工作组的具体名单是：

市委办公室：徐良图（国家计委生产组副组长，后任副主任）、曹大澂（国家建委）、陈斐章（国家计委）。

市委组织组：李锡铭（水电部副部长，后任北京市委书记）、王西萍（后任交通部副部长）、李风（燃化部计划司司长）、刘汉。

工交组：李景昭（国家建委核心小组成员，后任副主任）、干志坚（后任国家计委副主任）、周力。

计划统计组：曹维廉（一机部科技局局长，后任副部长）、王德瑛（后任国家建委副主任、中纪委副书记）、谢红胜（后任纺织部副部长、国家机械委副主任）。

财贸组和郊区组：郭士荣（供销合作社副主任）。

文教组：陈锦华（轻工业部计划组副组长）、鲁万章（轻工业部局长）、王金光（轻工业部局长）。

写作组：车文仪（新华社海军分社社长）。

公安、民兵组：严佑民（公安部副部长）。

外事、统战组：秦仲达（化工部计划组组长，后任化工部部长）。

另有专案组14人，有顾林昉（后任公安部副部长）等。

根据中央工作组的人员住房登记表，工作组人数最多的时候，总数是226

人，其中部省级干部 17 人、司局长干部 59 人。加上苏振华、倪志福、彭冲身边的工作人员，和新华社等媒体的同志，大概有 250 人。可见，当时中央工作组的阵容是很强大的，素质也是相当好的。

林乎加宣布完中央工作组人员名单后，讲了五条工作方针：(1) 中央工作组工作人员的任务是，根据中央 16 号文件精神，了解情况，解决问题，搞好彻底砸烂“四人帮”这场伟大的斗争。(2) 各组办党委要紧密团结在以华国锋同志为首的党中央周围，立场坚定、旗帜鲜明，始终站在运动的前列，认真学习贯彻中央 16 号文件，充分发动和依靠群众，同“四人帮”进行坚决的斗争，彻底揭发、批判他们的反革命罪行；跟“四人帮”干坏事、陷得很深的人，要坚决站到毛主席革命路线这边，同“四人帮”彻底决裂，在这场伟大的斗争中，经受党和群众的检验。(3) 全体干部、职工都要坚守岗位，在党委一元化领导下，抓革命、促生产、促工作、促战备，把各项工作做得更好。(4) 各组办党委的重要会议、重大活动，要通知中央工作组的工作人员，必要时中央工作组的工作人员要参加，运动中的重要情况，要及时向中央工作组工作人员反映。(5) 提高警惕，严防阶级敌人破坏捣乱，文件档案必须妥善保管，任何人不得擅自处理，更不允许转移或销毁，如有违反，要严肃处理。林乎加还强调，“四人帮”的“小兄弟”集中在工交系统，因此工交系统要花更多的力量重点搞好揭、批、查，要破得彻底，立得正确。这五条工作方针，成了中央工作组的“安民告示”，是中央工作组进驻各组办的“约法五章”。

中央工作组刚到上海，许多同志是临时决定赶来的。为了防止发生意外，中央工作组曾宣布“只带耳朵、眼睛，不带嘴巴”。后来随着对情况的了解和运动的开展，这条规定逐渐改变了，凡涉及运动的一些重大问题，必须中央工作组讲话。中央工作组也敢于负责，当讲则讲，没有发生处理不当的问题。

10 月 24 日，苏振华从北京打来电话，指示说：中央工作组要赶快到各组办去，不要失去领导。去的同志要同所到单位的党委领导一起，研究和领导如何开展揭、批、查斗争，要劝说群众，不要再游行，或自发地开大会，要在党委的一元化领导下召开大会，不要搞串联，不要拉山头，不能搞“四人帮”的那一套。要抓紧学习中央 16 号文件，把学习、揭发、批判结合起来，坚持本单位闹革命。

10 月 25 日开始，中央工作组相继进入市委和市“革命委员会”的各个组办，受到了机关干部和广大市民的热烈欢迎。南京路上也贴出了大字标语，欢迎中央工作组进驻市委、市“革命委员会”各个单位。当时，学校是走在前头的，因为我是管学校的，所以写我的大字报最突出，写的也是最多的。看到这种情形，有人对我开玩笑地说，这下你可扬名啦！我开玩笑地回答说，这是“世无英雄，遂使竖子成名”。“四人帮”被打倒了，是形势把我们推到了第一线。

我至今还清楚地记得我们第一次进文教组的情景。当时大概有 10 个人在办公室外等着，他们知道我们进驻，就等着上访、控诉。我接待的第一个人是上海越剧团的朱锦多，他由于反对“四人帮”被抓起来，关了一段时间。我听了他的申诉，很快给他平反了。他后来成了揭批“四人帮”的积极分子。

中央工作组进驻各组办以后，很快感到人手不够，不得不紧急向中央各部委求援，要求尽快增派人员。各部委都积极配合，迅速增派。到 11 月初，还对重点单位，如王洪文工作过并一直控制的国棉 17 厂，王秀珍控制的国棉 31 厂，黄涛控制的江南造船厂等，相继派出工作组或联络员，加强对这些单位揭、批、查斗争的领导。

10 月 26 日，党中央发出通知，正式决定改组上海市的领导班子，中央的通知是：为了加强对上海市的领导，中央决定苏振华同志兼任上海市市委第一书记、市“革命委员会”主任；倪志福同志兼任上海市市委第二书记、市“革命委员会”第一副主任；彭冲同志任上海市委第三书记、市“革命委员会”第二副主任；撤销张春桥、姚文元、王洪文在上海的党内外一切职务。后来苏振华在开会的时候对我们讲，当时华国锋说过，我们政治局的同志也不多啊，但是我们还是拿出两位来到上海去，这是中央对上海的重视，也是中央对上海的最大支持。被“四人帮”和马天水、徐景贤、王秀珍排挤出市委领导班子的王一平、韩哲一、梁国斌、李干成等老同志，也陆续被请出来担任市委领导和配合工作。

10 月 27 日，苏振华、倪志福、彭冲主持召开全市部委办、区县局干部大会。会议首先传达了中央改组上海市市委和市“革命委员会”的决定，宣布对苏振华、倪志福、彭冲的任命以及撤销张春桥、姚文元、王洪文在上海的党内外一切职务的决定。会上一片欢呼，我感到这种情绪是发自内心的，是对中央决定的热烈拥护。接着苏振华讲了话，这是他到上海后发表的第一次公开讲话。他在讲话中强调，要把上海这座城市同全国、同中央紧密地联系在一起，把上海广大人民同“四人帮”的痴心妄想严格地分开，把以产业工人为主体的上海民兵同“四人帮”余党搞武装叛乱的阴谋严格分开。同时把马天水、徐景贤、王秀珍等人妄图发动武装叛乱的阴谋端了出来。当时我们认为，这个问题最容易突破，因为搞武装叛乱的是极少数人，这个问题一端出来，绝大多数干部就解脱了，真正搞叛乱的一小撮人就孤立了。苏振华的讲话很好地贯彻了中央的精神，体现了很强的政策性和策略性，他的讲话受到全场广大干部的热烈欢迎。这次大会明确了广大干部与“四人帮”、广大民兵与武装叛乱阴谋的界限，使很多人的包袱放了下来，这就造成了有利的形势，对拉开全市范围的揭、批、查“四人帮”的斗争，起了迅速打开局面的作用。

10 月 27 日全市部委办、区县局干部大会引起的震动，我举两件事情做例子。一件事情是，在这次大会上，张承宗站出来面对面地揭发马天水的罪行。张承宗在“文化大革命”前是上海市副市长，曾经担任过中共上海市地下党负责人，并长期负责统战工作。他在会上揭发说，马天水曾经让工厂突击生产几万副手铐，他质问马天水：你要赶做这几万副手铐干什么？你要铐谁呀？谁让你这么干的？张承宗把这个问题一端出来，马天水顿时惊慌失措，没办法回答，也不敢回答。会上围绕着武装叛乱、篡党夺权这个重大的政治问题，斗争的气氛极为猛烈。

另一件事情是有关我所在的文教组的。我们到文教组后，首先是找政治上信得过的人了解情况。当时有人给我介绍了文教组副组长贺汝仪，说他是个老干部，曾经在中央办公厅工作过，是谭震林从华东带到北京的，后来又回到了上海。当时我认为，他是谭震林的人，应该是可靠的，就找他了解有关文教系统以及“四人帮”余党的情况。我还向他交了点底，说你就好好配合工作吧，我们相信你。他也主动向我反映了一些情况。10 月 27 日开会的时候，我还见到了他。可是第二天凌晨大概是 5 点多钟的时候，上海交通大学党委书记杨凯（后来担任文教组组长、上海市副市长）给我打电话，说贺汝仪跳楼自杀了。我不敢相信，说昨天我还看到他了，他还跟我说了几句话，没发现有什么异常表现。我问杨凯，他有没有留下什么遗言。杨凯说，还不清楚。我说，我马上赶到他家里去。我到后，看到尸体在楼下，我问公安局的同志，究竟是怎么回事，有什么遗留的东西，有什么线索。他说，贺汝仪身上有张纸条，纸条只有三个字：“丑死了。”我当时感到纳闷，“丑死了”是什么含义呢？后来知道，贺汝仪在 1975 年底、1976 年初邓小平再次被打倒的时候，顶不住了，给“四人帮”余党写过一个材料，告发他的亲家说过对江青不满的话。10 月 27 日开大会，他一看马天水制造手铐的事情都捅出来了，怕自己写信告发他亲家的事情也在会上被揭出来，那将没脸见人，所以感到“丑死了”，就跳楼自杀了。从这件事情上，可以看出 10 月 27 日大会引起的震动是非常大的。

10 月 28 日，根据中央“既要解决问题，又要稳定局势”的方针，中央工作组和新的上海市市委开始着手揭露“四人帮”的罪行，清查“四人帮”的帮派体系。可是，究竟应该怎样着手？从哪里突破？经过反复研究，苏振华、倪志福、彭冲一致决定，首先要抓住上海市市委常委的问题，要害是妄图发动武装叛乱，以此为突破口，来推动对“四人帮”的揭、批、查斗争。苏振华、倪志福、彭冲亲自坐镇，接连用了几天时间，以开市委常委会的形式，要马天水、徐景贤、王秀珍等人参加，让他们自己交代，互相揭发有关妄图发动武装叛乱的问题。苏振华在会议开始的时候就明确指出，“四人帮”篡党夺权的阴谋是从上海开始的，一时要查清他们的全部罪行是困难的。现在我们集中时间，先把你们自己妄图发动武装叛乱的问题交代清楚。你们可以自己交代，也可以互相揭发，最好是按妄图发动武装叛乱的日程，一天天讲清楚。会议连续开了几天，尽管苏振华一再交代政策、晓以大义，但他们还是躲躲闪闪，极力掩盖秘密策划的真相。中央工作组和新的上海市市委意识到，光靠这样的会议不行，必须在会外组织群众揭发批判，组织民兵揭发批判，再配合内查外调，特别是把那些组织武装叛乱、罪恶深重、民愤极大的人先隔离起来审查。这样一来，揭露“四人帮”罪行、清查武装叛乱和“四人帮”帮派体系的工作就渐渐取得突破，很快搞清了真相。

10 月 29 日，彭冲找中央工作组的同志座谈。彭冲讲，各部委的同志来得及时。马天水、徐景贤、王秀珍讲，没有料到上海揭批“四人帮”的斗争会发动得这么快。彭冲还讲，现在主要是揭发，突破口是妄图在上海搞反革命武装叛乱。市委常委开了好几天会，他们想统一口径，掩盖真相，逃避责任。最近他们写文件还讲“暴动”，不讲“叛乱”，我们已经批评他们了。前几天徐景贤还讲，感情上转不过来。这哪是感情问题？这是立场问题。彭冲还讲，对市委的列席常委，我们已停止他们出席常委会。

10 月 30 日，中央工作组召开全体人员大会，苏振华、倪志福、彭冲到会。苏振华首先讲话，他说党中央对上海非常重视，非常关怀，要把上海揭发批判“四人帮”罪行的斗争搞好，组织中央各部委、北京市委、部队各条战线的同志来上海工作，任务很光荣，也很艰巨。中央一声令下，立即行动。“四人帮”在上海另搞一套，不听中央的，还到各省插手，干扰破坏各省工作。“四人帮”妄图把上海当成他们推行反革命修正主义路线的阵地，对“四人帮”的影响不能看得过低，对他们的破坏作用和影响要有足够的估计。中央派你们来上海，既是上海人民的愿望，也是中央对你们的希望。要“既来之，则安之”。思想精力要集中在工作上。要把上海的事情办好，要把革命进行到底。第一，坚决按中央政策方针办。第二，依靠群众。第三，各级党委加强一元化领导。我们来的人不能完全业务对口。对广大干部要惩前毖后，一看二帮。要把跟得紧、陷得深、参与阴谋活动的，与受了影响、说了错话、做了错事的区别开来。苏振华还鼓励大家大胆工作，他给大家承担责任。接着，倪志福讲话，要求大家专心工作，不要着急回去。彭冲也讲了话。他说，上海形势发展很快，比我们预计得还好。但大量的工作还在后面，要继续安心做好工作。

这一天，《人民日报》头版发表评论员文章，题目是《喜看上海大好形势》，指出上海的形势大好，令人十分高兴。

揭批、清查“四人帮”及其余党的罪行

“四人帮”篡党夺权，搞“第二武装”、抓枪杆子的图谋，是由来已久的。早

在1971年党的九届二中全会期间，江青、张春桥就对马天水、王秀珍、徐景贤讲过，我们是笔杆子，没有枪杆子。王洪文也说，我最担心的是军队不在我们手里，军队没有我们的人。以后王洪文一直想把民兵搞成“第二武装”。1975年5月3日，毛泽东召开中央政治局会议批评了“四人帮”。6月14日，王洪文写信给毛泽东，作了自我批评。随后，他借解决上海、浙江问题为名，跑回上海，一住就是105天。他在上海做的主要事情之一就是抓民兵，布置检查“第二武装”力量。9月18日，他对上海民兵指挥部的头头说了一通私房话，强调：“你们民兵很重要，将来要准备打仗的，你们要警惕，你们这个队伍不要被人家指挥，要听民兵指挥部的指挥，你们要做思想上的准备，人家一个巴掌打过来，看我们是不是站得住。”1976年9月20日，也就是粉碎“四人帮”前的半个月，张春桥在北京单独接见了徐景贤，听取徐景贤的汇报。张春桥点拨徐景贤要抓好民兵。后来在清查中发现，上海为了把民兵搞大，花了很大的物力、财力来做这件事情。上海财政局有一个资料：从1974年到1975年9月，“四人帮”一伙在上海、湖南、安徽等地制造、购置的枪支达48 462支，指挥车10辆，雷达指挥仪10套，以及40多万步机枪的零部件。他们打算要装备30个步兵团、10个高炮师、3个地炮师、1个坦克师、1个摩托团，配备一三〇火箭108枚、高射炮782门。9月28日，张春桥特地派他的秘书到上海，指示说，阶级斗争要经常研究，一方面要提高警惕，一方面要提高信心。要看到资产阶级还有力量，问题是谁挂帅。上海还没有真正经历过严重的考验，上海有大考验，要打仗。王洪文、张春桥的这些指示，实际上成了“四人帮”在上海的余党发动武装叛乱的政治动员和思想发动。

根据10月8日徐景贤主持会议的决定，民兵指挥部的头头施尚英、张敬标连夜制定了两个反革命武装叛乱方案，代号为“捍—1”、“捍—2”（捍指捍卫所谓“无产阶级司令部”）。“捍—1”方案是控制首脑机关、报社、电台、飞机场、桥梁、码头、交通要道的兵力部署；“捍—2”方案是以江苏、浙江为作战目标，从上海的外围到市中心设立三道控制圈的民兵部署。两个方案的主要内容有以下10个方面：

（1）全市动员武装民兵3.3万人，炮和火箭筒85门，机枪78挺，步枪和冲锋枪2.7万支，子弹296万发。

（2）民兵要昼夜值班，值班人数要相对集中，人车配套，枪弹配套。

（3）基本指挥所设在江南造船厂，预备指挥所设在中国纺织机械厂，指挥所人员于10月9日11时进驻完毕。

（4）民兵指挥部和移动民兵师也设立指挥所。

（5）开设指挥网，设立两个通信网，这两个通信网于10月9日晚上6时起联络。后来这两个通信网共收发了75份电报，10月15日停止联络。

（6）为便于机动兵力和通信联络，动用汽车125辆，摩托车100辆和一部分自行车。

（7）上海和浙江、江苏交界的地方，即浏河、安亭、葛隆等地，设6个控制点，1个控制圈；在到市区的两道控制圈内，设外围17个控制点，内围16个控制点，并规定了各区县的任务和预备队的组成。

（8）吴淞口派出2艘到3艘渔轮，加强巡逻，机动渔轮机动待命，控制黄浦江等各个渡口，控制水道和隔江送水的管道，必要时实施封闭。

（9）重点支援地点，防空降的措施，弹药储备及武器修理方案。

（10）制定口令、标语。

后来，“四人帮”余党策划反革命武装叛乱彻底失败，“捍—1”、“捍—2”方案除了设立指挥电台及集中部分民兵等实施外，大部分胎死腹中。所以有这样的结局，我认为，主要有以下几个原因：

（1）党中央一举粉碎“四人帮”，大得人心，大快人心，政治上占了绝对的优势。“四人帮”倒行逆施，祸国殃民，他们被隔离，是党心、人心所向。他们的余党垂死挣扎，妄图制造武装叛乱，是逆潮流而动，必然失道寡助，注定要失败。

（2）党中央10月9日通知徐景贤、王秀珍10日到北京开会，打乱了他们的叛乱部署，造成一时群龙无首的局面，留在上海的三个主持工作的常委感到大势已去，就借口等马天水回来后再作决定以拖延时间，使整个形势越来越对他们不利。

（3）苏振华、倪志福、彭冲率领中央工作组进驻上海，迅速控制住了上海的局面，把党中央的政策直接传达到了广大干部，把“四人帮”的罪行和毛主席生前的指示传达给广大群众，使“四人帮”在上海的余党完全陷入被群起讨伐的汪洋大海之中。他们的任何图谋都只能土崩瓦解。

（4）中央工作组和上海市新市委对处理反革命武装叛乱的政策和策略得当。“四人帮”余党发动武装叛乱的真相迅速被查清，参与叛乱的绝大多数人从被蒙蔽中解脱出来，上海的社会局势迅速走向稳定。

在中央工作组集中突破反革命叛乱的同时，全市各委办、各区县发动群众，广泛深入地开展揭发“四人帮”及其余党的罪行。全市被列入清查范围的对象有5 400人，其中拘捕、隔离、停职的有1 683人，包括处理和惩办的打砸抢分子458人。查清了重大事件300多起，其中全市性的与篡党夺权阴谋有牵连的重大事件12起。经过一年多的深入揭、批、查斗争，到1977年底，这些事件都得到了认真的处理。在揭、批、查斗争中查出的重大事件，被写进中央关于“四人帮”三批罪证材料的就有98件，向审判林彪、“四人帮”反革命集团案特别法庭提供证据174件。后来严佑民在市委常委会上传达彭真同志的意见时说，彭真讲，上海对“四人帮”的揭、批、查斗争是彻底的，审判“四人帮”的时候，上海提供的罪证材料占1/3。彭真讲，没有上海的材料，审判“四人帮”就无法进行。

1981年7月13日，“两案”审判办公室的负责同志在全国各省、市、自治区座谈会上的讲话中分析说，各省、市、自治区的揭、批、查斗争大体上有三种情况，一种是揭、批、查搞得比较好、比较健康，政策掌握得比较好，处理的人不是太多，定性也不算太高，至今申诉的人也不多，在运动中按政策办事，以理服人，没有违反政策的现象，如上海。我感到这个结论是客观的、公正的。当时讲全国情况只讲了上海，没再讲别的地方。我作为中央工作组的一员，也深深地感觉到我们在执行政策过程中认真遵循了中央16号文件的精神，坚持团结大多数，坚持区别少数有严重罪行、作恶多端的骨干和大多数受蒙蔽群众的关系，不搞扩大化。在我分管的文教系统和体委系统中，有一个篮球运动员，他打了200多个人，自己累得打不动了，就让老同志相互打，民愤极大，像他这样的人可以判得很重，但鉴于他当时只有16岁，年纪小，受了“四人帮”的蒙蔽和教唆，最后只判了3年刑。

在深入开展清查的同时，全市开展了各种形式的大批判，从中央工作组进驻上海到1977年底的1年多时间里，我们先后召开了4次全市性的设有主会场的大批判会，主会场一般都有1万多人，另外组织全市党支部委员以上的23万人在各单位拉线收听主会场的实况广播。各个系统召开的万人批判大会有20多次。这些批判大会声势之浩大、揭批之深入、群情之激愤，都是空前的，对肃清“四人帮”的影响，教育广大干部从思想上拨乱反正起到了广泛的教育作用。我记得有一次在上海展览馆的电影院，文教系统召开批判大会，批判“四人帮”及其在上海的余党，徐景贤站在台上接受批判，我们有4个人坐在主席台上，巴金坐在我的旁边。巴金对我讲，10年前“文化大革命”开始闹得最厉害的时候，大概也是11月，徐景贤他们在文化广场开万人批斗大会，批斗陈丕显、曹荻秋，把我们这些人都作为牛鬼蛇神拉去陪斗。那时徐景贤怎么也不会想到，10年以后他自己倒站在台上被批斗。巴金说，大概是老天有眼吧，是报应。我跟他说，我们老祖宗讲过，多行不义必自毙，这些人做的坏事太多了。

整顿领导班子和落实党的各项政策

中央工作组进驻各个组办以后，在开展揭、批、查的同时，花了很大的精力考察领导班子。我记得在进驻上海几个月以后，大概是1976年底的时候，中央工作组对市组办和区县级的103个领导班子作了认真的清查、考察和排队。当时把这些领导班子划分为3类：第一类是比较好的，有31个，占总数的30%。这类班子反对“四人帮”的立场很坚定，旗帜鲜明，得到群众的信任，革命和生产抓得得力，工作比较好。第二类是属于中间情况的，有44个，占总数的43%。这类班子主要是领导成员有错误，有的错误不是太大，但领导成员比较软弱，班子不够整齐，工作比较被动，有的还有困难。对于这类班子，苏振华强调要立足于帮，要多帮他们，让他们在运动中振作起来，努力做好工作，逐步地升到第一类。第三类是问题比较严重的，有28个，占总数的27%。这类领导班子长期被“四人帮”控制，甚至基本上烂掉了，必须彻底改组。在领导班子改组重建的过程中，苏振华、倪志福和彭冲决定，请这些单位原来被打倒的、靠边站的老同志出来，参加领导工作，让他们在运动中逐渐适应新的工作环境，熟悉有关的政策，在适当的时候正式安排、任命相应的领导职务。在“四人帮”掌权的时候，全市区县级以上的领导干部有1 170人，在揭、批、查斗争中列为清查对象的是478人，占41%，其中采取组织措施的是249人。对领导班子进行调整改组的占了60%，其中对主要负责人进行调整的占80%。当时，对这些领导班子的改组调整，中央工作组花了很大的力量。

“文化大革命”期间，“四人帮”出于改朝换代的阴谋，在运动中借各种机会大肆迫害老干部和知识分子，“四人帮”及其余党在上海迫害的老干部的总数达106 264人，经过中央工作组一年多的工作，复查了91 917人，占应复查干部总数的86.5%。复查、解放高级知识分子1 400多人，占应复查总数的96.5%。也就1年多一点的时间，使这么多的干部和高级知识分子获得解放，工作量是相当大的。我记得那个时候，我们几乎每天晚上都是一两点钟睡觉，早上7点左右起床，非常非常的紧张，而且工作是很有成效的。至于为什么还有极少数干部没有早日得到解脱和使用，主要是因为这些同志在历史上有这样或那样的问题，并且当时中央文件对这些历史性问题都有明确的规定。在中央未改变规定以前，市委无权改变，以至于有的干部被“解放”得晚了点，这个问题要历史地来看。对落实一般知识分子的政策，也是做得很好的。

上海的文化艺术领域，包括出版、电影、戏剧、音乐、美术，在全国影响很大，被称作全国的“半壁江山”。当时我作为文教组的负责人，有幸结识了许多人士，他们有事常找我，与我关系很好。我记得有天晚上，已经很晚，快凌晨1点钟了，我的秘书找我，说有电话，我问是谁，这么晚了还找。他说是上海京剧团的。我一听，是张学津，当时上海最好的老生演员。他在电话里又气又急地跟我说了很长时间的话，讲同他爱人吵架的事。我一想，清官难断家务事，不能表态，只是劝他不要生气，不要着急，说今天晚了，我们另外约个时间谈。他同意了。试想想，如果关系不好，这样的家务事，他能在深更半夜找我吗？我常想，我们这些搞经济工作的人，实在需要结交些文化艺术界的朋友，那才会有多姿多彩的生活。可惜我后来再也没有这样的机会了。以下就是我同他们交往和有关落实政策的几个事例。

事例之一，是有关袁雪芬的事情。我到上海市文教组办公室的第二天，著名越剧演员袁雪芬就托人给我带信，用一个大信封封着，上面写着“转陈锦华同志收”。我打开一看，里面又是一个信封，上面写着“请陈锦华同志转彭冲同志”。于是我就把材料交给了彭冲，彭冲拆开信封，里面又是一个信封，写着“苏振华同志亲收”。那天正好我们在一起开会，苏振华笑着说：“里三层外三层，里面藏的什么机密呀？”他打开一看，原来是袁雪芬的要求信，说“文化大革命”前周总理写给她的20多封信，十分珍贵，在“文化大革命”中被抄走了，她请中央工作组帮助收回。就这么一回事，她却那么谨慎，可见文化艺术界的这些名人，心有余悸到了多么严重的程度。

事例之二，是关于赵丹的落实政问题。有一个星期天的下午，大概是5点钟的时候，我的办公室离家很近，我下班后拿了些文件回家。我家有两个门，是平行的，一个是大门，一个是厨房的门。我到家的时候，上海电影制片厂一位叫杨延晋的年轻导演，带了个人站在我家厨房门口。我是从大门进去，他从厨房的门把那个人领进来。我一看那个人，觉得很面熟，就是一时想不出名字。当时我的小女儿陈悦刚上中学，她推了我一下说：“爸爸，这是赵丹！”我这才想起来，于是就请他坐下。赵丹跟我说，陈市长（当时我已被任命为上海市副市长），不好意思，你看你休息了，我还来打扰你。我说没有关系，问他有什么事情。他说：“是我自己的事，落实政策的事，想跟你谈谈。”我说：“行啊，不过今天恐怕不行了，我已另外约了人要谈事情，咱们另约个时间好不好？”他说：“可以，听你的，什么时间谈都行。”就这样我们就约好了第二个星期天再谈。到了那天，黄宗英陪着赵丹来到市委会客室。他给我讲了这些年在单位里怎么挨批，在干校里怎么受批斗，被造反派殴打、侮辱，讲了很多事情。他开始讲的时候还比较冷静，比较克制，可是一讲开后，讲着讲着就站了起来，越说越激动，讲到伤心的时候声泪俱下。黄宗英在一旁拽他，说：“你这个人怎么这个样子，不是跟你说好的嘛，你好好讲嘛，你这样讲陈市长怎么听呀。”我说：“没关系，没关系，这么多年他受了很多委屈，我能理解。现在不到市委来讲，能到哪里去讲呀！”他听了我的这些话，更激动了，哭得更厉害了，像个孩子一样。他说：“这样的话我已经多少年没听到了。”以前曾经有一次开会的时候他被批评，很不愉快，陈毅陈老总就安慰过他，赵丹很感慨。他讲的主要内容是落实政策的问题，他曾经在新疆被盛世才逮捕关押过，后来都搞清楚了。那些什么修正主义的罪名则是欲加之罪的一些东西。听完以后，我说：“好吧，我来抓紧。我有问题可以找你，你也可以找我，反正我给你表示，这事情我会抓紧办。”第二天我就把电影局的戴星明书记找来，跟他谈赵丹的事情。我对他说：“赵丹来找我了，你们抓紧一点，赵丹这个人影响是很大的，应该早点落实政策，影响也好。”戴星明同意我的意见，他表示：“我们抓紧做。”不久，市委很快就分批讨论了，市委讨论的时候都是一批一批的。在市委会议上，我讲：“赵丹找过我，我认为那些问题不应该算什么问题。”给赵丹落实政策的事情，市委很快就讨论通过了，大概也就是十天半个月的事情，时间不是很长。

事例之三，是关于李玉茹的问题。李玉茹是一个著名的、有才华的京剧演员。她唱梅派，也唱程派戏，能演青衣、花旦和刀马旦，是个多才多艺的人。周总理很器重她，曾送给她程砚秋演的电影《荒山泪》，让她好好学习。李玉茹对周总理也是非常敬重的。“四人帮”在“文化大革命”当中，要做周总理的文章，阴谋打倒周总理，就着手搜集周总理的材料。他们找李玉茹，把她隔离了，对她进行种种迫害，没完没了，不让她演戏，不让她登台。后来她找我，讲这些事情，我说：“好吧，我找找他们，看能不能早点把问题解决了。”因为我不太了解具体情况，就找了文化局党委书记李太臣，我说：“李玉茹找我了，能不能早点给她落实政策，让她演戏嘛。”李太臣表态谨慎，说你可以先看看档案。我把档案调来，档案中都是些李玉茹交代的材料和审讯笔录，也有些检举揭发材料。我没细看，大概翻了翻，便给了我们中央工作组联系文化局的同志看。我问：“这里面有没有‘三反’的东西？”他说没有，主要是议论江青。我说议论江青就更不是问题了，而且这些所谓的交代材料也是在棍棒逼供下写的，不可信。即使这样，也没有一条够得上是所谓的“三反分子”的材料。我就对李太臣说，我问过工作组的同志，没有“三反”的问题。她议论江青的事无非是说江青不懂戏，说那几个样板戏不怎么样，这些都不该成为问题，赶紧给她“解放”了，让她早日演戏，后来李玉茹也很快“解放”了。许多年以后，我回到了北京，担任首都企业家俱乐部的理事长。可能是1985年或1986年春节期间，首都企业家俱乐部在北京饭店宴会厅搞了一个文艺活动，请了各界名人。在我要离开的时候，刚出会场的门，就看到李玉茹扶着曹禺过来了。我好多年没见她了。她见到我就很高兴地叫了起来：“陈市长，在这里见到你了。”我说：“你们怎么来了？”她说：“我们刚从法国驻华大使馆过来。听说你要来，我们也就过来了。”接着她就给曹禺介绍说，这就是我常给你念叨的陈锦华同志，就是他给我“解放”的。听到这里我都不好意思了，说：“你太客气了，你受委屈的时间挺长的，我们早就应该这样做了。”曹禺说：“谢谢，谢谢，玉茹她老念叨你，说你好。”我说：“这都是应该的，不用谢了。”我常想，中国的这些知识分子、这些名人，也真是好，那么迫害人家，后来按道理也应该早给人家“解放”的，人家不计怨恨，多少年后还想起你，对你那么友好，这样的名家到哪里去找呀！李玉茹人确实是很好的，以后我再也没有见到她。

事例之四，是有关电影《天云山传奇》和《庐山恋》的事情。这件事和事例之五关于演员剧团的房子问题，都发生在中央工作组撤离之后，但我同他们都是在中央工作组时期结识的。不然，他们不可能找到我。从落实政策上讲，也是一脉相承的。上海电影厂拍的电影《天云山传奇》在当时争议很大，有人说这个片子是骂共产党的，是为“右派”翻案。我当时是上海市市委副书记、常务副市长，兼市计划委员会主任。我在市人民代表大会上作关于国民经济计划工作报告时，特地加了肯定《天云山传奇》的话。后来谢晋见到我就说，哎呀，陈市长，你的话可是帮了我大忙了！其实我当时并没有别的想法，就是认为这个片子并不像有些人所说的那样，其中有很多东西是值得我们共产党人反思的。影片中那位后来平反了的“右派”，在桥上碰到以前整他的那个地委书记的时候，说过大意是这样的话：你们一定要知道，你们要过好日子，也得让老百姓过上好日子。我感到这句话讲得极为朴实，其中蕴涵了生活的真理，还有比这更明白的道理吗？这是真心话，是大实话。我记得我这个报告的稿子在市委审议时，并没有人讲不同意见，而是一致通过。当然，我说话是负责的，如果这个片子遭受批判，上面讲话，那我也还是逃脱不了被指责的。

当年上海电影制片厂还拍了一部《庐山恋》，也非常有名。著名导演张骏祥对我讲过，《庐山恋》有突破，主要是对“文化大革命”中的恋爱禁忌的突破。他还说，演女主角的张瑜演得很好。当时为了表彰她的出色表演，市委一位负责同志当众宣布要给她加一级工资。如果我没记错的话，那时候张瑜的工资也不过六七十元，加一级也就是十元八元的事。可就是这十元八元也好长时间落实不了。为什么呢？原因是没有给演得好的演员加工资的政策，钱没有出处。可市委领导同志说了的话落不到实处影响就不太好了。后来这位市委领导同志找到我，让我给想想办法。我当时兼任市委劳动工资委员会主任，这类事归我管。于是我就把劳动局局长于永实找来，要他想想办法。大家坐在一起想来想去，最后终于想到了中央有个文件，规定给厂长有3%的升级权，上海电影制片厂可以算作工厂，师出有名，于是赶紧给上海电影制片厂的徐桑楚厂长打电话。就这样，张瑜的那一级工资总算加上了。这事儿放在今天真是不可思议的。

事例之五，是关于演员剧团房子的问题。有一天，张瑞芳突然带着牛犇等几个人闯进我家。张瑞芳跟我熟悉，有事也愿意跟我讲，那天找我是为演员剧团的房子的事情。那时候，赵丹、白杨、王丹凤等著名演员都是上海电影演员剧团的。演员剧团原来在上海有栋花园洋房，“文化大革命”中被赶到一个临时工棚里，几间平房，100多号人站都站不开。现在他们看上了位于徐家汇的上海仪表局的一栋花园洋房，演员剧团想要，找了多次都没有解决，于是就想起了找我。我听后，就给仪表局的局长打电话，问有没有这回事。他说有，说张瑞芳她们找过好几次，但这房子他们也要用，所以没答应。于是，我就在电话中同他商量解决办法。当时仪表局正在同美国的福克斯·波罗谈合资办仪表厂（美国总统里根访问上海时专门参观了这个厂）。我说你们把房子让给演员剧团，我批合资项目的时候，多批些钱，你们另外新盖一栋楼。他当即表示同意。我把结果告诉了张瑞芳、牛犇，他们喜出望外，高兴得恨不得给我磕头。

事例之六，是有关落实退赔政策的问题。“文化大革命”期间，对于原先通过赎买政策付给资本家的定息，停止执行了。在落实政策工作当中，中央工作组和上海市新市委决定对这些都要进行退赔。那时候上海资本家很集中，按照情况要退赔30个亿，这在当时可不是小数目。当时市委研究以后决定给中央作报告，明确表示要如数照退。上海退赔的最大的对象就是荣毅仁。他认为这件事情政府做得很对，办得很好。为了扩大政府落实政策在国际上和国内的影响，他带头到上海来领这笔钱。当时，他是带着夫人杨鉴清来的。这笔钱的具体金额，我记不清了，反正数目不小。他一到上海，我就知道了。他拿到钱要回北京前，我在锦江饭店请他们吃饭，彭冲也参加了。我们原来就很熟悉。他1958年调到纺织工业部当副部长，我是纺织工业部政策研究室主任，成天和他打交道，他有东西要查、要写、要改，也常找我。在这次宴会上，我就跟荣毅仁讲了一件事情。对这件事，他知道一些，但不知道事情背后的一些情况。1966年8月18日，毛主席接见外地红卫兵以后，北京的红卫兵运动就如火如荼，以更大的规模、更大的声势冲向社会，冲向各界的一些名人家里。荣毅仁当时住在北太平庄，他的女儿在北师大女附中上学，有些同学早就知道荣毅仁的住处。8月20日，北师大女附中的红卫兵涌到荣毅仁家里，都是些女孩子，当中还混进了一些社会上的来历不明的人，在荣毅仁家里大肆打砸。他们还批斗荣毅仁，并用他家里的摄像机把经过录下来，要寄到他在海外的亲戚那里。荣毅仁考虑得很周全，他知道录像寄出去的影响，所以给了这些红卫兵假地址。荣毅仁的夫人杨鉴清也被打伤。对这些情况，部里一点也不知道。恰好8月20日是机关发工资的日子，荣毅仁的司机郑耀辰送工资去时发现情况后向部里作了报告。我当时是部机关“文化革命委员会”主任，就是管这些事情。我向部党组书记钱之光报告了这件事。钱老说：“赶紧给周总理写个报告，用特急件送到总理办公室去。”我给周总理写了报告之后，又给李富春办公室打了电话。李富春当时是管工交各部运动的，他就说，是不是你们想办法给送到医院去，在医院里保护起来。当时我们的副部长张琴秋，是卫生部苏井观副部长的夫人，跟北京医院很熟悉，她给北京医院的院长打电话，院长讲：“大姐，不行哪，我们这里已楼上楼下斗开了，都斗了好几批了。送到我们这个地方，不一样挨斗吗？”于是我们又赶紧再给周总理值班室打电话报告情况，当时也没有答复。凌晨 1 点多钟，国务院秘书长周荣鑫打电话找钱之光，说周总理在人民大会堂，要钱之光赶紧去一下。钱之光已经吃了安眠药，但还是马上去了。到了那里，周总理问荣毅仁的事情是怎么回事。钱之光就汇报了他家里被砸、夫妇被打的情况。周总理说：“这事情你怎么不报告？”钱之光回答说：“我们写了报告了呀。”周总理说：“现在都什么时候了，你还写报告，要打电话嘛。现在我们只能管两个人了，一个是宋庆龄，一个是郭沫若。其他人你们自己想办法。荣毅仁你们一定要保护好，他是中国民族资产阶级的代表人物，在国际国内都有影响，一定要保护好。”这就是交代了。凌晨 2 点多钟，钱之光一回来就找我们商量，研究落实周总理的指示。总理说了要保护好，我们得想办法，不能让荣毅仁出问题。当时社会上已经开始兴起“红对红”，就是以机关的红卫兵对付外地、外单位的红卫兵，这是上海发明的办法，华东局先搞起来的。我们把部机关的红卫兵头头找来，要部机关的红卫兵连夜开到荣毅仁家里去。大概有 10 个人。他们到达荣毅仁家里的时候，看到那些学校的女红卫兵东倒西歪地躺在客厅里。部机关红卫兵的头头找到她们的头头，跟她讲：“我是纺织工业部机关的红卫兵，荣毅仁是纺织工业部的副部长，是大资产阶级，要对他进行批斗，让他老实交代问题，请你们把他交给我们。”开始这些女学生不同意，但毕竟她们年轻，还是比较容易说服的，最后说：“可以，但我们要提些条件。要他老实交代罪行，要他劳动，打扫卫生，只能喝自来水，吃窝窝头、咸菜，不许贪图享受。”她们提了很多要求。部机关的红卫兵都统统答应，于是那些女红卫兵们就撤走了。她们一走，荣毅仁就提出要把他的夫人杨鉴清赶紧送到医院治疗。可是送到哪个医院都不收，都不肯给她治病。部机关的红卫兵头头很机灵，就把她送到积水潭医院，说这个人是重要的人证，需要她来录口供，不能让她死掉，你们一定要想办法给她治疗。医院一听是重要的人证，就赶紧给她医治，这样杨鉴清就得到了救治。第二天，跟他们住在一个院子里的胡子婴，就是很有名的民主人士，商业部副部长，他的女儿是医生。部机关红卫兵就通过她的女儿来给杨鉴清开处方抓药。

我把周总理关心荣毅仁夫妇的情况，以及部机关采取的措施都给荣毅仁讲了。他听到这些情况后，很激动地站起来给我敬酒，表示感谢。我说：“不敢当，主要是周总理的交代和指示。”他说：“后面这许多救治措施我都感受到了，但是究竟这些救治措施是怎么来的，为什么能有，我一点不知道。你今天讲了以后我才明白。我们全家人都非常感谢周总理。没有周总理的保护，让你们采取这些措施，那我就没有今天了。”荣毅仁说得很动感情。

早在 1948 年 3 月，毛泽东就讲过：“政策和策略是党的生命，各级领导同志务必充分注意，万万不可粗心大意。”中国革命和建设的历史证明，一个好而且执行得好的政策，一定会争取人心，凝聚力量，把事情办好。相反地，一个错误的政策，或是好的政策，执行得不好，发生偏差，往往也会失去人心，得不到支持，工作就不能做好，甚至走向失败。我上面讲的这些例子，绝不是说我个人有什么大的能耐，能够取得较好的作用和影响，而是党的政策好，执行的人工作也好做，不然再有本事，逆着去做，也不会取得成效。一个好的政策，在一个人身上所起的作用，但绝不会停留在一个人身上，而是必然会引起连锁反应，扩大影响，吸引和凝聚更多的人，产生更大更多的效应。

抓革命、促生产、促工作、促战备

中央工作组在上海，在开展揭发、批判、清查“四人帮”及其余党的罪行，调整、改组各级领导班子，落实党的干部政策和知识分子政策的同时，注意把抓革命、促生产、促工作、促战备作为一项重要任务来抓。抓革命、促生产、促工作、促战备，是个历史口号，代表了那个年代对工作的总体要求，也是中央 16 号文件明确规定的。中央工作组到上海以前，中央领导同志曾明确交代，注意生产不要受影响，上海是中国的经济中心，是最大的工业城市，生产的产品，包括生产资料和消费资料，向四面八方供应全国，对国民经济和人民的生活都具有举足轻重的影响。如果发生问题，一旦停止供应，不仅影响上海本身，还影响全国。中央工作组的徐良图，原来在国家计委就是管调度工作的，到了上海以后，他充分利用长期管调度的工作关系和丰富经验，在上海就地指挥各地供应上海粮食、能源、原材料等物资。由于有这些优势，再加上中央工作组中各部委都派了人，有什么需要，各部委的人都往回打电话，及时请部里支援上海，一般都是有求必应，所以在中央工作组进驻上海期间，上海的生产和人民的生活都没有受到影响。我记得上海市新市委和中央工作组开会，彭冲一再强调要经常查排全市不安定的因素，要每周都把情况排一排。当时不安定的因素中，最大的问题是粮食和煤炭的供应问题。没有煤炭，工业就会瘫痪，没有粮食，人民生活就会受影响，所以要经常排一排上海的粮食、煤炭还有多少，还够多少天的供应，从外地调进来要多长时间。这些情况经常要在有关会议上通报，如果哪些情况危急了，就早点提出来，时间差要打足，使它不致供应中断。

除了生产外，中央工作组还指定有关负责人帮助抓基本建设，抓重点工程。上海石油化工总厂是上海的重点工程，也是全国有影响的国家重点工程。由于“四人帮”的干扰、破坏，工程质量存在不少问题，乙烯装置不能正常投产，配套的最大工程，也是国内自己开发技术、进行配套的腈纶厂，一直开工不正常，产品质量不好，积压在仓库里。工作组派了李正光（纺织工业部副部长）带了一个小组去蹲点，深入车间，抓管理，抓劳动纪律，抓工艺技术改造，工作非常深入扎实。经过几个月的努力，终于能正常生产，进而推动了全厂的生产管理工作。上海石油化工总厂也成了“四三方案”的引进项目中工作做得最好的大庆式企业。

上海经济活动走上正常的轨道，上海所需要的物资源源不断地从全国各地调来，外地需要的上海产品也源源不断地从上海调出去。“四人帮”余党曾经一度在上海制造抢购毛巾和火柴的风波，煽动群众抢购，妄图把群众的视线搞乱，把市场搞乱，破坏揭、批、查“四人帮”的斗争。中央工作组迅速从江苏、浙江调来物资，敞开供应，迅速把抢购风压了下去，上海的市场很快地恢复正常。1977年初，我们在上海过第一个春节，市场上供应的东西比“文化大革命”以来任何一年都好。李先念身边的一个护士是上海人，回上海过春节，从上海回到北京后，李先念就问她上海市场的情况怎么样，她说比哪一年都好。李先念又问老百姓有没有什么意见，她说很满意，要讲意见的话就是对吃不到大黄鱼有意见。上海人过年特别喜欢吃大黄鱼，家家户户都要吃大黄鱼。那时由于多年过量捕捞，大黄鱼大量减产，供应不足。

经过各方努力，到1977年底，上海经济状况全面回升，国民生产总值比1976年增长了9.5%，创造了“文化大革命”以来最高的历史纪录。

1977年“五一”节前，中央工作组在上海市新市委的领导下，调整了领导班子，已经把“四人帮”及其余党把持的党政大权，从上到下地夺了回来，顺利地进行揭、批、查的斗争，比较好地做到了“既要解决问题，又要稳定局势”的总要求，上海的局势步入了正常的轨道。4月14日晚，中央工作组开会。倪志福、彭冲和林乎加在会上决定，凡是市委办、组局一级领导班子已经配备好，揭、批、查“四人帮”运动已正常开展起来的单位，工作组可以逐步撤出。“五一”节前夕，中央工作组的绝大部分成员相继撤离上海，返回原机关。不久以后，林乎加调到天津市，严佑民调到安徽省，毛联珏回到北京。最后，中央工作组主要成员留下来的，只有赵行志（外交部派去负责外事工作的，后来任上海市委书记、副市长）和我，还有中央组织部的赵振清（后任中组部副部长），其他人都回去了。

从1976年10月9日中央工作组先遣人员到达上海，到1977年“五一”节中央工作组的大部分成员撤离上海，整整200天的时间。在这200天里，我们天天都在满负荷地工作，每天早晨六七点钟起床，晚上一两点钟休息。这200天，是我们200多名工作人员激情燃烧、日夜奋战的200天，是我们一生难忘的200天，也是上海书写粉碎“四人帮”以后历史新篇章的200天。中央工作组的同志来自四面八方，短时间内聚集在一起，为什么能团结一致、齐心协力、忘我工作？原因就在于大家对“四人帮”倒行逆施的强烈愤慨，对粉碎“四人帮”、结束“文化大革命”的无比喜悦，大家都有一种拨乱反正的渴望，有一种把损失的时间夺回来的激情。

2004年3月18日，我邀请当年参加中央工作组的谢红胜、鲁万章、王金光、徐政、郑定铨、周鹏年、凌晋良等同志座谈。谢红胜是老红军，鲁万章、王金光、徐政都是老同志。大家一致谈到，当年感受最深的有以下几点：

第一，执行政策认真、稳妥。中央16号文件和苏振华一再强调要注意团结大多数，要严格区分极少数参加篡党夺权阴谋活动和大多数受蒙蔽、讲了错话、做了错事的界限。中央工作组的同志都认真贯彻执行，坚决不搞扩大化。运动过后，没有留下后遗症。王金光讲了一个例子。1976年底，海军司令部机关在“文化大革命”中保苏振华的一派，派了几个人来上海，要到上海音乐学院抓几个曾经揪斗过苏振华的人去北京批斗。工作组研究后，并没有因这样做有可能讨好苏振华而同意他们揪人。相反，工作组的同志反复做他们的工作，宣传政策，讲清道理，坚决拒绝他们揪人。后来苏振华知道了这件事，同意工作组的做法，认为拒绝海军司令部的一派群众揪人是对的。

第二，相信群众，依靠群众。参加座谈的同志回顾说，上海的工人阶级真好，群众真好，尽管许多人在“文化大革命”中受迫害，有的被打、被抓，甚至造成伤残，但在粉碎“四人帮”以后，这些受过迫害的人并没有寻机报复，搞冤冤相报，而是像他们自己所说的，把粉碎“四人帮”看作“第二次获得解放”，一心用到生产上、工作上。徐政讲，她有一天带了工作组去上海化纤厂，一进门就被上千人围住了，不能行动。她就站在人群中大声讲：“你们要工作组来，我们来了就被围住，这叫我们怎么工作呀！”就是这么几句话，围住的人立即散去。原来极少数企图滋事的人，一看形势不利，只好悄悄溜走。多少年后，徐政依然记得当时的现场情景。她深有感慨地说，这是多好的群众啊！

第三，坚持在党的领导下搞好各项工作。中央工作组在实际工作中不包办、不代替，更不允许搞“文化大革命”中“踢开党委闹革命”的那一套。党委有问题，该帮则帮，该改则改，该撤换则撤换。涉及组织处理的问题，一律按组织原则办。因为坚持了这一条，保证了各单位的正常秩序，各项工作都在党委的领导下有序地进行。

中央工作组的同志在座谈中深情地回顾了这段难忘的岁月。党中央的方针是“既要解决问题，又要稳定形势”，落实到工作组的每个成员身上，鲁万章说：“就是上靠政策，下靠群众，把好人解放出来，把坏人清查出来。”上海的全局是由每个单位的实际工作构成的，我们把分管单位的工作做好了，就保证了上海全市顺利地进入新的历史时期。

后　记

为纪念新中国成立65周年，中共中央党史研究室宣传教育局对近年来征集到的一些领导同志、亲历者的口述史进行了系统整理，选取与改革开放以前的一些重大事件和决策相关的内容，编辑为《新中国口述史（1949—1978）》一书。

在本书策划、选稿、编辑、出版过程中，得到了各位作者的大力支持。中共中央党史研究室主任曲青山、副主任高永中给予了精心指导，并担任主编。曲青山主任还专门为本书作序。宣传教育局陈夕、薛庆超、刘荣刚、李树泉、谢文雄、文世芳、刘一丁等同志承担了具体选编工作。文世芳同志做了大量编务工作。中国人民大学出版社的领导和编辑们为本书的编辑、出版付出了艰辛劳动。在此表示衷心感谢!

由于编辑时间紧迫，编者水平有限，难免存在不当之处，欢迎广大读者提出宝贵意见。

中共中央党史研究室宣传教育局

2014年10月

图书在版编目（CIP）数据

新中国口述史：1949～1978/曲青山，高永中主编．—北京：中国人民大学出版社，2015.4

ISBN 978-7-300-21065-0

Ⅰ.①新… Ⅱ.①曲…②高… Ⅲ.①中国历史-现代史-1949～1976 Ⅳ.①K27

中国版本图书馆 CIP 数据核字（2015）第 063929 号

新中国口述史（1949—1978）
主　编　曲青山　高永中
副主编　陈　夕　薛庆超　刘荣刚
Xinzhongguo Koushushi

出版发行	中国人民大学出版社		
社　　址	北京中关村大街 31 号	**邮政编码**	100080
电　　话	010－62511242（总编室）		010－62511770（质管部）
	010－82501766（邮购部）		010－62514148（门市部）
	010－62515195（发行公司）		010－62515275（盗版举报）
网　　址	http://www.crup.com.cn		
经　　销	新华书店		
印　　刷	涿州市星河印刷有限公司		
开　　本	720 mm×1000 mm　1/16	**版　　次**	2015 年 4 月第 1 版
印　　张	37.25 插页 3	**印　　次**	2024 年 8 月第 6 次印刷
字　　数	704 000	**定　　价**	128.00 元